금성교회 70주년 기념
꿈과 희망을 주는
금성교회 행복한 이야기

김병호

하나님의 부르심을 받아 헌신된 하나님의 사람들이
최고의 교회보다 능력이 있고, 이웃을 돌아보며 섬기는 교회를 꿈꾸는

영향력 있는 교회의 능력 이야기!
영향력 있는 성도들의 행복한 이야기!

예배와 기도로 하나님과 뜨겁게 만나는 믿음의 사람이 되자
사랑의 교제를 통하여 하나님 나라 백성으로 존귀하게 살아가자

아이네오

금성교회 70주년 기념 꿈과 희망을 주는
금성교회 행복한 이야기

지은이 **김 병 호**
펴낸이 **나 상 만**
만든이 **권 은 주**

발행처 도서출판 아이네오
주 소 서울시 관악구 국회단지 15길 3(1층 1호)
전 화 02) 3471-4526
등 록 2008. 11. 24. 제2020-000031호

03230
ISBN 979-11-85637-45-7

1판 1쇄 만든 날 2023. 3. 10.
1판 1쇄 펴낸 날 2023. 3. 20.

값 **18,000원**

잘못 만들어진 책은 교환하여 드립니다.

금성교회신축사진

금성교회 70주년 기념 문집

사진으로 본 교회신축 이야기

금성교회 70주년 기념 문집

사진으로 본 교회신축 이야기

금성교회 70주년 기념 문집
사진으로 본 교회 신축 이야기

금성교회 입당예배

금성교회 70주년 기념 문집

금성교회 제직 은퇴와 임직

금성교회 70주년 기념 문집

새신자 세례와 성찬예식

금성교회 70주년 기념 문집

금성교회 70주년 기념 문집

금성교회 70주년 기념 문집

예배와 찬양축제

금성교회 70주년 기념 문집

기관별 찬양축제

금성교회 교회학교

금성교회 70주년 기념 문집

금성교회 70주년 기념 문집

금성교회 70주년 기념 문집   교회학교 행사 모음

희망2014 이웃돕기 유공자 포상식

FM 93.3MHz

극동방송 FM 93.3MHz

금성교회
지역어르신을 위한
상수도 설치
비용 지원

금성교회 70주년 기념 문집

기관별 야유회

금성교회 70주년 기념 문집

기관별 야유회

금성교회 70주년 기념 문집   지역주민초청 시방축제

금성교회 70주년 기념 문집

금성교회 70주년 기념 문집   연말 지역 사랑 나눔

금성교회 70주년 기념 문집

해외선교 이야기

RIZAL YEJEON CHURCH

2014.12.25

금성교회 70주년 기념 문집

해외 선교 이야기

성도들과 함께 만든 행복 이야기

김 병 호 목사

현) 금성교회 위임목사
전) 영도구 민주평통 자문위원 역임
전) 부산신학원 교수 역임
전) 참 편한 재가복지센터 대표 역임
전) 영도구 흰여울 문화마을 초대회장 역임
전) 영도구 영선동 한다솜 봉사단 부위원장 역임
현) 영도구 영선동 사회보장협의회 부위원장
현) 영도구 영선동 주민자치 위원회 위원

여기까지 인도하신 에벤에셀의 하나님을 찬양하며 하나님께 먼저 영광을 돌려 드립니다.

여러분들과 특별한 시간을 나누고 싶은 욕심에 금성교회 창립 70주년을 맞아서 그동안 성도님들과 함께한 행복한 이야기들을 모아 한 권의 책으로 엮었습니다.

이 행복한 이야기에는 우리가 스치듯 지나치곤 하는 일상의 이야기들을 정성을 다하여 담아 놓았습니다.

여러분들이 익히 잘 알고 있는 내용일 수도 있고, 또 알고 있었던 것을 일상에 쫓겨서 망각했을 내용들도 기록해 놓고 있습니다.

이처럼 세상은 경이로운 각종 아름다움으로 가득 차 있습니다.
하지만 그 아름다움을 감상할 여유조차 없이 살아왔습니다.
매일 회색 아스팔트길과 콘크리트 높은 건물 숲 사이를 분주하게 오갑니다.
그리고 하늘 아래 살면서도 잠시 짬을 내어 하늘을 바라보지 못하고 소중한 것을 돌아볼 여유조차 없이 살아갑니다.
무엇이 이토록 우리를 힘들게 몰고 가는 것일까요?

우리는 매일 경쟁과 승리를 좇아 질주합니다.
그리고 지나간 길에는 어김없이 수많은 분실물이 떨어져 있습니다.
매일 무엇을 그렇게 떨어뜨리고 다니는 것일까요?
'이게 아닌데, 이게 아닌데' 하면서도 멈추지 못하고 계속하여 질주를 향하여 나아갑니다.
어쩌면 우리는 본심이 전도된 삶을 살아가고 있는지도 모르겠습니다.

그렇다면 우리가 그토록 찾아 헤매는 행복은 과연 어디에 있는 것일까요?
이제 마음 문을 활짝 여시고 행복을 찾아보세요.
행복은 먼 곳이 아닌 가까이에 있습니다.
유한한 우리의 인생! 언젠가 우리 모두 왔던 곳으로 되돌아가야 할 것입니다.
그때 후회하지 않는 삶을 위해 살아 있는 동안 꼭 해야 할 일이 무엇일까요?
어쩌면 쉽고, 어쩌면 대단히 어려운 일일 수도 있습니다.

사람마다 처한 환경과 상황에 따라 양상이 다를 수도 있기 때문입니다.
그러나 공통적으로 동일한 것은 우선 마음을 활짝 여는 것에서부터 시작된다고 봅니다.

행복은 거창한 그 무엇에 있는 것이 아니라 우리가 하찮게 여기는 사소한 것에서 무한한 행복을 발견하는 것입니다.

행복은 누가 만들어 주는 것이 아니라 바로 우리가 찾고 만들어 가는 것입니다.

여기 교회창립 70주년을 맞으면서 그동안 부족한 종과 여러 성도님들이 20여 년간 행복을 찾고 만들었던 내용을 모아보니 한 권의 책이 되게 되었습니다. 작지만 여기에 실린 짧은 글들을 다시 한 번 펼쳐보니 행복했던 일만 있었던 것은 아닌 것 같습니다.

힘든 날도 있었고, 아픈 날도 있었습니다.

괴로운 날도 있었고, 눈물 나는 날도 참 많이 있었습니다.

그런 가운데 하나님의 은혜를 체험했고, 하나님의 도우심과 함께하심도 경험하게 되었습니다. 이제 그간 숙원사업이었던 교회도 새롭게 신축하게 되었고, 많은 일들을 이루어 왔습니다.

앞으로 불확실한 미래에 쉽지 않은 시대를 살아가야 하지만 우리 모두가 감동과 행복의 바이러스를 널리 전파한다면 주님이 주시는 참 평안과 행복을 누리게 되리라 믿습니다.

2023년 3월 1일 교회창립 70주년에
교회와 지역을 섬기며
여러분과 행복을 만들어 온 김병호 목사 올림

아주 특별한 금성교회 70년사

금성교회를 사랑하는
김 정 광 목사
(초읍교회 원로목사)

금성교회가 1953년 3월 1일 창립예배를 드린 후 2019년 9월 29일에 새 성전을 건축하여 입당예배를 드리고, 흰여울 문화마을 안 중심이 되어 지역을 섬기며 지역과 함께한 지 어언 70주년을 맞이하게 됨을 진심으로 축하드리고, 하나님께 영광을 돌립니다.

또한 김 목사님이 금성교회 부임 후 20년간 목회하면서 성도들과 지역민과 함께하며 서로 웃고 서로 울며 섬겼던 행복한 시간들을 '성도들의 행복한 이야기'라는 책으로 출간한 것에 무한한 축하를 드립니다.

금성교회 창립 70년사는 아주 특별합니다.

금성교회가 흰여울 문화마을 중심 언덕배기 현 위치에 아름답고 멋지게 건축된 것도 특별하지만, 무엇보다 금성교회 70년사는 교회의 걸어온 발자취를 단순한 화보와 기념집으로 끝나지 않고, 그동안 금성교회가 걸어온 부흥의 발자취와 아름다운 섬김의 사역, 그리고 많은 성도들이 몸소 체험하고 경험한 간증들을 모아 문집으로 만들었다는 것입니다.

특히 아름답고 감동적인 내용은 목회자와 성도들의 사랑 이야기로, 우리 성도들 모두가 저자가 되어 행복했던 시간들을 중심으로 한 권의 책으로 나오게 되었을 때 감동하지 않을 수 없었고, 또 자랑하지 않을 수 없습니다.

많은 교회가 있지만, 좋은 교회는 많지 않습니다.

믿는 사람은 많지만, 행복한 성도는 그리 많지 않습니다.

그러나 금성교회는 다른 교회와 달리 부지런하고 열정적이며 앞장서서 솔선수범하고 자신의 건강조차 돌보지 않고 혼신의 힘을 다한 김병호 담임목사와 장로님들과 성도들의 눈물의 기도와 협력으로 교회와 지역을 잘 섬겨 왔기에 좋은 교회로 성장할 수 있었고, 성도들과 지역 주민들이 금성교회를 통하여 행복하다고 고백하니 축하할 일입니다.

세상은 갈수록 악해져 가고 있습니다.

금성교회 창립 70주년을 맞아 어렵고 힘든 가운데서도 여기까지 인도해 주신 하나님의 크신 은혜를 기억하고 감사하며 앞으로 이 시대와 민족을 위해 더 큰 일을 행하여 하나님께 아름답게 쓰임 받는 복된 교회와 행복한 성도들이 되시기를 기원하며 축하드립니다.

금성교회를 사랑하는 목사 김 정 광

(초읍교회 원로목사)

Contents 차례

제1부

70년 금성의 이야기

금성교회는 1953년 3월 1일 설립된 교회로서 이웃과 더불어 정의와 평화가 숨 쉬는 아름다운 세상을 만들기 위해 우리의 몸을 태우고 녹여서 지역에 어둠을 밝히고, 이웃에 사랑을 전하는 생명 공동체입니다.

금성교회는 훌륭한 교회보다 능력 있는 교회입니다. 최고의 교회보다 이웃을 돌아보며 섬기는 참 좋은 교회입니다.

여기에 오시면 여러분의 꿈이 성취됩니다. 여기에 오시면 여러분의 삶이 행복하고 즐거워집니다. 여러분을 위하여 사랑을 주고받으며 인생의 방향을 종결짓는 곳…

"금성교회는 언제나 여러분을 환영합니다."

금성교회의 발자취

❖ **1953년 2월 27일 이사, 3월 1일 첫 예배**

금성교회는 불신자(영도 피난민수용소 소장) 노흥준 씨가 교회 세우는 것을 원하여 차원여 장로님과 수용소 안에 교회를 세우면 좋겠다는 생각에 따라 교회 세울 사람을 찾는 중에 차 장로님이 온천 저희 집(김봉준 장로)에 오셔서 "영도 피난민 수용소에다 교회를 세울 사람 한 분 부탁이 있어 김 장로님이 적합하다 생각되어 왔습니다." 하시는데 나도 마침 '어디 가서 전도하여 교회를 세웠으면' 하는 생각으로 기도하던 중 그 말씀을 하심으로 기쁘게 허락하였다.

이튿날 영도 수용소 소장에게 가서 오겠다는 약속을 하고, 이튿날 수용소 4반에 2월 27일 이사를 하고, 1953년 3월 1일 주일에 차원여 장로 내외, 최창진 집사 내외, 저희 부부 세 가족이 함께 모여 예배를 드렸다.

그 후 4반에서 주일 오전 예배를 시작으로 저녁 예배, 삼일예배를 드리고 8일 주일은 3반에서 예배드렸다.
그리고 산에 가서 교회 세울 힘도 없고 심히 민망하여 늘 기도하는데 소장이 각 집에 100원씩 보조를 받아 5반 자리에 터를 닦고 천막을 사다 쳐 주었다.
그리고 소장이 피난민을 더 데려다가 한 반 더 증설하여 예배드리기를 원했지만, 교회 옆에 또 천막을 쳐서 예배드리는 것은 못마땅하게 생각되어 '교회는 초막이든 하꼬방(판잣집)이든 하나님을 모시는 집이니 신령과 진리로 엄숙하게 예배를 드려야 은혜 받을 것인데 식구들이 많아지면 안 된다'고 반대 의사를 분명히 하였다.

그랬더니 소장님이 그러면 3반과 바꾸자 하기에 다행히 내가 바꾸어 금성교회가 시작되게 되었다.

처음에는 김길창 목사님을 당회장으로 정하고, 노회는 경남노회에 가입하고 김 목사님을 3일 후에 모셔다 남자 집사 3명, 여자 집사 1명, 권찰 1명을 세웠다. 그러는 가운데 나중에 '천막이 헐어서 비가 오면 자리가 젖어 고충이 많다'고 목사님께 말씀드렸더니 당회장 목사님께서 800원을 주셔서 박스를 사다 깔고 예배를 계속 드리게 되었다.

그런 후에 자체적으로 교회를 세울 수 없어 이곳저곳 다니다가 노회 봉사부에 세 차례 가서 도움을 요청하여 겨우 구호 물품 두 개를 얻었다.
구호 물품을 시장에 내다 팔아 네 평 정도의 베니어합판을 사다가 넉자 높이로 벽을 세우고 건축자재가 부족하여 경안 노회에 가서 교회를 지을 보조금을 청원하니 노회원 몇 분이 '앉은 자리에서 헌금하면 헌금이 얼마 안 된다' 하여 노회 구제부와 선교사 구제부와 합동 구제부로 넘기기로 일치 가결하여 주었다.

며칠 후에 초량에 있는 노회와 연합 구제부 미국 선교사 안다슨 목사님께 차도 못 타고 걸어서 다섯 번을 찾아가 도움을 요청하여 허락을 받았으나 결국에는 못 주겠다고 거절당하여 낙심천만으로 눈물 흘리며 집으로 돌아왔다.

그 후에 교회 때문에 늘 기도하던 중 어떤 대학생이 와서 '이 교회에 목사님이 계신가' 묻기에 '목사님은 안 계시고 제가 임시로 교회를 맡고 있다'고 했더니, '그러면 장로님이 목사님 대신 인수증을 써 달라'고 하여 도장을 찍어주고 가보니 차에 구호물자 17개씩 묶은 것 4뭉치를 싣고 와서 금성교회에 지원해 주었다. 얼마나 감사한지……

그 후에 제직들이 모여서 의논하여 구호물자를 팔아 교회를 짓기로 하고 구호 물품을 시내에 나가서 팔았는데 마침 그때 재판소가 서울로 옮겨가고 재판소 직원들이 집을 내놓아서 그 집을 구입하였다.
그 후 구입한 집 하꼬방을 뜯어낸 건축자재로 교회를 지었으니, 이것이 하나님의 은혜인 줄 알고 대학생을 보내주신 하나님께 진심으로 감사를 드렸다.

당시 포로수용소 소장이었던 노흥준 씨가 수용소에 세워진 교회로 구호 물품이 많이 들어오는 것을 알고, 다른 2수용소에 교회를 세워서 그 교회에 들어오는 구호 물품을 자기가 챙기겠다고 하여 내가 반대하자 나를 핍박하기 시작했다. 그러다 소장은 수용소에 구호품이 나오는 것을 팔아먹다 발각되어, 징역 1년 반을 선고받아 징역을 살게 되었다.

그 후 교회에 일꾼이 없어 어려움을 당하여 일꾼을 보내 달라고 하나님께 간절히 기도했더니 하나님께서 나의 기도를 들으시고 좋은 일꾼을 보내 주셨다. 김재중 전도사가 무급으로 일하시다가 서울 신학교에 입학하여 갔고, 이지복 집사가 무급으로 일하시는 중에 연세대학교 교목이신 노윤거 목사님께서 수요 예배에 오셔서 교회를 섬기셨다. 당시 목사님은 사례비도 받지 않으시고 마음과 뜻과 정성을 다하여 금식기도를 하시며 밤낮으로 애써 주셨다.

또한 당신의 물질과 또 조금씩 받으시는 사례도 절반을 나눠서 나를 먹여 주시며 애를 쓰시므로 교회가 날로 부흥되어 교인들이 교회를 떠나지 않고 성령의 감화 받아 혹자는 방언도 하며 예언도 하고 자기 죄를 숨김없이 자복하며 기도함으로 교회가 좁아서 옮겨서 지어 보려고 애를 썼으나 자리와 돈이 없어 옮기지 못했다. 호사다마라 같이 생활하던 교인들이 모두 피난민이고 극빈하므로 자기 사업과 직장을 따라 60가구가 서울로 올라갔고, 7가구가 명신교회로 떠나갔다.

그러나 제직이 일치단결함으로 부흥되고, 지역에서 좋은 교회라는 칭찬을 받았다. 이후에 다시 건축하든지 옮기든지 하려니 물질이 없어 힘든 가운데 있었는데 누군가가 '미군부대 청원하면 재목으로 돕는다'는 말을 들었는데 다시 들으니 베델교회 홍 목사님이 청구하였다.

나중에 홍 목사님께 알아보니 '소용없다' 하시며, 청구한 지 1년이 되어도 아무 소식이 없어서 제주도에서 전도사로 시무하시다가 사임하고 시내에서 메리야스 공장을 운영하면서 자선사업을 많이 하고 설교도 잘하시는 고유삼 전도사님을 한 번 모셔다가 설교해 달라고 부탁을 했다.

그리고 교회 지을 사정을 이야기하면 잘 될 것 같으니 청해 보라 해서 가서 만나 뵙고 설교를 부탁하니 허락하셔서 3차례 설교해 주셨고, 설교 후에 점심식사를 함께하면서 '교회가 좁고 많이 낡아서 곧 다시 지어야하는데 자금 사정상 못하고 있다'고 말씀드리니 고 전도사님께서 고쳐 보자고 하였다.

며칠 후 노 목사님과 대화 중 목사님이 '연세대학교 창고를 헐고 기숙사를 짓는다는데 학장님께 낡은 폐목을 달라고 부탁하면 허락할 것 같으니 물어보자'고 하셔서 학장님께 부탁드렸더니 '와서 가져가라'고 허락해 주셔서 헐어서 폐목을 가져왔다.
나중에 노 목사님이 "장로님만 믿겠소." 하시면서 "우리도 헌금해야지." 하시기로 헌금 작정 주일을 정하였다.

나중에 노 목사님은 타 교회에서 청원이 들어와서 다른 교회로 임지를 옮기고 전도사님을 모셔다가 작정하라고 청하여 예배 후에 건축헌금을 작정하였는데 교인들이 한 1만여 원 헌금하였고, 전도사님이 5만원을 헌금하여 교회를 헐고 건축하였으나 뜻밖에 태풍(사라호)으로 다 날아가 버리는 큰 어려움 가운데서도 온 제직과 교우들이 열심으로 헌금하여 5만원으로 다시 건축하였다.

또한 교회 종이 없어 늘 기도하는 중에 자동차 바퀴를 사다가 쳐 보기도 했다. 봉사부에서 교역자 앞으로 구호물자 반 개씩 주는데 노 목사님께서 '목사님 앞으로 반 개, 저에게 반 개 주는 것과 교인들에게 1개 오는 것까지 다 팔아 쌀을 사다 교인들에게 나눠 주자' 하시기로 제가 목사님께 '교회 종이 없어 늘 안타까우니 이것 두 개 다 팔아 종을 사다 달면 어떻겠나?'고 하니 목사님께서 "좋습니다." 하시기로 구호물자를 팔아 목사님께서 친히 대구까지 가서 종을 3만원 주고 사서 종탑에 교회 종을 달았다. 자동차 바퀴로 종을 치다가 교회 종을 종탑에 달아서 치게 되니 이때 기분이 얼마나 좋았는지 모른다.

처음 교회 이름을 1953년 3월 1일 삼일절 주일에 시작하였으므로 '삼일교회'라 하였더니 당회장 김길창 목사님이 '삼일교회는 초량에 고신측에 있으니 남의 교회 따라 할 것 없이 지역에 새벽 별처럼 빛나는 교회가 되었으면 좋겠다'고 하시면서 '금성교회'라고 짓자고 하셔서 교회 이름을 '금성교회'로 하기로 했다.

그렇게 해서 교회가 건축되고 예배를 드리기 시작하니 하나님의 크신 능력으로 새 가족 5명이 교회에 나왔다.

당시 연세대 분교 교목이셨던 노윤거 목사님께서 사례도 못 받으시면서 밤낮으로 애쓰시며 금식기도 하시므로 교회가 부흥되어 구원사업이 성취되던 우리 교회가 불행하게도 노 목사님이 유학 가시고, 교회가 비어서 교역자를 구하느라고 노회에 부탁해도 없더니 서 장로님이 최창정 강도사를 추천하기로 그분이 몇 교회 째인가 하니, 아마 2~3번째라 하기로 '교역자가 교회를 자주 옮기는 것은 좋지 않다' 했더니 장로님이 신학을 갓 졸업했고 교회 일 잘 본다기에 모셔 와서 강단에 세웠다.

나중에 최창정 강도사가 하나님의 말씀을 한 절 읽고 "소설과 잡담에 은혜가 있다며 예수님의 이적과 기사는 이전엔 있었지만, 지금은 절대 없다며 병자를 위해 기도하는 것은 허사다."라고 하여 이 일로 강도사님과 사이가 좋지 않게 되어 결국 강도사님이 1년여 만에 사임하게 되었다.
지금에 와서 돌이켜보니 모든 것이 다 나의 실수와 잘못이고 하나님 앞에 자복할 것뿐이고 누구를 원망할 것도 없다.

교회에 중직자란? 자기를 살피지 않고 함부로 다른 사람의 외모만 보고 비판하고 판단한 것이 안타깝고, 답답하고, 원통하기 짝이 없다.
결국 내 몸에 병이 나서 고통 중에 있어 불행이었다.

"하나님! 이 죄인이 하나님 앞에 자복하며 회개하오니 용서하여 주옵소서!"

김봉준 장로

❖ 언론에 비친 금성교회(1) | **섬김 사역이 교회 성장으로 이어져**

노인선교 · 장학사업 등 전개, 10년 만에 많은 결실 거둬
독거노인 찾아 심방, 삶의 희로애락 나눠

얼핏 봐도 '슬럼화 지역'이라는 것을 짐작할 만한 곳에 부산노회 금성교회(김병호 목사 시무)가 자리하고 있다.

교회 주변으로 바다가 펼쳐져 있어서 경치는 뛰어나지만, 낡은 집들이 다닥다닥 밀집이 되어 있는 곳이다.

부산에서 대표적으로 낙후된 이곳에서 금성교회는 꿈과 희망을 나누고 있다.
금성교회가 공표한 '공동체 고백'을 보면 이렇다.

"우리는 세상으로부터 부름을 받은 백성이며, 세상으로 보냄 받은 그리스도의 제자들이다. 우리는 날마다 이웃을 돌아본다."

금성교회는 1953년 이북 피난민들이 개척한 교회다.
유구한 역사에도 불구하고 정체를 거듭하다가 현재 담임 김병호 목사가 부임하면서 새로운 전기를 맞고 있다.
사회복지학과 상담학을 공부한 김 목사는 '노인 인구가 많은 반면 관련 서비스는 부족'이라는 지역 상황을 파악한 후 '돌보미 서비스'를 집중적으로 진행했다.
노인들을 찾아 독감 예방접종을 시켜주고, 반찬과 선물을 나누며 마음의 문을 두드렸으며, 2008년 '참 편한 장기요양보호센터'를 설립, 본격적인 노인 선교에 나섰다.

현재 이곳을 통해 40여 명의 노인들이 서비스를 받고 있다.
중풍·치매·노인성 질환에 시달리거나, 독거노인들이 방문 요양을 비롯해서 목욕·병원 동행·청소 및 빨래 등의 도움을 받는다.

김병호 목사는 "행복은 많은 것을 소유하는 데서 오는 것이 아니다."라고 하며, "교회가 재정적으로 어려울 때 노인을 돌보는 일이 사실 쉽지만은 않았지만 기도하며 담대하게 나아갔다."고 밝혔다.
이 센터는 지역사회 일자리 창출도 가져왔다.
노인들을 돌보는 요양 보호사들을 채용하기 때문이다.
센터에서 나오는 수익금은 인건비를 제외하고 다시 사회로 환원시킨다.
이 수익금으로 지역사회 낡은 집 고쳐주기, 도배나 장판 교체, 보일러 기름 공급, 장학금 지급 등에 사용한다.

매년 30명 가까운 학생에게 장학금의 혜택이 돌아간다.
장학금 연간 예산이 1,300만 원 정도로 적지 않은 금액이다.

김 목사는 "여러 복지사역으로 교회에 대한 인식이 좋아지다 보니 자연스럽게 전도 효과도 보고 있다."고 말했는데, 실제로 지난 10년 어간에 출석 성도가 많이 늘어나서 앉을 자리가 없을 정도의 결실을 맺었다.

김 목사는 심방을 다닐 때 교인 가정만 찾는 것이 아니다.
교회에 출석하지 않더라도 홀로 사는 노인들을 찾아서 필요한 것은 없는지 귀를 기울이고, 건강 상태는 어떠한지 챙기고 있다.
김 목사는 "교회가 지역사회를 위해 선교를 하려면 지역 상황을 유심히 살펴야 한다."고 하면서, '가장 적합한 방법은 찾아가서 삶의 희로애락을 들어주는 것'이라고 설명했다.

교회가 지역사회로부터 존재감이 높아지니 교회도 생동감이 넘치고 있다.
자치기관인 남선교회와 여전도회가 예산이 남으면 이월을 하거나 회식 등에 사용하지 않고 구제나 선교 사업에 사용하고 있다.
김 목사는 "우리 교회는 실천, 모범, 사회복지 목회 상을 실천하고 있다. 성도들 모두가 헌신된 하나님의 사람이 되어 사회에 빛을 발할 수 있기를 기도하며 실천에 옮기고 있다."며, "교회 외형 투자보다는 사람 세우는 일, 꿈을 심어주는 일, 좋은 이웃이 되는 일에 더 관심을 쏟고자 한다."고 강조했다.

앞으로 금성교회가 기도하며 준비하고 있는 계획은 "이웃과 더불어 정의와 평화가 숨 쉬는 아름다운 세상을 만들고자 우리의 몸을 태우고 녹이겠다."며, "우리 교회는 최고의 교회보다 이웃을 돌아보며 섬기는 참 좋은 교회가 되기를 소망한다."고 밝혔다.

2014년 1월 16일 (목) 기독공보 신동하 기자

❖ 부산 영도구 영선2동, 독거노인 세대 상수도 설치지원

부산 영도구 영선2동 지역 사회보장협의체(위원장 정용문)는 급수시설비 부담으로 상수도 공급을 받지 못하는 취약계층을 위해 '상수도 무료설치 사업'을 추진했다.

이번 사업은 그동안 어려운 가정 형편으로 상수도 없이 이웃집 물을 얻어 쓰고 있는 관내 독거노인 세대(○○○ 할머니)에 상수도를 설치했으며, 금성교회 김병호 목사의 후원으로 추진되었다.

약 38m의 수도관을 연결하는 큰 공사였지만, 김병호 목사와 영선2동 지역 사회보장협의체, 상수도사업본부 영도사업소의 지원으로 공사를 원활히 마칠 수 있었다.

박영희 영선2동장은 "지역주민의 욕구에 맞는 찾아가는 복지서비스를 이행하기 위해 민·관 협력을 통한 지역자원 발굴에 더욱 힘쓰겠다."고 말했다.

출처: 부산영도구청 보도자료

❖ 언론에 비친 금성교회(2) | 지역을 섬기는 금성교회 소식

부산 영도구와 금성교회는 21일 영도구청 대회의실에서 어윤태 구청장과 김병호 금성교회 목사, 문화자문위원 등이 참석한 가운데 신축 금성교회 내 부지를 문화예술 공간(문학관)으로 무상 제공하는 협약(MOU)을 체결했다고 밝혔다.

이번 협약은 금성교회가 절영로 212(영선동 4가)에 소재하고 있는 기존 교회를 지하 3층, 지상 4층 건물로 신축함에 따라서 신축교회 내 지하 3층 일부를 흰여울 문화마을 지역민들의 문화향유와 문화예술 발전을 위해서 영도구의 문화예술 공간으로 영구 무상 제공함으로써 이뤄지게 되었다.

영도구와 금성교회는 문화 예술 공간 무상제공 협약을 체결한 후 협약서를 공증 받아 상호보관함으로써 협약서 이행을 명확히 할 계획이다.

영도구 관계자는 "흰여울 문화마을 내에 지역주민들을 위한 문화 예술 공간이 부족하였으나, 신축 금성교회에 문화 예술 공간을 조성함으로써 낙후된 지역 문화예술이 한층 발전하는 계기가 될 것으로 기대한다."고 말했다.

2017년 2월 22일 국제뉴스에 보도된 내용

금성교회 연혁

1953. 03. 01. 6·25 전쟁 이후 이북에서 남하한 차원여 장로와 김봉준 장로 외에 7명이 모여 당시 연세대학교 분교 교목으로 계셨던 노윤거 목사님을 모시고 부산시 영도구 영선동3가 285번지에서 창립예배를 드리다. 제1대 노윤거 목사 부임하다.(1960. 3월 사임)

1956. 01. 05. 차원여 장로 별세하다.

1958. 10. 31. 제1대 장로 장립 : 서창훈

1960. 04. 제2대 최창정 강도사 부임하다.(1961. 7월 사임)

1961. 08. 제3대 허순근 목사 부임하다.(1962. 6월 사임)

1963. 03. 제4대 전승보 목사 부임하다.(1963. 7월 사임)

1963. 08. 제5대 강석일 목사 부임하다.(1965. 3월 사임)

1963. 11. 부산시 영도구 영선동 4가 809번지로 교회당 이전하다.

1965. 04. 제6대 전택후 목사 부임하다.(1968. 2월 사임)

1965. 04. 10. 김봉준 장로 별세하다.

1966. 12. 07. 서창훈 장로 별세하다.

1968. 03. 제7대 김정용 목사 부임하다.(1971. 12월 사임)

1968. 07. 02. 제2대 장로 장립 : 차효경

1971. 12. 제8대 김창준 목사 부임하다.(1974. 3월 사임)

1974. 06. 제9대 김정용 목사 부임하다.(1982. 10월 사임)

1981. 11. 29. 제10대 김정한 목사 부임하다.(1998. 7월 사임)

1982. 05. 23. 김정한 목사 위임식을 가지다.

　　　　　　제3대 장로 취임 : 김정일

　　　　　　제1대 집사 안수 : 안창국 · 김병은 · 서금성

　　　　　　제1대 권사 임직 : 백운옥 · 박희하

1982. 08. 교회당 확장공사 준공하다.

1983. 11. 목사관 구입 영선동4가 1366번지(98.10.18 목사관 매각)

1984. 04. 01. 제2대 집사 안수 : 김재옥 · 송재경

　　　　　　제2대 권사 임직 : 김옥산 · 홍종옥 · 신인옥

1988. 12. 11. 제4대 장로 장립 : 서금성

　　　　　　제3대 집사 안수 : 이채상 · 오봉근 · 장진성

1989. 03. 05. 황홍길 전임 전도사 부임하다.(1989. 12월 사임)

1989. 03. 　　교회당 부지 구입 건축헌금 시작하다.

1990. 06. 17. 홍문식 전임 전도사 부임하다.(1991. 4월 사임)

1992. 12. 27. 백운옥 권사 은퇴하다.

1995. 06. 19. 교회당 신축 부지 매입하다.(동삼동 221-126, 207-86, 2필지)

1995. 12. 01. 김병은 집사 은퇴하다.

1996. 12. 25. 제5대 장로 장립 : 안창국

　　　　　　제4대 집사 안수 : 고재만 · 신기종 · 이종득

　　　　　　제3대 권사 임직 : 여복희 · 이향자 · 박재임 · 김혜숙

1997. 12. 23. 홍종옥 권사 은퇴하다.

1998. 10. 18. 영선동 4가 1366번지 목사관 매각하다.

1998. 11. 01. 제11대 전익상 목사 부임하다.(2003. 5월 사임)

1999. 07. 25. 제2차 교회당 확장공사 준공하다.

1999. 10. 31. 차효경 장로 은퇴 및 원로 장로로 추대하다.

1999. 12. 05. 양태왕 전임 전도사 부임하다.(2002. 4월 사임)

2001. 11. 11. 제6대 장로 장립 : 이채상 · 김재옥 · 오봉근

제4대 권사 안수 : 김하분 · 서순옥 · 이영실 · 김옥주

2001. 12. 30. 김정일 장로 은퇴하다.

2002. 08. 14. 차효경 원로 장로 소천하다.

2002. 09. 01. 안창국 장로 소천하다.

2002. 12. 　 고재만 집사(2006. 5. 4. 소천) 여복희 권사 은퇴하다.

2003. 01. 05. 심영숙 전임 전도사 부임하다.(2005. 12월 사임)

2003. 03. 02. 교회 창립 50주년 희년 행사를 가지다.

2003. 11. 04. 제12대 김병호 목사 부임하다.

2004. 02. 16. 미얀마 제4다곤교회 개척 및 탐방하다.(16-20일까지)

2004. 03. 07. 제5대 집사 안수 : 김영정 · 장금성 · 오재삼

　 제5대 권사 안수 : 박박자 · 안순남 · 이남희

2004. 03. 16. 화요전도대 발족하다.(무료 차 봉사, 쓰레기 줍기 시작)

2004. 05. 　 지역주민 초청 경로잔치 시작하다.(2008년까지)

2004. 05. 12. 수요 중보기도회 발족하다.

2004. 05. 15. 교육관 및 사택 매입하다.(영선동4가 990번지)

　 4층 슬래브 건물

2004. 07. 18. 교육관 입당예배를 드리다.

2004. 10. 31. 금성교회 장학부 회칙을 당회에서 제정하고 장학기금을

　 모금하여 매년 1회 지급하도록 하다.

2004. 12. 31. 박희하 권사 은퇴하다.

2004. 12. 　 1 · 2 여전도회를 1 · 2 · 3 여전도회로 분리하다.

2005. 06. 13. 협력 선교지 중국 라자구 교회 방문하다.(13-17일까지)

2005. 06. 29. 임마누엘 의료선교회 초청 지역주민 의료봉사 실시하다.

2005. 12. 　 1남선교회를 1 · 2 남선교회 분리하다.

2006. 01. 　 서대성 전임 전도사 부임하다. (2007. 4월 사임)

2006. 08. 　 지역에 꿈과 희망을 주는 「행복한 이야기」 창간호 발간하다.

2006. 09. 15. 중국 라자구 협력교회 길점애 전도사 초청 간증집회를 가지다.

2006. 12. 17. 제6대 집사 취임 : 이종득

제1대 명예 권사 : 송봉남

2006. 12. 27. 제2교육관(영선동4가 971번지) 매입하다.(4층 슬래브 건물)

2006. 12.　　1·2·3 여전도회를 1·2·3·4 여전도회로 분리하다.

2007. 03. 04. 김병호 담임목사 위임식을 가지다.

2007. 06. 01. 정호일 전임 전도사 부임하다.(2011. 1월 사임)

2007. 10. 01. 제2교육관 입당예배를 드리다.

2007. 12. 12. 1·2 남선교회를 1·2·3 남선교회로 분리하다.

2008. 02. 10. 미얀마 선교지 제2차 방문하다.(2/10-16)

2008. 10. 17. 지역 주민초청 무료독감 예방주사를 접종하다.

2009. 12. 01. 지역에 김장김치를 나누다.

2009. 12. 20. 이채상 장로 은퇴하다.

제7대 집사 안수 : 이영만 · 김윤식 · 이주영

제6대 권사 안수 : 정명덕 · 김외조 · 조인옥

제2대 명예 권사 : 박춘자

2009. 12. 1·2·3·4 여전도회를 1·2·3·4·5 여전도회로 분리하다.

2010. 01. 01. 하계옥 전임 전도사 부임하다.

(2012. 04. 10. 목사안수 후 부목사 청빙, 2012년 12월 사임)

2010. 01. 01. 전교인이 함께 드리는 매일 기도문 기도하기로 하다.

2010. 05. 27. 일신기독병원과 양해각서(MOU) 체결하다.

2010. 07. 28. 청년회 제1차 인도네시아 단기 선교 다녀오다.(7/28-8/2일)

2011. 09. 27. 영선동 4가 975번지 매입하다.

2012. 01.　　1·2·3 남선교회를 1·2·3·4 남선교회 분리하다.

2012. 02. 10. 영도병원과 양해각서(MOU) 체결하다.

2012. 06. 01. 배수홍 전임 전도사 부임하다.(2013. 5. 30. 사임)

2012. 12. 30. 박박자 권사 은퇴하다.

　　　　　　교회학교 학생들과 지역에 장학금을 지급하다.(34명 1,230만원)

2013. 01. 01. 이재영 부목사 부임하다.(2016. 1. 1. 교육목사)

2013. 03. 03. 교회창립 60주년 및 임직식을 가지다.

　　　　　　제7대 장로 장립 : 장금성(19. 12. 16. 사임)

　　　　　　제8대 집사 안수 : 류승진

　　　　　　제7대 권사 안수 : 이미숙

2013. 03. 04. 협력 선교지 필리핀 리잘교회 탐방하다.(3/4-8일)

2013. 10. 20. 교회 옆 건물 영선동 4가 987, 976, 983번지 3채 매입하여

　　　　　　리모델링 확장 감사예배를 드리다.

2013. 12. 25. 안수집사 취임 : 진경열 · 황종근

　　　　　　권사 취임 : 최영심 · 양소득 · 명 난

2014. 03. 01. 교회창립 61주년 기념주일행사로 장기기증 서약식을 하다.

2014. 04. 15. 금성교회가 희망 나눔 캠페인을 통해 이웃사랑을 실천하며

　　　　　　나눔 문화 확산에 기여한 공로가 크므로 이웃돕기 유공자로

　　　　　　선정되어 사회복지 공동모금회로부터 표창패를 받다.

2014. 07. 26. 청년회 제2차 필리핀 단기 선교 다녀오다.(7/26-8/1일)

2014. 11. 09. 은퇴 및 임직식을 가지다.

　　　　　　은퇴자 : 김재옥 장로, 진경열 안수집사, 이향자 권사

　　　　　　임직자 : 제8대 장로 장립 : 이종득(19. 10. 20. 사임 후 전출)

　　　　　　제9대 집사 안수 : 허태환 · 전철범 · 강주수

　　　　　　제8대 권사 안수 : 최명옥 · 이현미

2014. 12. 13. 제1차 지역주민 초청 사랑 나눔 축제를 가지다.

2015. 06. 08. 협력 선교지 인도네시아 은혜의 둥지를 방문하다.(6/8-13일)

2015. 09. 09. 영선동 4가 969번지, 970번지, 967-1번지, 972-1번지 매입하다.

2015. 11. 21. 제2차 지역주민 초청 사랑 나눔 축제를 가지다.

2015. 12. 20. 은퇴식을 가지다.

은퇴자 : 오봉근 장로, 안순남 권사

2016. 01. 01. 송봉길 전임전도사 부임하다.(2017. 11월 사임)
2016. 03. 31. 영선동 4가 977번지(흰여울길 137) 매입하다
2016. 05. 21. 영선동 4가 974번지(흰여울길 169) 매입하다
2016. 06. 13. 영선동 4가 987번지(흰여울길 155), 977번지(흰여울길 137) 매입하다
2016. 07. 25. 중고등부 제1차 청년회 제3차 필리핀 단기 선교 다녀오다.(7/25-30일)
2016. 12. 03. 제3차 지역주민 초청 사랑 나눔 축제를 가지다.

2017. 03. 26. 임직식을 가지다
　　　　　　　제9대 장로 장립 : 신기종 · 이주영(20. 3. 16. 사임)
　　　　　　　제10대 집사 안수 : 송기현 · 명금영 · 박용환 · 차갑성 · 천진수
　　　　　　　제9대 권사 안수 : 이현자 · 김경숙 · 김언미 · 조현숙
2017. 03. 28. 영선동 4가 1046-1번지, 970-2번지(흰여울길 137) 매입하다.
2017. 05. 31. 영선동 4가 970-1번지, 1046-2번지 매입하다.
2017. 10. 01. 교회 신축으로 임시처소에서 예배를 드리다.(영선동 4가 505번지)
2017. 10. 08. 교회 신축 기공예배를 드리다.
2017. 12. 25. 은퇴식을 가지다. 은퇴자 : 정명덕 권사

2018. 03. 11. 양선열 부목사 부임하다. (2022. 02. 06 사임)
2019. 02. 11. 영도구 동삼동 221-126, 207-86 2필지 매각하다.
2019. 08. 19. 교회 신축 준공승인을 받다.
2019. 09. 16. 영도구 영선동 4가 983번지 매각하다.
2019. 09. 29. 교회 신축 입당예배를 드리다.

2020. 11. 29. 임직식 및 은퇴 명예권사 추대식을 가지다
　　　　　　　제10대 장로 장립 : 명금영 · 김영정 · 박용환
　　　　　　　제11대 집사 안수 : 김영민 · 송기문 · 김철우 · 안성웅 · 신성민
　　　　　　　제10대 권사 안수 : 하명희 · 곽성남 · 명정선 · 조미란 · 이미정
　　　　　　　제3대 명예권사 : 김설매

은퇴자 : 신기종 장로, 송기현 집사
최영심 · 박재임 · 김하분 · 양소득 권사

2021. 01. 29. 오봉근 장로 소천하다.
2021. 08. 31. 영도구 흰여울길 193(영선동 4가 995번지) 매각하다.
2021.　　　　2020-2021년 2년간
코로나 팬데믹으로 대면 · 비대면으로 예배를 드리다.

2022. 12. 25. 권사 은퇴 : 김외조 · 명 난, 제4대 명예권사 추대 : 조차순

2023. 03. 05. 교회 창립 70주년 기념 주일로 지키며, 70주년 기념 '금성교회
행복한 이야기' 출판 기념회를 가지고, 장기기증 운동본부와
MOU를 체결하고, 성도들이 장기기증 운동에 동참하다.
또한 창립 특별 감사헌금은 장기기증 운동본부와 튀르키예 지
진피해 복구 지원비로 그리고 금성교회 협력 선교지 선교비로
후원하다.

대한예수교장로회 금성교회 정관 (운영규정)

제1장 총 칙

제1조: 본 교회는 대한예수교장로회 금성교회(통합)라 칭하고 부산노회에 속한다.

제2조: 본 교회는 부산광역시 영도구 영선동4가 990번지에 위치한다.

(2009년 12월 도로명 주소법에 따라 영도구 절영로 212로 주소변경)

제3조: 본 교회는 신·구약 성서와 대한예수교장로회 헌법에 기본하여 예배와 선교와 교육 그리고 봉사 및 성도의 교제를 목적으로 하나님께 영광 돌림에 있다.

제4조: 이 정관(운영규정)을 제정함은 본 교회가 제반 사업을 운영함에 있어서 교회의 평화와 질서를 유지하고 합리적이며 효율적인 방법으로 교회 발전을 기하고 부흥을 도모함에 있다.

제2장 교회정치

제5조: 본 교회는 대한예수교장로회의 헌법에 의거하여 행정과 권징을 당회에서 주관한다.

제6조: 본 교회의 담임목사는 당회, 제직회, 공동의회 회장이 된다.

제7조: 본 교회의 당회, 제직회, 공동의회는 당회장이 소집한다.

제3장 당 회

제8조: 본 교회 당회의 구성은 본 교회에 소속한 목사와 장로로 하며 당회 서기는 매년 연말 당회에서 선임하고 당회와 공동의회의 기록 및 모든 문서를 작성 관리한다.

제9조: 본 교회 정기 당회는 매월 마지막 주일에 당회장이 소집하며 필요시 언제든지 소집한다.

제10조: 당회는 대한예수교장로회 헌법에 따라 교회 내의 모든 임직원과 봉사 자들을 임명하고, 치리 감독한다.

제4장 제직회

제11조: 제직회의 회원은 그 개체교회 시무목사, 전도사, 장로, 집사, 권사, 서 리집사로 한다.

제12조: 정기 제직회는 분기에 1회 회장이 소집하며 필요시 회원 3분의 1 이 상의 요청이 있을 때 제직회 회장이 소집한다.

제13조: 회장은 당회장이 겸하고 서기와 회계를 선정한다.

제14조: 개회는 1주일 전 교회에 공고한 후 예정한 시간에 출석한 자로 개회한다.

제15조: 다음 각 호의 안건을 의결한다.

1. 공동의회에서 의결한 예산집행 사항
2. 예산추가 경정사항
3. 보통재산과 특별헌금 관리사항
4. 교회의 기본재산의 취득과 처분에 관한 사항
5. 기타 중요사항

제16조: 제직회는 다음과 같은 부서를 둔다.

재정부, 건축부, 선교부, 장학부, 전도부, 새 가족부, 사회부, 관리부, 예배부, 미화부, 봉사부, 도서부, 감사부

제17조: 각 제직부서 부서장의 임기는 2년으로 하되 경우에 따라 연임할 수 있다.

제18조: 각 부는 제직원 전원을 각부에 배속한 부원으로 구성하되 특별한 경 우 중복할 수 있다.

제19조: 소관사항 중 중요하다고 인정하는 안건은 해당 부서를 거쳐 당회에 상정하여 그 의결을 받아야 한다.

제5장 공동의회

제20조: 회원은 본 교회 무흠 입교인으로 한다.

제21조: 다음 항과 같은 경우에 당회의 결의로 당회장이 소집하되 일시, 장소, 안건은 1주일 전에 공고한다.
　　　1. 정기회: 1년 1차 이상 정기적으로 회집한다.
　　　2. 임시회: ① 제직회의 청원이 있을 때
　　　　　　　　② 상회의 지시가 있을 때
　　　　　　　　③ 무흠 입교인 3분의 1 이상의 청원이 있을 때

제22조: 개회는 예정한 시일과 장소에 회집한 회원으로 가능하나 회집한 수가 너무 적으면 회장은 시일을 다시 정하여 회집하게 할 수 있다.

제23조: 다음 각 호의 안건을 의결한다.
　　　1. 당회가 제시한 사항
　　　2. 개체교회 예산과 결산사항
　　　3. 직원의 선거사항

제6장 제직 선거 및 임명

제24조: 항존직(장로·안수집사·권사)은 선거할 때 장로는 안수집사 권사의 직분을 맡은 자로 하고 안수집사 권사는 본 교회 제직 임명 5년 이상 된 자로 하여 투표하되 그 방법은 총회 헌법 선거에 따른다.

제25조: 당회는 선거의 공정과 교회의 성결을 유지하기 위하여 선거의 전후와 선거 과정에서 선거에 관한 계몽과 관리에 최선을 다해야 하고 만약 부패한 사안이 발생했을 경우에는 그 관련자의 당선을 무효로 할 수 있다.

제26조: 명예권사 명예집사는 필요에 따라 당회에서 선임할 수 있다.
　　　1) 만 70세 이상인 자
　　　2) 명예권사는 무흠 입교인으로서 제직 직분 10년 이상 교회를 봉사하고 성도에게 모범이 되는 자

3) 명예집사는 무흠 입교인으로서 3년을 경과하고 다른 성도에게 모범이 되는 자

제27조: 서리집사는 다음에 해당하는 남·여 성도 중에서 필요한 인원을 매년 당회에서 선임한다.

1) 만 25세 이상 결혼한 사람 이상으로 만 70세까지
2) 무흠 입교인으로서 2년이 경과하고 세례 후 1년이 지난 자이며 다른 성도들의 신임을 받은 자
3) 타 교회에서 직분을 받은 자는 본 교회 등록 후 6개월 이상 지난 자라야 한다.
4) 총각·처녀 집사를 둘 수 있다. 만 30세 이상 남·녀로 교회 모범이 되고, 충성·봉사·헌신하는 자

제7장 찬양대·교회학교

제28조: 교회학교 부장 및 찬양대 대장은 당회에서 임명한다.

제29조: 찬양대원은 봉사 신청서를 작성하여 각 찬양대 대장의 추천을 받아 당회의 심의 후 당회장이 이를 임명한다.

제30조: 교회학교 교사는 봉사 신청서를 작성하여 각부 부장의 추천을 받아 당회의 심의 후 당회장이 이를 임명한다.

제8장 자치회 및 남·녀 선교회

제31조: 본 교회에 다음과 같은 자치단체를 둔다.

1) 제1남선교회 (74세 이상)
   제2남선교회 (63세-73세까지)
   제3남선교회 (결혼 후-62세까지)
2) 제1여전도회 (72세 이상)
   제2여전도회 (66세-71세)
   제3여전도회 (59세-65세)

제4여전도회 (50세-58세)

제5여전도회 (결혼 후-49세)

3) 청년부 (20세-결혼 전 청년)

4) 학생부 (중·고등학생)

제32조: 모든 자치단체의 회칙 또는 규칙은 당회의 인준을 받아야 한다.

제33조: 각 자치단체는 지도위원 또는 고문을 둘 수 있다.

제9장 교회 재산관리

제34조: 본 교회 재산의 취득 및 처분은 제직회의 결의에 의하여 처리하며, 재산처리 대표자는 당회장(담임목사)이 된다.

제35조: 본 교회 기본재산은 당회에서 관리한다.

제36조: 본 교회의 기본재산이라 함은 본 교회 소유의 동산 및 부동산을 말한다.

제10장 재정관리

제37조: 본 교회 재정은 교인들의 헌금으로 충당한다.

제38조: 본 교회 재정은 본 교회 설립목적 이외에 사용할 수 없다.

제39조: 본 교회의 회계연도는 1월 1일부터 익년 12월 31일까지로 한다.

제40조: 세입 세출 예산안은 공동의회에서 통과하여야 한다.

제41조: 예산을 투명하게 운영하고 공정 정확히 진행하기 위하여 모든 수입과 지출은 결제를 받고 증빙서류를 구비하여야 한다.

제42조: 어느 부서에서나 추가 예산을 신청하고자 할 때는 해당 부서의 결의를 거친 후에 그 사업 내용과 소요 금액을 명시한 청원서를 작성하여 당회에 제출하여야 한다. 당회가 그 예산액을 승인하였을 때에는 제직회에 회부하여 그 동의를 얻어야 한다.

제43조: 제직회 각 부서는 예산 집행사항을 제직회에 보고하며 매년 1회 감사 위원의 감사를 받아야 한다.

제44조: 본 교회의 각부와 모든 기관의 수지 잔금은 반드시 은행이나 이에 준하는 금융기관에 예금하여야 한다.

제11장 부 칙

제45조: 본 정관(운영규정)의 개정 정족수는 당회 출석회원의 3분의 2 이상과 공동의회 출석회원의 3분의 2 이상으로 한다.

제46조: 이 정관(규정)의 미비 사항은 본 교단의 헌법에 따른다.

제47조: 이 정관(규정)은 당회에서 통과한 날로부터 발효한다.

- 2004년 10월 31일 금성교회 당회 제정
- 2005년 11월 30일 (1차 수정 제10장 39조)
  (회계연도를 12월 1일 ~ 익년 11월 30일까지로 함)
- 2007년 11월 25일 (2차 수정 제4장 17조 삽입)
  (8장 31조 1·2남 선교회를 1·2·3 남선교회로 분리하다.)
- 2008년 11월 30일 (3차 수정 제4장 17조)
  (부서장의 임기는 2년으로 하되 경우에 따라 연임할 수 있다.)
- 2009년 11월 29일 (4차 수정 제8장 31조)
  (1·2·3·4·5 여전도회로 분리하다.) - 2009년 12월 (5차 수정 제1장 2조)
  (부산광역시 영도구 영선동 4가 990번지를 도로명 주소법에 따라 부산광역시 영도구 절영로 212로 주소변경)
- 2011년 11월 20일 (6차 수정 제8장 31조)
  (1·2·3 남선교회를 1·2·3·4 남선교회로 분리하다.)
- 2015년 12월 31일 (7차 수정 제10장 40조)
  (회계연도를 1월 1일 ~ 익년 12월 31일까지로 재조정하다.)
- 2016년 12월 11일 (8차 수정 제8장 32조)
  (자치단체 나이를 조정하다.)
- 2020년 1월 12일 (9차 수정 3장 11조 삭제, 15조 4항 추가, 9장 34조 수정)

금성교회 신축 이야기

❖ 금성교회 신축관련 간담회

금번 저희 금성교회가 신축을 하게 되어 주민 여러분을 모시고 인사와 더불어 간담회를 가지고자 합니다. 바쁘시더라도 부디 자리에 함께하셔서 지역 발전에 도움이 되는 많은 의견을 나눌 수 있기를 바랍니다.

일시 : 2017년 9월 7일(목)
시간 : 오후 7시
장소 : 금성교회 제2교육관

금성교회 드림

❖ 금성교회 신축관련 주민 설명회

2017년 9월 7일 (목) 오후 7시 금성교회 제2교육관

1. 연면적 : 220평
2. 건축 면적 : 98평
3. 전체 건축 면적 : 600평
4. 건물 층수 : 7층 (지하 3층, 지상4층)
5. 용적률 : 60% (1종 주거지역)
6. 공사 기간 : 15개월 (9월 말부터 내년 12월 말 이전 공사 완료 계획)
7. 사용 용도
   지하 3층 : 김소운 문학관(지역 문화향상을 위해 무상영구임대)
   기계실, 남·여 선교회실, 체력단련실

지하 2층 : 교육관, 유치부, 아동부, 중·고등부, 청년부, 게스트 룸

지하 1층 : 소예배실, 화장실, 독서실

지상 1층 : 휴게실, 화장실, 사무실, 주차장

지상 2층 : 예배당, 상담실, 재정부실

지상 3층 : 식당, 새 가족실, 화장실

지상 4층 : 담임목사 사택

8. 주민과의 약속 :

지역주민의 안전, 소음, 교통 등 피해 최소를 중점으로 공사를 최단시간에 건축하도록 하며, 지금까지도 금성교회가 지역을 앞장서 섬겨 왔듯이 앞으로도 교회 공간을 지역민(학생-어르신)이 언제든지 활용할 수 있도록 개방하며 교회가 계속 지역을 섬기고 봉사하는 데 최선의 노력을 다하겠습니다.

9. 기타 질의

감사합니다.

❖ 교회 건축을 위한 지역주민 초청 협조문

저를 아시는 분도 계시고 또 모르시는 분도 계셔서 먼저 인사를 드리겠습니다. 저는 금성교회를 담임하고 지역을 섬기며 일하는 종 목사 김병호입니다. 오늘 지역주민들을 초청하여 금성교회 건축을 앞두고 주민들과 간담회를 하게 된 것을 감사드리고 또 우리 금성교회 건축에 지대한 관심을 가지고 바쁘신 가운데서도 참여해 주셔서 깊은 감사를 드립니다.

교회 건물을 신축하면서 지역주민들과의 간담회를 했으면 좋겠다는 통장님의 말씀을 듣고 교회 건축에 관하여 아직 뭐라고 말씀드릴만한 확정된 내용이 없어 어느 정도 윤곽이 드러나면 그때 지역민들을 초청하여 간담회를 하겠다고 말씀을 드렸습니다.

그러던 중 영도신문과 언론에 금성교회를 짓는다는 소문이 나 온 동네 사람들이 난리가 났다고 하여 통장님과 여러 동네 사람들이 논의하여 금성교회 짓는 것을 반대하는 서명운동과 서명을 받고 있다는 소식을 지인을 통해 들었습니다. 그래서 더는 지역민과의 간담회를 미루어서는 안 되겠다는 생각이 들어 오늘 이렇게 지역민과의 간담회를 하게 되었습니다.

이 간담회를 진행하기 전 먼저 지역민들께 양해를 구하도록 하겠습니다.

간담회 순서는 제가 먼저 여러분께 교회 건축에 관한 상황을 설명해 드리고 다음으로 질문을 받고 질문에 대한 답변을 드리도록 하겠습니다.

괜찮으시겠습니까?

저는 영도에서 생활한 지 21년이 되었습니다.

청학동 효성교회에서 전도사로 7년을 생활했고, 그리고 천당 다음으로 살기 좋은 분당과 창원에서 살다가 이곳 영도 영선동 금성교회로 부임하여 지역민들과 함께 생활한 지 벌써 14년의 세월이 지나 영도 사람이 다 되었습니다.

제가 시골 사람이라 그런지 이곳은 시골 같은 분위기와 정이 많아 지역민들과 희로애락을 함께 나누며 살다 보니 이제 가족처럼 정이 많이 들었습니다.

처음 이곳 영도에 와서 보니 영도 지역이 다른 지역보다 많이 낙후되었다는 것을 느낄 수 있었는데, 특히 영선동 도로 밑 이곳은 더욱더 그러했습니다.

왜냐하면 온 나라와 지역이 빠르게 많이 발전하고 있는데 이렇게 경관이 좋은 환경과 여건을 가지고 있는 이곳이지만 왜 발전하지 못하고 낙후된 것일까? 의문이 들기도 했습니다.

그런데 몇 년을 이곳에 와서 지내다 보니 갈수록 더 지역이 낙후되고 폐가와 공가가 많이 생기며 여러 가지 사정으로 아이들과 젊은이 그리고 어른들마저도 영도를 떠나기 시작하여 23만의 인구를 자랑했던 지금의 인구는 10만이 줄어들어 현재 12만 3천 명 정도밖에 안 된다고 합니다.

그래서 그런지 이곳 영선동은 연세 드신 분들과 독거노인 그리고 생활이 어려운 가운데 사시는 분들이 많고, 또 이분들이 사시는 주변 환경과 주거환경이 너무 열악한 가운데 살아가고 있습니다.

그래서 제가 금성교회 부임한 이후 이러한 여러 열악한 조건과 환경에서 살아가는 분들을 보면서 '어떻게 하면 지역민들의 삶의 질을 높이며 사람다운 대접을 받으며 살 수 있도록 돕고 지원하며, 더 나은 환경과 여건에서 살 수 있을까?' 고민하던 중 우리 교인들에게 '교회가 존재하는 목적은 이분들을 섬기고 돕고 지원하며 문제를 해결해 주는 것이다'라고 말씀드려 지금까지 많은 사역으로 지역을 섬기고 있습니다.

먼저 마을을 깨끗하게 청소하자고 제안하여 매주 금요일 40여 명의 봉사자가 마을 청소를 13년간 깨끗하게 청소하고 있습니다.
그래서인지 마을이 매우 깨끗해졌다는 이야기를 지역민들로부터 듣고 있습니다.

지역에 연세 드신 분들과 어려운 분들이 많아 이분들을 섬기는 차원에서 반찬 봉사, 생필품 나눔, 그리고 보일러, 전기, 수도가 고장 나면 가서 무료로 고쳐주고, 또 도배와 장판이 낡은 집은 도배와 장판을 교체해 주었고, 그 외에 많이 낡은 집은 창문과 방문을 교체해 주며 집수리도 해 주었습니다.
그리고 지역 초·중학교 졸업생들과 지역 학생들에게 장학금을 매년 천여만 원 정도 지급하고 있고, 영도구청과 사회복지 공동모금회에도 장학금과 사랑의 성금을 전달하고 있고, 매년 설과 추석에 지역주민들께 작은 선물을 준비하여 지금까지 250여 가정에 나누고 있습니다.

또한 5월 경로잔치와 연말에는 김장김치를 담아 300여 가정에 나누고, 또 지역주민께는 초청 티켓을 나누어 자기가 원하는 물건으로 바꿔 갈 수 있도록 주민 초청 잔치를 벌여 천여만 원 이상을 지원하여 섬기고 있습니다.
그리고 홀로 계신 분들과 거동이 불편한 독거노인 분들을 돌보고 있으며 그 외에도 지역주민들의 애경사에도 함께 참여하여 섬기며 입원하신 지역민들을 방문하여 치료비 지원과 지원 혜택 등을 말씀드리고 지역 노인정을 방문하여 함께 기쁨과 슬픔을 나누고 있습니다.

지역 어르신 가운데는 돌볼 가족이 없어 몸이 불편하면 저에게 전화하여 그 분을 업고 올라가 병원에 입원시킨 적도 한두 번이 아니었습니다.
그래서 그런지 소문이 좋게 나서 관공서와 사회복지 공동모금회로부터 감사패와 표창패를 받기도 하였습니다.

교회가 돈이 많아서 이러한 일들을 추진하려는 것이 아닙니다.
또 주민들께 인정을 받고 칭찬을 듣고 상을 받기 위해서는 더더욱 아닙니다.
어떻게 하면 지역민들의 삶의 질을 높여주고, 사람대접을 받으며 좋은 여건과 환경에서 함께 행복하게 살아갈 수 있을까 해서입니다.

그러던 중 교회가 이곳에 세워진 지 올 3월로 64년이 되었습니다.

또 교회 건물을 지은 지 너무 오래되고 무허가 건물이 많고 낡아 건물에 균열이 생기고 물이 많이 새어 교인뿐만 아니라 지역민들에게도 위험과 안전에 문제가 생기게 되었습니다.

또한 강제 이행금, 변상금, 도로 사용료 등도 매년 부과되는 것도 만만치 않았습니다. 10년 전에는 이 지역이 뉴타운 구역으로 지정되어 일정한 조건이 충족되지 않아 교회를 지을 수 없다고 하여 이곳을 떠나 다른 곳으로 이전하여 교회를 짓고자 하는 마음이 없었던 것은 아닙니다.
그런데 시간이 지난 2년 전 이곳이 뉴타운에서 해제되어, 그러면 이곳에 건축해도 상관이 없는지 구청에 문의를 드렸더니 조건만 맞으면 건물을 못 지을 이유가 없다고 하여 교회뿐만 아니라 누구라도 신축할 수 있다는 답변을 들었습니다.

그 이후 안전 문제와 여러 가지 이유로 더는 건축을 미룰 수 없어 건축을 위한 기도와 준비를 해 왔습니다.
돈이 있어 건축하려고 하는 것이 아닙니다.
그렇다고 교인들에게 부담을 주면서 건물을 지으려고 하는 것도 아닙니다.
약간의 대출을 받아 앞으로 새로운 건물을 지어 지금까지 지역을 섬겼던 것처럼 교인뿐만 아니라 지역민들이 함께 공유하고 사용하는 그런 공간으로 활용하고자 합니다.

저는 대학과 대학원에서 행정과 상담 사회복지를 전공하였습니다.
그래서 제 목회 철학이 지역민들을 위해 섬김 봉사 나눔입니다.
지금까지 지역을 위해 섬기고 봉사하며 나누었던 것이 지역과 관공서에 좋은 소문이 나 관공서에서 지역 발전을 위해 함께 동참해 달라고 도움을 요청하여 영선2동 지역주민 사회보장 협의체 부단장으로 10년간 지금까지 봉사하고 있고, 또 영선2동 주민자치 위원과 구청 민주평통 자문위원으로 섬기고 있습니다.

또 이곳 흰여울 문화마을을 만드는데도 초창기 지역 발전을 위해 협력을 요청하여 지역을 위한 일이라면 적극적으로 도와주고 협력하는 것이 좋다고 생각하여 수용하고 1년여 흰여울 문화마을 초대 대표로 섬겼습니다.

처음 지역민들의 의견을 듣고 좋은 방향으로 일들을 추진해 오다가 계속 제가 앞장서서 이 일을 하는 것은 좋지 않다고 생각하여 대표직을 내려놓고 대표직은 사임해도 지역 발전을 위한 일에는 못 본 체하지 않고 협력 요청이 들어오면 언제든지 최선을 다해 협력과 지원을 아끼지 않았습니다.

지금까지 본 교회에서 지역주민 회의와 영화상영 교육 장소로 사용하고자 할 때도 한 번도 거절한 적이 없었고 또 사용료나 전기세 쓰레기 처리비를 받아본 적이 없으며 오히려 간식까지 제공하며 섬겼고, 오갈 데 없는 어려운 사람에게는 방과 전기세 물세도 받지 않고 무상으로 살도록 하였습니다.
앞으로도 그 마음은 변하지 않을 것입니다.

그리고 흰여울 문화마을 안에서 운영하는 가게나 기관 단체가 지역 특성상 불법으로 운영되는 것에 대해서도 한 번도 이의를 제기하지 않았습니다.
오히려 관공서와 여러 지인분께 이 지역은 무허가 건물이 많아 뭔가 공정하게 일을 추진하고 싶어도 할 수 없는 특수한 상황이라 이 지역의 상황을 고려하여 지역 발전을 위해 어느 정도 할 수 있는 여건과 배려를 부탁하여 지금 운영이 되는 것으로 알고 있습니다.

이제 본론으로 들어가서 건축 설계사께 문의해보니 이 지역은 현재 뉴타운 지역에서 해제되어 3종 주거지역으로 신축할 수 있다 하여 주변 건물을 매입 땅을 확보하고 건축 설계도 해 보았습니다.
앞으로 교회를 신축하게 되면 교인뿐 아니라 지역과 함께 공유하는 그런 건물을 짓고 또 지역민을 위해 문화 공간, 스포츠 공간, 주차 공간, 쉼터 공간, 재해 시 대피지역 공간 그리고 어린이와 학생들 청년, 지역주민들을 위한 도서관 운영, 지역관공서가 감당하지 못하는 그런 부분을 챙기며 지역을 섬기고자 합니다.

그런데 이러한 소식이 누구를 통해 어떻게 구청에 알려지게 되었는지 모르지만, 구청 관계자 분께서 '그러면 구청에 와서 한 번 설명회를 했으면 좋겠다' 하여 구청의 요구로 구청 회의실에서 구청식원, 문화위원, 그 외 여러 명이 모인 가운데 설명회를 하게 되었고, 또 지역을 위해 흰여울 문화마을 관광객을 위해 일부 공간을 무상으로 제공해 주면 좋겠다고 요청하여 그렇게 협력하기로 협약서를 체결하였습니다.

사실 우리로서는 약 50평에 가까운 공간을 무상으로 지역 발전을 위해 제공한다는 것이 쉽지 않은 결정이었습니다.
그러나 교회 장로님들과 성도님들이 쾌히 동참하기로 협력해 주었습니다.

이제 결론을 말씀드리겠습니다.
앞으로 건축이 언제 진행될지는 아직 확실히 알 수가 없습니다.
그러나 건축이 진행된다고 하면 아무래도 지역민들께 분진과 소음 등으로 피해를 준다는 것은 누구보다 잘 알고 있습니다.
물론 가까운 주변 분들께는 더 그렇다고 볼 수 있습니다.
전에도 그랬겠지만, 옆에서 건물을 지으면 신경도 쓰이고 짜증도 나고 불편하기는 이루 말할 수 없습니다.
그러나 언젠가 한 번은 우리 교회뿐만 아니라 이 지역의 건물들은 신축해야 하고 또 지역은 주거환경 차원에서 발전해야 합니다.

그리하여 과거와 현재 미래가 함께 아우를 수 있는 그런 지역이 되어야 합니다.
과거에 얽매이면 아이들과 젊은이들이 이 지역에 남을 수가 없습니다.
그렇다고 너무 미래만 추구하면 우리 어르신들이 살기 어렵습니다.
반드시 이곳은 앞일을 위해서라도 아이로부터 젊은이 그리고 어르신들까지 모두 함께 이 지역에서 같이 살아가야 합니다.

옛 모습을 보존하며 과거에만 얽매이면 이 지역은 관광객들만 왔다가 시끄럽게 떠들다 쓰레기만 버리고 가게 될 것입니다.
또 일부는 이 일로 인해 돈을 벌기도 할 것입니다.
다 좋은 일입니다.
그런데 통영 동피랑과 감천 문화마을이 처음에는 조용한 마을로 있다가 관광객이 몰려와 처음에는 좋았다고 합니다.
그러나 지금에 와서는 오히려 주차 문제, 소음 문제, 쓰레기 문제 등으로 몸살을 앓고 불편함을 많이 호소하고 있다고 합니다.
우리 지역도 벌써 그런 얘기를 하기도 합니다.

저는 이제 그런 전철을 밟지 않기 위해서는 좀 더 체계적으로 많은 준비를 해야 한다고 봅니다.

그런 차원에서 우리는 아이로부터 어른에 이르기까지 우리 주민들이 먼저 행복할 수 있도록 그리고 함께 어울릴 수 있는 좋은 환경과 여건을 만들어 정말 살기 좋은 영선동을 만들어야 할 것입니다.

교회를 짓는다고 하니 마을 주민 몇 분이 한 번도 교회를 오신 적이 없는데 지역을 위해 좋은 일 한다고 어떤 분은 50만원 또 어떤 분은 100만원, 200만 원을 주시고 가는 분도 계십니다.

정말 어렵고 힘든 환경이라는 것을 누구보다 더 잘 알고 있기에 극구 사양하며 안 된다고 말씀드려도 끝내 건네줄 때는 눈에서 감동의 눈물이 흘러나왔습니다.

님비현상(not in my backyard)이라는 말이 있습니다.

'나는 해도 되고 남이 하면 안 되는' 이런 이기주의, 개인주의, 집단 이기주의 를 가지고 있지는 않습니까?

또 남이 나를 이해해 주기를 바라면서 나는 남을 이해해 주지 못하는 그런 마음은 없습니까?

내가 하면 사랑이고 남이 하면 스캔들이라고 말하지는 않습니까?

앞으로 언젠가 여러분들도 한 번은 건물을 지을 때가 있을 텐데 다른 사람이 잘 되면 배 아파 하고 시기 질투하고 미워하며 방해를 하기보다 오히려 이웃이 잘 되면 손뼉 쳐 주고 또 어려움에 처하면 위로와 격려를 해 주시면 어떻겠습니까?

요즘같이 나라가 어수선하고 혼란하며 갈등과 분열로 살아가기 어렵고 힘든 이때 서로 격려하고 위로하고 도와주고 조금 양보하고 이해하며 참아주고 살아가는 것이 진정한 행복이요, 사람 살아가는 의미와 가치가 아닐까요?

종교가 다르다는 이유로 서로를 배격하고 멀리하고 싫어해서는 안 될 것입니다. 어떤 종교를 가졌든 안 가졌든 역지사지의 입장에서 내가 대접받기를 원한다면 먼저 대접하는 그런 마음으로 우리의 마음과 생각의 폭을 조금 넓히고 가치와 사고를 확장시켜 너도 살고 나도 살고 우리가 모두 함께 살기 좋은 그런 환경 에서 살아가는 곳이 되었으면 좋겠습니다.

앞으로 건물이 언제 짓게 될지 모르지만 짓게 된다면 지역민과 잘 협력해서 소음 분진, 교통 등으로 인한 피해를 최소로 줄이도록 여러모로 최대한 신경을 쓰고 노력을 기울여 최단 시간 안에 안전하게 그리고 지역의 특성을 살려 아름 답게 잘 짓도록 하겠습니다.

지역민들께 피해가 안 갈 수는 없겠지만 피해를 줄이도록 최선의 노력을 다하도록 하겠습니다.

지금까지도 지역을 위해 열심히 섬겼는데 앞으로도 건물을 지어 지역과 지역민 그리고 찾아오는 관광객들을 위해 더 잘 섬기도록 하겠습니다.

너그러운 마음으로 이해해 주시고 잘 부탁을 드립니다.

그리고 건축이 진행되면 통장님을 통해 소식을 알리고 또 언제든 지역민들의 얘기를 귀담아 듣고 문제 해결에 힘쓰도록 노력하겠습니다.

끝으로 지역의 문제이든 개인의 문제이든 궁금한 사항이나 해결해야 할 문제가 있으시면 저에게 문의해 주십시오.

저의 아는 지식을 최대한 발휘하여 해결해 드리도록 최선을 다해 돕도록 하겠습니다.

긴 시간 경청해 주셔서 감사를 드립니다.

혹시 궁금한 사항 있으시면 질문을 받도록 하겠습니다.

2017년 3월 21일 화요일 김병호 목사

❖ 교회 건축을 위하여

온 교인이 함께 교회 건축을 위하여 오래 전부터 기도하고 준비해 왔습니다. 그런데 하나의 교회를 새롭게 신축한다는 것이 결코 쉬운 일이 아닙니다. 성경을 보면 느헤미야가 예루살렘 성이 훼파되고 여러 성문들이 전소되었다는 소식을 듣고 주저앉아 슬퍼하며 수일 동안 하나님 앞에 금식하며 성전 건축을 위해 기도함으로 하나님의 응답을 받고 예루살렘 성전을 새롭게 중건하였습니다. 수천 년 전 그 시대에도 성전은 하나님의 응답이 없이는 건축할 수 없다는 것을 우리는 잘 알고 있습니다.

일반 가정집을 짓는 것도 결코 쉬운 일이 아니거늘 60여 년 만에 처음으로 우리 금성교회를 새롭게 신축한다는 것이 교우들에게 기쁨과 감격의 일이지만 결코 쉬운 일이 아닙니다. 그러기에 우리 교우들은 느헤미야 같이 수일간 매일 건축을 위해 금식기도는 못하지만 그래도 새롭게 신축될 교회를 위해 전 교인들이 한마음 한뜻으로 매일 릴레이 기도를 하고 있습니다.

계획보다 조금 지연이 되어 모두가 염려하는 마음으로 건축을 위해 기다리며 기도를 하고 있지만 분명 하나님께서는 가장 좋은 때에 가장 좋은 방법으로 느헤미야의 기도처럼 응답해 주시리라 믿습니다.

이제 성전 건축을 앞두고 우리는 무엇보다도 믿음으로 건축되기를 기도해야 할 것입니다.
그리고 믿음에 입을 열어주시고 같은 마음, 같은 뜻, 같은 생각으로 하나 되어 아름다운 건축이 이루어지게 해야 할 것입니다.
건축 중 무엇보다도 한 건의 안전사고도 없어야 할 것이고, 건축에 시행착오가 없이 아름답게 건축이 이루어져 지역과 세상에 소금과 빛과 같이 선한 영향력을 끼치는 축복의 통로와 복의 근원 된 교회가 되어야 할 것입니다.

기도 외에는 이런 유가 있을 수 없습니다.
사람이 계획을 세웠을지라도 그 걸음을 인도하시는 이는 하나님이시니 하나님께서 위대한 과업을 이루어 가시도록 우리는 더욱 기도에 힘써야 할 것입니다.
겉으로만 아름답고 멋있는 교회일 뿐 아니라 지역을 잘 섬기고 이웃을 위해 봉사하며 주님과 같이 네 이웃을 내 몸과 같이 잘 섬기기를 원하는 선교 센터로서의 역할을 잘 감당할 수 있도록 많은 기도를 부탁드립니다.

앞으로 건축을 하는 모든 일에 많은 비용이 들어갈 것입니다. 그러나 이러한 일들도 온 교우들이 마음을 같이 하고 뜻을 같이 한다면 문제가 없으리라 봅니다.
지금까지도 열심히 기도하며 협력해 주신 것처럼 앞으로도 변함없이 새벽 별과 같이 빛나는 금성교회가 아름답게 건축될 수 있도록 많은 관심과 사랑 기도를 부탁드립니다.

2016년 새롭게 지어질 금성교회의 건축을 기도하며
진경열 안수집사

❖ 힘들고 지칠 때 '힘내세요?'의 한마디

살다보면 힘들고 지칠 때가 종종 있습니다.
'오를 때 보이지 않던 꽃 내려올 때 보게 되었네'라는 어느 시인의 글귀처럼 내가 건강하고 내 배가 부를 때에는 아프고 배고픈 사람이 눈에 잘 보이지 않지만, 건강을 잃고 내 배가 고파보면 내 주위에 아프고 배고픈 사람이 너무 많다는 것을 깨닫게 됩니다.

내 밥그릇이 가득차서 남의 밥그릇이 빈 줄을 모를 때가 있고 사랑을 받기만 하다 보니 사랑에 굶주려 있는 사람을 못 볼 때도 있습니다.
'건물은 지어 놓은 것 사고 절대 짓지는 말라'는 옛 어르신들의 말씀과 같이 건물을 새로 신축하는 일이 결코 쉬운 일이 아닌 것을 이번에 교회를 신축하게 되면서 깨닫게 되었습니다.

성전 건축에 대한 꿈을 가지고 함께 기도하며 기다려온 64년의 세월, 관할청의 허가를 득하여 부푼 꿈을 안고 우리도 주변에 건물들이 신축되어 올라가는 것을 보면서 쉽게 올라가겠다고 생각하고 임시 예배처소를 옮겨 그렇게 소원했던 교회 신축이 시작되는데 예상치 못했던 난관에 부딪히게 되었습니다.

이런 일들이 없기를 바라면서 평소 겸손한 자세로 지역을 위해 봉사하고 섬기며 이웃과도 가족처럼 하하 호호하며 잘 지냈는데 막상 신축이 진행되니 서로의 의견이 분분하여 말 한마디가 오해되고 비수가 되어 서로의 마음에 상처를 주기도 했습니다.
개개인의 생각과 주관이 다 다르다 보니 누구를 탓할 것 없지만 조금만 서로 이해하고 양보하면 되는데 그게 그렇게 쉽지 않았습니다.

교회 신축으로 인해 개인적으로는 살이 5Kg이나 빠졌고, 머리도 더 많이 하얗게 세었을 정도로 여러 가지 일들로 지치고 피곤하여 너무 힘들 때도 많고, 신경을 안 쓴다고 하지만 잠 못 이룰 때도 많습니다.
저뿐만 아니라 우리 교우들도 그렇고 함께 잘 지냈던 이웃들도 마찬가지라 봅니다.
교회 신축으로 죄인 아닌 죄인이 되어 고개를 못 들고 다닐 때도 많고 진행되는 과정에 안전에 대한 불안과 소음과 분진으로 이웃들이 감내해야 하는 고통 또한 많으리라 생각되어서 그저 미안하고 죄송할 뿐입니다.
그리고 조금만 참고 기다려 달라는 말씀 외에 드릴 말씀이 없습니다.

행여 이번 일로 서로 간의 마음 상한 일이 있다면 너그러이 용서해 주십시오. 전에도 지역민을 사랑했고 지금도 사랑하고 앞으로도 사랑하고 잘 섬길 것입니다. 그래도 많은 지역민께서 "목사님! 많이 힘들지요? 걱정하지 마시고 힘내세요! 앞으로 좋아질 것입니다."라는 위로와 격려의 말 한마디에 정말 힘이 납니다.

감사합니다.
앞으로 지역민들로부터 받은 사랑 잘 키워서 많은 이들에게 함께 나누어 풍성히 채워 나가겠습니다.

2017년 12월 김병호 목사

❖ 성전 건축을 하고 나서

성전 건축은 누구나 꿈꿀 수 있지만, 아무나 할 수 있는 일은 아닙니다.
다윗 왕이 그렇게 성전을 건축하고 싶었지만, 그가 전쟁을 통하여 많은 피를 흘렸다고 하나님께서 허락하지 않으시고 그의 아들 솔로몬을 통하여 성전을 건축한 것과 같습니다.

금성교회 건축도 지금까지 믿음의 선배들이 60여 년을 지나오면서 몇 번이나 건축하려고 애를 많이 썼지만 건축하지 못하였고, 이번 교회설립 67년을 맞이하면서 건축을 아름답게 잘 마무리하여 지난 9월 28일 많은 사람들의 축하와 격려 가운데 입당식을 마치게 되었습니다.
지금에 와서 건축하는 2년여의 세월을 돌이켜보니 전적인 하나님의 은혜와 섭리였음을 고백하지 않을 수 없습니다.

과거 이스라엘이 바사 왕 고레스 원년에 유다 백성들이 바벨론 포로에서 귀환하여 예루살렘 성전이 불타 훼파된 모습을 보고 눈물을 흘리며 에스라와 느헤미야를 중심으로 성전을 재건하게 되었습니다.
그런데 얼마나 많은 박해와 비난 어려움이 있었는지 모릅니다.
그러나 성전 건물을 짓다가 중단되는 일이 있었지만 끝내는 성전을 새롭게 중수하여 하나님께 영광을 돌리게 되었습니다.

마찬가지로 금성교회 건축하는 과정도 절대 순조롭지 않았습니다.

1년여의 세월이면 건축할 수 있으리라 생각했는데 막상 시작하니 난공사와 더불어 2년여의 세월이 걸리게 되었습니다.

평소에 지역을 잘 섬겨 민원도 없으리라 생각했는데 막상 공사를 시작하니 한 달여 이상 예루살렘 성전을 건축할 때처럼 박해와 비난, 민원이 계속되었고, 공사과정에서도 순조로이 잘 진행되리라 생각했는데 결코 우리의 마음대로 진행되지 않아 많은 어려움이 있었습니다.

그럼에도 불구하고 우리는 교회 건축에 대한 꿈을 포기하지 않고 새벽으로 낮으로 밤으로 온 성도들이 함께 기도하였더니 하나님께서는 우리의 꿈과 소망 기도를 외면치 않으시고 그 힘들고 어려운 건축 과정에 하나님께서 도와주셔서 아름다운 성전을 완공하게 되었습니다.

지난해 9월 입당식 때 얼마나 감격스러웠는지 모릅니다.
그리고 또 하나님께 감사했는지 모릅니다.
눈물이 울컥 쏟아졌습니다.
한 송이 국화꽃을 피우기 위해서 밤새도록 소쩍새가 그렇게 울었던 것처럼 우리도 얼마나 마음 졸이며 기도했는지 모릅니다.
지금에 와서 이렇게 좋은 곳에 가장 아름답게 지어진 교회의 모습을 볼 때 얼마나 자랑스러운지 모릅니다.
아마 하나님께서도 그렇게 생각하시리라 믿습니다.

주차장 하나 없는 좁은 공간에 미로 같았던 금성교회!
여러 가지 불리한 조건으로 평생 교회 건축을 할 수 없으리라 생각했던 교회 건축이 하나님의 은혜로 불가능을 가능으로 넓은 공간을 확보하여 교회 설립 67년 만에 기념비 같은 건축을 하게 되었습니다.
이제 앞으로 건물을 남기는 교회가 아닌 사람을 남기는 교회로 미래의 일꾼을 키우고, 우리만을 위한 교회가 아니라 지역과 함께 공유하며, 초대교회와 같이 하나님과 지역 속에 칭송을 받으며 많은 영혼을 주께로 인도하는 축복의 통로가 되기를 기원합니다.
교회 건축에 함께한 목사님을 비롯하여 모든 분께 진심으로 감사를 드립니다.

2020년 3월 안수집사 진경열

❖ 당회 회의록(1)

일 시 : 2019년 1월 20일 주일 (오후 13시 30분)
장 소 : 부산광역시 영도구 절영로 212 (본 교회 당회실)
안 건 : 동삼동 교회 대지 매매건
참석 인원 : 총인원 5명 중 5명 참석

당회장인 김병호 목사가 운영규정에 따라 회의 정수에 달하는 회원이 출석하였으므로 본 회의가 적법하게 성립되었음을 알리고 개회를 선언하며 다음의 안건을 부의하며 심의를 구하다.

안건 내용

1. 부동산 표시
   1) 부산광역시 영도구 동삼동 221-126 349㎡와
   2) 부산광역시 영도구 동삼동 207-86 (국 산림청 외1인) 208/360㎡ 2필지 557㎡
2. 매매 금액 : 육억 원(600,000,000원)
3. 매수인 표시
   1) 매수인 주소 : 서울특별시 강남구 테헤란로 25길 20, 132호 (역삼동, 역삼현대벤처텔)
   2) 법인명 : 주식회사 스테이어스(STAY US Co., Ltd.)
   3) 사업자(법인) 등록번호 : 110111-6351912
   4) 대표이사 : 최 옥 규 (인)
4. 본 부동산을 매매함에 있어 대표자는 금성교회 담임목사인 김병호 목사를 대표자로 선임하다.

본 당회는 신축 중인 건축자금 마련을 위해 위 안건 내용과 같이 매매하기로 가결하다.

본회 회장인 담임목사 김병호는 위와 같음의 확인을 구한 즉 참석자 전원이 이의 없이 가결하여 이상으로서 본 회의 목적인 의안 전부 심의를 종료하였으므로 폐회하자는 동의 재청에 따라 폐회하다. (종료시간 오후 13시 50분)

2019년 1월 20일

대한예수교장로회 금성교회(주소 : 부산광역시 영도구 절영로 212) 대표자 : 담임목사 : 김병호 목사 (인)
참석자 김병호 목사 (인) 장금성 장로 (인) 이종득 장로 (인) 신기종 장로 (인) 이주영 장로 (인)

❖ **당회 회의록**(2)

일　　시 : 2019년 9월 1일 주일 (오후 13시 30분)
장　　소 : 부산광역시 영도구 절영로 212 (본 교회 당회실)
안　　건 : 교회 신축건물 사용내역서
참석 인원 : 총인원 4명 중 4명 참석

본 당회 회장인 담임목사 김병호는 운영규정에 따라 회의 정수에 달하는 회원이 출석하였으므로 본 회의가 적법하게 성립되었음을 알리고 개회를 선언한 후 다음의 안건을 부의하며 심의를 구하다.

안건 내용

1. 부동산 표시
　　1) 부산광역시 영도구 절영로 212 신축건물 연면적 1,641.2086㎡
2. 금성교회 건물사용 내역서

구 분	사용 내역
3층	식당, 새 가족실, 목양실
2층	본당 대예배실
1층	주차장, 사무실, 휴게실
지하 1층	소예배실, 사택(담임목사)
지하 2층	찬양대실, 유치부실, 아동부실, 친교실
지하 3층	체력 단련실, 남·여 선교회실, 청년부실

　　본 당회는 위 건물에 표시된 내용대로 건물 전체를 교회가 사용하기로 가결하다.

3. 본 건물을 등기함에 있어서 대표자는 금성교회 담임목사인 김병호 목사를 대표자로 선임하다.

본회 회장인 담임목사 김병호는 위와 같음의 확인을 구한 즉 참석자 전원이 이의 없이 가결하여 이상으로서 본 회의 목적인 의안 전부 심의를 종료하였으므로 폐회하자는 동의 재청에 따라 폐회하다. (종료시간 오후 13시 50분)

2019년 9월 1일

대한예수교장로회 금성교회(주소 : 부산광역시 영도구 절영로 212)
대표자 : 담임목사 : 김병호 목사 (인) 당회 서기 : 이종득 장로 (인)

❖ 당회 회의록(3)

일   시 : 2019년 9월 15일 오전 예배 후 (13:30)
장   소 : 대한예수교장로회 금성교회 당회실
참석 인원 : 총 3명 중 3명 참석
담임 목사 : 당회장 김병호 목사
서   기 : 이종득 장로

당회장인 김병호 목사가 기도 후 정관(규약)에 의거 합법적으로 당회가 개회됨을 선언하다.

■ 결의사항:

- 1호 안건 : 대한예수교장로회금성교회 건물신축공사로 인한 토지, 건물 담보대출 승인의 건
  가. 차 입 은 행: 한아름 새마을금고
  나. 대출신청금액: 금 팔억 구천만원(₩890,000,000)
  다. 채권최고금액: 금 십억 육천팔백만원(₩1,068,000,000)
  라. 채권최고금액 내역: 2018년 01월 19일 제1734호로 접수된 근저당권설정 채권최고금액 금 삼억 육천만원(₩360,000,000)과 추가로 2019년 09월 16일 제22625호로 접수된 근저당권설정 채권최고금액 금 삼억 육천만원(₩360,000,000)을 유용하고 근저당권설정 채권최고금액 금 칠억 팔백만원(₩708,000,000)을 추가하기로 함.
  라. 차입기간: 차입일로부터 3년
  마. 담보내용: 별지 기재사항과 같음.
  바. 기타사항: 위에 명시되지 않은 사항에 대해서는 당회장이 한아름 새마을금고와 협의하여 결정한다.

- 2호 안건 : 대표자 선임의 건: 위 대출을 실행하기 위하여 대표자 선임의 필요성을 설명하고 그 가부를 물은 바 대표자 김병호 담임목사가 선임되다.
  선 임 자: 김 병 호
  주민번호: 000916-1000000
  주 소: 부산광역시 영도구 절영로 212
  위 안건을 처리한 후 당회장이 폐회 기도를 마치고 위 결의사항을 명확히 하기 위하여 본 회의록을 작성하여 출석한 당회원 전원이 기명날인하다.
      대한예수교장로회 금성교회(부산광역시 영도구 절영로 212 (601-82-03714)) (인)

위 결의 내용이 상위 없음을 확인합니다.

담임목사 : 김병호 (인) 서기: 이종득 (인) 당회원: 이종득 (인) 당회원: 신기종 (인)

■ 대지의 별지 기재사항

① 부산 영도구 영선동 4가 987, 대지 43㎡
② 부산 영도구 영선동 4가 974, 대지 15㎡
③ 부산 영도구 영선동 4가 977, 대지 22㎡
④ 부산 영도구 영선동 4가 969, 대지 7㎡
⑤ 부산 영도구 영선동 4가 970, 대지 15㎡
⑥ 부산 영도구 영선동 4가 967-1, 대지 3㎡
⑦ 부산 영도구 영선동 4가 972-1, 대지 4㎡
⑧ 부산 영도구 영선동 4가 976, 대지 43㎡
⑨ 부산 영도구 영선동 4가 988, 대지 24㎡
⑩ 부산 영도구 영선동 4가 990, 대지 73㎡
⑪ 부산 영도구 영선동 4가 975, 대지 14㎡
⑫ 부산 영도구 영선동 4가 971, 대지 60㎡
⑬ 부산 영도구 영선동 4가 1046-1, 대지 75㎡
⑭ 부산 영도구 영선동 4가 970-2, 대지 1㎡
⑮ 부산 영도구 영선동 4가 970-1, 대지 4㎡
⑯ 부산 영도구 영선동 4가 1046-2, 대지 4㎡
⑰ 부산 영도구 영선동 4가 505, 대지 5㎡
⑱ 부산 영도구 영선동 4가 722, 대지 9㎡
⑲ 부산 영도구 영선동 4가 989, 대지 40㎡
⑳ 부산 영도구 영선동 4가 994, 대지 223㎡

■ 건물의 별지 기재사항

건물의 표시: 부산광역시 영도구 영선동 4가 990, 969, 970, 9701-1, 970-2,
　　　　　　971, 974, 975, 976, 977, 987, 988, 989, 994, 1046-1, 1046-2
도로명 주소: 부산광역시 영도구 절영로 212
철근 콘크리트구조 (철근) 콘크리트지붕 3층 제2종 근린생활시설
지하3층 282,3046㎡　　지하2층 284,1582㎡　　지하1층 313,553㎡
1층 139,9876㎡　　　　2층 310,6026㎡　　　　3층 310,6026㎡

❖ 당회 회의록(4)

일　　시 : 2020년 8월 2일 주일 (오후 13시 30분)
장　　소 : 부산광역시 영도구 절영로 212 (본 교회 당회실)

안　　건 : 교회 건축(증축) 준공에 의한 등기신청에 관한 건

참석 인원 : 총 4명 중 4명 참석

당회장인 김병호 목사가 운영규정에 따라 회의 정수에 달하는 회원이 출석하였으므로 본 회의가 적법하게 성립되었음을 알리고 개회를 선언한 후 다음의 안건을 부의하며 심의를 구하다.

1. 안건 내용

1) 교회 건축(증축) 준공에 의한 등기신청에 관한 건

2) 부동산 표시

부산광역시 영도구 절영로 212 (부산광역시 영도구 영선동 4가 969, 970, 970-1, 970-2, 971, 974, 975, 976, 977, 987, 988, 989, 994, 1046-1, 1046-2)

3) 건축(증축)신고 수리사항

- 연면적 1,641,2086㎡→1,682,7244㎡ 층수: 지하3/지상3층, 지상4층

- 지상3층 종교시설(교회) 310,6026㎡→종교시설(교회) 41,5158㎡

　증축 종교시설 - 310,6026㎡

- 지상4층 종교시설(교회) 310,6026㎡(기존 지상3층 →지상4층)

4) 유아실 증축 소요 경비: 증축설계 400만원, 소방설비 400만원, 내부 인테리어 200만원 기타 100만원 총 경비 일천백만원(1,100만원)을 지출 함

5) 교회는 신축 후 유아실 증축 준공을 완료하였기에 본 당회는 건물을 등기하는 것에 결의하고 건물을 등기함에 있어서 대표자는 금성교회 담임목사인 김병호 목사를 대표자로 선임하다.

- 주민등록번호 : 660916-191441 - 주소 : 부산광역시 영도구 절영로 212

본회 회장인 담임목사 김병호는 위와 같음의 확인을 구한 즉 참석자 전원이 이의 없이 가결하여 이상으로서 본 회의 목적인 의안 전부 심의를 종료하였으므로 폐회하자는 동의 재청에 따라 폐회하다. (종료시간 오후 13시 50분)

위 사항은 사실과 상이 없음을 확인합니다.

2020년 8월 2일

대한예수교장로회 금성교회(주소 : 부산광역시 영도구 절영로 212)

대표자 : 담임목사 : 김병호 목사 (인) 당회 서기 : 김영정 장로 (인)

❖ **당회 회의록**(5)

일   시 : 2021년 8월 15일 주일 (오전 10시 00분)
장   소 : 부산광역시 영도구 절영로 212 (본 교회 당회실)
안   건 : 교회 옆 찬양대실 대지 및 건물 매매건
참석 인원 : 총인원 4명 중 4명 참석

당회장인 김병호 목사가 운영규정에 따라 회의 정수에 달하는 회원이 출석하
였으므로 본 회의가 적법하게 성립되었음을 알리고 개회를 선언한 후 다음의
안건을 부의하며 심의를 구하다.

■ 안건내용

  1. 부동산 표시
     부산광역시 영도구 영선동 4가 995번지 40㎡(12.1평)
     (부산광역시 영도구 흰여울길 193)
  2. 매매금액 : 일억천오백만원(115,000,000원)
  3. 매수인 표시
     1) 매수인 주소 : 부산광역시 수영구 남천동로 41, 101동 1202호
     2) 이 름 : 이 예 선 (인)
  4. 본 부동산을 매매함에 있어 대표자는 금성교회 담임목사인 김병호 목사
     를 대표자로 선임하다.

본 당회는 신축 전 찬양대실로 사용하던 대지와 건물을 교회 신축 후 남아
있는 부채 상환을 위해 위 안건 내용과 같이 매매하기로 가결하다.

본회 회장인 담임목사 김병호는 위와 같음의 확인을 구한 즉 참석자 전원이
이의 없이 가결하여 이상으로서 본 회의 목적인 의안 전부 심의를 종료하였
으므로 폐회하자는 동의 재청에 따라 폐회하다. (종료시간 오후 10시 30분)

2021년 8월 15일
대한예수교장로회 금성교회(주 소 : 부산광역시 영도구 절영로 212)
대표자 : 담임목사 : 김병호 목사 (인)
참석자 : 김병호 목사 (인) 명금영 장로 (인) 김영정 장로 (인) 박용환 장로 (인)

❖ 당회 회의록(6)

일   시 : 2022년 9월 25일 오전 예배 후 (13:30)
장   소 : 대한예수교장로회 금성교회 당회실
참석 인원 : 총 4명 중 4명 참석
담임 목사 : 당회장 김병호 목사
서   기 : 김영정 장로

당회장인 김병호 목사가 기도 후 정관(내규)에 의거 합법적으로 당회가 개회됨을 선언하다.

■ **결의사항:**

- **1호 안건 :** 대한예수교장로회 금성교회 건물 신축공사로 인한 담보대출의 만기 도래로 인하여 대출 연장 및 4층 건물 증축으로 건물에 대한 추가 근저당권 설정 승인 건.

  가. 차 입 은 행 : 한아름 새마을금고

  나. 대출신청금액 : 사억 삼천만원(₩430,000,000)

  다. 채권최고금액 : 금 십억 육천팔백만원(₩1,068,000,000)

  라. 채권최고금액 내역:

   토지- 2018년 01월19일 제1734호 근저당권 설정(채권최고금액 ₩360,000,000) 및 2019년 10월08일 제24353호 근저당권 설정(채권최고금액 ₩708,000,000)

   건물- 2019년 09월16일 제22625호 근저당권 설정(채권최고금액 ₩360,000,000) 및 2019년 10월08일 제24353호 근저당권 설정(채권최고금액 ₩708,000,000)

   ※ 건물 4층 증축으로 인해 건물 제22625호 추가근저당권 설정을 말소 후 추가근저당권 설정을 다시 추가하기로 함(채권최고액 기존과 동일하게 설정).

  마. 차입기간 : 대출만기일(2022.10.08.)로 부터 35개월(2025.09.08.)

  바. 담보내용 : 별지 기재사항과 같음.

  사. 기타사항 : 위에 명시되지 않은 사항에 대해서는 당회장이 한아름 새마을금고와 협의하여 결정한다.

- **2호 안건 :** 대표자 선임의 건: 위 대출을 실행하기 위하여 대표자 선임의 필요성을 설명하고 그 가부를 물은 바 교회 내규대로 대표자 김병호 담임목사가 선임되다.

  선 임 자 : 김 병 호

주민번호 : 660916-19○○○○○

주 소 : 부산광역시 영도구 절영로 212

위 안건을 처리한 후 당회장이 폐회 기도를 마치고 위 결의사항을 명확히 하기 위하여 본 회의록을 작성하여 출석한 당회원 전원이 기명날인하다.

대한예수교장로회 금성교회 (인)

부산광역시 영도구 절영로 212 (601-82-03714)

■ **건물의 표시:**

부산광역시 영도구 영선동4가 990, 969, 970, 9701-1, 970-2, 971, 974, 975, 976, 977, 987, 988, 989, 994, 1046-1, 1046-2

■ **도로명 주소:** 부산광역시 영도구 절영로 212

철근 콘크리트구조 (철근) 콘크리트지붕 4층 제2종 근린생활시설

연면적 1,682.7244㎡

지하3층 282.3046㎡	지하2층 284.1582㎡	지하1층 313.5530㎡
1층 139.9876㎡	2층 310.6026㎡	3층 41.5158 ㎡
4층 310.6026㎡		

위 결의 내용이 상위 없음을 확인합니다.

담임목사 : 김병호 (인) 서기 : 김영정 (인) 당회원 : 명금영 (인) 당회원 : 박용환 (인)

■ **대지의 별지 기재사항**

① 부산 영도구 영선동 4가 987, 대지 43㎡
② 부산 영도구 영선동 4가 974, 대지 15㎡
③ 부산 영도구 영선동 4가 977, 대지 22㎡
④ 부산 영도구 영선동 4가 969, 대지 7㎡
⑤ 부산 영도구 영선동 4가 970, 대지 15㎡
⑥ 부산 영도구 영선동 4가 967-1, 대지 3㎡
⑦ 부산 영도구 영선동 4가 972-1, 대지 4㎡
⑧ 부산 영도구 영선동 4가 976, 대지 43㎡
⑨ 부산 영도구 영선동 4가 988, 대지 24㎡
⑩ 부산 영도구 영선동 4가 990, 대지 73㎡
⑪ 부산 영도구 영선동 4가 975, 대지 14㎡

⑫ 부산 영도구 영선동 4가 971, 대지 60㎡
⑬ 부산 영도구 영선동 4가 1046-1, 대지 75㎡
⑭ 부산 영도구 영선동 4가 970-2, 대지 1㎡
⑮ 부산 영도구 영선동 4가 970-1, 대지 4㎡
⑯ 부산 영도구 영선동 4가 1046-2, 대지 4㎡
⑰ 부산 영도구 영선동 4가 505, 대지 5㎡
⑱ 부산 영도구 영선동 4가 722, 대지 9㎡
⑲ 부산 영도구 영선동 4가 989, 대지 40㎡
⑳ 부산 영도구 영선동 4가 994, 대지 223㎡

❖ 교회 리모델링

퉁탕 뚝딱 쓱싹 씽~ 탁탁!!
목사님의 지휘 아래 각종 공구소리로 리모델링을 연주한다.
6·25동란 때 피난민들이 살던 판잣집들을 교회에서 부속 건물로 사용하기
위해 매입하여 리모델링을 시작했다.

처음엔 엄두도 안 나던 그 집들이 목사님의 확고한 의지와 투지로써
설계도 없이 시작한 공사가 한 달여 만에 리모델링 연주 1막이 끝났다.

연주자들의 땀과 돈과 투지가 불가능했던 현장을~
지저분하고 냄새나고 험악했던 그 집들이!!
이렇게 아름답게 깨끗한 공간으로 변하다니!!
참으로 하나님의 능력과 연주자들의 힘!!
그리고 돈과 시간이 귀중한 작품을 만든 것이다.

앞으로 계속 이어지는 나머지 공사도 하나님의 사랑 안에서 무사히 끝나고,
물질적으로나 시간적으로 모자람 없이 목사님의 기도 능력과 금성교회 성도
들의 정성어린 기도로써 아름다운 금성교회를 위해 미래를 설계하며, 더 좋은
하나님의 집을 짓기 위함을 제일 큰 목적으로 삼고, 열심히 기도하는 것이 우
리의 의무이며 사명임을 알고 아낌없는 성원을 기도합니다.
2013. 8. 10 진경열 안수집사

❖ 금성교회 건축 완공 감사

저는 1971년 금성교회 뒷집에 이사 와서 살았습니다.

그때는 어려운 시절이라 벽시계 하나 없이 시간 가는 줄 몰라 교회 새벽 종소리에 단잠을 깨어 아침밥을 지어주면서 남편을 회사에 출근시키기도 하였습니다.

그때는 두 아들을 낳아 키우며 애들은 교회 앞마당을 놀이터로 삼아 재미있게 놀면서 자랐습니다. 세월은 흘러 우린 조그마한 서민 아파트 하나를 사서 이사를 하고서야 겨우 교회에 나갈 수 있었습니다.

지금은 온 가족이 교회 나와서 주님의 은혜를 받고 믿음으로 신앙생활을 잘하고 있습니다.

1953년 3월 금성교회 창립하여 이제 64주년 만에 옛 금성교회 건물을 헐어내고 그 땅 위에 새로운 성전 신축 공사에 들어가면서 일부 주님들의 교회 건축공사 반대에 부딪혀 많은 시련도 있었습니다.

막상 교회 건축공사를 하고 보니 또한 재정적으로도 어려움도 있었습니다.

하지만 이에 굴하지 않고 목사님, 장로님, 권사님, 집사님 모든 성도들의 마음과 뜻을 모아 결국 아름답고 튼튼한 성전 완공을 보게 되어 그동안 눈물로 기도하는 성도님들 보람과 믿음으로 이겨내며 협조와 성원을 해 주신 모든 분께 감사를 드립니다.

그리고 처음부터 끝까지 크나큰 은혜를 베풀어주신 하나님께 감사를 드립니다.

새로 지은 우뚝 솟은 옥상 십자가는 영원히 이 지역 어두운 곳을 환하게 비추는 진리의 등대가 될 것이고, 교회 건물은 구원의 방주가 되어 방황하는 지역의 사람들을 인도하는 길잡이가 될 것입니다.

좋은 교회 우리 교회 나날이 부흥을 이루는 샛별같이 빛나는 금성교회가 될 것입니다.

김설매 집사

❖ 감 사 패(1)

외진가 건설 대표 임외진 장로

금성교회 신축을 위해 처음부터 끝까지 힘들고 어려운 여건 가운데서도 교회 신축을 잘 마무리 할 수 있도록 책임을 지고 최선을 다해 주신 장로님의 애틋한 사랑과 베푸신 후의에 금성교회 교우들은 깊은 감사를 드리며 장로님의 그 은혜를 우리는 영원히 잊지 못할 것입니다. 교회 건축을 완공하는 그 순간까지 하나님의 도움을 구하며 함께 했던 시간을 소중한 추억으로 기억하고 장로님과 맺어진 아름다운 인연이 앞으로 영원하길 바라며 새로운 사업과 시작에 무궁한 발전과 주의 은혜와 축복이 함께하길 기도드립니다.

2019년 6월 30일

금성교회 담임목사 김병호 외 교우 일동

❖ 감 사 패(2)

현장소장 이동담

금성교회 신축현장에서 근무하는 동안 소장님께서 보여주신 탁월한 리더십과 열정 그리고 솔선수범하시는 모습을 우리는 영원히 잊지 못할 것입니다. 어려운 여건과 환경에도 굴하지 않고 금성교회 신축을 잘 마무리 할 수 있도록 최선을 다해 준 소장님께 경의를 표하며 함께 했던 시간을 소중한 추억으로 기억하고 깊은 감사의 마음을 이 패에 담아 드립니다. 소장님과 맺어진 깊은 사랑이 우리 모두의 마음에 영원하길 염원하며 앞날에 건강과 행복이 함께하길 기원합니다.

2019년 6월 30일

금성교회 담임목사 김병호 외 교우 일동

❖ 감 사 패(3)

설계 감리 최원준

금성교회 설계와 감리를 맡아 처음부터 끝까지 금성교회 신축을 잘 마무리 할 수 있도록 최선을 다해 준 소장님께 경의를 표하며 함께 했던 시간을 소중한 추억으로 기억하고 깊은 감사의 마음을 이 패에 담아 드립니다. 앞으로 소장님과 맺어진 깊은 사랑이 우리 모두의 마음에 영원하길 기원하며 앞날에 건강과 행복이 함께하길 기원합니다.

2019년 6월 30일

금성교회 담임목사 김병호 외 교우 일동

금성교회 목회백서

"인자의 온 것은 잃어버린 자를 찾아 구원하려 함이니라." (눅 19:10)

땅 끝까지 복음을 전파하라 하신 하나님의 지상명령을 깊이 인식하고 말씀을
지키도록 가르쳐서 예수님의 헌신된 제자가 되게 하려는 아주 작은 소망을
아름답게 꽃피우려고 목회백서를 만들었습니다.
이 목회백서를 바탕으로 앞으로 금성교회가 지상에서 제일 건강하고 행복하고
아름다운 교회로 거듭나기를 기대합니다.

1. 금성교회 사명선언문 (Mission Statement)

예수님은 사명이 있었습니다.
예수님께서 이 땅에 오실 때 자신의 목적이 무엇인지 알고 있었습니다.
공생애가 끝날 무렵 "아버지께서 내게 하라고 주신 일을 내가 이루었다." (요 17:4)고
기도할 수 있었던 것은 그 목적을 이루셨기 때문입니다.

우리 금성교회의 목적은 잃어버린 자를 찾아 구원하는 일입니다.
우리의 사명은 평생표어인 '예수 소망!'이라는 주제 아래 예수님의 모습을 본
받아 아름다운 삶을 통해서 충성된 제자로 변화되어 하나님께서 사랑하시는,
아직 예수 그리스도를 알지 못하는 이웃에게 복음을 전하여 교회를 통하여
자손만대에 이르기까지 축복의 가문을 이루며, 복음으로 가정과 민족을 치유
하고 하나님 나라를 회복하며 그 인재를 양성해 내는 것입니다.

1) 우리는 창조주 하나님을 예배함으로 구원의 감격과 은혜를 체험한다.

2) 우리는 예수 그리스도의 명령을 따라 한 영혼을 뜨겁게 사랑하여 주께로 인도한다.

3) 우리는 예수 그리스도의 말씀을 가르쳐 제자 되게 한다.

4) 우리는 예수 그리스도를 중심으로 한 몸 공동체를 이루도록 한다.

5) 우리는 예수 그리스도의 사랑으로 지역을 돌아보며 섬김의 삶을 산다.

6) 우리는 예수 그리스도의 정신으로 창의적인 인재양성을 위해 집중 투자한다.

위의 사명선언문을 역동적으로 추진하여 영선동 일대와 영도 나아가 부산과 한국 온 세계를 복음으로 선교하는 선교 센터가 되게 하는 것입니다.

2. 금성교회의 비전 선언문(Vision Statement)

예수님은 비전이 있었습니다.
예수님은 자신의 삶을 통해 펼쳐질 미래에 대한 비전이 있었습니다.
예수님의 비전은 믿는 자들의 공동체를 이루어 하나님의 사랑을 세상에 알리는 것이었습니다.
그리고 예수님은 계획이 있었고 그 계획을 단계적으로 진행하였습니다.
제자를 선택하셨고, 훈련시키셨고, 파송하셨고, 증인 되게 하셨습니다.
우리의 비전도 철저한 영성훈련을 통해 헌신된 하나님의 사람이 되어 약속된 하나님의 무한한 축복을 누리고 세상을 섬기며 지역과 사회에 빛을 발함으로써 교회의 참된 모습을 보여주는 제일 좋은 교회를 꿈꾸는 것입니다.
하나님께서는 우리의 비전을 이루시기 위하여 필요한 일들을 계획하셨습니다.
그리고 그 계획은 다음과 같이 이루어졌습니다.

1차년도 '희망을 심고 사랑이 넘치는 교회'라는 표어 아래

첫 째 : 가정 같은 교회, 교회 같은 가정 (가정공동체 회복)

둘 째 : 영혼구원에 총력을 기울이는 교회 (증거공동체 회복)
셋 째 : 지역사회를 섬기며 칭송받는 교회 (친교공동체 회복)
넷 째 : 훈련으로 말씀 위에 굳게 세워지는 교회 (사역공동체 회복)
다섯째 : 인재를 양성하고 키우는 교회 (성장공동체 회복)

위의 5가지의 목표를 가지고 진행했습니다.

2차년도 '꿈과 희망을 주는 교회'라는 표어 아래

첫 째 : 가정과 일터에 꿈과 희망을!
둘 째 : 교회와 교인에게 꿈과 희망을!
셋 째 : 지역과 사회에 꿈과 희망을!

위의 3가지의 목표를 가지고 진행함으로 질적 · 영적 · 양적 많은 성장을 가져 왔습니다.

3차년도 '희망과 행복의 시작 예수 그리스도!'라는 표어 아래

첫 째 : 하나님께 영광을!
둘 째 : 성도에게 기쁨을!
셋 째 : 이웃에게 행복을!
넷 째 : 지역에 희망을!

위의 4가지의 목표를 가지고 진행함으로 질적 · 영적 · 양적 많은 성장을 가져 왔습니다.

4차년도 '새바람을 일으키는 교회'라는 표어 아래

첫 째 : 영적으로 기도의 새바람을!
둘 째 : 신앙으로 말씀의 새바람을!
셋 째 : 은사별로 교제의 새바람을!
넷 째 : 섬김으로 전도의 새바람을!

5차년도 '부흥을 넘어 새로운 변화'라는 표어 아래

첫 째 : 질적인 성숙의 변화!
둘 째 : 영적인 신앙의 변화!
셋 째 : 양적인 모습의 변화!
넷 째 : 구체적인 삶의 변화!

위의 네 가지 목표를 가지고 사회로부터 많은 질타를 받던 우리의 모습을 돌아보고 회개하며 질적·영적·양적, 구체적인 삶의 변화를 가져와 세상 속의 빛과 소금의 역할을 감당하는 참으로 좋은 계기의 한 해였습니다.
특히 지역주민을 섬기는 여러 프로그램을 확대하여 실천해 나감으로써 지역주민에게 신선한 감동과 선한 영향력을 끼치게 되었습니다.

6차년도 '지경을 넓히는 교회'라는 표어 아래

첫 째 : 믿음의 지경을 넓혀 주소서!(히 11:1-3)
둘 째 : 섬김의 지경을 넓혀 주소서!(마 20:27-28)
셋 째 : 사랑의 지경을 넓혀 주소서!(고전 13:4-5)
넷 째 : 축복의 지경을 넓혀 주소서!(대상 4:10)

위의 네 가지 목표를 가지고 겉모습만 화려한 우리의 모습이 아니라 지금까지 지역 섬김을 통하여 하나님께서 약속하신 축복의 땅을 바라보며 믿음의 지경과 섬김의 지경을 넓혀 왔고, 그리고 주님의 말씀 따라 자기 목숨을 많은 사람의 대속물로 주셨던 사랑의 지경과 서로를 위해 복을 빌어주는 축복의 지경을 넓혀 왔습니다.

7차년도 '좋은 교회를 넘어 위대한 교회'라는 표어 아래

첫 째 : 교회의 본질을 추구하는 교회
둘 째 : 참 생명과 기쁨을 주는 교회
셋 째 : 꿈과 사랑과 쉼을 주는 교회
넷 째 : 누구나 오고 싶어 하는 교회

위의 네 가지 목표를 가지고 교회의 본질을 찾아 참 생명과 기쁨, 꿈과 사랑을 나누므로 많은 영혼들이 주께로 돌아와 주께서 주시는 참 평안과 기쁨을 누리는 복된 한 해였습니다.

무엇보다 금성교회는 지난 한 해 예수님께서 주신 사역을 온 성도들이 기쁨으로 감당하여 좋은 교회를 넘어서 위대한 교회로 하나님께 영광을 돌리며 지역 속에 칭송받는 교회로 자리매김하게 되었습니다.

8차년도 '섬기는 교회, 희망을 주는 교회'라는 표어 아래

첫 째 : 말씀이 있으면서 행동이 있는 교회
둘 째 : 사랑이 있으면서 섬김이 있는 교회
셋 째 : 기도가 있으면서 능력이 있는 교회
넷 째 : 살아 있으면서 부흥하는 교회

지나온 8년을 하루 같이 은혜를 베푸신 하나님께 감사를 드리며 지난 한 해는 무엇보다 개인 구원과 사회 구원의 균형을 유지하여 지역을 다각적인 차원에서 섬김으로 다시 한 번 지역 속에 희망을 주었습니다.

오직 하나님 한 분께만 영광을 돌리고 예수님께서 주인이 되는 교회를 꿈꾸며 열심히 달려왔을 때 하나님께서는 심은 대로 거두게 하셨습니다.

하나님께 다시 한 번 감사를 드리고 협력해 주신 모든 성도님들께 깊은 감사를 드립니다.

9차년도 '축복의 통로가 되는 교회'라는 표어 아래

첫 째 : 신나는 교회생활
둘 째 : 즐거운 신앙생활
셋 째 : 넘치는 감사생활

'축복의 통로가 되는 교회'로 정하고 끊임없이 지역을 섬김으로 축복의 통로가 되는 사역을 감당해 왔습니다.

지금까지 지역을 섬겼던 노하우와 지역 관공서 유관 단체와 협력 네트워크를 형성하여 그 지경을 확장하고, 더 구체적으로 지역주민의 피부에 와 닿는 지역사회 복지 목회사역을 감당해 왔습니다.

이로 말미암아 교회가 가득 차 넘치는 은혜를 맛보게 되었습니다.

다시 한 번 여기까지 인도하신 에벤에셀의 하나님께 감사를 드립니다.

10차년도 '복의 근원이 되는 교회'라는 표어 아래

첫 째 : 하나님께 영광
둘 째 : 지 역 에 희망
셋 째 : 사람에게 소망

'10년이면 강산도 변한다'는 말이 있듯이 1차년도 '희망을 심고 사랑이 넘치는 교회'라는 표어 아래 10년을 한결같이 지역을 섬기며 사람을 세우는 여러 사역을 통하여 많은 변화와 부흥의 성장 지경을 넓혀 이곳의 지형을 완전히 바꿔 놓았습니다.

특히 창립 60주년을 보내면서 하나님의 은혜로 우리는 의미 있는 한 해를 보내어 하나님께 얼마나 감사한지 모릅니다.

그저 여기까지 인도하신 하나님께 "감사합니다."라고 고백할 따름입니다.

11차년도 '그리스도인 사랑을 나누는 사람들'이라는 표어 아래

첫 째 : 지역에 그리스도의 사랑을
둘 째 : 이웃에게 그리스도의 사랑을
셋 째 : 세상에 그리스도의 사랑을

세상은 날이 갈수록 대립과 갈등, 차별과 소외, 반목과 질시 등으로 빈부의 격차가 갈수록 심화되어 많은 사람들이 절망하고 있는 가운데 금성교회는 지난 1년간 이들에게 희망과 소망을 줄 수 있는 여러 방법을 찾아 하나님께로부터 받았던 그 사랑을 이웃과 지역을 위해 열심히 섬겼더니 큰 사랑의 역사가 나타났습니다. 앞으로도 기쁨을 유통하고 사랑을 유통하고 은혜를 유통하게 될 때에 하나님의 선한 역사는 계속 진행될 것입니다.

12차년도 '그리스도인, 복음으로 사는 사람들'이라는 표어 아래

첫 째 : 복음의 재발견
둘 째 : 복음적인 삶
셋 째 : 복음으로 하나님 나라 확장

죽으면 살고, 살려고 하면 죽습니다. 예수님께서 십자가에 못 박혀 죽으심으로 온 세상에 복음이 전파되었듯이 죽지 않으면 열매가 없습니다.
한 알의 밀알이 땅 위에 떨어져 죽게 될 때 30배, 60배, 100배의 풍성한 열매를 얻을 수 있었습니다. "자기를 부인하고 자기 십자가를 지고 나를 따르라"고 말씀하신 주님 명령 따라 복음으로 살아보려고 노력한 한 해였습니다.
앞으로도 계속 조건 없이 하나님의 사랑을 나누는 실천적인 진리의 삶을 살아가기를 원합니다.

13차년도 "사랑하며 살겠습니다."라는 표어 아래 (요한복음 13장 34절)

첫 째 : 주님 사랑
둘 째 : 이웃사랑
셋 째 : 원수 사랑

우리 주님은 "내가 너희를 사랑한 것 같이 너희도 네 이웃을 내 몸과 같이 서로 사랑하라"고 말씀하고 있습니다.
지금까지도 주님의 사랑을 나누어 왔지만 앞으로 조금 더 구체적으로 주님을 사랑하고, 받은 사랑 이웃과 나누며 원수까지도 사랑하는 그런 사랑을 실천하며 살 수 있기를 원합니다.

14차년도 "어찌 그리 아름다운지요!"라는 표어 아래 (시편 8편 1절)

첫 째 : 하나님이 만드신 세상이
둘 째 : 새롭게 건축되는 성전이
셋 째 : 성도들의 헌신의 모습이

2017년은 금성교회의 숙원사업인 교회 건축의 원년의 해였습니다.

그동안 교회 건축을 위해 모든 성도들이 많은 기도를 해왔고, 그리고 차근차근 준비해 왔습니다.

이제 하나님의 때가 되어 주의 성전을 지어 하나님께 영광을 돌리고, 또 교회를 통해서 지역에 진리의 등대와 방주로서의 사명을 감당해 나가기를 원합니다.

부디 이 귀한 일들이 순조롭게 이루어져 하나님의 역사가 아름답게 나타나길 원합니다.

15차년도 '성전 완공의 해'라는 표어 아래 (학개 2장 9절)

"이 성전의 나중 영광이 이전 영광보다 크리라. 만군의 여호와의 말이니라. 내가 이곳에 평강을 주리라. 만군의 여호와의 말이니라."

첫 째 : 하나님의 영광이 가득한 교회
둘 째 : 진리의 등대와 방주가 되는 교회
셋 째 : 복을 누리고 나누는 교회

2017년 10월부터 교회 건축이 시작되어 계속 진행 중입니다.

마지막 완공까지 하나님께서 간섭하셔서 안전하고, 아름답게 성전을 잘 건축하여 교회를 통한 하나님의 사역을 잘 감당해 나가리라 믿습니다.

앞으로 성전 완공까지 전 성도가 한마음 한뜻이 되어 육적·영적 성전을 아름답게 건축하여 하나님께 영광을 돌리고 성전을 통한 하나님의 임재를 날마다 경험하며 세상의 또 하나의 교회가 아닌 세상에서 가장 영향력 있는 진리의 등대와 방주가 되기를 기원합니다.

16차년도 '영적 지경을 넓히는 교회'라는 표어 아래 (역대상 4장 10절)

첫 째 : 사명의 지경을 넓히소서 (행 20:24)
둘 째 : 기도의 지경을 넓히소서 (렘 33:3)
셋 째 : 감사의 지경을 넓히소서 (살전 5:18)
넷 째 : 믿음의 지경을 넓히소서 (마 8:13)

교회 공사가 2년여에 걸쳐 잘 마무리되어 입당식을 마치게 되었습니다.

교회 건축을 위해 모두가 기도와 물질과 마음으로 정말 수고 많았습니다.

건축이 진행되고 마무리되는 과정에 교회 안팎으로 많은 어려움과 시련이 있었지만 잘 극복할 수 있게 해 주셨고, 지역 속에 우뚝 솟은 참 좋은 교회로 서게 되었습니다.

이제 교회 건축을 완공 후 교회 건물을 남기는 교회가 아니라 건물 속에 사람을 남기고 건물 밖에 예수 그리스도의 삶과 흔적을 남기는 첫 발걸음을 떼게 된 것을 하나님께 감사를 드립니다.

17차년도 '말씀으로 새로워지는 교회'라는 표어 아래 (느헤미야 2장 17절)

첫 째 : 지역민들에게 비전과 희망을 주는 교회

둘 째 : 개혁으로 날마다 새로워지는 교회

셋 째 : 혁신을 통해 지역을 이끌어가는 교회

넷 째 : 사랑과 섬김으로 칭송받는 교회

코로나로 인하여 2020년 한 해 한국교회는 위기였습니다.

그로 인해 교세는 많이 감소하였고, 교회 안팎으로 나라와 민족이 불신과 분쟁과 분열이 가속되고 있습니다.

마찬가지로 현실은 1년 내내 코로나로 어려움을 당하고 있고 한치 앞도 내일을 예측할 수 없는 상황입니다.

그러나 우리에게는 희망이 있습니다.

교회는 주님의 피 값으로 사신 곳이고 교회의 주인은 주님이시기 때문입니다.

지금까지 한국교회는 한 번도 위기가 아닌 적이 없었습니다.

그러나 그때마다 모든 상황을 역전시키는 하나님의 은혜가 있었습니다.

말씀으로 새로워지길 기대하는 우리에게 하나님께서는 반드시 '꿈같은 일이 꿈같이 이루어지게 해 주실 줄' 믿습니다.

18차년도 '주여! 이제 회복하게 하소서!'라는 표어 아래

(스가랴 10장 1, 12절; 사도행전 3장 19-21절)

첫 째 : 말씀과 예배의 회복

둘 째 : 기도와 영성의 회복

셋 째 : 사랑과 섬김의 회복

넷 째 : 거룩과 선민주의 회복

2020-2021년 2년 내내 코로나 때문에 교회뿐만 아니라 온 나라와 전 세계가 힘든 시간을 보냈습니다.

백신이 개발되어 접종하고 있지만, 코로나는 멈출 줄 모르고 계속 확산 일로에 있습니다.

그럼에도 불구하고 1년을 잘 보내게 됨을 하나님께 감사를 드립니다.

아직도 회복의 시간이 많이 필요하겠지만 우리의 힘으로가 아니라 모든 것 하나님께 맡기며 한 해를 마무리합니다.

새해에는 코로나에서 벗어나 온전한 치유와 회복이 있게 하옵소서!

19차년도 '복음으로'라는 표어 아래 (신명기 16장 11절; 마가복음 1장 15절)

첫 째 : 복음으로 하나님을 영화롭게

둘 째 : 복음으로 교회를 새롭게

셋 째 : 복음으로 세상을 이롭게

넷 째 : 복음으로 사람을 행복하게

우리는 근 3년간 매일 코로나 감염 뉴스를 들어야 했고, 교회들마다 거리 띄우기, 마스크 착용, 심지어 교회발 확진이라는 근거 없는 뉴스로 사회의 따가운 눈총과 함께 예배조차 제한을 받아야 했고, 지금도 완전히 회복하지 못한 채 매일 아침 행정안전부로부터 핸드폰으로 확진자 숫자를 통보받고 있습니다.

생소한 실시간 예배, 유튜브 예배 등 영상 예배, 한편으로 예배를 때우는 교인들이 증가하면서 앞으로 신앙생활을 잃어버리진 않을까 장래가 염려되기도 하지만 그럼에도 불구하고 한 알의 밀알 같이 이 시대를 구원하려는 의인이 되기를 자청하며 힘들고 어려운 상황 가운데서도 자신의 몸을 희생하며 소금과 빛의 역할을 감당하는 성도들을 볼 때 미래의 소망을 가져 봅니다.

또한 지난 한 해를 돌이켜 볼 때 크고 작은 풍랑 가운데서도 하나님은 우리를 안전한 포구로 인도해 주셨습니다. 모든 것이 하나님의 은혜이며 주님으로 인해 행복했고, 성도들로 인해 행복했고, 이웃이 있어 행복했고, 나라가 있어 행복했고, 가족이 있어 행복한 한 해였습니다. 앞으로도 계속 금성의 모든 가족이 그리고 하나님의 자녀들이 행복하기를 기도드립니다.

20차년도 '복음의 사람 예배자로 살게 하소서'라는 표어 아래
(시편 50편 5절; 로마서 12장 1절)

첫 째 : 예수 그리스도의 복음
둘 째 : 하나님 나라의 복음
셋 째 : 온 세상의 풍성한 생명을 향한 복음

3년여 가까운 긴 코로나도 잘 극복하였고, 건축 후 어려움도 우리에게 위기가 기회가 되어 교회 본연의 모습을 회복하며 맡겨진 사명을 감당하며 평안하여 든든히 세워져 가고 있습니다.
뿐만 아니라 교회 건축 부채도 짧은 시간에 전 교인이 함께 협력하여 많이 상환하였습니다.
이 모든 것이 우연히 된 것이 아니라 전적으로 하나님의 은혜와 섭리로 가능했음을 고백하며 하나님께 감사를 드리고 앞으로 하나님이 원하시는 일이 무엇인지 잘 깨달아 그 일들을 잘 이루어 가는 금성교회와 2023년이 되기를 기대하며 기도해 봅니다.

금성교회 5개년 캠페인 운동

21년 불평 제로 운동(보라색)

22년 감사 충만 운동(빨강색)

23년 영적 순결 운동(흰색)

24년 서로 사랑 운동(노랑색)

25년 섬김 봉사 운동(초록색)

금성교회 세례교인 명부

금성교회는 1953년 3월 1일 설립된 교회로서
이웃과 더불어 정의와 평화가 숨 쉬는 아름다운 세상을 만들기 위해
우리의 몸을 태우고 녹여서 지역에 어둠을 밝히고
이웃에 사랑을 전하는 생명 공동체입니다.

금성교회는 훌륭한 교회보다 능력 있는 교회입니다.
최고의 교회보다 이웃을 돌아보며 섬기는 참 좋은 교회입니다.
여기에 오시면 여러분의 꿈이 성취됩니다.
여기에 오시면 여러분의 삶이 행복하고 즐거워집니다.
여러분을 위하여 사랑을 주고받으며 인생의 방황을 종결짓는 곳…
"금성교회는 언제나 여러분을 환영합니다."

순번	이 름	성별	생년월일	세례 받은 날	주례자	비고
1	강이덕	남		59. 10. 25.		
2	석종만	남		59. 10. 25.		
3	민경순	여		59. 10. 25.		
4	민영선	여		59. 10. 25.		
5	김옥순	여		59. 10. 25.		
6	하은용	여		59. 10. 25.		
7	민경임	여		59. 10. 25.		
8	배영자	여		59. 10. 25.		
9	김영숙	여		59. 10. 25.		입교
10	서금성	남		62. 11. 11.	허순근 목사	
11	장진성	남		62. 11. 11.	허순근 목사	
12	김정홍	남		62. 11. 11.	허순근 목사	
13	배영길	남		62. 11. 11.	허순근 목사	
14	안창국	남	40. 3. 29	62. 11. 11.	허순근 목사	
15	이춘자	여		62. 11. 11.	허순근 목사	
16	김동관	남		63. 04. 11.		
17	이준헌	남		63. 04. 11.		

순번	이 름	성별	생년월일	세례 받은 날	주례자	비고
18	권영길	남		63. 04. 11.		
19	오명화	여		63. 04. 11.		
20	차옥숙	여		63. 04. 11.		
21	안순자	여		66. 01. 02.		
22	이복선	여		63. 12. 29.		
23	이민숙	여		63. 12. 29.		
24	서순자	여		66. 01. 02.		입교
25	강희선	여		68. 12. 15.		
26	김덕향	여		. .		
27	서정순	여		. .		
28	임필숙	여		. .		
29	이영희	여		. .		
30	장광성	남		. .		입교
31	정윤희	여		69. 12. 21.		
32	신두현	남		70. 07. 26.		
33	이경남	여		70. 07. 26.		
34	박노미	여		. .		
35	신분옥	여		. .		
36	이봉희	여		. .		
37	배영옥	여		. .		
38	서순애	여		. .		입교
39	손귀숙	여		. .		입교
40	이영실	여		. .		입교
41	김태한	남		71. 04. 11.		
42	장철호	남		. .		
43	김평옥	남		. .		
44	김혜영	여		. .		입교
45	이순자	여		71. 11. 07.		
46	김영숙	여		. .		
47	백귀자	여		. .		
48	이은숙	여		. .		
49	김 철	남		. .		입교
50	김은하	여		. .		입교
51	박삼열	남		72. 03. 26.		
52	최귀애	여		. .		
53	조인성	여		. .		
54	백용운	남		72. 11. 25.		
55	이영만	남		. .		
56	김재준	남		. .		

순번	이 름	성별	생년월일	세례 받은 날	주례자	비고
57	이남희	여		. .		
58	박봉채	남		73. 04. 15.		
59	윤전순	여		. .		
60	권희자	여		. .		
61	김진순	여		. .		
62	장금성	남		. .		입교
63	황희진	남		73. 11. 04.		
64	김정식	남		. .		
65	황재윤	남		73. 11. 04.		입교
66	이북숙	여		74. 11. 24.		
67	김정환	남		75. 04. 06.		
68	윤순덕	여		. .		
69	장송한	남		. .		
70	신기종	남		75. 11. 09.		
71	이영두	남		. .		
72	신화옥	남		. .		
73	전금순	여		. .		
74	조영자	여		. .		
75	배영희	여		. .		
76	김순옥	여		. .		
77	김 형	남		76. 04. 18.		
78	최성열	남		. .		
79	박선순	여		. .		
80	여복희	여		. .		
81	김홍숙	여		. .		
82	장계성	남		. .		입교
83	이원세	남		76. 12. 05.		
84	강수철	남		. .		
85	김성덕	남		. .		
86	정명덕	여		. .		
87	김봉추	여		. .		
88	신애령	여		. .		
89	배영진	남		77. 04. 24.		
90	김형우	남		. .		
91	이철규	남		. .		
92	김하분	여		. .		
93	김정애	여		. .		
94	이래향	여		. .		
95	서순남	여		. .		입교

순 번	이 름	성별	생년월일	세례 받은 날	주례자	비고
96	김태조	여		77. 12. 18.		
97	김정애	여		77. 04. 24.		
98	조점옥	여		〃		
99	김호선	여		〃		
100	주순희	여		〃		
101	이흥선	남		82. 04. 04.	김정한 목사	
102	송상근	남	66. 07. 27.	〃	〃	
103	허영애	여	66. 06. 26.	〃	〃	
104	김윤희	여	65. 07. 26.	〃	〃	
105	정금목	여	65. 10. 12.	〃	〃	
106	정금선	여	36. 03. 17.	〃	〃	
107	송순이	여	60. 01. 16.	〃	〃	
108	김서희	여	42. 03. 27.	〃	〃	
109	서순복	여	61. 04. 20.	〃	〃	입교
110	손홍길	남	54. 03. 08.	82. 11. 14.	〃	
111	김원숙	여	64. 09. 16.	〃	〃	
112	김학천	남	64. 12. 27.	〃	〃	
113	유영미	여	56. 07. 15.	〃	〃	
114	최용수	남	55. 11. 15.	〃	〃	입교
115	이주연	여	66. 11. 10.	83. 04. 10.	김정한 목사	
116	주성순	남	68. 01. 01.	〃	〃	
117	배문표	남	67. 11. 16.	〃	〃	
118	정난미	여	66. 08. 05.	〃	〃	
119	김옥희	여	59. 03. 25.	〃	〃	
120	김옥미	여	59. 01. 05.	〃	〃	
121	김인경	여	60. 04. 26.	〃	〃	
122	김옥주	여	59. 01. 03.	〃	〃	
123	정숙임	여	61. 02. 17.	〃	〃	
124	성미란	여	62. 08. 14.	〃	〃	
125	이은희	여	54. 07. 25.	〃	〃	
126	조경화	여	67. 09. 03.	83. 11. 06.	김정한 목사	
127	박병순	남	67. 04. 10.	〃	〃	
128	박병주	남	67. 07. 14.	〃	〃	
129	양순희	여	68. 06. 12.	83. 11. 06.	김정한 목사	
130	송라희	여	68. 11. 26.	〃	〃	
131	신영수	남	64. 04. 25.	〃	〃	
132	김종덕	남	59. 07. 29.	〃	〃	
133	김설매	여	50. 12. 28.	84. 04. 15.	김정한 목사	
134	김순례	여	57. 06. 23.	〃	〃	

순번	이 름	성별	생년월일	세례 받은 날	주례자	비고
135	김성문	남	67. 07. 15.	84. 11. 11.	김정한 목사	
136	황동현	남	69. 03. 13.	· ·	· ·	입교
137	심혜련	여	60. 11. 14.	· ·	· ·	
138	송봉남	여	36. 11. 25.	85. 04. 07.	김정한 목사	
139	김미영	여	58. 12. 16.	· ·	· ·	
140	오정민	여	70. 02. 08.	· ·	· ·	
141	조현경	여	69. 01. 16.	· ·	· ·	
142	이경령	여	65. 12. 27.	· ·	· ·	
143	신태순	여	65. 04. 05.	· ·	· ·	
144	류수진	여	70. 04. 04.	· ·	· ·	
145	김이선	여	62. 02. 09.	85. 11. 03.	김정한 목사	
146	유윤임	여	60. 06. 28.	· ·	· ·	
147	양미자	여	69. 05. 26.	· ·	· ·	
148	김정희	여	69. 09. 18.	· ·	· ·	
149	박은주	여	62. 07. 05.	86. 04. 20.	김정한목사	
150	김학수	남	71. 04. 11.	· ·	· ·	입교
151	오경옥	여	71. 04. 30.	· ·	· ·	입교
152	이석춘	남	71. 06. 17.	86. 11. 02.	김정한 목사	
153	김원수	남	71. 05. 02.	· ·	· ·	
154	배은진	여	71. 05. 06.	· ·	· ·	
155	석경숙	여	72. 02. 20.	87. 04. 26.	김정한 목사	
156	홍창선	남	72. 05. 26.	· ·	· ·	
157	길창호	남	72. 03. 12.	· ·	· ·	
158	길승민	남	72. 01. 10.	· ·	· ·	
159	최숙영	여	60. 12. 08.	87. 11. 01.	김정한 목사	
160	허윤선	여	70. 12. 09.	· ·	· ·	
161	신화순	여	72. 04. 15.	87. 11. 01.	김정한 목사	
162	황동석	남	72. 05. 16.	· ·	· ·	
163	고재만	남	32. 10. 28.	88. 03. 20.	김정한 목사	
164	박춘자	여	39. 02. 25.	· ·	· ·	
165	강말선	여	61. 08. 10.	· ·	· ·	
166	김윤학	남	72. 06. 07.	· ·	· ·	
167	이 혁	남	73. 07. 04.	· ·	· ·	
168	류수경	남	73. 03. 28.	· ·	· ·	
169	김범철	남	72. 08. 15.	· ·	· ·	
170	윤영순	여	31. 08. 09.	88. 10. 06.	김정한 목사	
171	김순영	여	61. 01. 16.	· ·	· ·	
172	이은경	여	74. 02. 25.	· ·	· ·	
173	전성자	여	73. 04. 31.	· ·	· ·	

순번	이 름	성별	생년월일	세례 받은 날	주례자	비고
174	김미현	여	70. 11. 11.	89. 04. 16.	김정한 목사	
175	황혜숙	여	70. 12. 09.	· ·	· ·	
176	박선주	여	74. 12. 14.	· ·	· ·	
177	허숙희	여	68. 07. 07.	· ·	· ·	
178	배원상	남	73. 05. 10.	· ·	· ·	
179	김영원	여	73. 11. 19.	89. 12. 04.	김정한 목사	입교
180	오영환	남	74. 08. 26.	· ·	· ·	입교
181	오재성	남	65. 10. 16.	· ·	· ·	
182	안정자	여	39. 07. 03.	· ·	· ·	
183	김외조	여	52. 02. 15.	· ·	· ·	
184	오재영	남	90.	90. 04. 14.	김정한 목사	
185	권해동	남		· ·	· ·	
186	최귀현	남		· ·	· ·	
187	홍태우	남	71. 10. 29.	· ·	· ·	
188	송상률	남	71. 12. 09.	· ·	· ·	
189	조순남	여	33. 05. 20.	· ·	· ·	
190	김복순	여	20. 12. 08.	· ·	· ·	
191	김득남	여	70. 05. 30.	· ·	· ·	
192	허건용	남	26. 08. 28.	90. 12. 02.	김정한 목사	
193	김남천	남	73. 05. 16.	90. 12. 02.	김정한 목사	
194	송수경	여	70. 08. 16.	· ·	· ·	
195	김서진	여	72. 04. 18.	· ·	· ·	
196	홍경모	여	73. 06. 02.	· ·	· ·	
197	김유미	여	73. 12. 15.	· ·	· ·	
198	송희영	여	73. 12. 23.	· ·	· ·	
199	조영옥	여	70. 04. 20.	· ·	· ·	
200	차지현	여	67. 01. 21.	· ·	· ·	
201	위증복	여		· ·	· ·	
202	정승원	남	73. 07. 17.	91. 04. 21.	김정한 목사	
203	김상진	남		· ·	· ·	
204	최영심	여	49. 07. 12.	· ·	· ·	
205	이정임	여	62. 03. 14.	· ·	· ·	
206	정희정	여	74. 03. 14.	· ·	· ·	
207	윤순이	여	25. 06. 20.	· ·	· ·	
208	황봉자	여	20. 12. 16.	· ·	· ·	
209	고창수	남	69. 05. 24.	91. 12. 25.	김정한 목사	
210	박박자	여	41. 11. 23.	· ·	· ·	
211	김정미	여	55. 05. 08.	· ·	· ·	
212	김구자	여	59. 01. 20.	· ·	· ·	

순번	이 름	성별	생년월일	세례 받은 날	주례자	비고
213	김명옥	여	66. 01. 12.	· ·	· ·	
214	조현숙	여	74. 03. 19.	· ·	· ·	
215	김혜신	여	75. 05. 24.	· ·	· ·	입교
216	정수정	여	77. 07. 22.	· ·	· ·	
217	박승우	남	75. 08. 01.	· ·	· ·	
218	김차당	남	41. 04. 48.	· ·	· ·	
219	김호구	남	26. 06. 23.	92. 03. 15.	김정한 목사	
220	백종덕	남	59. 09. 02.	92. 04. 05.	김정한 목사	
221	김남철	남	69. 11. 16.	· ·	· ·	
222	류승진	남	72. 08. 25.	· ·	· ·	
223	안경순	여	19. 03. 13.	· ·	· ·	
224	허태환	남	66. 07. 20.	92. 11. 29.	김정한 목사	
225	김월계	여	38. 12. 20.	92. 11. 29.	김정한 목사	
226	전혜진	여	76. 03. 31.	· ·	· ·	
227	최상조	남	46. 03. 03.	94. 04. 17.	김정한 목사	
228	배종대	남	79. 08. 20.	· ·	· ·	
229	송정숙	여	71. 06. 01.	· ·	· ·	
230	최혜림	여	78. 08. 21.	· ·	· ·	
231	김기동	남	77. 03. 08.	· ·	· ·	입교
232	김희숙	여	68. 05. 08.	94. 11. 06.	김정한 목사	
233	임수진	여	70. 01. 08.	· ·	· ·	
234	최양숙	여	49. 07. 02.	· ·	· ·	
235	김금철	남	77. 08. 15.	· ·	· ·	
236	김장은	여	79. 06. 25.	· ·	· ·	
237	윤철이	남	56. 03. 18.	95. 05. 07.	김정한 목사	
238	전태우	남	80. 03. 20.	95. 12. 03.	김정한 목사	
239	최태형	남	80. 09. 05.	· ·	· ·	
240	이성수	남	81. 05. 30.	· ·	· ·	입교
241	이성현	남	81. 12. 23.	· ·	· ·	
242	안성웅	남	76. 07. 13.	96. 04. 21.	김정한 목사	입교
243	강금실	여	27. 08. 29.	· ·	· ·	
244	박종인	남	50. 07. 26.	· ·	· ·	
245	정효정	여	82. 07. 11.	· ·	· ·	
246	김명연	여	62. 08. 16.	96. 12. 01.	김정한 목사	
247	한광문	남	40. 10. 10.	97. 04. 20.	김정한 목사	
248	김태님	남	32. 07. 21.	· ·	· ·	
249	이지은	여	73. 03. 07.	· ·	· ·	
250	정가빈	여	83. 02. 28.	· ·	· ·	
251	전언하	여	83. 02. 06.	· ·	· ·	

순번	이 름	성별	생년월일	세례 받은 날	주례자	비고
252	양호석	남	61. 12. 09.	97. 11. 02.	김정한 목사	
253	전순식	여	46. 09. 26.	〃	〃	
254	정은주	여	71. 11. 22.	〃	〃	
255	현민아	여	81. 03. 01.	〃	〃	
256	현민희	여	82. 09. 15.	〃	〃	
257	양봉석	남	71. 10. 09.	98. 04. 05.	김정한 목사	
258	황미옥	여	63. 03. 04.	〃	〃	
259	유정옥	여	39. 03. 11.	99. 04. 04.	전익상 목사	
260	이학상	남	49. 08. 25.	〃	〃	
261	임공주	여	70. 12. 05.	〃	〃	
262	송진우	남	74. 08. 03.	〃	〃	
263	박성률	남	81. 06. 07.	〃	〃	
264	김미경	여	80. 07. 23.	〃	〃	
265	갈명주	여	82. 12. 27.	〃	〃	
266	전창훈	남	83. 12. 01.	〃	〃	
267	김태완	남	84. 02. 23.	〃	〃	
268	정혜빈	여	84. 04. 28.	〃	〃	
269	현민영	여	84. 10. 03.	〃	〃	
270	양 지	여	85. 08. 06.	〃	〃	
271	김미나	여	86. 02. 10.	〃	〃	
272	안유미	여	79. 01. 29.	〃	〃	입교
273	이성민	남	83. 02. 10.	〃	〃	입교
274	박석윤	남	55. 12. 30.	2000. 04. 23.	전익상 목사	
275	오석주	남	57. 01. 05.	〃	〃	
276	이순자	여	60. 01. 21.	〃	〃	
277	김미숙	여	60. 04. 12.	〃	〃	
278	김미화	여	61. 10. 23.	〃	〃	
279	강주수	남	68. 08. 25.	〃	〃	
280	김귀애	여	76. 12. 11.	〃	〃	
281	정길용	남	83. 08. 25.	〃	〃	
282	황규욱	남	83. 10. 29.	〃	〃	
283	민병렬	남	67. 11. 21.	〃	〃	
284	안상미	여	81. 07. 06.	〃	〃	입교
285	조병직	남	33. 12. 02.	01. 03. 24.	전익상 목사	
286	정병욱	남	61. 04. 02.	〃	〃	
287	전용흠	남	53. 02. 04.	〃	〃	
288	장민우	남	82. 01. 07.	〃	〃	
289	장민우	남	82. 01. 07.	21. 03. 24.	전익상 목사	
290	강성옥	여	54. 02. 26.	〃	〃	

번호	이 름	성별	생년월일	세례 받은 날	주례자	비고
291	문경원	여	77. 10. 09.	. .	. .	
292	강우선	여	20. 10. 01.	. .	. .	
293	강옥열	남	26. 12. 08.	03. 12. 25.	김병호 목사	
294	이민순	여	31. 08. 10.	. .	. .	
295	김성천	남	67. 10. 01.	. .	. .	
296	윤미향	여	68. 12. 09.	. .	. .	
297	김태진	남	88. 04. 30.	. .	. .	
298	오환희	남	88. 09. 02.	. .	. .	
299	양재형	남	88. 10. 20.	. .	. .	
300	박성우	남	88. 09. 13.	. .	. .	
301	김정연	여	53. 12. 06.	04. 04. 11.	김병호 목사	
302	정진우	남	88. 02. 08.	04. 09. 25.	김병호 목사	병상세례
303	현명일	남	52. 05. 16.	04. 10. 17.	김병호 목사	
304	김순남	여	56. 08. 20.	. .	. .	
305	오창희	남	89. 12. 09.	. .	. .	
306	조윤혁	남	90. 03. 20.	. .	. .	
307	정용제	남	59. 09. 06.	05. 03. 27.	김병호 목사	
308	김현자	여	62. 12. 16.	. .	. .	
309	김언미	여	64. 01. 14.	. .	. .	
310	신상운	남	43. 11. 07.	05. 10. 16.	김병호 목사	
311	배충환	남	57. 10. 10.	. .	. .	
312	최선화	남	50. 06. 01.	. .	. .	
313	하명희	여	53. 05. 24.	. .	. .	
314	안경미	여	67. 09. 26.	. .	. .	
315	박두임	여	56. 04. 05.	. .	. .	
316	김순안	여	30. 09. 03.	. .	. .	
317	김지나	여	82. 06. 22.	. .	. .	
318	장순남	여	25. 12. 20.	06. 01. 18.	김병호 목사	병상세례
319	김재희	여	46. 04. 12.	06. 04. 16.	김병호 목사	
320	이재경	남	71. 12. 05.	. .	. .	
321	이옥순	여	26. 05. 11.	06. 10. 15.	김병호 목사	
322	윤양복	여	33. 03. 08.	. .	. .	
323	류중신	남	44. 01. 11.	. .	. .	
324	성영희	여	57. 09. 10.	. .	. .	
325	박우옥	여	59. 11. 08.	. .	. .	
326	전철홍	남	68. 09. 15.	. .	. .	
327	강혜진	여	84. 11. 10.	. .	. .	
328	김하나	여	90. 05. 13.	. .	. .	
329	김민정	여	91. 08. 04.	. .	. .	

순번	이 름	성별	생년월일	세례 받은 날	주례자	비고
330	류경희	여	91. 03. 18.	··	··	
331	고영완	남	91. 12. 17.	··	··	
332	차태형	남	91. 06. 11.	··	··	입교
333	김형우	남	92. 03. 13.	··	··	입교
334	박현준	남	92. 07. 16.	··	··	
335	장하은	여	92. 10. 27.	··	··	입교
336	강성대	남	93. 02. 28.	··	··	
337	조봉임	여	36. 05. 28.	07. 04. 08.	김병호 목사	
338	오선옥	여	56. 04. 19.	··	··	
339	최경덕	남	65. 06. 23.	··	··	
340	조윤정	여	92. 09. 06.	··	··	
341	장인혁	남	93. 04. 04.	··	··	
342	김경임	여		07. 10. 21.	김병호 목사	
343	황인석	남	77. 01. 23.	··	··	
344	최일영	남	78. 10. 20.	··	··	
345	박동현	남	93. 01. 07.	··	··	
346	김윤재	여	92. 10. 18.	··	··	
347	김소영	여	93. 05. 25.	··	··	
348	박부술	여	19.	08. 03. 23.	김병호 목사	
349	오주영	여	67. 02. 08.	··	··	
350	이은미	여	71. 11. 07.	··	··	
351	김지애	여	88. 12. 28.	··	··	
352	정은경	여	71. 04. 10.	08. 10. 12.	김병호 목사	
353	강소정	여	94. 12. 05.	08. 10. 12.	김병호 목사	
354	김은영	여	95. 01. 10.	··	··	
355	박은지	여	86. 09. 08.	··	··	
356	오예담	여	94. 07. 22.	··	··	
357	김동선	여	54. 07. 02.	09. 04. 12.	김병호 목사	
358	김인철	남	72. 07. 23.	··	··	
359	윤지영	여	88. 09. 29.	··	··	
360	김태훈	남	95. 01. 17.	··	··	
361	오대원	남	95. 08. 03.	··	··	
362	배지희	여	95. 10. 23.	··	··	
363	장재현	남	95. 12. 09.	··	··	입교
364	허경원	남	95. 03. 04.	··	··	입교
365	이맹이	여	24. 08. 23.	09. 10. 11.	김병호 목사	
366	황귀악	여	36. 12. 26.	··	··	
367	이순점	여	39. 12. 08.	··	··	
368	강정자	여	43. 04. 08.	··	··	

순번	이 름	성별	생년월일	세례 받은 날	주례자	비고
369	배순미	여	71. 06. 16.	. .	. .	
370	곽 현	남	70. 11. 05.	. .	. .	
371	박성우	남	92. 10. 10.	. .	. .	
372	정수영	남	92. 10. 25.	. .	. .	
373	이민자	여	45. 03. 16.	10. 04. 04.	김병호 목사	
374	강미아	여	63. 01. 16.	. .	. .	
375	이누리	여	92. 10. 17.	. .	. .	
376	김주이	여	93. 09. 15.	. .	. .	
377	이설희	여	95. 09. 22.	. .	. .	
378	서승희	여	95.	. .	. .	
379	배수경	여	96. 09. 23.	. .	. .	
380	김남숙	여	33. 07. 08.	10. 10. 10.	김병호 목사	
381	최진현	남	44. 10. 26.	. .	. .	
382	조필규	여	35. 11. 18.			
383	허경찬	남	97. 08. 02.	11. 04. 24.	김병호 목사	입교
384	이 건	남	98. 01. 11.	. .	. .	
385	박요한	남	97. 09. 27.	11. 04. 24.	김병호 목사	
386	백기영	남	21. 03. 28.	. .	. .	
387	이민자	여	27. 10. 06.	. .	. .	
388	정웅자	여	19.	. .	. .	
389	채만순	여	29. 05. 02.	. .	. .	
390	서동진	여	39. 09. 29.	. .	. .	
391	김춘미	여	42. 10. 03.	. .	. .	
392	김정순	여	43. 04. 03.	. .	. .	
393	강경자	여	49. 10. 26.	. .	. .	
394	김숙자	여	54. 11. 13.	. .	. .	
395	최종희	여	57. 02. 18.	. .	. .	
396	이장훈	남	69. 11. 30.	. .	. .	
397	차혜연	여	89. 05. 18.	. .	. .	
398	김경민	남	97. 08. 13.	. .	. .	
399	박정은	여	98. 02. 02.	. .	. .	
400	이태경	남	97. 06. 05.	. .	. .	
401	정순란	여	22. 04. 17.	11. 10. 09.	김병호 목사	
402	김진택	남	23. 01. 03.	. .	. .	
403	이정자	여	39. 04. 10.	. .	. .	
404	조길무	남	40. 06. 09.	. .	. .	
405	권춘옥	여	60. 04. 01.	. .	. .	
406	고승희	여	65. 11. 12.	. .	. .	
407	김종태	남	33. 03. 10.	11. 11. 27.	김병호 목사	병상세례

순번	이 름	성별	생년월일	세례 받은 날	주례자	비고
408	박기선	남	33. 11. 16.	12. 04. 08.	김병호 목사	
409	이일영	여	36. 06. 23.	" "	" "	
410	박정님	여	42. 11. 06.	" "	" "	
411	강상규	남	48. 03. 25.	" "	" "	
412	박남순	여	49. 08. 17.	" "	" "	
413	최정혜	여	88. 06. 21.	" "	" "	
414	천세진	여	98. 09. 20.	" "	" "	입교
415	오예지	여	98. 01. 07.	" "	" "	입교
416	박갑출	여	25. 09. 01.	12. 10. 14.	김병호 목사	
417	고제혁	남	26. 12. 08.	12. 10. 21.	김병호 목사	
418	홍근화	여	33. 01. 28.	" "	" "	
419	손수일	남	41. 03. 01.	" "	" "	
420	김춘화	여	41. 04. 27.	" "	" "	
421	김정옥	여	47. 02. 27.	" "	" "	
422	오옥남	여	50. 03. 17.	" "	" "	
423	김영민	남	54. 12. 15.	" "	" "	
424	김선자	여	61. 11. 15.	" "	" "	
425	이장일	남	71. 05. 15.	" "	" "	
426	한옥석	남	80. 03. 28.	" "	" "	
427	황슬기	여	96. 12. 06.	" "	" "	입교
428	서상도	남	32. 06. 04.	13. 03. 31.	김병호 목사	
429	조차순	여	44. 11. 07.	" "	" "	
430	조윤희	여	99. 01. 28.	" "	" "	
431	신세영	여	98. 05. 03.	" "	" "	
432	이혜진	여	98. 05. 06.	" "	" "	
433	박근태	남	97. 03. 31.	" "	" "	
434	허민지	여	96. 05. 31.	" "	" "	
435	한덕순	여	34. 02. 05.	13. 10. 13.	김병호 목사	
436	김팔중자	여	40. 02. 13.	" "	" "	
437	하순전	여	46. 06. 28.	" "	" "	
438	김혜선	여	46. 06. 08.	" "	" "	
439	함상배	남	46. 11. 03.	" "	" "	
440	노갑용	남	54. 07. 09.	" "	" "	
441	정수현	여	98. 03. 27.	14. 04. 20.	김병호 목사	
442	최혜린	여	99. 02. 22.	" "	" "	
443	류민지	여	00. 09. 21.	" "	" "	입교
444	이은실	여	76. 09. 08.	14. 10. 12.	김병호 목사	
445	이숙희	여	85. 09. 09.	" "	" "	
446	이지영	여	93. 07. 14.	" "	" "	

순번	이 름	성별	생년월일	세례 받은 날	주례자	비고
447	고유덕	여	42. 06. 25.	15. 04. 05.	김병호 목사	
448	이연호	남	43. 08. 09.	· ·	· ·	
449	정현주	여	77. 11. 23.	15. 04. 05.	김병호 목사	
450	밀리타배	여	88. 08. 15.	· ·	· ·	
451	오현지	여	00. 01. 24.	15. 10. 11.	김병호 목사	
452	곽한선	여	51. 12. 03.	· ·	· ·	
453	김성용	남	47. 03. 02.	· ·	· ·	
454	구영순	여	52. 02. 28.	16. 03. 10.	김병호 목사	
455	정수경	여	98. 09. 18.	· ·	· ·	
456	김상하	남	02. 05. 27.	· ·	· ·	
457	이선학	남	27. 11. 25.	· ·	· ·	
458	홍명엽	여	49. 11. 27.	· ·	· ·	
459	천세영	여	03. 03. 10.	17. 04. 09.	김병호 목사	입교
460	류수민	여	03. 04. 03.	· ·	· ·	입교
461	박성민	남	03. 09. 08.	· ·	· ·	입교
462	장하늘	남	03. 04. 09.	· ·	· ·	
463	김 수	남	04. 02. 29.	18. 03. 25.	김병호 목사	
464	박은서	여	04. 03. 05.	· ·	· ·	
465	이정원	여	77. 04. 07.	18. 10. 14.	김병호 목사	
466	김해종	남	41. 10. 19.	18. 10. 21.	김병호 목사	병상세례
467	박장욱	남	65. 09. 20.	19. 04. 17.	김병호 목사	
468	임 양	여	80. 12. 06.	· ·	· ·	
469	박영환	남	02. 10. 05.	· ·	· ·	
470	강여준	남	05. 12. 19.	· ·	· ·	
471	김민주	여	90. 03. 02.	19. 10. 13.	김병호 목사	
472	배금선	여	45. 08. 30.	21. 03. 28.	김병호 목사	
473	하지영	여	66. 03. 15.	· ·	· ·	
474	김재홍	남	60. 03. 03.	22. 10. 16.	김병호 목사	
475	김정섭	남	00. 08. 14.	· ·	· ·	
476	임주희	여	00. 10. 19.	· ·	· ·	
477	최민경	여	06. 08. 03.	· ·	· ·	
478						
479						
480						

금성교회 교육위원회 회칙

제1장 총칙

제1조 (명칭) : 본회는 대한예수교장로회 금성교회 교육위원회라 칭한다.

제2조 (위치) : 본회는 금성교회 내에 둔다.

제3조 (목적) : 본회는 교사로서의 자질 향상과 교육부 각 부서의 교육 향상과 교육부 각 개인의 영혼 구원에 힘쓰는 것을 그 목적으로 한다.

제2장 조직

제4조 (회원) : 본회 회원은 금성교회 교육부 각 부서의 교역자, 부장 및 교사 임원으로 한다.

제5조 (의무) : 본회 회원은 본회 목적을 명심하고 본회 발전과 회원에 부과된 제반 규정을 준수한다.

제6조 (임원) : 본회를 원활하게 운영하기 위하여 위원장 1명과 총무 1명을 두기로 한다.

제7조 (역할) : 본회 임원의 역할은 다음과 같다.

위원장: 본회를 대표하며 본회의 제반 업무를 총괄한다.

총 무: 위원장을 보좌하며 사무 일체와 제반 업무를 위원장과 같이 추진한다.

제8조 : 위원장은 당회에서 임명한다.

제9조 : 총무는 본회 위원장이 추천하여 본회의 결의 하에 임명한다.

제10조 (임기) : 본회 임원의 임기는 당회의 결의에 따라 정한다.

제3장 회의

제11조 : 본회는 다음과 같은 회의를 둔다.

  1. 정기회의: 년2회 전·후반기 위원장이 소집하며 1주일 전에 각 부서에 알리며, 주
보에 소집 공고를 한다. (연 2회 이상 필요시 위원장 소집)

  2. 임시회의: 특별한 모임 필요에 따라 위원장이 소집하며 1주일 전에 전 회원에게
소집 공고를 한다. (그 외 수련회, 교사교육에 대한 모임을 가질 수 있다.)

제12조 : 본회의 성원 결의는 참석인원으로 한다.

제4장 재정

제13조 : 본회의 재정은 본 교회 재정부의 예산보조금으로 한다.

제5장 모범 및 근속교사 시상

제14조 : 다음과 같은 교사에게 모범교사 및 근속교사를 시상한다.

  1. 근속교사: 한 해도 쉬지 않고 계속 교사로 봉사한 5년, 10년, 20년 근속한 교사
에게 근속패와 소정의 시상금을 전달한다. (단, 근속교사는 연 5회 이상 결석 시
근속교사로 인정할 수 없다.)

  2. 모범교사: 교육위원장과 당회에서 결의하여 모범교사를 선정하고 시상할 수 있다.

제6장 부칙

제15조 : 본회 회칙의 미비 사항은 통상관례에 준한다.

제16조 : 본회 회칙은 통과일로부터 그 효력을 발생한다.

2013년 4월 7일

금성교회 당회 제정

금성교회 장학부 회칙

제1장 명칭 및 위치

제1조: 본회는 금성교회 장학부라 칭한다.
제2조: 본회는 금성교회 내에 둔다.

제2장 목적

제3조: 본회는 본 교회의 학업성적이 우수한 자 및 모범 학생을 위주로 장학
금을 지급하며 필요시 생활이 어려운 학생의 학비를 보조하여 기독교
적 인재 양성을 목적으로 한다.

제3장 조직 및 회원

제4조: 본회는 당회에서 임명한 임원과 회에 가입한 자로 조직한다.
제5조: 본회에 가입고자 하는 자는 본회의 목적에 동의하여 참석할 수 있다.
제6조: 본회는 평생회원, 일반회원으로 구분한다.

제4장 임원 및 임기

제7조: 본회 임원은 아래와 같다.
- 장학부장: 1인 - 장학회계: 1인
제8조: 임원은 당회가 임명한다.

제9조: 감사는 당회원으로 한다.

제10조: 본회 임원의 임기는 2년으로 하되 연임할 수 있다.

제11조: 본회 임원의 임무는 다음과 같다.

    1) 부장은 본회를 대표하여 총괄한다.

    2) 회계는 본회 재정 및 문서일체를 보관 정리하여 부장을 보좌한다.

제5장 재 정

제12조: 본회 재정은 본 교회 기금과 회원의 회비로 한다.

제13조: 본회 회비는 다음과 같다.

    1) 평생회원: 100만 원 이상 납입한 자로 한다.

    2) 일반회원: 월 5,000원 이상으로 한다.

    3) 본회 재정은 일정한 기금이 적립된 후부터 지출한다.

제14조: 본회 기금 마련은 회원의 회비 및 장학금 기탁, 남·여 선교회 월 1만 원 지원, 그 외 일일찻집, 홍보활동을 통하여 마련한다.

제15조: 본회 장학금 지출은 임원회의 결의와 당회 허락으로 실시한다.

제6장 장학금의 종류

제16조: 장학금의 종류는 아래와 같다.

    1) 입학 장학금 – 초등학교, 중학교, 고등학교, 대학교 입학 시

    2) 모범 장학금

    3) 봉사 장학금

    4) 성적 장학금

    5) 대외 장학금

제7장 장학생의 자격

제17조: 장학생은 다음과 같이 선발한다.

1) 입학 장학생

　① 초등학교 입학 장학생 – 본 교회 유치부 예배를 45주 이상 출석하고 초등학교에 입학하는 신앙생활에 모범이 되는 자

　② 중학교 입학 장학생 – 본 교회 아동부 예배를 45주 이상 출석하고 중학교에 입학하는 신앙생활에 모범이 되는 자

　③ 고등학교 입학 장학생 – 본 교회 중등부 예배를 45주 이상 출석하고 고등학교에 입학하는 신앙생활에 모범이 되는 자

　④ 대학교 입학 장학생 – 본 교회 고등부 예배를 45주 이상 출석하고 대학교에 진학하는 신앙생활에 모범이 되는 자

2) 모범 장학생

　- 본 교회 중등부, 고등부, 대학생으로 각 교육부서 예배에 50주 이상 출석한 자로서 신앙생활에 모범이 되는 자, 여기서 대학생이라 함은 당해 연도 대학에 재학하여 학년 중 한 학기 이상을 이수한 자 (한 학년에 한 번의 장학금만 지급을 원칙으로 하며, 대학교(4년제 기준) 재학 중 총 4회를 초과하여 지급할 수 없으며 전문대(2년제 기준) 또한 재학 중 총 2회를 초과하여 지급할 수 없다)

3) 봉사 장학생

　- 본 교회 (대)학생으로서 교회학교 교사, 찬양단, 기타 교회 봉사기관에 50주 이상 출석한 자로 신앙생활에 모범이 되는 자 (장학금 지급 금액은 장학 임원회에서 결정한다.)

4) 성적 장학생

　- 중학교 3학년생으로 본 교회 중등부 예배를 45주 이상 출석하고 한 학년 평균 석차가 상위 10% 이내이며 신앙생활에 모범이 되는 자

　- 고등학생으로 본 교회 고등부 예배를 45주 이상 출석하고 한 학년 평균 석차가 상위 10% 이내이며 신앙생활에 모범이 되는 자

　- 대학생으로 본 교회 오전 예배와 청년부 예배를 45주 이상 출석하고 한 학년 평점이 4.0이상(4.5기준)으로 신앙생활에 모범이 되는 자

5) 대외 장학생

　- 교회 외부 초등, 중등, 고등학생 중 성실하고 봉사활동이 적극적이며 품행이 방정하여 타의 모범이 되는 학생으로 해당학교 학교장이 추천한 자

제8장 출석 기준

제18조 장학생의 출석 기준은 아래와 같다.

1) 입학·모범·성적 장학생은 해당 교육 부서에서 예배드림을 출석으로 한다.

2) 봉사 장학생은 해당 봉사기관에 참여함을 출석으로 한다.

3) 출석 인정

- 부득이 타 교회에서 예배드린 자는 이를 증명하고 부서장이 인정하면 출석으로 간주한다. (1회까지만)

- 부득이 주일에 실시되는 국가자격 시험에 응시한 경우 이를 증명하고 부서장이 인정하면 출석으로 간주한다.

4) 결석처리

- 해당 부서장은 예배에 3회 지각한 자를 1회 결석으로 처리한다. (단 천재지변이나 부서장이 판단하여 부득이한 상황은 지각이나 결석으로 처리하지 아니한다.)

제9장 장학생 추천 및 방법

제19조 장학생의 추천 및 방법은 아래와 같다.

1) 입학·모범·성적 장학생은 장학부의 요청으로 해당 교육부서 부서장이 추천한다.

2) 봉사 장학생은 장학부의 요청으로 해당 봉사기관의 부서장이 추천한다.

3) 대외 장학생은 장학부의 요청으로 해당 학교 학교장이 추천한다.

4) 장학생을 추천하는 부서장은 장학생 추천서(장학부 서식1호)와 함께 관련 증빙자료(출석부 사본, 성적증명서 등 장학부가 요구하는 자료)를 첨부하여 제출하여야 한다.

5) 장학부가 지정한 기간이 지나거나, 요구한 자료를 첨부하지 아니한 경우 장학생 추천에서 제외될 수 있다.(단 성적 장학생은 학교 사정상 당해 연도 성적표를 발급받을 수 있는 날짜에 추가로 신청할 수 있다.)

제10장 장학금의 지급

제20조 장학금 지급은 다음과 같다.

1) 장학금은 장학생으로 선발된 자에게 당해 연도 12월 마지막 주일에 지급하는 것을 원칙으로 한다.(단 성적 장학금, 대외 장학금은 예외로 당해 연도를 넘겨 지급할 수 있다)

2) 장학금은 중복하여 지급하지 아니한다. (단 봉사 장학금, 성적 장학금은 조정하여 중복 지급할 수 있으며, 장학금 중복 시는 금액이 상위하는 쪽으로 지급한다)

3) 장학금은 전년도에 기 지급된 금액을 참고하여 예산 및 제반사항 등을 고려하여 금액을 조정할 수 있다.

4) 지급대상자가 많거나 예산부족 등의 부득이한 경우 우선순위를 정하여 장학금을 지급할 수 있다. (단 우선순위는 기 수혜자를 제외하고 출석률, 교회봉사, 성적 3가지 영역을 고려하여 선발한다)

제11장 총회 및 임원회

제21조: 총회는 1년 1회로 하고 필요시 회칙을 개정할 수 있다.
제22조: 임원회는 필요시 부장이 소집하여 장학생 선발 및 당회에서 위임된 제반사항을 결의 집행한다.
제23조: 본회 성수는 출석회원으로 개회한다. (소집은 일주일 전에 광고해야 한다.)

제12장 부칙

제24조: 본 규약의 미비 사항은 일반 통상규칙에 따른다.
제25조: 본회 회칙 수정은 총회 3분의 2 찬성으로 결정하며 당회의 인준을 받아야 한다.
제26조: 본 회칙은 당회 통과 시부터 그 효력을 발휘한다.

2004년 10월 31일 금성교회 장학부 회칙을 당회에서 제정하다.

2011년 11월 20일 1차 수정 제2장 13조, 제7장 17조 4항 추가

2014년 12월 28일 2차 수정 제7장 17조 2항, 제8장 18조 3항 4항, 제9장 19조 4항 5항을 추가 수정하다.

제2부
금성의 조직
그 일꾼들의 이야기

금성교회는 1953년 3월 1일 설립된 교회로서 이웃과 더불어 정의와 평화가 숨 쉬는 아름다운 세상을 만들기 위해 우리의 몸을 태우고 녹여서 지역에 어둠을 밝히고, 이웃에 사랑을 전하는 생명 공동체입니다.

금성교회는 훌륭한 교회보다 능력 있는 교회입니다. 최고의 교회보다 이웃을 돌아보며 섬기는 참 좋은 교회입니다.

여기에 오시면 여러분의 꿈이 성취됩니다. 여기에 오시면 여러분의 삶이 행복하고 즐거워집니다. 여러분을 위하여 사랑을 주고받으며 인생의 방황을 종결짓는 곳…

"금성교회는 언제나 여러분을 환영합니다."

2023년 교회 직원 및 제직 조직

1. 교역자

담 임 목 사 : 김병호
교 육 목 사 : 이재영
교 육 목 사 : 손용재
교육 전도사 : 이영광

2. 장로

은퇴 장로 : 김정일 · 이채상 · 김재옥 · 신기종 (4명)
시무 장로 : 명금영 · 김영정 · 박용환 (3명)

3. 안수집사

은퇴 안수집사 : 진경열 · 송기현 (2명)
전입 은퇴 안수집사 : 박종인 (1명)
안수집사 : 이영만 · 강주수 · 차갑성 · 천진수 · 김영민 · 송기문 · 김철우
　　　　　안성웅 · 신성민 (9명)

4. 권사

은퇴 권사 : 여복희 · 박희하 · 박박자 · 이향자 · 안순남 · 정명덕 · 최영심
　　　　　박재임 · 김하분 · 양소득 · 김외조 · 명 난 (12명)

전입 은퇴 권사 ; 박강자 (1명)

전입 권사 ; 양명자 (1명)

시무 권사 ; 김옥주 · 이남희 · 조인옥 · 이미숙 · 이현자 · 김언미 · 하명희
 곽성남 · 명정선 · 조미란 · 이미정 (11명)

명예 권사 ; 송봉남 · 박춘자 · 김설매 · 조차순 (4명)

5. 집사

서리집사(남) ;

오재성 · 오석주 · 전용흠 · 정용제 · 조동현 · 김태완 · 김규영 · 강영호 · 배충환
석봉식 · 문성민 · 박석주 · 권재영 · 김경렬 · 이귀남 · 류수웅 · 박환희 · 오창희
한옥석 · 명현국 · 윤호용 · 전태호 · 김재홍 · 박승중 · 김한웅 · 박준효 (26명)

서리집사(여) ;

김구자 · 김은경 · 김희숙 · 김미숙 · 오령희 · 박영애 · 김미화 · 김정연 · 황미옥
김현자 · 안경미 · 성영희 · 오선옥 · 아이린 · 김명옥 · 오주영 · 김동선 · 박정애
배순미 · 박신영 · 김숙자 · 최종희 · 나보신 · 임영화 · 이정미 · 최정혜 · 이지은
정진옥 · 김정화 · 조영은 · 김지애 · 허재언 · 하지영 · 임 양 · 박채영 (35명)

6. 은퇴 서리집사

조순남 · 차효녀 · 김선옥 · 류중신 · 최상조 · 박정님 · 김성용 · 김정옥 · 김혜선
하순전 · 구영순 · 고유덕 · 황정열 · 강경자 · 오옥남 · 최선화 · 김용선 · 황동웅
현명일 · 홍명엽 · 이수찬 (21명)

7. 명예집사

주동호 · 이정자 · 홍근화 · 한덕순 · 이선학 · 김형래 · 배금선 (7명)

교육위원회

❖ 교 장 : 김병호 목사
❖ 교육위원장 : 김영정 장로

1. 유치부

- 교육지도 : 손용재 목사
- 부 장 : 문성민 집사
- 교 사 : 이정미 · 이지은

2. 아동부

- 교육지도 : 이재영 목사
- 부 장 : 강주수 안수집사
- 교 사 : 김철우 · 박성민 · 박은서

3. 중 · 고등부

- 교육지도 : 이영광 전도사
- 부 장 : 신성민 안수집사
- 교 사 : 김언미 · 김지애 · 오주영

4. 청년부

- 교육지도 : 손용재 목사

찬양위원회

1. 시온 찬양대

- 대장 : 이미숙 권사
- 지휘 : 박환희 ┃
- 반주 : 피아노 : 박신영 ┃ 오르간 : 박성미
- 대원(남) : 강주수 · 안성웅 · 신성민 · 명현국 · 박성민
- 대원(여) : 김옥주 · 조인옥 · 박재임 · 조미란 · 이미정 · 오주영 · 명 난
        양소득 · 이남희 · 김은경 · 이미숙 · 권순옥 · 천세진 · 천세영
        박은서 · 박찬미

2. 호산나 찬양대

- 지휘 :
- 반주 : 피아노 : 박신영 ┃ 오르간 : 박성미
- 대원 : 김옥주 · 김미숙 · 오주영 · 조미란 · 이미정 · 곽성남 · 명 난
      나보신 · 이남희 · 이미숙 · 김은경 · 박재임 · 양소득

3. 온누리 찬양단

- 단장 : 손용재 목사
- 단원 : 문성민 · 김언미 · 오창희 · 김형우 · 손찬미 · 박성미

담임목사의 행복 메시지

❖ 금성교회 부임을 앞두고

이채상 장로님과 금성교회 당회원 그리고 여러 교우님께 드립니다.
부족하고 연소한 사람을 금성교회에서 청빙해 주시고 함께 하나님께 영광을
돌리고 지역을 섬기며 모든 교우가 복을 받을 수 있는 기회를 허락해 주신
하나님께와 금성교회 모든 분께 진심으로 감사를 드립니다.

이 모든 일이 하나님의 섭리와 계획 속에 이루어진 일이라 믿으며 앞으로 하
나님께서 부족한 종과 금성교회 당회원 그리고 여러 교우님들과 함께 행하실
일들을 기대하며 두려움으로 엘리야처럼 서 있습니다.
아직은 부족한 것이 많지만 하나님께서 도우시고 모두가 합력한다면 능히 모
든 일을 이루어 주시리라 믿으며 기도하는 마음으로 준비하고 있습니다.
모든 분들의 많은 조언과 협력 도움을 부탁드립니다.

앞으로 금성교회가 지나온 반세기를 회고하고 나아갈 반세기를 준비하면서
교회를 통하여 지역과 모든 성도들이 영혼이 숨 쉬는 샘터, 방황하는 자들의
안식처, 축복의 통로가 되어 복의 근원이 될 그날을 위해 부족하지만 최선의
노력을 경주하고자 합니다.
그리고 온 성도들이 한마음으로 찬양할 때 모두의 찬양이 하늘에 사무치고
간절히 함께 부르짖게 될 때 우리의 기도가 하늘 보좌를 움직여 기적이 상식
처럼 역사하는 그런 금성교회가 될 것을 믿으며 기도하고 있습니다.
부임하면 성도님들과 함께 아픈 상처를 싸매고 허물을 감싸주고 이해하며 사
랑을 나누는 화목한 교회로 나누는 기쁨, 봉사하는 보람, 숨은 자의 손길을
통하여 교회와 지역을 잘 섬겨 겨울밤 아랫목의 온돌방처럼 따뜻하고 정이

넘치는 교회로 지역에 빛을 발하며 많은 사람에게 인정받고 평안하여 든든히 서가는 칭송받는 교회로 우뚝 서게 될 것을 소망해봅니다.

끝으로 있는 자나 없는 자나, 높은 자나 낮은 자나, 배운 자나 배우지 못한 자나 모두가 예수 그리스도 안에서 한 공동체 가족이 되어 샘솟는 기쁨으로 주님의 영광을 드러내며 주께서 주신 능력으로 맡겨진 사명을 잘 감당할 것을 다짐하며 기쁨으로 만나 함께 섬기게 될 그날을 위해 장로님들과 여러 성도님의 많은 기도와 협력을 부탁드립니다.

2003년 10월 27일
부임하여 열심히 섬기며 일할 종 김병호 목사 올림

❖ 정들었던 분당 신광교회를 사임하며

주님의 보호하심과 인도하심 가운데 하나님의 평강이 언제나 함께하시기를 기도드립니다.
"만남은 곧 이별이라 카던데 진짜로 그런가 봐여 서운해서 어쩐 데요! 섭섭해서 어쩐 데요!"라고 부산을 떠나 이곳 성남 땅에 정든 지 2년여의 시간들~

처음 이곳에 와 이삿짐을 내릴 때 부산에서는 느낄 수 없었던 칼바람이 불어와 얼마나 추웠는지 손이 시리고 귀가 얼어붙을 정도였습니다.
그럼에도 많은 성도님들께서 함께 마중 나와 이삿짐을 내려주시고 정리해 주실 때 얼마나 감사했는지 모릅니다.

모 장로님께서는 만두를 사 오셔서 따뜻한 것 드시고 몸 녹이면서 일하시라고 하실 때 그동안 얼어붙었던 몸과 마음이 금방 녹아내리는 것 같았고 눈에는 눈물이 고여 할 말을 잃고 감사할 따름이었습니다.
그러나 처음 이곳의 생활은 생소한 땅 아는 사람 한 사람도 없이 겨울만큼이나 춥고 밀려오는 파도처럼 걷잡을 수 없는 일들로 하루하루가 너무 힘들어 남몰래 눈물을 흘리는 일이 한두 번이 아니었습니다.
그런데 성도님들의 따뜻하고 포근한 사랑이 외롭고 쓸쓸한 낯선 지역에서의 목회를 잘 감당할 수 있도록 힘과 용기를 주었습니다.

지금에 와서 금방 지나가 버린 2년여의 이곳 분당에서의 목회 여정을 돌이켜 보니 열심히 한다고 했지만 참으로 어리석고 부족한 모습이 많았음에도 모두가 저를 너그럽게 이해해 주시고 함께 협력해 주셔서 얼마나 기쁨과 보람이 넘쳤는지 모릅니다.

그러나 이제 그때의 어리석음과 실수를 통해 저는 인내와 성실의 가치를 알았고 지혜와 소통의 소중함을 배우게 되었으며 앞으로 어떤 어려움이 닥쳐온다고 할지라도 두려움이 없이 마주하게 되었으니 이제 그 시간을 소중히 간직하며 모든 분께 감사를 드립니다.

처음 지 교회 파견 담임으로 두렵고 떨리는 마음으로 시작된 목회 사역에서 기쁨도 함께 아픔도 함께 늘 같이 해 주시고 잊지 않고 많은 기도를 해 주셨던 고마우신 목사님과 목회 동역자와 장로님 권사님 그리고 집사님 모든 분들께 진심으로 다시 한 번 깊은 감사를 드립니다.

이곳에서의 짧은 목회를 통해 사람의 귀함과 함께 살아가는 삶의 아름다움을 알게 되었기에 저는 지나간 모든 시간에 더욱 감사할 수 있습니다.

우리 교우들과 함께 했던 짧은 시간이었지만 오랜 시간을 보낸 것 같은 참으로 많은 정이 들었고 애착이 남는 신광교회!

지금까지 베풀어 주신 그 크신 은혜와 사랑 그 사랑을 다 갚기도 전에 사랑의 빚과 아쉬움만 남기고 가는 것 같아 마음이 아리고 쓰립니다.

아직도 변치 않고 사랑해 주시며 헤어짐을 아쉬워하며 눈물 흘리시는 사랑하는 성도님들 오랫동안 함께 있으리라 마음먹었는데 막상 정들었던 곳을 떠나려고 하니 벌써 마음이 무겁고 발걸음이 떨어지지 않는군요.

하지만 지금까지 베풀어 주셨던 우리 성도님들의 크신 은혜와 사랑은 멀리 부산 영도 금성교회로 간다고 할지라도 평생 살아가면서 잊지 않고 마음속 깊이 새기며 좋은 소식으로 보답하도록 하겠습니다.

부족한 종을 통하여 행하셨던 2년여의 짧은 세월, 앞으로 새 일을 행하실 하나님을 찬양하며 새로운 환경에서 더 새롭고 귀하게 쓰임 받을 수 있도록 더 많은 기도를 부탁드립니다.

그리고 하나님 나라를 위하여 믿음으로 승리하는 복된 나날이길 기원하며 언젠가 다시 뵐 때 부끄럼 없이 기쁨으로 만나 뵐 수 있기를 기원합니다.

귀한 가정과 모든 가족 그리고 교회에 하나님의 축복이 함께하시길 기도드립니다.

2003년 10월 29일

정들었던 교회를 사임하며 사랑의 빚진 자 김병호 목사 올림

❖ 싱싱하고 푸르른 5월!

우리에게 시시때때로 은혜를 주시고 약할 때 강하게 하시며 능력을 주시는 하나님의 평강이 모든 교우님과 함께하시기를 기도드립니다.

내일의 소망을 내다보고 아카시아 꽃향기에 열심히 일하는 꿀벌처럼 살아가시는 여러 성도님들의 삶을 그려보면서 저도 더욱 성실하고 부지런히 뛰어야겠다는 목양 일념으로 글을 적어 봅니다.

5월을 맞아 여러 많은 일들로 말미암아 참으로 분주하고 바빴을 터인데 은혜롭게 잘 지내고 계시는지요?

저는 며칠 전 어버이날에 사랑하는 아들로부터 무엇보다도 반가운 선물을 받았는데, 그 선물은 다름 아닌 구구한 사연과 함께 아들의 감사의 마음이 담긴 사랑의 편지였습니다.

비록 글씨는 비뚤어졌어도 또박또박 그림과 함께 마음을 담아 쓴 정성 어린 편지를 읽으면서 크게 감동을 받았습니다.

> "아빠, 엄마! 너무 힘드시지요? 잠도 얼마 못 주무시고 늘 고생하고 수고 많으신데 좀 휴식을 취하면서 일하세요. 그리고 어려운 일이 있어도 잘 참으시고 용기를 잃지 마세요. 우리를 도우시는 하나님이 계시잖아요."

저는 자신이 처해 있는 현재 상황에 깊이 감사한다고 쓴 아들의 글을 읽고 감동의 눈물을 흘렸습니다. 하나밖에 없는 아들이 대견하여 흐뭇하기도 했지만, 구절구절마다 감사로 바뀌게 된 문장들을 보고 더 열심히 아들에게 좋은 아버지가 되어야겠다고 생각했습니다.

사랑하는 교우 여러분!

저는 우리 모두가 5월의 싱그러움처럼 피차 권면하고 위로하고 용기를 주는 사랑의 심정, 그것이 우리들의 삶의 모습이 되기를 원합니다.

서로 사랑하면서 시험에 들지 않도록 기도하며 격려해 주고 함께 교회의 새로운 부흥을 일으키는 새 물결이 되기를 원합니다.

이제 하나님께서 우리에게 은혜를 베풀어 주실 줄 믿습니다.

우리가 모두 다시 마음을 가지런히 모으고 기도로 불을 붙여 처음 사랑을 회복하여 우리 하나님께서 기뻐하시는 일을 만들어가도록 합시다.

낮에 해처럼 밤에 달처럼 주는 것을 더욱 좋아하고 어떤 경우에도 사람이나 세상을 보고 실망하지 말고 우리의 선한 목자 되시는 예수님만 따라 살아갈 수 있기를 소원합니다.

우리가 피곤함에 지쳐 쓰러졌을 때 변함없는 사랑으로 우리를 사랑해 주시는 하나님의 크신 은혜와 사랑이 귀한 가정에 더욱 아름답고 향기롭게 다가오기를 빕니다.

2004년 5월, 여러분을 위해 기도하는 종

❖ 장마와 함께 시작하는 7월

우리의 삶 속에 기쁨과 평강을 주시는 하나님의 은총과 사랑이 모든 분들과 함께하시기를 기원합니다.

이제 장마가 본격적으로 시작되어 남부 지방에서는 많은 비가 내리고 있지만, 중부 지방에는 아직 장마가 북상하지 못하여 연일 계속하여 후덥지근한 날씨가 이어지고 있습니다.

해마다 장마철만 되면 많은 홍수 피해가 있었는데 올해는 우리의 가정과 사업 마음속에 복된 장맛비가 쏟아져 메말랐던 대지가 소성하고 결실하는 역사가 있기를 기도드려봅니다.

2004년 전반기를 보내고 후반기를 시작하면서 좋은 글귀가 있어 퍼 올려봅니다.

"한평생 시계만을 만들어온 나이 든 늙은 노인이 있었습니다.
그는 자신의 일생에 마지막 작업으로 온 정성을 기울여 시계 하나를 만들었습니다.

자신의 경험을 쏟아 부은 눈부신 작업으로 그 완성된 시계를 아들에게 주었습니다.

아들이 시계를 받아보니 이상스러운 것이 있었습니다.

초침은 금으로, 분침은 은으로, 시침은 구리로 되어 있었습니다.

아들은 아버지에게 초침보다 시침이 금으로 되어야 하지 않을까요? 라고 질문을 했습니다.

그러나 아버지는 아들을 감동케 하는 답변을 하였습니다.

초침이 없는 시간이 어디 있겠느냐?

작은 것이 바로 되어있어야 큰 것이 바로 가지 않겠느냐?

초침의 길이야말로 황금의 길이란다.

그리고 아버지는 아들의 손목에 시계를 걸어주면서 말했습니다.

1초 1초를 아껴 살아야, 1초가 세상을 변화시킨단다."

세상에는 '살인'(殺人)이란 말이 있습니다.

그렇다면 '살시'(殺時)라는 말은 어떨까요?

사람을 죽이는 일은 법적으로 다루는 일이지만, 시간을 죽이는 일은 양심의 법으로 다루는 일이 될 것입니다.

1초가 세상을 변화시키는 이치를 안다면 아름다운 인생이 보일 것입니다.

비 소식과 함께 시작된 7월!

산과 들과 바다에서 여름을 준비하는 변화들이 일어나고 있습니다.

성도님들의 가정과 생활에도 작은 변화가 생겨 한 해의 반을 뒤로 하고, 새로운 후반기를 시작하면서 처음의 그 계획들을 다시 한 번 되짚어보시길 원합니다.

2004년 7월, 꿈을 만들어가는 여러분의 종

❖ 부활을 기다리며

싱그러운 햇살이 온 누리에 펼쳐지는 화사한 봄날!

만물이 생동하는 봄날에 우리들의 움츠렸고 찌푸린 마음도 환하게, 그리고 밝게 열려지기를 소원합니다.

봄이 오니 많은 사람들이 들로 산으로 꽃구경을 하러 갑니다.

왜 그렇게 사람들이 꽃을 좋아하는 것일까요?

그것은 아마도 우리에게 보는 이로 하여금 즐거움을 주고, 희망을 주기 때문인 것 같습니다.

며칠 전 누군가로부터 작은 화분 두 개를 선물 받았습니다.
좀처럼 화분을 잘 관리하지 못해 하나는 옆집에 선물로 주고, 하나는 집에서
키우고 있습니다.
그런데 이 꽃이 매일같이 아주 조금씩 피어오르는데 얼마나 아름다운지 몰라요.
화분의 꽃향기가 온 집안을 가득 메웠습니다.

아침, 저녁으로 화분의 꽃을 보면서 많은 것을 깨달았습니다.
나도 이 꽃처럼 아름답게 희망을 주고, 향기 나는 삶이었으면 하고요.
봄을 맞이하여 작지만 의미 있는 즐거운 마음과 밝은 미소를 준비하는 것은
어떨까요?

  남의 아픔을 따뜻한 말로 위로해 준다든지,
  내 잘못을 깨달은 뒤 솔직히 잘못을 인정하고 용서를 구해 본다든지,
  손해를 감수하면서도 남에게 양보해 본다든지
  남의 기쁨을 나의 기쁨으로 삼아 진심으로 함께 기뻐해 본다든지
  작게는 길에 떨어진 휴지를 주워 본다든지
  정성껏 준비한 선물을 누구에겐가 전해 본다든지
  가족들에게 사랑한다고 크게 말해 본다든지…

만나는 이에게 봄의 향기가 물씬 풍겨나기를 소망해 봅니다.

사랑하는 교우 여러분!
봄으로 가는 길목에 고난 주간이라 그런지 날씨가 고르지만은 않군요.
건강 조심하시고 고난 후 부활의 기쁨이 이전보다 더욱 커지기를 기도드리며
모든 분의 가정에 언제나 행복 가득하시고 사랑이 충만하시길 기원합니다.
완연한 봄 주님의 부활을 기다리며~

2005. 4. 여러분을 사랑하며 섬기는 종

❖ 희망과 행복의 시작 예수 그리스도!

주 안에서 함께 살아가는 모든 분들께 주님의 이름으로 사랑하며 축복합니다.

다사다난했던 한 해를 보내고 이제 대망의 2006년을 맞이하였습니다.

미래는 기다리는 자에게 오는 것이 아니라 준비된 자에게 오듯이 2006년을 맞이하기 위해 마음 문 활짝 열어놓고 준비하는 마음 마음마다 하나님의 축복이 임하시기를 기도합니다.

이 땅에 살아가면서 우리에게 가장 필요한 말이 있다면 그것은 희망이라는 말입니다. 그런데 현대인들에게 문제는 희망을 갖지 못하였다는 데 있습니다. 인간은 한때 과학의 힘으로 이 땅에 낙원을 건설할 수 있다고 확신했습니다. 그러나 그것이 인간의 오만임을 알게 되었습니다.

인간의 과학이 만들어 놓은 것은 낙원 대신에 오히려 무서운 전쟁의 무기로 가득 찬 세계일뿐입니다.
이러한 인간의 오만 뒤에 나타난 것이 바로 인간의 절망입니다.
즉 과학이 제시하였던 미래의 꿈이 깨어지면서 현대인은 희망을 잃어버렸습니다.
이 시대 불안과 절망 가운데 희망을 잃고 살아가는 저들을 향하여 하나님은 "눈을 들어 하늘을 보라. 네 모든 염려 주께 맡겨라"고 말씀하십니다.
이유는 우리의 희망과 소망이 바로 '예수 그리스도'이시기 때문입니다.

예수 그리스도는 우리의 영원한 소망이요. 희망입니다.
우리가 희망의 주인공이 되시는 예수 그리스도를 찾으면 그분께서 우리를 위해 준비하신 영원한 하늘의 은총을 풍성히 누리게 해 주십니다.
이제 인간의 모든 절망에서 벗어나 새로운 희망을 맞이하십시오.
예수 그리스도는 우리의 생애에 온갖 즐거움과 행복을 안겨 주실 것입니다.

2006년 새해를 열며 이 땅에 함께 살아가는 모든 분들의 가정과 일터와 삶에 희망과 소망 행복이 예수 그리스도로부터 시작되기를 기원합니다.

2006년 새해 아침에

❖ 운명을 바꾸는 사람이 됩시다.

5월이 지나고 6월이 오면 독일 월드컵 경기를 치르게 됩니다.
얼마 남지 않은 월드컵을 손꼽아 기다리면서 4년 전 한일월드컵을 떠올려봅니다.
네덜란드의 축구 감독 거스 히딩크가 한국 축구대표팀을 맡고 난 후에 한국 축구에 혁명이 일어났습니다.

사실 우리 한국은 오랜 세월 동안 축구의 변방에 속하여 인정을 받지 못하는 처지였습니다.

그런데 2002년 한일월드컵에서 이탈리아 스페인 등 세계 유수의 축구 강국을 누르고 16강, 8강, 4강전에 올라 전 국민을 열광시키고 세계 축구의 중심에 우뚝 서게 되었습니다.

한일월드컵을 통하여 우리가 깊이 깨달은 것은 한 국가나 단체를 이끄는 지도자가 그 국가나 단체의 존재적인 운명을 바꾸어 놓는다는 것입니다.

거스 히딩크라는 이름은 한국 축구사에 영원히 남는 이름이 되었습니다.

그런데 하나님께서는 바로 여러분이 '하나님의 일을 함께하는 자'라고 말씀하십니다.

하나님은 우주와 만물을 지으시고 경영하시는 전지전능한 분이십니다.

거스 히딩크와 함께 뛰었던 축구 선수들이 무명의 처지에서 일약 전 세계의 이목을 받게 된 스타가 된 것처럼 이제 여러분들도 하나님과 함께 일하게 된다면 반드시 여러분의 운명은 바뀌게 될 것입니다.

> 금성교회에서 하나님을 만나
> 절망의 운명을 희망의 운명으로
> 슬픔의 운명을 기쁨의 운명으로
> 고통의 운명을 즐거움의 운명으로
> 쓴 운명을 단 운명으로
> 무명의 운명을 유명 스타의 운명으로 바꾸어 보십시오.

2006년 4월

❖ 주는 자가 받는 자 보다 복되도다

언젠가 팔순의 장경자 할머니가 전 재산 1억 원을 불우한 학생들을 위해 써 달라며 한국 외국어대학교에 기부한 적이 있습니다.

그 할머니는 19살에 결혼을 했는데 결혼한 지 1년 만에 남편이 폐병으로 죽어 자식도 없이 홀로 가난하게 평생을 사셨습니다.

배우지도 못한 할머니는 젊었을 때, 폐품을 수집해서 연명해 나갔고 연세가 드신 후에는 생활보호 대상자로 지정되어 동사무소에서 나오는 보조금으로 근근이 사셨습니다.

이제 연세가 팔순을 넘겼고 암 투병 중에 계신 할머니가 폐품을 모아 마련한 전 재산 1억 원을 불우한 학생들을 위해 써 달라고 대학에 기증한 것입니다. 이 아름다운 소식을 듣고 찾아온 기자에게 홀로 단칸방을 지키며 사는 할머니는 주름진 얼굴에 환한 미소를 지으며 이렇게 말했습니다.

"이제 병원비도 없어"

이 얼마나 아름다운 이야기입니까?

'자신의 것에 대한 집착이 아니라 포기 선언'

여러분들은 얼마나 베풀고 나누고 살아가십니까?
사람이 누군가를 위해 자신을 것을 포기한다는 것은 참으로 아름다운 일입니다. 어느 심리학자는 "사람이 베풀 줄 모를 때 가장 추해진다."라고 했고, 하나님의 말씀인 성경에도 "주는 자가 받는 자 보다 복되도다"라고 말씀하고 있으며, 그리고 "기쁨을 나누면 배로 늘어나고 슬픔을 나누면 반으로 줄어든다"고 했습니다. 우리의 소원은 우리의 몸을 태우고 녹여서 지역에 어둠을 밝히고 이웃에게 사랑을 전하는 것입니다.
함께 읽으면 큰 기쁨이 되리라 믿으며 행복한 이야기 작은 책자를 만들어서 여러분께 사랑을 담아 전합니다.

2006년 8월, 좋은 목사가 되기를 바라며

❖ 새벽마다 만나는 사람들

새벽기도를 인도하러 교회를 나갈 때면 새벽에 두 부류의 사람들을 만나게 됩니다.
첫째 부류의 사람들은 열심히 일하는 사람들입니다.
먼저, 청소하는 청소부를 만납니다.
이분들은 새벽 일찍 일어나서 아무도 없을 때 밤새 길가에 널브러져 있던 쓰레기들을 쓸며 거리를 깨끗이 청소합니다.
참으로 고마운 사람입니다.

다음으로, 우유 배달하는 아줌마를 만납니다.
이분들은 지역주민의 건강을 공급해 주는 고마운 분들입니다.

또 신문 배달하는 사람을 만납니다.
이들은 새벽 일찍 새 소식을 전해 주는 전령입니다.

그리고 누구보다 일찍 일어나 등산 가는 사람들을 만납니다.
자신의 건강을 위하여 일찍 아침을 맞으며 하루를 시작합니다.
새벽에 만나는 반가운 손님이며 모두 모두 어둠을 깨우며 열심히 살아가는 사람
들입니다.
이와는 대조적으로 살아가는 두 번째 부류의 사람이 있습니다.
이들은 열심히 노는 사람들입니다.
새벽 늦게 택시를 타고 와 비틀거리며 앞을 가누지 못하는 분들을 만납니다.
대부분 쌍쌍이 짝을 맞춘 젊은이들입니다.
한결같이 몹시 지쳐 있고, 더러는 몸을 일으키지 못할 정도로 술에 취해 있으
며 때로는 길가에 지도를 그리기도 합니다.

또한 밤새껏 도박과 게임, 인터넷 등으로 시간가는 줄 모르고 밤을 지새우다
겨우 잠드는 사람도 있습니다.
아마도 밤새껏 놀다가 나오는 것으로 보아 복장이며 분위기가 역시 잘 노는 사람
같습니다.

여러분은 아침 일찍 일어나 저녁까지 열심히 일하는 사람에 속합니까?
아니면 아침부터 밤새껏 열심히 노는 사람에 속합니까?
　　"눈물을 흘리며 씨를 뿌리는 자는 기쁨으로 거두리로다.
　　울며 씨를 뿌리러 나가는 자는 정녕 기쁨으로 단을 거두리로다"

바야흐로 가을입니다.
봄에 씨를 뿌렸던 것 이제 수확하는 결실의 계절입니다.
거둘 열매가 얼마나 되는지요?
빈 창고가 아니라 지금까지 뿌리고 가꾸어 온 것에 알곡을 맺어 창고가 풍성
함으로 기쁨 충만, 행복 충만하기를 기원합니다.

10월의 어느 멋진 가을날에 알곡 거두기를 소망하며

눈물을 흘리며 씨를 뿌리는 자는 기쁨으로 거두리로다.

울며 씨를 뿌리러 나가는 자는 정녕 기쁨으로 단을 거두리로다

❖ 메가케로스의 뿔

옛날 지구상에는 '메가케로스'(megaceros)라는 거대한 뿔을 가진 사슴이 존재했다고 합니다.
이 사슴들은 커다란 뿔을 최고의 자랑으로 여겼습니다.
모양도 아주 아름답고 화려했습니다.

그런데 이 사슴은 얼마 가지 않아 공룡과 같이 멸종하고 말았다고 합니다.
그 원인은 뿔의 무게에 눌려 더 이상 번식을 할 수 없었기 때문이었습니다.
메가케로스는 웅장하고 화려한 뿔로 인해 종족을 퍼뜨리지 못하고 결국은 이 지구상에서 그 모습을 감추고 말았습니다.
자랑과 자부심으로 여겼던 뿔이 오히려 비극을 초래하는 원인이 되었던 것입니다.

뿔이란 곧 감투와 명예 또는 겉치레를 상징하는 것으로 세상 많은 사람들이 메가케로스 사슴처럼, 세상의 감투와 명예만을 좇다가 그것으로 인해 파멸을 맞는 사람이 얼마나 많이 있는지 모릅니다.
이와 같이 뿔 자랑은 자기를 파멸시킬 뿐만 아니라 남도 불행하게 만들고, 어떤 집단에서는 분열과 혼란을 초래하기도 합니다.

겸손한 사람은 머리를 숙입니다.
겸손한 사람은 어디서나 환영받습니다. 겸손하면 오히려 높아집니다.
하나님께서 겸손한 자들에게 은혜를 베푸십니다.
뿔 자랑에서 벗어납시다.
'뿔'보다 더 아름다운 것은 '인격의 뿌리'입니다.

서로 겸손으로 허리를 동이고 한 해를 마무리했으면 좋겠습니다.
그리고 연말연시를 맞아서 추워지는 계절에 이웃을 돌아보고, 따뜻한 사랑을 듬뿍 담아 전해 주는 뜻 깊은 새해 맞이하시길 기도드립니다.

"내가 온 것은 섬김을 받으려 함이 아니라 도리어 섬기려 하고, 자기 목숨을 많은 사람의 대속물로 주려 함이니라"(막 10:45)

기쁜 성탄과 복된 새해를 맞이하여 하나님의 축복이 함께하시길 기원합니다.

2006년 12월

❖ 새해가 밝았습니다

하나님께서는 우리들이 살아가는 삶 가운데 많은 사람들을 보내 주셨습니다.

함께 부대끼며 지내는 지체들을 통해서 행복감을 느끼고 서로를 향해 이해와 배려를 주고받으며 살아갈 수 있도록 말입니다.
그런데 우리들은 서로를 위한 배려와 사랑, 이해와 관용보다는 오히려 많은 상처와 아픔을 주면서 살아갈 때가 많지만 때때로 마음의 연단을 받으면서 아픈 만큼 성장하며 성숙해 가는 것 같습니다.

때로는 아픔을 주기도 하고, 때로는 기쁨을 주기도 합니다.
어떤 때는 귀찮아하고, 어떤 때는 그리워하며 늘 그렇게 동고동락하며 곁에 있을 것 같은 사람들도 정한 때가 되면 우리 곁을 떠나기도 하며 또한 우리가 그들의 곁을 떠나기도 합니다.
그런데 분명한 사실은 아무도 장담할 수 없는 삶을 살아가는데 어떤 이는 짧게 또는 긴 이별을 하게 되는 것입니다.
그러기에 우리는 우리에게 주어진 하루하루가 얼마나 소중하며 삶 속에서 만나는 여러 사람들이 얼마나 귀중한지 모릅니다.

어김없이 새해가 밝아 벌써 한 달이 지나고 2월을 맞이하게 되었습니다.
올해도 하나님께서 허락하신 귀한 여러 사람들을 많이 만날 수 있기를 기대하고 간절히 기도하고 있습니다.
그리고 저들의 선한 영향력을 통해 함께하는 모든 자와 사랑을 나누고 화목하길 소원하고 있습니다.
또한 한 영혼을 구원할 수 있다면 우리는 어떠한 대가라도 지불할 준비도 되어 있습니다.

올 한 해도 주님의 동행하심이 늘 함께하여 우리를 선한 길로 인도해 주실 하나님을 찬양합니다.

2007년 한 해 이 소식을 접하는 모든 분들의 가정과 일터에 하나님의 은총이 함께하시길 기원하며, 여러분들을 주님의 넘치는 사람으로 축복합니다.

"하나님이 세상을 이처럼 사랑하사 독생자를 주셨으니 이는 저를 믿는 자마다 멸망치 않고 영생을 얻게 하려 하심이니라"(요 3:16)

올 한 해도 주님의 동행하심이 늘 함께하여 늘 승리하는 복된 삶이길 기원합니다.

2007년 1월

❖ 포기라니요?

달걀을 받아 손수레에서 파는 한 아주머니를 보았습니다.

하루는 오르막길을 올라가다가 아주머니가 미끄러져서 손수레에 가득 실은 달걀을 몽땅 깨뜨리고 말았습니다.

말하자면 전 재산이 모두 무너져 내린 기막힌 일을 당한 것입니다.

그래서 주변에 있던 사람들은 저걸 어쩌나 하며 안타까운 마음으로 바라보다가 아주머니를 위로한답시고 이렇게 말하였습니다.

"아주머니, 좌절하지 마시고 일어서세요. 힘내세요!"

그러나 이런 주변 사람들의 말에 아주머니는 조금도 개의치 않고 오히려 두 눈을 동그랗게 뜨고 이렇게 반문하였습니다.

"아니, 좌절이라뇨? 이것은 좌절이 아니고 손해이지요."

기가 막힐 만큼 신선한 반문이었습니다.

마치 한 바가지의 물을 뒤집어 쓴 것처럼 모두가 감동했던 순간이었습니다.

우리는 작은 일에 쉽게 실망할 때가 많습니다.

조금 시도해 보다가 그만 포기해 버리기도 합니다.

그 달걀 장사 아주머니가 말하듯 단순한 손해에 불과한 것도 좌절이나 실패라고 부르며 너무 쉽게 주저앉아 버립니다.

우리는 살아오면서 많은 일에 좌절도 하고 실패도 경험합니다.

하지만 실패가 없었다면 성공의 기쁨도 크지 않습니다.
비록 고통스런 실패와 좌절이 있지만 그것들을 통해서 주어지는 소중한 교훈들과 가치들은 무엇과도 바꿀 수 없는 소중한 재산입니다.

"인생에서 중요한 것은 실패하지 않는 것이 아니라 실패해도 좌절하지 않는 것입니다."

훗날 우리의 실패담을 멋지게 올릴 그날을 기대하며 오늘의 실패와 넘어짐에 오히려 감사하면서 살아가도록 합시다.
다시 일어서서 새 일을 행할 수 있도록 여러분을 위하여 힘차게 응원합니다.
파이팅!!!!

2007년 4월

나무들이 초록빛으로 옷을 갈아입고 있습니다.
움츠렸던 지난날의 안 좋은 기억들을 다 씻어내시고, 좋은 일, 기쁨의 일들이 많이 있기를 기원합니다.

❖ 희망을 선포하십시오!

美 미시건 대학 심리학 교수인 '크리스토프 피터슨'은 약 1,100명을 대상으로 연구한 결과를 최근〈정신과학〉이라는 건강전문지를 통해 발표했습니다.
그의 말에 따르면 비관적인 생각과 말에 사로잡힌 사람은 그것이 원인이 되어 수명 단축을 불러올 뿐 아니라 뜻하지 않는 사고로 죽을 확률이 긍정적인 사람에 비해 무려 25%나 더 높게 나타났다고 설명했습니다.

이것은 무엇을 의미하는 것일까요?
세상살이 맑은 날도 흐린 날도 있기 마련입니다.
누구나 크고 작은 시련과 시험 그리고 어려움과 맞닥뜨리는 경험을 하게 됩니다.
단지 그 경험의 횟수가 많은 사람, 적은 정도의 차이가 있을 뿐입니다.
즉, 모든 사람은 좌절의 터널을 통과해야 합니다.

하지만 한 걸음 더 나아가 곰곰이 생각해보면 절망적인 상황 그 자체가 문제가 아니라 절망적이라고 결론을 내리는 부정적인 말이 더 큰 문제라는 것을 발견하게 됩니다.

상황은 어쩔 수 없다 하더라도 말 만큼은 희망을 선포하십시오.
그러면 검은 구름 사이로 빛이 비춰듯 희망과 축복의 샘이 솟아나게 되는 경
험을 하게 될 것입니다.
다시 말해 좌절로부터 오는 갈증을 다소나마 해소하게 될 것입니다.

아무쪼록 이 글을 읽는 모든 분들이 희망적이고 긍정적인 말을 선포하므로
말하는 대로 모든 일들이 이루어지시고, 또 삶 속에서 칠전팔기의 멋진 인생
을 살아가시길 기원합니다.

> 2007년 6월, 희망을 선포하며 여러분의 행복과 기쁨이 되고 싶은 종

"내게 능력 주시는 자 안에서 내가 모든 것을 할 수 있느니라"(빌 4:13)

> 무엇을 해도 즐거울 수 있을 것 같고 왠지 설레는 좋은 계절입니다.
> 매일매일 기쁨과 행복으로 가득하시길 기도드립니다.

❖ 최고가 되기 위해서는

영국의 국가대표 선수로 활약하며 여러 대회에서 좋은 성적을 거두었던 로빈
커즌즈는 스케이트 선수를 막 시작할 무렵 정성과 열의가 부족한 편이었는데,
국내외 대회에서 주목받기 시작하자 보다 나은 기술을 익히기 위해 미국으로
유학을 갔습니다.

영국에 있는 동안 승리의 기쁨을 제법 맛보았기에 자신감이 가득했습니다.
그러나 그의 스케이트 타는 모습을 본 코치는 매우 차갑게 말했습니다.

> "실력이 형편없구나. 더군다나 내 눈에는 발전 가능성도 없어 보인다. 일찌감치 포기하
> 고 돌아가라."

자존심이 상한 로빈은 발끈해서 그 이유를 물었습니다.
코치가 말했습니다.

> "최고의 스케이트 선수는 되고 싶니?"
> "당연하죠!"
> "최고의 스케이트가 되겠다는 녀석이 왜 넘어지지 않으려고 하니? 그렇게 몸을 사리면
> 서 어떻게 최고가 될 수 있겠어!"

이 글을 읽는 여러분!

힘든 장애물에 부딪혀 넘어지고 실패하는 것은 결코 부끄러운 일이 아닙니다.

실패 역시 꿈에 속하는 것이기 때문입니다. 세상에 실패란 없습니다.

사람은 저마다의 문제를 안고 살며 실망하거나 좌절하기도 하는 법이지만,

삶에서 정말 중요한 것은 어떻게 어려움을 딛고 일어서느냐 하는 것입니다.

더운 여름에 휴가를 통하여 새 힘을 충전하시고

다시 일어서서 최고가 되기 위해 최선을 다할 수 있기를 원합니다.

2007년 8월, 지역을 섬기며 위대한 일을 계획하는 종

"보라 내가 새 일을 행하리니 이제 나타낼 것이라"(사 43:19)

참으로 무더운 여름입니다.

작열하는 태양을 통해 곡식들이 알곡을 맺어가듯 여러분의 삶도 알곡을 맺어 기쁨하시길 기도합니다.

❖ 행복한 삶이란

행복한 삶이란 어떤 것일까요?

저마다 모든 사람들이 행복을 꿈꾸며 살아가고 있습니다.

그러나 그 행복을 누리지 못하여 불행하게 살아가는 사람이 얼마나 많은지 모릅니다.

행복한 삶이란?

없는 것에 대한 관심보다 있는 것에 대한 관심입니다.

돈이 많아서 행복한 것이 아니라 돈이 없더라도 얼마든지 있는 것으로 감사하고 행복해질 수 있습니다.

아직도 없는 것 때문에 불평하고 원망하고 있습니까?

불행하다고 생각하는 사람들은 없는 것에 대해서만 집착을 했지, 가지고 있는 것에 대해서는 감사하지 않고 살아가고 있습니다.

없는 것에 대한 불평과 원망이 있는 것에 대한 감사로 바뀔 때 행복을 누리게 되는 것입니다.

행복한 삶이란?

스스로 만족하며 살아가는 것이 행복입니다.

남들보다 가진 것이 없어도 있는 것에 대해 감사하는 것이 행복입니다.

즉, 작은 것이라도 내 삶을 채워주는 것이 있다면 그것이 곧 행복입니다.

추수와 결실의 계절 가을에 여러분의 삶에 사랑과 행복이 가득하시길 기도합니다.

2007년 10월, 사랑과 행복을 나누며 섬기는 종

"비록 무화과나무가 무성치 못하며 포도나무에 열매가 없으며 감람나무에 소출이 없으며 밭에 식물이 없으며 우리에 양이 없으며 외양간에 소가 없을지라도 나는 여호와로 인하여 즐거워하며 나의 구원의 하나님을 인하여 기뻐하리로다"(합 3:17-18)

열매 맺는 계절에 삶 속에 많은 결실이 있되 알곡만 거두시길 기원합니다.

❖ 세월의 무상

미국 서부지방의 사막에 사는 '타이투'라는 인디언들은 아직도 가장 원시적인 생활방법을 영위하면서 아침이면 태양을 향하여 이런 기도를 한다고 합니다.

"태양이여! 내게서 나쁜 세월을 가져가시고 좋은 세월을 가져다주소서! 나를 행복 밖으로 밀어내는 나쁜 세월이 너무나도 지루합니다. 빨리 좋은 세월을 주소서!"

이런 기도는 태양을 향한 자연 숭배론적인 신앙의 표현이지만 그들 나름대로 행복해지기를 바라며 소원을 빌기도 합니다.

그러나 이러한 소원들도 한 해를 돌아보면 세월의 무상함 속에 밀려 또 사라져 가고 있습니다.

올 한 해 계획했던 모든 일들이 다 이루어졌는지요?

계획대로 모든 일들이 이루어졌으면 참 좋겠지만 혹시 그렇지 못하다고 할지라도 너무 실망하지 마시기 바랍니다.

사람은 누구를 막론하고 세월 속에서 살다가 가야만 하는 세월의 동행자들입니다.

그러므로 우리는 살아온 시간의 무상함에 후회하며 눈물 흘리는 자들이 아니라 남아있는 세월 속에서 자랑스러운 일들을 만들어나가야 할 것입니다.

영국의 생물학자인 케리카딘 박사는 실험을 했는데 두 마리의 쥐에게 똑같은 환경과 생활여건을 만들어 준 후 한 달 동안 정반대의 현상을 만들어 주었습니다.
한 쪽은 어둡게 한 후 불안과 긴장과 짜증이 나도록 만들었습니다.
다른 한 쪽은 밝은 빛을 적당하게 비춘 후 즐거운 음악을 들려주면서 행복감에 젖어 있게 하였습니다.
그랬더니 전자의 경우 쥐는 6개월이나 빨리 죽을 뿐만 아니라 암에 걸려 있더라는 결과가 나왔습니다.

이 소식지를 읽은 여러분!
지나간 날의 시간을 헤아리기보다 다가오는 2008년 새해 미래의 시간을 헤아려보며 좋은 환경을 만들어 행복하게 살아가는 축복된 나날이길 기원합니다.

2007년 12월

"그런즉 누구든지 그리스도 안에 있으면 새로운 피조물이라, 이전 것은 지나갔으니 보라 새것이 되었도다"(고후 5:17)

제법 쌀쌀한 바람이 짧았던 가을의 끝을 알리는 듯합니다.
가을걷이를 끝내고 한숨 돌리는 농부의 마음처럼 차분하게 한 해를 잘 마무리하시고 복된 새해를 맞이하시길 기도합니다.

❖ 변즉생(變則生) 불변즉사(不變卽死)

이는 '변화면 살고 변화하지 않으면 죽는다'는 의미로 '허물을 벗지 않는 뱀은 죽는다'는 서양 속담과 같은 말로 알을 깨고 나와야 새로운 세계로 비약할 수 있는 원리인 것입니다.

실리콘 밸리의 박물관에는 사람들의 몸에서 하루에 얼마나 많은 세포가 떨어져 나가 죽은 세포가 되는지를 알려주는 섹션이 있습니다.
집에서 바닥 청소를 하면 진공청소기 먼지의 80%가 사람의 몸에서 떨어져 죽은 세포라고 합니다.

뱀이 허물을 벗듯이 사람도 매일 허물을 벗고 있는 것입니다.
하지만 이러한 몸의 변화를 통해서 사람은 생명을 유지하고 있는 것입니다.

인체의 모든 조직 세포조직도 5년마다 완전히 새롭게 다른 세포로 바뀐다고 합니다.
입 속에서도 하루에 세 번씩 새로운 세포가 생긴다고 합니다.
정말 신기하지 않습니까?
이것을 '변화'라고 부릅니다.

우리의 본 모습을 그대로 유지하고 살아가기 위해서는 반드시 변화해야 합니다.
변화는 우주 가운데 살아있는 모든 생명체에 동일하게 적용되는 원리입니다.
과감하게 변화하면 얼마든지 장수하며 전혀 새로운 체계를 접할 수 있지만 변화되지 않으면 고인 물이 썩듯이 생명을 단축하며 더는 발전이 없습니다.

그저 세월에 자신을 내맡긴 채 흘러가는 인생이 아니라, 시간이 가고 해가 바뀌는 것이 능사가 아니라 이제 근본적 변화를 시도해보는 것은 어떨까요?
"바뀌어야 할 것이 무엇입니까?"
"버려야 할 것이 무엇입니까?"

단순히 과거의 습관을 버리는 것이 아니라 과거의 습관 대신 새로운 습관을 익히는 것입니다. 변화되기 위해서는 새로운 시도가 필요합니다. 먼저 나를 변화시켜 나로 인하여 이 세상을 아름답게 변화시켜 갈 수 있기를 원합니다.

2008년 2월

"너희는 이 세대를 본받지 말고 오직 마음을 새롭게 함으로 변화를 받아 하나님의 선하시고 기뻐하시고 온전하신 뜻이 무엇인지 분별하도록 하라"(롬 12:2)

세상이 이토록 사랑스러운 것은 내 안에 사랑이 가득한 것입니다.
2008년 올 한 해 사랑으로 이 세상을 아름답게 만들어가요.

❖ 저 분 잘되어야 할 텐데…

남이 잘되기를 바라는 마음은 참 좋은 마음입니다.
남을 위해 기도해 주는 일도 참 좋은 일입니다.
기쁠 때 같이 웃어주고, 아플 때 같이 아파주고, 슬플 때 눈물 흘리며 같이 울어주는 마음은 너무나 아름다운 마음입니다.

'사촌이 땅을 사면 배가 아프다'는 말과 같이 요즘 세상에서 남이 잘될 때 진심으로 축하해 주고, 남이 실패했을 때 진심으로 위로와 격려를 할 수 있는 마음은 쉽지 않으리라 생각합니다.

나의 라이벌이 잘되었을 때 나의 마음이 어떨까요?
원수의 집에 불이 났을 때 내 손에 물동이가 들려 있을까요?
아니면 부채가 잡혀 있을까요?
아니면 한 손에는 물통, 한 손에는 부채일까요?

남을 위해 복을 빌어 주세요.
복을 빌어주는 그 마음에 하나님의 복이 더해져서 내리실 것입니다.
함께 살아가는 여러분을 진심으로 사랑하고 여러분이 잘되기를 주님의 이름으로 축복합니다.

2008년 4월

"나는 너희에게 이르노니 너희 원수를 사랑하며 너희를 핍박하는 자를 위하여 기도하라"(마 5:44)

목련, 개나리, 진달래, 벚꽃 등 봄꽃들이 계속해서 아름답게 피고 지고 있습니다. 새봄을 맞이하여 여러분의 삶에도 날마다 새로운 일들이 아름답게 펼쳐지기를 기도합니다.

❖ 반딧불 이야기

어릴 적 여름밤은 반딧불이 있어 좋았습니다.
그러나 요즘에는 여름밤에 반딧불을 구경하기가 참으로 힘이 듭니다.
비단 이러한 현상은 도시뿐만이 아니라 시골의 여름밤도 마찬가지입니다.
원두막도 있고 들판의 푸른 풀밭도 흐르는 냇가와 산도 그대로 있는데 응당 있어야 할 여름밤의 추억인 반딧불은 찾을 수가 없습니다.
그것은 바로 인간의 결과주의 편의주의의 산물인 농약 때문인 것입니다.

스스로 자기 몸을 연소시켜 신비한 불빛을 내어 어둠을 밝히던 반딧불은 저 무덥고 어두운 공간 속에서도 자유롭게 날아다니며 사랑과 생명을 교신하며 사람들에게 무한한 낭만과 즐거움을 제공해 주어 좋은 추억으로 기억되고 있습니다.

그런데 이러한 추억의 반딧불이 우리의 주변에서 점점 사라져가는 모습을 보면서 아쉬움을 금할 수 없습니다.
그런데 그토록 반딧불을 그리워하는 이유는 무엇일까요?
그것은 자신의 내부로부터 스스로 발화하여 자기 몸을 연소시켜 신비한 불빛을 내기 때문입니다.

이 반딧불과 함께 우리 주변에서 사라지는 게 또 하나 있습니다.
그것은 자기 몸을 연소시켜 타인을 염려하며 살아가려는 마음들입니다.
물질문명의 풍요로움 속에 반딧불이 여유로움을 잊어가는 것입니다.
문제는 이 풍요로움을 모든 사람들이 다 누릴 수 있다면 좋겠는데, 그렇지 못한 데 있다는 것입니다.
그러다 보니 이 풍요로움이 삶의 목적이 되어 버렸고 그것을 얻기 위한 노력은 과정보다 결과에 더욱 집착하게 만들어 '너는 너고 나는 나다'라는 영원히 일치할 수 없는 수평선을 그려가는 게 오늘의 우리가 아닐까요?

우리는 반딧불이에서 배웠으면 합니다.
스스로 자기 몸을 연소시켜 어둠을 밝히는 그 마음을~
우리 마음에 남을 아끼고 염려하는 사랑을 가졌으면 합니다.
다른 사람을 아끼고 염려하는 마음은 모든 문제를 해결하는 근원이 됩니다.

2008년 6월

"너희는 세상의 빛이라. 이와 같이 너희 빛이 사람 앞에 비치게 하여 그들로 너희 착한 행실을 보고 하늘에 계신 너희 아버지께 영광을 돌리게 하라"(마 5:14-16)

6월의 푸른 계절만큼이나 여러분의 마음까지도 푸르고 상쾌할 수 있기를 원하며, 계절이 주는 선물 마음껏 누리시고 행복한 나날이길 기도합니다.

❖ **땀 흘리는 여름이 아름답습니다.**

어떤 사람은 배낭을 메고 산으로 들로 바다로 휴가를 떠날 계획을 세워 놓고 있고, 또 어떤 사람은 비행기를 타고 해외로 나가 휴가를 보낼 계획을 세운 사람도 있습니다.

그러나 어떤 사람은 휴가를 가고 싶어도 여러 가지 사정으로 가지 못하고 방콕(방안에서 시간을 보냄)하며 지낼 수밖에 없는 사람들도 있습니다.

그런데 다른 한편에서는 벌써 올 휴가를 해비타트 운동(사랑의 집짓기 운동)에 참여해서 무더운 더위에 땀을 흘리며 더운 여름을 시원하게 이웃을 위한 집을 지으며 온몸으로 사랑을 실천하는 훈훈한 소식도 들려와 듣는 이를 즐겁게 하고 있습니다.

여러분들은 올 휴가 계획을 어떻게 세워 놓았는지요?

물놀이와 푹신한 침대, 시원한 나무 그늘, 안락하고 품격 있는 위락 시설이 있어야만 휴식을 누리고 재충전이 가능한 것일까요?

물론 좋은 휴식과 재충전의 기회가 될 수 있을 것입니다.

그러나 자칫 휴가를 잘못 보내면 오히려 건강에 적신호와 켜지고, 더불어서 피곤이 더 밀려오는 휴가철이 될 수 있습니다.

1년에 한 번 주어지는 휴식의 기회를 물놀이와 나무 그늘에서 휴식을 취하는 것도 참 좋은 기회가 되겠지만 이열치열(以熱治熱)이라는 말이 있습니다.

올 여름 휴가는 경제적인 어려움 때문에 휴양이나 휴식 또는 재충전의 꿈도 꾸지 못하는 이들을 생각하면서 사랑을 실천할 수 있는 의미 있는 곳에 땀 흘려 보는 것은 어떨까요?

땀 흘리는 여름이 아름답습니다.

건강한 땀이 건강한 결실을 가져옵니다.

여러분의 삶이 땀으로 인하여 아름답게 빛나기를 소원하며 무더운 여름 건강하게 잘 보내시기를 기도합니다.

2008년 8월

"각각 자기 일을 돌볼뿐더러 또한 각각 다른 사람들의 일을 돌보아 나의 기쁨을 충만하게 하라. 너희 안에 이 마음을 품으라. 곧 그리스도 예수의 마음이니"(빌 2:4-5)

잠시 모든 것을 접어두고 한 잔의 커피와 짧은 글을 통해 잠깐의 여유를 가져 보십시오.

당신의 삶이 향기로워질 것입니다.

❖ 집을 잘 짓는 지혜

우리 모두는 이 땅에 살면서 집을 짓고 그 지은 집에서 생활합니다.
육신을 위한 집을 짓고 살면서 동시에 영혼을 위한 집도 짓습니다.
'영혼을 위한 집을 짓는다.'는 것은 '인격'의 집을 짓는 것이며, '성품'의 집을
짓는 것입니다.
따라서 사람은 '어떤 인격을 가지고 있느냐, 어떤 성품을 가지고 있느냐'가 참
으로 중요합니다.
인격과 성품이 바로 그 사람 전체를 의미하기 때문입니다.

하나님은 우리 모두에게 재료를 똑같이 공평하게 주셨습니다.
집을 짓는 데 필요한 철근, 목재, 시멘트, 자갈, 모래, 타일, 유리 등 모든 것
을 동일하게 주셨듯이 우리에게도 동일하게 똑같은 시간과 공기, 물, 자연을
주셨습니다.

같은 재료를 가지고 두 사람이 집을 짓기 시작했는데 1년 후에 두 사람을 보
게 될 때에 큰 차이가 났습니다.
한 사람은 열심히 그 재료를 잘 이용해서 쓸모 있게 멋지고 아름답게 집을
지었고, 다른 한 사람은 게을러서 집을 짓지 못하고 재료를 그대로 방치하여
녹이 슬어 있었습니다.

세월이 지났지만, 그 사람은 지은 것이 하나도 없습니다.
이는 나이를 먹어도 말하는 것이나 행동하는 것이 예전과 똑같은 사람을 의
미합니다.

또한 건축에서 제일 중요한 것이 무엇인지 아십니까? 바로 설계도입니다.
집을 지을 때 절대로 설계비를 깎으면 안 됩니다.
설계도를 무시하고 시공해서도 안 됩니다.

설계도대로 해야 제대로 된 집을 지을 수 있기 때문입니다.
하나님의 말씀을 듣고 말씀대로 행하는 자가 복된 것입니다.
말씀을 듣는 것으로 끝나지 말고 말씀을 믿고 그대로 행해야 할 것입니다.

천고마비의 참으로 좋은 계절, 우리에게 주어진 여러 재능을 녹슬게 하지 마시고 최대한 활용하여 풍성한 열매를 많이 맺는 복된 가을이기를 기도합니다.

2008년 10월

"그러므로 누구든지 나의 이 말을 듣고 행하는 자는 그 집을 반석 위에 지은 지혜로운 사람 같으니 비가 내리고 창수가 나고 바람이 불어 그 집에 부딪치되 무너지지 아니하나니 이는 주추를 반석 위에 놓은 까닭이요"(마 7:24-25)

탐스러운 열매들이 고운 자태를 뽐내며 우리에게 결실의 기쁨을 알리는 듯합니다.
깊어가는 가을을 기쁨으로 느껴보시기를 바랍니다.

❖ 자전거 여행

부푼 꿈을 가지고 엊그제 시작한 것 같은 2008년이 벌써 한 해가 저무는 12월을 맞이하게 되었습니다.
새로운 소망을 가지고 한 해를 시작했는데 지금에 와서 보니 세계적인 금융 불황과 경기침체로 삶에 대한 희망보다 오히려 절망이 더 앞서기도 합니다.
그러나 삶에 대한 절망 없이는 삶에 대한 애절한 사랑이 있을 수 없습니다.

어릴 때 누구나 자전거를 타 보았을 것입니다.
자전거를 타면서 깨닫는 교훈은 우리가 살아가는 삶은 자전거 여행과도 같다는 것입니다.
많이 넘어질수록 더 빨리 배우는 법~
많이 넘어질수록 더 잘 타게 되는 법~

하지만 조금 힘겹다고 페달 밟는 일을 포기하면 이내 넘어져 버리고 마는 자전거 여행, 이 자전거 여행에서 빨리 가는 것보다 더 중요한 것은 포기하지 않는 완주인 것입니다.

힘들고 포기하고픈 마음이 들수록 더 힘껏 페달을 밟으십시오.
조금만 더 가면 가속력이 붙어서 힘들이지 않고도 더 잘 달리게 되며 행복한 내리막길 2009년이 여러분을 기다리고 있을 것입니다.

남은 12월 잘 마무리 하시고 새해 더욱 건강하시고 소망하시는 일들이 순조롭게 이루어지기를 기도합니다.

2008년 12월

"우리가 선을 행하되 낙심하지 말지니 포기하지 아니하면 때가 이르매 거두리라"(갈 6:9)

새해에는 기쁘고 보람 있고 웃음이 넘쳐흐르는 일들이 많이 있었으면 좋겠습니다.

❖ 무엇이 문제입니까?

동물들의 세계에서 전쟁이 일어났습니다.
이곳저곳에서 동물들이 몰려들었고 호랑이가 총대장이 되었습니다.
그때 어디선가 이런 소리가 들려왔습니다.

"멍텅구리 당나귀는 차라리 돌아가라!"

"토끼 같은 겁쟁이는 싸움을 할 수 없다."

"개미는 힘이 없어 어디에도 쓸모가 없다."

"코끼리는 덩치가 커서 적에게 금방 들통이 나고 만다!"

이때 대장 호랑이가 산이 떠나가도록 호령을 내렸습니다.

"시끄럽다. 모두 조용히 해라! 당나귀는 입이 길어서 나팔수로 쓸 것이다. 토끼는 걸음이 빠르니 전령으로 쓸 것이고, 개미는 작아서 눈에 안 띄니 적진에 게릴라로 파견할 것이며 코끼리는 힘이 세니 전쟁 물자를 운반하는 일을 할 것이다."

그렇습니다.
무엇이 문제입니까?
각기 능력에 따라 자기에게 주어진 적절한 역할이 있습니다.
그리고 자신의 단점을 장점으로 바꿀 수 있는 능력만 있다면 아무것도 문제될 것이 없습니다.

사람을 황폐케 만드는 것은 절망입니다.
생각을 바꾸면 희망의 미래가 보입니다.

올 한 해 어렵고 힘들지만, 우리에게 주어진 장점을 최대한 발휘하여 복된 한 해를 만들어가도록 합시다.

2009년 2월

"내게 능력 주시는 자 안에서 내가 모든 것을 할 수 있느니라"(빌 4:13)

지난 한 해 당신이 있어 행복했습니다.
올 한 해 제가 더 잘하여 행복을 선물로 드리겠습니다.

❖ 행복한 삶의 비결

얼마 전 영국 신경제학 재단에서 세계 178개 국가를 대상으로 행복지수를 발표 했는데 미국은 178개 국가 중 150위였고, 우리나라는 102위로 나타났습니다.
행복지수가 가장 높은 나라는 호주 부근의 작은 섬나라 바누아트로 나타났습니다.
땅 면적 1만 1천 8백㎢, 80여 개의 작은 섬으로 이루어진 인구 19만의 작은 나라가 가장 행복한 나라로 뽑혔습니다.
이처럼 인간의 만족도나 행복은 물질적인 부나 외적인 어떤 조건에 있지 않음을 잘 나타내 보여주고 있습니다.

러시아 문호 톨스토이는 "부나 물질은 거름과 같아서 축적되어 있으면 악취를 풍기지만 뿌려지면 땅을 기름지게 한다."고 했습니다.
이는 곧 '나누고 베푸는 물질이 본인에게는 보람을 주고 사회는 풍요롭게 한다'는 뜻입니다.

만족하고 행복한 삶의 비결은 무엇일까요?
무소유의 삶을 산 사도 바울은 빌립보 교인들에게 "어떠한 형편에든지 내가 자족하기를 배웠노니 내가 비천에 처할 줄도 알고 풍부에 처할 줄을 알아 모든 일에 배부르며 배고픔과 풍부와 궁핍에도 일체의 비결을 배웠노라. 내게 능력 주시는 자 안에서 내가 모든 것을 할 수 있느니라"(빌 4:11-13)고 고백합니다.
이는 예수 그리스도 안에서 만족하고 행복한 삶을 누린다는 고백입니다.

누가 참 행복한 사람일까요?
참된 행복은 깨달음에 있고 만족과 감사에 있습니다.

누가 참으로 행복한 인생일까요?
범사에 감사하며 만족하게 사는 사람이 행복한 인생입니다.

2009년 4월

"마른 떡 한 조각만 있고도 화목하는 것이 고기가 집에 가득하고도 다투는 것보다 나으니라"(잠 17:1)

봄은 겨울을 이기고 따뜻한 봄으로 우리의 곁에 다가왔습니다.
이웃을 사랑하면 사랑할수록 따뜻해지는 세상!
모두가 행복한 삶이 되기를 기도합니다.

❖ 세상에서 가장 아름다운 말

"노래는 부를 때까지 노래가 아니고, 종은 울릴 때까지 종이 아니며, 사랑은 표현할 때까지 사랑이 아니고, 축복은 감사할 때까지 축복이 아니다."

무슨 말인지 아시겠습니까?
우리에게 축복이 되는 일이 많았지만 감사하지 못해서 축복을 축복으로 받지 못한 경우가 얼마나 많이 있는지 모릅니다.
그래서 매사에 "감사합니다!"를 외치며 사는 사람은 행복한 사람입니다.

브라질에서는 '오브리가도' 즉, '감사합니다!'라는 말을 입에 달고 산다고 합니다.
가정이나 직장에서 틈만 나면 '오브리가도'를 외친다고 합니다.
그래서 일상생활에서 가장 많이 사용하는 언어가 '오브리가도'입니다.

미국 사람들도 가장 많이 사용하는 말이 'Thank'(땡큐, 감사합니다)입니다.
그들은 남녀노소 할 것 없이 생활 속에서 크고 작은 일에도 '땡큐'라고 말합니다.
미국에서 가장 많이 사용하는 언어 50개를 선별했는데, 그중에서도 '땡큐'가 28%로 1위를 차지했다고 합니다.
이것은 그들의 몸에 감사가 항상 배어 있음을 잘 알게 하는 내용입니다.

성인이 되면 평균 2만 6,000개의 단어를 알게 된다고 하는데, 그중에 다른 사람을 가장 기쁘게 하는 최고의 언어가 '감사합니다'입니다.

물론 하나님을 가장 기쁘시게 하는 인간의 언어도 '감사합니다'입니다.
그래서 유대인의 격언 중에 "감사합니다! 라는 말이 혀에 붙기 전까지 아이에게 아무 말도 가르치지 말라."는 말도 있습니다.

행복을 만드는 열쇠는 멀리 있는 것이 아니라 우리의 말에서부터 시작됩니다.
불행할 때 감사하면 불행이 끝이 나고, 형통할 때 감사하면 형통이 연장됩니다.
범사에 감사함으로 행복한 나날이길 원합니다.

2009년 6월

"항상 기뻐하십시오. 쉬지 말고 기도하십시오. 범사에 감사하십시오. 이는 그리스도 예수 안에서 너희를 향하신 하나님의 뜻입니다"(살전 5:16-18)

살다 보면 힘들 때도 억울할 때도 있습니다.
그럴 때 제일 필요한 게 '희망'입니다. '희망'을 가지십시오.

❖ 북풍이 없으면

독일의 작은 마을에서 농사를 지었는데 열심히 노력했지만 매년 흉년이었습니다.
마을 사람들은 참다못해 새해 첫날에 모두 모여 하나님께 기도를 드렸습니다.
"하나님, 저희가 여러 해를 계속해서 흉작을 거두었습니다. 부디 1년 동안만 저희 마음대로 계획하도록 허락해 주시겠습니까?"
하나님께서는 마을 사람들의 소원대로 허락하셨습니다.
"좋다. 딱 1년 동안이다."

그 해 마을 사람들이 비를 내려 달라고 기도하면 하나님은 비를 내려주셨습니다.
햇볕을 달라고 하면 햇볕을 주셨습니다.
그런데 곡식들은 생각만큼 쑥쑥 자라지 않았고 잎도 짙푸르게 바뀌지 않았습니다.
마침내 추수 때가 왔습니다.
곡식들의 키가 삐죽 크긴 했는데 알이 들어 차 있지 않았고, 잎도 짙푸르게 자라긴 했는데 이삭이 달리지 않았습니다.

마을 사람들이 다시 하나님께 부르짖었습니다.

"하나님, 저희가 햇볕을 원하자 햇볕을 내리셨습니다. 비를 원하자 비를 내리셨습니다.
그런데 왜 알곡이 맺히지 않고 흉년입니까?"

그에 대해 하나님께서는 이렇게 대답하셨다고 합니다.

"너희는 모진 북풍을 구하지 않았다. 모진 북풍이 없으면 수분도 이루어지지 않고, 수분
이 이루어지지 않으면 알곡도 맺히지 않는단다."

그렇습니다.
지난 장마철에 유례없이 전국에 걸쳐 많은 비를 뿌려 피해를 보았습니다.
그뿐만 아니라 많은 사람들이 직장에서 해고를 당하고 직장을 잃었습니다.
또한 원치 않게 많은 시련과 어려움을 당하기도 했습니다.
살아가기 힘든 세상, 용기 잃지 마시고 힘을 내십시오.
우리에게 여러 시련들을 주시는 이유는 꼭 필요하기 때문입니다.
반드시 좋은 결과가 있을 것입니다.

여러분을 위해 항상 기도합니다. 파이팅!!!

2009년 8월

"나의 가는 길을 오직 그가 아시나니 그가 나를 단련하신 후에는 내가 순금같이 나오리
라"(욥 23:10)

모두가 어려운 때입니다. 여름휴가를 통하여 잠시 휴식을 취하고, 새 힘을 얻어 이
어려운 위기를 잘 극복하도록 합시다.

❖ 행복한 사람들

적게 갖고 있고 적게 바라는 사람은 많이 갖고 있으면서 더 많이 갖길 원하
는 사람보다 부자입니다.
진정한 만족감은 우리가 얼마나 갖고 있느냐에 달려 있지 않습니다.
디오게네스에게는 목욕통 하나로 충분했지만, 알렉산더 대왕에게는 온 세상도
너무 좁았다고 합니다.

행복이란?

우리가 가지고 있는 것에서 가지고 있지 않는 것을 나눈 것과 같습니다.
만약 우리가 소유한 것이 적고 원하는 것도 적다면 우리는 진정 부자요, 행복한 사람입니다.
그러나 만약 많이 소유하고 있으면서도 그보다 더 많이 원한다면 우리는 진실로 가난하고 불행한 것입니다.

진정으로 만족과 행복은 우리가 무엇을 갖고 있느냐에 달려 있지 않습니다.
자기가 무엇을 갖지 못했는가에 관심을 가진 사람들은 남을 시기하고 자신의 영혼과 남의 영혼의 평화에 방해자가 될 것입니다.
그러나 자기가 가지고 있는 것이 아무리 적더라도 거기에 중점을 두면 모든 게 우리 하나님이 주신 선물로 생각되고 감사와 더불어 행복 꽃이 피어납니다.

올 가을 애쓰고 수고한 것에 결실이 적다고 투정하거나 불평하지 마시고, 가지고 있는 것에 감사하면서 오두막 안에서도 만족과 행복을 맛볼 줄 아는 그런 멋쟁이들이 되기를 원합니다.

2009년 10월

"비록 무화과나무가 무성치 못하며 포도나무에 열매가 없으며 감람나무에 소출이 없으며 밭에 식물이 없으며 우리에 양이 없으며 외양간에 소가 없을지라도 나는 여호와로 인하여 즐거워하며 나의 구원의 하나님을 인하여 기뻐하리로다"(합 3:17-18)

시원하게 불어오는 바람이 황금 들녘을 더욱 아름답게 만듭니다.
열심히 수고한 일에 많은 결실을 보시길 바랍니다.

❖ 신발 속의 모래

신문기자들이 아주 먼 거리를 걸어온 사람들을 쫓아가서 인터뷰를 하였습니다.
'먼 거리를 걸어오는 동안 가장 고통스러웠던 것이 무엇이냐'고 물었습니다.

"뜨거운 태양과 함께 물이 없는 광야를 외롭게 혼자서 걷는 것이었습니까?"
"아닙니다."
"그러면 가장 가파르고 험한 길을 고생하며 올라가던 길이었습니까?"
"그것도 아닙니다."

"그렇다면 발을 헛디뎌 진흙 길로 빠졌을 때였습니까?"

"아닙니다."

"그것도 아니라면 추운 밤이었나요?"

그러자 그 여행자는 "그런 것은 전혀 문제가 되지 않았습니다. 사실 저를 가장 괴롭히고 고통스럽게 만들었던 것은 제 신발 속에 들어있는 조그마한 모래였습니다."라고 대답했습니다.

그렇습니다.

우리를 가장 힘들게 하는 문제는 큰 것이라기보다는 내 안에 해결되지 않고 계속 남아있는 작은 찌꺼기일 수 있습니다.

남은 한 달 시간을 내어 내 속에 작은 찌끼가 무엇인지 한 번 생각해 보시고 말끔히 씻고 새해를 맞이할 수 있기를 바라며 올 한 해도 먼 길 달려오느라 정말 수고하셨습니다.

남은 12월! 마무리를 잘하시고, 다가오는 새해 더욱 복되고 하나님의 은총이 함께하시길 기도합니다.

2009년 12월

"주 안에서 항상 기뻐하라. 내가 다시 말하노니 기뻐하라. 너희 관용을 모든 사람에게 알게 하라. 주께서 가까우시니라"(빌 4:4-5)

사랑하는 사람들과 행복한 12월 되시고 복된 새해 맞이하시기를 바랍니다.

❖ 마음의 주인이 되어주세요.

지금 내가 가난으로 삶에 지쳐 힘들게 생활하고 있습니까?
내 마음에 열정과 인내를 채우면 쉽게 좋은 일이 생기고 금방 가난에서 벗어날 수 있습니다.

누군가를 미워하고 증오하고 있습니까?
내 마음에 '사랑'을 가득 담고 먼저 그에게 손을 내밀면 그와 함께 평화의 웃음을 나눌 수 있습니다.

사랑하는 이와의 이별로 인해 괴로워하고 있습니까?
내 마음속에 사랑하는 이와의 순수한 사랑을 간직하고 있다면 그것은 이별이
아니라 계속되는 만남입니다.
내가 하고 있는 일에 불만이 많아 얼굴이 어둡습니까?
내 마음속에 '감사'라는 단어를 살며시 넣어보면 금방 내 얼굴은 환하게 밝은
해바라기가 될 것입니다.

잘못된 길에 들어서 방황하고 있습니까?
내 마음속에 정직하고 소박한 목표를 정해 나가면 잘못된 옛길을 벗어나서
아름다운 삶을 살게 될 것입니다.
많은 것을 가지지 못해 안타까워하고 있습니까?
내 마음을 비우고 아무것도 갖지 않을 때 비로소 온 세상을 가질 수 있습니다.
화를 내고 속상해 하는 일이 있습니까?
내 마음의 조급함을 버리고 너그러울 때 마음에 평안과 기쁨이 넘쳐납니다.

냇가의 조약돌을 그토록 둥글고 예쁘게 만드는 것은 무쇠로 만든 정이 아니
라 부드럽게 흘러가는 물결입니다.
마음의 주인이 되어 주십시오.
세상을 사는 행복이 멀리 있는 것이 아니라 바로 가까이 내 마음에서 비롯됩니다.
함께 숨 쉬는 것만으로도 감사하고, 살아있는 것만으로도 더없이 행복한
2010년을 보내시기 바랍니다.

2010년 2월

"무릇 지킬만한 것보다 더욱 내 마음을 지키라. 생명의 근원이 이에서 남이니라"(잠 4:23)

하나님의 넘치는 은혜와 축복에 나날이 감사하는 시간이 되시길 소망합니다.

❖ **청어 이야기**

세계적 역사가 토인비 박사의 이야기입니다.
북쪽 바다에서 청어잡이를 하는 어부들의 최대 관심사는 '어떻게 하면 청어를
죽이지 않고 싱싱하게 살려서 먼 곳 런던까지 운반하는가!'의 문제였습니다.

왜냐하면 어부들이 청어를 잡아 런던 시내에 도착해 보면 청어들은 거의 다 죽어 있기 때문에 제값을 못 받았기 때문입니다.

그러나 한 어부의 청어만은 죽지 않고 런던 시내까지 싱싱하게 살아 있었습니다. 이상히 여긴 동료 어부들이 그 이유를 물어보았으나 그 어부는 좀처럼 그 비밀을 가르쳐 주지 않았습니다.

마침내 동료들의 강요에 못 이긴 어부가 입을 열어 말하는 것입니다.

"나는 청어를 넣는 통에다 작은 상어를 한 마리씩 집어넣습니다."

그러자 동료 어부들이 놀라 물었습니다.

"그러면 상어가 청어를 잡아먹지 않습니까?"

어부는 말했습니다.

"네, 작은 상어가 청어를 잡아먹습니다. 그러나 상어는 청어를 두세 마리 밖에 못 잡아먹지요. 하지만 그 통 안에 있는 수백 마리의 청어들은 상어에게 잡아먹히지 않고 살기 위해 열심히 헤엄치고 도망치다 보니 먼 길 후에 런던에 도착해 봐도 청어들은 여전히 살아서 싱싱한 것입니다."

그렇습니다.
작은 상어로부터 살아나기 위한 몸부림이 결국 청어들을 건강하게 살아있게 한 것입니다.
적당한 스트레스는 삶의 촉진제가 된다고 합니다. 삶에 있어 고난은 그것이 아픔과 고통일지라도 애써 일어나 걸어가게 하는 생존의 이유입니다.

고난이 올 때는 항상 축복이 따라옵니다.
그래서 고난을 숨겨진 축복이라고 합니다.
삶에 있어 풀리지 않는 숙제를 갖고 있습니까?
고난 뒤편에 있는 우리 하나님이 주실 축복을 미리 보면서 감사하며 살아 보세요.
그러면 당신이 잃은 것보다 얻는 것이 훨씬 많을 것입니다.

만물이 소생하고 완연한 봄 냄새가 물씬 풍기는 참으로 아름다운 계절에 여러분의 삶과 가정에 봄처럼 따스하고 복되고 기쁜 일 많이 있기를 기원합니다.

2010년 4월

"내가 가는 길을 그가 아시나니 그가 나를 단련하신 후에는 내가 순금같이 되어 나오리라"(욥 23:10)

고난을 두려워하지 말고 환영하세요. 반드시 고난 뒤에 숨겨진 축복이 있습니다. 그 축복의 주인공이 되기를 원합니다.

❖ 보람 있는 인생

영국의 대학자이며 철학자인 토마스 칼라일에게 어떤 초등학교 여 선생님이 인생 문제의 상담을 요청하면서 편지를 보냈습니다.

"도대체 인생은 무엇이며, 인생의 보람은 무엇입니까?"

회답을 기다리다가 받아보니 이러한 내용이었습니다.

"당신은 아침에 일찍 일어나 마당을 청소하시오. 그리고 방을 정돈하고 신선한 공기를 방에 들이시오. 잠을 충분히 자고 마음을 즐겁게 하면서 부지런히 일을 하시오. 이것이 인생 문제의 해결 비결이며 보람 있는 삶이기도 합니다."

그 여 선생은 칼라일의 편지 내용에 실망했지만, 그래도 그대로 실행했더니 삶의 보람을 찾게 되었다고 합니다.

우리는 그리스도인으로서 할 일을 할 때에 인생의 보람이 있고, 많은 열매를 맺을 수 있게 됩니다.
오늘 우리가 살고 있는 현실의 사회는 큰 위기와 어려움에 처해 있습니다.
그 이유는 우리의 생활이 생산적이기보다는 비생산적이고, 창조적이기보다는 파괴적이기 때문입니다.

사람은 누구나 생산적인 삶을 살도록 창조되었습니다.
그러므로 생산적인 삶을 살지 못하면 삶의 의미가 없습니다.
하나님께서 우리 인간을 창조하실 때 인생을 즐기라고만 창조하신 것이 아닙니다.
일하라고 창조하셨습니다.
그러므로 우리 모두 녹음이 짙어가는 참으로 좋은 이 계절에 창조의 능력을 최대한 발휘하여 새로운 역사를 이루어가기를 소원합니다.

2010년 6월

"지극히 작은 일에 충성된 자는 큰일에도 충성되고 지극히 작은 일에 불의한 자는 큰일에도 불의하니라"(눅 16:10)

미소를 지으며 하루를 시작해 보세요.
한층 행복하고 기쁜 하루가 될 것입니다.

❖ 내가 너와 함께하리라.

그렇게도 지루하고 무더웠던 여름도 이제 아침, 저녁으로 불어오는 시원한 바람과 함께 서서히 물러가는 것 같습니다.
특히 올해는 여느 해보다 여름이 길어 시원한 가을을 더 손꼽아 기다린 것 같습니다.

그러나 분명한 것은 누구에게나 살을 에는 것 같은 추위를 겪어내야 따뜻한 봄의 계절을 맞이할 수 있고, 또 여름 더위에 땀을 흘리며 작열하는 태양을 이겨내야 풍성한 가을의 계절을 맞이하게 되는데 우리는 겨울과 여름보다 봄과 가을만을 더 많이 기다리고 좋아하지는 않는지요?

어떤 인생이 겨울과 여름이 없이 봄과 가을만 있는 인생이 있을까요?
결코! 그럴 수 없습니다.
자기가 생각하는 그런 최고의 인생을 살기 위해 많은 사람들이 시간과 열정을 쏟아 부으며 열심히 노력하듯이 우리도 겨울과 여름 같은 추위와 더위 그리고 여러 고난과 역경들을 두려워해서는 결코 안 될 것입니다.

하나님께서도 우리를 부르실 때 우리에게 고난과 역경을 면제해 주시겠다고 말씀하시지 않았습니다.
어떠한 상황에서도 "내가 반드시 너와 함께하리니"하시면서 동행을 약속해 주고 있습니다.
여러분! 예수님을 구주로 모시고 그분과 함께 동행을 해 보십시오.
더위가 가을의 풍성함을 보장하듯이 고난과 역경을 통하여 만난 그분이 여러분의 삶을 더욱 복되고 행복하게 해 주실 것입니다.

2010년 9월

"내가 너희에게 분부한 모든 것을 가르쳐 지키게 하라 볼지어다. 내가 세상 끝 날까지 너희와 항상 함께 있으리라 하시니라"(마 28:20)

무더운 여름에 정말 수고 많이 하셨습니다.
수고한 만큼 기쁨으로 단을 거두는 결실이 있을 것입니다.

❖ 한 해를 마무리하며

엊그제 시작한 한 해가 이제 마지막 한 장의 달력을 남겨 놓고 있습니다.
숨 가쁘게 열심히 달려온 한 해였지만 그래도 조금은 아쉬움이 남는 것 같습니다.

그동안 잘 지내셨죠?
그리고 다가오는 2011년 한 해의 계획은 세우고 계시는지요?
무엇보다 새해의 계획을 잘 세워야 할 것 같습니다.
그 이유는 한 해의 계획에 따라 우리의 인생이 만들어지기 때문입니다.

계획한다는 것은 사람에게만 주어진 유일한 특권입니다.
다른 생물이 본능적인 자기 생존의 방어 말고 자신의 미래를 계획하며 살아 간다는 말을 우리는 듣지 못하였습니다.
그러므로 계획은 사람의 특권이며 의무입니다.
또한 계획은 본능 이상의 인간 사고의 주도면밀한 사색과 추론, 기대의 결과인 것입니다.
그러나 우리는 한 사람도 자신이 세운 계획처럼 자신의 미래가 아름답게 만들어질 것을 자신하지 못하고 살아갑니다.
그래서 여기에 인간 실존의 한계가 있고, 인간 존재의 불안이 있습니다.

그렇다면 인간의 한계와 불안의 문제를 어떻게 해결하면 좋을까요?
먼저 우리는 계획하기에 앞서 기도해야 할 것입니다.
그 이유는 기도는 삶의 주인이 인생이 아닌 하나님이심을 고백하는 행위요, 또한 하나님의 도움을 구하는 행위이기 때문입니다.
다가오는 2011년 새로운 계획을 세우면서 먼저 여러분의 미래를 기도하며 세워 보십시오.

그리고 계획을 세우면서 나만을 위한 계획도 중요하겠지만 먼저 그의 나라와 의를 구하는 남을 위한 배려와 섬김의 계획도 함께 세워 보십시오.

그러면 하나님께서 도와주셔서 우리의 계획과 소원 그 이상으로 행복한 결정을 경험하게 되고 하나님께서 좋은 것으로 응답해 주시리라 믿습니다.

지나온 1년 동안 행복한 소식지를 읽어준 모든 분들께 진심으로 감사를 드립니다.

내년에도 새로운 좋은 소식으로 잘 준비하여 찾아뵙도록 하겠습니다.

다가오는 새해 귀댁에 하나님의 크신 은혜와 축복이 함께하시고 가족 모두 건강하시길 기도합니다.

2010년 12월, 새해에 새로운 섬김을 약속드리며

"계획은 사람이 세우지만 결정은 하나님께서 하십니다."(잠 16:1)

다사다난했던 한 해가 이제 서서히 막을 내리고 있습니다.

마무리 잘하시고 새롭고 복된 한 해를 맞이할 수 있기를 바랍니다.

❖ 위기는 곧 기회

요즘 우리 주변에서 자주 듣는 단어 중에 하나가 '바닥'이라는 말입니다.

전 세계 경기가 침체기를 겪으면서 자주 매스컴에서 오르내리고 있습니다.

'경기가 바닥을 치고 있다', '부동산 집값이 바닥이다' 등…

주로 경제와 관련해서 바닥이란 단어가 자주 쓰이고 있습니다.

유례없이 많은 사람들이 빚에 허덕이고, 집은 있으나 가난하며 신용불량자가 계속 늘어나며 파산신고를 하는 사람이 줄을 잇고 있습니다.

이로 인해 경제적인 어려움으로 인한 생활고 때문에 많은 사람들이 밑바닥 인생을 살아가고 급기야는 극단적인 행동을 하기도 합니다.

아무튼 '바닥'이란 단어는 우리에게 부정적인 의미로 주로 쓰이고 있습니다.

그러나 반대로 생각해 보면 지금이 정말 가장 힘들고 어려운 바닥상태라면 우리는 새로운 출발점이 되기 때문입니다.

바닥은 새로운 기대와 꿈을 가지고 도전할 수 있는 기회이기 때문입니다.

우리는 위기를 두려워합니다.

그러나 그 위기로 인해서 더욱 나의 삶이 새로워지고 풍요로워질 수 있다면 그것이 위기를 이길 힘이 되지 않을까요?

정신과 전문의 에릭 린드맨 박사가 위기를 당했던 사람들을 대상으로 연구를 했는데 그 결과 85%의 사람들이 위기를 당하므로 나쁜 습관을 고치고, 부부 관계를 회복했으며, 신앙생활을 하게 되었고, 시간과 물질을 절약하는 등 전화위복의 새로운 기회를 맞게 되었다고 합니다.

위기가 우리의 삶을 이전보다 더 새롭고 생기 있게 한다면 두려워할 필요가 없는 것입니다.

사랑하는 여러분!

위기가 곧 기회임을 기억하시고 위기를 통하여 여러분의 삶이 순금같이 빚어져 올 가을에 풍성한 열매로 맺어지기를 기도합니다.

2012년 9월 1일

"내가 가는 길을 하나님이 아시나니 그가 나를 단련하신 후에는 내가 순금같이 되어 나오리라"(욥 23:10)

땀이 없는 소득은 독입니다. 고난이 없는 상은 수치입니다.
고난은 해석되지 않으면 고난이고, 해석되면 축복입니다.

❖ 지식보다 상상력

한 유학생이 영국 옥스퍼드 대학에 들어갔습니다.

그는 첫 과제를 받고 학구열에 불타올라 그동안 읽은 책과 수업 내용을 최대한 동원해서 멋진 논문을 써 냈습니다.

그러나 성적은 자기가 원한 점수가 아니라 중하위권 점수였습니다.

그는 불만을 품고 교수님을 찾아가 물었습니다.

"교수님, 저는 누구보다 열심히 책을 읽고, 수업내용을 충실히 반영해 논문을 작성했습니다. 저는 교수님이 주신 점수를 도무지 납득할 수가 없습니다."

그러자 교수님이 대답했습니다.

"자네 논문은 훌륭했네. 책과 수업에서 보고 들은 내용을 잘 정리했더군."

"그런데 왜 낮은 점수를 주신 건가요?"

"말하지 않았나. 자네 논문은 책과 수업 내용을 잘 정리했다고. 문제는 자네의 논문이 다른 책에서도 쉽게 볼 수 있는 내용이라는 점이지. 내가 원하는 것은 자네만의 상상력이라네."

그렇습니다.
우리들도 기존의 것을 잘 정리하는 것도 좋습니다.
그러나 그보다 더 중요한 것은 모두가 아는 지식을 얻는 것보다 이를 토대로 자신만의 생각을 펼치는 것입니다.

2011년 새롭게 시작된 한 해
지금까지 해왔던 일을 답습하는 것도 좋지만 지금까지의 경험을 토대로 머릿속에 상상의 날개를 펴고 한 번 출발해 봅시다.
그러면 우리 인생이라는 바다와 하늘에서 더 멀리 항해하고 비상할 수 있을 것입니다.
올 한 해도 상상의 날개를 활짝 펴는 복된 한 해가 되기를 기원합니다.

2011년 3월

"그런즉 누구든지 그리스도 안에 있으면 새로운 피조물이라. 이전 것은 지나갔으니 보라 새것이 되었도다"(고후 5:17)

겨우내 앙상했던 나뭇가지에 매화꽃이 활짝 피었습니다.
여러분의 삶에도 따뜻한 봄이 오고 꽃이 활짝 필 것입니다.

❖ 한 지체가 고통을 받으면

미국 미시간 주 서부에 사는 15세 소년이 암 치료를 받기 시작했습니다.
화학요법은 일시적으로 효과가 있었지만 구역질이 심하게 나고 머리카락이 계속해서 빠지기 시작했습니다.
소년은 병이 가장 불확실하고 고통스러울 때에, 머리카락이 모두 다 빠진 채 부끄러움을 무릅쓰고 학교에 가야 했습니다.
그런데 학교에 간 소년은 놀라운 일을 발견했습니다.

소년의 많은 친구들의 머리에도 머리카락이 하나도 없었던 것입니다.
친구들은 모두 아픈 친구를 위하여 머리에 면도를 하고 왔던 것입니다.
그들은 친구의 고통을 줄여주고 친구가 잘 적응할 수 있도록 도울 수 있는 방법을 생각한 끝에, 친구와 똑같이 머리를 자르는 방법을 생각해낸 것입니다.

"만일 한 지체가 고통을 받으면 모든 지체도 함께 고통을 받고 한 지체가 영광을 얻으면 모든 지체도 함께 즐거워하나니"(고전 12:26)

다른 사람의 마음을 느낄 수 있는 능력인 감정이입은 공동체 내의 그리스도인들이 가진 복된 표식인 것입니다.
우리는 그리스도라는 몸의 지체들이며, 하나님께서는 우리가 손을 내밀어서 서로를 돕기를 원하십니다.
우리가 서로에게 제공하는 보살핌의 명칭은 사랑이며, 사랑은 결코 자신의 방법만을 고집하지 않는 것입니다.
우리들 각 사람이 하나님께 온전히 이해되는 것처럼, 남녀 간의 사랑도 계속해서 상대방을 온전하게 이해하려고 노력해야 하는 것입니다.

2011년 6월

"모든 겸손과 온유로 하고 오래 참음으로 사랑 가운데서 서로 용납하고 평안의 매는 줄로 성령이 하나 되게 하신 것을 힘써 지키라"(엡 4:2-3)

참으로 아름다운 계절입니다.
녹음이 짙어가듯이 여러분의 삶도 더욱 짙고 향기롭기를 기도합니다.

❖ 풍성한 삶을 이루는 감사 생활

세계에서 가장 행복한 사람들이 자바의 발리 섬 사람들이라고 합니다.
이 소문을 듣고 피얼스 목사님이 그들을 찾아가 일주일을 함께 생활하면서 인터뷰한 결과 다음과 같이 다섯 가지로 요약하고 있습니다.

"첫째, 우리는 가진 것이 없다. 둘째, 우리는 단순하게 살아간다. 셋째, 우리는 서로 사랑한다. 넷째, 우리는 먹을 것이 넉넉하다. 다섯째, 우리는 아름다운 경치를 가졌다."

사실 이와 같은 조건들은 많은 사람들이 이미 가지고 있거나 마음만 먹으면 가질 수 있는 평범한 것들입니다.

그런데 사람들이 같은 일을 하면서도 감사하는 사람이 있는가 하면, 항상 불평하면서 살아가는 사람이 있습니다.

올 여름은 유난히 비가 잦고 폭우가 지역적으로 많이 쏟아져 인명 피해와 재산 피해가 많았습니다.
잠시 후 풍성해야 할 추석의 계절이 다가오는데 아직도 잦은 비와 적은 일조량으로 많은 농민들이 농작물 때문에 염려를 하고 있습니다.
그런데 이러한 염려들이 우리가 너무 많은 것을 기대하는 욕심 때문은 아닌지요?
우리의 지나친 욕심을 버리고 날마다 삶에서 감사할 조건을 한 번 찾아보십시오.

우리의 삶에서 잃은 것이 많은 것 같지만 남아 있는 것이 아직도 얼마나 많이 남아 있는지 모릅니다.
마틴 루터킹 목사님은 흑인으로 태어난 것을 감사했다고 합니다.
베토벤은 그의 임종을 앞두고 고통과 고난의 일생을 지내는 동안 하나님이 함께하셨음에 감사했다고 합니다.

풍성한 삶을 이루는 것은 많은 것을 가져서 누림으로 얻어지는 것이 아니라 감사한 마음으로 하루하루 살아갈 때 삶이 풍성하고 행복한 것입니다.
다가오는 올 가을 하나님의 은혜로 풍성한 삶을 이루시고 감사로 더 풍성한 삶을 누리시길 기도합니다.

2011년 9월

"범사에 감사하라. 이것이 그리스도 예수 안에서 너희를 향하신 하나님의 뜻이니라"(살전 5:18)

가을에 산천이 아름답게 고운 옷을 갈아입듯이 여러분의 삶도 아름답게 물들 수 있기를 바랍니다.

❖ 감사로 삽시다.

전국 5일 장을 돌며 뻥튀기 과자를 만들어 파는 한 아버지가 있었습니다.
그 아버지의 아들이 중학생이었는데 그 아이의 신상기록서 부모님 직업란에 아버지의 직업을 이렇게 적었습니다. "곡물 팽창업"

그리고 보면 세상에는 하나님께서 자기에게 주신 인생을 한없이 팽창시키며 살아가는 사람이 있는가 하면 또 어떤 사람은 자신의 인생을 찌그러뜨리며 살아가는 사람도 있습니다.

자신의 인생을 찌그러뜨리는 정서는 '미움'이라고 하는 것인데 사람들을 향하여 미움과 원망, 시기와 질투를 안고 살아가는 사람은 하나님께서 그에게 주신 인생을 찌그러뜨리며 살아가는 사람입니다.

자신의 인생을 찌그러뜨리는 것이 미움과 원망이라면 자신의 인생을 팽창시키는 장치가 있는데 그것은 곧 '감사'라는 것입니다.
우리에게 주어진 인생을 미움과 원망으로 찌그러뜨리며 살아가지 마시고 감사로 팽창시키며 살아갈 수 있기를 원합니다.

12월은 한 해를 정리하며 하나님이 주신 은혜를 세어보는 시간입니다.
내게 넘치게 부어주신 은혜에 감사를 표시하는 때입니다.
이 글을 읽는 여러분들은 어떤 감사의 조건들이 있었습니까?
사람들을 만나면서 늘 느끼는 것이지만 대부분의 많은 사람들은 감사하면서 살고 있었습니다. 그런데 일부의 사람들은 남들보다 더 가지지 못한 것이 불만이었고, 자기보다 뛰어난 것을 싫어하였습니다.

이제 묵은해를 보내고 새로운 해를 맞이하는 12월입니다.
잎이 떨어져 다음 해를 준비하듯 우리도 누군가에게 꼭 필요한 사람이 되기 위해 감사로 준비되어집시다.

2011년 12월

"교훈을 받은 대로 믿음에 굳게 서서 감사함을 넘치게 하라"(골 2:7)

❖ 행복의 열쇠

감사는 '내가 받은 것을 받았다고 말하는 것'입니다.
오늘 내가 얼마나 많은 것을 받았는지 한 번 생각해 보십시오.
먼저 나는 오늘 하루를 살 수 있는 생명을 받았습니다.

그리고 아침에 일어나 일할 수 있는 일터와 기분 좋게 인사할 수 있는 많은 사람들을 받았습니다.

내게는 걸어 다닐 수 있는 다리, 무언가를 들어 올릴 수 있는 손, 이 세상을 볼 수 있는 눈과 사람들의 이야기를 들을 수 있는 귀가 있습니다.
움직일 수 있는 것만으로도 얼마나 큰 축복인지요.
하지만 때로 나는 이 사실을 잊어버릴 때가 있습니다.
아니! 그럴 때가 훨씬 더 많습니다.

살아 움직이는 것이 얼마나 소중하고 귀한 것인지 안다면, 내 삶 속에서 '감사'가 사라지지 않을 텐데 말입니다.
스펄전 목사가 이런 말을 했습니다.

"촛불을 보고 감사하라. 그러면 하나님은 달빛을 주실 것이다. 달빛을 보고 감사하라. 그러면 하나님은 햇빛을 주실 것이다. 햇빛을 보고 감사하라. 그러면 하나님은 일곱 날의 아름다운 무지개를 주실 것이다"

그렇습니다.
행복한 삶을 약속하는 열쇠는 감사입니다.
내 삶에 먼저 감사하고 다른 사람에게 감사하고 또한 다른 사람에게 있어 내가 감사 거리가 되면 그보다 행복한 일도 없을 것입니다.
새로운 봄의 계절에 여러분의 삶과 가정에 감사의 꽃이 활짝 피어나 열매를 맺는 행복한 나날이길 기원합니다.

2012년 3월

"여호와께 감사하라. 그는 선하시며 그 인자하심이 영원함이로다"(시 107:1)

봄의 소식을 제일 먼저 알리는 매화가 눈 속에서 꽃을 피우듯, 이 행복한 소식지도 여러분에게 복된 소식을 제일 먼저 알리고 싶습니다.

❖ **따뜻한 온기를 느끼며**

한 해를 시작할 때 많은 사람들이 힘든 결단과 고민 속에서 하게 되는데 살다보니 1년이 그렇게 빨리 지나갈 수가 없습니다.

봄인가 싶더니 여름이고, 여름인가 싶더니 가을이고, 가을인가 싶더니 벌써 초겨울을 맞이하고 한 해를 마무리하는 12월을 맞아 아침저녁으로 제법 추운 날씨입니다.

한 달 전만 해도 날씨가 덥다고 생각했는데 시원한 가을과 단풍 구경도 제대로 못하고 벌써 이른 겨울을 맞이하게 되었습니다.
지난겨울이 너무 추워 올 겨울은 좀 따뜻했으면 했는데 오히려 추위가 더 빨리 찾아와 강원 산간과 서울 경기도 지역은 예년보다 열흘 정도 빠르게 눈이 내렸고 영하의 날씨가 시작되었습니다.
앞으로 더 추워질 것이라 하니 겨울 준비도 채 하기도 전에 벌써부터 많은 사람들이 추위를 걱정하고 마음도 서서히 얼어붙는 것 같습니다.

전 세계의 경기도 추위를 맞아 침체를 겪으면서 우리나라 경기도 여러 분야에서 성장보다는 바닥을 치고 있습니다.
이로 인해 많은 사람들이 경제적인 어려움과 생활고 때문에 밑바닥 인생을 살아가고 있습니다.
이들을 위해 대선주자들은 저마다 맑은 내일을 약속하며 좋은 공약을 내걸고 뛰고 있지만 그러나 현실은 구름내지 흐림으로 그리 녹녹하지 않습니다.

앞으로 계속 추워지게 될 텐데 추위로 인하여 우리의 마음을 웅크리지 마시고 마음을 활짝 열어젖힐 수 있기를 바랍니다.
그리고 이 작은 행복한 소식지를 통해 추워지는 날씨 가운데서 따뜻한 온기를 느껴볼 수 있기를 바랍니다. 몸도 마음도 따뜻해지게 될 것입니다.

매년 성탄절을 맞이하여 금성교회에서 성도들의 작은 정성으로 김장김치를 담아 지역 250가정에 나누게 됩니다.
김치를 담아 추운 언덕을 오를 때면 힘겨움에 찾아가지만 돌아설 때면 따뜻한 온기를 느끼고 돌아오게 됩니다.
따뜻한 사랑이 나누어질 때 이번 겨울바람이 따사롭게 느껴지기를 소망합니다.
다사다난했던 올 한 해를 잘 마무리 하시고, 새로운 한 해를 계획하고 나아감에 있어 나의 힘이 아닌 하나님을 의지하여 따뜻한 겨울 보낼 수 있기를 기도합니다.

2012년 12월

"예수께서 이르시되 내가 곧 길이요 진리요 생명이라"(요 14:6)

보고 싶은 사람, 생각나는 사람, 고마운 사람, 감사할 사람이 제 곁에 있다는 것이 얼마나 좋은지 몰라요. 늘 행복하게 살아가시길~

❖ 영원한 해방과 자유

지난 8월은 우리 민족이 일본의 군국주의 지배에서 해방된 지 어언 68주년을 맞는 영광스런 달이었습니다.
36년이라는 세월 동안 힘없는 우리 민족은 일본의 총칼과 억압에 삶의 터전을 빼앗겼고 또 전쟁에 끌려가 억울하게 죽었는가 하면 수많은 젊은 여성들이 정신대로 끌려가 온갖 수모를 당해야 했습니다.

그동안 우리 민족은 일본의 식민지와 6·25 전쟁을 겪는 위기와 어려움 가운데서도 온 국민이 잘 참고 단결하여 지금의 눈부신 경제성장과 놀라운 경제부흥을 가져와 세계에서 부러워하는 대한민국이 되게 되었습니다.
1997년 IMF 위기 가운데서도 그 위기를 잘 극복하여 최 단시간에 IMF에서 벗어날 수 있게 되었고, 지금은 반도체, 자동차 선박 그리고 IT업계에서 세계 최고를 달리고 있습니다.

그런데 아쉬운 것은 세계 최고 못지않게 세계 꼴찌를 못 면하고 있는 자살과 마약 국민의 의식 수준은 우리의 마음을 더욱 안타깝게 하고 있습니다.
그런데 많은 사람들이 돈과 물질에 노예가 되어 있고, 또 마약에 중독되어 벗어나지 못하고 새로운 억압과 고통 가운데 시달리고 있는 것을 볼 수 있습니다.
이제 우리는 종의 멍에를 다시 매어서는 안 될 것입니다.
성경은 우리에게 영원한 해방과 자유를 촉구하고 있습니다.

지금으로부터 2,000년 전 하나님의 아들 예수께서 이 땅에 오셔서 우리에게 참 자유와 해방 하늘나라 인류의 죄악을 대속해 주셨습니다.
이에 따라서 우리는 예수 그리스도를 믿기만 하면 해방과 자유 구원을 얻고 영원한 삶을 살아갈 수 있습니다.

우리에게 영원한 해방과 자유를 주신 그 은혜를 감사드리며 그분 안에서 올 가을 참 자유와 해방 평안을 누리시기를 기원합니다.

2013년 9월 1일

"진리를 알지니 진리가 너희를 자유케 하리라"(요 8:32)

오늘 하루가 지나가는 것이 잠시인 것처럼 이 세상의 고통도 잠시입니다. 힘내세요.

❖ 진정한 행복

이 세상의 많은 것을 가졌으면서도 결코 행복하지 않았던 왕이 있었습니다. 왕은 어떻게 하면 행복해질 수 있는지 유명한 스승에게 고민을 털어놓았습니다. 왕의 고민을 듣고 난 스승은 이렇게 대답했습니다.

"그야 간단하죠, 임금님께서 세상에서 가장 행복한 사람의 속옷을 입으시면 됩니다."

그래서 왕은 세상에서 가장 행복한 사람의 속옷을 가져오라고 명령하였습니다.

신하들은 각자 세상에 나가서 유명한 장군, 학자, 부자들을 만났지만 그들 중 어느 누구도 자신이 세상에서 가장 행복하다고 생각하지 않았습니다. 계속해서 행복한 사람을 찾아 헤매던 한 신하가 어두운 그믐밤에 피곤에 지쳐서 강가를 걷고 있을 때 그의 귓가에 아주 아름다운 피리 소리가 들려왔습니다. 그는 피리 부는 사람에게 다가가 물었습니다.

"당신의 피리 소리는 아주 아름답고 행복하게 들립니다. 당신의 마음도 그렇게 행복합니까?"

"그럼요, 나는 세상에서 가장 행복합니다."

신하는 크게 기뻐하며 말했습니다.

"당신의 속옷을 내게 파시오. 돈은 얼마든지 주겠소."

그런데 사내의 대답은 신하를 무척 실망하게 하였습니다.

"당신은 지금 어두워서 보이지 않지만 나는 지금 속에 아무것도 입고 있지 않소. 어제 지나가던 불쌍한 거지에게 마지막 남은 속옷을 주고 말았다오."

그렇습니다.
행복은 많은 것을 소유하는 데서 오는 것이 아닙니다.

한 해를 마무리 짓는 연말입니다.

우리의 주변에 헐벗고 굶주리고 소외된 사람은 없는지 살펴보시고, 그들을 돌아보고 나누고 베풀고 섬기는 것이 가장 큰 행복이고 기쁨입니다.

지는 해 마무리 잘하시고 새로운 한 해를 잘 준비하여 여러분의 삶에 평안과 기쁨과 행복이 넘쳐나기를 기원합니다.

2013년 12월 1일

"범사에 여러분에게 모범을 보여준 바와 같이 수고하여 약한 사람들을 돕고 또 주 예수께서 친히 말씀하신바 주는 것이 받는 것보다 복이 있다 하심을 기억하여야 할지니라"
(행 10:35)

다가오는 성탄과 새해를 맞이하여 하나님의 은혜와 축복이 함께하시기를 기도합니다.

❖ 춘래불사춘(春來不似春)

날씨를 보니 봄은 멀지 않았는데 봄이 오는 길목은 결코 순탄하지가 않습니다. 유례없는 눈 폭탄으로 기상관측 이래 가장 많은 눈이 내려 엄청난 피해가 속출했고, 또한 무고한 우리의 자녀들이 인생의 봄꽃을 피워 보지도 못하고 숨져야 했습니다.

혹독한 추위와 폭설로 생활에 불편을 주는 겨울을 보내야 꽃피는 봄이 오는 줄 알았지만, 올해는 설 명절을 전후하여 따뜻한 날이 계속되어 쉽게 봄이 오는 줄 알았는데 이렇게 큰 홍역을 치르며 올 줄은 몰랐습니다.

물론 겨울이 추워야 봄이 따뜻하고 더 아름답게 보이지만, 올 겨울과 같이 조류인플루엔자 AI와 폭설로 인한 여러 피해를 보면서 더욱더 빨리 봄이 오기를 기다렸습니다.

사실 '봄이 왔으나 봄 같지 않다'는 '춘래불사춘'이지만 그래도 어김없이 봄은 우리의 곁에 성큼 다가왔습니다.

이제 며칠이 지나면 개나리, 진달래, 벚꽃 등 화사한 봄꽃들이 아름답게 필 것이고 또한 온 산은 초록빛으로 옷을 갈아입고 새로운 자태를 뽐낼 것이며, 홍색, 자색, 자운영 그리고 아카시아 꽃이 만발하면 벌 나비 웅성거리는 아름다운 소리도 우리의 곁에서 듣게 될 것입니다.

이어 꽃은 더 아름다운 향기를 발하고 벌 나비는 열심히 꿀을 따고 농사짓는 농부는 미소를 지으며 풍요로운 들판을 만드는 분위기가 조성될 것입니다.

이제 완연한 봄을 맞이하며 은은하게 들려오는 종소리에 하루를 마무리하며 감사히 보내는 밀레의 만종의 모습을 기억하며 새롭고 따뜻한 봄을 맞아 날마다 감사하며 서로를 사랑하고 이웃을 축복하는 그런 봄이 되었으면 합니다. 특히 올해 63만여 명의 고등학생과 50만 3천여 명의 대학생들이 졸업했는데, 모두가 원하는 대학으로 진학을 하고 또 취업의 문을 통과한 것은 아니지만 졸업이 새로운 시작이듯이 앞으로 그들의 앞길이 활짝 열리고 시작이 봄과 같이 아름다울 수 있기를 기도합니다.

2014년 3월 1일

"파수꾼이 아침을 기다림보다 내 영혼이 주를 더 기다리나니"(시 130:6)

벌써 눈 속에서 매화꽃이 활짝 피었습니다.
봄을 맞아 봄기운이 가득하고 행복한 나날이길 기도합니다.

❖ 내 옆에 세월호는 없는가?

산들바람 불고 날빛 찬란한 5월을 보내고 6월을 맞이하였습니다.
계절의 여왕답게 밤꽃 아카시아 꽃 푸른 잎 수목들과 환하게 미소 짓는 꽃들이 6월을 맞이하여 산하에 아름다운 길을 열어 놓았습니다.
알록달록 노랗고 파란 작은 들꽃들과 고개 숙인 할미꽃이 산언덕 풀숲에서 우리를 수줍게 반겨주고 초록빛 나뭇잎은 더욱 짙게 물들며 즐거운 듯 새와 함께 여름을 맞이하며 아름답게 노래하고 있습니다.

뒷동산 나무들은 좋은 열매를 위해 벌 나비 부르고, 높은 하늘가에 종달새가 노래하고, 앞에 보이는 바다는 푸르른 물결로 춤추어 노래하며 고운 빛 라일락은 향기로 하나님의 오묘한 솜씨를 찬양하고 있습니다.
그런데 우리는 이런 좋은 계절을 보내면서도 기쁘고 즐겁기보다는 오히려 슬프고 눈물이 납니다.
그 이유는 우리와 우리 사회가 304명의 생명들을 죽였기 때문입니다.

그리고 우리의 탐욕과 욕심이 사명의식이나 시민 정신도 잃어버린 무책임한 사회를 만들었고 또 방조하고 방치하였기 때문입니다.

살려달라고 발버둥 치며 죽어간 피지 못한 꽃망울들 같은 우리의 자녀들을 생각하면 그들을 지켜주지 못하고 함께하지 못했음에 두 달이 다 되어 가는 지금도 눈물이 납니다.

찬란해야 할 2014년 대한민국의 봄은 세월호와 함께 침몰하고 멈춰 버렸습니다.

사고 첫날 구조한 숫자는 아무리 기다려도 변하지 않고, 지금에까지 그대로 멈춰져 있습니다.

부푼 꿈을 안고 수학 여행길에 오른 수백 명의 꽃다운 우리의 자녀들 보고만 있어도 아름다운 우리의 자녀들 돌아올 수 없는 먼 길을 떠났다는 사실에 온 나라가 울었고, 온 국민이 비통에 처해 울었습니다.

우리의 자녀들에게 집으로 돌아오지 못하게 한 참사에 대하여 누구의 책임을 묻기 전에 우리도 가해자였기에 "내 잘못입니다. 나를 벌하소서!" 하며 하나님의 사죄의 은총을 머리 숙여 간구해 보며 또한 아직도 깊은 슬픔에 잠긴 유족들과 피해자들 그리고 다시는 이런 황당한 사고가 일어나지 않도록 하나님께 위로의 기도를 드려 봅니다.

우리의 옆에 침몰하고 있는 세월호는 없는지요?

아직은 봄의 계절, 아름다운 봄의 계절처럼 밝고 겸허하게 우리의 정신을 기도로 가다듬어 다시는 이런 일들로 온 나라와 국민이 비통에 빠져 눈물 흘리는 일이 없도록 각자의 자리에서 자기의 일들을 잘 감당하는 우리 모두가 되기를 기도드려 봅니다.

2014년 6월 1일

"즐거워하는 자들과 함께 즐거워하고 우는 자들과 함께 울라"(롬 12:15)

　지켜주지 못해 미안합니다. 용기 잃지 말고 힘내세요. 위해서 기도합니다.

❖ 힘든 시간들

올해는 더위가 어느 해보다 더 기승을 부릴 것이라 생각하며 5월부터 30도에 가까운 이른 더위가 찾아와 올 여름을 바짝 긴장하게 했습니다.

그런데 봄의 계절도 느끼기 전에 여름의 계절이 빨리 찾아와 '어떻게 더운 여름을 보낼 수 있을까?' 염려하며 6, 7월을 보냈는데 8월과 함께 여름 더위가 절정을 이루는가 싶더니 주말마다 비가 내리고 또 늦은 장마가 계속되어서 많은 사람들이 더위보다 더 힘든 지루한 시간을 보내게 되었습니다.

여기에 더하여 더위와 장마로 인한 힘겨운 시간보다 더 힘든 것은 세월호 참사로 인한 온 국민의 상처와 아픔이 아물기도 전에 28사단 윤일병 사망 사건, 포천 빌라 고무통 살인사건, 그리고 전 제주 지검장의 노상 음란행위 등이 드러나면서 온 국민이 더 큰 충격에 빠지게 되었습니다.

어떻게 이런 일이 있을 수 있을까요?
우리 주변에는 이러한 범죄에 직접 연루되는 경우는 없을 것으로 생각합니다.
그러나 이런 끔찍한 사건을 저지른 사람들 가운데 우리 주변의 가족이나 친척 동료 이웃들이 없다고는 할 수 없습니다.
이들이 머무는 범죄의 곳곳에 많은 사람들이 있었지만 도움을 주기는커녕 못 본 체하고 외면했고, 또 어떤 이는 함께 가담했습니다.
이들을 돌보고 챙겨야 할 관계 당국과 높은 지위의 지도자들 그리고 함께 사는 주변 이웃들의 도덕적 윤리적 힘이 이러한 범죄를 막아야 하는데 그 역할을 제대로 감당하지 못하여 이러한 지경에까지 이르게 되었습니다.

세상의 부패를 방지하고 세상에 어둠을 밝히는 빛과 소금의 역할을 모두가 제대로 잘 감당했더라면 여름으로 인한 더위보다 더 힘든 여름을 보내지는 않았을 것인데 말입니다.
"생명존중, 이웃사랑"

이것은 우리 모두가 주변의 사람들에게 나누어 주어야 하는 최고의 선물입니다.
다가오는 가을의 계절에는 더 큰 수고를 기울여 죄악과 죽음의 어둠을 몰아내어 좋은 결실이 있는 행복한 나날을 보냈으면 합니다.

2014년 9월

"너희 안에서 착한 일을 시작하신 이가 그리스도 예수의 날까지 이루실 줄을 우리는 확신하노라"(빌 1:6)

더위가 지나가면 탐스러운 열매가 많이 맺히듯 여러분의 삶에도 많은 결실이 있기를 기도합니다.

❖ 봄을 기다리며

2015년 새해를 맞이하고 올해는 유난히 봄을 빨리 기다렸습니다.
추워서 봄을 빨리 기다린 것이 아니라, 만물이 생동하는 화사한 봄을 통해 싱그러운 아침 햇살을 빨리 맞이하고 싶어서였습니다,

벌써 매화꽃과 개나리들이 피는 모습을 볼 때에 봄이 멀지 않았나 봅니다.
새로운 봄을 맞아 만물이 새로워지듯이 그동안 추위로 움츠렸던 우리의 몸과 마음을 활짝 펴고 찌푸린 마음도 밝게 열려지기를 소원합니다.
봄이 오니 사람들은 바다로 들로 산으로 등산을 하게 되는 것을 보게 됩니다.

왜 그렇게 많은 사람들이 등산을 하는 것일까요?
그것은 아마 하나님이 만드신 자연을 통하여 많은 것을 보고, 느끼고, 깨닫고, 즐거움과 희망을 주기 때문인 것 같습니다.
앞으로 본격적인 봄이 오면 우리 동네 영도는 개나리 · 진달래 · 벚꽃으로 온 동네가 아름답게 물들게 되겠지요,
저도 다가오는 봄과 함께 이 꽃들처럼 아름답게 희망을 주고 즐거움을 주는 그런 마음이었으면 합니다.

남의 아픔에 함께 동참하며 위로해 준다든지, 남의 기쁨을 나의 기쁨으로 삼아 진심으로 함께 기뻐해 본다든지, 작게는 길에 떨어진 휴지를 주워 본다든지, 가족들에게 사랑한다고 크게 말해 본다든지~
만나는 이에게 봄의 향기가 물씬 풍겨나기를 소망해 봅니다.

2015년 3월 봄이 오는 길목에서

"나의 사랑하는 자가 내게 말하여 이르기를 나의 사랑, 내 어여쁜 자야 일어나서 함께 가자. 겨울도 지나고 비도 그쳤고, 지면에는 꽃이 피고 새가 노래할 때가 이르렀는데 비둘기의 소리가 우리 땅에 들리는구나"(아 2:10-12)

만물이 소성하듯 올해 여러분의 모든 삶에 활기가 넘쳐나기를 기도합니다.

❖ 어버이날에 부모님을 그리워하며

싱그럽고 푸르른 오월~

해마다 어버이날을 맞이하게 되면 부모님이 더욱 그립고 보고 싶습니다.

매년 느끼는 것이지만 지나온 삶을 돌이켜보니 부모님의 은혜와 사랑이 얼마나 크고 감사한지 모릅니다.

제가 여기까지 오게 된 것이 그 어느 것 하나 부모님의 마음과 손길 정성이 아닌 것이 하나도 없습니다.

평소 부모님께서 저희를 위해 삶을 통해 보여주신 가르침 덕분에 제가 바로 설수 있었고, 힘든 시간들을 보낼 때에도 두 손 모아 저를 위해 기도와 응원을 아끼지 않으셔서 잘 이겨낼 수 있었으며, 부모님의 희생과 아낌없는 사랑으로 오늘의 제가 있을 수 있었습니다.

부모님! 저를 낳아 주셔서 고맙고 잘 키워주셔서 감사합니다.

그러나 고마운 마음을 가슴에 가득 담아 두기엔 어머님과의 시간이 그리 길지 않은 것 같아서 마음이 아프고 쓰립니다.

하지만 부모님의 수고와 삶을 통해 보여주신 그 희생과 사랑이 헛되지 않도록 많은 사람들에게 베풀고 나누며 섬기며 살겠습니다.

어머니! 한 가지 부탁은 살아 계시는 것만으로도 자녀들에게 큰 힘이 되니, 아프지 마시고 건강하게 오래오래 살면서 지켜봐 주십시오.

부모님 사랑합니다. 존경합니다. 그리고 너무 감사합니다.

그리고 아주 많이 보고 싶고 그립습니다.

2015년 5월 8일 어버이날에

부모님을 그리워하며 사랑하는 아들 병호 올림

"네 아버지와 어머니를 공경하라. 이것은 약속 있는 첫 계명이니, 이로써 네가 잘되고 땅에서 장수하리라"(엡 6:2-3)

이 땅의 모든 부모님들을 사랑합니다.

그리고 오래오래 건강하게 사시기를 기도합니다.

❖ 이별의 아픔과 슬픔

인생길에서 갑자기 뜻하지 않는 사연으로 힘들고 어렵게 살아가는 사람들이 간혹 있습니다.

11년 전 원치 않는 질병으로 43세의 일기로 남편을 먼저 하늘나라로 보내고 그동안 어렵고 힘든 일도 많이 있었지만 그래도 이별의 아픔과 슬픔을 딛고 나름대로 자녀를 잘 키우며 열심히 살아가는 한 가정을 방문하여 추모예배를 드렸습니다.

추모와 위로의 말씀은 "여호와 하나님이 네 남편이다"(사 54:5)라는 말씀과 "고난을 통한 복음의 진보"(빌 1:12)라는 제목으로 간단히 설교를 하고 기도를 드렸습니다. 처음 예배를 드릴 때는 담담하고 꿋꿋하게 아무런 내색 없이 예배드렸지만, 기도를 하게 될 때는 그동안 참았던 눈물을 왈칵 쏟았습니다.

예배가 끝난 후 물었습니다.

"그동안 참았던 눈물의 의미가 과연 무엇입니까?"

"왜 그리 날 버리고 일찍 떠나셨나요?" 아니면, "나 요즘 너무 힘이 들어요" 아니면 "당신이 너무 보고 싶어요."

확실한 대답은 들을 수가 없어서 눈물의 그 깊은 의미는 잘 알 수 없었지만 결혼하여 잉꼬부부로 14년을 함께 살다가 사랑하는 남편을 먼저 떠나 보내고 해마다 추모일을 맞이하여 예배를 드릴 때면 여전히 흐르는 눈물은 주체할 수 없는 것 같습니다.

남편이 세상을 떠난 지 11년이 지났으면 이제 눈물도 마르고 잊힐 정도가 될 텐데 말입니다.

남편이 있을 때는 남편이 벌어오는 돈으로 아무런 걱정 없이 마음 편하게 자녀들 키웠는데, 한창 성장하는 자녀들에게 돈이 많이 들어갈 무렵 조금 있는 돈은 남편 치료비로 다 나가고 막상 두 자녀를 키우기 위해 한 번도 나가지 않았던 직장을 나가게 되고, 직장에서의 어려움과 힘든 일들이 많이 있었지만 나보다 더 큰 고난 가운데 있는 사람들을 생각하며 믿음 잃지 않고 용기를 가지고 남편 몫을 대신하며 열심히 살았다고 하였습니다.

그렇습니다. 누구나 한 번은 가족과 이별을 하게 됩니다.

그 어느 것 하나 아픔과 슬픔이 없을 수 없겠지만 가장 아프고 슬픈 이별이 부부와의 이별이라고 합니다.

여러 가지 일들로 힘들고 어려우십니까?
고난과 아픔 가운데서 힘을 내십시오.
그리고 인간의 몸을 입고 십자가에 달려 죽으신 예수 그리스도 앞에 우리의 고난과 아픔을 가져가십시오.

그러면 우리의 아픔과 슬픔은 무력해질 수밖에 없고 주님의 그 고난을 통해 우리는 새롭게 일어설 수 있는 용기가 생기게 될 것입니다.

사랑하는 모든 분들 사랑합니다. 그리고 힘을 내세요.

2015년 9월, 항상 여러분을 위해 기도하며 섬기는 종

"주 안에서 항상 기뻐하라. 내가 다시 말하노니 기뻐하라"(빌 4:4)

무더위도 이제 물러가고 아침, 저녁으로 제법 시원해졌습니다.
가을을 몰고 오는 풍성한 계절에 여러분의 삶도 풍성하시길 기원합니다.

❖ 올해의 후반전을 위해

모처럼 얻은 휴가. 폭염을 피해 산과 들 바다로 휴가는 잘 다녀왔는지요?
이제 휴가도 다 보내고 일상의 시간으로 돌아와 보니 여전히 해야 할 일들이 많이 산적해 있을 것입니다.
갈 길은 멀고, 할 일은 아직 많이 남았고, 올해의 전반전을 보내고 잠시 휴식을 취한 후에 후반전을 시작하면서 어떻게 무엇부터 시작해야 하나 걱정이 앞서기도 할 것입니다.

얼마 전 여자 월드컵 예선에서 우리나라 국가 대표팀이 스페인을 이겨 사상 첫 승을 거두었으나 그날 전반전은 상대방의 공격을 막아내는 데 급급했고, 보는 이들은 갑갑하고 답답한 게임이었습니다.
전반전 45분을 보내면서 제대로 된 공격 한 번 해보지도 못하고 한 골을 내어준 상태에서 전반전을 끝내게 되었습니다.

잠시 10여 분의 휴식 시간을 가진 후 후반전을 시작하게 되었는데 후반전은 전반전과는 전혀 다른 전술을 내보이며 완전 다른 팀처럼 열심히 뛰는 모습을 볼 수 있었습니다.

뭔가 일을 낼 것 같은 느낌이 들었고 결국 후반에 두 골을 넣어 드라마 같은 짜릿한 역전승을 거둘 수 있었습니다.

그렇다면 감독은 휴식 시간에 선수들에게 뭐라고 지시를 하였을까요?

승리 후 윤덕여 감독의 인터뷰 내용을 들어보면 후반전에 선수들에게 밀리지 말고 정신력으로 무장하여 무조건 공격적으로 밀고 올라가라고 하였는데 그 주문이 유효하였다고 하였습니다.

전반전과 후반전 사이의 잠깐 휴식을 취한 바로 그 시간 선수들은 완전히 달라진 것입니다.

어떻게 보면 우리에게도 한 해의 전반전을 보내고 후반기를 맞이하기 전에 잠시 휴식의 시간을 보냈습니다.

이제 9월이 시작되었습니다.

남은 4개월 후반전을 향하여 우리는 열심히 뛰어야 할 것인데 올해의 남은 후반전을 시작하면서 우리 삶의 감독이요 코치이신 하나님으로부터 후반전을 어떻게 뛰고 살아야 할지 귀를 기울이고 하나님의 말씀을 잘 들어야 할 것입니다.

전반전은 좀 부진했다 할지라도 잠시 휴식의 시간을 취했으니 후반전에는 새롭게 처음 시작하는 마음으로 하나님의 말씀에 의지하여 부름의 상을 위해 열심히 달려갈 수 있기를 원합니다.

하나님은 우리의 편이시며 최선을 다한 사람에게 반드시 좋은 결과 승리를 보장해 주실 것입니다.

2015년 9월

"푯대를 향하여 그리스도 예수 안에서 하나님이 위에서 부르신 부름의 상을 위하여 달려가노라"(빌 3:14)

여기까지 달려오시느라 수고하셨습니다.

다시 새 힘을 충전하여 열심히 뛰어가도록 합시다.

❖ 낮은 곳으로

오색으로 온 세상을 아름답게 물들였던 단풍이 하나둘씩 떨어지는 아름다운 낙조의 계절이 끝나가고 따뜻한 차 한 잔, 뜨거운 국물 한 그릇이 그리워지는 겨울의 문턱입니다.

그동안 잘 지내셨는지요?
올해는 참으로 여느 때보다 다사다난했던 한 해인 것 같습니다.
작년 세월호에 이어 올해 원치 않는 메르스라는 질병으로 인해 한국경제가 꽁꽁 얼어붙고, 유례없는 가뭄으로 농부들이 많이 염려하고 걱정했는데 마침 넉넉하지는 않지만, 단비가 내려 땅은 힘을 얻고, 사람은 생기가 돋아나고, 경제는 조금씩 회복세로 돌아서니 얼마나 감사한지 모릅니다.

앞으로도 살아가는 우리의 삶에 어려움이 많겠지만 걱정하지 않아도 되는 것은 하나님이 우리를 세상 끝 날까지 도우신다는 소망이 있기에 희망이 있습니다.
그 희망으로 꿈을 가지고 살아갈 수 있기를 바랍니다.

안도현의 '가을 엽서' 중에 이런 구절이 있습니다.
"낙엽이 지거든 물어보십시오. 사랑은 왜 낮은 곳에 있는지"

아마 그 이유는 높은 곳에 있기 때문에 그런 것이 아닐까요?
아직도 많은 사람들이 높은 곳만 바라보고 낮은 곳으로 내려가기를 싫어합니다.

올 한 해도 높은 곳만 향하여 열심히 달려온 여러분의 인생!
너무 높은 곳만 바라보지 마시고 떨어지는 낙엽과 같이 주님과 같이 낮은 곳, 한 알의 밀알처럼 낮은 곳 땅으로 내려가는 것은 어떨까요?
아마 내년에는 그 밀알에서 새로운 움이 돋고 잎과 꽃이 피어 오색 빛 단풍보다 더 아름답고 풍성하고 멋진 삶이 이루어질 것입니다.

남은 한 해 잘 마무리하시고 순간순간 행복한 시간과 활력이 넘쳐나는 건강한 삶 되시기를 기원합니다.

2015년 12월 기쁨으로 지역을 섬기며 일하는 종

"여호와께서 여기까지 우리를 도우셨도다"(삼상 7:12)

다가오는 기쁜 성탄과 새해를 맞이하여 여러분의 가정과 삶에 하나님의 축복이 함께하시기를 기도드립니다.

❖ 만물이 소성하는 봄을 기다리며

안녕하세요?
2016년 새로운 해가 시작된 지 벌써 2달이 지나고 봄의 시작인 3월을 맞이하게 되었습니다.
올해도 하나님의 은혜와 축복이 귀 가정과 일터에 함께하시길 기도드립니다.
지난 한 해 전반기에는 메르스라고 하는 질병이 전국을 강타하여 많은 사람들을 공포로 몰아넣었고 후반기에는 IS 테러집단이 폭탄 테러로 전 세계를 위협하여 사람들을 불안하게 하는 한 해였고, 2016년 새해를 맞이하자마자 지카 바이러스가 또한 우리를 위협하고 있습니다.
이처럼 우리가 살아가는 모든 삶은 한 번도 편안한 날이 없었고, 또한 우리의 미래는 한 치 앞을 볼 수 없는 안개와 같은 그런 삶을 살아왔습니다.

한 송이 꽃이 피었다고 해서 봄이 온 것이 아니라 모든 꽃이 피어야 봄이 온 것이듯, 봄은 우리의 곁에 성큼 다가왔지만 우리의 몸은 아직 봄을 느낄 수가 없습니다.
그렇다면 그 이유는 무엇일까요?
여전히 먹고 사는 문제로 힘들어하고 여러 가지 문제로 염려하고 걱정하며 미래가 불안하기 때문입니다.
결국은 마음이 평안하지 못하다는 것입니다.

그런 차원에서 2016년에는 우리 모두가 서로 사랑하기를 원합니다.
먼저 하나님을 사랑하고, 다음으로 이웃을 사랑하고, 끝으로 주님처럼 원수까지도 사랑하는 그런 한 해가 되기를 원합니다.
대접을 받고자 하는 대로 먼저 내가 대접하는 것입니다.
사랑을 받고자 하는 대로 내가 먼저 사랑하며, 섬김을 받고자 하는 대로 내가 먼저 섬기며 살아가 보는 것입니다.

모두가 이렇게 해야 한다는 말은 많이 하지만, 그러나 이러한 것을 실천하는 것은 결코 쉽지 않습니다.

하지만 올해는 이러한 일에 말이 아닌 행동으로 삶으로 도전해 볼 수 있기를 바랍니다. 그러면 반드시 염려와 근심, 걱정과 불안이 없는 평안과 기쁨의 그 날이 찾아오게 될 것입니다.

이제 추웠던 겨울도 물러가고 봄이 오는 길목에 서 있습니다.

머지않아 온 천지에 봄꽃이 활짝 피게 될 것인데 여러분의 삶에도 사철에 봄바람 불어오고 영혼에 햇빛 비추는 복된 삶이길 기원합니다.

2016년 3월 1일 여러분을 섬기는 행복한 사람

"평안을 너희에게 끼치노니 곧 나의 평안을 너희에게 주노라. 내가 너희에게 주는 것은 세상이 주는 것 같지 아니 하니라"(요 14:27)

매화꽃을 시작으로 봄을 알리는 여러 가지 꽃이 피고 있습니다.
여러분에게도 봄이 찾아와 삶이 아름답고, 향기가 날 수 있기를 바랍니다.

❖ 부모님 사랑합니다. 그리고 감사합니다.

눈에 넣어도 아프지 않을 자녀, 보면 볼수록 사랑스러운 자녀!
자기 자신은 비록 어렵고 힘든 삶을 살면서도 사랑하는 자식만큼은 자신보다 더 나은 삶을 살기를 원하는 것이 부모의 마음입니다.

맛있고 좋은 음식을 자신은 배부르다며 자식을 위해 양보했던 부모님!
뿐만 아니라 나중에는 땀 흘려 애지중지 모아둔 알토란같은 재산도 자식을 위해서는 초개와 같이 내주는 것이 우리 부모님의 마음인 것 같습니다.
자식이 실수하고 잘못을 저질러도 책망하기보다는 말없이 묵묵히 속마음 알 때까지 기다려 주시는 부모님, 그런 부모님들이 우리 사회에 많이 있어 따뜻하고 행복합니다.

어렸을 때 저의 부모님 이야기지만 제가 기억하는 우리 부모님은 너그럽고 인자한 분이셨고, 자식을 자신 이상으로 사랑한 분이셨습니다.

자녀들을 불면 꺼질까 쥐면 날까 노심초사하며 잘 키우려고 애쓰셨습니다. 특히 시골에서 밤이 되면 주무시기 전에 저희들의 방부터 살피셨습니다. 더운지, 추운지 더울 땐 창문을 열어 바람이 잘 통하게 하여 시원하게 해 주셨고, 추울 땐 아궁이에 불을 지펴 방을 따뜻하게 해 주셨습니다. 때로는 살기가 힘들고 자녀가 속을 썩인다고 할지라도 참고 또 참으며 저희들이 올바르게 되기를 기도하며 기다려 주셨습니다.

또한 부모님께서는 자녀를 키우기 위해 새벽부터 논밭을 일구시고 허리가 휘도록 농사일을 하시면서도 자녀들 앞에서 한 번도 힘들다 하지 않으셨습니다. 그래서 우리 4명의 자녀는 부모님의 그늘에서 마음 든든하고 기쁘고 행복한 어린 시절을 보낼 수 있었습니다. 지금에 와서 나도 자녀를 낳아 부모가 되고 또 장가를 보내고 보니 나를 나 되게 하신 우리 부모님이 얼마나 고맙고 감사한지 모릅니다.

아버지, 어머니! 고맙습니다. 그리고 사랑합니다. 어머니는 건강하게 오래 사시고 그리고 아버지는 하늘나라 천국에서 봬요. 여러분의 가정에도 행복과 사랑 하나님의 은혜가 넘쳐나기를 기도합니다.

2016년 5월 여러분을 섬기며 행복한 사람

"자녀들아, 너희 부모를 주 안에서 순종하라. 이것이 옳으니라. 네 부모를 공경하라. 이 것이 약속 있는 첫 계명이니 이는 네가 잘되고 땅에서 장수하리라"(엡 6:1-3)

만물이 신선하고 푸르듯 여러분의 삶에도 행복 꽃과 웃음꽃이 활짝 피어나 살아갈 소망이 넘쳐나길 원합니다.

❖ 마음을 넓힙시다.

차를 타고 도로를 주행하다 보면 곳곳에서 정체 현상이 일어나는 곳을 자주 보게 됩니다. 정체되는 구간을 완화하기 위해서 도로공사에서는 확장공사를 무더운 여름 가운데서도 밤낮을 가리지 않고 있습니다.

아마 이런 확장공사가 끝나게 되면 더는 정체가 없이 원활하게 차량이 운행 되게 되겠지요.

며칠 전 확장공사가 마무리된 도로를 차를 타고 달렸습니다.
공사 중에는 차량들로 정체되고 지체되어 정말 짜증나고 답답한 도로였는데 확포장 공사가 끝난 도로를 달리니 속이 시원하고 얼마나 좋았는지 모릅니다.
길을 넓히는 것은 그래서 좋은 것입니다.
그런데 우리가 일상생활을 하면서 더욱 심각하게 생각하게 되는 것은 무엇보다 우리의 마음을 넓혀야 한다는 것입니다.
마음이 좁으면 인간관계에 있어 도로가 꽉 막힌 것처럼 짜증나고 답답합니다.
뿐만 아니라 자기 자신도 다스리지 못하여 인생을 실패로 살아가게 됩니다.

인간관계에서 가장 문제가 되는 것은 바로 마음을 넓히지 못하기 때문에 이해관계가 얽혀 오해하게 되고, 그래서 서로의 아름다운 관계를 갖지 못하는 것입니다.
이해하고, 관용하고, 용서하고, 사랑할 수 있는 마음은 넓은 마음에서 가능합니다.
그러나 미워하고, 시기하고, 질투하고, 증오하는 마음은 좁은 마음에서 나오는 것입니다.

마음이 좁기 때문에 사람과의 관계가 이웃과의 관계가 원만하지 못하고 늘 힘들게 살아갑니다.
혹시 여러분이 말이 통하지 않아 꽉 막혔다는 말을 종종 듣지는 않습니까?
또 융통성이 없어 어딘가 모르게 답답하다는 말을 듣지는 않습니까?
도로 확장공사를 하듯이 우리의 마음을 넓힐 수 있기를 바랍니다.
형제를 서로 사랑하며 불쌍히 여기며 겸손하며 악을 악으로 갚지 않고 도리어 그를 위해 복을 빌어주는 넓은 마음을 소유하여 다가오는 가을에 많은 결실이 있기를 원합니다.

2016년 9월 여러분을 섬기는 행복한 사람

"너희가 우리 안에서 좁아진 것이 아니라 오직 너희 심정에서 좁아진 것이니라. 내가 자녀에게 말하듯 하노니 보답하는 것으로 너희도 마음을 넓히라"(고후 6:12-13)
지겹고 무더웠던 여름도 이제 끝이 나는가 봅니다.

작열하는 태양이 있었기에 가을에는 풍성한 열매가 맺히겠지요.
많은 결실이 있는 풍성한 가을을 맞이하시길 기도합니다.

❖ 촛불의 의미

한 해를 열심히 땀 흘리며 일하며 살다가 마무리하는 이 시점에~
박근혜 정부와 최순실 게이트로 인해 온 나라가 어수선하고 정국이 혼란스러운 가운데 이로 인하여 대통령이 대국민 담화문을 통화여 사과를 두 번이나 했지만, 의혹은 끊이지 않고 계속 터져 나와서 결국 국민들의 분노는 박근혜 대통령과 청와대를 압박하며, 200만 명에 육박하는 인파가 광화문 네거리와 청와대를 향하여 연일 촛불시위로 민심을 전달하고 있습니다.

타오르는 초의 힘이 이렇게 크리라고는 아무도 상상하지 못했을 것입니다.
본래 초는 오래 전 어두운 방을 밝히는 등대의 역할을 했었고, 때로는 결혼식 때 양가 부모가 촛불을 켜서 자녀의 앞날을 비추는 길이기도 했으며 그리고 자신을 헌신하는 고백이 담긴 환희와 감격의 용도로 사용되기도 했습니다.
또한 촛불은 이 시대의 민의를 나타내는 하나의 상징이기도 합니다.
이번 국정운영 전반에 개입한 최순실 게이트로 한 자루의 초를 든 사람들이 전국에서 하나 둘 모여 진리와 공의를 부르짖고 이 땅의 새로운 변화를 갈망하며 연일 촛불을 밝히고 있습니다.

바라기는 이번 기회에 국가와 정치 지도자 그리고 위정자들이 민초들의 가슴에 품고 있는 작은 생각들이 무시당하지 않고 백성들의 의견을 많이 수렴하여 국민이 주인이 되는 민주주의 국가가 되었으면 합니다.
또한 이번 촛불집회가 국가 분란과 대립과 갈등이 아닌 불의와 부패를 척결하고 밝은 사회를 새롭게 이루는 데 좋은 기회가 되기를 원합니다.

한 해를 마무리하는 시점입니다.
나라가 어수선하고 혼란스럽지만 빨리 안정을 찾고 다가오는 새해에는 내가 켜든 촛불이 꺼지지 않고 누군가에게 따뜻하고 이 땅의 죄악과 어둠의 세력을 몰아내는 밝은 빛이 되어서 살맛나는 아름다운 세상을 만들어갈 수 있기를 원합니다.

2016년 12월 한 해를 마무리하는 시점에

"너희는 세상의 빛이라. 이같이 너희 빛이 사람 앞에 비치게 하여 그들로 너희 착한 행실을 보고 하늘에 계신 너희 아버지께 영광을 돌리게 하라"(마 5:16)

남은 2016년을 잘 마무리하시고 다가오는 새해에는 여러분들 모두가 행복했으면 좋겠습니다.

❖ 봄과 같이 따뜻하고 행복하기를

사랑하는 교우들과 지역주민 여러분! 추운 겨울 가운데서도 건강하게 잘 지내셨는지요?
산과 들에 노란 산수유와 개나리가 방긋 웃고 앙상한 가지에 매화꽃이 활짝 핀 아름다운 모습을 볼 때 봄이 성큼 다가온 것 같아 얼마나 기쁘고 좋은지 모릅니다.

그러나 겨울을 보내고 봄을 새롭게 맞이하는 시점에서 어떤 사람은 봄이 왔으나 아직 봄이 오지 않은 것과 같다고 우울해합니다.
그 이유는 겨울 내내 주말마다 촛불시위와 태극기 집회로 마치 남과 북이 대치하며 일촉즉발의 힘 대결을 보면서 봄은 왔으나 아직은 봄이 아닌 것처럼 느껴지기도 합니다.

그러나 너무 염려하지 마십시오.
'매화꽃이 피면 그대 오신다'고 하는 김용택 시인의 시구처럼 매화꽃이 피면 오지 말라고 해도 따뜻한 봄은 오게 되어 있습니다.
다가오는 봄에는 제가 아는 모든 분들이 봄과 같이 활력이 넘쳐나고, 푸르고 따뜻하고 행복하게 살았으면 좋겠습니다.
하늘과 바람과 별을 노래했던 윤동주 시인처럼 나라와 민족 그리고 서로를 사랑하면서 행복하게 살았으면 좋겠습니다.

사람들은 누구나 많은 사람들로부터 사랑을 받으며 행복하기를 바랍니다.
그리고 삶에 기쁨이 있기를 바라고 지금보다 더 나은 미래가 찾아오기를 바라며 걱정과 근심이 없는 삶을 살기를 원합니다.
그런데 이런 마음을 가지고 있는 대부분의 사람들이 그러한 행복이 '다른 사람이 내게 어떻게 해줌으로써 얻어지는 것'이라고 생각합니다.

사실 그럴까요? 절대 그렇지 않습니다.

진정한 행복은 누가 내게 어떻게 해 주므로 얻어지는 것이 아니라 삶을 향한 나의 태도와 생각을 바꿈으로써 행복해지는 것입니다.

이제 3월이 되었습니다.

봄의 길목에 봄은 정작 와 있으나 봄이 아닌 계절을 보내면서 이제 촛불이나 태극기나 국민의 아픈 응어리를 풀어주고 눈물을 닦아 줄 이 땅의 따뜻한 봄의 전령사는 다른 사람이 아닌 바로 나입니다.

아직 날씨는 춥지만 아름다운 꽃들이 벌써 봄이 왔노라고 방긋 웃고 있습니다.

서로 사랑하면서 봄과 같이 따뜻하고 행복하게 살아갈 수 있기를 기도해 봅니다.

2017년 3월

"겨울도 지나고 비도 그쳤고 지면에는 꽃이 피고 새가 노래할 때가 이르렀는데 비둘기의 소리가 우리 땅에 들리는구나"(아 2:11-12)

동토의 계절을 지나 비상을 꿈꾸는 3월! 모두의 삶에 봄 햇살이 찬란했으면 좋겠습니다.

❖ 권력의 무상함과 섬김의 미덕

우리는 지난해와 올해 박근혜 전 대통령의 탄핵 결정과 인용 연이어 구속 수감되는 과정을 TV로 지켜보면서 아마도 많은 사람들이 가슴 아리는 아픔으로 우울하고 무거운 시간을 보내면서 권력의 무상함을 느꼈을 것입니다.

그동안 촛불 집회에 참가했든 아니면 태극기 집회에 참여했든 모든 사람들의 그 마음의 착잡함이란 아마 모두가 같은 마음이었을 것입니다.

그 이유는 우리 국민들이 뽑은 대통령이 최고의 권좌에 도달했다가 이렇게 무기력하게 바닥까지 참담하게 추락하는 국가적인 비극을 보았기 때문입니다.

왜 이런 일이 일어난 것일까요?

어쩌면 이것이 권력의 무상함과 속성인지도 모릅니다.

우리는 짧은 민주주의의 과정을 겪으면서 권력의 무상함이 얼마나 처절한지 실감나게 경험을 했음에도 불구하고 많은 사람들이 권력을 향해 불나방처럼 국민의 생명과 재산, 나라를 사랑한다는 볼모로 달려들었습니다.

그 이유가 무엇일까요?

아마 그것은 권력이 지닌 매력과 막강한 힘이 있기에 그럴 것입니다.

그렇다면 우리 예수님은 당대 권력에 대하여 어떠하셨을까요?

하늘의 권세와 능력을 지니신 분이 이 땅에서 아무 권력이 없는 가장 약한 자로 오셔서 억압당하고 고통당하는 자들 그리고 병든 자, 소외된 자, 죄인과 천대받는 자들의 좋은 친구가 되어 친히 그들을 받들어 섬기셨습니다.

그리고 당대 기득권자인 종교 · 정치 · 경제, 권력자들에게는 단호하게 도전하며 자기 배만 불린다며 독설과 저주를 선언하기도 했습니다.

그렇다면 오늘을 살아가는 우리는 어떻습니까?

예수님과 같은 모습으로 살아가십니까?

아니면 그와 반대의 모습으로 살아가십니까?

새 정부가 들어서고 파격적인 행보로 소통과 통합 섬김으로 나아가고 있습니다.

이 마음 변치 않고 처음처럼, 임기를 마치는 그날까지 국민을 잘 섬겨 모두가 더불어 잘사는 그런 나라와 행복한 국민이 되기를 기원해 봅니다.

2017년 6월 지역을 섬기며 일하는 종

"인자가 온 것은 섬김을 받으려 함이 아니라 도리어 섬기려 하고 자기 목숨을 많은 사람의 대속물로 주려 함이니라"(막 10:45)

더워지는 계절에 상쾌하게 시작하시고 감사와 행복한 일 가득하시길 기도합니다.

❖ 우리의 사명

사랑하는 성도님들과 지역민 그리고 이 소식지를 읽으시는 모든 분께!

어느 해보다 무더운 여름 더위에 건강하게 잘 지내셨는지요?

저는 지난 8월 7일부터 9일까지 휴가를 받아 2박 3일간 6 · 25 전쟁 시 기독교인이 가장 많이 순교를 당한 순교 유적지인 전남 영광군에 있는 염산교회와 야월교회 그리고 전남 신안군 증도 섬에 있는 문준경 전도사님 순교 기념관을 다녀왔습니다.

염산교회는 전체 교인 2/3인 77명이 죽창과 칼에 찔리어 생매장과 생수장을 당해 순교했고, 또한 야월교회는 전체 교인 65명이 죽창과 칼에 찔려 생매장과 생수장을 당해 순교했습니다.

증도에 있는 문준경 전도사님은 여자의 홀몸으로 일찍 증도 섬에 들어가서 많은 교회를 개척하고 전 섬을 돌며 복음을 전하다가 지인의 만류에도 불구하고 끝까지 사명을 위해 복음을 전하다가 공산군에 의해 교회 앞 갯벌에서 죽창과 총에 맞아 61세의 나이에 순교를 당하여 죽었습니다.

순교자들이 합장되어 있는 교회 앞마당 묘지와 그때 죽창과 칼에 또 총에 사살되어 모래밭과 바다에 생매장과 생수장된 현장의 모습을 사진과 그림으로 볼 때 당시의 만행이 얼마나 끔찍했는지 가슴이 미어지고 터질 것만 같았습니다.

과연 제가 그때 그 현장에 있었다면 복음을 위해, 신앙을 위해, 죽음을 각오하고 함께 순교를 당할 수 있었을까요?
말은 쉽게 할 수 있겠지만, 그것을 실행하기는 절대 쉽지 않았을 것입니다.

'당시 순교자들은 자신에게 맡겨진 사명을 위하여 어른이나 아이 할 것 없이 총과 칼, 죽창을 두려워하지 않고 피투성이로 쓰러지는 가운데서도 이 한반도를 가슴에 안고 하늘 향하여 믿음으로 죽어 갔는데 과연 나는 지금 살아서 나의 사명을 다하고 있는가?'

이렇게 자문자답하여 볼 때 순교자들 앞에서 그저 부끄러울 뿐이었습니다.
'우리의 연수가 칠십이요. 강건하면 팔십'이라고 했는데 '그 연수의 자랑은 수고와 슬픔뿐이요 신속히 날아간다'고 합니다.
남은 우리 날을 계수해 보고 후에 부끄럽지 않은 삶이 되도록 사명을 위해 달려가는 우리가 되기를 기도해 봅니다.

2017년 9월 휴가를 다녀와서

"주 예수께 받은 사명 곧 하나님의 은혜의 복음을 전하는 일을 마치려 함에는 나의 생명조차 조금도 귀한 것으로 여기지 아니하노라"(행 20:24)

이제 시원해지는 계절에 우리의 사명을 다하여서 풍성한 결실을 맺는 가을이 되시길 기원합니다.

❖ 64년의 하나님의 은혜

사랑하는 성도님들과 지역민 그리고 이 소식지를 읽으시는 모든 분들께!
하나님의 은혜가 가득하시기를 기도드립니다.

가을의 벼가 다 베어져 논에 쌓여 있는 볏단을 보면 밀레의 '만종'이 생각납니다.
어디선가 종소리가 가을 빈 들녘을 지나 노을이 물든 빈 들녘을 채운 종소리
에 한없이 경건해지면서 이 만곡의 풍성한 결실을 주신 하나님께 감사기도를
드리지 않을 수 없습니다.
한때 누렇게 익어 황금물결로 출렁이던 가을 들녘도 좋았지만 이제 모든 추
수를 다 끝내고 난 후에 그 빈 들녘이 주는 평온함과 감사가 우리의 마음을
흐뭇하게 만들어 줍니다.

아름다운 결실을 위해 여름날 뜨거웠던 태양과 크고 작은 비바람과 태풍의
쓰라림 그리고 긴 외로움과 어둠의 찬 서리도 숭고한 성숙을 위해 아름다운
채색으로 물들이며 이제 떠나갈 날을 위해 모든 것 다 바치고 떨어지는 낙엽을
볼 때면 그 또한 얼마나 아름다운지 모릅니다.

이제 한 해를 마무리하면서 지나간 64년의 금성교회의 발자취를 더듬어 보며
하나님께 감사할 것이 참으로 많습니다.
지금까지 교회의 지경을 넓히고, 또 복음과 선교의 지경을 국내외로 확장했으
며, 지역과 기관 관공서 등 다양한 봉사와 섬김으로 하나님의 사역을 감당해
왔습니다.
그러던 중에 우리 믿음의 선배들이 그렇게도 소원하던 교회 건축이 드디어
64년 만에 처음으로 시작되게 되었습니다.

6 · 25 한국전쟁 후 피난민들이 이곳으로 모여와 창립예배를 드리고 그리고
64년의 세월이 흐르면서 우여곡절의 많은 시련과 역경이 있었습니다.
그렇지만 하나님께서 우리 금성교회를 사랑하시어 좋은 교회를 넘어 위대한
교회로 우뚝 서게 만들어 주셨습니다.
이제 이러한 일들이 끝이 아니라 새로운 시작입니다.
앞으로 건축을 완료 후 계속해서 지역을 위해 진리의 등대와 구원의 방주 역

할을 할 것이며 세상에 소금과 빛의 역할을 묵묵히 감당해 나갈 것입니다.

오늘이 있기까지 참으로 숱한 어려운 일들이 많이 있었습니다.
그러나 우리 하나님은 우리를 실망시키지 않으시고 끝까지 참고 인내하며 기다려온 저들에게 형용할 수 없는 많은 은혜와 복을 베풀어 주셨습니다.
앞으로도 더욱 하나님의 은혜로 신기하고 놀라운 일들이 금성교회와 성도들을 통하여 많이 일어나리라 믿습니다.

이제 열매를 거두고 난 후 조락의 계절에 채색으로 물들인 아름다운 단풍처럼 우리의 삶도 단풍처럼 아름다운 삶을 살고, 하나님의 은혜와 사랑의 종소리가 이 지역과 민족 그리고 이 강산 위에 가득하여 모두가 하나님의 평안을 누리고 한 해를 보람되게 마무리할 수 있기를 기원합니다.

2017년 12월 한 해를 마무리하며

"심는 이나 물주는 이는 아무것도 아니로되 오직 자라게 하시는 이는 하나님뿐이니라" (고전 3:7)

마지막 남은 한 장의 달력을 보며 마무리 잘하시고, 기쁨으로 새해 맞이할 수 있기를 기도합니다.

❖ 봄이 오랫동안 지속되기를 바라며

안녕하세요?
이 소식지를 읽으시는 모든 분께! 봄기운이 가득하기를 기도드립니다.
올 3월은 겨울과 봄과 초여름 3계절을 다 경험하는 달인 것 같습니다.
매서운 추위가 기승을 부려 3월 중순까지 눈이 내리고 봄은 아직 오지 않는가 싶었는데 언제 그랬느냐는 듯이 빼앗긴 들에도 봄이 오듯 봄이 이미 준비해 있어 온 산에 개나리 진달래 목련꽃으로 가득 피어 있었습니다.
그런데 그 따뜻한 봄도 잠시 낮에 길을 걸으면 벌써 이마에 땀이 흐르는 초여름을 경험하고 있습니다.
여러분들은 어떤 계절을 좋아하시는지요?
사람마다 다 다르겠지만 저는 봄의 계절을 좋아합니다.
올해는 더욱 봄을 기다렸습니다.

그 이유는 지난겨울이 너무 추웠고, 마음도 교회 건축으로 추운 겨울이었습니다. 그래서 더욱 봄을 더 기다렸는지 모릅니다.

그런데 따뜻한 봄과 함께 만물이 소성하여 초록빛으로 물드는 아름다운 계절을 오랫동안 만끽하며 누리기를 원했는데 봄도 잠시 벚꽃도 피기 전에 벌써 초여름 날씨가 시작되니 아쉬움이 많이 남고 또한 불청객 황사와 미세먼지가 온 하늘과 도시를 뒤덮으니 활동하기가 여간 불편하지 않습니다.

물론 지구 온난화와 이상기온으로 봄과 가을은 없어지고 겨울과 여름의 계절만 있게 될 것이라고 말하는데 결국은 사람들의 이기심과 탐욕이 이러한 사태를 불러오는 것 같아 안타까울 뿐입니다.
그러나 인생의 사계절에 자연의 섭리는 우리가 거스를 수 없지만, 우리가 마음을 어떻게 먹느냐에 따라 봄·여름·가을·겨울을 살게 되는 것 같습니다.

이제 몇 십 년 만에 오는 추위, 온 나라를 떠들썩하게 했던 그 맹추위도 맥을 추지 못하고 물러가고 따뜻한 봄의 계절이 왔습니다.
여러분의 인생에도 완연한 봄의 계절을 맞이할 수 있기를 바랍니다.

자연의 섭리는 우리가 조종하지 못하지만, 마음만 잘 먹으면 우리의 인생은 항상 봄과 같은 인생을 보낼 수 있습니다.
바라기는 마음을 밝고 유쾌하게 긍정적으로 살아 여러분의 인생에 봄의 계절이 오랫동안 지속하여 꽃향기 가득한 행복한 나날이길 기도합니다.

2018년 4월 1일 부활주일에

"나의 사랑 내 어여쁜 자야 일어나서 함께 가자. 겨울도 지나고 비도 그쳤고 지면에는 꽃이 피고 새가 노래를 하는구나"(아 2:10-12)

봄, 봄, 봄, 봄, 봄이 왔어요. 여러분의 마음에도 봄이 오기를 바랍니다.

❖ 한반도 평화 통일의 그날을 기다리며

우리는 지금 기상관측을 시작한 이후 113년 만에 가장 뜨거운 여름을 보내고 있습니다.

우리 민족의 역사에서도 여름은 언제나 뜨거웠습니다.
1910년 8월 29일 우리나라 주권을 일본에 빼앗겼고, 1945년 8월 15일에는
일제로부터 해방되어 광복을 맞이했습니다.
그리고 3년 후인 1948년 8월 15일에는 대한민국 정부를 수립하였습니다.

광복 73주년과 정부 수립 70주년을 맞이한 대한민국은 뜨거운 태양의 열기만
큼이나 짧은 기간 참으로 눈부시게 발전해 왔는데 이 모든 것이 나라와 민족을
지키기 위한 애국지사들과 순국선열들 그리고 우리 아버지·어머니와 귀한
노동자들, 무엇보다 하나님의 은혜인 것을 깨닫게 됩니다.

광복의 달을 보내면서 연일 무더위가 계속되고 있는 가운데서도 남북교류 협
력사업과 제3차 남북 정상회담을 앞두고 한반도 평화통일을 향한 염원은 더욱
뜨거워지고 있습니다.
온 국민들의 뜨거운 바람처럼 이제 우리는 끊어진 남과 북, 반쪽만의 평화와
번영을 원치 않습니다.
어릴 때부터 불렀던 '우리의 소원은 통일, 꿈에도 소원은 통일, 이 정성 다해
서 통일, 통일을 이루자'는 노래처럼 우리의 소원인 통일을 남과 북이 온몸과
마음과 뜻과 정성을 다해서 이루어가야 할 것입니다.

그러나 아직도 주변국들의 이해관계와 대립 이념의 양극화와 북미 간의 갈등
북한의 비핵화 등 많은 과제가 남아 있으나 모두가 머리를 맞대고 지속 가능한
통일정책을 추진하고 사회·문화·체육 등 남북교류 협력 사업을 진행하며
통일에 대해 기도를 한다면 통일은 머지않은 시간에 반드시 동·서독의 장벽
이 무너지듯 우리에게도 한반도의 평화와 통일은 이르게 될 줄 믿습니다.

바라기는 우리 주님께서 막힌 담을 허물어 주셨던 것처럼 남북한의 막힌 38선이
무너지고 남북한이 하나 되는 통일의 그날이 속히 오리라 기대해 봅니다.
2018년 8월 마지막 날에

"그는 우리의 화평이신지라. 둘로 하나를 만드사 중간에 막힌 담을 허시고"(엡 2:14)

가장 뜨거운 여름도 지나갑니다.
시원한 가을과 결실이 있는 계절 맞이하시길 바랍니다.

❖ 겨울이 오기 전에

한 해를 마무리하면서 성탄의 계절에 주님의 평화가 여러분과 함께하시기를 기원하며 올 한 해도 사랑과 격려로 함께하여 주심에 진심으로 감사를 드립니다.
이제 마지막 한 장의 달력을 남겨놓고 차가운 계절이지만 쉼 없이 달려갑니다.
교회 건축이 시작되어 1년이 지나고 이제 막바지에 이른 시점에 지역민과 많은 분들이 함께 참고 견디어 주어 깊은 신뢰와 감사를 드리고 또한 죄송함을 금할 길이 없습니다.

하지만 아직도 우리는 달려가야 할 길이 많이 남아 있습니다.
빨리 가려면 혼자가고, 멀리 가려면 함께 가야 한다는 말이 있듯이 우리는 결코 빨리 가고 싶지 않습니다.
조금은 늦더라도 서로 함께 손에 손을 잡고 마음을 같이하여 나아가기를 원합니다.

더군다나 겨울이 온 문턱에서 따뜻한 마음으로 서로를 부둥켜안고 추운 겨울을 이겨나가기를 원합니다.
많은 사람들이 나라를 걱정하면서 염려합니다.
독이 깨지고 물이 쏟아졌을 때 남의 잘못을 꼬집고 탓하기 이전에 꿰매고 싸매고 수습하는 사람으로 살아가기를 원합니다.
비판과 판단은 쉽지만 꿰매기는 어려운 것입니다.

판단은 누구나 할 수 있지만, 수습은 누구나 할 수 있는 일이 아닙니다.
말만 많이 하는 사람보다는 책임지는 사람, 판단하는 사람보다는 꿰매고 싸매는 사람, 세상이 갈수록 흉측하고 겨울 못지않게 삭막하고 싸늘합니다.
이럴 때일수록 나무를 가꾸는 마음으로 흘리는 땀이 필요하고, 눈물이 필요하고, 희생이 필요하고, 협력이 필요합니다.
주님께서 우리에게 보여주신 혈연보다 더 진하고 강한 따뜻한 사랑으로 그리스도 안에서 한 가족으로 함께 살아가도록 합시다.
주님의 사랑으로 겨울이 오기 전에~

2018년 12월

행복한 성탄과 희망으로 가득한 새해 맞이하시길 두 손 모아 기도드립니다.

❖ 2019년 새해 인사를 드립니다.

2019년 새로운 한 해를 맞이하게 되었습니다.
희망찬 새해를 맞이하게 해 주신 하나님께 감사와 찬양과 영광을 돌리며 행복한 소식지를 읽는 모든 분들께 하나님의 은혜가 충만하기를 기원합니다.

지난 한 해는 저희 금성교회가 성전 완공을 향하여 온 성도가 마음을 같이하고 뜻을 같이하여 성전 건축을 위해 많은 기도를 하였습니다.
그 결과 18개월의 어렵고 힘든 긴 여정이었지만 교회 건축은 아무 사고 없이 순조롭고도 든든하게 잘 건축되어서 이제 지역에 진리의 등대로 우뚝 솟아 빛을 발할 준비를 눈앞에 두고 있습니다.

한 송이 국화꽃을 피우기 위해서 밤새도록 소쩍새가 그렇게 울었던 것처럼 66년 만에 교회 건축을 하기까지 많은 우여곡절이 있었지만 성도들의 많은 관심과 사랑, 밤낮으로 부르짖는 기도로 드디어 새 성전이 완공되어 하나님께 봉헌하며 입당하게 되니, 얼마나 감격스러운 일인지 모릅니다.
여기까지 인도하신 에벤에셀의 하나님께 감사를 드리며 앞으로 새로운 성전에 하나님의 영광이 충만하여 새 성전을 통해 새 일을 행하실 하나님의 놀라운 일들을 기대하며 나아갑니다.

앞으로 우리의 미래는 결코 쉽지 않는 광야와 같은 환경과 여건이지만 광야에서도 하나님께서 능력으로 함께하시어 이스라엘 백성들을 부족함 없이 먹이시고 입히셨던 것처럼 올해 모든 것을 하나님께 맡기고 믿음으로 기도하며 나아갈 때 반드시 이 산지를 취하여 광야에 길을 사막에 강물을 흘려보내는 놀라운 일들을 이루게 될 줄로 믿습니다.

이 일에 하나님의 뜻대로 부르심을 입은 주의 백성들이 합력하여 선을 이루어 갈 수 있기를 기도하며 2019년 새 성전에서 많은 사람들이 마음껏 하나님의 은혜와 평강을 누리는 복된 한 해가 되기를 축복합니다.

2019년 1월 새 일을 행하실 하나님을 기대하며

❖ 2020년 새해 아침에 드리는 글

할렐루야!
2020년을 믿음으로 시작하는 금성교회 모든 성도님과 이 소식지를 읽는 모든 분들 위에 하나님의 은혜와 평강이 함께하시기를 기원합니다.

지난 한 해 정치적으로 경제적으로 사회적으로 또 교회적으로 너무도 많은 아픈 일들이 있었습니다.
그러나 우리는 그러한 일들에 절대 굴복하지 않고 하나님의 은혜를 기억하며 겸손한 마음으로 한 해를 시작했습니다.
올해도 나라와 민족, 세계 경제 그리고 교회적으로 그리 녹록하지는 않습니다.
이처럼 우리는 가끔 불가능한 현실에 부딪히게 됩니다.
그리고 현실을 보고 자주 낙담을 하기도 합니다.
우리는 이러한 일들로 인해 염려하고 걱정하기보다 그 낙담을 이겨내야 합니다.

그렇다면 어떻게 이길 수 있을까요?
바로 전능하신 하나님께 나아가는 것입니다.
즉, 불가능을 가능케 하시는 일에 전문가이신 하나님께 나아가는 것입니다.
하나님과 함께라면 빼앗긴 들에도 봄이 오듯 우리에게도 불가능을 가능케 하는 봄이 올 것이며, 우리의 인생이 주님으로 인해 살맛이 나게 될 것입니다.
이제 교회 건축도 67년 만에 아름답게 신축하고 입당 예배도 은혜롭게 많은 사람들의 축하와 격려 가운데 잘 마쳤습니다.
'하나님 감사합니다. 하나님 감사합니다. 하나님께서 이 모든 일을 하셨습니다.'

앞으로도 하나님의 때에 하나님의 방법으로 하나님의 사람을 통해 하나님의 일을 이루어 가실 것을 믿습니다.
올 한 해 또 새로운 기적을 이루어가는 한 해가 되기를 여러분과 소망해 봅니다.

2020년 1월, 새해에 우리를 통해 위대한 일을 행하실 주님을 기대하며

"그의 노염은 잠깐이요. 그의 은총은 평생이로다. 저녁에는 울음이 깃들일지라도 아침에는 기쁨이 오리로다"(시 30:5)

담임목사의 행복 칼럼

❖ 사랑의 나눔은 기적을 만든다.

제가 사는 부산 영도 영선동 일대 가정을 방문해 보면 참으로 어렵고 힘든
사람들이 많이 살고 있습니다.
특히 물질적으로 어려운 가정이 많고, 육신적으로 고통당하는 사람이 많습니다.
아무도 돌보지 않고 외롭고 쓸쓸하게 살아야 하는 이들에게 누군가의 도움이
필요하며, 예수 사랑을 나타내야 합니다.
그런 차원에서 지난여름 우리 교회에서는 지역에서 힘들게 살고 있는 한 가
정을 선정해서 세탁기를 교환해 주었습니다.
지금까지 사용하던 세탁기가 고장이 나서 사용하지 못하고 80이 넘은 노모가 직접
손빨래를 하고 있어 세탁기를 교체해 주었을 때 얼마나 좋아하셨는지 모릅니다.

또 한 가정은 독거노인으로 90이 넘은 노모인데 집에 수도가 없어 아픈 몸을
이끌고 주변에서 물을 퍼와 지금까지 힘들게 생활하는 할머니였습니다.
몇 번이고 통장과 동사무소를 통하여 도움을 요청했지만, 수도 설치가 쉽지
않았고, 주변 민원으로 수십 년 동안 수도 없이 불편하게 생활했습니다.
이 사실을 알고 동사무소와 그리고 영도 상수도 사무실을 찾아 상수도 설치
를 위한 방법을 모색하여 경비는 금성교회가 지원하기로 하고, 수도를 설치해
집에서 물이 나오게 해 주었을 때 할머니가 얼마나 고마워하셨는지 모릅니다.

이웃에 사람이 살아도 또 자녀가 있어도 서로가 힘들게 살다 보니 부모의 고민
을 해결해 주지 못했는데 이렇게 금성교회가 세탁기를 구입해 주고 상수도를 설
치해 주니 이런 부분까지 신경 써 주셔서 정말 감사하다고 인사하였습니다.
사실 우리가 칭찬받기 위해 나눔과 섬김을 실천하는 것이 아닙니다.

'너희가 누군가로부터 거저 받았으니 너희도 거저 주라'는 주님의 말씀에 따라 당연히 행할 뿐입니다.

그뿐만 아니라 본 교회 1남선교회에서는 추석 명절을 맞이하여 쌀 20kg 10포 대를 지역 독거노인 가정에 나누었습니다.
또한 본 교회는 추석 명절을 앞두고 계속 해오던 대로 각 통반으로 작은 선물을 200가정에 나누었습니다.
비록 작은 것이지만, 사랑의 나눔은 현실과 같이 각박한 세상에서 기적을 만들어 내고 기쁨이 커갑니다.
금성교회에서 많은 도움의 손길을 지역에 펼쳐보지만, 아직도 많이 부족합니다.
기쁨을 나누면 배로 늘어나고 고통을 나누면 반으로 줄어드는 선한 사역에 여러분의 많은 관심과 사랑이 필요합니다.
우리 모두 작은 사랑 나눔 운동을 통하여 지역민이 함께 잘 살았으면 좋겠습니다.

❖ 지역이 행복해지는 그날을 위해

가을걷이가 끝난 빈들에 서서 욕심이 가득한 우리의 모습을 떠올려 봅니다.
빈들은 모든 곡식을 내놓고 자신을 비우고 습기를 머금고 촉촉해 있는데 우리는 나이가 들면서 나만을 위한 욕심들로 가득하여 만족과 감사를 모르고 살 때가 많습니다.

이제 우리도 빈들처럼 욕심을 버리고 지금의 모든 것에 감사하면서 추워지는 계절, 바깥 공기는 추워져도 우리의 마음은 더욱 따뜻하여 주위의 어려운 이웃에게 더 많은 관심을 가지고 돌아봐야 할 때가 왔습니다.
힘들고 어렵게 살아가는 사람들은 당장 추위와 싸워야 하고 먹을 것 입을 것을 염려하며 살아야 합니다.

서로가 먹고살기 힘든 생활고 속에서 남을 돌아보고 챙긴다는 것은 절대 쉽지 않습니다.
그러나 지역과 함께하는 금성교회가 작지만 큰 사랑을 함께 나누며 이웃과 함께하는 좋은 교회로서 추운 겨울을 따뜻하게 해 드리려고 노력하고 있습니다.

며칠 전 지역에 어르신들이 앉아 쉬시는 평상의 다리가 오래되고 낡고 부서져서 이용하지 못하고 방치된 모습을 보고 재료를 구매하여 평상의 다리를 튼튼하게 고쳐 주었습니다.

그리고 평상의 자리가 너무 오래되고 낡아 새 자리로 깨끗하게 깔아 드렸습니다. 사소한 작은 일이지만 지역의 어르신들이 편히 쉬며 담소를 나눌 것을 생각하니 기분이 좋았습니다.

그리고 매주 화요일마다 따뜻한 차 한 잔을 지역주민께 나누고 있습니다. 작은 사랑의 정성이지만 기쁨으로 받아 드시는 모습을 볼 때 따뜻한 차와 함께 마음에서 따뜻한 것을 느끼게 됩니다.

그뿐만 아니라 화요일마다 지역 골목골목 쓰레기 줍기, 하수구 청소, 저마다 빗자루를 들고 지역을 깨끗이 쓸어 쓰레기를 담아 오면 동네가 깨끗해져 길을 걷는 동네 주민들이 너무 좋아하시고 지역민들이 금성교회를 통하여 깨끗해진 동네에서 맑은 공기와 함께 더불어 사는 것이 너무 기쁘고 행복하다고 할 때 고생도 잠시 보람이 됩니다.

작년에 이어서 올해도 지역 독거노인 및 어려운 가정에 김장 김치와 쌀을 150가정 이상 나누기 위해 평상시보다 양도 더 많이 준비하고 양념도 더 맛있게 준비하였습니다.

작은 교회가 이렇게 지역을 섬기는 일이 쉽지 않지만, 십시일반 마음을 모으고 정성을 모아서 함께 누리게 될 그 기쁨이 두 배가 되기 위해 최선의 노력을 다하고 있습니다.

그 외에도 지역을 위해 섬기는 참 좋은 교회가 되기 위해 더 많은 것을 계획하고 있습니다.

이제 그 시작일 뿐입니다.

시작이 좋으면 결과도 좋듯이 앞으로 금성교회는 지역과 함께하는 교회로서 슬픔을 함께 나눔으로 반으로 줄이고, 기쁨을 함께 나눔으로 배로 늘려나가기 위해 미력하나마 최대한 힘이 되겠습니다.

언제든지 문을 두드려 주세요. 항상 열려 있습니다.

그리고 태평양을 건너 대서양을 건너서라도 힘껏 달려가겠습니다.

가을걷이가 끝난 빈들, 다시 내년의 소득을 위해 준비하고 있듯이 금성교회는 지역이 행복해지는 그날을 위해 날마다 새롭게 준비하며 지역을 위해 섬기며 일하는 참 좋은 교회가 되겠습니다.

❖ 이웃을 향한 사랑 나눔

최근 저는 많은 새로운 경험을 하면서 살아갑니다.
이곳으로 이사 오기 전까지는 시골에서 태어나 자랐지만, 무언가를 심고 가꾼 다는 것에 별로 관심이 없었습니다.
그 이유는 어릴 적부터 아버지 농사일을 돕는다고 친구들과 놀 시간도 없이 지냈 기에 어떻게 보면 무언가 심고 가꾼다는 것은 생각하기조차 싫은 일이었습니다.
그래서 저는 집에 화초를 두고 가꾸는 것도 즐겨하지 않았습니다.

세월이 흘러 이곳으로 이사 와 지내면서 한 1년간은 옥상을 오르내리면서도 별생각 없이 오르내렸습니다.
그런데 다른 집 옥상을 보게 되었을 때 각종 다양한 화초와 채소를 가꾸고 있는 모습을 보면서 꽃도 아름답게 보이고 채소도 먹음직스럽게 보였습니다.
그래서 지금까지 관심이 없었던 이러한 일에 조금씩 관심을 가지기 시작하여 최근 몇 년 전부터 옥상에 각종 다양한 채소와 나무를 가꾸고 있습니다.

처음에는 이러한 일을 경험해보지 않아서 약간의 어려움도 있었지만, 지금은 옥상을 정원으로 만들고 채소밭으로 만들고 난 이후부터 옥상에는 색깔과 종 류도 다양하게 여러 꽃과 채소들이 '내 철이 되었다'라고 외치며 자랑스럽게 피어 있는 모습을 볼 수 있습니다.
그리고 그 채소와 열매들을 가꾸어 이웃과 함께 나누게 될 때에 그 기쁨이 얼마나 큰지 모릅니다.
이렇게 작은 일이지만 조금만 관심만 가져도 작은 행복과 큰 기쁨을 누릴 수 있는데 왜 지금까지는 그것을 모르고 살았을까요?
놀라운 것은 이러한 화초를 가꾸면서 벌과 나비들이 날아와 노는 모습을 볼 수 있었고, 그리고 그들이 놀다간 자리에는 얼마 안 있어 열매가 맺히는 모습을 볼 때에 참으로 신비롭다는 것을 느낄 수 있었습니다.

그런데 작은 꽃들이 발견되고 벌과 나비들이 몰려와 시간이 지난 후에 열매 맺는 것은 그리 놀랄만한 일이 아닙니다.
최근 저의 경험 가운데 가장 놀라고 감사한 일은 사람이 누구나 너무 사랑스럽게 보이고 꽃보다 아름답게 보인다는 것입니다.

지난 5월 가정의 달을 맞이하여 금성교회에서는 지역에 계시는 어르신들을 부모님처럼 섬기기 위하여 작지만, 정성을 다하여 지역주민 초청 경로잔치 및 의료 봉사를 하였습니다.
해를 거듭할수록 지역에 계시는 많은 아버님 어머님들이 오셨습니다.
오신 부모님들의 얼굴과 손등을 보게 되었을 때 그동안 자녀들을 키우며 어려운 시기를 살아오시느라 수고한 모습이 이마와 손등에 주름이 계급장으로 깊이 새겨져 있는 모습을 보면서 마음이 많이 아팠습니다.
"부모님의 얼굴에 새겨진 주름을 좀 아름답게 펴게 할 수는 없을까?"

짧은 시간이었지만 오셔서 함께해 주신 모든 분께 감사를 드립니다.
경로잔치를 마무리하면서 좀 더 잘해드리지 못한 아쉬움이 남았습니다.
그리고 작은 정성에도 맛있게 음식을 드시는 모습을 보면서 저희들도 보람이 되었고 기쁨이 컸습니다.

어르신들의 주름진 모습을 보면서 깨달음을 얻은 후 저희들도 더 많은 섬김의 계급장을 달 수 있도록 노력해야겠다고 다짐하였습니다.
그리고 그 주름이 결코 부끄러운 모습이 아니라 영광스럽고 자랑스러운 모습이 되도록 조화와 아름다움으로 수놓아 가겠습니다.
섬김의 기쁨과 얼싸안은 행복을 함께 누려 나가므로 금성교회로 말미암아 영선동 일대를 살맛나는 세상, 더욱 아름다운 세상으로 만들어 가도록 하겠습니다.

2007년 5월, 경로잔치를 은혜 가운데 마치고

❖ 태안 주민 여러분 힘 내이소~

"봉사하러 가는데 거리가 무슨 상관이 있나요?"
"보이소! 힘 내이소! 부산서 왔심더!"

히베이 스피리트호 서해안 기름유출 사고가 일어난 지 100일이 지난 3월!
우리 금성교회 성도들이 서해안 기름유출 자원봉사를 위해 미리 답사와 더불어 기름유출 피해 지역인 충남 태안군 소원면 의항리 신노루 해변을 찾아 봉사활동을 펼치고 왔습니다.

처음 피해 사실을 TV와 매스컴을 통하여 접하고 많은 자원봉사자들이 몰려들어 봉사활동을 하는 것을 보면서 우리도 한 번 가서 적은 힘이나마 도움이 되어야겠다는 마음은 있었지만, 부산은 기름유출 지역인 태안과 거리상 차량으로 7시간 이상 이동할 만큼 너무나 먼 거리이기에 막상 한 번 가려고 하면 쉬운 일이 아니었으나 '우리의 작은 사랑을 보여주는 일에 거리가 무슨 문제가 되겠느냐'는 마음으로 기꺼이 동참을 생각하고 이른 새벽 버스를 타고 태안군 의왕리 지역으로 출발하였습니다.

가는 길은 생각보다 멀고 고달팠습니다.
그래도 우리보다 더 힘들게 고통하며 신음하는 기름유출 피해자들을 생각하며 기쁨으로 강행군을 하며 봉사현장에 도착하였습니다.
버스에서 내려 방제복을 갈아입고 봉사현장을 향해 바다를 걸어갈 때는 언제 무슨 일이 있었는지 모를 정도로 바다는 잔잔하고 겉으로는 *깨끗하고* 아무런 이상이 없어 보였습니다.
그러나 봉사현장에 도착, 작업 지시하는 사람의 설명을 듣고 작업을 하게 되었을 때 아직도 땅 밑 곳곳에서 기름띠들이 얼마나 많이 뿜어져 나오는지 놀랐습니다.
또 기름띠가 바위 구석구석과 자갈에서 엄청나게 묻어져 나와 언제 이 일이 끝날는지 모를 정도로 닦아도, 닦아도 끝이 없었습니다.

방제복은 기름으로 범벅이 되었고, 속옷은 땀으로 흠뻑 젖었고, 손에 든 헝겊은 새까맣게 변하였고, 장갑은 닦다 보니 닳아 떨어져 기름이 손 안으로 스며들어왔지만, 기쁨으로 지금까지 지은 나의 죄를 깨끗하게 씻는 마음으로 닦고 또 닦아 쉼 없이 봉사에 임하여 현지 주민들에게 큰 감동을 주었습니다.
사고 지역에 1백만 명 이상의 봉사자가 다녀갔지만, 아직도 할 일은 많다고 하는 현지 주민들의 소식을 접하면서 더 많이 오랜 시간 수고해 주지 못한 아쉬움이 남았습니다.

짧은 봉사활동의 시간이었지만 저는 많은 것을 보고 느꼈습니다.

한 사람의 부주의와 태만으로 인하여 얼마나 많은 사람이 피해를 보고 고통을 당하는지 그리고 하나님께서 주신 아름다운 자연과 만물을 얼마나 소중히 다루며 아끼고 사랑하고 다스리며 보호해야 하는지, 또한 사람의 부주의와 욕심으로 인하여 일어나는 재앙과 재난으로 말미암아 우리 후손들이 얼마나 큰 고통 가운데 살아야 하는지~

이번 우리 금성교회가 많은 성도들이 동참하여 자원봉사활동을 하게 되었는데 이번 자원봉사 활동을 통하여 하나님의 은혜와 사랑을 미력하나마 함께 나누는 참으로 좋은 기회가 되었습니다.

앞으로도 지역을 섬기는 마음으로 먼 곳이든 가까운 곳이든 거리에 상관없이 우리를 필요로 하는 곳이면 언제든지 달려가 나눔과 섬김으로 그리스도의 사랑을 전하려고 합니다.

태안 주민 여러분! 힘 내이소~

우리 금성교회가 기도하며 잘 섬기겠습니다.

우리가 있음으로 행복한 사회, 신바람 나는 대한민국을 만들어 가겠습니다.

❖ 좀 불편하게 삽시다.

지루한 장마가 계속되어 축축하게 하더니 장마가 끝나기 무섭게 불볕더위가 아니! 폭염이 연일 기승을 부리고 있습니다. 비가 계속 올 때는 더워도 좋으니 햇볕이 좀 떴으면 했는데 막상 햇볕이 나오니 또 덥다고 야단법석입니다.

전에는 그렇게 더운 줄 몰랐고 에어컨도 모르고 살았는데 갈수록 여름은 더 일찍 다가오고 더위는 더 길어지며 더 덥다는 것을 느낍니다.

원치 않는 기상 이변이 지구촌 곳곳에서 속출하고 있고 땅 위에 사는 많은 사람들이 불안과 두려움에 혹시 어떻게 되지는 않을까 염려하고 있습니다.

그렇다면 왜 이렇게 자꾸 더워지고 기상 이변이 속출하고 있는 것일까요?

그것은 우리 인간의 욕심으로, 우리의 잘못된 사고방식으로 인한 결과입니다.

경제성장만이 제일이라며 모든 것을 경제 효율성으로 평가하고 또 이 지구를 소유하고 지배하는 일에, 지구를 소비하고 풍요를 누리는 데 정신을 빼앗기므로 이러한 일을 초래하고 말았습니다.

최근 인류가 경험하는 환경재앙은 그 빈도와 피해 규모에 있어서 전례 없는 심각성을 더해 주고 있습니다. 남극과 북극의 해빙으로 그로 인한 해수면의 상승은 경지면적의 감소로 식량 대란을 예고하고 있고, 지구촌 곳곳에서 숲이 사라지고 사막이 증가하는 추세에 있습니다.
그뿐만 아니라 생태계의 파괴로 인하여 인류의 생존은 물론 80% 이상의 생물들 모두 멸종하게 되는 환경 난민을 예고하고 있습니다.
이대로 계속 가다가는 개인의 편리함과 풍요로움 때문에 지구를 식히지 않으면 언젠가 큰 재앙으로 우리에게 위협을 가하게 될 것입니다.

그렇다면 어떻게 하면 뜨거워지는 지구를 시원하게 식힐 수 있을까요?
그것은 우리가 좀 불편하게 살면 됩니다.
더워도 이웃을 생각하며 에어컨 사용을 줄이고, 불편해도 남을 생각하며 대중교통을 이용하고, 음식물 쓰레기 줄이기, 재활용 쓰기, 물 아껴 쓰기, 세제 줄이기, 에너지 절약 그 외 나무 심기를 해야 할 것입니다.

지금 이 순간에도 지구는 더워지고 있습니다.
조금은 불편해도 이웃을 향한 사랑의 마음을 가지고 생각을 바꾸고 행동을 돌이켜 지구를 시원하게 식혀서 우리의 후손에게 아름다운 자연과 환경을 선물로 물려주도록 해야 할 것입니다.
여전히 우리 주변에서 쓰레기를 무단으로 길가에 버리는 모습을 자주 볼 수 있습니다. 우리의 양심을 쓰레기와 함께 버리지 마시고 우리가 사는 지역을 더욱 아름답게 깨끗하게 가꾸어 가도록 합시다.

❖ 여러분의 자리가 어디입니까?

이스라엘 국회는 세계적인 석학 아인슈타인을 초대 대통령으로 선임했습니다. 이 소식을 접한 아인슈타인은 정중하게 사양했습니다.

이유는 '대통령을 할 만한 인물은 많이 있으나 물리학을 가르칠 학자는 그리 많지 않다'는 것입니다.

이스라엘의 수장 벤그리온도 어느 날 갑자기 수상직을 사임했습니다.

기자들이 몰려와서 사유를 묻자 그는 다음과 같이 말했습니다.

"부츠 농장에서 일할 사람이 부족합니다. 수상은 내가 아닌 누구라도 할 수 있으나 땅콩 농사는 아무나 하는 게 아닙니다."

저는 어릴 때 땀을 흘리며 일을 하는 아버지를 보고 자랐습니다.

때로는 냄새나는 거름통을 메고 화장실에서 인분을 퍼 밭에 뿌리는 모습을 보았습니다.

지나가는 마을 사람들은 얼굴을 찡그리며 코를 감싸고 피해갑니다.

저는 아버지가 농사는 짓는 그 일이 어릴 때는 마음에 들지 않고 미웠습니다.

하지만 나중에는 아버지가 그렇게 자랑스러울 수가 없습니다.

지금에 와서 생각해 보니 대통령보다 더 훌륭하다는 생각을 하게 됩니다.

사실 농사를 짓는 일은 힘들고 괴로운 일입니다.

그러나 아버지는 단 한 번도 그 일을 힘들다고 생각하지 않으시고 천직으로 여기며 자신이 서야 할 자리를 잘 알고 저희 자녀들을 키우셨습니다.

지키고 서야 할 자리!

천하 미인 양귀비도 영웅호걸 열사들도 지키고 서야 할 자리를 이탈하면 쓸모없는 존재가 되며 거추장스러운 것이 되고 마는 것입니다.

가정에서 아버지가 지켜야 할 가장의 자리가 있고, 어머니가 서야 할 주부의 자리가 있으며, 자녀는 자녀로서 머물러야 할 자리가 있습니다.

각자의 자리가 잘 지켜지면 가정은 행복의 요람이요, 작은 천국이지만 이 자리가 지켜지지 않으면 지옥이 되는 것입니다.

정치인이 지켜야 할 자리를 지키지 못하면 나라는 혼란을 거듭하게 되고, 군인이 지켜야 할 자리를 탈영하게 되면 국방이 위협을 받게 되고, 직장인이 지켜야 할 일터를 지키지 못하면 경제가 어려우며, 교인이 자기의 자리를 지키지 못하면 사회가 어두워지며, 학생이 공부의 자리를 일탈하여 거리로 쏟아져 나올 때 사회가 불안정한 것입니다.

각자에게 맡겨진 자리가 있습니다.

각자가 맡은 자리를 지키지 못하면 사회의 손가락질을 면할 길이 없습니다.
위대한 사람은 자기가 누구이며 무엇을 해야 하는지 알고 있는 사람입니다.
사명을 망각하고 명예만 추구하다 보면 그것을 잡지 못합니다.

우리도 각자의 자리에서 천직 의식을 가지고 서야 할 사회적 위치를 잘 감당
하기를 소원합니다. 이것이 아름다운 세상을 만들어나가는 지름길이요. 살기
좋은 사회를 만드는 행복한 길입니다.

아름다운 세상과 행복한 사회를 만들기 위해
맡겨진 자리를 수호하려고 고군분투하는 여러분의 목사 김병호 올림

❖ 이타적인 삶을 삽시다.

요즘 교회 앞 미니아파트에는 도시가스를 설치한다고 몇 달 전부터 계속 작
업 중입니다. 아파트인데 아직 도시가스가 설치되지 않은 곳이 있는가 할 정
도로 이곳은 다른 지역보다 낙후된 지역입니다.
몇 년 전만 해도 그래도 좀 넉넉한 사람들이 모여서 생활하던 곳이기도 한데
계속하여 한 가정씩 이사를 가게 될 때 그리 안 해도 계절적으로 겨울이라
더욱 허전함을 느끼는데 마음이 아픕니다.

오늘도 이 아파트 생길 때부터 함께했던 분이 또 이사를 갔습니다.
정들었던 곳을 뒤로하고 이웃 분들과 헤어지는 안타까운 모습을 보면서 마음이
매우 슬펐습니다. 그래도 다행스러운 것은 늦었지만 이제라도 마을 주민들이
마음을 같이하여 도시가스를 설치하며 주변 환경을 바꾸어 보려고 하는 모습
을 보면서 작은 희망을 가져봅니다.

도시가스를 설치한다고 곳곳이 파헤쳐 있고 파헤쳐진 땅 속에 수도 배관을
비롯하여 정화조 배관, 하수구 배관 그리고 이번에 설치하는 도시가스 배관
등 땅 속에 보이지 않게 참으로 많은 배관이 묻혀 있었습니다.
그런데 도시가스를 설치하시는 분들이 일하는 데 방해된다고 다른 배관들을
없애 버리지 않았습니다.

어떻게 보면 일하는 데 귀찮을 수도 있고, 방해되어 공사가 많이 지연될 수도 있음에도 불구하고 다 있어야 할 배관이기에 조심스럽게 다루며 작업하였습니다.

저는 새삼 땅 속에 보이지 않는 곳에도 각종 배관이 숨겨져 각기 그 기능들을 잘 감당하고 있다는 것을 깨닫게 되었습니다.
만약의 경우 어느 배관 하나라도 없애버리면 주민들이 살아가는 데 얼마나 불편할까요? 비록 보잘것없이 땅 속에 묻혀서 보이지는 않지만, 사람이 살아가는 데 엄청나게 도움을 주고 있다는 것입니다.

계속하여 도시가스와 더불어 상수도 공사도 시작되어 곳곳이 파헤쳐져 먼지들이 연일 날리고 있는데도 지역 주민들이 누구 하나 불평 없이 불편을 감수하고 있는 것을 볼 수 있습니다.
이유는 이런 불편이 있어야 더 살기 좋은 환경이 조성되기 때문입니다.
공사가 끝이 나려면 아직 더 시일이 지나야 될 것 같습니다.
그러나 공사가 완료되고 나면 지금보다 더 훨씬 좋은 환경에서 더 편리하게 살 수 있겠죠. 빨리 공사가 완료되어서 살아가는 데 아무런 불편 없이 참으로 살기 좋은 곳이 되기를 소망하고 있습니다.
그리하여 이제는 이곳을 빠져나가는 곳이 아니라 정말 살기 좋은 곳이 되어서 이곳으로 다시 이사 오게 되는 옛날과 같이 많은 사람들이 북적거리는 살맛나는 영선동이 되기를 기도하고 있습니다.

인간의 역사를 보면 자신만을 위해 살았던 사람은 하나같이 역사의 뒤안길로 사라졌지만 인류와 세계를 위해 자신을 희생한 사람들은 지금도 살아서 우리에게 무한한 감동을 주고 있습니다.
살아가는 데 조금은 불편한 일들이 많이 있겠지만 다가오는 좋은 날들을 기대하며 불편함을 감수하면서 땅 속에 묻혀 보이지 않게 각기의 기능을 잘 감당하고 있는 여러 배관처럼 우리도 보이지 않는 곳에서 즐거운 마음으로 남을 위해 무엇인가 힘이 되도록 합시다.

남에게 무엇인가를 베풀기를 힘쓰는 일이야말로 측량할 수 없는 축복을 받는 조건이 될 수 있습니다.

평생을 살아가면서 이타적인 삶을 살다가 마음속에 베푸는 자의 기쁨이 가득하고
생활과 삶의 현장에는 정신적인 풍요와 물질적인 축복이 넘치기를 기원합니다.

❖ 5월 가정의 달을 맞아 지역 주민초청 경로잔치를 마치고

지난 5월 가정의 달을 맞이하여 저희 금성교회에서는 지역에 계시는 어르신
들을 부모님처럼 섬기기 위하여 작지만 정성을 다하여 지역주민 초청 경로잔
치 및 의료봉사를 실시하였습니다.

해를 거듭할수록 지역에 계시는 많은 아버님과 어머님들이 오셨습니다.
오신 부모님들의 모습을 보게 될 때에 그동안 자녀들을 키우며 어려운 시기를
살아오시느라 수고하신 모습이 깊이 파인 주름들 속에서 그 세월의 여정을
짐작케 하였습니다.
그분들과 함께했던 짧은 시간이었지만, 함께 나누었던 소중한 시간이었음을
다시 한 번 생각해 보는 가운데 오셔서 함께해 주신 모든 분들을 떠올리며
다시 한 번 감사를 드립니다.

그런데 한편으로는 아쉬움도 남습니다.
'좀 더 잘해드리고, 좀 더 기쁘게 해드릴 수는 없었을까?' 하는 아쉬움 속에서
다음 날을 기약하며 작은 정성에도 맛있게 음식을 드셔주셨던 모습들 속에
섬기는 저희들도 참 기뻤습니다.

그러면서 '우리의 공동체가 작지만 큰일을 행하는 교회로 지역사회를 더욱더
잘 섬길 수 있도록 노력하겠다'고 다시금 다짐해 봅니다.
지금까지 자녀들을 키우느라 얼굴에 계급장을 단 우리의 부모님들 그 주름이
결코 부끄러운 모습이 아니라 영광스럽고 자랑스러운 모습이 되도록 조화와
아름다움으로 수놓아 가겠습니다.
또한 섬김의 기쁨과 얼싸안는 행복을 함께 누려 나가므로 살맛나는 세상, 더
욱 아름다운 세상을 함께 만들어 가도록 노력하겠습니다.

❖ 행운과 행복

사람은 누구에게나 2% 부족한 무언가가 있습니다.

그래서 우리는 그 부족을 채우기 위하여 고군분투하며 살아갑니다.

그 부족이 우리를 행복하지 못하게 발목 잡는다고 믿기 때문입니다.

한 번 가만히 생각해 보십시오.

2% 부족하다는 것은 반대로 98%의 채워진 무언가가 있다는 것을 의미합니다.

그런데 왜 2%의 부족만 보고 98%의 채움은 보지 못하는 것일까요?

우리는 나와 뜻이 맞지 않는 한두 사람 때문에 낙심할 때가 많지만, 실상은 우리의 주변에는 힘이 되어주는 사람들이 훨씬 더 많이 있습니다.

돈이 있어 침대는 살 수 있어도 편안한 잠을 살 수 없고 또 돈은 없어도 돈으로 살 수 있는 건강이 있고, 때로는 세상에 이름을 날리지 못했어도 나만 바라보는 아내(남편·아이)가 있고, 좋은 교회가 있고, 좋은 이웃이 있지 않습니까?

이만큼 가진 사람도 흔치 않은데 우리는 계속해서 무언가를 더 많이 가져야만 행복을 살 수 있다는 착각에 사로잡혀 있지는 않습니까?

올해가 다가기 전에 마음을 열고 소중한 행복의 씨앗들을 나의 주변에서 찾아볼 수 있기를 원합니다.

네 잎 클로버의 의미는 '행운'이지만 세 잎 클로버의 의미는 '행복'이라고 합니다.

그런데 사람들은 행운만을 찾다가 지천에 널려 있는 행복의 소중함을 발견하지 못한다는 것입니다.

우리는 네 잎 클로버가 주는 뜻하지 않는 행운에서 얻는 기쁨보다 우리 주변에 다양하고 풍부한 세 잎 클로버를 통해 더 안정되고 풍요로운 행복을 누릴 수 있기를 원합니다.

우리 교회 식구들과 지역에 사는 주민들은 그렇지 않기를 간절히 소망합니다.

요즘 우리 교회 교우들을 보면서 참 감사하다는 생각을 합니다.

어려운 형편이지만 자기의 역할을 묵묵히 감당해 주는 지체들이 대견스럽습니다.

교회를 위하여 걱정하고 지역에 있는 이웃들을 생각하며 기도하는 모습이 아름답습니다.

조금씩이지만 변화가 일어나고 하나님의 은혜는 깊어가는 것을 느끼게 됩니다.

계절은 이제 꽤 추워지고 있습니다.
그러나 우리 마음에는 벌써 따뜻한 봄이 오고 있다고 생각합니다.
그렇기 때문에 더욱 열심을 다해서 이웃을 섬겨야 하고 조심해서 이 소중한 은혜를 지키며 간직해야 할 것입니다.

지체들을 위해 많이 기도해 주십시오.
어려운 이웃을 위해 더 많이 기도해 주십시오.
우리의 인생이 허송세월로 채워지지 않고 보람 있는 삶이 되도록 간절하게 기도해 주십시오.

하나님은 살아 계십니다.
그분은 지금도 우리를 통하여 당신의 선하신 뜻을 세상 가운데 이루시기를 원하십니다.
그리고 이러한 하나님의 뜻은 반드시 성취될 것입니다.
왜냐하면 그분은 전능하신 하나님이시기 때문입니다.
그분을 신뢰하고 믿음을 굳게 합시다.
그리고 감사를 배우도록 합시다.
행운이 아닌 행복함에

❖ 당신은 어떤 사람입니까?

작가 바브 필립스(Bob Phillips)의 저서 '모든 남자들이 기대하는 이상형 아내감' 중에 다음과 같은 내용의 글이 있습니다.

세 남자가 죽어서 하늘나라로 갔습니다.
그런데 천사가 '행정착오로 인하여 너무 일찍 올라 왔으니 다시 땅으로 내려 가라'고 말하는 것이 아닙니까?
그리고 행정착오에 대한 보상으로 한 가지씩 소원을 들어주겠다고 했습니다.
한 남자가 "저에게 권력을 주십시오."라고 말하며 나섰습니다.
다음 남자는 "저는 재물을 원합니다."라고 합니다.

또 한 남자가 "저는 이상적인 아내를 원합니다."라고 하자 천사가 구체적으로 말하라는 듯 고개를 갸우뚱했습니다.

그러자 이 세 번째 남자가 말하는 것입니다.

> "언제나 아름답고 명랑해야 하고, 늘 미남들이 졸졸 그녀를 따라 다니지만 결국에는 저를 신랑감으로 선택해야 하고, 절대 아파서는 안 되며, 요리와 청소의 달인이 되어야 하고, 또 쇼핑을 제일 싫어하고 남편이 집안일 돕는 것을 꿈에서 조차 바라지도 않고, 마음이 곱고, 가정교육이 잘되어 있고, 예의 바르고, 어머니처럼 헌신적이며, 낮에는 현모양처처럼, 밤에는 요부, 그리고 외로울 땐 누나 같고, 심심할 땐 동생 같고, 마음이 어수선할 때면 연인 같고, 또 애 잘 낳고, 돈 잘 버는 슈퍼우먼이면 됩니다."

그러자 천사가 대답했다고 합니다.

> "예끼, 이 사람아! 그런 아내가 있으면 내 아내로 삼지 당신한테 주겠는가!"

사람은 어느 누구를 막론하고 장·단점이 있습니다.

그런데 긍정적인 사람은 타인의 장점을 잘 보고, 부정적인 사람은 타인의 단점을 잘 봅니다.

여러분은 지금, 아내가 혹은 남편이 미워지고 마음에 들지 않습니까?

기억하십시오.

당신이 원하는 배우자는 이 세상 어디에도 존재하지 않습니다.

하지만 분명한 사실은 좋은 사람, 좋은 아내, 좋은 남편의 눈에는 유독 상대의 좋은 점, 좋은 부분이 잘 보인다는 것입니다.

그렇다면 지금 당신은 좋은 아내입니까? 아니면 좋은 남편입니까?

❖ 단련을 통한 고난의 가치

1만 원의 값어치가 있는 강철이 말굽에 끼워질 때는 2만 원에 팔린다고 합니다.

그러나 그 강철이 바늘로 만들어지면 35만 원의 가치가 있다고 합니다.

만일 칼을 만들면 100만 원의 가치가 있고, 시계의 태엽으로 만들어진다면 250만 원의 값어치를 발하게 된다고 합니다.

그러나 한 덩어리의 철근이 이와 같이 가치 있게 되려면 반드시 많은 단련을 거쳐야 합니다.

강철은 단련을 거치면 거칠수록 망치에 맞고 불태워지고 다듬어질 때 점점 더 값어치가 올라갑니다.

왜! 나만 겪는 고난이라고, 왜! 나만 겪는 고통이라고 불평만 하시렵니까?

오늘 나의 고난과 고통이 훗날 가장 큰 값어치의 능력으로 반드시 돌아올 것입니다

❖ 우는 자들로 함께 울라

지역을 섬기면서 여러 가정을 방문하고 또 여러 사람을 만나게 됩니다.

도심 속에 살면서도 조금은 정이 많은 시골을 연상케 되는 영선동 지역, 이지역은 옛날처럼 어린아이들과 학생들을 만나기가 쉽지 않고 대부분 어르신을 많이 만나게 되는데 만나는 모든 사람은 대체로 정신적·육체적으로 연약함과 또 경제적으로 많은 어려움을 겪으며 살아가는 사람들입니다.

이곳에 살면서 처음에는 많은 사람의 문제를 해결해 주고 또 그들의 필요를 채워주며 어떻게 해서든지 기쁨과 슬픔을 함께 나누며 작으나마 힘이 되는 섬김의 사역을 하려고 노력해 왔습니다.

그러던 중 이왕이면 주의 종으로서 특별한 은사와 능력 기적을 행하면서라도 사람들에게 많은 도움을 주었으면 참 좋겠다는 생각이 들었습니다.

하나님께서 저의 사역에 침묵하시고 계실 때는 원망스러울 때도 있었습니다. 그러던 중 하루는 로마서를 읽다가 "즐거워하는 자들과 함께 즐거워하고 우는 자들과 함께 울라"(롬 12:15)는 말씀에서 '하나님께서 기뻐하시는 것은 어떤 병을 고치거나 기적을 행하는 특별한 은사를 소유하는 것이 아니라, 단지 그리스도의 마음으로 같이 즐거워하고 또 함께 울어주는 것이라는 것'을 깨닫고 큰 위로를 받게 되었습니다.

그렇습니다.

기쁘고 좋은 일에는 많은 사람이 붐비며 함께 즐거워하는데 그러나 힘들고 어렵게 살아가는 아프고 약한 사람들에게는 예수님처럼 함께 울어 줄 사람이 너무 적습니다.

기댈 곳을 찾는 사람은 너무 많은데 기댈만한 곳이 참으로 적다는 것입니다.
이제 지역에 함께 살면서 내가 힘들다고 기댈 곳을 찾는 저들이 아니라 나도
힘들지만 나보다 더 어렵고 힘든, 아프고 약한 사람들을 위해 내게 특별한 은
사가 없더라도 누군가가 기댈 언덕이 되어주고 기댈 곳을 만들어 주는 그런
사람들이 되기를 원합니다.

우리 모두 특별한 능력과 은사가 내게 없다 할지라도 주님의 마음으로 한 영혼
한 영혼을 사랑스러운 눈으로 바라보며 즐거워하는 자들과 함께 즐거워하고
우는 자들과 함께 울어줄 때 세상은 살만한 세상이 될 것입니다.

❖ 푯대를 향하여

초등학교 운동회를 가보면 빠지지 않는 경기가 있는데 100m 달리기입니다.
100m를 열심히 달리다가 뒤돌아보면 순위를 역전당하는 경우를 자주 보게
되는데 그 이유는 달리는 거리가 그리 길지 않기 때문입니다.
마찬가지로 우리의 인생도 긴 마라톤처럼 느껴지지만 1년이라는 시간을 놓고
보면 어쩌면 100m 달리기를 하는 것과 같은 짧은 코스입니다.
그러기에 우리는 뒤를 돌아보며 여유를 부릴 시간이 결코 많지 않습니다.
오로지 앞만 바라보고 푯대를 향하여 열심히 달려가야 할 것입니다.

마라톤의 골인 지점에는 수많은 관중들이 모여 있습니다.
그리고 운동장 가운데는 단상이 놓여 있고 순위에 따라서 금 · 은 · 동메달의
상이 있고, 그 상 앞에 상을 수여해 줄 사람도 있습니다.
열심히 달리는 선수들은 그 단상 앞에서 상 받을 것을 기대하며 목표를 향해
힘들고 피곤해도 힘써 달려가게 됩니다.
마찬가지로 오늘 우리에게 인생의 경주는 아직 끝나지 않았습니다.
최선을 다했을 때 오는 영광의 그날을 기대하며 계속해서 달려야 할 것입니다.

이제 올해도 5개월이 지나고 중반 지점을 돌아서고 있습니다.
짧은 기간 동안 많은 우여곡절이 있었습니다.
국내외적으로 크고 작은 사건 사고, 재앙과 재난, 그리고 우리 온 국민에게

영원히 씻을 수 없는 세월호의 침몰로 인해 수많은 젊은 우리 아이들이 죽고 실종되었습니다.

그렇다고 여기서 우리가 포기하면 안 됩니다.

달려가야 할 길이 많이 남아 있습니다. 다시 힘을 내어 달려가야 합니다.

분명한 것은 우리 인생의 경주가 아직 끝나지 않았고, 언젠가는 반드시 끝나는 시간이 있다는 것입니다.

우리 인생의 경주는 영원하지 않습니다.

우리는 그때까지 뛰고 또 달려가야 합니다.

포기하지 않고 끝까지 달릴 때에 우리를 위해 예비하신 부름의 상이 있다는 것을 기억하시고 다시 힘을 내어 푯대를 향하여 열심히 달려가도록 합시다.

❖ 나눔과 섬김

올해는 정말 무더운 여름을 보냈습니다.

7월부터 시작된 무더위가 8월 말을 보내면서까지 최고의 기록을 경신하며 연일 꺾이지 않는 폭염과 열대야로 우리를 밤낮으로 지치고 힘들게 하였습니다. 그럼에도 불구하고 지루한 여름과 무더운 더위를 이길 수 있었던 것은 우리의 마음을 시원케 하는 여러 사람들의 나눔과 섬김이 있었기 때문입니다.

교회적으로 감사의 예물들을 어려운 이웃과 장애 및 여러 기관단체에 나누게 되었습니다.

중고등부와 청년들은 필리핀 단기 선교를 통하여 협력 선교지를 섬기고 왔습니다.

기관에서는 또 어려운 이웃에게 현금으로 물질로 나누고 섬겼습니다.

추석 명절을 앞두고는 지역민들께 귀한 사랑과 작은 선물을 나누게 됩니다.

예수님께서도 "인자의 온 것은 섬김을 받으려 함이 아니라 오히려 섬기려 하고 자기 목숨을 많은 사람들의 대속물로 주려 하기 위함이라" 하시고, 또한 "주는 자가 받는 자보다 복되다"고 말씀하시며 섬김의 사역을 감당했습니다. 우리도 받은 사랑 누군가에게 나눔으로 그 사랑이 배가 되고 커지기를 원합니다.

❖ 일상에서의 나라사랑

올해 우리는 광복 69주년을 보내게 되었습니다.

우리나라는 해방을 맞이하고 69년을 보내면서 세계적으로 유례없는 비약적인 발전을 거듭해 왔습니다. 이처럼 눈부신 발전과 성장을 할 수 있었던 원동력은 바로 나라를 사랑하는 애국 애족의 사람들이 있었기 때문입니다.

지금까지 나라를 사랑하는 사람들이 많이 있었습니다.

그리고 단체도 많이 있었습니다.

그러나 무엇보다 나라와 민족을 사랑했던 여러 사람들이 많이 있었지만, 그중에서도 특히 기독교인과 한국교회가 그 일에 앞장서 주도해 나갔습니다.

한국교회는 처음부터 애국하는 교회였습니다.

병원과 학교를 세웠고, 백성을 계도하고, 독립운동에 나서는 등 한국교회가 나라를 위해 했던 일들은 이루 말할 수 없이 많습니다.

지금도 많은 교회 지도자들이 교회가 앞장서 애국해야 한다고 교육을 하고 있습니다. 그러나 진정한 애국은 비장한 문구가 새겨진 현수막을 걸고 많은 사람들이 참여하는 행사에 있지 않습니다.

그렇다고 밤새워 금식하면서 부르짖어 기도하는 데만 있는 것도 아닙니다.

물론 이러한 일들이 필요하기는 하나 더 힘써야 할 일은 일상에서의 애국입니다.

1919년 3·1운동 때 뜻이 있는 지사들은 '진정한 애국이란 작은 일에 있음'을 가르쳤습니다.

도산 안창호 선생은 일상에서의 진실한 사람이 되는 것이 애국이라 했습니다. "죽는 한이 있어도 거짓말하지 말고, 농담으로 하지 말고 꿈에라도 거짓말을 했다면 깊이 뉘우쳐야 한다."고 했습니다.

고당 조만식 장로님은 물산장려 운동을 전개했는데 무엇보다 특이점은 설탕, 소금, 과일, 음료를 제외한 나머지 음식은 모두 우리 토산품을 사용하되 부득이 한 경우 외산은 금주·금연 운동, 토산품 애용 운동으로 확대되었습니다. 이는 모두 일상의 나라 사랑 운동이었습니다.

우리도 광복 69주년을 보내면서 나라사랑을 입으로 떠벌리며 어떤 거창한 행사를 벌이는 것보다 일상에서 작은 것에서부터 나라 사랑을 실천해야 할 것입니다.

정직하게 말씀대로 바로 살고, 교통질서를 비롯하여 모든 법규를 잘 지키고, 자신의 역할을 묵묵히 잘 감당하며 근검절약으로 매일매일 내가 머무는 곳곳 일상에서 애국하는 것입니다. 이것이 바로 나라사랑입니다.

❖ 인생관에 따라 당시의 미래가 달라집니다.

길을 가다보면 관광지에 위치한 호텔을 볼 수 있습니다.
호텔은 같은 평수의 방이라도 전망에 따라 가격차가 나는 것을 볼 수 있습니다.
똑같은 설계에 똑같은 재질을 사용하고, 똑같은 평수에 똑같은 인테리어를 해도 어느 쪽에 방을 만들어 객실에서 창밖을 내다보느냐에 따라 산과 들과 바다가 달라 보입니다.

우리 인생도 마찬가지입니다.
조지 오웰은 천재적인 머리를 가졌으나 부정적인 인생관 때문에 생긴 우울증과 폐결핵으로 젊은 나이에 인생을 마감했습니다.
그러나 엘리너 루즈벨트는 어릴 때 고아가 되었으나 미국의 대통령 가운데 가장 호감 가는 여성으로 손꼽히게 되었습니다.

똑같은 물을 먹는데 벌은 꿀을 만들고, 뱀은 독을 만듭니다.
우리가 어떤 인생관을 갖느냐에 따라 인생이 달라집니다.
위인은 태어나는 것이 아니라, 결단에 의해 만들어집니다.
행복도 저절로 행복해지는 것이 아니라, 직접 만들어 가는 것입니다.
지금 당신의 마음에 창을 열면 어떤 곳이 보이십니까?

❖ 마음이 달라지면

전쟁터에서 한 병사가 포탄 파편에 맞아 다리 한 쪽을 잃었습니다.
그는 처음에 절망했지만 시간이 지날수록 얼굴 표정이 밝아지기 시작했습니다.
이것을 지켜보던 한 동료가 "자네 다리를 잃고도 얼굴 표정이 밝군? 도대체 그 이유가 뭔가?"라고 물었습니다.

병사는 이렇게 대답했습니다.

'다리를 잃은 것이 아니라 나라를 위해 바쳤다는 것을 깨달은 뒤부터 내 인생과 얼굴 표정이 변화되었다네.'

그렇습니다.
마음이 달라지면 인생이 달라집니다.
절망적인 상황이란 없습니다.
절망적으로 생각하는 사람이 있을 뿐입니다.

❖ 관내 공무원의 친절함을 칭찬합니다.

영선2동 동장님과 동사무소 직원들의 친절함을 칭찬합니다.
영선2동은 현재 어려운 형편에 있는 가정과 어르신들이 많이 있습니다.
지역주민들이 안고 살아가는 문제와 생활고를 해결하기 위하여 동사무소를 방문할 때마다 박영민 동장님을 비롯한 모든 직원들이 친절하게 적극적으로 협력해 주시려고 노력하는 모습에 감사를 드립니다.

특히 박영민 동장님은 영선2동 관할 내에 어려운 가정을 살펴주시고 주민들의 어려움과 도와줄 일은 없는지 틈나는 대로 찾아오시며 묻곤 합니다.
또한 지역의 현안을 가지고 찾아갈 때마다 문제를 해결하기 위해 같이 노력해보자고 관심을 가져 주시는 모습이 너무 인상 깊었습니다.

그리고 책상에만 앉아 일하시는 동장님이 아니라 영선2동 직원 모두가 몸소 발로 뛰며 지역을 위해 헌신적으로 노력하는 모습이 너무도 아름답습니다.
전에는 동사무소나 직원들을 만나기가 부담스럽고 문턱이 높아 꺼렸는데 지금은 언제 찾아가도 친절하게 안내해 주시고 반갑게 맞이해 주셔서 너무 편안하고 좋습니다.

앞으로 지역민과 공무원들이 하나 되어 지역을 보다 살기 좋은 곳으로 만들어 계속해서 영선동에 머물고 싶은 영도, 영선동이 되었으면 합니다.
늘 지역주민들께 특별한 관심을 가지고 협력해 주시는 동장님 이하 모든 직원분들께 심심한 감사를 드리며 아낌없는 칭찬을 보냅니다.

영도구청 홈페이지 '칭찬합시다' 게시판에 추천한 글

❖ 이런 가정이 되기를 원합니다.

하나님! 이 땅의 모든 가정이 이런 가정이 되기를 원합니다.
우리의 가정이 각종 살림도구로 가득 차기보다 하나님의 사랑과 은혜로 가득
차기를 원합니다.
우리의 가정이 제각기 들어와 자고 가는 여관과 같은 집보다 정을 주고, 미소
주고, 사랑을 주는 행복한 가정이 되기를 원합니다.
위로를 기대하기보다 먼저 위로하게 하시고, 이해를 바라기보다 내가 먼저 이해하며,
가시 돋친 말보다 감싸주고 격려하고 칭찬하는 그런 가정이 되기를 원합니다.

우리의 가정이 어린아이들에게 평생 잊을 수 없는 사랑의 교실이 되기를 원
합니다.
젊은 자녀들에게는 언제나 의지가 되는 편안한 고향이 되게 하시고 부부사이에
문제가 생겼을 때는 십자가에 달리신 주님의 희생과 섬김을 본받아 해결의
실마리를 찾는 가정이 되기를 원합니다.

우리의 가정이 작은 천국이 되게 하시고 평화의 안식처가 되는 그런 가정이
되기를 원합니다. 우리의 가정이 믿음 · 소망 · 사랑의 연습장이 되어 세상에
빛과 소금으로 예수 향기 날리는 이런 가정이 되기를 원합니다.

❖ 이런 교회가 되기를 원합니다.

'호랑이는 죽어서 가죽을 남기고, 사람은 죽어서 이름을 남긴다'는 말이 있습니다.
그렇다면 우리는 죽은 뒤 과연 무엇을 남길 것입니까?

모두가 교회 건축을 위해 마음으로 물질로 기도로 함께 동참했습니다.
이제 지역에 크고 웅장하고 아름다운 우리만을 위한 건물을 자랑하는 교회가
아니라 건물 속에 하나님의 사랑과 섬김과 헌신이 기쁨이 되어 열매를 맺는
사람을 남기고 건물 밖에 주님의 마음을 닮아 빛 되신 주님을 전하는 예수
그리스도의 삶과 흔적을 남기는 그런 교회가 되기를 원합니다.
새벽 별과 같이 영원토록 빛이 나는 시간이 지날수록 더욱 빛이 나는 삶의 방향을
잃고 헤매는 자들에게 등대와 같이 빛을 비추는 이런 교회가 되기를 원합니다.

❖ 여러분이 행복하고 건강했으면 좋겠습니다.

먹을 것이 없어 굶는 사람을 보면 참으로 딱합니다.
그러나 먹을 것을 앞에 두고도 이가 없어서 못 먹는 사람을 보면 얼마나 더 딱하게 보이는지 모릅니다.
짝이 없어 혼자 사는 사람을 보면 정말 마음이 아픕니다.
하지만 짝을 두고도 정 없이 사는 사람을 보면 더 마음이 아프고 괴롭습니다.

저는 여러분이 행복했으면 좋겠습니다.
먹을 것도 마음껏 맛있게 드시고 사랑하는 사람과 마음껏 정을 나누고, 웃음으로 행복을 더 키우면서 아주 많이 매일 매일 행복했으면 너무 좋겠습니다.
즐겁고 밝게 사는 것보다 더 좋은 것은 없습니다.

또한 저는 여러분이 건강했으면 좋겠습니다.
환절기에는 많은 사람들이 독감 바이러스로 인해 입원하고, 또 감기 몸살로 인해 아파하고 있습니다.
평소에는 안부를 묻지 않던 사람들도 몸이 불편하다는 소식을 들으면 안부를 묻습니다.

필자도 지난해 몸에 이상이 있어 입원을 한 적이 있습니다.
환자의 관점에서 입원하여 수술하고 주사를 맞고 약을 복용하니 몸이 많이 좋아졌습니다.
의료진의 도움과 많은 분들의 염려와 기도로 정상을 되찾고 있습니다.
병원에서 밤을 새워 수고하시는 분들께 감사하고 염려로 기도해 주신 모든 분들께도 감사를 드립니다.

평상시 혼자라고 느끼며 외로워했는데 아파보니 '결코 나는 혼자가 아니구나!'
우리는 그리스도 안에서 모두가 하나요, 사랑과 배려로 연결되어 있다는 것을 깨닫게 되었습니다.
요즘은 아픈 사람이 얼마나 많은지 아파보니 아픈 사람들의 심정을 더 많이 이해하게 됩니다.
그리고 내가 얼마나 연약한 존재인지 확인합니다.

생명이 내게 속하지 않았다는 것, 주인이 언제든지 이 생명을 거두어 갈 수 있다는 사실 앞에 겸손해집니다.

그래서 지난 시간에도 감사하고 오늘에도 감사합니다.
무엇보다 이렇게 소식을 전할 사람이 있다는 것에 더욱 감사를 드립니다.
그리고 여러분도 매일 행복하고 건강하시기를 기도합니다.

❖ 나의 가장 귀한 보물

몇 년 전 전문가들을 초청하여 각 가정에서 개인들이 소장하고 있는 골동품을 감정해 주는 '진품 명품'이라고 하는 TV 프로그램이 있었습니다.
집사람과 이 프로를 함께 보던 중에 우리 집에는 감정할 보물이 없나 하고 한 번 생각해 보았습니다.
그런데 아무리 생각을 해 보아도 감정해 볼 것이 하나도 없었습니다.
그 이유는 맨주먹으로 시작한 생활이었던 터라 있다면 그 자체가 이상했겠지만, 그래도 조금은 서운한 마음이 드는 것이 사실이었습니다.

그래서 옆에 있는 집사람을 보면서 말했습니다.
"에이, 하다못해 요강이라도 골동품 하나 없어요?"
그때 우리 사이에서 함께 TV를 보던 어린 아들이 느릿느릿한 말씨로 물었습니다.
"아빠, 골동품이 뭐야?"
"응, 골동품이란 아주 오래된 물건들로서 보물이야."
"우리 집에는 없어?"
"응, 없어"

대충 설명해 주면서 나는 아들을 바라보게 되었습니다.
갑자기 세상에 둘도 없는 보물이 내게 있음을 알게 되었습니다.
"아, 있다. 보물 중에서도 가장 귀한 보물, 그래, 내 아들과 집사람!!"
"너는 우리 가정에 하나님이 아빠 엄마에게 주신 가장 귀한 보물이야"

나는 아들과 집사람을 힘껏 끌어안고 얼굴을 비비면서 함께 뒹굴었던 기억이 납니다.

사람들은 누구나 자기만의 보물을 가지고 있습니다.

그 보물은 재물일 수 있고, 사람일 수 있으며, 명예일 수도 있고, 지위일 수도 있습니다.

그리고 보물도 보물 나름대로 가치가 다르기 때문에 그 중요성을 고려하여 제1보물, 제2보물, 제3보물 등 순위를 매길 수 있습니다.

그렇다면 여러분에게 있어 가장 귀한 보물은 무엇입니까?

❖ 감사하는 마음

나무가 자라기 위해서는 매일 물과 햇빛이 필요하듯이 행복이 자라기 위해서는 아주 작은 일에도 감사하는 마음이 필요합니다.

내가 가진 것이 없어 보이는 건 가진 게 없는 것이 아니라 나 자신에게 만족할 수 없기 때문입니다.

사는 게 힘이 들 때면 내 건강함에 감사합시다.

아이들의 웃음을 행복으로 보고 아무 일도 없던 늘 그런 일상에도 감사합시다.

행복을 저금하면 이자가 붙습니다.

삶에 희망이 불어나는 것입니다.

지금 어려운 건 훗날 커다란 행복의 그늘을 만들어 줄 것임을 믿으십시오.

사람과 부대끼며 살아가는 건 두려움이 아니라 행복의 자잘한 열매입니다.

썩은 열매는 스스로 떨어지고 탐스러운 열매만이 살찌우게 됩니다.

행복해지고 싶다면 지금 당장 마음의 밑바닥에서 시들어가는 행복을 꺼내고 키우십시오.

누군가 해야 하는 일은 내가 하도록 합시다.

언젠가 해야 하는 일은 미루지 말고 지금 하십시다.

어차피 해야 하는 일은 기쁨으로 하도록 합시다.

지금 내가 가진 것은 언제 잃을 수 있지만 내 행복은 내가 지킬 수도 느낄 수도 있습니다.

쉽게 무너지는 마음은 당신의 모습이 아닙니다.

그 누구보다도 행복할 권리를 감사함으로 누리며 살아갑시다.

❖ 지나온 6개월을 돌아보며

봄꽃에 이어 푸른 잎이 반기는 신록의 계절!
커질 대로 커져 버린 가로수의 푸른 잎, 하늘을 달리어 푸른 잎 사이로 불어
오는 바람은 성큼 다가온 더위를 시원하게 해 줍니다.

얼마 전에 우연히 먼 산을 쳐다보고 많이 놀랐습니다.
산의 나무들이 정말 싱싱한 진녹색의 빛을 띠고 있었습니다.
그때 그 진녹색의 느낌은 말로는 다 표현 못 할 정도로 아름다웠습니다.
참으로 아름다운 계절에 좋은 일들이 많이 생기길 기도드립니다.

이번 6월이 지나면 벌써 올해의 반이 지나갑니다.
시간은 정말 빨리 지나가는 것 같습니다. 열심히 지내는 것도 중요하지만, 그
래도 가끔은 나를 돌아보는 여유도 정말 필요하지 않을까요?
항상 평안하시고 남은 올해의 6개월이 여러분의 삶에 참 좋은 시간이 되길 바라
며 전해지는 행복한 소식지에 항상 즐거움과 기쁨이 가득하시길 기원합니다.

오늘의 행복과 성공은 어제의 잘 준비된 것에서 시작되었고, 내일의 성공과
행복은 오늘의 준비와 자신감에 달려 있습니다.

❖ 받은 은혜를 나눕시다.

세상의 모든 일은 저절로 되는 일은 아무것도 없습니다.
우리가 행복을 누리고 평안을 누리는 것은 하나님께서 우리에게 주신 크신
은혜이며, 또한 그 누군가의 희생과 눈물이 있었기 때문에 가능한 일입니다.
우리의 부모님의 세대는 가난과 역경의 시간을 보냈습니다.
그들이 눈물 흘리며 기도하고 희생하였기에 그 다음세대가 더 나은 행복을
누리게 된 것입니다.

사랑은 또 다른 사랑을 낳게 됩니다. 은혜는 또 다른 은혜를 낳게 됩니다.
사랑받은 자만이 사랑을 나눌 수 있고, 은혜 받은 자만이 은혜를 나눌 수 있
습니다.

우리가 하나님 안에서 은혜를 누리고 있다면 그 은혜를 받은 우리 역시 받은 은혜를 나누어야 합니다.

이 좁은 땅덩어리에 살면서 풍요 속에 사는 사람이 있는가 하면 아직도 굶주림과 가난에 비참한 생활을 하고 있는 사람들도 많이 있습니다.

그들에게 희망을 주기 위해 섬김으로써 받은 은혜를 함께 나누며 살도록 합시다.

❖ 착각

사람들은 저마다 착각을 하며 살아간다.

시어머니들은 아들이 결혼해도 자기 아내보다 엄마인 자기를 먼저 챙길 줄로 안다.

장모님들은 사위들은 처갓집 재산에는 관심이 없는 줄로 안다.

아줌마들은 화장하면 다른 사람 눈에 자기가 가장 예쁜 줄로 안다.

여자들은 남자들이 자기와 같은 방향으로 길을 가면 관심이 있어 따라오는 줄 안다.

남자들은 못생긴 여자는 접근하기 쉬운 줄 안다.

결혼하는 신랑은 아내가 자기 말 잘 듣고 고분고분 순종해 줄줄 안다.

결혼하는 신부는 신랑이 다른 여자 안 보고 자기만 바라봐 주고 자기만 위해 줄줄 안다.

엄마들은 자기 아이는 머리는 좋은데 노력을 안 해서 공부 못하는 줄 안다.

어린아이들은 떼쓰면 다 되는 줄 안다.

그렇습니다.

사람들은 저마다 크고 작은 착각을 하면서 살아가고 있습니다.

혹시 여러분들은 어떤 착각을 하며 살아가고 있습니까?

남이 나에게 잘해 주기를 바라는 그런 착각을 하며 살지는 않습니까?

내가 먼저 잘해 주는 그런 복된 사람이 될 수 있기를 바랍니다.

❖ 열쇠를 지니고 있습니까?

우스운 이야기가 하나 있습니다.

어떤 사람이 63층 호텔의 제일 꼭대기 층에 투숙을 했습니다.

밑에 층 방을 주겠다는 카운터의 권유를 뿌리치고 그는 최고 높은 층 방을 구해서 생활했습니다.

하루는 외출했다가 돌아오니 정전인지라 엘리베이터가 움직이지 않았습니다.

하는 수 없이 그는 63층을 걸어서 층계를 오르기 시작했습니다.
한참을 걸어 땀을 뻘뻘 흘리며 63층에 도착했는데 웬일인지 느낌이 이상했습니다.
아차! 열쇠를 가지고 오지 않았던 것입니다.

오늘도 많은 사람들이 부지런히 뛰고 있습니다.
직장에서 한 자리라도 더 높이 오르기 위해 모두들 열심히 일하고 있습니다.
그런데 열쇠를 가지고 부지런히 오르고 있는지 궁금합니다.
아니, 자기가 꼭 지녀야 할 열쇠가 무엇인지를 우선 그것부터 생각해 보아야
할 것입니다.

당신은 그 열쇠가 무엇이라고 생각하십니까?
그리고 그 열쇠를 지니고 있습니까?
그 열쇠를 지니고 있지 않다면 63층까지 올라갔다 할지라도 그 모든 수고는
헛될 수밖에 없습니다.
돈이 없어서 행복하지 않습니다.
그러나 돈 있다고 행복하지 않습니다.
병들어서 행복하지 않습니다.

그러나 건강하다고 행복하지 않습니다.
무명이어서 행복하지 않습니다.
그러나 유명하다고 행복하지 않습니다.
행복은 조건이 아닙니다.
우리가 지녀야 할 그 열쇠를 지니고 있지 않다면 행복도 평안도 없습니다.

❖ 그 사람이 행복해지기를 원하며

한 어린아이가 엄마에게 물었습니다.

"엄마, 기도는 어떻게 하는 거예요?"

그 아이의 엄마는 다음과 같이 대답합니다.

"사랑하는 딸아! 기도는 손가락을 보면서 하면 돼. 이 엄지는 가슴에서 가장 가깝지?
그러니 내 가슴에 가까운 사람들, 엄마와 아빠와 오빠, 친척들 그리고 나와 가까운 사

람을 위해 그들의 이름을 부르며 기도하는 거야. 이 두 번째 손가락은 무엇을 가리킬 때 사용하는 거지? 그러니 목사님이나 선생님 같이 가르치는 사람을 위해 기도하는 거야. 이 셋째 손가락은 가장 길지? 그러니 높은 사람들, 대통령이나 사장님처럼 높은 사람을 위해 기도하는 거야. 이 넷째 손가락은 아주 약하지? 그러니 약한 사람들, 소외된 사람들, 병들었거나 슬픈 일을 당했거나 어려움을 당한 사람들을 향해 기도하는 거야. 그리고 이 새끼손가락은 가장 작지? 그러니 부족한 자신을 위해 기도하는 거야. 이런 방법으로 손가락을 보며 기도하면 된단다."

그렇습니다.
이 세상의 모든 사람들이 다섯 손가락 안에 다 속합니다.
이 세상에는 잘난 사람, 못난 사람, 부요한 사람, 가난한 사람, 지혜로운 사람, 미련한 사람, 배운 사람, 그렇지 못한 사람들이 섞여 살고 있습니다.
모두 다 우리 가슴에 품고 살아야 할 사람들입니다.
우리가 서로 다투고, 멸시하고, 시기하고, 미워하며 살아야 할 사람은 한 사람도 없습니다.

누군가를 위하여 기도해 보십시오.
가까운 가족과 더불어 내가 아는 그 사람을 위하여, 나아가 내가 아는 그 사람이 행복해지기를 위하여 기도해 보십시오.

그대가 잘되기를 원하며, 부요해지기를 원하며
평안해지기를 원하며, 형통하기를 원하며, 행복해지기를 원하며~

❖ 독서의 계절 가을

저는 시골에서 태어나 시골에서 자랐습니다.
과거 시골에서 아버지를 도와 농사를 지을 때면 농사를 잘 지어 많은 추수를 하려면 무엇보다도 씨앗도 좋아야 하지만, 그러나 퇴비와 좋은 비료를 주지 않으면 풍성한 추수를 거두지 못하는 것을 보았습니다.

그래서 과거에 농부들은 퇴비 증산을 위해 풀을 베어 퇴비를 모으는 노력을 아끼지 않았습니다.

농사를 지어보면 비료 값과 더불어 퇴비 값이 만만치 않습니다.
그러면서도 비료와 퇴비를 주지 않을 수 없는 것은 비료와 퇴비를 주지 않고는 풍성한 추수를 기대할 수 없기 때문입니다.
이것은 우리의 삶에 있어서도 마찬가지입니다.

우리의 인생을 풍성하게 하려면 좋은 책을 많이 읽어야 합니다.
그런데 어떻게 된 일인지 우리나라의 독서인구가 다른 나라에 비해 월등히 떨어진다고 합니다.
대단히 슬픈 일이 아닐 수 없습니다.
그런데 홍수처럼 쏟아져 나오는 책 중에서 읽어야 할 책을 고른다는 것은 여간 어려운 일이 아닙니다.

그러나 여러분에게 꼭 권하고 싶은 책이 한 권 있습니다.
그것은 다름 아닌 세계 최고의 베스트셀러요 가장 많이 읽힌 바로 성경책입니다.
성경책은 지난 수천 년 동안 내려오면서 수많은 사람을 변화시켰고, 또한 사람들의 삶을 풍성하게 만들었고, 그들의 삶을 행복하게 만들었습니다.
앞으로도 많은 사람이 여기서 지혜와 생명과 힘을 얻게 될 것입니다.

천고마비의 좋은 계절 성경책을 한 번 읽어보십시오.
여러분의 삶을 아름답고도 풍성하게 만들어 줄 것입니다.

❖ 어머니의 기도하시는 모습

어머니의 기도하시는 모습은 위대함을 넘어 성스럽기만 합니다.
기도하는 모든 모습이 아름답지만, 특히 어머니의 기도하는 모습은 무엇보다도 아름답습니다.
"눈물로 기도하는 어머니의 자식은 결코 망하지 않는다"는 말처럼 어머니의 기도로 근세 역사에 참으로 훌륭하고 위대한 자녀들이 많이 나왔습니다.

많은 위대한 지도자들은 어머니의 기도 소리를 평생 잊지 못한다고 고백합니다.
그리고 어머니의 그 기도가 지금의 자신을 만들었다고 말합니다.

이런 의미에서 어머니는 자녀의 일생을 만드는 기도의 일꾼입니다.
어머니의 가슴은 사랑을 가르치는 인생의 첫 학교입니다.
어머니의 눈은 아름다운 세상을 보여주는 축복의 통로입니다.

이제 우리 어머니로부터 받은 기도의 축복을 이어가기를 원합니다.
자식의 장래는 기도하는 부모의 무릎에 달려 있습니다.
자식의 장래를 움직일 수 있는 길은 오직 기도밖에 없음을 알고 어머니의 눈물의
기도를 통하여 우리의 자녀를 최대의 걸작품으로 만들어 가기를 원합니다.

저도 하루도 빠지지 않는 어머니의 새벽기도를 통하여 여기까지 왔습니다.
"내가 성취한 것 가운데 가장 위대한 것이 있었다면 그것은 나의 어머니의 기도였다"(D. L 무디)

❖ 사랑과 행복을 나누는 사람들

세상에 많은 사람들이 있습니다.
그러나 자신이 가진 행복을 나누어 다른 사람을 행복하게 해 주려는 사람들은
많지 않습니다.

세상에 많은 모임이 있습니다.
그러나 자신의 시간과 물질을 투자하여 다른 사람들을 위해 봉사하는 모임은
많지 않습니다.
그러나 사랑과 행복을 나누는 사람들은 그들의 삶이 반딧불같이 미약하지만
작은 마음의 빛을 모아 어두운 세상을 밝게 비추기를 원합니다.

사랑과 행복을 나누는 사람들은 자신이 가진 달란트와 수고를 통해서 세상을
살아가는 불우한 이웃들에게 희망의 등대가 되어 주고자 합니다.
사랑과 행복을 나누는 사람들은 이름 없이 도우려는 아름다운 사람들의 마음을
모아 소리 없이 전하려는 또 하나의 아름다운 마음들입니다.
사랑과 행복을 나누는 사람들은 아름답고 따뜻한 사랑과 마음을 모아 소외당
하고 고통 받는 이들에게 좋은 친구와 손과 발이 되려 합니다.
사랑과 행복을 나누는 사람들은 서로의 고통과 슬픔을 나눔으로 그 고통을
반으로 줄여나가고자 합니다.

추워지는 계절에 우리의 주변에 소외당하고 어렵게 사는 이는 없는지 살펴보고 사랑과 행복을 나눔으로 올겨울이 더욱 따뜻해질 수 있기를 원합니다.

(2013년 11월 29일
금성교회에서 김장김치를 담아 지역의 이웃 350가정에 주의 사랑을 나누다)

❖ 인간의 세 가지 싸움

빅토르 위고는 인생에는 세 가지 싸움이 있다고 말했습니다.

> 첫째는 자연과의 싸움이요.
> 둘째는 이웃과의 싸움이요.
> 셋째는 자기 자신과의 싸움입니다.

이 싸움 중 가장 힘든 싸움이 바로 자기 자신과의 싸움입니다.
그가 쓴 '레미제라블'의 주인공인 장발장은 19년간 감옥생활을 마치고 나온 그날 밤, 사제의 은촛대를 훔쳤습니다.

이처럼 인간은 굉장히 강한 것 같으면서도 잘 흔들리고 넘어지며 악한 길로 빠지기 쉬운 아주 약한 존재인 것입니다.
그러한 까닭에 무엇보다도 자신과의 싸움이 가장 힘든 싸움인 것입니다.
2015년 올 한 해는 어떤 싸움보다도 자기 자신과의 싸움에서 넉넉히 이기는 승리자가 될 수 있기를 원합니다.

❖ 원인 없는 결과 없다는데

코로나 19가 시작된 2020년 봄, 일찍 봄이 다가와 따스한 봄바람이 살랑살랑 불어오는 이때! 난데없이 이상한 칼바람이 중국에서 시작하여 대구를 거쳐 부산까지 불어와 우리의 마음을 불안하게 하고 가슴 한쪽에 우리의 생명까지 위협하며 조마조마하게 꿈틀거리고 있습니다.

부산시에서 발송하는 핸드폰 안전 안내 문자를 통해 확진자의 동선이 연일 공개되고, '코로나19 부산시가 추가 확진자 동선을 부산시 홈페이지 및 공식 SNS에 게시하였습니다. 접촉이 의심되는 분은 1339 또는 관할보건소로 문의바랍니다'

라는 내용과 함께 동선과 겹치는 자의 이상 징후가 있을 시는 어디 어디로 신고하라는 등의 안전 안내 문자가 하루에도 몇 번씩 핸드폰을 울려댑니다.

많은 사람들이 주말이면 자주 가는 산행, 신종 코로나 바이러스를 피하여 '오늘은 청정지역 어디로 가 볼까?' 하면서 버스 타고, 지하철 타고 이리저리 접근하다 보면 수많은 장애물을 거치게 됩니다.
그러나 어느 한 곳 안전한 곳이 별로 없습니다.
언론을 통해 알 수 있듯이, 코로나 바이러스 역풍에는 모두가 연결고리가 형성되어 있듯이 '원인 없는 결과가 없다'는 옛말에 새삼스레 거짓 진술로 숨기고 감추는 한심한 분들의 정신 상태에 분노를 느끼게 됩니다.

코로나19가 좀처럼 줄어들지 않고 계속 확산되고 있는 현재, 확진자 전국 893명, 사망 8명으로 감염병 위기 단계를 '주의'에서 '심각'으로 격상시켜 되도록 외출을 자제시키고 있습니다.
또한 교회뿐만 아니라 모든 행사와 모임을 유례없이 축소 내지는 취소하는 가운데 있습니다.

이렇게 서로 외출을 자제하고 마스크 착용과 모임을 자제하자고 동참을 유도하며 권유하는 이유가 무엇일까요?
그것은 더불어 함께 살아가야 하는 세상, 내가 아닌 다른 사람에게 누(累)가 되지 않도록 서로서로 따뜻하게 감싸 안고 배려하는 좋은 세상을 만들기 위함이라고 봅니다.

때 이른 봄날에 봄꽃이 꽃망울을 펴뜨릴 준비를 하는 모습을 보면서 우리도 내 건강은 내가 지키면서 빨리 이런 재앙과 질병이 물러가고 평화로이 일상으로 돌아가 봄을 맞이할 준비를 해야 할 것 같습니다.

❖ 뭉치면 죽고, 흩어지면 산다.

어렵고 힘들 때 서로 어울려 살고 기쁨과 슬픔과 고통을 나누면서 더불어 산다는 것은 참으로 좋은 일이며 이런 일에는 자주 하나로 뭉쳐 서로 위로하고 힘을 실어 주어야 할 것입니다.

그러나 남의 말을 하고 시기하고 질투하고 죄를 범하는 곳에서는 흩어지는 것이 사는 길입니다.

공부하는 학생들이 어울려서 오락실로, 일하는 아버지들이 유해 유흥업소로, 가정을 돌보는 어머니들이 사기 도박장으로 갈 것이 아니라 흩어져서 자기가 감당해야 할 사명의 장소로 가는 것이 사는 길입니다.

뭉칠 때 흩어질 줄 알고, 흩어질 때 뭉치는 법을 아는 것이 참 지혜입니다.

❖ 내 이웃이 누구오니이까?

이 짧은 열 글자는 2천 년 전 유대 나라에서 예수님의 이웃사랑 실천의 모델이 된 선한 사마리아인의 이야기입니다.

한 강도를 당한 이웃이 피를 흘리고 도움을 요청하는데 그 당시 가장 천대를 받는 사마리아인이 그를 치료하고 돌봐주는 사랑에 한 생명이 살아나는 이웃의 아름다운 내용입니다.

한 해를 마무리하면서 지금 우리 사회는 빈부의 격차가 점점 심하여 양극화의 간격은 더 벌어지고 소외되고 버림받고 고독하고 외로운 사람이 갈수록 늘어나고 있습니다.

다가오는 겨울 추위 못지않게 그들의 마음이 꽁꽁 얼어붙고 있습니다.

이들을 도울 친구가 될 사마리아인은 누구입니까?

혹시 나만을 위한 이기적인 삶으로 헐벗고 굶주린 이웃을 외면하고 살지는 않았는지 반성하고, 앞으로 앞집, 뒷집, 옆집에 누가 살고 있는지 솔선하여 인사를 나누고 작은 사랑을 실천하여 모두가 행복했으면 좋겠습니다.

❖ 기준

초등학교 입학 때와 체육 시간에 가장 먼저 하는 일이 줄 서는 것이었습니다.

가로세로 반듯하게 줄을 선후에야 맨손 체조로 체육 시간을 시작하곤 했습니다.

그리고 체조를 시작하기 전에 꼭 해야 하는 일이 좌우로 앞뒤로 폭을 조율하는 것입니다.

이때 필요한 것이 바로 기준입니다.

기준점이 있어야 그 지점을 중심으로 좌우로 앞뒤로 폭을 넓히기도 하고 좁히기도 할 수 있습니다.

기준이 없으면 어디서부터 어떻게 해야 할지 사람들이 갈팡질팡하게 됩니다.

기준이라는 것은 어린 시절 입학 때와 체육 시간에만 필요했던 것이 아닙니다.

우리 삶에도 과거의 나의 생각과 고정된 틀이 아닌 새로운 기준이 필요합니다.

그래야 반듯하게 삶의 직선을 그리는 행복한 삶을 살 수 있습니다.

여러분은 어디를 무엇을 기준으로 삼고 살아가고 있습니까?

우리의 기준은 내 삶의 좌표가 되시는 예수 그리스도를 마음 중심에 두고, 그분을 왕으로 모시며 복된 삶을 살 수 있기를 기원합니다.

❖ 꿈과 용기가 있는 사람

꿈과 용기가 있는 사람은 결코 포기하거나 좌절하지 않습니다.

에드먼드 힐러리라는 한 영국 청년이 세계에서 가장 높은 산인 에베레스트 산을 등정하려고 했으나 그만 일이 좌절되고 말았습니다.

그러나 그는 용기를 내어 이렇게 말했습니다.

> "에베레스트산이여 너는 자라지 못한다. 그러나 나는 자랄 것이다. 나의 힘과 능력도 자랄 것이다. 또 내가 구비한 장비도 더 나아질 것이다. 나는 다시 돌아오겠다. 기다려라. 나는 다시 산에 오를 것이다."

에드먼드 힐러리는 10년 후인 1953년 5월 29일 에베레스트 산 등정에 재도전하여 마침내 그 산을 정복했습니다.

도전정신과 용기만 있다면 자신이 원하는 삶을 이루어 갈 수 있습니다.

도전하는 용기가 있는 사람들만이 삶을 멋지고 행복하게 살아갈 수 있습니다.

❖ 훌륭하고 바르게 사는 것

19세기 최대의 역사적 거부인 석유 왕 록펠러에 관한 이야기입니다.

록펠러는 장래성이 보이지 않는다고 하여 첫 번째 여인에게 버림을 받았습니다.

그런 그가 세계적으로 세 가지의 기적을 일으켰습니다.

첫 번째 기적은, 역사상 가장 가난했던 자가 가장 부유하게 된 것입니다.

두 번째 기적은, 역사상 가장 많은 돈을 남에게 베풀었다는 것입니다.

세 번째 기적은, 장수했다는 것입니다.

그는 98세까지 살았는데 치아가 하나도 썩지 않았고, 깨끗하고 건강하게 살다가 죽었다는 것입니다.
그는 주일 예배에 한 번도 빠지지 않고 출석했으며, 그리고 주일학교 교사로 봉사를 했습니다.
그는 춤추는 곳에 가본 적이 없으며 술과 담배는 입에 대지도 않았습니다.
식사 때마다 한 번도 빠뜨리지 않고 감사 기도를 드렸고 매일 성경을 읽었습니다.

늙어서 눈이 어두워졌을 때는 성경을 읽어 줄 사람을 채용해서 귀로 성경을 들으면서 날마다 말씀을 대면했습니다.
그는 자신의 유일한 희망은 '훌륭하고 바르게 사는 것'이라고 했습니다.
'훌륭하고 바르게 산다는 것은?' 순간순간 하나님 앞에 정직하고 성실하며 그분의 계명에 삼가 주의하여 좌로나 우로나 치우치지 않는 삶을 사는 것입니다.

❖ 내 일처럼

남의 흠을 보면 더 크게 만들어 사람들에게 광고를 잘하는 사람이 있습니다.
또한 어떤 사람은 남의 흠을 보면 내 흠처럼 생각해서 마음이 아프다고 또 남이 알까 덮어 주는 사람이 있습니다.
남이 어려운 일을 당하면 내 일처럼 생각하고 힘껏 도와주는 사람이 있습니다.
또 어떤 사람은 남이 어려운 일을 당하면 좋아하고 만족해하며 다른 사람에게 좋은 일처럼 떠들어대며 기뻐하는 사람도 있습니다.

여러분들은 어떻습니까?
어릴 때의 좋은 마음은 큰 사람을 만들어내고, 어릴 때의 악한 마음은 장래에 악한 사람이 되는 것입니다.

사람들은 살아가면서 자기 입장만 생각하는 경우가 많습니다.
그러다 보니 서로 다투게 되고 상처를 주는 경우가 많습니다.
역지사지의 마음으로 상대방 처지에서 입장 바꿔 생각해보는 것은 어떨까요?

❖ 세 종류의 부부

함께 사는 가정의 부부들을 보면 세 종류의 부부가 있는 것을 볼 수 있습니다.
'돕는 배필'이 있는가 하면 '바라는 배필'이 있고, 또 '포기한 배필'이 있습니다.

포기한 배필은 삶 자체가 거짓으로 도배되는 갈등 속에 우울증에 빠지고 안정을 찾아야 할 공간인 가정이 지옥으로 돌변하는 것입니다. 부부의 중심이 되어야 할 가정에서 애정을 가장 무시하는 포기한 배필로 사는 한 그토록 갖고 싶어 하는 행복은 더 깊은 절망으로 빠지게 될 뿐입니다.

그렇다면 일그러진 가면을 벗고 진정한 행복으로 되돌아갈 길은 없는 것일까요?
행복한 결혼 생활이란?
열정으로만 채워지거나 지속될 수 있는 성질의 것이 아닙니다.
이제부터라도 부부의 친밀감을 회복하는 행복의 연습이 필요합니다.

함께 시간을 보내십시오.
활동과 취미를 나누십시오.
서로를 알고 또 좋아하십시오.
만사를 의논하십시오.
서로를 믿으십시오.
서로에게 도움을 청하십시오.
결혼식 때 서약한 서로를 향한 언약을 되돌아보십시오.

행복도 충분한 연습이 필요합니다.
행복한 가정은 행복 연습이 끊임없이 반복할 때 행복해집니다.
모두가 행복을 연습하여 기쁨이 넘치고, 살아갈 소망이 넘치는 행복한 가정이 되시길 기도합니다.

❖ 아름다운 승부의 교훈

지난여름 중국 베이징에서 들려온 금메달 소식과 투혼 넘치는 경기 장면은 우리 국민들을 감동케 하기에 충분했습니다.

비록 메달을 목에 걸지는 못했지만 부상의 고통 중에도 미소를 잃지 않으며 역기를 끝까지 붙잡고 있던 선수의 모습을 보면서 모두가 함께 눈물을 흘리며 메달보다 더 진한 감동을 받았습니다.

신체적인 고통까지 극복하며 선전을 펼친 선수들의 뒷얘기가 전해질 때면 금메달 소식이 아니어도 올림픽의 참된 정신이 무엇인지 또 무엇이 국민들에게 희망과 용기를 줄 수 있는지 깨닫는 좋은 기회였습니다.

이제 올림픽이 막을 내렸습니다.

성적과 관계없이 땀을 흘렸던 선수들처럼 우리는 다시 일상으로 돌아와 자신에게 주어진 소임을 묵묵히 감당해야 할 것입니다.

메달의 색깔과 관계없이 아니! 승부와 관계없이 경기장에서 최선을 다하고 결과에 승복하며 감사의 무릎을 꿇었던 선수들처럼 자신의 자리에서 최선을 다하고 땀 흘렸던 자만이 정상에도 아름다운 승부의 자리에도 설 수 있음을 우리 모두가 배워 갈 수 있기를 소망해 봅니다.

❖ 하나님을 만나면 당신의 인생이 바뀝니다.

인생을 살아가면서 누구를 만나느냐는 참으로 중요합니다.

그러나 문제는 누구를 만나느냐에 따라 달려 있습니다.

그가 누구를 만나느냐에 따라서 그의 운명이 바뀌기 때문입니다.

2002년 월드컵 축구의 명장 히딩크 감독을 잘 아실 것입니다.

세계적인 명장이지 않습니까?

히딩크를 만남으로 인하여 운명이 바뀐 선수들이 많았습니다.

그동안 주목받지 못했던 선수가 일약 대스타가 되기도 하였습니다.

어느 시골 소년의 유능한 축구 감독을 만나서 다듬어지기 시작하여 세계적인 선수가 되듯이 우리도 우리 인생의 최고 감독자이신 하나님을 만나면 당신의 인생이 바뀝니다.

이 땅에 오셔서 우리를 위해 고난을 겪으시며 죄와 사망의 굴레에서 우리를 해방시켜 주신 예수 그리스도!
그분만이 우리를 사망의 늪에서 구원해 주실 유일한 분이십니다.
이 해가 다가기 전 하나님을 만나보세요.
당신의 인생이 바뀌고, 운명이 바뀌고, 하나님의 은혜와 축복을 누리게 될 것입니다.

인생의 방황은 하나님을 만나면 끝이 나고 신앙의 방황은 금성교회를 만나면 끝이 납니다.

❖ 긍휼의 사람

뉴욕에는 케네디 공항과 또 하나의 공항이 있는데 라구아디아 공항입니다.
라구아디아는 뉴욕 시민들이 매우 사랑하고 존경했던 뉴욕 시장의 이름입니다.
그는 시장이 되기 전에 아주 유명한 판사였습니다.
어느 추운 겨울날 한 허름한 노인이 지갑을 훔치다가 체포되어 법정에 서게 되었는데, 그 노인이 라구아디아에게 긍휼을 베풀어 달라고 하자 그는 노인이 훔친 돈을 대신 물어 주고 노인을 풀어주었습니다.
그 후 시민들은 그를 긍휼이 많은 판사라고 불렀습니다.

'긍휼'의 뜻은 '당연한 결과로 비참한 결과에 있는 사람을 오히려 불쌍히 여겨서 그를 돕는 미덕'이라고 기록하고 있습니다.
고통을 나누면 고통이 반으로 줄고, 기쁨을 나누면 기쁨이 배로 늘어납니다.
어려운 시기에 함께 긍휼히 여기면서 행복을 만들어 가도록 합시다.

❖ 최초의 사람과 거목 그리고 벌레

미국 예일대학교의 의과대학 교수인 버니 S. 시걸은 불치병을 많이 고친 탁월한 의사로 세계에 알려져 있는 분입니다.
그분에게 불치병을 고치는 비결이 무엇인지 물었더니

"나는 한 가지만 합니다."

그 한 가지는 불치병으로 죽어가는 환자에게 이렇게 말하는 것이랍니다.

"당신이 이 병을 이겨낸 최초의 사람이 되고 싶지 않으십니까?"

유명한 의과대학 교수가 이렇게 용기와 의욕을 불러일으키니 환자들이 '아! 이 병을 이겨낸 최초의 사람이 되어보자.'라는 결심으로 많은 환자들이 치료된다고 합니다.

우리의 생각과 믿음이 바뀌고 우리의 꿈과 말이 바뀌면 당신의 인생이 바뀝니다.

콜로라도의 한 봉우리에 거대한 나무가 쓰러졌습니다.

과학자들은 그 나무가 400여 년간 거기에 있었다고 하는데, 콜럼버스가 샌 살바도르에 상륙했을 때 그 나무는 묘 정도였고, 청교도들이 플리마우스에 왔을 때는 반쯤 자랐으며 그 나무는 지금까지 긴 세월 동안 살면서 14번이나 벼락을 맞았고 헤아릴 수 없는 눈사태와 많은 폭풍우를 이겨냈다고 합니다.

그런데 지금까지 살아온 그 나무가 하루아침에 쓰러지게 되었는데 그 이유를 알아보니 딱정벌레 떼에게 공격을 받아서 쓰러졌다고 합니다.

오랜 세월에도 시들지 않고 폭풍과 벼락을 잘 견뎌온 이 거목이 손가락으로 문지르면 죽일 수 있는 작은 벌레들에게 쓰러지고 만 것입니다.

우리도 이 거목처럼 인생의 폭풍우와 눈사태, 벼락을 이겨내면서도 '근심과 걱정'이라는 작은 벌레에게 우리의 심장을 갉아 먹히고 있지는 않은지요?

❖ 암(癌) 하나님이 내게 주신 최고의 선물

"한 번 죽는 것은 사람에게 정해진 것이요. 그 후에는 심판이 있으리니"(히 9:27)

죽음이 전부이고 죽어서 아무것도 없는 무의 상태로 돌아간다면 죽음이 그렇게까지 두려울 이유가 없습니다.

그런데 죽음이 두려운 이유는 죽음 이후에 나의 삶에 대한 평가가 분명히 내려지기 때문입니다.

그러므로 우리는 죽음 앞에서도 떳떳할 수 있도록 삶을 올바르게 살아야 할 것입니다.

저는 2015년 4월 간암이 처음 발병하여 삼성 서울병원에서 1차 고주파 치료를 받았고, 그리고 2019년 12월 2차 간암이 재발하여 색전술 시술을 받았으며, 그 후 2년 9개월 만인 2020년 9월에 3차 간암 재발하여 9월 23일 간을 잘라내는 복강경 절개수술을 하였습니다.

그리고 2022년 2월 14일 4차 간암 재발하여 색전술 시술을 하고 2022년 3월 15일부터 28일까지 방사선 치료를 10회 받았습니다.

저는 지금 간 경변과 네 번의 재발로 인한 간암과 투병을 하고 있지만, 암과 동행하는 시간이 탄식과 절망의 시간이 아니라 나에게는 참으로 소중하고 가치 있는 시간이라고 생각합니다.

그 이유는 암과 동행하는 시간은 암에 걸리지 않았다면 도저히 깨달을 수 없었던 것을 깨닫고, 이룰 수 없는 것을 이루고, 바꿀 수 없었던 것을 바꾸고, 꿈꾸지 못한 것을 꿈꾸게 하는 소중한 기회를 얻을 수 있었기 때문입니다.

많은 사람들이 육신의 질병으로 아파하며 고통과 절망 가운데 있습니다.

저 또한 인생을 살다가 원치 않는 암을 얻었지만, 암은 하나님이 내게 주신 최고의 선물이라고 생각하며 감사하며 살아가고 있습니다.

나에게 인생을 선물로 주신 하나님의 은혜에 감사하며, 그의 디자인 안에서 삶을 재설계하는 축복을 누려봅니다.

❖ 시편 묵상을 통한 감사

주님! 보잘것없는 나의 인생을 사랑한다 하시고 존귀하다 말씀해 주시니 감사합니다.

주님! 하나님의 끝없는 사랑으로 날마다 찬양할 이유 있는 삶을 살게 하시니 감사합니다.

주님! 말씀을 따르는 지혜의 길 제게 가르쳐 주셔서 감사합니다.

주님! 말씀을 사모하게 하시고 말씀을 따라 사는 것이 제게 기쁨이 되게 하심을 감사합니다.

주님! 말씀이 제 삶의 해답임을 경험하게 하심을 감사합니다.

주님! 말씀에서 인생의 해답을 찾게 하시고 말씀을 통해 살아갈 힘을 얻게 됨을 감사합니다.

주님! 말씀에 순종함으로 주님을 향한 저의 사랑을 증거하게 하심을 감사합니다.

주님! 말씀에 제 마음과 생각이 점령당하게 하심을 감사합니다.

주님! 변하지 않는 주님의 말씀을 삶의 지침서로 삼고 소망을 두고 살게 하심을 감사합니다.

주님! 제 인생에 등불이 되어 어두운 마음에 성령의 빛을 환하게 밝혀 주심에 감사합니다.
주님! 말씀이 주는 유익을 머리로 아는 것이 아니라 행하고 누리게 하심을 감사합니다.
주님! 문제가 있을 뿐 아니라 알마다 때마다 주님과 친밀한 대화를 나누게 됨을 감사합니다.
주님! 제 삶의 위로와 격려와 치료가 되어 주시는 주님의 은혜를 감사합니다.
주님! 곤고에 처할 때 주님의 약속을 기억하며 기도하게 됨을 감사합니다.

주님! 하나님의 보호 속에서 날마다 평안을 누리게 하심을 감사합니다.
주님! 졸지도 주무시지도 않으시며 저를 눈동자와 같이 지켜 보호하심을 감사합니다.
주님! 택하신 자녀를 세상 끝날까지 지키시고 인도하실 것을 감사합니다.
주님! 남은 인생을 하나님 앞에서 부끄럽지 않은 모습으로 자신을 관리하게 하시고, 제 못난 성품을 다듬고 믿음을 연단하려고 고통과 질병을 허락하여 주심을 감사합니다.

❖ 거울과 유리의 차이

남을 정죄하기는 쉬워도 남을 용서하기는 어렵습니다.
말로는 사랑한다 해도 정작 자신의 모든 것을 내어 주기는 어렵습니다.
거울을 보면 자신의 얼굴만 보입니다.
하지만 맑은 유리창을 통해 보면 더불어 세상이 아름답게 보입니다.

그렇다면 거울과 유리의 차이는 무엇일까요?
맑은 유리 뒷면에 수은 칠을 하면 거울이 됩니다.
우리의 마음에 수은(욕심)이 가득 차 있으면 그 욕심으로 인해 이웃이 보이지 않고 오직 자신만 보일 따름입니다.
그러나 욕심을 거둬내고, 마음을 맑고 깨끗하게 닦으면 온 세상이 아름답게 보입니다.
우리가 말과 혀로만 사랑하지 말고 오직 행함과 진실함으로 사랑하도록 합시다.

❖ 고난의 훈련학교

유치원 · 초등학교 · 중학교 · 고등학교 · 대학교 · 대학원
이런 학교 이름은 들어봤지만, 고난학교라는 이름을 듣지 못했을 것입니다.
그런데 무학을 했다고 할지라도 고난학교에 다니지 않은 사람은 한 사람도 없을 것입니다.

한 번씩 자신을 돌아볼 때 나는 이 세상에서 가장 불행하고 누군가가 나를 내팽개쳐 버린 것 같다는 느낌을 강렬히 가질 때가 있습니다.

다른 주변의 사람들을 볼 때 저들은 복도 많아 가정도 잘되어 가는 것 같고 일도 잘 풀리는 것처럼 보이기도 합니다.

우리는 그들의 삶을 속속들이 알지 못하므로 겉모양만을 판단하여 자신과 비교하고 있습니다.

그러나 분명한 사실은 그들도 우리가 알지 못하는 내면의 훈련이 있었다는 것입니다.

하루는 심한 불평을 하는 흑단 나무토막이 하나 있었습니다.

주인은 이 흑단 나무토막으로 플루트를 만드느라 흑단토막의 불평에는 아랑곳하지 않고 말했습니다.

"너를 이렇게 다듬고 자르지 않으면 넌 나무 조각에 불과해. 네가 좋아하지는 않겠지만 조금 기다려봐. 내가 너를 플루우트를 다 만들면 너의 아름다운 소리가 사람을 기쁘게 하고 또 위로해 주게 될 거야. 너에게 복이 되기 위해서 이런 불평의 시간은 잘 참고 견뎌야 해!"

그렇습니다.

하나님께서는 우리에게 이처럼 넘치는 복을 주시고자 때때로 우리를 훈련시키고 고생시키는 경우가 더러 있습니다.

그러나 우리는 참고 견디지 못하고 불평과 불만을 가지고 심지어는 인생의 의욕마저도 상실할 때가 많이 있습니다.

그런데 우리가 이 시점에서 분명히 알아야 할 것은 우리를 향하신 하나님의 놀라운 계획이 있다는 것입니다.

왜 나만 겪는 고난이냐고 불평하지 마십시오.

고난의 뒤편에 있는 주님이 주실 축복을 미리 보면서 감사하면서 살 수 있기를 바랍니다.

너무 견디기 힘든 이 순간에도 하나님께서는 당신을 위하여 일하고 있습니다.

하나님은 우리를 통해 당신의 계획을 이루시고자 우리를 훈련시키십니다.

지금의 훈련들이 너무 힘들고 고통스러워도 피하지 마시고 잘 참고 하나님의 손길에 잘 다듬어져 최후의 승리자가 되는 멋진 인생 되시길 축복합니다.

담임목사가 쓴 행복 시

❖ 사랑을 나타냅시다.

사랑은 펼칠수록 아름다운 것
사랑은 펼칠수록 행복한 것
우리들의 사랑의 손길이 함께하면
온 세상이 밝아 오는 것을 볼 수 있습니다.

우리가 머무는 곳곳에
굶주림과 고통으로 신음하는 이들 많고 많지만
우리들의 작은 사랑을 모으고 모으면
이 땅은 풍성한 에덴동산이 될 것입니다.
사랑의 손길로 우리의 이웃에게 사랑을 나눕시다.
사랑의 손길로 우리의 지역에 사랑을 베풉시다.

누구보다 내가 먼저, 누구보다 내가 먼저
내가 가진 작은 것으로 사랑을 나타냅시다.
사랑의 손길을 모아 헐벗고 굶주린 이웃을 돕는다면
온 세상이 주님의 사랑으로 따뜻해질 것입니다.
온 세상이 주님의 사랑으로 밝아질 것입니다.

❖ 택함을 받은 자의 기도

주님!
주님의 음성을 듣던 저희의 두 귀가
시기와 질투 소란과 다툼의 소리를 듣지 못하게 하소서.

주님의 크고 높은 사랑을 보던 저희의 두 눈이
주께 시선을 맞추어 우리에게 베푸실 은혜만 바라보게 하소서.

주님의 이름을 높이며 찬양하며 노래를 부르던 저희의 혀가
주님의 사랑과 복음의 진리만 전하게 하소서.

주님의 궁정에서 거닐며 뛰노는 저희의 두 발이
믿음의 빛 가운데로 담대히 나아가게 하소서.

그리고 살아계신 주님의 사역에 동참한 저희의 몸이
새로운 생명으로 주님의 일을 기쁨으로 이루게 하소서.

❖ 미움의 안경, 사랑의 안경

미움의 안경을 쓰고 보면
똑똑한 사람은 잘난 체하는 사람으로 보이고
착한 사람은 어수룩한 사람으로 보이고
얌전한 사람은 소극적인 사람으로 보이고
잘 웃는 사람은 실없는 사람으로 보이고
예의 바른 사람은 얄미운 사람으로 보이고
듬직한 사람은 미련하게 보입니다.

사랑의 안경을 쓰고 보면
잘난 체하는 사람은 참 똑똑해 보이고
어수룩한 사람은 참 착해 보이고
소극적인 사람은 참 얌전해 보이고
실없는 사람은 참 밝아 보이고
얄미운 사람은 참 싹싹해 보이고
미련한 사람은 참 든든하게 보입니다.

사람은 모두가 두 종류의 안경을 쓰고 살아가는데
여러분은 어떤 안경을 쓰고 살아가십니까?

❖ 당신도 위대한 사람이 될 수 있습니다.

사람은 누구나 위대한 사람이 될 수 있습니다.
왜냐하면?
누구나 남에게 필요한 존재가 될 수 있으니까요.

대학을 가고 학위가 있어야 남에게 필요한 존재가 되는 것은 아닙니다.
학식이 있고 머리가 좋아야만 그렇게 할 수 있는 것도 아닙니다.
그렇다고 돈이 많고 권력과 힘이 있어야 하는 것은 더더욱 아닙니다.

누군가를 향하여 사랑할 줄 아는
따뜻한 가슴과 뜨거운 마음만 있으면 되는 것입니다.

행복을 만드는 곳은 먼 곳이 아니라 가까운 곳,
바로 내 주위에 있는 사람과 사랑을 나누면
당신도 위대한 사람이 될 수 있습니다.

사랑의 나눔 있는 곳에 하나님께서 계시고
사랑의 나눔 있는 곳에 참 기쁨과 행복이 있습니다.

❖ 내가 그대의!

내가 그대의 눈물일 수 있다면
내가 그대의 눈물을 닦아주는 손수건일 수 있다면
내가 그대에게 웃음일 수 있다면

내가 그대를 편안히 모시는 자동차일 수 있다면
내가 그대가 갖는 노는 장난감일 수 있다면
내가 그대의 꽃밭에 핀 꽃일 수 있다면
내가 그대의 향기 가득한 백합화일 수 있다면

내가 그대의 어두운 밤을 비추는 등불일 수 있다면

내가 그대의 아침을 깨우는 알람일 수 있다면
내가 그대의 머리 위 곧게 앉은 머리핀일 수 있다면
내가 그대의 머리를 고르게 하는 빗일 수 있다면
내가 그대의 모습을 아름답게 해 주는 화장품일 수 있다면
내가 그대의 손발을 씻어내는 비누일 수 있다면
내가 그대의 때를 미는 때밀이일 수 있다면
내가 그대의 물기를 닦아주는 타월일 수 있다면

내가 그대의 기쁜 소식을 전하는 메시지일 수 있다면
내가 그대의 목을 축이는 이온수일 수 있다면
내가 그대의 분위기를 맞추는 은은한 커피 한 잔이라면
내가 그대의 길을 안내하는 내비게이션이라면
내가 그대의 추운 몸을 녹이는 난로라면
내가 그대를 시원하게 해 주는 산들바람이라면

내가 당신의 가는 그 길에 평생을 같이 걸어갈 신이 되겠습니다.
내가 당신의 몸을 평생토록 보호하며 따뜻하게 해 주는 옷이 되겠습니다.
내가 당신을 향해 계속해서 용기를 잃지 않도록 노래를 부르겠습니다.
내가 당신의 그 어떤 것도 용서하고 이해할 수 있는 넓은 바다가 되겠습니다.
내가 당신의 깨끗함을 잃지 않도록 더러울 때마다 닦아내는 걸레가 되겠습니다.

나는 영원토록 기도할 것입니다.
당신을 위하여

❖ 쉬운 일과 어려운 일

쉬운 일과 어려운 일의 두 가지 갈림길에서
우리는 많은 고민을 하게 됩니다.

쉬운 일은 몸은 편할지언정 마음을 어렵게 합니다.
그러나 어려운 일은 몸은 힘들지만

그 일을 선택한 자부심으로 마음이 편하고 기쁩니다.
그리고 쉬운 일은 누구나 할 수 있지만
어려운 일은 누구나 할 수 없는 일입니다.
쉬운 일은 결론이 금방 내려지지만
어려운 일은 답이 안 보일 때가 많습니다.

우리는 매일 매일 쉬운 일들과 어려운 일들이 찾아옵니다.
쉬운 일만 택하지 마십시오.
그렇다고 어려운 일만 골라 할 필요도 없습니다.
꼭 필요한 일을 하십시오.

세상에서 가장 어려운 일은
가장 쉬운 일을 지속적으로 하는 것
누구나 할 수는 있지만 또 아무나 할 수 없는 일
지속적으로 무엇인가를 한다는 것,
그것은 우리를 위대하게 만들어 줍니다.

❖ 진정한 변화

겉 사람이 변해도 속사람이 변하지 않을 수 있지만,
속사람이 변했는데 겉 사람이 변하지 않을 수는 없습니다.
정직과 진실은 늘 겉이 아니라 속에서 시작됩니다.
내가 그 사람 진심으로 사랑하고 있는지 어떻게 압니까?
그 사람이 먼저 바뀌기를 바란다면 나를 더 사랑하고 있는 것이고,
내가 먼저 바뀌기를 결단하면 그 사람을 더 사랑하고 있는 것입니다.

사랑은 상대방의 변화를 먼저 요구하지 않습니다.
나를 힘들게 하는 사람이 없는 곳은 하나도 없습니다.
힘들다고 피하면 똑같은 사람 또 나타납니다.
내가 먼저 좋은 사람으로 변하면
항상 좋은 사람들을 만나게 됩니다.

❖ 인 생

울리지 않으면 종이 아니고 불지 않으면 바람이 아니고
가지 않으면 세월이 아니고 늙지 않으면 사람이 아니다.

세상엔 그 어떤 것도 무한하지 않다.
아득히 흘러간 내 젊은 한때도
그저 세월의 한 장면이다.
바람이 있기에 꽃이 피고 꽃이 져야 열매가 있는 것처럼
인생 역시 숱한 난관과 역경 과정을 거치면서 나이가 들어간다.

나이가 들어가면
잡아야 할 것과 놓아야 할 것이 무엇인지 깨달아야 하며
사물을 눈으로 보는 것뿐만 아니라 가슴으로 느끼고 볼 줄 알아야 한다.
나이가 들어가면
여자는 갈수록 남자가 되어가고 남자는 갈수록 여자가 되어가며
안에 있던 여자는 밖으로 나가려 하고
밖에 있던 남자는 안으로 들어오려고 한다.

나이가 들어가면
여자는 팔뚝이 굵어지고, 남자는 다리에 힘이 빠지며
마누라는 남자를 이기고 살지만 남자는 마누라에게 지고 산다.
나이가 들어가면
여자는 뜨거운 커피를 마시면서도 가슴에 한기를 느끼고
남자는 담배를 피우면서도 가슴속이 텅 비어 간다.

나이가 들어가면
부모는 자신의 미래와 소망보다는
자식의 미래와 소망을 더 걱정하지만
자식은 부모를 지극히 생각하지만
부모의 반도 따라가지 못한다.
이것이 사람의 인생이다.

❖ 내가 먼저 바뀝시다.

사람이 바뀌어야 세상이 바뀝니다.
많은 사람이 세상이 바뀌고 조직이 바뀌어야 한다고 말들 합니다.
그리고 네가 바뀌어야 한다고 합니다.
그렇게 주장하면서 나만 안 바뀐 사이에
세상은 저만치 앞서가고 나만 뒷걸음치고 있습니다.

남을 바꾸려는 노력의 반의반만 기울여도 내가 바뀝니다.
그 사람 내 힘으로 바꾸고야 말겠다는 의지가 권력이고
내가 먼저 바뀌어야겠다는 마음이 사랑입니다.
내가 바뀌면 그 사람이 언젠가 소리 없이 바뀌게 됩니다.

모든 사람이 다 바뀔 수는 없습니다.
문제점을 보는 사람이 그것을 고치고 바꿀 때,
우리 모두가 바뀝니다. 나부터 바뀝시다.
주님, 내가 먼저 겸손하여 남을 섬길 수 있도록 바뀌게 하옵소서.

❖ 삶이 축제가 되게 하십시오.

내가 가진 비전으로 삶이 축제가 되게 하십시오.
열정적인 헌신으로 삶이 축제가 되게 하십시오.
하나님께서 베푸신 은혜로 삶이 축제가 되게 하십시오.
뭔가 배움으로 삶이 축제가 되게 하십시오.

서로 사랑함으로 삶이 축제가 되게 하십시오.
늘 함께함으로 삶이 축제가 되게 하십시오.
누군가를 섬김으로 삶이 축제가 되게 하십시오.
작은 것을 나눔으로 삶이 축제가 되게 하십시오.

믿음과 소망과 사랑으로 삶이 축제가 되게 하십시오.
오래 참고 견딤으로 삶이 축제가 되게 하십시오.

맡겨진 사명을 잘 감당함으로 삶이 축제가 되게 하십시오.
수고한 열매로 삶이 축제가 되게 하십시오.
감사로 제사를 드림으로 삶이 축제가 되게 하십시오.
무엇보다 주님께서 주시는 기쁨으로 삶이 축제가 되게 하십시오.
축제의 삶은 그저 주어지는 것이 아니라 노력하는 만큼 주어집니다.

❖ 참 좋은 사람이란!

우리는 하루에도 수많은 사람을 만나게 된다.
그냥 스쳐 가는 사람이 있는가 하면,
참 좋은 사람으로 오래오래 함께하는 사람이 있다.
처음엔 간 쓸개까지 다 빼줄 것처럼 다가왔다가
뒤돌아설 땐 온갖 좋지 않은 모습으로 사라지는 사람들이 있다.

참 좋은 사람이란 처음이 좋은 사람이 아니라 끝이 좋은 사람이다.
참 좋은 사람이란 말을 잘하는 사람이 아니라 진솔한 사람이다.
참 좋은 사람이란 능력에 있는 것이 아니라 경건한 삶을 사는 사람이다.
참 좋은 사람이란 말만 무성한 것이 아니라, 말에 책임을 지고 행동으로 보여
주는 사람이다.

참 좋은 사람이란 그리스도의 삶을 살아 예수의 흔적을 남기는 사람이다.
참 좋은 사람이란 한 번쯤 그 사람을 떠올렸을 때
좋은 기억으로 남아 무얼 하고 사는지 궁금해 하고
또 보고 싶다는 여운이 남는 사람이 참 좋은 사람이다.

❖ 진리

여름 더위로 인하여 목마르셨죠?
목마르다고 탄산음료와 아이스크림과 술을 마시는데
탄산음료는 마실수록 목이 마릅니다.
아이스크림도 먹을수록 목이 마릅니다.

술도 마찬가지로 갈증을 더하게 됩니다.
오직 생수만이
여름 더위로 인한 우리의 목마름을 해갈합니다.

그렇습니다.
가짜는 더 목마르게 합니다.
가짜는 더 허기지게 합니다.
가짜는 더 갈증나게 합니다.
진짜를 찾으십시오.
진짜가 진리이고 진리가 우리를 자유롭게 하며
목마름과 허기짐과 갈증을 해결합니다.

❖ 하나님이 부러워하는 성공

누군가를 사랑하고 있다면
당신은 인생의 반을 성공한 것입니다.
나란 존재가 완성되지 않는 사람은
사랑할 수 없기 때문입니다.

누군가에게 사랑받고 있다면
당신은 인생의 나머지 반을 성공한 것입니다.
사람들이 당신을 좋아하기까지는
당신이 그들에게 충분한 사랑을 보여주었기 때문입니다.

당신이 만약
누군가를 사랑하는 동시에 사랑받고 있다면
그것은 하나님도 부러워하는 성공인 것입니다.
이유는 하나님은 사랑을 베풀기만 했지
사랑을 받아보지 못하고 늘 배신만 당했기 때문입니다.

당신은 사랑받기 위해 태어났습니다.

그리고 그 사랑 나누기 위해 태어났습니다.
내가 너희를 사랑한 것 같이
네 이웃을 내 몸과 같이 사랑하라고
말씀하신 주님의 말씀 따라
먼저 사랑 주고 사랑받는
하나님의 자녀가 되기를 원합니다.

❖ 당연한 결과

사랑과 지혜가 있는 곳에는 두려움과 무지가 없습니다.
인내와 겸손이 있는 곳에는 걱정과 노여움이 없습니다.
가난함과 기쁨이 있는 곳에는 욕심과 탐욕이 없습니다.

고요함과 묵상이 있는 곳에는 염려와 낭비가 없습니다.
동정과 신중함이 있는 곳에는 지나침과 무관심이 없습니다.
태양과 빛이 있는 곳에는 어두움과 공포가 없습니다.

사랑하는 당신이 있는 곳에는 외로움과 고독이 없습니다.
영원한 사랑이 있는 곳에는 애통과 슬픔이 없습니다.
주님을 경외하며 나아갈 때 대적은 틈탈 수 없습니다.

❖ 행복세상 만들자

지난 한 해 많은 상처와 아픔을 뒤로하고
새해 환한 행복의 한 해가 시작되었다.
희망과 치유의 깃대를 높이 쳐올려
사랑과 섬김으로 서로 화합하고
하늘 높이 아름다운 미소 지으며
우리 손잡고 힘차게 달려보자.

사랑하는 이여!

우리 하나 되어
행복의 빛을 온 누리에 비추며
어둠의 이 땅을 행복으로 밝히자.

새롭게 울려 퍼지는 행복의 웃음소리
온 세상에 메아리 되어
바람처럼 파도처럼 폭풍처럼
행복세상 만들어 나가자.

❖ 행복과 불행

고난 속에서도 희망을 가진 사람은
행복의 주인공이 되고,
고난에 굴복하고 희망을 품지 못하는 사람은
비극의 주인공이 됩니다.

하루를 좋은 날로 만들려는 사람은
행복의 주인공이 되고,
나중에 라고 미루며 시간을 놓치는 사람은
불행의 하수인이 됩니다.

힘들 때 손잡아 주는 친구가 있다면 당신은
이미 행복의 주인공이고,
그런 친구가 없는 사람은
불행의 주인공입니다.

사랑에는 기쁨도 슬픔도 있다는 것을 아는 사람은
행복한 사람이고,
슬픔과 고통만의 순간을 기억하는 사람은 불행합니다.

남의 마음까지 헤아려 주는 사람은
이미 행복하고,

자신을 이해해 주지 않는다고 섭섭하게 생각하는 사람은
이미 불행합니다.

미운 사람이 많을수록 행복은 반비례하고,
사랑하는 사람이 많을수록 행복은 정비례합니다.

용서할 줄 아는 사람은 행복하지만,
미움을 버리지 못하는 사람은 불행합니다.

❖ 절반의 약점이 만나면

나는 A형이고, 집사람은 AB형이다.
나는 건강하고, 집사람은 병약하다.
나는 가난했고, 집사람은 부유했다.
나는 아버지가 60을 넘겼고, 집사람은 아버지가 50을 못 넘겼다.

나는 공부를 못했고, 집사람은 공부를 잘했다.
나는 먹고 일하는 데 관심이 많고, 집사람은 비교적 목욕과 수면이다.
나는 정리 정돈하며 깨끗하게 해 놓고, 집사람은 어지럽게 널브러뜨린다.
나는 밝고 활달한 성격인데, 집사람은 소심한 성격에 침착하다.

그래도 우리 사이에 아들 한 명 낳고
변하지 않는 사랑으로 벌써 22년을 살고 있다.
아무리 생각해도 우리는 하나님이 짝지어 준 부부임에 의심이 없다.
두 사람 짝지어 주기 위해 하나님께서 공평한 약점
절반의 약점으로 하나 되게 만들어 주셨다.

❖ 남과 비교하지 맙시다.

자신을 남과 비교하고
부부가 남의 부부와 비교하고

자녀를 남의 아이들과 비교하고
사람을 다른 사람과 비교하면 잘되는 법이 절대로 없습니다.
오직 열등감과 실패와 좌절만이 남을 뿐입니다.

다만 우리는 하나님께서 각자에게 주신
독특한 달란트와 은사와 역할을 가진
소중한 그리스도의 지체임을 명심합시다.
하나님은 지금 그대로의 당신의 모습을
필요로 하고 계시며
지금 역할을 위해 당신을 당신으로 있게 해 주십니다.

❖ 주님께 대하듯

눈을 뜨고 주님을 보지 못할 때
영으로 주님을 보게 하소서.
가난한 사람을 내가 만났을 때
그분이 가난한 주님이었던 것을 알게 하소서.

병든 몸으로 어려운 삶을 사는 사람을 만났을 때
그분이 병들고 어려운 주님이었던 것을 알게 하소서.
갇힌 사람과 소외된 사람을 만났을 때
그분이 갇히고 소외된 주님이었던 것을 알게 하소서.

이 세상 어디에도 계실 주님을 만나고 사람을 대할 때
주님께 대하듯 하며 살게 하소서.
우리가 주님 안에서 주님이 우리 안에서 더불어 먹고 살아갈 때
하나님의 나라가 이 땅에 건설되게 됩니다.

❖ 작은 배려들의 목록표

1년 중 반을 마무리하고 새로운 반년을 시작하면서
나, 가족, 이웃, 사회, 나라, 민족, 교회를 돌아보고

내가 할 수 있는 작은 일들을 한 번 적어봅시다.

작은 것으로부터의 시작
작은 것으로부터의 섬김이
행복한 우리 가정과 이웃 사회와 민족과 교회를
행복하게 만들어 갈 수 있습니다.

내가 할 수 있는 작은 배려들의 할 일을 생각해 보고
함께 한 번 시작해 보아요.

❖ 영생보험 드세요.

어느 통계를 보니
생명보험회사의 보유계약 건수가 2천만 건을 상회한다고 합니다.
5천만 인구에 2천만이라~
참 많이 들었더군요.
어쩌면 사고 많고 질병 많은 세상에서 이게 지혜인지도 모릅니다.
월 3~4만 원으로 1억 원의 보장을 받으니 말입니다.

나도 오늘 여러분에게 보험 하나 팔려고 합니다.
이 보험 이름은 영생보험입니다.
이 보험은 한 번 가입하면
우리가 살고 있는 이 세상과 죽음 후에 들어갈 세상에서
효력이 발생됩니다.
이 보험은 돈이 필요 없습니다.
보험금을 매달 낼 필요도 없습니다.

그럼에도 불구하고 영원한 생명을 보장받습니다.
여러분이 이 보험에 가입하는 것은 간단합니다.
예수님을 믿기만 하면 됩니다.
여러분의 죄를 위해 십자가에서 죽임을 당하시고
사흘 만에 살아나신 예수님을 여러분의 주로 믿으면 됩니다.

예수님을 믿는 즉시 여러분은 이 보험의 보장을 받게 됩니다.

이 땅에서도 하나님의 아들로 삽니다.
죽음 이후에는 천국에서 영원한 생명을 누립니다.
이보다 더 확실한 보험은 없습니다.
영생보험 드세요.
상담은 금성교회나 가까운 교회에서 친절히 상담해 드립니다.
돈 없이 값없이 거저 주시는 예수님의 영생수를 마음껏 드세요.

❖ 이 귀한 입으로

이 귀한 입으로 희망을 주는 말만 하겠습니다.
이 귀한 입으로 용기를 주는 말만 하겠습니다.
이 귀한 입으로 위로의 말만 하겠습니다.
이 귀한 입으로 화해의 말만 하겠습니다.
이 귀한 입으로 사랑의 말만 하겠습니다.
이 귀한 입으로 믿음의 말만 하겠습니다.
이 귀한 입으로 긍정의 말만 하겠습니다.
이 귀한 입으로 칭찬하는 말만 하겠습니다.
이 귀한 입으로 좋은 말만 하겠습니다.
이 귀한 입으로 진실된 말만 하겠습니다.
이 귀한 입으로 꿈을 심는 말만 하겠습니다.
이 귀한 입으로 부드러운 말만 하겠습니다.
이 귀한 입으로 향기로운 말만 하겠습니다.
그리하여 이 귀한 입으로 기쁨의 좋은 복음만 전하겠습니다.
이 소중한 입이 닫히기 전에

❖ 용서하는 사랑

갈등과 다툼은 옳고 그름보다

대부분 비뚤어진 성격과 모난 성품 때문입니다.
못된 성격은 남 못된 것을 못 견딥니다.
모난 성품은 다른 사람 모난 꼴을 못 참습니다.
부딪쳐서 깎이는 동안 주위 사람들은 힘들어합니다.

남을 이겨야 직성이 풀리는 사람,
주목받지 못하면 못 견디는 사람,
모든 사람과 비교하는 사람은 불쌍한 사람입니다.

목소리가 높다고 옳지 않습니다.
말을 잘한다고 진실하지 않습니다.
비판한다고 정의롭지 않습니다.
낮은 목소리로 몇 마디 하지 않아도
허물을 가려주고 용서하는 사랑이 진정한 사랑과 정의입니다.

❖ 주님이 나를 사랑해 주셨기에

주님이 나를 사랑해 주셨기에 나는 이전에 몰랐던 기쁨을 발견하였습니다.
주님이 나를 사랑해 주셨기에 나는 행복이 무엇인지 알게 되었습니다.
주님이 나를 사랑해 주셨기에 나는 지금의 아름다움을 볼 수 있습니다.

주님이 나를 사랑해 주셨기에 나는 슬픔과 우울이 사라지고 평안을 얻게 되었습니다.
주님이 나를 사랑해 주셨기에 나는 인내로써 기다리는 법을 배웠습니다.
주님이 나를 사랑해 주셨기에 나는 늘 젊음으로 살아가게 됩니다.
주님이 나를 사랑해 주셨기에 나는 더 열심히 살아야 하는 그 이유를 알았습니다.

주님이 나를 사랑해 주셨기에 나는 사랑이 죽음보다 더 강하다는 것을 깨닫게 되었습니다.
주님이 나를 사랑해 주셨기에 나는 삶도 죽음도 모두 축복인 줄 알았습니다.
주님이 나를 사랑해 주셨기에 나는 최고의 법이 사랑으로 완성된다는 것을 알게 되었습니다.

주님이 나를 사랑해 주셨기에 나는 이 땅에서 미리 천국을 맛보며 살아가고 있습니다.

❖ 행복을 만드는 사람들

세상에 사람은 많이 있습니다.
그러나 자신이 가진 행복을 나누어
다른 사람을 행복하게 해 주려는 사람들은 많지 않습니다.

세상에 모임은 많이 있습니다.
그러나 자신의 시간과 물질을 투자하여
다른 사람들을 위해 봉사하는 모임은 많지 않습니다.

행복을 만드는 사람들은 한 사람의 힘은 반딧불같이 미약하지만
작은 사랑의 빛이 모이면 어두운 세상을 밝게 할 수 있습니다.
행복을 만드는 사람들은 자신이 가진 재능과 수고를 통해서
힘든 세상을 살아가는 이웃들에게 희망의 등대가 되어주고자 합니다.

행복을 만드는 사람들은 이름 없이 도우려는 아름다운 사람들의 마음을 모아
소리 없이 전하려는 또 하나의 아름다운 마음들입니다.
행복을 만드는 사람들은 아름답고 따뜻한 마음을 가진 사람들의 사랑과 정성이
소외당하고 고통 받는 이들에게 아름답게 전달되는 손과 발이 되려 합니다.

행복을 만드는 사람들은 우리가 가진 행복을 나눔으로써
서로의 행복이 곱빼기가 된다는 것을 믿으며 일하면서 봉사하는 선한 사람들
입니다.
행복을 만드는 사람들은 이웃들이 조금 더 행복한 삶이 되기 위해서
봉사하는 마음으로 일하는 사람들입니다.

행복을 만드는 사람들이 많아져서
이 지역과 주민들이 날마다 행복했으면 좋겠습니다.

❖ 새해를 맞이하면서

새해에는 자신에게 맡겨진 사명을 잘 감당하는 그런 해가 되기를 원합니다.
주께서 믿고 맡긴 사명 힘들고 어렵다고 외면하지 않게 하시고
달려갈 길 잘 달리고 선한 싸움 잘 싸워 착하고 충성된 종이라고 칭찬받게
하소서.

새해에는 누군가를 위해 기도하는 그런 해가 되기를 원합니다.
두 손을 모으고 나 자신과 내 가족의 행복만을 위해 기도하기보다
나 아닌 다른 사람의 행복을 위해 기도하되
그의 나라와 그 의를 구하여 하늘 보좌를 움직이게 하소서.

새해에는 어떤 상황에서도 범사에 감사하는 한 해가 되기를 원합니다.
일상의 삶 속에 없는 것 때문에 불평하고 원망하기보다
살아 있음과 가지고 있는 것에 감사하고
어렵고 힘든 가운데서도 범사에 감사하여 주의 뜻을 이루게 하소서.

새해에는 강하고 담대한 믿음으로 열매 맺기를 원합니다.
열매 없어 책망 받는 저들이 아니라
말씀에 순종하는 믿음을 가지고
위대한 일을 이루어 하나님의 살아 계심을 증거하게 하소서.

새해에는 매사에 참고 견디며 인내를 배우기를 원합니다.
참고 또 참고 기다리고 또 기다리고
참고 기다림이 기쁨이 되는 인내를 배우게 하소서.

새해에는 우리에게 주어진 시간이 얼마 남지 않음을 알고 시간을 아끼기 원
합니다.
하루해가 길지 않다는 것을 알게 하시고
후회 없는 삶을 살도록 최선을 다하는 한 해가 되게 하소서.

새해에는 기쁨이 있는 곳에 찾아가 함께 기뻐하고
슬픔이 있는 곳에 찾아가 함께 슬퍼하게 하소서.

새해에는 기쁨은 더하고 슬픔은 빼고 행복은 곱하고 사랑은 나누게 하소서.
새해에는 떠나야 할 곳에서는 빨리 떠나게 하시고
머물러야 할 자리에서는 영원히 아름답게 머물게 하소서.
새해에는 성공한 사람보다 사랑받고 존경받는 소중한 사람이 되어
하나님께 영광 돌리게 하소서.

❖ 당신을 보면

당신을 보면 행복해하는 분이 있습니다.
당신을 매일매일 보고 싶어 하는 분이 있습니다.
당신의 눈짓 몸짓 하나에 가슴이 떨리는 분이 있습니다.
당신의 말 한마디에 미소 짓고 웃고 하는 그런 분이 있습니다.
당신의 손이 스치는 것만으로도 가슴 떨려 하는 분이 있습니다.

당신을 많이 걱정하고 힘들어하면 대신 힘들어 해 주고
아프면 대신 아파 주었으면 하는 분이 있습니다.
당신의 웃음에 가슴 저리도록 떨려 하는 분이 있습니다.
당신의 모든 것에 의미를 두는 그런 분이 있습니다.
그분은 당신을 굉장히 아주 많이 사랑하는 분입니다.
바로! 예수 그리스도입니다.

❖ 이날과 그날

그날의 밝음이 있기에 이날의 어두움을 참을 수 있고
그날의 기쁨이 있기에 이날의 슬픔도 견딜 수 있으며
그날의 즐거움이 있기에 이날의 괴로움을 이길 수 있고
그날의 상급이 있기에 이날의 수고를 참을 수 있습니다.

이날의 거침이 있으면 그날의 소망이 있고
이날의 약함이 있으면 그날의 강함이 있으며
이날의 고통이 있으면 그날의 영광이 있고

이날의 죽음이 있으면 그날의 부활이 있습니다.
그러기에 그날을 기다리며 하루하루 살아갑니다.

❖ 행복한 사람

생활이 힘들고 어려워도
여유 있는 표정을 짓는 사람은 행복한 사람입니다.
누가 나에게 섭섭하게 해도
받았던 은혜를 생각하며 오히려 고마운 마음을 갖는 사람은
행복한 사람입니다.

아내가 밥을 태우거나 질게 해 미안해할 때
아무거나 먹어도 상관없다며
너털웃음을 짓는 사람은 행복한 사람입니다.
가진 것 없고 배운 것 없어도
기죽지 않고 당당하게 처신하는 사람은 행복한 사람입니다.

비가 오면 비가 오는 대로 만물이 해갈되어 좋고
날이 맑으면 맑은 대로 쾌청해서 좋은 사람은 행복한 사람입니다.
없다고 불평하지 않고 가졌다고 자랑하지 않고
가지고 있는 것에 만족하는 사람은
행복한 사람입니다.

❖ 겨울이 다가왔습니다.

찬바람이 불어오는 겨울이 성큼 다가왔습니다.
겨울은 우리에게 많은 것을 생각하게 하는 계절입니다.
가수 최희준 씨는 "인생은 나그네길 어디서 왔다가 어디로 가는 걸까?"
라고 노래했는데 사람은 과연 어디서 와서 어디로 가는 것일까요?

날씨가 더울 때는 모든 것이 바쁘고 분주하다가도

날이 쌀쌀해지면 한 번쯤 우리의 인생을 생각해 봅니다.
산으로 넘어가는 저녁노을에
낙엽이 떨어지고 아무것도 없는 '무'를 생각하지만
새롭게 피어날 봄을 생각하며
열심히 살아야겠다는 '유'도 생각해 봅니다.

외롭고 쓸쓸하다는 생각도 해 보지만
서로 부둥켜안고 따뜻하게 보낼 수 있다는 생각도 해 봅니다.
생각을 잘못하면 허무를 잉태하여 죽음을 낳고,
생각을 잘하면 얼마든지 가능성이 있는 생각을 잉태하여 생명을 낳습니다.
남은 인생을 생각해보고 나와 남을 생각하며
남은 우리의 여생 저 천국도 생각하는
그런 겨울이 되기를 원합니다.

❖ 만남

일생 동안 누구를 만나느냐 하는 것은 굉장히 중요합니다.
왜냐하면, 만남은 우리의 운명을 좌우하기 때문입니다.
부모를 잘 만나야 하고 선생님을 잘 만나야 합니다.
친구와 배우자도 잘 만나야 합니다.

특히 우리 교인들은 목사님을 잘 만나야 하고
목사 또한 교인을 잘 만나야 합니다.
지금까지 많은 사람을 만나고 살았던 지난날
이 만남들은 하늘이 내게 주신 축복이라고 생각합니다.

가장 행복한 사람은
"내가 당신을 만나고 당신이 나를 만난 것은 하늘이 준 큰 복이다"
라고 말할 때라고 합니다.

바울은 예수님을 만남으로 자기 정체성을 알게 되었고

자기 사명과 자기의 남은 운명도 알게 되었습니다.
모두가 올해는 예수 그리스도를 만남으로
여러분의 생애에 새로운 출발이 있기를 바랍니다.

❖ 내가 존중받고 싶다면

내가 사람들에게
존중받고 이해받고 사랑받고 소중히 여김을 받고 싶다면
나도 어떤 상황이든지 상대방을 존중하고
소중히 여기는 태도를 보여주어야 합니다.

소유의 많고 적음, 잘생기고 못 생기고,
공부를 잘하고 못하고, 키가 크고 작고,
능력이 있고 없고, 나이, 직업, 성별, 소유 등
그것이 어떤 조건을 근거로 하는 것이 아니라
어떤 상황에서도 상관없이 먼저 존중히 여겨야 합니다.

내가 상대방을 존중하면 서로 같은 편이 되고
함께 있고 싶어 하고 행복한 관계를 유지하게 됩니다.
그러나 어떤 조건을 근거로 사람을 열등하게 아래로 보면
서로 다른 편이 되고 행복할 수가 없습니다.

❖ 눈물을 닦아 주세요?

아름답고 사랑스런 사람들의 눈물을 닦아 주세요.
먹을 것이 없어 배고파하는 사람들의 눈물을 닦아 주세요.
잠잘 곳이 없어 밤이 두렵고 무서운 사람들의 눈물을 닦아 주세요.

몸이 아파 괴로워하는 사람들의 눈물을 닦아 주세요.
열심히 살면서도 마음에 상처를 입고 힘들어하는 사람들의 눈물을 닦아 주세요.
내 마음을 전할 사람이 없어 외로움에 지쳐 있는 사람들의 눈물을 닦아 주세요.

사랑에 목말라하는 사람들의 눈물을 닦아 주세요.
용서받지 못해 괴로워하는 사람,
용서받지 못해 애타 하는 사람들의 눈물을 닦아 주세요.

죄를 짓고 갇힌 몸이 되어
일생 후회하며 사는 사람들의 눈물을 닦아 주세요.
사랑하는 사람을 멀리 두고 와
그리움에 잠 못 이루는 사람들의 눈물을 닦아 주세요.

무엇보다 사랑하는 사람을 가슴에 묻고
목 놓아 울고 있는 사람들의 눈물을 닦아 주세요.

❖ 눈이 아니라 마음으로 봅니다.

사람의 눈은 형태가 있는 것만 봅니다.
경계선이 없는 것은 눈으로 볼 수 없습니다.

공기를 눈으로 볼 수 없고 사랑을 눈으로 볼 수 없습니다.
그렇다고 형태가 없는 것이 존재하지 않는 것이 아닙니다.

형태가 없는 것은 마음으로 봅니다.
마음으로 어머니의 사랑을 보고
마음으로 따뜻한 친구의 우정을 봅니다.

하나님은 형태가 없습니다.
하나님이 눈으로 보이지 않는다고 계시지 않는 것이 아닙니다.
하나님은 우리의 마음으로 봅니다.

마음이 청결한 자는 하나님을 볼 수 있습니다.

"마음이 청결한 자는 복이 있나니 저희가 하나님을 볼 것임이요"(마 5:8)

❖ 가을을 재촉하는 시월의 첫날

10월에는 눈물이 핑 돌 정도로
감동스러운 일들이 많이 있기를 원합니다.

10월에는 고운 단풍처럼
온 세상을 아름답게 할 일들이 많이 있으면 좋겠습니다.

이번 비로 인해 대지는 빗물에 깨끗해지고
염려와 걱정은 바람으로 날려 보내고
마음은 말씀 안에서 날마다 새로워졌으면 좋겠습니다.

가을을 재촉하는
빗소리를 들으며~

❖ 천천히 할 것과 빨리 할 것

비평은 천천히 하고 감상은 빨리 하자.
의심은 천천히 하고 신뢰는 빨리 하자.

폭발은 천천히 하고 이해는 빨리 하자.
후회는 천천히 하고 용서는 빨리 하자.

요구는 천천히 하고 주기는 빨리 하자.
시비는 천천히 하고 화해는 빨리 하자.

숨김은 천천히 하고 표현은 빨리 하자.
다툼은 천천히 하고 사랑은 빨리 하자.

걱정은 천천히 하고 행동은 빨리 하자.
꾸중은 천천히 하고 칭찬은 빨리 하자.

어려운 일은 천천히 하고 쉬운 일은 빨리 하자.

❖ 생명의 가르침과 죽음의 가르침

어머니가 거룩하면 자녀는 거룩함을 배웁니다.
어머니가 성경을 가르치면 자녀는 지혜를 배웁니다.
어머니가 기도하면 자녀는 기도하는 것을 배웁니다.

어머니가 예배자이면 자녀는 예배를 배웁니다.
어머니가 정직하면 자녀는 정직을 배웁니다.
어머니가 가정을 사랑하면 자녀는 사랑을 배웁니다.

어머니가 용서하면 자녀는 용서를 배웁니다.
어머니가 긍정적으로 말하면 자녀는 긍정의 말을 배웁니다.
어머니가 겸손하면 자녀는 겸손을 배웁니다.

어머니가 성실하면 자녀는 성실을 배웁니다.
어머니가 온유하면 자녀는 따뜻함을 배웁니다.

그러나
어머니가 우상을 섬기면 자녀는 우상 섬김을 배웁니다.
어머니가 방탕하면 자녀는 방탕을 배웁니다.
어머니가 음란하면 자녀는 음란을 배웁니다.

어머니가 술 취하면 자녀는 술 취함을 배웁니다.
어머니가 폭력을 휘두르면 자녀는 폭력을 배웁니다.
어머니가 거짓말을 하면 자녀는 거짓말을 배웁니다.

어머니가 원수 맺으면 자녀는 원수 맺는 것을 배웁니다.
어머니가 부정적인 말을 하면 자녀는 부정적인 말을 배웁니다.
어머니가 욕설을 하면 자녀는 욕설을 배웁니다.

어머니가 게으르면 자녀는 게으름을 배웁니다.
어머니가 신경질적이면 자녀는 짜증을 배웁니다.

❖ 소망합니다.

올해는 나를 사랑해 주는 사람이 많았으면 좋겠습니다.
올해는 내가 사랑할 수 있는 사람이 더 많았으면 좋겠습니다.
올해는 내가 하는 일들이 잘되었으면 좋겠습니다.

올해는 나보다 내가 사랑하는 이들의 일들이 더 잘되었으면 좋겠습니다.
올해는 감사할 일들이 많았으면 좋겠습니다.
올해는 모든 것이 하나님의 은혜라고 고백했으면 더 좋겠습니다.

올해는 다 '당신 덕분' 이라고 감사했으면 좋겠습니다.
올해는 다 '내 탓이야 하면서 미안하다고 고백했으면 더 좋겠습니다.
올해는 모든 사람이 육체적으로 건강했으면 좋겠습니다.

올해는 경제적으로 모든 사람들이 넉넉했으면 좋겠습니다.
사고 싶은 것, 하고 싶은 것, 먹고 싶은 것, 할 수 있었으면 좋겠습니다.

올해는 절망과 탄식 아비규환의 비명의 소리보다 바다와 산에서의 파도소리와
산새들의 아름다운 소리가 들려 왔으면 좋겠습니다.

올해는 때리고 부수고 싸우고 깨지는 소식보다 기쁨의 좋은 소식과 아름다운
소식만 가득했으면 좋겠습니다.
그리하여 모두가 함께 기뻐하고 즐거워하고 웃을 수 있는 그런 세상이 되었
으면 좋겠습니다.

올 한 해 지금 이곳까지 인도해 주신 에벤에셀의 하나님을 찬양하며 나의 계
획이 앞서는 것이 아니라 하나님의 계획에 맞추어 살아가는 모두가 되기를
소망합니다.

금성교회를 섬긴 부교역자들의 글

❖ **꿈을 향한 나의 걸음은 멈출 수 없고!**

자고로 사람은 혼자서는 살 수 없습니다.
'人' 한자처럼 서로가 서로의 등을 기대며 사는 것이 삶입니다.
이것이 우리가 사는 인생인가 봅니다.
사람은 누구든지 태어나 자라면서 원대한 꿈을 가지게 되며, 그 꿈을 이루고자
무던히도 애를 쓰며 살아갑니다.

그러나 많은 사람들이 그 꿈을 다 이루지는 못하며 일부 몇 사람을 제외하고는
대부분 사람이 꿈을 이루지 못한 채 이리저리 방황하며 살아갑니다.
급기야는 꿈을 포기한 채 맹목적으로 언제 바람이 불고 지나갔는지 모르는 듯
인생을 살아가고 있습니다.

사실 저 자신도 신학교 문턱을 밟기 전에는 많은 방황 속에 있었습니다.
시간을 거슬러 올라가 고교 시절 목회자가 아닌 성악가가 되고자 가족의 애를
많이 태우며 지내온 시절이 있었습니다.
평소 음악을 좋아했던 저에게 새로 부임한 음악 선생님이 있었습니다.
사랑이 많은 선생님은 성악을 전공한 분이었습니다.
저는 딱 한 번 성악교습을 받게 되었는데, 그만 그 선생님의 소리에 빠져들게
되었고, 방과 후 음악실에서 선생님을 만나 배우는 것이 너무 즐거웠습니다.

하지만 가정환경이 좋지 않은 나로서는 계속 공부를 할 수가 없었습니다.
이것을 안 선생님은 조금도 아랑곳하지 않고 공부를 진행하였습니다.

한 달이 훌쩍 지났을까 레슨비를 내지 않았을 때도 선생님은 나를 사랑으로 계속 가르쳐 주었고, 어느 날 더 이상 공부를 못하겠다고 선생님에게 말했을 때도 끝까지 저를 이끌어 주었습니다.

시간이 흘러 부모님도 제가 성악을 준비하고 있다는 것을 자연스레 알게 되었고 이해해 주셔서 계속해서 공부를 쉬지 않고 열심히 하여 이듬해 대학을 진학하게 되었습니다.

대학 생활은 신나고 재미가 있었습니다.

그런데 그것도 잠시 남자라면 한 번 가야 할 군대를 빨리 갔다 와야 하겠다는 생각에 군을 자원입대하게 되었습니다.

군 생활을 하면서 '제가 진정해야 하고 좋아하는 것이 무엇일까?' 기도하는 가운데 자꾸만 어려서부터 목회자가 되어야지 목회자가 되어 한평생 하나님의 심부름꾼으로 살아가야지 하는 저 자신을 보게 되었습니다.

위대한 성악가가 되려고 달려왔던 저에게 커다란 변화가 있었습니다.

전 어려서부터 목사님, 선교사님이 되어 복음을 전하는 것이 제 꿈이었는데 그 꿈이 살아가면서 성악으로 변하면서 음악가가 되려는 나의 욕망을 제어할 브레이크가 없었던 것입니다.

전역하고 음악공부를 계속하게 되었는데, 그런데 예전만큼 음악공부에 열정이 일어나지 않았습니다.

한 사람 안에 두 꿈이 자리 잡고 있는 저로서는 너무나도 그 일을 이루기가 벅찼고 급기야 세월의 무상함 앞에 그 꿈들을 접을 수밖에 없었습니다.

그런데 우리 하나님께서는 저의 연약함을 아시고 좋은 안내자를 붙여 주셨고, 다시금 처음 꿈인 신학 공부를 할 수 있도록 장을 마련해 주었습니다.

처음 꿈을 뒤늦게나마 이루어 갈 수 있도록 인도하신 하나님께 감사를 드리며, 현재 금성교회에 전도사로 부임하여 목회 생활을 하는 것이 얼마나 기쁘고 좋은지 모릅니다.

왜냐하면 저의 방황을 멈추게 하였고, 삶의 자리에서도 아주 만족함을 누리고 살고 있기 때문입니다.

인생의 방황은 하나님을 만나면 끝이 나고 신앙의 방황은 좋은 교회를 만나면 끝이 나고 인격의 성숙은 좋은 사람을 만나면 성숙하는 것처럼 자기 자신을 아끼지 않고 교회를 섬기시는 좋은 목사님과 정 많으신 사모님 그리고 여러 성도님들을 만나게 된 것이 제겐 얼마나 큰 축복인지 모릅니다.

그래서 요즘 더욱더 삶이 행복합니다.

모든 분께 감사하고 사랑합니다.

정호일 전도사

❖ 새신랑 정호일 전도사

할렐루야! 신실하신 하나님을 찬양합니다.

십자가의 피로 세우신 주님의 교회를 섬기도록 우리를 부르시고 또한 부족한 종을 금성교회를 섬길 수 있도록 은혜를 베풀어 주신 하나님께 감사와 찬양과 존귀와 영광을 돌려 드립니다.

계절의 여왕이라 부르는 참으로 아름다운 계절, 저는 매 해년 5월을 맞이할 때마다 '언제쯤 나도 다른 사람들처럼 행복한 가정을 이루어 살아갈 수 있을까?' 많이 고민하면서 33년을 지나왔는데 드디어 저희가 지난 5월 17일(토) 주님의 은혜로 결혼을 하여 꿈에도 그리던 행복한 가정을 이루었습니다.

결혼하여 함께 살게 된 저의 집사람은 학교에서 같이 공부하는 학우입니다. 2008년 학교에 다니면서 함께 카풀을 하게 되었는데 카풀을 하면서 많은 대화를 나누게 되었고, 대화하는 가운데 서로를 향한 위로가 마음의 문을 열어 놓게 되어 결혼에까지 올인하게 되었습니다.

나의 아내가 된 사람 은정 씨를 처음 만났을 때 가슴이 두근두근 거렸습니다. 마음은 있으면서도 표현은 하지 못하고 할 말을 잃은 채 아름다운 모습만 옆에서 늘 바라만 보면서 몇 개월이 훌쩍 흘렀습니다.

그러다가 더 이상 기다릴 수 없어 용기를 내어 먼저 사랑을 고백하였습니다. 은정 씨는 사랑을 고백하는 나의 마음을 기다렸다는 듯이 나의 마음을 기쁘게 받아주었습니다.

그리고 저는 그날 저녁 너무나 기뻐 잠이 오지 않았고, 하나님께 감사의 기도를 드렸습니다.

이후 저는 '은정 그대만을 사랑할게요. 우리 믿음 안에서 살아요. 우리 믿음 안에서 하나님의 은혜로 그대 꼬부랑 할머니가 되어도 그대만을 사랑할게요.' 하면서 함께해 줘서 고맙다고 감사를 드렸습니다.

결혼식 때 참으로 많은 사람들이 와서 저희 두 사람의 앞날을 축복해 주신 모든 분께 다시 한 번 지면을 통하여 깊은 감사를 드립니다.

특별히 금성교회를 섬기는 가운데 김병호 담임목사님께 감사드립니다.

부족한 저를 이해해 주시고 많이 사랑해 주시고 또 저에게 베푸셨던 하나님의 사랑과 은혜 참으로 감사를 드리며 많은 것을 깨닫고 많은 것을 배우게 됩니다.

하나하나 잘 배워서 좋은 동역자가 되도록 열심히 노력하겠습니다.

그 외에도 장로님들과 권사님, 집사님, 여러 성도님들!

아낌없이 사랑해 주셔서 감사를 드립니다.

이제 한 가정의 가장으로 한 아내의 남편으로 또 교회를 동역하는 목회자로 지도자로 섬겨 나아갈 때 지금까지 보내주셨던 것처럼 많은 협력과 기도로 성원을 부탁드립니다.

저는 금성교회에서 목사님을 비롯하여 함께 여러분과 신앙생활 하는 것이 얼마나 행복한지 모릅니다.

또한 새롭게 만나 결혼하여 평생 함께할 집사람과도 행복한 동행을 이루게 되어 얼마나 감사한지 모릅니다.

지켜봐 주시고 사랑해 주십시오.

새신랑 정호일 전도사

❖ 소중한 친구

사람을 만나고 그 사람들과 함께 이야기를 만드는 것, 그건 밤새 내린 이슬을 맞이하듯 당연하면서도 참 소중한 일인 것 같습니다.

작년 1월, 내 마음의 이슬 같은 금성교회 아동부를 만났습니다.

똥~그란 눈을 가진 아이들의 눈에 나는 어떤 모습으로 비춰질까 생각할 겨를도 없이 제 눈에 아이들이 포~옥 들어왔습니다.

아이들은 언제나 가능성을 품고 있는 씨앗과 같습니다.
아동부 아이들이 씨앗이라는 걸 깨닫는 데는 단10초도 걸리지 않았습니다.
아동부 예배를 드리기 위해 교육관에 들어선 순간 아이들의 찬양소리, 맑은 웃음, 그건 아이들이 자기 나름의 싹을 피우는 소리라는 걸 느끼게 했습니다.
그리고 그 싹을 피우기 위해서 몸이 찢어지는 것을 겪는 씨앗처럼 아이들도 나름의 아픔 속에서 삶이라는···
아직은 작은 싹을 내고 있는 것도 보게 되었습니다.

한 아이는 엄마의 빈자리를, 한 아이는 아빠의 빈자리를, 한 아이는 소중한 사람의 죽음을 경험하기도 하고, 한 아이는 외로움을, 한 아이는 두려움을, 한 아이는 가난을, 아이들은 나름의 아픔 속에서 지내고 있었습니다.

처음엔 아이들이 자신의 아픔을 잘 느끼지 못하고 지내는 건 아닌가 하는 생각이 들었습니다.
하지만 작년 여름 성경학교 짧은 시간이었지만 아이들과 대화와 말씀을 나누며 하나님께 기도하는 시간에 아이들의 터져 나오는 마음을 보았습니다.
무엇이 그리 여리디 여린 아이들의 마음에 파고들어 눈물을 만들었는지, 아이들을 안고 눈물로 눈물을 서로 닦아 주었습니다.

아이들은 어른인 저보다 더 담대하고 더 솔직하게 현실 속에서 살아가고 있었습니다.
아이들에게 이런 싹을 틔울 수 있게 돕는 손은 무엇일까 생각했습니다.
아무리 생각해봐도 그건(너무 흔한 답 같지만) '사랑'이었습니다.
즉, 사랑이라는 토양 아래 뿌리를 내리고 있었습니다.
그 토양 아래서 아픔도 싹을 틔우는 힘이 되고 있었습니다.
그곳은 좋은 땅, 바로 하나님의 품이었습니다.
아이들이 감당 못할 것 같은 눈물도 포기의 대상이 되었던 모습도 그분의 다함없는 품은 있는 그대로 아이들을 품어주셨습니다.

아이들의 작은 변화와 성장 그리고 삶에 대한 사소하게 여겨지는 즐거움도 그분의 섭리에서 오는 웃음이라는 걸 아이들도 알고 있을까요?
하나님의 품의 따스함을 날이 더할수록 더 깊이 알았으면 좋겠습니다.

그리고 한 곳에 시선이 더 갔습니다.
그건 보이지 않는 곳, 은밀한 곳에서 아이들을 위해 기도하며 아이들의 아픔에 더 아파하며 눈물을 뿌리는 교사들과 성도님들과 특별히 목사님이셨습니다.
아이들이 어린 어깨로, 어린 마음으로, 삶을 무거운 짐으로 여기며 지고 있는 이때 그 짐을 온 마음으로 받아 내는 분들이 있어서 아이들은 그 아픔을 잔잔하게 어떨 때는 폭풍같이 이겨내고 있는지 모릅니다.

저는 이곳에 제가 있다는 것이, 또한 아이들이 자라는 일에 동참하고 있다는 것이 얼마나 행복한지 모릅니다.
부족하고 연약한 제 모습과 부딪혀서 흔들거릴 때면 가슴을 파고 들어와서 안아주는 아이들의 가슴이 따뜻해서 다시 마음을 강하게 다잡게 됩니다.

잔소리 많고 요구하는 것 많은 저에게 보람되고 의미 있는 삶을 만들어주는 금성교회 아동부 아이들은 저의 소중한 친구입니다.

2007년 4월
아동부 교육지도 김문정 전도사

❖ 금성교회를 부임하면서

사랑하는 아들이 천국에 간지도 벌써 7년이 지났다.
아들이 우리 가정에 한 알의 밀알이 되어서 대대로 불교를 믿고 부처를 섬기던 시어머님께서 주님 품으로 돌아오게 되고 남편도 주님을 영접하게 되며, 시댁의 많은 어른들이 주님 앞으로 나오게 되었다.
하나님의 역사는 참으로 놀라워서 순교자의 피 위에 교회가 세워지고, 아들을 통하여서 우리 가정을 오직 하나님만을 섬기는 복된 가정으로 온전히 세워주셨다.

그 모든 역사하심 가운데에서 "아버지, 제가 주님 살아계심에 대한 증인입니다."라고 고백하며 늘 주님께 빚진 마음으로 살아가던 중에 주님께서 나를 신학의 길로 인도하셨고, 영적인 눈을 열어주셔서 이 세상에서 가장 가치 있는 것이 바로 영혼을 살리는 일이라는 것을 깨닫게 하셨다.

금빛, 은빛으로 반짝이는 바다 위에 배가 점점이 떠 있는 한 폭의 그림과도 같이 아름다운 영선동에 위치한 금성교회로 부임하여 '울타리를 허물고 이웃과 나누라'는 목사님의 사랑과 열정이 넘치는 설교 말씀을 들었을 때 나의 눈에는 감동의 눈물이 한없이 흘러나왔다.
부족하고 미련한 자를 사역의 길로 불러 주시고 너무나도 좋은 교회로 인도하신 하나님의 은혜가 너무 감사해서 나의 눈에서는 계속해서 눈물이 흘러나왔던 것이다.

금성교회 부임 전에 들었던 소문과 부임한 후의 느낌은 들은 소문 그대로이다.
작지만 능력과 비전이 있고 성도들이 가족과 같이 정이 넘치며, 지역사회를 섬기고 지역주민과 함께하는 참으로 생명력이 넘치는 참 좋은 교회이다.
지역사회에 선한 영향력을 많이 끼침으로 좋은 소문이 멀리까지 난 아름다운 금성교회에서 나는 할 일이 너무나도 많음을 깨닫는다.

내가 맡은 아동부 예배는 9시에 시작을 하는데 7시 30분만 되면 벌써 아이들이 "전도사님~~~"하면서 문을 열고 들어온다.
나는 그 아이들을 보면 마음속 깊이 감동이 밀려온다.
"주님, 나같이 부족한 사람에게 저 어린 영혼들을 맡기셨습니까? 제가 부족하고 능력이 없지만, 오직 주님 의지하면서 최선을 다하여 주님께서 맡기신 어린 영혼들을 잘 돌보겠습니다."라고 나도 모르게 기도가 나오는 것이다.
아름다운 갈릴리와 같은 언덕 위에 위치한 금성교회를 나는 참으로 사랑하며 말세지말에 할 일이 많고 비전이 넘치는 참 좋은 금성교회로 인도하신 주님께 감사와 찬양을 올려드린다.

아동부 지도 하계옥 전도사
(나중 목사안수 후 부목으로 섬김)

❖ 지역 주민 초청 경로잔치를 치르고 나서…

5월, 가정의 달을 맞이하여 온 교회가 지역주민 초청 경로잔치로 분주하였다.
여러 차례에 걸쳐서 시장을 봐 오고 준비하며 온 교회가 마치 잔칫집 같은
분위기였다. 작년에 300여분의 어르신들이 오셨으니 올해에는 더 많은 어르
신이 오시리라 예상하여 음식을 풍성하게 준비하고 어르신들께 드릴 선물도
정성껏 준비하였다.

금성교회에 처음으로 부임하여 얼마 되지 않은 나는 '작은 교회에서 어떻게
한꺼번에 300여 어르신들을 대접할 수 있을까?' 하고 내심 걱정이 되었다.
그런데 경로잔치 하루 전날 많은 성도들이 모여서 예배당의 의자들을 익숙한
솜씨로 모두 치우고 바닥에 장판을 깔고 나니 예배당 전체가 아주 근사한 식
당(?)이 되었다.

주민초청 당일은 많은 성도들이 새벽부터 음식을 장만하기 시작하였다.
익숙한 솜씨로 가지가지 여러 전이 구워지고 잡채, 불고기, 생선구이, 갖가지
나물, 떡 등 많은 음식이 풍성하게 준비되었다.
11시가 되자 지역의 어르신들이 물밀듯이 들어오셨다. 어디서 그렇게 많은
어르신들이 오셨는지 우리는 모두 즐거운 비명을 지르게 되었다.
앉을 곳이 없어 몇 번씩 나누어 식사를 하게 되었는데, 한결같이 한 분도 불
평 없이 질서 정연하게 잘 협조하여 준비한 음식을 맛있게 드시게 되었다.

어르신들은 한결같이 장만한 음식이 맛있다고 하시며, 금성교회가 해마다 너
무나 수고가 많다고 많은 칭찬을 하여 주셨다.
우리는 대접을 해 드리면서 흐뭇하기도 하고 너무 칭찬을 많이 하여 주셔서
한편으로는 송구스럽기도 하였다.
많은 어르신들을 한꺼번에 대접해 드리다 보니 좀 더 잘해 드리고 좀 더 기
쁘시게 해 드리지 못하였던 것 같아 아쉬움이 남지만, 내년에는 더 준비를 많
이 하여 지역에 계시는 우리의 아버님과 어머님들을 더 잘 섬기고 모실 것을
다짐해 본다.

하계옥 전도사

❖ 금성교회로 부임하며

유난히 추운 겨울이었습니다.

2010년의 겨울은 '춥다'라는 한 단어로 정리가 되지 않을 정도로 매서운 날들 이었습니다.

더욱이 계절의 영향뿐만 아니라 새로운 사역지를 걱정하는 저의 마음도 춥게 얼어붙고 있었습니다.

수차례 기도로 준비하며 하나님의 사역을 감당할 수 있는 사역지가 정하여 지기를 소망하였습니다.

하나님께서 은혜 가운데에서 영도에 있는 금성교회로 저를 인도하셨습니다.

이제 제가 부임한 지도 어느덧 한 달이 되어갑니다.

그동안 제가 경험한 금성교회의 생활을 한 단어로 표현하자면 '보금자리'라고 부르고 싶습니다.

걱정 반 두려움 반으로 시작된 사역의 시작, 부임하자마자 낯선 아이들과 중·고등부 동계수련회를 보내면서 저보다도 아이들이 더욱 낯설고 어색할 텐데도 학생회 친구들이 저에게 보여준 친근함과 예쁜 웃음에 반하였습니다. 어떻게 아이들을 마주 대하며 '동계수련회 4일을 보내야 할까?'라는 걱정은 첫날에 이미 날려 보내고, 마지막 날인 4일째는 온종일 함께 있을 수 있는 기 간이 끝난다는 아쉬움이 마음에 남았습니다.

어느 비싼 카페보다 훨씬 전망이 좋은 예배당에 가득 찬 성도님들은 밝은 미 소로 저를 대해 주셨습니다.

스스럼없이 대해 주시며 먼저 인사해 주시고 반겨 주시는 그 모습에 제 마음은 얼어붙을 사이도 없이 추운 겨울에도 봄바람이 불었습니다.

아직 저는 영도의 영선동하면 대부분 어디가 어딘지 알 수 없는 병아리 영도 사람입니다. 교회가 아닌 길에서 마주치며 인사를 하셨던 분이 성도님인지 아 닌지 알 수 없을 때도 많이 있습니다.

저 자신만을 볼 때 아직은 금성교회의 모든 것들에 미숙하고 부족한 것 투성 이지만 지금의 저는 나 자신의 부족한 면들을 보면서 지내지 않을 것입니다.

왜냐하면 제가 어깨를 기대고 마주할 수 있는 금성교회 성도님들로 인해서 즐겁고 행복한 사역이 앞으로도 계속될 것이기 때문입니다.

저는 하나님이 나에게 보내주신 금성교회 '보금자리'가 참 좋습니다.

이구 전도사

❖ 금성교회에서 지난 삼년을 돌아보며

2013년 9월 신대원 1학년 금성교회에 처음 왔던 3년 전을 돌아봅니다.

사실 저는 남들보다. 뛰어난(?) 외모 때문에 예전에 섬기던 두 교회에서 거의 쫓겨나다시피 교회를 사임했었습니다.

그래서 다른 교회를 섬기는 것에 대한 약간의 트라우마가 있었습니다.

그러는 중 금성교회에 오게 되었고, 금성교회를 섬기면서도 '설마 나 같은 사람을 어느 교회 목사님, 성도님들이 오래 보고 싶어 하겠노'라는 생각을 하며 잠깐 있다가 지나갈 그런 교회 정도로 생각하며 섬겼습니다.

하지만 이런 생각이 어느 순간 사라지고 금성교회가 저에게 있어서 잠깐 지나갈 나그네 같은 교회가 아니라 '내 교회! 우리 교회!'가 되어 있었습니다.

아마 진짜 형님 같은 김병호 목사님과 누님 같은 이재영 목사님, 그리고 가족같이 대해 주시는 장로님, 권사님, 집사님들 덕분이 아닌가 생각이 듭니다.

사람들이 흔히 말하길, "서당 개 3년이면 풍월을 읊는다"라는 말이 있습니다.

제가 금성교회 온 지 벌써 3년이 되었습니다.

여전히 낯가림이 심하고 실수투성이인 제가 이제 새로운 다짐을 하려 합니다.

금성교회를 위해 조금 더 기도하고 노력하며 발걸음을 옮기고 일어서겠습니다.

3년 전 '이 교회도 얼마 안 있다가 갈 건데 뭐' 이런 생각을 했지만, 이런 생각이 긍정으로 변화되어서 금성교회와 함께하며 지금까지 왔습니다.

저는 금성교회와 겨우 3년을 걸어왔습니다.

하지만 우리가 계속해서 금성교회로 모이고 함께할 때 5년 후, 10년 후는 어떤 모습일까요?

저는 우리 금성교회를 통해 하나님께서 역사하심을 기대합니다.

우리 금성교회를 통해 이 영선동이 영도 지역이 변화될 것을 기대합니다.

짧으면 짧고 길면 긴 3년이라는 시간이지만, 금성교회에서 계속해서 봉사할 수 있게 하신 하나님 목사님 그리고 성도님들께 감사드립니다.

부족하지만, 더 열심히 봉사함으로 함께 아름다운 금성교회를 만들어가길 원합니다.

송봉길 전도사

❖ 금성교회의 일원으로서

금성교회에 몸담게 된 지 벌써 2년이란 시간이 되었습니다.

이 2년이란 시간은 저에게 많은 변화와 성장의 시간이었습니다.

지금부터 부족한 필력으로 제가 사랑하고 자랑하고픈 금성교회 공동체에 관한 이야기를 들려 드리고자 합니다.

처음 교회에 출입하게 된 것은 남편이 금성교회 전도사였기 때문이었습니다. 아무래도 '사모'라는 이름은 다른 분들에게 부담이 되기도 하고 저 역시 남편의 사역에 누가 되지 않을까 사모라는 이름에 부담을 느끼고 있기에 성도님들을 대하는 것이 조심스럽고 성도님들 또한 저를 대하는 것이 조심스러울 수밖에 없었습니다.

그렇기에 성도님들에게 먼저 다가가기가 쉽지 않았는데 제가 속한 5여전도회 회원들은 저의 직책이나 제가 지닌 이름에 관해 부담 없이 저를 대해 주셨습니다. 이후 교회에 적응할 수 있도록 적극적으로 도와주시고 오히려 저를 위해 더 조심해 주시고 어려운 점이나 힘든 점은 언제든 이야기하라며 격려와 응원을 아끼지 않으셨습니다.

그리고 서로 격의 없이 대하고 대화하나 서로를 깎아내리지 않고 존중하며 교제하며 대화하는 모습을 볼 때 이 공동체에 사랑이 충만함을 느낄 수 있었습니다.

또 교회 교육부서도 자랑할 만하다고 생각하는데 사실 이제 중1이 된 딸아이가 예배드리는 것은 함께 들어가 보지 못하고 아이의 이야기를 듣기만 합니다.
이야기를 들어보면 청소년부의 예배가 기쁨이 있는 예배라는 것을 알 수 있는데 아이들이 서로를 위하며 소외된 친구 없이 모두가 한마음으로 예배를 드린다는 것입니다.
이것은 전도사님과 선생님들의 교육을 위한 노력과 헌신이 없이는 가능하지 않습니다.

그리고 유치부에서는 둘째 아이와 함께 예배를 드릴 때가 많은데 선생님들이 아이들과 눈을 맞추는 것부터 아이들에게 한 마디 한 마디 격려해 주는 것을 보고 사랑이 넘치는 곳이라는 것을 느꼈습니다.
모든 선생님들이 아이들에게 하나님의 말씀을 전하고자 하는 열정과 아이들과 함께 활동하는 모습에서 예수님의 사랑을 품은 교사들이 모여 있는 곳이라는 것을 알게 되었습니다.

이런 교육부서가 모여 있는데 다른 부서에도 당연히 사랑과 열정이 넘치지 않겠습니까?
저는 비록 금성교회와 함께한 시간이 그리 길지는 않습니다.
그렇지만 2년이라는 짧은 시간 사랑과 열정이 넘치는 교회라는 것을 알기에 충분한 시간이었습니다.
그러니 어찌 금성교회를 사랑하지 않을 수 있겠습니까?
또 자랑하지 않을 수 있겠습니까?

많은 사람들이 사랑이 넘치는 우리 금성교회를 알아갔으면 좋겠습니다.
그래서 함께 신앙생활하며 그리스도의 사랑을 전할 수 있었으면 좋겠습니다.
앞으로 저도 금성교회의 일원으로 저를 성장하게 만들어준 분들처럼 더 많은 이들에게 사랑을 전하고 은혜를 나눌 수 있는 삶이 되기를 소망합니다.

송봉길 전도사 아내 박경희 사모

임직을 받으며 다짐과 각오

❖ 장로 임직을 받으며

오늘이 있기까지 인도하여 주신 하나님께 감사와 영광을 돌려 드립니다.
하나님의 은혜로 부르심을 받아서 장로 임직을 허락하신 하나님께 감사를 드립니다.
피택 후 6개월 동안 목사님의 청지기의 삶과 헌신과 봉사와 겸손함과 낮아져야 함을 배우면서 얼마나 부족한 사람인지 많이 깨닫게 되었습니다.

이제 '맡은 자에게 구할 것은 충성'이라고 하였사오니 열심을 다하여 교회를 위해 성도님들을 위해 겸손한 마음으로 섬기려 합니다.
부족한 자에게 귀한 직분을 주셨으니 열심히 교회를 위해 헌신하겠사오니 주님 영광 받으시고 귀한 사명 하나님의 사랑과 위로로 함께하면서 달려갈 길 다 달려가 영광의 면류관을 함께 쓰기를 소망합니다.

주님께서는 "너희가 서로 사랑하면 이로써 모든 사람이 내 제자인 줄 알리라"고 말씀하셨으니 금성교회가 사랑이 넘치는 교회가 되기를 기도하면서 저를 위해 이 자리에 있기까지 기도해 주는 가족과 지도해 주신 목사님과 성도님들께 다시 한 번 감사를 드립니다.

감사합니다.

2014. 11. 30 늘 부족한 사람 이종득 장로

❖ 안수집사 임직을 받고 나서

먼저 부족하고 흠 많은 저에게 귀한 직분을 허락하신 하나님께 감사드립니다.
아울러 과분한 사랑 주신 성도님들께도 감사드립니다.
피택 후 6개월 교육 기간 내내 정말 많은 걱정과 고민이 되었습니다.
제가 도저히 감당할 수 있는 직분이 아닌 것 같아 마음의 부담감이 너무 많았습니다.
이 부담감을 친구인 허태환 집사, 장금성 장로님께도 털어놓았습니다.
'하나님께서 택하셨다면 감당할 능력도 주신다'고 많은 격려를 해 주셨기에 용기를 낼 수 있었습니다.

교육기간 동안 자료 준비하시고 교육해 주신 담임목사님께도 진심으로 감사드립니다.
교육 내용을 가슴에 새겨 실천하는 청지기가 되도록 노력하겠습니다.

부족하지만 나름 몇 가지 각오와 다짐을 적어 봅니다.
부족한 부분을 개선하려고 자신을 채찍질하겠습니다.
미천하지만 교회를 위해 보탬이 되는 부분이 있다면 적극적으로 임하겠습니다.
말을 많이 하기보다 많이 듣고 말보다 행동으로 실천하려고 노력하겠습니다.
먼저 보고 한 걸음 더 나아가는 그런 신앙생활 되도록 적극적으로 노력하겠습니다.

흠 많은 제가 귀한 직분 잘 감당할 수 있도록 많은 기도 부탁합니다.
모든 성도님께 주님 늘 함께하시길 기도드립니다.

2014년 11월 전철범 안수집사

❖ 권사 임직을 받게 되면서 다짐과 각오

피택 받은 자들이 6개월 동안 청지기로서의 사명과 본분 앞으로 해야 할 일 등을 배웠습니다.

어깨가 무겁고 부담감도 많이 느꼈습니다.

저 같은 경우에는 모태 신앙으로 시집오기 전까지 교회에 봉사하고 헌신하였고 지금도 마찬가지로 주어진 직분에 최선을 다해 헌신하려고 노력하고 있습니다.

그런데 권사라는 직분을 임직 받고 나니 새삼 두렵고 떨리며 많은 부담감이 다가왔습니다.

조금 이른 나이에 권사 직분을 받아서인지 다른 직분자들보다 몇 배 어깨가 무거울 지경입니다.

하지만 성도님들이 뽑아주셨으니 그 직분에 맞게 좀 더 겸손하게 좀 더 낮은 위치에서 최선을 다하려고 합니다.

요양보호사로, 가정주부로, 교회 봉사자로 1인 3역을 하고 있지만, 건강이 허락한 그 모든 일에 감사함으로 기쁨으로 감당하려고 합니다.

요한계시록 2장 10절의 "네가 죽도록 충성하라. 그리하면 생명의 관을 네게 주리라"고 하신 말씀을 항상 묵상합니다.

고린도전서 4장 2절의 "그리고 맡은 자들에게 구할 것은 충성이니라"는 말씀을 늘 묵상합니다.

이 말씀을 따라 이 땅에서 하나님의 자녀답게 하나님만 바라보고 하나님만 의지하며 살아갈 것입니다.

마지막으로, 6개월 동안 담임목사님으로부터 공부하면서 '청지기'라는 삼행시를 목사님이 지어 보라고 하셔서 지었던 기억이 납니다.

청 - 지기는 하나님의 대리인, 하나님의 관리인, 하나님의 일꾼으로서 하나님이 주시는

지 - 혜와 능력을 가지고

기 - 도와 말씀과 전도로 충성 봉사하는 선한 청지기(직분자)가 되겠습니다.

우리 성도님들! 기도 많이 해 주세요!!

2014년 11월 이현미 권사

❖ 피택 항존직 교육 중 청지기 삼행시

청 - 결한 마음과 감사의 기도로
지 - 혜롭고 현명한 행동을 하며
기 - 쁜 마음으로 주님 앞에 충성을 다하리라.

  청 - 옷으로 갈아입고
  지 - 저분한 일이나 어렵고 힘든 일도
  기 - 쁜 마음으로 묵묵히 일하겠습니다.

청 - 지기는
지 - 고 가야 합니다.
기 - 도하며 인내하며 감사하며 사랑하며 주님의 십자가를 지고 가야 합니다.

청 - 지기의 삶을 잘 감당하며
지 - 혜로운 삶을 살면서
기 - 어코 하나님의 나라로 들어갑니다.

  청 - 결한 몸과 마음과 행동으로 교회를
  지 - 키는 지킴이가 되고
  기 - 도하는 어머니 되어 성도들을 보살피는 자가 되겠습니다.

청 - 지기의 삶이 되도록
지 - 금부터 새롭게 다짐하며
기 - 도로 함께하겠습니다.

  청 - 지기도 좋사오니 주품의 한 날이 다른 곳의 천 날보다 낫다는 고라자손처럼
  지 - 금 나는 아무 생각 없고 그저 주님만 바라봅니다.
  기 - 다립니다. 기름채운 등불 들고~

청 - 하지 않아도 스스로 일을 맡으며
지 - 켜 행할 바를 알고
기 - 도하는 마음으로 순종하는 청지기가 됩시다.

❖ 안수집사를 은퇴하면서

모든 인생의 마지막은 갑자기 오는 것도 있지만 하나님께서 미리 예비해 두었던 마지막도 있다.

우리가 세상 생활을 하면서 '마지막'이란 단어를 수없이 쓰면서 정작 내가 당할 마지막은 남의 일인 양 생각도 못하고 지낼 때가 많다.

나도 70평생을 살면서 시한부 마지막이란 단어를 생각지 못하고 순간순간 몇 번을 경험해 왔다.

초등학교 졸업도 시한부 마지막이고 중·고등부 졸업도 또한 그렇게 지내왔다.

그러나 그런 것들은 이미 약속된 하나님과의 삶에 대한 과정일 뿐 '은퇴'란 말은 쓰지 않는다.

오직 은퇴(retire)란 자동차 타이어를 갈아 끼운다는 뜻에서 나온 말로 어느 시점에서 시한부로 살다가 때가 되면 생활을 바꾼다는 뜻으로 은퇴로 표현한 것이라 생각한다.

'이제부터 내가 은퇴(retire)를 했으니 앞으로 무엇을 해야 할까?'라고 생각할 것이 아니고 '지금부터 새 타이어를 바꿔 끼웠으니 더 힘차고 보람 있게 세상을 살아야 한다'는 의미로 생각해 본다.

내가 금성교회에 입교한 지가 5년이다.

안수집사로 2013년도에 임직을 받고 사회부장으로 봉사를 해오다가 1년 만에 안수집사 은퇴를 하게 되어 매우 섭섭하기도 하지만 한편으로는 하나님께서 더 좋은 일을 많이 시키시기 위하여 인간이 만든 기본 틀에서 벗어나 하나님께서 바라는 일을 맘껏 해보라고 하는 뜻에서 은퇴를 시켰다고 본다.

나는 지금부터 하나님의 뜻을 헤아려 금성교회를 위해 더 높이 더 넓게 더 멀리 그림을 그리고 하나님의 기대에 어긋나지 않는 일을 하고자 노력하며 하나님께 간절히 기도하며 목적을 위해 달려가고 있는 중이다.

2014년 11월
진경열 안수집사

❖ 칭찬받는 교회

축하할 것이 많지만, 금성교회는 칭찬받을 일이 많은 것을 축하합니다.
하나님은 외모를 보시지 않고 중심을 보시기에 금성교회는 눈에 띄지 않으나
좋은 점이 많습니다.

첫째, 성도들이 충성스럽고 순종하는 믿음을 가지고 교회를 섬기는 것입니다.
목사님이 "하자!"고 하면 모두가 다 하나 되어 순종하기에 오늘의 금성교회가 된
것을 축하드립니다.

둘째, 열심히 지역 사회를 섬기는 교회입니다.
예수님은 게으른 자를 책망하셨고, 열심히 노력하여 갑절로 남긴 다섯 달란트의
종을 칭찬하셨습니다.

김병호 목사님의 열심은 부산의 천오백 교회 그 어떤 목사님보다 부지런합니다.
우리가 예수님에게서 배울 것이 많지만 또 하루도 쉬지 않고 일하신 예수님인데
예수님 닮아 열심히 봉사하시는 김병호 목사님과 성도님들이 오늘의 금성교회를
있게 한 것입니다.

교회는 지역사회로부터 칭찬받아야 좋은 교회입니다.
오늘의 한국교회 중에 지역사회와 세상 사람들로부터 칭찬받는 일이 쉽지 않은데
주민센터와 구청으로부터 인정받고 칭찬을 받아 감사패와 표창장을 받게 된 금성
교회를 축하합니다.

베드로전서 5장 5절과 성경에 열 번 이상 반복되는 "하나님이 겸손한 자를
복 주신다."는 말씀을 듣는 금성교회의 60주년을 축하드립니다.

2013년 3월
금성교회 창립 60주년 시 본 교회 방문하여 축사해 주신 말씀
초읍교회 원로목사 김정광

❖ 축사

여섯 분의 임직을 축하합니다.

금년 1월에 기독공보에 금성교회가 전면 기사로 나왔을 때 '우리 교회는 날마다 지역사회를 돌아본다'는 기사에 기쁨을 금치 못하였습니다.

① 노인 독감 예방 접종

② 반찬 배달

③ 요양 보호사 활동

④ 지역학교 장학금

⑤ 심방할 때 교인가정과 함께 독거노인 심방

⑥ 낡은 집 고쳐주기

⑦ 10년 동안 계속되는 김장김치 선물

그 결과 10년 동안 몇 배로 부흥된 교회라는 기사였습니다.

신문에 전면 기사는 광고가 아니고 신문사가 스스로 쓰는 것입니다.

교회가 부흥되어야 일꾼이 있고 임직식이 있습니다.

축하드립니다.

예수님께서는 마태복음 20장 27절 말씀에서 "크고자 하면 섬기는 자가 되고 으뜸이 되고자 하는 자는 종이 되라"고 하셨는데 이 시점이 마지막 예루살렘 여행이니 유언과 같습니다.

장로, 안수집사, 권사는 으뜸 대신 종처럼 섬기는 자세로 살아야 칭찬을 받고, 상을 받을 것입니다.

김병호 목사님의 모습은 섬기는 종의 모습이며 이는 예수님의 모습입니다.

섬기는 자의 자세로 봉사하면서 '잘했다' 칭찬받는 일꾼들이 되시기 바랍니다.

2014년 11월 9일 임직식 축사 말씀

초읍교회 원로목사 김정광

❖ 축시 | **골목길 사랑**

초록 골목길
힘찬 사랑의 노래
울려 퍼진다.

작은 거인의 구령에 맞춰
아이에서
어르신까지
한마음으로 노래하는
파도 출렁이는 좁은 골목길
솔로몬의 지혜를 익힌
오가는 발길들
따뜻한 마음들이
남항 내려다보며
함께 부르는 사랑의 노래
정말 정겹다.

초록 골목길
사랑을 전하는
눈빛들이 굴리는
추억의 동태
돌, 돌, 돌
시린 손 불어가며
아직 구른다.

저 높은 곳을 향하여

2013년 11월

지역을 섬기며 일하는 금성교회를 주제로 영도구의회 심윤정 구의원께서 축시를 보내주다.

❖ 오봉근 장로님을 떠나보내며

주님의 보호하심과 인도하심 그리고 하나님의 위로와 평강이 박재임 권사님과 가족에게 언제나 함께하시길 기도드립니다.

만남은 곧 이별이라 하는데 오랫동안 하하 호호하며 살을 비비며 정들었던 오 장로님과 긴 이별을 하게 되어 서운해서 어쩐대요? 섭섭해서 어쩐대요? 보고 싶어 어쩐대요?

분당을 떠나 부산 영도 땅에 정든 지 18년 가까운 시간 처음 영도에 와 이삿짐을 내릴 때 부산은 분당과 달리 11월 따뜻하리라고 믿었는데 영도에 오고 보니 몸도 마음도 얼마나 추웠는지 손이 시릴 정도였습니다.

그럼에도 불구하고 저를 먼 곳에서 반기시며 이삿짐을 내려주시고 기쁨으로 맞아 주실 때 얼마나 고맙고 감사했는지 모릅니다.

이 장로님과 맛있는 간식을 사 오셔서 따뜻한 것 드시고 몸을 녹이면서 하시라고 하실 때 그동안 얼어붙었던 몸과 마음이 금방 녹아내리는 것 같았고, 눈에는 눈물이 고여 할 말을 잃고 감사할 뿐이었습니다.

그러나 처음 이곳의 생활은 생소하여 아는 사람이 없이 그해 겨울만큼이나 춥고 밀려오는 파도처럼 하루하루가 너무 외롭고 힘들었지만 많은 성도님의 따뜻한 사랑과 오 장로님과 박 권사님의 포근한 사랑이 쓸쓸하고 낯선 영도에서의 목회를 잘 감당할 수 있도록 힘과 용기 위로를 주었습니다.

지금에 와서 지난날들을 추억해 볼 때 참으로 어리석고 부족했으며 실수와 허점이 참 많았습니다.

그럼에도 저를 너그럽게 이해해 주시고 저의 목회 사역에 기쁨도 함께 아픔도 함께 늘 적극적으로 협력해 주셔서 얼마나 목회가 기쁘고 즐거웠는지 저에게는 힘과 용기가 넘쳐났습니다.

때로는 어려움과 힘든 시간도 있었지만, 그때마다 장로님께서 저를 불쌍히 여기시며 많이 기도해 주셨고, 위로와 격려로 응원해 주셔서 저는 그러한 도움으로 인내와 성실의 가치를 알았고 지혜의 소중함과 배움의 가치를 알게 되었습니다.

이제는 어떤 어려움이 닥쳐도 두려움 없이 마주할 수 있도록 여기까지 있게 해주신 장로님께 깊은 감사를 드리며, 그 은혜와 그 사랑 평생 잊지 않고 소중히 간직하며 살아가겠습니다.

세상 친구도 없이 오로지 교회와 집과 일밖에 모르셨고, '내 기도하는 그 시간, 주님께 봉사하고 헌신한 그때가 가장 기쁘고 즐겁다'고 하시며 늘 주님을 위해 기쁨과 감사함으로 수고하셨던 장로님의 그 수고와 헌신을 통해 제가 목회하면서 사람의 귀함과 함께 어떻게 충성 봉사 헌신해야 하는지, 살아가는 삶의 아름다움이 어떤 것인지 알았기에 장로님은 이 땅을 떠나 하늘나라로 가셔도 저와 가족 그리고 많은 분들이 장로님을 잊지 못할 것입니다.

사랑하는 오 장로님!
장로님께 받은 사랑과 은혜에 다 갚기도 전에 훌쩍 떠나가시니 마음이 너무 아리고 슬픕니다.
그러나 이 이별이 끝이 아니기에 천국이 없다면 너무 슬픈 일이지만 다시 만날 하나님 나라의 소망이 있기에 그 위로로 용기를 내며 편지를 맺습니다.
장로님 안녕! 하늘나라에서 만나요.
한동안 장로님이 많이 보고 싶을 것입니다.

2021년 1월 31일 1월의 마지막 날에
오 장로님을 떠나보내며 사랑의 빚진 자 목사 김병호

❖ 이채상 장로님을 떠나보내기 전에

이채상 장로님! 장로님의 이름을 나직이 불러봅니다.
장로님은 이제 세상 심부름 다 끝내고 믿음의 조상 아브라함이 거하시는 하나님 아버지 집으로 돌아가셨네요.
어릴 적 일제 식민지와 6·25전쟁을 겪으면서 일본으로 제주도로 부산으로 피난을 하며 나라의 아픔과 함께 그 아픔을 직접 체험하게 되었고, 보릿고개를 지나면서는 가난과 싸우면서도 넘어지지 않고 굳건히 살아 남으셨습니다.

젊은 시절 부산 영도로 와서는 금성교회를 통하여 기나긴 수십 년의 풍상 비바람 맞으며, 가시밭길 헤치고 빈 들을 지나 지금의 금성교회를 우뚝 세우는 데 일조를 하셨습니다.

장로님을 만나 지금까지 짧지 아니한 긴 세월을 보내면서 함께한 시간을 돌이켜보니 새벽을 가장 먼저 깨우며 교회 문을 열고 불을 켜며 불철주야 맡겨진 사명을 위해 멈추지 않으시던 그 열정 장로님은 평소 섬김과 나눔을 강조하시며 자신의 가족과 가정을 뒤로한 채 한 영혼 구원을 위해 매일같이 찾아가 주님의 사랑으로 베풀고 섬기셨으며 방황하고 배고파 하는 사람에게는 일자리를 찾아주고 먹이고 입히셨습니다.

장로님은 성도들을 일일이 보살피며 그들과 함께 행복해 하며 목자 같은 분으로 큰 손과 사랑이 가득 담긴 아름다운 분이셨습니다.

그런데 모세와 같이 120년 살면서 눈도 흐리지 않고 몸도 쇠하지 않게 교회를 섬기며 살겠다고 저와 온 성도들이 있는 가운데 약속을 하셨는데 왜 지금은 일어나지 못하고 떠나시는지요?

행여나 자녀와 저들에게 짐이 될까 그러셨는지요?

지금, 장로님을 떠나보내는 우리들의 마음 한구석이 텅 빈 느낌이며 가슴이 미어집니다.

"주 안에서 사랑합니다. 주님의 이름으로 축복합니다"며 늘 반갑게 인사를 나눴던 모습, 어디서든 전화하면 태평양을 건너 대서양을 건너서라도 달려와 일편단심 하나님만 바라보고 오직 교회를 섬기신 장로님은 진정 예수님과 동행하며 행복하게 사랑을 실천한 목자이셨습니다.

교인들 한 사람 한 사람 장로님의 손길 아닌 것이 없고, 교인 모두를 향한 장로님의 간절한 기도, 온통 장로님의 흔적이 가득하여 지워지지 않습니다.

장로님의 일생을 표현하면 교회 앞에 보이는 더 넓은 바다와 같습니다.

이제, 나그네 세상 외롭고 시련과 고통이 많아도 다 이겨 내시고 소망 중에 주의 일하시다가 영광의 주 아버지의 집으로 가셨습니다.

장로님! 우리도 언젠가는 장로님의 뒤를 따라갑니다.

맨 먼저 마중 나오셔서 반겨 주십시오.
장로님을 맞이한 천국에서는 환영잔치가 열리겠죠?
천사들의 즐거운 노랫소리가 여기까지 들립니다.
달려갈 길 다 달려가신 장로님, 승리의 면류관 머리에 쓰시고 주님과 함께 천
국에서 영원히 다함없는 안식의 복을 누리시옵소서.

흙으로 지음 받은 육신은 이제 흙으로 돌아갑니다.
장로님이 가신 길은 주님이 예비하신 구원의 길, 생명의 길, 영생의 길입니다.
육신은 한 줌의 흙으로 금성교회 옆에서 영원히 함께, 영혼은 주님의 품 안에서
영원히 주님과 함께 안식하십시오.

장로님! 사랑합니다. 존경합니다. 감사합니다.
그리고 장로님 때문에 행복했습니다.

많은 사랑을 받은 자 목사 김병호
(이 글은 이채상 장로님을 향한 저의 마음으로 사전 동의를 구하고 쓴 글입니다.)

❖ 보고 싶은 그리운 당신에게

보고 싶은 그리운 당신!
주님의 품으로 돌아간 당신, 당신이 내 곁을 떠난 지 어느덧 67일째 되었네요.
여보, 당신이라고 한 번 불러보아요.

당신과 내가 만나 함께한 시간, 53년이란 세월이 흘렀군요.
아무런 마음의 준비도 하지 못한 채 갑자기 당신을 떠나보내고 나니 나 홀로
남겨진 나는 당신을 향한 그리움과 더 많은 시간을 함께하지 못했다는 아쉬
움만이 남네요.
당신께서 떠난 자리, 그 빈자리가 너무나도 큽니다.
주위 사람들 또는 TV 뉴스 속에서 아파서 갑작스레 세상을 떠났다는 이야기는
당신과 나의 이야기가 아닌 그저 세상 사람들의 이야기로만 생각했어요.

생각지도 못했던 일이 당신과 나의 이야기가 되었다는 사실이 믿기지가 않네요.

지난 세월을 돌아보니 당신께 더 잘해 주지 못하고 잔소리만 한 것 같아 모든 것이 다 나의 잘못으로만 느껴지네요.
왠지 미안한 마음밖에 들지 않네요.
당신과 조금 더 함께할 시간이 허락되었더라면 하는 아쉬움만 들어요.
당신은 늘 그랬지요.
주일날이 다가오면 토요일에 꼭 목욕탕을 가서 용모를 단정히 하고 즐거운 마음으로 주일을 지키려고 하는 당신 모습을 볼 때마다 나는 존경했습니다.
저는 남은 시간 동안, 제 건강이 허락하는 대로 교회 봉사도 열심히 하고, 우리 자식들을 하나님의 자녀로 믿음 생활하며, 자기의 위치에서 성실히 살아갈 수 있도록 기도할게요.

여보, 우리 두 사람 천국에서 만납시다.
그리운 당신, 보고 싶고 사랑합니다.
얼마 전 사랑하는 남편을 떠나보내고~

2015년 9월
당신을 그리워하며 당신의 아내 송봉남 권사

❖ 제직 수련회를 다녀와서

"좁은 길을 걸어가십시오.
좁은 길을 가기 위해 작정해놓고 왜 넓은 길을 기웃거리십니까?"

2007년 10월 3일 교회 다닌 지 한 달째였던 그날!
새벽기도 중 성령의 은사를 받았다.
먹지 않아도 배고프지 않았고, 잠자지 않아도 견딜 수 있었으며, 나만은 좁은 길을 얼마든지 걸을 수 있으리라 자신만만했었다.

하지만 서서히 넓은 길을 기웃거리기 시작했다.

점점 욕심과 불안에 묶여 처음엔 팔다리가 마비가 되고 급기야 손가락 하나 까딱할 수 없는 영적 상태가 되어버렸다.

제직 세미나를 위해 떠나는 날도 기쁜 마음은 아니었다.
하지만 첫날부터 설교를 듣고 기도하던 중 묶여있던 것들이 하나씩 풀어지기 시작했다.
특히 강사 목사님의 막다른 길에서 살려달라고 울부짖던 애끓는 절규의 기도 소리는 지금도 생생하게 들리는 듯하다.

기도하던 중 성령님의 강한 임재로 심장이 새로 뛰기 시작했고, 기도가 나오기 시작했다.
　"주여!!! 주님의 손이고 발이면서도 움직이지 않았습니다.

　기뻐하지 않았고 기도하지 않았습니다. 힘들어서 그랬습니다.

　너무 많이 힘들어서 그랬습니다. 살려주세요!

　잠깐의 즐거움을 위해서 천국 영생을 잃어버리지 않게 도와주세요."

목이 터질 듯 기도했고 굵고 뜨거운 회개의 눈물이 하염없이 흘렀다.

세미나 다녀온 후 지금 내 모습은 여전히 부족하지만, 설교 중에 들었던 한 말씀만은 간직하고 있다.
　"하나님의 말씀은 일점일획도 없어지지 않는다. 모두 이루려 함이다."

그러기에 나는 성경책에 쓰인 대로 살지 않으면 천국에 갈 수 없다!

제직 세미나 참석을 허락하신 하나님과 유난히도 더웠던 날씨에 우리 챙기느라 이리저리 뛰어다니신 목사님과, 새벽부터 밤 11시가 넘도록 계속되었던 빡빡한 일정 속에서 서로 격려하며 다독거려 주셨던 권사님들과 집사님들께 감사드립니다.

오주영 집사

❖ 제직 수련회를 다녀와서

저의 삶 가운데 2010년을 돌아보면 인생의 터닝 포인트가 아니었나 생각합니다.

그때 저는 간암 2기라는 진단을 받고 그해 4월 암 수술을 받고 집에서 요양을 하는 중이었습니다.
목사님의 권유로 흰돌산 수양관을 가게 되었고, 수술 부위가 아파서 앉아 있는 것도 불편했지만 하나님께서 연약한 육신을 붙들어 주실 줄 믿고 성도님들과 함께 갔었습니다.
물론 비용도 교회에서 부담하고 저는 간단한 이불과 방석, 헌금을 준비해서 갔었습니다. 가까운 곳에 있는 기도원은 몇 차례 갔지만, 정말 공기 좋은 곳에 '흰돌산 수양관'이라는 아름답고 모든 숙박시설이 갖추어진 성전을 들어섰을 때 너무 감격스러웠습니다.

참석한 저와 성도님들은 앞자리에 앉아서 기도부터 시작하여 "하나님 아버지, 연약한 이 육신 부족한 믿음으로 살다가 여기까지 은혜받기 위해 왔으니 말씀이 선포될 때 나의 마음에 도사리고 있는 사탄을 물리치고 은혜 받고 가게 하소서!"라며 기도를 하니, 울고 싶어도 눈물이 나오지 않았던 완악한 저의 두 눈에서 한없이 흘러나오는 눈물을 멈출 수 없었고, 찬양 예배로부터 시작하여 윤석전 목사님 말씀을 들을 때 저의 이런 믿음을 가지고는 천국에 갈 수 없다는 것을 깨달았습니다.

그곳에서 여러 가지 은혜를 받았지만, 간절하게 기도한 것은 '하나님 이 종이 암 수술을 받은 것이 3개월 정도 되었는데 다들 말하기를 암이 한 번 걸리면 아무 일도 하지 못한다고 합니다. 하지만 주님께서 이 종이 일할 수 있도록 건강 주시면 하나님이 주신 물질을 조금도 도둑질하지 않고 살아가겠습니다.' 하며 기도했습니다.

그로부터 6년이 지났습니다.
지금은 일도 열심히 하고 있고, 3차례나 암이 재발하여 수술과 시술을 거듭하고 있지만, 그 가운데서도 몸이 회복될 쯤에 하나님께서 계속 일할 수 있도록 일자리를 주셨고 지금도 일을 하게 하시니 감사합니다.

지난 8월 15일부터 17일까지 6년이 지난 시점이지만 다시 제직 세미나에 참석하여 다시 새로운 은혜를 받고 저는 다시 한 번 크게 회개했습니다.
금성교회 김병호 목사님께 지은 죄가 있었기 때문입니다.
직분자가 목사님 말씀에 순종하지 못해서 너무나 큰 상처를 주는 죄를 지었기에 첫날 집회 끝나고 저녁에 "목사님! 제가 너무 큰 죄를 지어서 오늘 말씀을 듣고 회개했습니다. 목사님! 죄송합니다."라고 말씀드렸습니다.

저는 금성교회 출석한 지 이제 4년이 지났습니다.
좋은 분들만 계시고 믿음도 모두 충만합니다.
이번 제직 세미나에 가서 느낀 것은 수많은 교회에서 장로님이 인솔하여 교회 성도님들을 챙기고 관심 속에서 함께 예배를 드리고 식사도 함께하는 모습이 정말 보기 좋았습니다.
다음에 기회가 된다면, 우리 금성교회 모든 제직 직분자들이 참석하셔서 같이 은혜 받고 금성교회가 부흥되고 지역을 섬기고 지역을 살리는 교회로 거듭나길 원합니다.

너무나도 부족하고, 여기 글을 적을 자격도 없는 종이지만 짧은 간증과 함께 은혜 주신 하나님께 감사드립니다.
할렐루야!!
앞으로도 나를 지켜주시고 돌봐주시며 완전히 고쳐 하나님께 영광 돌리게 해주실 줄 믿습니다.

하나님! 감사합니다.
그리고 여러분들과 함께 먼 길 제직 수련회 잘 다녀오게 하심을 감사드립니다.

송기현 안수집사

금성교회로 인도하신 하나님

❖ 금성교회로 인도하신 하나님

얼마 전에 초등학교 5학년 때부터 친한 친구이지만 아직 결혼하지 않은 친구 A와 고등학교 동창이었지만 15년 넘게 만나지 않았던 친구 B와 셋이서 점심 식사를 했다.

오랫동안 만나지 못한 친구 B는 결혼을 해서 4살 된 남자아이가 있는 아이 엄마가 되어 있었다.

만나기 전 친구 B와 오랫동안 만나지 않아 어색하지 않을까 걱정했는데 그날 나와 친구 B는 이야기꽃을 피우며 즐거운 시간을 보냈다.

우리가 서로 기억하고 있는 고등학교 때 추억은 전혀 달라서 친구 A가 놀릴 정도였지만, 우리가 최근 경험한 출산과 육아 이야기는 만나지 못했어도 공유하는 부분이 너무나 많았고 이야기가 정말 잘 통했다.

이날의 만남은 내가 겪은 힘듦이 결코 헛된 것이 아니고 주님의 계획하심임을 알게 하시기 위한 것임을 느낄 수 있었다.

교회 공동체에서 함께 살아야 하기에 우리에게 기쁨도 고난도 경험하게 하였다.

경험한 만큼 보이고 이해하고 성숙할 수 있기에, 오랫동안 만나지 못했던 친구와도 힘든 육아의 길을 함께하고 있음에 위로받을 수 있는 것처럼 말이다.

아이가 하나일 때도 쉬운 건 아니었지만, 두 아이의 엄마가 된 후 요즈음이 어느 때보다 힘들다고 느껴진다.

하지만 나보다 먼저 두 아이를 키우고 힘든 시기를 조금 앞서 지나온 부목사님 사모님을 알게 하셔서 나에게 큰 위로가 된다.

또한 사모님을 통해 금성교회로 인도하시고 하영이가 예배시간을 기다리고 친구와 언니들과 노는 것을 즐거워하며, 하영이 아빠가 금성교회에서 찬양으로 섬기며 신앙이 회복되는 모습을 볼 수 있어 교회에서 같은 고민을 나눌 수 있는 분들이 있어 나 역시 회복됨을 느낀다.

무엇보다 사랑 많으신 담임목사님께서 관심과 사랑으로 기도해 주심에 감사드리고 이 모든 것을 계획하시고 합력하여 선을 이루어 나가실 주님께 영광을 돌린다.

이지은 집사

❖ 금성교회에서의 1년

2015년에서 2016년으로 넘어가는 송구영신 예배 때 처음 함께하게 된 금성교회와 성도님들과 벌써 1년이라는 시간이 지났습니다.

1년 동안 청년부 사역을 하면서 많은 추억과 은혜를 받았고, 생전 처음 하게 된 호산나 성가대 지휘를 통해 새로운 것을 경험하고 익히는 기회를 얻게 되었습니다.

제가 금성교회에서 받은 첫인상은 따뜻함이었습니다.

어린 시절 조부모 밑에서 자란 저로서는 어른들이 많은 금성교회가 참으로 친근하고 편안하였습니다.

그중에서 가장 인상적인 것은 특송 시 마지막 절을 전 교인이 함께 부르는 모습입니다.

저에게는 특송자뿐만 아니라 전 교회가 함께 신앙고백을 하며 하나님을 찬양하는 것이 매우 신선하였고, 말로 다 할 수 없는 은혜가 되었습니다.

이렇게 신앙 가족공동체와 같은 금성교회를 만나게 해 주신 하나님께 무한한 감사를 드리고 있습니다.

아직은 부족하고 잘 모르는 것이 많지만, 하나님께서 허락하신 이곳에서 많은 것들을 배우고 경험하고 도전하고 싶습니다.

앞으로도 함께하실 주님과 금성교회 성도님들께 감사를 드립니다. 사랑합니다.

청년부 지도 윤희영 전도사

❖ 금성교회에 새 둥지를 틀다.

어려서부터 신앙생활을 하게 됨으로써 어른이 된다면 나의 꿈은 목사나 선교사였다.

그렇게 마음먹고 지내온 지 어느덧 20년이라는 세월이 훌쩍 지나 버렸다.

지금에야 비로소 신학에 입문하게 되었고 같이 공부하는 전도사님으로부터 교회를 소개받아 금성교회에 부임하게 되었다.
처음 부산은 낯선 곳이며 특히 영도는 더욱더 그러하다.
부산대교를 건너 금성교회에 이력서를 가지고 면접을 보게 되었을 때 1시간 넘어 면접을 보고서야 목사님께서 "기도합시다. 좋은 소식이 있기를 바랍니다." 라고 말씀하시며 물끄러미 나를 바라보셨다.
면접을 보고 목사님의 선한 얼굴과 정감이 있는 말씨가 내게 인상 깊게 남았다.

일주일이 지난 후 '함께 일할 수 있게 되어 반갑다'는 목사님으로부터 한 통의 전화를 받고 얼마나 기뻤는지 모른다.
이유는 임지를 위하여 기도하고 있었고, 또 금성교회에 대한 소문이 신학교에 까지 잘 나 있어 꼭 금성교회에서 목회를 배우고 싶었기 때문이다.

벌써 금성교회에 부임한 지 두 달이 지나갔다.
짧은 두 달이지만 벌써 엄청난 정이 들었고 몇 년 지낸 것과 같은 현대 사회에서 찾아볼 수 없는 포근함과 사랑의 향기가 진동하는 모습을 볼 때 바깥에서 들은 소문대로 참 좋은 교회라는 것을 느끼고, 금성교회 부임하여 목사님을 협력하여 함께 동역하게 된 것을 영광스럽게 생각한다.

무엇보다 금성교회는 갓 태어난 아기로부터 머리가 하얀 어른에 이르기까지 한 가족이 되어 정말 피 한 방울 섞여 있지 않으나 하나님을 믿는다는 이유 하나로 그리스도의 사랑으로 가족처럼 아름다운 사랑을 나누고 있다.
주일날에는 원근각처에서 흩어져 있는 교우들이 교회를 찾아와 함께 예배를 드리고 있노라면 꼭 천국에 와 있는 것처럼 얼마나 행복한지 모른다.
그리고 서로 인사를 나누고 정답게 친교하는 모습을 보고 있노라면 그렇게 좋아 보일 수 없다.

또한 화요일이면 30여 명의 성도가 모여서 지역을 위하여 기도하고 정해진 조에 따라 지역사회를 섬기는데 차와 음료를 대접하고, 또 지역에 꿈과 희망을 주는 '행복한 이야기' 소식지를 전하고 또 길가에 버려져 있는 쓰레기와 오물을 깨끗하게 쓸고 주워온다.

무더운 가운데 이마에 땀이 흐르지만, 누구 하나 불평 없이 모두가 기쁨으로 지역을 섬기는 모습을 보면서 칭찬을 아끼지 않는 주민의 관심과 사랑 속에 또 한 번 자그마한 감동을 느끼게 된다.

수요일이면 여러 어르신들이 교회에 나오셔서 나라와 민족과 교회, 사회, 가정을 위해서 간절히 부르짖으며 기도하는 모습 속에서 다시 한 번 사랑의 기운을 느낀다.
보잘것없는 나에게 이렇게 좋은 교회와 사랑이 넘치는 금성교회로 인도하신 하나님께 다시 한 번 감사와 영광을 돌린다.
금성교회에서의 첫 사역이 백번이고, 천 번이고, 만 번이고, 탁월한 선택이었음을 고백하며 하루하루 사역 속에서 느끼는 기쁨은 두 배 세배이며 참으로 행복하고 보람된다.

사랑하는 지역주민 여러분!
금성교회에 오시면 그리스도의 사랑을 주고받으며 여러분의 삶이 즐겁고 행복해집니다.

2007년 8월 정호일 전도사

❖ 아! 바로 이 교회구나!

나는 어느 날 꿈속에서 환상을 보았다.
내 평생에 단 한 번도 보지 못했던 은빛 십자가!
나는 잠에서 깨어나 깊은 생각에 잠겼다.
그리고 하나님께 기도하면서 물었다.
"어찌 나에게 십자가를 보여주시는 겁니까?"

그동안 나는 감리교회 권사로 시무하면서 해외 생활로 7년간 시무를 못하고 귀국한 그 후부터 교회를 멀리하였기에 하나님께서 나 같은 죄인에게 '회개하고 그 십자가 있는 곳으로 찾아가 예배를 드리라'는 주님의 음성이 들리는 것 같아 매우 두려우면서도 한편으로 기쁜 마음에 잠을 못 이루었다.
아침 출근길에서 우연히 길가에 서 있는 조그마한 십자가가 눈에 보였다.
매일 다니면서도 그 십자가를 못 보았는데 오늘따라 그 십자가가 크고 밝게 보이는 것이 나를 오라고 부르는 것 같았다.

그 후 내 마음은 무엇에 쫓기는 사람처럼 불안하고 안정이 안 되어 일을 할 수가 없었다.

그러던 어느 날, 노란 조끼 입은 젊은 아주머니들이 내 사무실 앞을 청소하면서 밝은 얼굴로 인사를 하기에 어느 교회냐고 물었더니 금성교회라고 한다.
"아! 바로 이 교회구나!" 하나님께서 나에게 계시하신 뜻!
그 후 나는 2009년 12월 둘째 주일 처음으로 금성교회를 가서 예배를 드리던 중 강대상에 걸려있는 십자가를 보고 깜짝 놀랐다.
내가 꿈에서 본 그 십자가가 이곳에 걸려있으니 참으로 놀랍다고 생각했다.
내가 탕자가 된 후 15년 만에 집을 찾은 기쁨이었다.

몇 년이 지난 지금! 이제 내가 금성교회를 위해서 무언가 하라는 하나님의 계시가 있는 것 같아 목사님과 상의 중이다.
'우리 교회 좋은 교회, 좋은 교회 금성교회'를 건축하기 위하여 미력하나마 힘이 되고자 한다.
교회를 건축하는 일에 몇 번 경험이 있었기에 내 생애 마지막으로 금성교회를 위해 헌신하라는 뜻으로 알고 하나님께 매일 기도하고 있다.
확답을 주실 줄 믿고 오늘도 간절히 기도를 드린다. 아멘!

진경열 안수집사

❖ 새 신자의 감사 글

제가 처음 교회에 나오게 된 첫 번째 이유는 우리 학교 특성상 매 학기 신앙생활 확인서를 제출해야 한다는 반강제적인 것 때문에 마지못해 오게 되었습니다.
두 번째 이유는 일면식도 없는 저에게 묻지도 않으시고 앞으로 교회에 잘 나오겠다는 말만 믿으시고 신앙생활 확인서에 도장을 찍어주신 목사님과의 약속 때문이었습니다.

그런데 사람이 참 간사하다는 것이 도장을 받고 나니 교회에 나간다는 것이 부담스러워지기 시작했습니다.
실습도 해야 하며 과제 또한 방대하고 거의 하루걸러 시험이 있었기 때문에 몸이 열 개라도 다해 내기가 너무 버거웠고 학교 때문에 할머니 댁에 있지만,

집이 용호동이라 한 번씩 들어가 몸을 충전해야 하는 일요일도 쉬지 못하고 한 시간 반 걸리는 교회 가는 길이 너무 귀찮고 피곤하게만 느껴졌습니다.
그래서 저는 여유가 생길 때만 교회에 출석했습니다.
청년부에는 아예 가지도 않았습니다.
그래서 세례 받는 것을 미루고 미루다 결국 교회에 약 2년 정도 다닌 지금에서야 세례를 받게 되었습니다.

그랬던 제가 지금은 하나님과 많이 가까워졌다는 생각이 듭니다.
많고 많은 학교 중에 고신대학교에 입학하게 된 것은 '하나님이 나를 필요로 해서 혹은 뜻이 있으셔서 부르신 것 같다'는 생각이 시간이 지날수록 드는 까닭도 있고, "감당치 못하는 시험은 허락치 않고 감당할 수 있는 것만 허락하시고 또 감당할 수 있는 능력을 주신다."는 성경구절은 포기하고 싶을 때나 지나친 경쟁 때문에 스트레스 받을 때… 힘든 매순간마다 제가 놓아버리지 않고 힘을 낼 수 있도록 해 주었기 때문입니다.

또한 하나님을 알아가면서 제가 영적인 간호를 할 수 있도록 성숙해지는 것 같습니다.
1년 동안 실습을 해본 결과 아무리 기술이 좋아지고 값비싼 약을 써도 환자들의 병든 마음까지는 치료해 줄 수 없는 것 같았습니다.
결국 그들에게 필요한 것은 영적 간호인 것 같습니다.

이제 하나님을 깊이 알고 그 뜻을 잘 깨달아 하나님께 영광 돌리는 귀한 딸이 되겠습니다.
그리고 앞으로 제가 어느 곳에서 무얼 하든 하나님의 자녀답게 믿음 안에서 생활하도록 하겠습니다. 감사합니다.

2014년 10월 19일 추수감사절에 세례 받은 이지영 청년

❖ **날마다 살맛이 납니다.**

나는 교회 가까이 살면서 교회 나오라고 매주 금성교회 전도대가 나를 찾아와서 복음을 전했지만, 오랫동안 찾아오는 전도대를 비웃으며 콧방귀를 뀌었다.

'너희들이 아무리 그렇게 나에게 찾아와 복음을 전한다고 할지라도 나는 절대 교회 안 간다'고 다짐하고 맹세했던 내가 이제 금성교회를 출석한 지 벌써 몇 년이 되어간다.

지금에 와서 이 세상에 태어나 지금까지 주님 모르고 세상 가운데서 방황하고 죄와 더불어 살았던 지난날의 나의 삶을 회고하니 '조금 더 일찍 나올 걸' 하며 늦게 하나님 믿은 것을 너무너무 후회한다.
이제 늦게나마 그래도 하나님을 알고 신앙 생활하니 얼마나 감사한지 모른다.
죄인이었던 나를 구원하시기 위해 베풀어 주셨던 하나님의 그 크신 은혜와 사랑을 생각하니 늘 고맙고 감사하며, 새벽예배를 드릴 때마다 매일같이 눈물이 흘러나온다.

내가 금성교회를 나오면서 새벽기도를 시작하게 되었는데 새벽마다 주님께서 나를 만나주셨고 또 목사님을 통하여 들려주시는 하나님의 말씀을 통해 힘과 용기, 위로와 소망을 얻게 되었고, 그 말씀으로 인해 하루하루가 날마다 살맛이 난다.
그리고 '하나님 아버지'라는 말만 들어도 눈물이 나오고 어디를 가든 하나님 이야기만 하면 어디서 힘이 나오는지 활력이 넘친다.

매일 새벽 4시에 일어나 새벽을 깨우며 교회 나오는데 하나도 피곤치 않고 새 힘이 솟고 새벽마다 정말 신바람이 난다.
하나님! 감사합니다.
하나님! 감사합니다.

이제 나에게 있어 하나님과 금성교회가 없다면 내가 살아야 할 이유가 없고 멸망과 지옥의 길뿐이다.
이제 죽는 그 날까지 열심히 신앙생활하며 믿음으로 기쁘게 살기를 원한다.
늦게나마 주 안에서 살맛이 나게 해 주신 하나님과 금성교회 전도대 그리고 목사님께 감사를 드립니다.

조차순 집사
(2022년 12월 25일 성탄절에 명예권사로 추대됨)

혼인 서약서

❖ 김반석의 혼인 서약서

1. 늘 당신을 떠나지 않고 평생을 곁에서 지켜주겠습니다.
2. 어떠한 상황 속에서도 변하지 않는 마음으로 사랑할 것을 약속합니다.
3. 반찬이 맛이 없어도 맛있다 생각하고 맛있게 잘 먹겠습니다.
4. 잠은 꼭 집에서 당신과 함께 자겠습니다.
5. 가족의 행복을 위해 끊임없이 노력하고 기도하겠습니다.

❖ 김소영의 혼인 서약서

1. 어떠한 상황이 오더라도 나는 변함없이 당신을 사랑할 것을 약속합니다.
2. 당신이 당신다움을 잃지 않도록, 남과 비교하지 않고 지금 모습 그대로의 당신을 인정하고 존중하겠습니다.
3. 당신이 밥을 많이 먹을 때에는 웃으며 한 그릇 더 퍼주는 따뜻한 아내가 되겠습니다.

4. 바라볼 때마다 남편의 입가에 미소가 번지는 사랑스러운 아내가 되겠습니다.
5. 가족의 행복을 위해 끊임없이 노력하고 기도하겠습니다.

2016년 2월 20일

신랑 김반석 신부 김소영 주례자 김병호 목사

❖ 김형우의 혼인 서약서

1. 지키지 못할 약속은 절대 하지 않으며, 가정에 항상 찬양이 넘치도록 하겠습니다.
2. 하나님 안에서 바로 세워지는 가정이 되도록 노력하겠습니다.
3. 서로를 존중하는 부부가 되도록 노력하겠습니다.
4. 가족의 행복을 위해 끊임없이 노력하고 기도하겠습니다.
5. 평생 신부 이혜진만 사랑하며 처음 사랑 잊지 않겠습니다.

❖ 이혜진의 혼인 서약서

1. 하나님께 거룩한 가정, 이웃에게 기쁨이 되는 가정이 되길 소망하며 끊임 없이 기도하겠습니다.
2. 하나님의 사랑을 힘입어 하나님을 섬기며 남편 형우를 사랑하겠습니다.
3. 성급히 화내거나 토라지지 않고 남편을 위해 하나님께 기도하고 축복하겠습니다.
4. 늘 대화로 서로의 마음을 소통하여 남편을 사랑하는 마음을 놓지 않겠습니다.
5. 양가 부모님을 제 부모님과 같이 공경하고 섬기며 감사하며 살겠습니다.

2016년 5월 7일

신랑 김형우 신부 이혜진 주례자 김병호 목사

❖ 내 아들과 며느리에게

1. 서로를 보살펴 주고, 모자라는 부분은 채워주고, 언제나 서로의 귀함을 알고 사랑하면서 살기를 원한다.
2. 많은 사람을 감동시키고 유익과 덕을 끼치는 이 세상에 꼭 필요한 사람이 되기를 원한다.
3. 성실하고 온유하고 따뜻한 성품의 형우와 지혜롭고 꼼꼼하고 검소한 성품의 혜진이와 함께 하나님이 원하시는 최고의 걸작품의 인생을 살기를 원한다.
4. 난 너를 만났기에 행복하고, 넌 나를 만났기에 행복하다고 날마다 사랑을 고백하는 그런 부부가 되기를 원한다.
5. 무엇보다 두 사람의 만남이 하나님의 섭리 가운데 이루어짐을 알고 주님 뜻 이루며 건강하고 행복하게 잘 살아라.

아버지: 김병호 어머니: 권순옥

❖ 내 딸과 사위에게

1. 서로를 신뢰하고 존중하며 먼저 섬기며 세워 주는 그런 부부가 되기를 원한다.
2. 꾸며진 미소와 외모보다는 진실 된 마음과 생각으로 자신을 거룩한 주의 신부로 다듬어 가기를 원한다.
3. 속상하고 화가 나서 참기 힘들 때에도 문제 해결을 찾으며 해를 넘기지 않기를 원한다.
4. 나 아닌 다른 사람의 입장에서 이해하고 생각할 줄 아는 깊은 배려가 있는 부부가 되기를 원한다.
5. 서로를 자주 칭찬하고 격려하며 남들이 부러워하는 그런 기쁨과 행복이 가득한 삶을 살기를 기도한다.

2016년 5월 7일 어머니 : 최진여

❖ 내 아들과 며느리에게

어느새 이렇게 자라 결혼하는 아들과 며느리의 모습을 보니 정말 자랑스럽고 감개무량하구나.
사랑하는 두 사람의 행복한 앞날을 진심으로 축복하며 잘 살기를 원한다.
성실하고 마음이 따듯한 성품의 진수와 지혜롭고 검소한 성품의 이슬이가 하나님이 원하시는 최고의 인생을 살아가길 원한다.
서로를 이해하며 모자라는 부분은 채워주기를 원한다.
서로의 귀함을 알고 사랑하며 살기를 원한다.
서로가 배려하며 많은 사람들에게 기쁨과 행복을 주는 아들과 며느리가 되기를 원한다.

아버지 : 이종일   어머니 : 김명희

❖ 내 딸과 사위에게

두 사람의 만남에 하나님의 간섭하심과 인도하심이 있음을 잊지 말고 행복한 가정, 하나님을 기쁘시게 하는 가정을 이루어 가길 원한다.
서로의 부족함을 탓하지 말고 채워주고 다름을 인정하고 서로 맞춰주고 다듬고 소중히 여기며 사랑으로 가정을 만들어가길 원한다.
하루에 한 가지 이상 칭찬해주고 감사한 것을 나누며 사랑을 표현하는 부부가 되길 원한다.
서로 숨기고 있는 비밀 때문에 담을 쌓거나 벽을 만들지 말고 서로 마음을 열고 소통하는 부부가 되길 원한다.
서로를 신뢰하고 존중하며 섬기고 세워주는 행복한 부부가 되길 바란다.

아버지 : 강형구   어머니 : 서영숙

❖ 이진수의 혼인 서약서

아내를 존중하는 남편이 되겠습니다.
어려운 상황 속에서도 긍정적인 태도를 유지하며, 옳은 방향으로 가정을 이끌
겠습니다.
나의 가족이 소중한 만큼, 아내의 가족도 소중히 여기겠습니다.
어떤 상황 속에서도 웃음을 잃지 않겠습니다.
지키지 못할 약속은 하지 않겠습니다.

❖ 강이슬의 혼인 서약서

진수를 하나님께서 나에게 보내주신 사람으로 생각하고 귀하게 여길 수 있도록
하겠습니다.
세상의 어려움들과 마주할 때마다 나의 생각과 경험으로 해결해 나가는 것이
아니라, 하나님의 지혜와 도우심을 가장 먼저 구하도록 하겠습니다.
상대의 약함과 부족함을 가장 가까이에서 보듬고 보완해나갈 수 있는 짝이
되도록 하겠습니다.
하나님 안에서 온전한 가정이 될 수 있도록 매일 기도하도록 하겠습니다.
내 인생만 중요하게 여기는 것이 아니라, 나의 부모님과 남편의 부모님을 존
경하며 돌볼 수 있도록 하겠습니다.

2023년 2월 25일
신랑 이진수 신부 강이슬 주례자 김병호 목사

금성교회 70주년 기념
꿈과 희망을 주는
금성교회 행복한 이야기

하나님의 부르심을 받아 헌신된 하나님의 사람들이
최고의 교회보다 능력이 있고, 이웃을 돌아보며 섬기는 교회를 꿈꾸는

영향력 있는 교회의 능력 이야기!
영향력 있는 성도들의 행복한 이야기!

예배와 기도로 하나님과 뜨겁게 만나는 믿음의 사람이 되자
사랑의 교제를 통하여 하나님 나라 백성으로 존귀하게 살아가자

제3부
금성인의 믿음이야기

금성교회는 1953년 3월 1일 설립된 교회로서 이웃과 더불어 정의와 평화가 숨 쉬는 아름다운 세상을 만들기 위해 우리의 몸을 태우고 녹여서 지역에 어둠을 밝히고, 이웃에 사랑을 전하는 생명 공동체입니다.

금성교회는 훌륭한 교회보다 능력 있는 교회입니다. 최고의 교회보다 이웃을 돌아보며 섬기는 참 좋은 교회입니다.

여기에 오시면 여러분의 꿈이 성취됩니다. 여기에 오시면 여러분의 삶이 행복하고 즐거워집니다. 여러분을 위하여 사랑을 주고받으며 인생의 방향을 종결짓는 곳…

"금성교회는 언제나 여러분을 환영합니다."

❖ 헵시바 반 단합대회를 마치며

"보이소! 우리 반 단합대회를 우리 집에서 할라카는데예~"

"그런데 우짜라꼬!"

"오늘, 밖에서 놀다가 새벽쯤에나 들어 오이소."

아~ 내가 말했지만, 내가 생각해도 어이없는 부탁이었다.
며칠 후 매화꽃이 만발한 2월 20일, 단합대회 날 아침이 밝았다.

"주님! 중요하고도 귀한 날, 기도로 준비 못해 죄송합니다. 부디 저를 보지 마시고 주님의 어린 자녀들을 불쌍히 보셔서 우리 단합대회를 간섭해 주소서. 훗날 저들이 지치거나 슬픈 날, 가슴 시려 황량한 벌판 같은 날, 오늘을 추억하며 웃을 수 있는 그런 날 되게 해 주소서."

이렇게 울며 기도한 후, 떡볶이 등 음식을 준비하면서 애타게 아이들을 기다렸다.
드디어 김민정 선생님의 손을 잡고 한 명, 한 명 들어오는 사랑스런 아이들!

- 이건 - 장염으로 아픈 와중에도 참석해 주고 무섭고도 야한 이야기 해 줘서 고마워.
- 허경찬 - 하나님 말씀을 간절히 사모하는 경찬이, 맛없는 음식 맛있게 먹어줘서 고마워.
- 박요한 - 세배해 줘서 고마워. 그런데 절을 세 번이나. ^^
- 김소영(작은) - 자고 가지를 못해 섭섭해 하는 너를 보내며 맘이 많이 아팠단다.
- 박정은 - 남자애들보다 먼저 일어나 단장하는 모습을 보니 어김없는 숙녀더구나.
- 김경민 - 양보심 쌍! 배려심 쌍! 우리 경민이는 윙크하는 눈도 쌍이더라.
- 김민정 선생님 - 무서운 이야기와 게임 준비하시느라 고생 많으셨습니다.
- 박현준 - 자기 집이라 어쩔 수 없이 참석했지만, 덕분에 잘 치를 수 있었다. 고마워!

닭강정, 갈비찜, 떡볶이, 부추전, 잡채 그리고 볶음밥 위에 옥수수를 올리고 그 위에 치즈를 얹어 전자레인지에 사르르 녹여 너무나 맛있는(순전히 내 생각) 치즈 볶음밥을 다 함께 먹고 있으려니 미리 초대한 게스트 두 분이 왔다.

- 김소영(큰) - 중고등부 회장님, 참석해줘서 고마워.
- 신성민 선생님 - 신 선생님이 저한테 그럴 줄 몰랐어요. 흑흑 게임에서 지게 만들다니!

그래도 양손 가득 케이크며 과자는 정말 감사했다.^^
식사 후 하나님 만난 경험담을 나누고 이전의 무섭고도 야한 이야기, 김민정 선생님의 아주 무서운 이야기를 불 꺼 놓고 깜깜한 가운데서 듣고 놀고 있으려니 초대 못한 손님들이 왔다.

- 장재현·허경원·강성대 - 스스럼없이 선생님 집에 놀러와 줘서 정말 고마웠다.

새로 온 게스트들과 함께 윙크게임, 플레이스테이션 게임도 하며, 단합대회 내내 첫 시간부터 마치는 시간까지 하하 호호 웃음소리가 끊어질 줄 몰랐다. 정말이지 참으로 즐겁고도 행복한 시간이었다.
다음날 중·고등부 예배 때, "선생님!" 하고 매달리는 아이들을 보면서 교사로서 죽도록 충성하게 해 달라고 기도드렸다.
주님께 간절히~

중·고등부 교사 오주영 집사

❖ 아동부 체육대회를 마치고

2007년 5월 24일! 이날은 아동부 체육대회가 있는 날!
아이들은 한 달 전부터 체육대회를 손꼽아 기다리며 제 얼굴을 볼 때마다 "전도사님~ 몇 시에 모여요?", "어디에서 해요?", "선물은 줘요?" 하고 묻기에 바쁘고, 선생님들은 처음 참여하는 체육대회라서 아이들이 무엇을 하면 좋아할지 고민하며 체육대회를 기다렸습니다.

체육대회 전 날까지만 해도 전국적으로 비가 올 확률이 100%라는 말에 우리는 본당을 다 치울 생각으로 24일 아침에 모이기로 했습니다.

24일 아침!

우리의 우려와는 달리 날씨는 너무 좋았고 아이들의 얼굴도 맑음이었습니다.

목사님의 기도로 체육대회가 시작되었고 아이들과 선생님들은 음식을 가득 실은 봉고차를 타고 우리는 가까운 신선중학교 운동장으로 갔습니다.

두 팀을 나누어 다 같이 축구를 하고 발을 묶어서 전환점을 돌아오는 게임을 신나게 하였습니다.

축구는 고학년 오빠들의 몫이라 여자 아이들은 골목 앞에서 놀고 공이 있으면 도망갔지만요. ☀️☕

그래도 열심히 뛰었답니다.

오전에 1학년 효원이 가족 분들이 체육대회 하는 곳에 잠깐 오셨습니다.

1·2학년을 담당하시는 김옥주 선생님이 가족 분들에게서 들은 얘기를 해 주셨습니다.

그날 아침 예수님을 믿지 않는 가족들이 모두 절에 가니 효원이에게도 같이 절에 가자고 한 것입니다.

그 말을 듣고는 효원이가 절에는 마귀 냄새가 난다며(향, 냄새를 아이는 이렇게 표현한 것 같습니다) 울고불고 난리가 아니었다며 효원이는 하나님 딸인 것 같다고 할머니가 선생님에게 말했다는 것입니다.

그렇습니다.

어린 효원이는 알고 있었던 것입니다.

예수님의 사랑을 말이죠.

운동을 마치고 맛있는 김밥과 통닭으로 배를 채우는 점심시간~

점심시간은 체육대회 일정 중에서 가장 조용했습니다.

맛있게 점심을 먹고 오후 시간 게임이 시작되었습니다.

처음으로 아이들은 족구, 발야구를 하면서 즐거워했습니다.

아이들의 모습이 더 사랑스러웠던 건 잘 못하는 어린 친구들에게도 기회를 주고 응원해 주면서 다투지 않고 격려해 주는 것입니다.

아이들이 싸울까봐 선생님들은 이리저리(특히 제가) 잔소리하기 바빴는데 말하지 않아도 아이들은 어른보다 훨씬 더 배려할 줄 아는 모습을 보여주었습니다.

아이들의 얼굴은 모두 빨갛게 되었고, 쭈쭈바 하나에 웃음을 짓는 아이들을 보고 있노라니 행복함이 밀려왔습니다.

금성교회 아동부와 함께한 지 어느덧 1년 5개월!
저는 아동부를 바라보며 꿈을 꿉니다. 우리 아동부가 하나님께 바른 예배를 드리고 하나님의 마음을 품은 공동체가 되는 것을 말입니다.
눈만 보아도 서로의 어려움을 알고 서로의 얼굴만 보아도 힘이 나는 공동체!
저는 우리 아동부 친구들이 이렇게 함께 부딪치며 사랑하며 예수님을 닮아가는 아동부가 되리라 믿습니다.

아동부 교육지도 전도사 김문정

❖ 하계 아동부 캠프를 다녀와서

아동부 교사 박은지!
나는 중학생 때 부모님을 따라서 금성교회에 첫발을 내딛었다.
어린 마음에 교회에 가지 않으면 아빠한테 혼이 날까 봐 주일이 되면 부모님을 따라서 교회에 갔었다. 솔직하게 말해서 나는 부모님 때문에 습관적으로 교회를 다녔지 신실한 신앙생활을 하지 못한 것이 사실이다.

그런데 어느덧 2009년 올해, 부족한 나에게 주님께서 일을 주셨다.
노래는 못하지만 주님을 찬양할 수 있도록 성가대의 일원으로 그리고 맑은 마음을 가져서 함께하면 나의 마음까지 맑아짐을 느끼게 해 주는 우리 아동부 아이들과 함께할 수 있도록 아동부 보조교사라는 임무를 주신 것이다.

그래서 이번에 아동부 아이들을 돌보는 큰 책임을 지고 여름캠프에 참여하게 되었다.
주일마다 보조교사로 아동부 예배를 드리면서 내가 한없이 부족함을 느꼈기에 사실 이번 여름캠프에서도 '내가 잘할 수 있을까?' 하는 두려움이 먼저 앞섰고 부담이 되기도 했었다.

이렇게 걱정하는 마음으로 참여를 했는데, '이게 웬걸~'
아이들이 의외로 잘 따라주어서 놀라웠다.

어린아이들이라 말썽도 부리고, 워낙 요즘엔 자기표현이 강하다 보니 고집들도 세서 통제가 어려웠던 게 사실이지만, "선생님~ 선생님~"하면서 나를 잘 따라주는 친구들이 많아서 더 힘을 낼 수 있었던 것 같다.

캠프 일정 중에 물놀이가 있었는데 역시나 아이들은 물놀이를 제일 재미있어 했다. 그래도 우리 아이들이 철없는 줄만 알았는데 기도시간에 주님의 어린 양이 되어서 눈물로 회개하는 친구들도 있었고, 찬양 시간 때는 한마음으로 주님을 찬양하는 모습을 보여주었다.
그리고 여러 교회 중에서 몇 교회가 대표로 무대에 나가서 율동하며 찬양하는 기회가 있었는데 자진해서 손을 들어 무대에 올라가서 열심히 찬양하는 우리 친구들의 모습을 보면서 정말 마음이 뿌듯함을 느꼈다.

이번 캠프를 통해서 주님이 살아계심을 모르는 아이들은 주님이 우리 곁에 항상 함께하심을, 그리고 주님이 계심을 믿는 아이들은 주님께로 한 걸음 더 다가가는 신실한 어린 양이 될 수 있음을 깨닫기를 원했고, 그렇게 되었을 것이라 믿어 의심치 않는다.
그리고 나 또한 이번 캠프를 통해서 많은 것을 보고 배우고 느끼고 돌아왔다.

내가 정말 부족하다는 것과 이런 부족한 사람도 주님의 일꾼으로 사용하여 주신 주님께 감사하며 사랑스러운 우리 아동부 아이들과 함께할 수 있도록 기회를 주신 아동부와 하나님께 감사를 드린다.
이번 2박 3일 아동부 여름캠프를 무사히 마치고 돌아올 수 있게 해 주신 우리 하나님 아버지께 다시 한 번 감사와 찬양을 올려드린다. 아동부! 파이팅!!

아동부 교사 박은지

❖ 금성교회 중·고등부 복음에 미치다.

2011년 1월 18일 오전 9시 30분!
우리들은 동계수련회에 대한 설렘과 기대를 가득안고 부전기도원으로 출발했다. 가는 도중 아픈 아이가 있어 고생도 했지만 우리는 목적지에 무사히 도착하였다. 숙소에 짐을 풀고 본당에 가서 예배가 시작되기를 기다리는 중, 우리는 벌써부터 흘러나오는 찬양에 흠뻑 빠져 있었다.

잠시 후 예배당의 자리가 점점 채워지자 Alive Ministry의 CCM Concert로 수련회가 시작되었다. 모두 실력도 넘치고 은혜 충만한 멋진 무대였다.
이어서 Opening Performance가 있었는데 너무 멋있었다.
처음에는 '뭐지~?' 했는데 볼수록 우리에게 많은 것을 느끼게 해 주었다.
'소중한 예수님'이라는 제목으로 드린 개회예배는 우리의 마음을 두드렸다.
오랫동안 앉아서 예배드렸는데도 힘들다는 투정 한마디 안 하고 잘 있어준 아이들이 너무 예뻤다.
주님도 분명 기뻐하셨을 것이다.

저녁 식사 후 오늘의 주제인 '예수님에게 미치다'라는 제목으로 말씀을 들었다.
'주께서 우리를 향하신 그 긍휼은 아직 끝이 나지 않았다'는 그 말씀이 새롭게 내 마음에 들어왔다.
이어서 기도회가 시작되었다.
우리 아이들 뿐 아니라 그곳에 있던 모든 학생들의 열기는 대단했다.

둘째 날, 오늘의 주제는 '예배에 미치다'이다.
다른 수련회에서는 없었던 새벽기도회가 있었다.
우린 일어나서 씻지도 않은 채 어젯밤의 열기를 안고 예배당으로 모여들었다.
졸고 있는 아이들도 많았다.
나도 잠이 왔지만 꾹 참고 말씀을 전하시는 전도사님의 눈을 보며 말씀에 집중하려고 노력하자 하나님께서 점점 미래의 계획을 세워야 하고 진로를 결정해야 하는 우리들에게 앞으로 가야 하는 길을 보여주셨다.
아주 상세하고도 정확한 지도를 내 손에 쥐어 주시는 것 같았다.
너무 감사했다.

오전 찬양 및 특강이 이어지고 점심을 먹고서 2번째 CCM Concert가 시작되었다.
영상이 나오고 주청 프로젝트가 등장했다.
우리 모두의 입이 벌어지게 하는 놀라운 무대였다.
저녁을 먹고 강사 목사님께서 오늘의 주제를 가지고 말씀을 전하셨다.
유쾌하면서도 찐~한 말씀을 전해 주셨는데 그 중에서 한 가지 기억에 깊이 남는 것이 있다면 '예배가 삶이 되고 삶이 예배가 되어야 한다!'는 것이었다.

벌써 셋째 날이다.

시간이 너무 빨리 가는 것 같다. 오늘의 주제는 '사명에 미치다'이다.

오전 프로그램은 어제와 동일하게 진행되었다.

오전 특강 때 우린 청소년 시기에 꼭 알아야 할 성경의 10가지 원리를 배웠다.

무(無)에서 유(有)를 창조하시고 악(惡)조차 다스리시는 하나님을 알게 되었다.

시간의 소중함도 알게 되었고, 책의 필요성도 느끼게 되었다.

내가 해야 할 일이 무엇인지 생각하는 시간도 가지게 되었다.

그렇게 우린 벌써 반쯤은 예수에 미치고, 예배에 미치고, 사명에 미쳐가고 있었다.

점심을 먹고 CCM 가수들의 공연이 이어지고, 짧지만 즐거운 레크리에이션 (recreation)이 진행되었다.

　웃고, 떠들고, 게임을 하고, 나와서 춤추고

다시 한 번 느낀 것이지만 세상에는 별 희한한 사람이 많은 것 같다.

그렇게 계속 프로그램이 진행될수록 우리의 열기와 열정은 식을 줄 몰랐다.

드디어 마지막 날 밤의 기도회가 다가왔다.

어제와 같이 난 기도를 시작했다.

하지만 언제부터인지 정은이가 적응을 잘하지 못하는 것처럼 보였다.

한참 울며 기도하고 있던 나는 갑자기 머릿속에 정은이가 떠올라서 기도를 마무리하고 정은이 앞에 앉아 기도했다.

그리고 정은이 귀에 대고 말했다.

"정은아, 언니가 중학교 1학년 때 수련회를 갔었어! 그때 모든 사람들이 찬양하고 방방 뛰고 있는데 언닌 그냥 자리에 앉아 있었어! 그때 언니 오빠들이 나한테 손을 내밀었는데 언니가 손을 뿌리쳤어~ 언닌, 지금도 그때를 생각하면 너무 하나님께 죄송해! 정말 죄송해! 언닌, 정은이 마음 이해해 언니도 그때 그랬으니까! 그런데 언니가 지금 하나님께 더 죄송스러운 건, 내가 그 손을 뿌리치는 순간에도 하나님께서는 내 손을 놓지 않으신 거야. 그래서 지금 정말 감사하고 또 죄송해! 그래서 정은인 좀 더 그 하나님 사랑을 일찍 알았으면 좋겠어! 하나님께서는 분명히 지금 정은이의 부르짖는 마음을 원하실 거야 진실하게 기도해봐. 그렇게 작게 기도하면 언니한테는 안 들리겠지만 하나님 께서는 듣고 계실거야 그것도 귀 기울여서~"

난 그렇게 말하는 동안 내 눈에서는 눈물이 터져 나왔다.

그때의 기억이 생생히 떠올랐다. 너무 죄송스러웠고 감사했다.

그렇게 말을 하고 내 눈물을 닦으려 하는데 갑자기 더 눈물이 났다.

정은이가 기도를 하며 눈물을 흘리고 있는 그 모습이 내 눈에 들어왔다.

너무 감사했다.

분명 하나님께서는 우리의 마음을, 정은이의 마음을 보셨을 것이다.

미처 말로는 다 표현할 수 없는 짧지만 길었던 3박 4일이라는 기간 동안 그 공동체 안에서 힘든 점도 많았지만, 너무너무 많은 것을 배우고 또 느끼고, 즐기고, 맛보고, 경험하고 돌아왔다.

하지만 우리의 생활 속 행동들은 변함이 없을지 모른다.

하지만 분명 그 마음이 변해 돌아왔기 때문에 조금씩, 조금씩, 절대 사람이 봐서는 느낄 수 없을 만큼 조금씩 변해갈 것이다.

오직 하나님만 알 수 있게 그리고 우리는 그 기도원에서 품고 돌아온 각자의 뜨겁고 열정이 넘치고 또는 따뜻하고 사랑이 넘치는 그 마음들을 절대 놓을 수 없을 것이다.

전도사님 수고하셨어요.^^

교사로 온 언니 오빠들에게도 너무 고맙고 전도사님과 선생님들 없었으면 우리 정말 힘들었을지 몰라요.ㅠㅠ

임원들도 수고 많았고 애들아 우리 정말 좋았지?

여름 수련회 땐 더 뜨겁게 타오르자.

사랑해♥ 사랑해요. 주님♥♥

중·고등부 교사 강소정 청년

❖ 예수님이 가득한 금성교회 유치부

"예수님~ 우리들은 주님 말씀 듣고자~ 오늘도 예배당에 또 찾아 왔어요~

　예수님~ 우리들의 어린 소원 들으사~ 오늘도 크신 은혜 또 내려주세요~ 아멘~"

많은 분들이 아시는 이 찬양은 '예수님 우리들은'이라는 어린이 찬송가입니다.

저는 금성교회 유치부 교사로 섬기고 있어서 매주 아침마다 아이들이 귀여운 목소리로 고백하는 저 찬양을 듣습니다.

지금은 유치부 교사 5년 차로 제법 능숙하게 아이들과 소통하고 말씀도 전하지만 처음 유치부에 교사로 오게 된 2013년 스무 살 때는 아이들과 함께하는 1~2시간이 쉽지만은 않았습니다.
바로 전까지만 해도 주일마다 교회에 와서 선생님들께 배우기만 하다가 교사가 되어 어린아이들을 가르치고 섬기려니 당최 말도 통하지 않았고, 저에게 이것은 마치 전쟁 통에 말씀을 전하는 것과도 같은 일이었습니다.

설교시간에 바울 그림이 나오면 "저 아저씨는 왜 이상한 모자를 썼어요?", 구유에 있는 아기 예수님을 설명할 때에는 "말이다! 이힝이힝" 이렇게 제가 말하고 싶은 것과는 상관없는 것들에 더욱 집중하고 수많은 질문을 쏟아낼 뿐이었습니다.
그래서 가끔은 '내가 이렇게 준비해서 설교를 하고 공과를 한다고 아이들이 알아들을까?' 하는 의구심이 들 때도 있었습니다.

그러던 어느 주일!
공과를 하다가 사랑스러운 여자아이 한 명이 "저번에~ 어~ 배고픈 사람을 위해서 벼도 남겨놓고, 포도도 남겨놓고~ 그랬어요!"라며 지난주 설교 내용을 기억해서 정확하게 이야기한 일이 있었습니다.
그때 저는 굉장히 감동을 받았던 동시에 굉장히 부끄러웠습니다.
유치부 교사가 된 지 1년, 2년, 시간이 지나면서 저도 모르게 '아이들이 듣고 기억도 못할 텐데~'라고 생각하며 안일하게 준비했던 때와 '이만하면 되었지'라며 그냥 넘어가려 했던 것들이 너무 부끄럽고 미안했습니다.

그 일이 있고 돌아보니 아이들은 알게 모르게 주일날 들었던 말씀을 다 기억하고 있었고, 또한 선생님과 몸으로 놀다가 힘에 부칠 것 같을 때는 "예수님, 도와주세요!"라고 외치며 달려오는 5살 자칭 '형아'처럼 저보다도 더 예수님을 찾고 있었습니다.
지금은 매주 금성교회 유치부에서 어린아이들과 함께하면서 제가 더 많이 배우고 있습니다.

아이들과 함께 찬양하면서 유치해 보일 수도 있는 찬양의 가사에서 순수한 믿음을 발견하고, 유치해 보일 수도 있는 율동에서 몸으로 하나님을 높이는 기쁨을 발견합니다.

혹시라도 지금 반복되는 생활과 눈앞에 닥친 현실에 하나님을 잠시 잊고 있다면 ~, 하나님이 정말 계시는지도 잘 모르겠다면~, 누구보다도 사랑스럽고 귀여운 금성교회 유치부 아이들이 고백하는 것처럼 알게 모르게 삶 가운데에 스며든 하나님, 힘에 부칠 때 찾으면 힘주시는 예수님을 찾아보는 것이 어떨까요?

유치부 교사 오예담 청년

❖ 아동부 여름 성경학교를 마치고

아동부 여름 성경학교 교사로서 참여하게 해 주신 하나님의 은혜에 감사드리고, 성령님이 함께하심으로 아무런 사고 없이 은혜로운 성경학교가 되었음에 감사드립니다.

많이 피곤하고 힘들기도 했지만, 이번 성경학교를 통해 많은 것들을 느끼고 얻어가는 것 같습니다.
어린 친구들이 졸음을 이겨내며 목사님 말씀을 듣는 눈망울 모든 프로그램에 적극적이고 활기찬 모습, 힘차게 부르는 찬양, 이 모든 것들이 저의 신앙을 채찍질하고 발전시키는 좋은 계기가 되었습니다.
성경학교를 위해 이재영 목사님과 많은 선생님들 기도하고 준비하였지만, 그래도 잘할 수 있을까 하는 걱정 또한 많았습니다.
그러나 걱정했던 것과는 달리 순조로운 진행과 즐거워하는 어린 친구들의 모습을 보니 성령님께서 함께해 주시고 도와주신다는 것을 알 수 있었습니다.

이번 성경학교를 통해 하나님의 사랑이 얼마나 큰가를 다시 한 번 느끼게 되었습니다.
어린 친구들을 위한 작은 헌신도 힘든 나이인데 우리의 죄 때문에 말로 표현할 수 없는 고통을 겪으시고 십자가에 돌아가신 예수님의 사랑을 느끼게 되고 다시 생각하게 된 귀한 시간이었습니다.
준비부터 이 글을 쓰고 있는 지금까지 저의 바람은 하나입니다.

아름다운 금성교회 어린 친구들이 성경학교를 통해 하나님의 사랑을 알게 되고 나의 아버지로서 하나님을 더욱 알게 되었으면 좋겠습니다.

어린 친구들을 위해 아동부의 많은 선생님들을 계획하셨고, 성경학교 기간에 하나님께서 함께하셨으며, 친구들의 작은 숨결 하나까지 아버지께서 보듬어 주신다는 걸 느끼게 되었습니다.
여름 성경학교를 무사히 마칠 수 있도록 수고하신 이재영 목사님과 모든 선생님께 감사드립니다.
특히, 부족한 나에게 많은 도움 준 김소영 선생님 고맙습니다.

아동부 교사 전철범 집사

❖ 중2 예찬

그야말로 쎄시봉 7080을 지나 8090 문화가 대세입니다.
케이블 TV 프로그램 '응답하라 1997'처럼 올해는 유난히 제가 10대 시절을 보낸 8090 문화에 젖어 들게 만드는군요.

중 · 고등부 수련회를 가기 며칠 전부터 1994년의 중 · 고등부 여름 수련회가 생각이 많이 났습니다.
오래 전 일이지만, 수련회 기간 동안 함께했던 전도사님과 지금은 목사님이 되신 2단 옆차기 선생님을 비롯한 당시 24살 어여쁘신 선생님과 형님, 누나, 친구, 동생, 그리고 거제도 덕포교회가 무척 그립습니다.

작년 말에 반을 정할 때 내심 고민을 좀 했습니다.
고3을 맡을지 아니면 중2를 맡을지~
지금의 고3을 꼭 한 번은 맡고 싶었는데, 어찌 된 일인지 2007년 중 · 고등부 교사로 섬긴 이후 한 번도 같은 반이 되지 못했습니다.

중2는 만만치 않은 애들입니다.
대부분의 선생님은 작년에 맡았던 반 아이들 그대로 맡았는데, 저는 작년에 고3을 맡았으니, '그대로'는 안 되는 것이었습니다.
그래도 전도사님은 자연스럽게 제게 고3을 제안했는데, 약간의 오기가 생겼습니다.

제가 뭘 잘할 수 있다기보다는 중2를 다시 제자리를 찾게 하고 싶은 마음이 생겼습니다.

아동부 시절, 지금의 중2는 모두가 리더들이었는데 중·고등부로 오면서 방황하는 시기가 왔습니다.

꾸준히 교회에 잘 나오던 아이들도 몇 개월씩 빠지곤 하는 모습은 주위 사람들을 안타깝게 만들었지요.

처음에 중2를 맡고도 그다지 출석률은 높지 않았는데, 5월경부터 새 친구들이 오고, 1학기 기말고사가 끝날 즈음 방황하던 아이들이 조금씩 복귀했습니다.

얼마나 기뻤는지 모릅니다.

다시 만남의 축복을 허락하신 우리 주님께 정말 감사드립니다.

이후 중·고등부 수련회 때도 함께하였습니다.

중2 아이들과 조금은 더 가까워진 거 같습니다.

비록 반 개편으로 서로가 흩어졌지만, 그들은 흩어진 반에서 다시 리더가 될 것입니다.

그들이 고3이 되는 4년 후 또 그 이후가 기대됩니다.

중·고등부 교사 신성민 집사

❖ 겨울 성경캠프를 다녀와서

지난겨울 성경캠프 때 '꽃동산 성령체험 캠프'를 다녀왔다.

충청남도 금산에 있는 서대산 드림리조트에서 열렸다.

목사님이 말씀을 전하시고 기도시간이 되자 모든 어린이들이 기도하였다.

그런데 목사님께서 기도를 하시는데 무슨 말씀인지 도저히 알아듣지 못하는 이상한 말로 기도를 하셨다.

"드라라리랄~~드라라리라라~~"

목사님은 열심히 기도를 하셨다.

나는 멀뚱멀뚱 눈을 깜빡거리며 "전도사님! 저게 무슨 소리예요?"라고 전도사님께 여쭈어보았다.

전도사님은 "방언기도란다."라고 대답하셨다.
전도사님께서 "방언이란 하나님께서 주신 기도의 언어로 기도하는 것이란다.
하나님 나라의 영적인 언어야."라고 방언에 대해서 설명을 해 주셨다.

나는 방언기도를 처음 들어보았다.
참 신기하고 놀라웠다.
나도 목사님처럼 방언을 받고 싶은 간절한 마음이 들었다.
목사님이 "기도를 할 때 눈을 뜨면 마귀가 틈탄다."라고 말씀을 하셨다.
목사님이 움직일 때마다 몸 가에 빛이 났었다.

"와~~!!" 속으로 너무 신기하였다.
"할렐루아~~!! 아멘~~!!" 목이 터져라 "아멘~~!!"이라고 외쳤다.
갑자기 마음이 찡~ 해졌다.
나도 모르게 눈물이 뚝뚝 흘렀다.
다시 뜨겁게 모든 친구들이 기도를 하였다.
몇몇 친구들은 방언을 하기 시작했다.
나도 친구들처럼 열심히 기도하였다.
이번 부흥회는 정말 뜨겁고 많은 은혜를 받은 성령체험 캠프였다.

아동부 류한나

❖ 신나는 여름 성경캠프가 끝나고

나는 아동부에 1학년으로 올라와서 처음으로 여름 성경캠프를 했습니다.
여름 성경학교 2박 3일을 통해 믿음이 조금씩, 조금씩 더 커지는 것 같습니다.
왜냐하면 앞으로 교회에 빠지지 않고 다녀야겠다는 생각을 했습니다.

여름 성경학교를 하고 난 후 나는 조금씩 달라졌습니다.
학교 갈 때도 밥 먹기 전에도 학교에서나 집 어디든 '기도'를 하고 먹습니다.
그전에는 생각날 때만 했습니다.
그리고 시끌벅적 추적게임과 수영장에서 물놀이가 너무 재미있었고, 불고기
파티는 맛있고 즐거웠습니다.
공과 시간에 주사위 게임도 즐거웠고 코너마다 다 즐거웠습니다.

잠자기 전 기도시간에 나라를 위한 기도와 교회를 위한 기도도 했습니다.
우리가 살고 있는 나라와 우리 교회를 위해서도 사랑하고 기도해야 한다고
하셨습니다.
그리고 아동부 목사님께서 친구들과 사이좋게 지내라고 말씀도 하셨습니다.
전보다 친구들과 언니들과 사이좋게 지내야겠다고 생각했습니다.

성경학교를 위해서 우리 선생님들 정말 수고 많이 하셨습니다.
그래서 2박 3일 성경캠프가 참 즐거웠습니다.
목사님, 선생님! 감사합니다.

아동부 정은혜

❖ 회개 기도

이번 여름 성경캠프를 다녀와서 참 많은 것이 기억에 남았지만, 그중에서도
캠프에 온 많은 친구들과 다 같이 눈물 흘리면서 하나님께 기도했던 기도회
시간이 가장 기억에 남는 것 같다.
수많은 친구들이 눈물을 흘리며 기도하는 것이 참으로 마음에 와 닿았다.
목사님이 기도하자고 하셨을 때, 나는 아이들이 하나님께 기도를 드리지 않고
떠들 줄 알았는데 나의 생각과는 달리 모인 아이들이 모두 하나님께 눈물을
흘리며 전심으로 기도를 하였다.

나는 참으로 놀랐다.
그리고 나도 다른 아이들과 같이 "주여!"를 부르면서 기도하다 보니 가슴이
뭉클하고 나도 모르게 뜨거운 눈물이 한없이 흘러나왔다.
그리고 그동안 지었던 죄가 떠오르며 후회가 되었다.
나는 최대한 죄를 짓지 않으려고 마음을 먹고 다짐을 하지만 결국에는 죄를
짓게 된다.

그 모든 것들이 회개 기도가 되었다.
나의 마음에 미움이 가득하고 교만이 가득했던 것들을 다 하나님께 회개하고,
앞으로 죄를 짓지 않도록 노력하여야 하겠다고 다시 한 번 다짐을 하였다.

새로운 찬양, 새로운 율동, CCM이 참 은혜롭고 신이 났다.

아무런 사고 없이 안전하게, 2박 3일을 알차고 재미있게 다녀온 이번 아동부에서의 마지막 여름캠프를 나는 잊지 못할 것이다.

아동부

❖ 아동부 캠프를 다녀와서

나는 캠프에 오기 전에는 부모님 말씀을 잘 듣지 않았고, 내 마음속엔 예수님과 성령님이 없었다.

그런데 캠프에 와서 전도사님 말씀을 들을 때, 내 마음속에 예수님과 성령님이 들어와 주셨다.

나는 예수님과 성령님이 내 마음속에 오셔서 기뻤다.

앞으로는 부모님 말씀을 잘 들을 수 있을 것 같다.

나는 처음에 예배할 때는 장난을 치고 찬양을 드리지도 않고, 편식도 조금 하였는데 차츰 장난치지 않고 찬양도 열심히 하였다.

그리고 편식하는 것도 고쳐졌다.

나는 물놀이를 한 것과 예배드리는 것, 찬양하는 것, 기도드리는 것과 캠프파이어가 제일 재미있었다.

그리고 반장을 하였을 때가 힘들었지만 재미있었다.

반장을 할 때는 줄도 세워야 하고 남들보다 더 열심히 해야 한다.

오늘 점심밥이 정말 맛있었다.

내일이 정말 기대된다.

나는 집에 돌아가면 부모님 말씀 잘 듣고 기도와 예배를 열심히 할 것이다.

아동부 윤준수

❖ 겨울 새 소식 성경캠프를 다녀온 소감문

나는 6학년 봄방학 기간 중에 어린이 전도협회에서 진행하는 새 소식 성경캠프에 다녀왔다.

교회 차로 한 시간 넘게 울산 울주군에 있는 교육원에 도착했다.

3년 전에 다녀왔던 곳이었는데 예전에 힘들게 했던 기억들이 나서 처음에는 실망하고 짜증도 났다.

하지만 금방 마음이 바뀌었다.
예전에 만났던 다른 교회 친구들을 보니까 너무 반가웠다.
도착하자마자 우리 교회 아이들과 뿔뿔이 흩어져서 다른 교회 친구들과 한 조가 되고 방에서 3박 4일을 지냈다.
나는 금방 우리 조 친구들과 친해졌고 게임도 하면서 놀았다.
첫째 날에는 강당에서 찬양을 부르는데 무슨 찬양인지 몰라서 가만히 있었다.
계속 듣다가 나도 모르게 따라 부르고 있었다.
내가 우리 금성교회 찬양팀이기 때문에 열심히 배워서 교회에서 불러야 한다는 마음에서 더욱더 열심히 배웠다.

둘째 날에는 아침 일찍 일어나서 체조를 해야 하는데 내 스스로가 일어나지 못하고, 선생님들께서 깨워주셔서 간신히 일어나서 체조를 했다.
캠프 기간 중 제일 힘들었던 것은 일찍 일어나는 것이었다.
점심때는 선생님과 친구들과 함께 수제비를 만들면서 즐거운 시간을 가졌는데 너무 맛있고 재밌었다.
시간 시간마다 하는 성경공부도 아주 재미있었다.

셋째 날에는 성경 요절을 암송해야 만이 밥을 먹을 수 있었는데 끝까지 암송해서 무사히 밥을 먹을 수 있었다.
말씀을 외운다고 힘들었지만 다른 날보다 밥맛이 더 좋았다.

넷째 날 저녁에는 정말 멋지고 재미있는 캠프파이어를 했다.
이 모든 일들이 나에게는 너무 좋은 추억이 되었다.
다음에 또 가고 싶다는 생각이 저절로 들었다.
내년에는 중학생이 되기 때문에 갈 수가 없어서 아쉬움이 남았다.
정말 한 번 더 가보고 싶은 캠프였다.
아동부에서 마지막 캠프인 여름 성경학교 캠프를 미리 기대해 본다.

2014년 2월 23일 아동부 김상하

❖ 요즘 우리 중·고등부가 변하고 있다.

우리 금성교회 중고등부가 언제부터인가 더는 부흥을 멈추고 정체되어 있었다. 물론 영도에 학생들이 많이 줄어들고 또 인구가 줄어드는 원인도 있겠지만 그 원인을 뛰어넘어 부흥을 위한 나름대로 발버둥 치고 노력했지만, 학생들이 더는 늘어나지 않고 또 나온다고 해도 잘 모이지 않았다.

그뿐만 아니라 교회 왔다고 하면 예배 마치고 가기가 바빴다.

그래서 우리는 교회와도 그냥 그렇게 시간을 보내기가 전부였다.

그런데 지난 5월 정호일 전도사님께서 우리 금성교회 중고등부 전도사님으로 새로 오시면서 중고등부가 찬양으로 많이 뜨거워지고 또 새로운 변화를 많이 시도하고 있다.

7월에는 중고등부 수련회가 있는 달!

처음에는 수련회 참여하고 싶은 마음이 없었다.

이유는 학원도 가야 하고, 밀린 여러 가지 해야 할 일도 있고, 뿐만 아니라 부모님도 반대했다.

그런데 새로 오신 전도사님과 친구들이 사하구에 있는 동산교회 중고등부와 수련회를 연합으로 한다고 권유해서 해야 할 여러 일들을 접어놓고 친구들과 함께 거제에 있는 왜관교회로 수련회를 떠났다.

수련회를 갈 때는 평상시와 마찬가지로 며칠간 친구들과 또 다른 교회 친구들과 재미있게 놀다가 와야지 하고 갔었다.

우리는 수련회 장소에 도착한 후 개회예배를 마치고 각종 악기로 뜨겁게 찬양을 하였다.

연합으로 하는 수련회라 아는 찬양도 있었지만 모르는 찬양도 많았다.

또 처음으로 만나는 친구들인지라 좀 어색하기도 했다.

그러나 시간이 조금 지나면서 친구들과 친해지고 또 찬양과 말씀을 통하여 각종 은혜를 많이 받았다.

수련회를 다녀온 후 우리 학생회에도 많은 변화가 일어났다.

수련회 전에는 늘 알고 있었던 찬양만 불렀는데 수련회를 다녀오고 난 이후에는 모르는 찬양도 많이 배우게 된 것이다.

또한 수련회 전에는 악기도 다루지 못하고 구경만 하고 다른 교회 찬양단을 보면서 '언제 우리 중고등부도 저렇게 할 수 있을까?' 부러워만 했었다.

그런데 이제는 전도사님의 지도로 여러 친구들이 앰프 기타도 치고, 베이스 기타도 치고, 드럼도 치고, 피아노와 그 외 신디와 싱어로 찬양단을 조직하여 찬양을 하게 되는 놀라운 발전을 하게 되었다.

이러한 일들은 수련회 전만 해도 또 전도사님이 새로 오시기 전까지만 해도 꿈도 못 꿀 일이었다. 그리고 찬양단 같은 건 생각지도 못했었다.

그런데 이번 수련회를 다녀와서 엄청나게 몰라보게 많은 변화를 가져오고 있다.

요즘은 교회 오는 것이 재미가 있다. 찬양과 악기를 다룰 때는 정말 신이 난다. 그리고 교회 오는 것이 기다려진다.

최근에 엄마가 우리 교회에 등록하여 출석하고 있어 얼마나 좋은지 모른다.

중고등부 새로운 변화를 가져오면서 목사님을 비롯하여 장로님과 여러 선생님들이 많은 관심을 가지고 지원하며 밀어주니 정말 감사한 일이라 생각한다. 앞으로 이러한 일들을 통해 우리 중고등부가 계속 부흥하고 성장하기를 원하고, 또 나도 이번 기회에 열심히 악기를 배우고 찬양 연습을 많이 해 주님을 찬양할 수 있기를 원한다.

마지막으로 우리 중고등부가 더 많이 은혜를 받아 전도도 많이 하고 번성하여 우리로부터 금성교회가 영원히 부흥되길 기도한다.

금성교회 중 · 고등부 파이팅!!!

중3 박현준 학생

❖ 여름 수련회를 다녀와서

2014년 금성교회 가덕도(가덕교회) 중 · 고등부 여름 수련회를 7월 28일부터 30일까지 2박 3일간 다녀왔다.

이번 수련회가 3번째였는데 가장 기억에 남았다.

교회에 다 같이 모여 기도를 간단히 하고 출발하였다.

도착해서 담임 김병호 목사님께서 개회 예배 설교를 해 주셨다.

점심을 맛있게 먹고 잠깐의 휴식시간 후 성경말씀 공부를 하였다.
여자들은 송봉길 전도사님과 남자들은 장재현 선생님과 함께하였다.
나사로의 부활에 대해 배웠고, 우리가 가고 싶은 곳 가기 싫은 곳이 어딘지에
대해 자유롭게 대화해 보는 시간이었다.

잠깐의 휴식시간 후 다 같이 저녁을 먹고 전도사님의 초청으로 '카리네' 찬양
팀과 함께하게 되었다.
찬양들이 너무 좋아서 은혜를 받을 수 있는 시간이 되었다.
찬양이 끝나고 지난겨울 수련회 때 오셔서 좋은 말씀을 전해 주셨던 김수환
전도사님께서 이번 여름 수련회에도 오시게 되었다.
전도사님의 설교를 시간 가는 줄 모르고 들었던 것 같다.
이날의 모든 일정이 끝나고 다 같이 모여 간식을 먹고 게임을 하였다.

둘째 날은 아침 산책으로 시작을 열었다.
윤동욱 전도사님께서 오셔서 레크리에이션을 통해 게임을 하며 중·고등부
학생들과 더욱 가까워질 수 있는 시간이 되었다. 또한 분노 조절에 대해 말씀
하시면서 분노 조절 방법을 배우고 나에게 맞는 분노 조절법을 알아갔다.
선생님들과 함께 자유롭게 대화를 나누는 시간이었다.

휴식시간을 가지고 송봉길 전도사님, 강소정 선생님, 신성민 선생님으로 팀을
나눠 성경말씀 공부를 했다.
'내가 집이 된다면 머물고 싶은 집인지 그렇지 않은 집일지'에 대해서 대화하는
시간이 되었다.
저녁을 먹고 자유롭게 휴식을 취하다가 첫날에 본 '카리네' 찬양단과 함께 찬
양을 하고 마찬가지로 어제 오셨던 김수환 전도사님의 설교를 듣고 찬양단
분들도 다 같이 기도회를 하였다.

그날 저녁 기도회를 통해 정말 많은 은혜를 받았던 것 같다.
그 어느 시간보다도 더 가슴 뜨겁게 하나님을 찾는 시간이 되었던 것 같다.
이날의 모든 일정이 끝나고 다 같이 모여 화채와 치킨도 먹고 게임도 하면서
즐거운 시간을 보냈다.

마지막 날 아침도 산책으로 시작하고, 조원종 전도사님께서 오셔서 설교를 하셨다. 설교가 끝나고 점심을 먹고 폐회 예배를 드리고 찬양하고 기도함으로써 2박 3일간의 수련회가 모두 끝이 났다.

이번 수련회를 통해 많은 은혜를 받았고 하나님을 더 알아가는 시간이 되었다. 외부에서 오셔서 저희에게 많은 좋은 말씀들을 전해 주신 전도사님들 이틀 동안 좋은 찬양을 해 주신 찬양팀께 너무 감사드리고, 또 선생님들, 송봉길 전도사님 수련회 준비하시느라 수고하셨을 텐데 너무 감사드리고, 또 2박 3일간의 저희 식사를 책임져주신 김철우 집사님께도 감사드립니다. 더 열심히 예배하고 찬양함으로써 더 많은 은혜를 받을 수 있도록 해야겠다.

중등부 정수현 학생

❖ 짧았던 1박 2일의 수련회

나는 지난 17일 금요일에 포항 벧엘 수련원에 다녀왔다.
이번 수련회를 통해서 하나님께 제대로 기도드리고, 또 어색했던 중·고등부 언니들과 친해지리라 다짐했다.
그런데 날짜가 겹쳐서 초등학교 졸업식을 하고 너무 바쁘게 서두르다 보니 짜증이 났다.
졸업식을 마치고 친구들과 놀기로 했던 약속까지 깨져서 마음이 좋지 않았다.

청년부 송 전도사님께서 우리 졸업생들을 포항 벧엘 수련원으로 데려다주셨다.
가자마자 바로 밥을 먹고 좀 놀다가 예배를 드리러 갔다.
설교가 시작되기 전 우리들은 찬양을 아주 많이 불렀다.
처음 듣는 찬양들이었지만 이상하게 내 입에서 찬양이 흘러나왔다.
그날 부른 찬양들은 모두 내가 좋아하는 찬양이었다.
목사님의 설교는 재밌고 귀에 쏙쏙 들어왔다.

기도회가 시작되고 나는 무대 앞에 무릎을 꿇었다.
기도를 드리면서 수련회에 오던 길에 짜증을 냈던 모습이 부끄럽고 하나님께 죄송한 마음이 들었다.

친구들과 노는 것보다 하나님께 다가가는 것이 훨씬 중요한 일이고 더 신나는 일인데 그걸 몰랐던 내가 어리석게 느껴졌다.

기도회를 하며 그동안 지은 죄, 앞으로의 다짐 등 많은 이야기를 하나님께 드렸다.

찬양이 흘러나오는 어두운 곳에서의 기도회는 정말 잊지 못할 것이다.

다음 날 아침 예배도 많은 찬양을 드리며 시작했다.

찬양 사역자 민호기 목사님은 직접 작사·작곡하시는 분이셨다.

목사님께서 지으신 찬양 중에 가장 기억에 남았던 찬양은 '수건'이었다.

이 곡은 예수님께서 허리에 수건을 두르시고 제자들의 더러운 발을 씻겨주는 장면을 노래로 표현한 곡이었다.

가사 중에 '대야 가득 물을 채우고 무릎을 꿇고 앉으니 나는 가장 낮은 종이 되려네 너에게'라는 가사가 있었다.

바로 하나님의 아들이신 예수님께서 종이 되셔서 겸손의 모습을 보여주신 장면이었다.

예수님께 감사한 마음도 생기면서 그 겸손의 모습을 본받아야겠다고 생각했다.

또 목사님께서는 지금까지 우리가 기도드릴 때 항상 내가 필요한 것을 구하는 기도를 드렸지만, 그날만큼은 하나님께서 우리에게 주신 것에 대해 감사하는 기도를 하라고 하셨다.

그날 기도를 드리며 내 곁에 있는 모든 것들이 감사해야 할 일이라는 것을 알게 되었다.

매번 캠프 때마다 좋았지만 이번 수련회는 정말 오랫동안 기억에 남는 수련회가 될 것이다.

내가 볼 때는 말씀·찬양·기도, 모든 것들이 완벽했다.

수련회를 다녀와서 언니들과도 친해지고, 아는 찬양이 더 늘었고, 온전히 하나님께 기도드릴 수 있어 너무 좋았다.

기회가 된다면 또 벧엘 수련원 수련회에 참석하고 싶다.

중1 박은서 학생

❖ 성경캠프 가서 고친 일

나는 어린이 전도협회 성경캠프에 참석한 것이 처음이다.
우리 교회 아이들과 같이 활동하는 것이 아니라 전부 다 흩어져서 조를 짰기 때문에 우리 교회 친구들은 다 싫어했다.
나는 5조가 되었다.
5조 선생님은 키가 크신 다른 교회 전도사님이셨다.

나는 캠프 가기 전부터 걱정이 하나 있었다.
편식이 너무 심해서 싫어하는 음식을 못 먹으면 어떻게 하나 솔직히 걱정되었다.
그런데 그것뿐만이 아니었다.
밥을 먹기 위해서는 성경말씀을 암송하고 통과되어야 먹을 수 있다고 해서 한층 더 걱정되었다.

그래서 평소에는 많이 안 읽었던 하나님 말씀을 열심히 읽어 보았다.
처음에는 힘들었지만 말씀을 여러 번 읽으면서 암송을 하니 잘 외워졌다.
우리 5조 친구들끼리 돌아가면서 반장이 되었는데 내가 반장이 되었을 때 구호도 외치고, 암송도 하고 통과되어 밥을 먹을 수 있을 때 너무 좋았다.
편식을 걱정했지만 꾹 참고 먹으니 맛이 있었다.

찬양도 열심히 했다.
평소에는 대충 찬양을 했는데 그 습관을 고쳤다.
캠프 첫날부터 많은 것을 느꼈고 편식과 찬양 드리는 태도를 고쳤다.
둘째 날에는 다른 교회 친구들과 매우 익숙해져서 다행이었다.
하나님 말씀도 열심히 듣고 신나는 게임을 통해서 점수도 많이 받았다.
점심시간에는 우리가 직접 요리를 하는 시간을 가졌는데, 수제비를 만들어 먹기도 하고 그 다음 날에는 불고기도 만들어서 먹었다.
맛있고 재미있었다.

마지막 날 밤 기도회에서는 더 많은 것을 느꼈다.
기도하면서 우는 친구들이 너무 많았다.

나도 예수님이 우리 죄 때문에 십자가에서 죽으셨다는 것을 생각하니 눈물이 쪼금 나왔다.
그리고 우리가 지은 죄를 종이에 적었다.

캠프파이어를 하면서 우리의 죄를 적은 종이를 불 속에 던져 넣었다.
종이가 불에 타는 것을 보면서 내 죄가 깨끗하게 용서받은 것 같았다.
캠프파이어 시간에 찬양도 하고 율동도 하면서 하나님을 만났던 것 같았다.
캠프를 통하여 성경을 읽고 배우고 외우기도 했는데 우리가 읽는 성경책이 하나님께서 우리에게 주신 최고의 선물이라는 것도 알게 되었다.
이제부터는 말씀을 사랑하며 읽어야겠다고 생각했다.
캠프에서 많은 것을 배우고 느끼고 고친 것이 너무 좋았다.
한 번 더 가고 싶은 캠프였다.

아동부 박성민

❖ 여름 성경학교를 보내면서

방학식을 하는 날. 며칠 전부터 기다렸던 여름 성경학교가 시작되었다.
개막식을 시작하고 절제팀 · 돌봄팀 · 소망팀으로 나눠서 함께 조가와 조구호도 만들었다.
목사님의 개막선언과 함께 성경학교가 시작되었다.

선생님과 친구들과 공과공부도 하고 배운 내용을 체험하는 이동학습도 하면서 너무나 재미있었다.
동생들이 말썽을 부리기도 했지만, 우리 돌봄팀은 뭐든지 잘했다.
둘째 날에 있었던 스페셜 라운드에서 5코스를 돌면서 하나님께 영광을 돌리는 어린이는 어떤 생활을 하는지 배우게 되었다.
나는 썩지 않을 면류관, 영광의 면류관, 의의 면류관을 모두 얻을 것이다.

스페셜 라운드가 끝나고 전도하러 나갔다.
더운 날씨지만 친구들에게 예수님의 사랑을 전하는 것이 즐거웠다.
많은 친구들이 오진 않았지만 새로운 친구들을 보내주셔서 하나님께 감사했다.

하나님께 찬양하는 시간, 하나님을 생각하면서 찬양할 때 마음이 기쁘고, 즐겁고, 행복했다.

선생님들과 친구들과 함께 하나님을 찬양할 수 있는 시간이 있어서 참 좋았다.

특히 찬양할 때보다 기도회를 할 때가 더 은혜를 받은 것 같다.

선생님을 위해서 기도하고 친구들과 언니, 오빠, 동생들을 위해서 기도하는 시간은 은혜로웠고 눈물이 많이 나왔다.

하나님께서 우리를 만나주시고 우리와 함께해 주셔서 감사하다는 기도를 계속 드렸다.

그러는 동안에 하나님께서 내 안에 욕하는 마음이나 죄를 짓는 나쁜 마음을 모두 가져가 버린 것 같았다.

이제 나는 전에는 동생과 많이 싸웠지만, 앞으로는 동생과 싸우지 않고 잘 돌볼 것이다.

또한 하나님의 말씀, 복음을 전하는 사람이 되고 싶다.

그래서 많은 친구들이 예수님을 믿게 되었으면 좋겠다.

성경학교 마지막 날 월요일에는 워터파크에 갔었는데 수영복을 입은 모습이 이상하고 어색했지만, 선생님들과 친구들과 함께해서 신나고 재미있었다.

아무도 다치지 않고 모두 건강하게 이번 여름 성경학교를 마치도록 은혜를 주신 하나님께 감사드리고 특히 우리를 위해 더운 날씨에도 수고해 주신 여러 선생님들께 감사를 드린다.

여름 성경학교를 마친 후 초등 5학년 천세진

❖ 청년부 수련회를 다녀와서

'모자라지만 부족하지 않는, 미흡하지만 변화를 꿈꾸는~'

올 여름의 마지막 연휴가 될 수 있는 황금의 기간, 8월 14일-16일까지 김해 야외수련장에서 청년부 수련회가 있었습니다.

부산노회 청년부 연합회에서 진행되는 연합 청년 수련회였습니다.

수련회의 주제는 '나는 그리스도인이다'였습니다.

어쩌면 당연하다고 말할 수 있는 이 주제가 2박 3일 동안 은혜의 시간이 되리라는 기대를 하면서 같은 지역, 그리고 같은 곳에서 생활하는 많은 청년들이 함께 수련회를 한다는 것에 대해 걱정 반, 기쁨 반의 설레는 마음으로 수련회 장소로 향했습니다.

날씨는 맑고 화창했습니다.
김해로 향하는 우리 8명의 청년들은 연합 수련회가 어떤 수련회가 될 것인지에 대해 이런저런 이야기를 하면서 출발하였습니다.
교회에서 오후 예배를 마친 후여서 그런지, 하루의 일과가 이제 끝날 때쯤이 되어서 그런지 몸은 내려앉고 피곤했지만 그래도 청년들만의 수련회를 한다는 즐거움에 아무도 눈을 감는 사람은 없었습니다.

수련회 장소에 도착하여 저녁을 먹고 저녁 집회가 시작되자 곳곳에서 모인 약 100여명의 청년들이 함께 찬양 드리며 은혜를 나누었습니다.
첫째 날 저녁 집회는 김운성 목사님이 인도하셨는데, 그 목소리와 말씀 내용에서는 힘이 넘쳤습니다.
청년들을 향한 미래의 메시지는 청년 각 사람의 마음을 사로잡기에 충분했습니다.
집회 후에는 모두 다 흩어져서 연합으로 조를 편성하였습니다.
처음에는 낯선 이들과 함께한다는 것이 거북하고 이상했지만 그렇게 모여서 함께 이야기를 나눠보니 역시나 그리스도인들이며, 역시나 하나님의 자녀들이 었습니다.
어디서 만나든지 우리는 주 안에서 한 가족이었던 것입니다.

둘째 날 오전에는 2080이라는 청년 선교단체의 목사님의 특강이 있었습니다.
'교회 안에서만 믿음의 청년이 되는 것이 아니라 세상에서 어떻게 믿음의 청년으로 살아가야 할 것인지'에 대해 말씀하셨습니다.
오후 시간은 교제와 친교의 시간이었습니다.
그리고 수련회의 하이라이트라고 할 수 있는 저녁 시간, 새날 교회의 찬양팀과 담임목사님의 열정적인 말씀과 기도의 시간이 있었습니다.
모두 앞으로 나와서 무릎을 꿇고 손을 들고 목이 터져라 기도를 하였습니다.

형제의 연합을 기뻐하시는 하나님이 성령님을 통해 우리 부산노회 청년들과 함께하심을 느낄 수 있는 시간이었습니다.
이제 나는 세상에서 당당하게 말하렵니다.
"나는 그리스도인이다!"라고~

청년부 김하나

❖ 하나님, 감사합니다!

고등학생을 벗어나 청년으로 사는 삶이 2년이 지난 올해에 청년 동계 수련회로 부전교회 글로컬 비전센터에서 진행되는 '2017년 청년 연합 말씀사경회'에 참여하게 되었다.
그동안 많은 수련회를 가보았지만 '말씀사경회'라는 주제를 가지는 수련회는 처음이었기에 궁금증을 가지고 참여하게 되었다

종교 개혁 500주년을 맞이하여 진행된 말씀 사경회는 낮에는 여러 가지 주제 특강을 듣고, 저녁에는 찬양과 나들목 교회 김형국 목사님의 말씀과 기도회로 이어지는 순서들로 짜여 있었다.
이번 말씀사경회는 교회에서 점점 사라져가는 청년들의 회복과 부흥을 위해 종교 개혁의 정신을 따라 말씀의 본질로 돌아가자는 주제를 담고 있어서 낮에 있는 특강에는 종교 개혁의 역사에 관한 내용 동성애와 관련된 내용 등의 흥미로운 특강들이 있었고, 평소 알지 못했던 많은 사실들을 알 수 있어서 너무 좋았다.

또한 저녁 시간에 말씀을 듣기 전 드리는 찬양시간도 각 지역의 많은 청년들과 한 자리에서 함께 찬양으로 하나님께 나아갈 수 있는 시간이어서 은혜롭고 좋은 시간이 되었다.
이외에도 여러 프로그램들이 준비되어 있었지만 가장 좋고 마음속 깊이 새겨질 수 있었던 시간은 김형국 목사님의 말씀 시간과 기도회 시간이었다.
사실 나는 요즘 내 신앙에 대한 정체기를 겪고 있었다.
하나님의 말씀을 듣고 읽으면서 묵상을 하고 있지만 진정한 하나님의 자녀로 한 단계 성장하는 모습은 발견할 수 없고, 그 자리 그대로 남아 있는 내 모습을 보며 지치고 혼란스러워 하나님께 나아가는 것을 외면한 적도 있었다.

그러다 보니 하나님께 예배를 드릴 때 찬양을 드릴 때 진정으로 드리지 못할 때도 있었고, 내가 드리는 기도가 형식적으로 느껴질 때도 있었다.

나의 이런 모습들에 '이건 아닌데, 이런 모습은 하나님께서 원하지 않으실 텐데'라고 생각하면서도 반복되는 상황들에 무뎌져 사람들에게는 말할 수 없는 오직 하나님과 나만 아는 생각과 감정들이 내 마음에 자리 잡고 있었다.
그래서 이 수련회를 가기 전에도 '제 마음이 하나님으로 가득 차게 해 주세요. 꺼져가는 마음의 불길을 회복시켜 주셔서 다시 하나님께로 돌아가게 해 주세요.'라며 진심을 다해 하나님께 기도했다.
그렇게 고백을 하고 다녀온 수련회를 하나님께서는 '역시 하나님은 하나님이시다'라는 생각을 할 수 있도록 만들어주셨다.

하나님께서는 나의 어지러웠던 마음을 아시고 말씀으로 깨닫게 하셨다.
기도회 시간을 통해 울고 부르짖으며 하나님을 찾는 회복의 시간도 주셨다.
하나님께서 슬퍼하실 모습으로 지내왔던 나를 여전히 사랑하여 주시고 하나님께서 사랑하는 귀한 자녀임을 다시 느낄 수 있도록 만들어 주신 것이다.
그래서 지금 나는 처음에 가졌던 호기심보다 더 많은 감사함을 느끼고 돌아와서 다시 하나님과 함께 살아가고 있다.

앞으로 미래에 어떤 상황들이 펼쳐지고 그 속에서 어떤 어려움이 다가올지 모르지만, 그 가운데서 내가 하나님의 자녀라는 것을 잊지 않으며 그 문제를 두려워하지 않고 말씀으로 기도로 나아갈 수 있는 내가 되었으면 좋겠다.

마지막으로 이번 수련회를 다녀오게 하신 하나님 아버지! 저희 청년들이 무사히 잘 다녀올 수 있게 하시고 많은 것을 깨닫고 느끼게 하심에 너무 감사드립니다. 앞으로의 삶들도 주님께 맡겨드립니다.

사랑의 눈으로 바라봐주시고 인도하여 주세요.
사랑합니다. 감사합니다.

허민지 청년

❖ 중·고등부 키요르 찬양단의 영원한 발전을 기대하며

우리 중·고등부가 날이 갈수록 즐거움과 은혜가 넘치고 있다.
그 이유는 금성교회 학생회를 사랑하는 우리 멋진 전도사님이 계시기 때문이다.

우리 키요르 중창단은 정호일 전도사님께서 우리를 향한 사랑과 돌봐 주심에 우리는 여러 악기를 배우게 되었고 또 찬양의 기쁨과 은혜를 새롭게 깨닫게 되어 과거보다도 더욱 신나게 찬양을 할 수 있게 되어 찬양의 시간이 얼마나 은혜가 넘치고 신이 나는지 모른다.

우리 키요르 중창단은 전도사님의 많은 관심과 사랑 덕분에 지금의 키요르 중창단이 우뚝 서 있는 것이라고 생각한다.
아직은 성숙하지 못해 부족한 부분이 많이 있다.
사실 찬양을 준비하다 보면 우리 찬양단원들은 의견이 맞지 않아 서로 많이 다투기도 한다.
그러다가도 찬양을 부르게 되면 신기하게도 언제 싸웠느냐는 듯이 다시 즐겁게 찬양을 하곤 한다.
이 모든 것이 우리 주님이 우리를 무척이나 사랑하고 귀여워하시는 까닭이라는 생각이 든다.

주님은 늘 우리의 곁에 계심을 난 믿는다.
사랑해요, 주님!
당신만을 높이며 찬양할게요.

우리를 지켜보시는 주님과 많은 성도님들, 그리고 특히 우리들의 투정을 잘 이해하시고 참아주시며 위로해 주시는 우리 전도사님을 실망하게 하지 않고 올바른 길로 주님께 다가가야지 하며 더욱 잘 해보기를 다짐한다.

지금까지 지내오면서 많은 찬양을 불렀다.
그 찬양을 통해 주님을 만나고 체험했다.

바램은 앞으로도 주님의 사랑을 듬뿍 받으며 그 사랑을 찬양하고 싶다.

이런 주님의 은혜와 감사함을 영원히 잊지 않을 것이며, 나 또한 키요르 찬양단에서 활동하며 주님을 향한 찬양을 내 호흡이 있는 그날까지, 절대 멈추지 않을 것이다.

강성대 학생(고1학년, 키요르 찬양단 리더)

❖ 고3 충전 수련회를 다녀와서

2012년 1월 30일부터 2월 2일까지 수원의 흰돌산 수련원에 다녀왔다.
가기 전 "흰돌산 수련회는 진짜 힘들다. 그래도 은혜는 완전 많이 받고 온다."는 이야기를 들어서 그런지 설레기도 하고 두렵기도 했다.
가보니 전국 각지에서 정말 많은 사람이 모였고, 일정도 빡빡했다.
　'30분 식사, 30분 기도, 2-3시간 집회'

처음에는 적응이 잘 안 되어 예배에 집중도 못하고 졸기도 했다.
그런데 집회 중에 목사님으로부터 지옥에 대해 생생하게 말씀을 들으니 감히 졸지도 못하겠고, 딴 짓도 못하겠고, 죄를 짓지 말아야 하겠다는 생각이 들었다.
또한 일상생활 속에서도 말과 행동을 조심히 하고, 좀 더 주님께 합당한 삶, 예수님을 닮은 삶을 살아야겠다는 생각이 들고, 내 주위 사람들도 역시 지옥에 가게 할 수 없다는 생각이 강하게 들었다.

그렇게 시간은 흘러 어느덧 마지막 밤, 은사집회 시간이 되었다.
사실 나는 여태까지 환상을 보지 못했고 방언도 받지 못했다.
그래서 누가 환상을 보고 방언을 했다고 하면 참으로 부러웠고, 한편으로는 시기하고 질투하는 마음도 들었다.

그래서 마지막 날 밤, 나는 기대를 하고 집회에 참석하였다.
설교 후 기도 시간이 되어 나는 꼭 은사를 달라고 하나님께 떼쓰듯 기도했다.
그런데 목사님이 '은사는 시기 질투로 받는 것이 아니라 꼭 필요한 사람에게 주시는 것'이라고 하시는 말씀을 듣고 여태까지 내가 왜 환상을 못 봤는지 방언을 못 받았는지 깨달았다.

그제야 깨닫고 기도했지만 결국 방언의 은사는 받지 못했다.

그날 밤엔 내가 나에게 속상해서 또 하나님께 조금 섭섭해서 많이 울었는데 지금 와서 생각해보니 날 더 단련시키고 준비시키기 위한 것이라는 생각이 든다.

나태하지 말고 하나님을 위해 더 힘써 일하라고 그러신 것 같기도 하다.

앞으로 더 나은 모습으로 하나님이 보시기에 기쁘신 모습으로 쓰임 받을 수 있는 모습으로 변화되도록 노력할 것이다.

고등부 3학년 오예담

❖ 특별한 여름

이번 여름에 나는 매우 특별한 시간을 경험했습니다.

첫 번째로는 유치부에서 여름 성경학교의 보조 교사로 참여하였습니다.

두 번째로는 작년에 학생으로 참여했던 중고등부 수련회에서 학생이 아닌 스텝으로 참여하였습니다.

세 번째로는 아동부 캠프에서 목사님과 함께 도우미로 참여하였습니다.

마지막 네 번째로는 청년부의 멤버로 청년부 수련회에 참여하였습니다.

이 네 번의 경험을 하기 전에 나에게 이 경험들이 작은 부담으로 다가왔습니다. 이 경험이 평소에는 경험할 수 없는 기회라 매우 감사하고 특별했지만 몸이 피곤할 것 같기도 하고, 무엇보다도 '과연 내가 아이들을 잘 섬기고 아이들이 정말 주님을 만날 수 있는 통로가 되어 줄 수 있을까? 오히려 아이들보다 내가 은혜를 더 많이 받고 돌아오는 시간이 되는 건 아닌가?' 등의 생각을 많이 하게 되었습니다.

그래서 걱정 반, 설렘 반인 마음으로 준비를 하게 되었습니다.

먼저 유치부와 아동부, 그리고 중고등부에서는 도우미의 역할로 아이들 곁에서 프로그램의 진행을 도와주고, 청소도 하고, 함께 신나게 찬양과 율동을 드렸습니다.

또한 청년부 수련회에서는 '말씀과 쉼'이라는 주제로 전도사님, 사모님, 그리고 청년들과 함께 초청한 목사님의 귀한 말씀도 듣고, 기도회 시간도 갖고, 많은 대화와 체험을 할 수 있는 귀한 시간을 가졌습니다.

이번 여름 방학의 경험은 처음의 부담감과는 전혀 다르게 나에게 잊을 수 없는 소중한 시간이었습니다.

처음으로 아동부 친구들과 함께하는 여름 성경캠프를 가보고 유치부와 중고등부에서 보조 교사와 스텝으로 아이들을 섬기기도 하고, 청년부에서는 수련회를 통해 신앙적으로 깊은 대화도 나눠보고 말씀으로 쉼으로 함께할 수 있는 시간을 경험할 수 있어서 너무나 좋고 즐거웠고 또한 감사했습니다.

제가 무사히 성경학교, 캠프, 수련회 다녀올 수 있도록 이끌어주신 하나님께 너무나 감사하고 아이들을 잘 섬길 수 있도록 해 주심에 감사하고, 제가 이런 시간들을 보낼 수 있도록 기회를 주셔서 너무나 감사합니다.

또 한 번 이렇게 주님을 느낄 수 있고, 체험할 수 있는 시간으로 가득 찬 너무도 뜻 깊고 행복했던 여름이었습니다.

청년부 허민지

❖ 내가 선택해야 할 길

수련회에 가기 한 달 전부터 하나님께서 특별히 나에게 말씀해 주실 메시지를 기대하며 간절히 바라왔다.
그럴만한 이유가 있었기 때문이다.

이번 연도를 맞이하기 직전부터 내 영적 상태는 혼미해져 있었다.
내 나이 25세!
24년 동안 하나님과 수많은 밀고 당기기를 해왔지만 내가 이렇게 등을 돌린 적은 없었다.
지금 '내가 등을 돌렸다'고 표현한 것부터가 하나님의 은혜다.

지난 1년 상당 시간 동안 나는 하나님을 '내게 등 돌린 분, 나한테는 관심 없으신 분' 쯤으로 정의해오고 있었다.
그러나 다행히 모든 믿음 사라져도 분명한 것 한 가지는 내게 남아 있었다.
이 시간을 통해 나는 하나님을 정확하게 알게 될 것이며, 하나님과 나의 관계가 지금껏 맺어온 것보다 훨씬 깊어질 것이라는 점이었다.
어쩌면 이 믿음 아래서 마음껏 내 솔직한 감정을 표현해 본 것일지도 모르겠다.

'나는 누구인가?'라는 주제로 진행된 청년부 수련회에서 강의를 들으며 복잡하게 얽혀있던 생각들을 하나씩 정리해갔다.
내가 나의 정체성을 자꾸 잊었던 것과 말씀에 반응하기 어려웠던 것은 하나님이 말씀하시는 나를 보지 못하고 사탄의 은밀한 속삭임에 넘어갔기 때문이라는 것을 깨달았다.

사탄은 끊임없이 나의 생각을 흔들고 속임의 말들을 주입시키고 있었는데 나는 거기에 반응하며 세상의 기준으로 나를 판단하고 있었던 것이다.
그러나 나에게 가장 크게 와 닿았던 것은 '사탄은 우리의 생각과 감정은 공격할 수 있지만, 우리의 영은 공격할 수 없다. 그곳은 성령님이 계시는 곳이기 때문이다.'라는 메시지였다.
유일하게 놓지 않았던 믿음도 하나님 안에서 이루어진 것임을 깨닫는다.

이제 나는 하나님 편에 온전히 서기를 결심한다.
사탄의 꿀 떨어지는 속삭임에 넘어가지 않겠노라 다짐한다.
물론 또 넘어질 수 있겠지만 이것을 기억하리라.

　이미 승리하신 하나님 안에서 그의 자녀 된 내가 걸어가야 할 길은
　하나님 안에 있다는 것을~

장하은 청년

❖ 사랑스럽고 너무나 소중한 우리 아이들에게

얘들아 안녕? 민지 쌤이야! 반가워~
매번 얼굴 보면서 이야기했는데, 오늘은 편지로 이야기 하려고 하니 조금 쑥스럽네.
그래도 마음을 가득 담아서 이야기할 테니 약간 오글거려도 조금만 참아줘.

선생님이 너희를 만나고 우리가 서로를 알아가기 시작한 지 벌써 2년이 흘렀어.
시간 참 빠르다. 그치?
선생님이 누구를 가르쳐주는 역할을 한 적이 없어서 처음 너희를 만날 때마다 엄청 많이 긴장해서 말도 잘하지 못하고 그랬는데, 그럴 때마다 너희가 선생님한테 와서 이야기해 주고 질문도 막 던져주고 장난도 쳐줘서 너무너무 고마웠어.

그러면서 너희들이랑 더 친해지고 이제는 내가 장난을 먼저 걸기도 하고, 친구 같은 선생님이 되어서 나는 지금 너희들을 만나는 순간순간이 너무 행복해!

또 크고 작은 아픔들도 있었지만, 그래도 주일날 건강한 모습으로 잘 나와 주고, 함께 찬양하고 예배드릴 수 있는 것에 하나님께 참 감사드리고, 행사 준비하는 순간도 참 즐거웠어.

연습 진행을 할 때마다 선생님이 너희 한 사람, 한 사람마다 의견을 존중해 주지 못하고 너희의 마음을 헤아려주지 못해서 늘 미안해. 앞으로는 더욱 신경 써서 너희의 생각과 마음을 들어 줄 수 있는 선생님이 되도록 노력할게.

그리고 너희들에게 선생님이 하고 싶은 말이 있어.
요즘 우리 아동부 예배시간 때 꿈이라는 주제를 가지고 목사님께서 말씀을 전해 주고 계시잖아?
예전에는 여러 친구들이 대통령도 되고 싶어 하고 경찰도 되고 싶어 하는 등 크고 많은 꿈을 가지면서 자랐는데 요즘 친구들을 보면 그런 꿈이 사라진 것 같아서 매우 안타까워.

그러나 우리에게는 누가 계시죠? 크고 놀라우신 하나님께서 계시지?
그러니까 전능하시고 위대하신 하나님을 믿고 기도하면서 더 큰 꿈을 가질 수 있길 바랄게!

선생님도 항상 너희들을 위해서 기도하고 응원할게!
우리 더욱 하나님 안에서 성장하는 예쁘고 멋진 하나님의 자녀가 되자!
그리고 늘 사랑하고 축복해~

아동부 허민지 선생님

❖ 사랑하는 아동부 친구들에게

사랑하는 아동부 친구들 안녕! 강주수 쌤이야.
친구들이 좋아하는 강모연 선생님이 아니고 강주수 선생님이야.
너무나 오랜만에 편지를 쓰려니 어떤 말을 해야 할지, 두서가 없어도 이해해 주길 바라요.

어릴 때 꿈이었던 선생님!
세상적으로 이루지 못했지만 교회에서 아동부 교사로 친구들에게 선생님으로 불릴 수 있어서 너무 행복해요.

처음으로 교사가 되고 친구들이 선생님이라고 불러 주었을 때를 생각하면 벅찬 감격이 있었는데 친구들을 더 많이 사랑하지 못하고, 친구들을 위해 더 많이 기도하지 못했던 부끄러운 모습, 친구들을 더 많이 사랑하지 못하고, 기도하지 못했던 모습을 돌아보며 많이 반성하고 있어요.
이제 하나님이 주시는 힘으로 하나님 사랑 나누는 선생님이 되도록 노력할게요.
친구들 자체만으로 보석같이 빛나는 우리 아동부 친구들!
놀 때도 즐겁게 최선을 다해서 놀고, 말씀을 들을 때도 예쁘고 멋진 모습으로 예배드리는 친구들 모습을 떠올려 보니 입가에 미소가 저절로 지어지네요.

사랑하는 아동부 친구들!
선생님과 친구들이 신나고 행복하게 예배드리는 아동부가 되도록 함께 노력해요.
또한 하나님이 주신 꿈을 향해 열심히 노력하고, 하나님 안에서 예수님 닮아 가는 친구들로 자라길 기도하고 응원할게요.
아동부 친구들! 많이 사랑하고 축복해요.

친구들 옆에 늘 함께하고픈 강주수 선생님이

❖ 어린 친구들에게

어린이날을 맞아 어린 친구들에게~
5월의 햇살처럼 마음이 따뜻한 어린 친구들, 하나님께서 우리나라에 어린이날을 허락하시어 주님의 귀한 자녀인 친구들을 사랑하는 마음을 주었으니 너무 감사하구나.

어린이날을 맞아 우리 친구들 지혜롭고 건강하게 자라길 원하며, 밝은 웃음과 맑은 마음으로 친구를 사랑하는 너희들을 보면 너무 사랑스럽단다.
우리 친구들은 어른들의 희망이며 다음 세대를 이끌어갈 리더들이기에 하나님의 사랑 속에서 잘 성장하길 바란단다.

이 시간 교사와 어른이란 이유로 너희들에게 지나친 간섭은 하지 않았는지, 모순된 행동으로 실망하게 하진 않았는지, 마음에 상처가 되는 말은 하지 않았는지 되돌아보며 반성한단다.

친구들을 위해 기도한단다.
말씀과 기도로 하나님과 멀어지지 않고 관계가 끊어지지 않게 하시며, 주님의 사랑과 은혜가 가득하게 하시고 하나님의 일꾼으로서 이 나라와 세계 속의 주역을 감당하게 해 주시길 기도한단다.

너무 소중한 친구들, 말씀과 기도를 가까이하며 늘 건강하고 행복하며, 항상 밝고 씩씩하게 성장하기를 바랄게.
귀한 우리 친구들 아주 많이 사랑해요. ^*^

아동부 교사 전철범 집사

❖ 청년에게 보내는 글

"너는 청년의 때, 곧 곤고한 날이 이르기 전에 너의 창조자를 기억하라"(전 12:1)

먼저, 죄악으로 인해 오염된 문화 속에서도 순결하게 믿음을 지키며 살아가고 있는 여러분들을 축복합니다.
수많은 청년들이 좋은 성적을 얻기 위해, 또는 좋은 직장을 얻기 위해 경쟁하며 바쁘게 살아가고 있는 현실 가운데 있지만, 예수 그리스도를 믿는 우리 청년들만은 그들과 다른 삶을 살기를 소망합니다.

여러분이 있는 자리에서 최선을 다하시기 바랍니다.
그곳이 학교라면 여러분의 학업에 최선을 다하십시오.
또 그곳이 직장이라면 여러분이 맡은 업무를 실수 없이 잘해내시길 바랍니다.
세상 가운데서 책임감 없고 능력 없는 그리스도인이라는 평가를 받지 않도록 노력하시기 바랍니다.

그러나 그런 노력이 여러분 자신을 위한 노력이 되지 않기를 바랍니다.
그 노력의 중심에 하나님이, 우리 예수 그리스도가 계시기를 소망합니다.

'대통령이 되고자 하는 꿈이 국민을 잘 살게 하기 위한 것이 아니라 자신의 부귀영달을 위한 것이라면 그 사람은 졸부는 되어도 절대 대통령은 될 수 없는 사람'이라는 말이 있습니다.

마찬가지로 여러분이 이루기 위해 노력하며 기도하는 것이 하나님의 영광을 위한 것이 아니라 여러분 자신의 영광을 위한 것이라면 하나님은 그것에 응답하지 않으실 것입니다.

자신의 꿈이 아니라 이 땅의 청년들을 위한 하나님의 꿈을 좇아 살아가는 우리 청년들이 되길 바랍니다.

우리의 삶 가운데 청년의 시기는 그 어느 때보다 귀하고 중요한 시기라고 생각합니다.

당연히 교회 속에서도 여러분의 위치가 중요한 시기입니다.

여러분은 우리 교회의 보배입니다.

여러분들에 대한 교회적 관심과 기대가 크다는 것도 기억하기 바랍니다.

청년 사역자이신 김종우 목사님은 '청년부는 다음세대를 준비하는 시기가 아니라 지금 여기에서 사건을 일으키는 존재들'이라고 이야기합니다.

우리 청년들이 교회를 위하여 내가 무엇을 할 수 있을지 고민하고 여러 자리에서 헌신과 봉사하는 역동적인 청년이 되기를 원합니다.

더불어 여러분을 통해 우리 교회가 성장하는 복을 누리기를 기도합니다.

청년들의 시각이 나라와 세계를 바라볼 수 있으면 좋겠습니다.

느헤미야의 마음을 가지고 부산 땅을 위해 눈물로 기도하는 청년이 되시기를 바랍니다.

이 땅의 젊은이들을 향한 주님의 깊은 긍휼과 풍성한 자비가 흘러가도록 자신을 드리는 여러분들이 되기를 원합니다.

또한 모든 민족을 향한 하나님의 눈물과 하나님의 마음을 헤아리는 여러분이 되어 하나님 나라의 확장을 위한 꿈을 키워가는 모두가 되기를 원합니다.

그리고 삶의 모든 현장에서 그리스도의 주 되심을 드러내며 세계 복음화의 증인으로 서는 청년들이 되기를 축복합니다.

청년 주일에 이주영 안수집사

❖ 끝나지 않을 초등학교를 졸업하며

나는 며칠 전까지만 해도 중학생이 된다는 생각이 전혀 없었다.
그런데 12월이 다가오면서 학교에서도 중학교 얘기가 나오고 교회에서도 중학교 진급 이야기가 나오면서 실감이 났다.

1학년 때 처음 초등학교에 쭈뼛거리며 발을 내디뎠던 것이 생생하게 기억이 나는데 벌써 초등학교를 졸업하고 중학교에 갈 시간이 되었다니 정말 시간이 빠른 것 같다.
엄마 아빠가 세월이 정말 빠르게 흘러간다고 말씀하시는 것을 들었는데 어린 내게도 시간은 빠르게 흐르는 것 같다.

초등학교 6년을 돌아보면 정말 많은 일들이 있었다.
그 중에 하나님께 감사드리고 싶은 것은 나에게 건강을 주셔서 학교에서나 교회에서 6년 동안 한 번도 결석을 하지 않고 개근했다는 것이다.

그리고 하나님께서 내게 만남의 복을 주셔서 모두 좋은 분들을 만나고 많은 사랑과 관심 속에서 교육을 받을 수 있었음에 감사를 드린다.
오직 예수님의 사랑으로 수고하시며 돌보아 주신 많은 선생님들이 계셔서 내가 이만큼의 믿음도 자랄 수 있었다.

이제 중학생이 되면 초등학교 때보다 공부도 많이 해야 하는데 내가 제대로 할 수 있을지 걱정이 된다.
그렇지만 하나님께 기도드리며 최선을 다할 때 하나님께서 나를 제대로 된 길로 인도해 주실 거라고 믿는다.

하나님께서 인도하시는 길로 걸어가기만 하면 좋은 결과가 나올 것이다.
그리고 지금까지는 담임목사님의 설교 내용이 잘 이해가 되지 않아서 어른 예배를 드리지 않고 그 시간에 다른 곳에서 스마트폰을 가지고 놀았지만, 그 말도 핑계였는지 모른다.

그래서 이제는 어른 예배 시간에도 예배 잘 드려서 하나님과의 진실한 만남으로 더욱더 믿음이 자랐으면 좋겠다.

내 모든 길을 정하시고 인도해 주시는 하나님께 감사드리며, 진정으로 예배를 드리는 초등학교 때와 다른 의젓한 중학생이 되겠다고 다시 한 번 다짐해 본다.

아동부 박은서 어린이

❖ 중 · 고등부를 수료하며

감사할 일들이 너무 많았던 6년!
먼저 중 · 고등부 6년여의 시간 동안 다치지 않고 건강하게 신앙생활을 할 수 있게 해 주신 하나님께 감사드립니다.

아동부에서 중고등부로 올라와서 환영받던 때가 엊그제 같은데 벌써 청년부로 올라갈 나이가 되었다는 사실이 아직도 믿기지가 않습니다.
중고등부 회장, 찬양인도자가 되었던 저의 모습을 돌아보면서 그만큼 많은 시간이 흘렀다는 것에 한 번씩 놀랐던 적이 많았습니다.

지난 6년의 시간을 돌아보면 많은 일들이 있었지만, 그중에 가장 기억에 남았던 시간을 하나만 뽑으라고 한다면 아무래도 올 여름 필리핀 단기 선교를 떠났을 때입니다.
그 시간만큼은 절대로 잊을 수 없는 시간이 될 것 같습니다.
태어나 처음으로 해외를 간 것도 잊을 수 없는 사건인데 그것도 단기 선교로!

저는 단기 선교 프로그램을 준비하면서 은혜도 많이 받았지만, 무엇보다도 필리핀 현지에서 친구들과 함께 아는 찬양도 부르고 언어는 다르지만 서로 자기만의 방식으로 소통하던 그 날들은 다시 생각해도 정말 행복한 일주일간의 단기 선교 기간이었습니다.

다 쓰지는 못하지만, 이 글을 쓰면서 지금까지 못해보았던 낯선 일들을 금성교회 중 · 고등부에서 할 수 있었던 것들을 생각하고 기억에 취할 수 있어서 감사합니다.
그리고 무엇보다 소중한 전도사님, 선생님, 친구, 동생들을 만날 수 있게 해 주신 하나님께 감사를 드립니다.

청년부에서는 지금보다 더 신앙이 성숙하고 금성교회에서 더 많은 추억을 남기고 싶습니다.

이제 중·고등부를 떠나 청년부로 가지만 중고등부를 잊지 않고 생각날 때마다 기도하고 선배 된 입장에서 중고등부에 더 관심을 가지는 청년부 오예지가 되겠습니다.

오예지 학생

❖ 사회에 첫 발을 내디디며

어느덧 2016년도 다 가고 12월이 다가왔습니다.

송구영신 예배를 드리고 2016년을 맞으며 새해의 기도제목을 적어 냈던 게 엊그저께 같은데, 이제 대학교 4학년 대학 캠퍼스의 할머니가 되었다고 믿기지 않아 하던 때가 생생한데 말이죠.

저는 이제 몇 달 후면 국가고시 시험을 치게 되고 또 취업을 하게 될 텐데 그 전에 금성교회의 목사님, 전도사님, 성도님들 모두에게 감사하다는 말을 전하고 싶어 글을 씁니다.

저는 엄마 뱃속에서부터 금성교회를 다녔습니다.

그때부터 저는 금성교회를 다니며 하나님을 알게 되었고 '신앙생활'이라는 것을 보고 배웠습니다.

지금 계신 목사님, 전도사님, 집사님들, 장로님들, 성도님들께서 가르쳐주시고 삶으로 보여주신 것들이 저에게는 비옥한 거름과 양분이 되어 지금까지 하나님의 자녀로 잘 자라게 해 주었습니다.

믿음이 흔들릴 때도 또는 넘어졌을 때도 다시 일어나 다시 하나님께로 나아갈 수 있었던 데에는 여기 금성교회에 계신 분들의 도움이 있었습니다.

참 감사합니다.

이제 내년이면 취업을 하고 사회인이 되는데 흥분과 기대가 있지만, 솔직히 그런 흥분과 기대보다 두렵고 떨림이 앞섭니다.

모진 세상 속에서 잘 버틸 수 있을까 하나님의 영광을 드러내지는 못할망정 오히려 하나님께로부터 멀어지지는 않을까 걱정됩니다.

하지만 그럼에도 불구하고 용기를 내어 한 발짝 나아갈 수 있는 것은 저에게 금성교회라는 든든한 믿음의 동역자들이 있고, 언제든지 함께 예배의 자리에 나아갈 수 있는 금성교회가 있기 때문입니다.

내년에도 변함없이 하나님께로 향해 갈 금성교회가 있기에 참 감사합니다.

오예담 청년

❖ 특집 금성교회 FEBC(부산극동방송) 나오던 날 이모저모

지난 1월 14일(목) 아침 9시 20분부터 10시까지 우리 금성교회가 부산극동방송 '우리 교회 좋은 교회' 라디오 방송에 출연했습니다.

다음은 라디오 방송에서 함께했던 내용들입니다.

금 - 성처럼 반짝이며 새벽을 밝혀주는 교회
성 - 도들의 사랑과 친교가 넘치는 교회
교 - 회 중에 교회, 으뜸 교회 금성 교회
회 - 복과 치유가 일어나는 살아있는 좋은 교회! 금성교회라고 전해라

이재영 목사님

금 - 빛 찬란한 교회 우리 교회 좋은 교회
성 - 스런 주님은 우리를 밝은 빛으로 인도해 주신다
교 - 회 성도님들 마음은 하나님이 아신다.
회 - 개하는 마음으로 충성스럽게 주님 섬기며 살아가자

김설매 집사님

금 - 으로 살 수 없는 저의 얼굴
성 - 공적으로 생긴 저의 외모
교 - 만하지 않으려 감추려 했던 저의 외모
회 - 자될 수밖에 없는 저의 외모를 보시려거든 금성교회로 오세요

송봉길 전도사

❖ 백세인생 금성교회

60세에 천국에서 날 데리러 오거든

금성교회 다닌다고 못 간다고 전해라

70세에 천국에서 날 데리러 오거든
아직은 금성교회에서 할 일이 많아서 못 간다고 전해라

80세에 천국에서 날 데리러 오거든
성도님들과 헤어지기 싫어서 못 간다고 전해라

90세에 천국에서 날 데리러 오거든
아직은 지역에 전도할 사람이 많아서 못 간다고 전해라

100세에 천국에서 날 데리러 오거든
금성교회가 너무 좋아서 못 간다고 전해라~~~

❖ 하나님의 은혜를 나눕니다.

저는 제 인생의 최고 어렵고 힘든 때에 금성교회를 만나 출석하게 되었습니다. 제가 처음 금성교회를 출석하고 김병호 목사님께 기도를 받았을 때에 느낌이 상당히 좋았고, 지금까지 믿었던 그 믿음 외에 겪어보지 못한 마음을 받았습니다.

그때부터 지금까지 금성교회를 다니면서 제 인생과 제가 사는 삶의 방법들이 모두 바뀌었습니다.
그 모습은 바로 우리 김병호 목사님께서 손수 실천하시는 이웃사랑과 섬김에 제가 반하게 되어서 저도 목사님의 그런 섬김의 모습을 닮아가기 위해 노력하며 지금까지 살아왔습니다.
제가 지금까지 금성교회에서 받은 은혜를 이제 많은 사람들과 함께 나누고 싶습니다.

제가 가장 어려울 때 그때 금성교회를 만나게 된 이후부터 지금까지 저의 삶이 윤택해지고 하나님의 은혜와 축복을 많이 받아서 지금은 제가 하는 사업도 잘되고 우리 목사님과 함께 여러 봉사를 하고 있습니다.
금성교회 사랑합니다.

진경열 집사

❖ 이웃을 섬기는 교회

제가 처음으로 출석한 교회가 금성교회였습니다.
그러다가 개인적인 사정으로 조금 먼 곳으로 가게 되어 다른 교회를 섬기다가
또다시 금성교회로 오게 되었습니다.

그런데 놀라운 사실은, 제가 떠날 때보다 수적으로 많이 부흥이 되었고, 또
목사님이 지역을 많이 섬기는 모습을 보게 되었습니다.
예를 들면 믿지 않는 가정에 가셔서 전기와 수도를 다 고쳐주시고, 목수 일도
다 해 주시고, 온 얼굴에 페인트까지 다 묻혀 가시면서 손수 일하시는 것을
보게 되었습니다.

진짜 교회를 많이 섬기셔서 우리 교회 성도들이 목사님께서 건강을 해칠까봐
걱정할 정도입니다.
저는 새롭게 금성교회에 다시 와서 신앙생활을 하면서 너무 감사함고 기쁘고
행복한 신앙생활을 하고 있습니다.

우리 교회가 건축을 하려고 기도 중에 준비하고 있습니다,
앞으로 우리 금성교회와 담임목사님의 건강을 위해 많은 기도 부탁드립니다.
최영심 권사

❖ 추수감사절 오행시

추 - 추호라도 하나님 사랑 잊으랴!

수 - 수없이 받은 은혜 날마다 세어도

감 - 감사 제목은 날마다 마음에 생기네.

사 - 사랑과 은혜를 넘치게 주시는 하나님 은혜

절 - 절대로 잊어서는 안 되는 하나님 은혜에 감사하는 하루하루를 살자.
최영심 권사

추 - 추수의 계절에 열심히 일하며 달려왔습니다.

수 - 수확의 즐거움을 맛보며 활짝 웃으며 달려왔습니다.

감 - 감히 하나님 예수님이 주신 은혜보다 그 누가 감동을 줄 수 있나?

사 - 사는 것이 힘들고 어려워도 주님이 주시는 은혜에 행복하네.

절 - 절기마다 찾아주시는 풍성한 하나님의 은혜에 감사드리며 살아보세.

김설매 집사

추 - 추한 모습임에도 괜찮다 예쁘다 하시며 쓰다듬어 주시고

수 - 수많은 날들과 내 인생의 걸음마다 지켜주신 하나님!

감 - 감사! 또 감사드립니다!

사 - 사랑해 주신 은혜 마음 깊이 새기고

절 - 절망 중에 있는 사람들에게 예수님의 사랑을 전하는 사람으로 살게 하소서!

송봉길 전도사

❖ 아동부 추수감사절 오행시 모음

추 - 수할 논밭에 노란 벼가 물결치는 아름다운 계절입니다.

수 - 고의 땀과 눈물로 뿌린 씨앗을 기쁨으로 단을 거두는 수확의 계절에

감 - 사와 찬양을 받으시기에 합당하신 하나님께 모든 영광을 돌립니다.

사 - 랑을 고백하는 주의 성도들의 찬양을 받으시오며 오직 우리의 삶이

절 - 대자이신 살아계신 하나님만을 영화롭게 하며 기쁨이 되는 삶으로 이
결실의 계절에 더욱더 넉넉하고 풍요로운 마음으로 나누며 살게 하소서.

이재영 목사

추 - 수감사절을 맞이하여

수 - 확보다 어려운 오행시를 하라니

감 - 이 통 오지 않네.

사 - 랑합니다. 다음부턴

절 - 대 오행시 하지 마세요.

전철범 선생님

추 - 수감사절은
수 - 수, 조, 벼, 등 곡식들과 과일을 가꾸신 농부 아저씨께
감 - 사하고, 햇빛과 비를 주시며 키워주신
사 - 랑하는 하나님께 감사드리는
절 - 기입니다.

박은서

추 - 수감사절에는
수 - 박도 먹고
감 - 고 먹고
사 - 과도 먹고
절 - 편도 맛있게 먹는 날~

박성민

추 - 수감사절은
수 - 확한 곡식과 과일들을 보며
감 - 사하는 마음을 가지는 것이다.
사 - 과, 배, 포도 등 맛있는 과일을 먹게 해 주신 하나님께
절 - 을 드리자.

류수민

추 - 수감사절은
수 - 확한 곡식들을
감 - 사하게 생각하며
사 - 랑하는 마음으로
절 - 제된 행동으로 즐기는 날.

이채린

금성교회 선교 이야기

❖ 행복한 금요 전도대

나는 사람들에게 물어본다.
 "당신은 왜 사는가?"
사람들은 '기다리기 위해 산다'고 한다.
'행복'이란 놈이 온다는 약속을 했다고~

그러나 사람들은 '참된 행복'이 무엇인지 행복의 실체에 대해서 잘 알지 못하면서 막연한 행복을 기다리며 하루하루 살아간다.
하나님을 떠나서는 인간은 하루, 아니! 일분일초도 행복할 수 없는데 말이다.

나도 교회에 나오기 전에는 그랬다.
'막연한 행복'을 기다리며 나의 슬픔을 달래곤 하였다.
그러나 하나님을 만난 이후에 나는 막연함이 아닌 '확실한 행복'을 찾게 되었다.
하나님 안에서 '참 행복'을 찾은 것이다.

지금의 나는 금요일을 기다린다.
전도하는 날이기 때문이다. 룰루~ 랄라~ ^^
세상에서 가장 고귀하고 고상하고 값진 일을 하는 날이다.
정말 행복한 날이다.

금요일~
어김없이 노란 조끼 입고 목사님의 출발 신호와 함께 교회 문을 박차고 나선다.
물론 당연히 주님 손잡고 간다.

나는 주님의 잃어버린 양이 어디 있는지도 모르고, 양을 찾아도 무슨 말을 전해야 할지도 모르니, 주님 손잡고 갈 수밖에 없다.

조금의 걱정과 두려움은 있지만 그동안 목사님을 비롯해서 전도대원들의 봉사와 섬김으로 금성교회가 좋은 소문이 나 있어서 감사하게도 사람들이 현관문과 마음의 문을 비교적 잘 열어주었다.

이곳 영선동은 다른 지역에 비해 특히 노인 분들이 많이 사신다.

가가호호 방문을 해 보니 노인 분들 100%가 환자였다.

고혈압과 당뇨는 기본이고, 다리가 아파 바깥출입을 못하시는 분, 치매·우울증·알코올 중독까지…. 정말 놀라움을 금할 수 없었다.

그들의 인생도 처음에는 복사꽃처럼 눈부시고 라일락처럼 향기로웠을 것이다.

그러나 지금은 날 무디어진 칼처럼 무엇 하나 벨 수 없음에 그들의 가슴엔 눈물과 한숨만 고여 있었다.

머리에 하얀 서리가 내린 채로 지난날의 애환을 고백처럼 쏟아내는 것을 듣다 보면 저절로 함께 손잡고 눈물로 통곡하며 기도하게 된다.

전도는 궁극적으로 하나님께서 하시는 것인데, 하나님께서는 나를 통해 할머니가 두 분이나 교회에 나오게 해 주셨다.

나는 정말 한 것이 없는데 꿈을 꾸듯 두 분의 할머니가 하나님을 영접하게 되었다.

두 분의 할머니는 교회에 잘 나오고 계시며 건강이 좋아지고 얼굴 표정도 밝아져 하나님의 사랑에 또다시 탄복하며 감사하고 감사한다.

아직도 살아계신 하나님을 믿지 않는 할머니, 할아버지, 그리고 여러분들!

언제까지 울고만 있을 건가요?

언제까지 낙심만 하실 건가요?

우리를 절대 포기하지 않으시는 하나님의 사랑에 안겨보세요.

반드시 행복해집니다.

> "두려워하지 말라, 내가 너와 함께함이라. 놀라지 말라, 나는 네 하나님이 됨이라. 내가 너를 굳세게 하리라. 참으로 너를 도와주리라. 참으로 나의 의로운 오른손으로 너를 붙들리라."(사 41:10)

오주영 집사

❖ 한 명 전도의 꿈

어느 날 노점에서 커피를 팔고 있는 나에게 50세쯤 되어 보이는 남자분이 점심을 먹고 오겠으니 가방을 좀 맡아 주겠느냐는 부탁을 했다. 평소 책을 좋아했던 나는 무슨 책인지도 모르고 가방 옆 주머니에 꽂혀 있는 책을 좀 보아도 되겠느냐고 물었다.

그분은 식사하러 가지 않고 나에게 전도를 했다. 미국에서 20년 동안 살다가 귀국했다는 그분은 2가지의 예수 믿는 조건을 얘기했는데, 첫째는 교회 보지 말고 둘째는 사람 보지 말라고 하셨다. 그리고 가서서 똑같은 책을 한 권 사오셔서 주고 가셨는데 제목이 '오! 하나님 우리들의 하나님'이었다. 초등학교 3학년만 되어도 읽을 수 있는 성경을 동화처럼 만든 책이었다.

난 하루 만에 그 책을 읽었고, 창세기 22장 10~13절에서 하나님을 믿어야겠다고 생각했다.
지금 생각하면 살아계신 하나님을 영접한 셈이라 해도 과언은 아닌 것 같다.
그리고 최고의 단골손님이셨던 지금의 이채상 장로님!
일요일마다 쉬는 걸 보며 전도가 좋은 건 어찌 알았는지 고마운 마음에 '가자고 하면 가겠는데~' 생각하며 기다리던 어느 날 "아주머니, 아이들 교회 좀 보내주소!" 하실 때 "저희 아이들 교회 다니는데요."라고 했다.

당시 아이들은 대청동 부광교회를 다니고 있었다.
어버이날 '엄마도 교회 와서 예수 믿고 구원받으세요.'라고 편지를 써 주기도 했다.
　"그럼 아주머니는 왜 안 가요?"
전도하며 이런 대답을 들어본 사람이 있을까 싶다.

그리고 다음 날 장로님은 성경책을 사다 주셨고, 아무도 가르쳐 주지 않았지만 사도신경 · 주기도문 · 십계명을 외우고 그 주일 1989년 11월 19일 총력전도 주일에 금성교회로 왔다.
옆집이었던 부광교회를 보았고, 대성교회도 지나며 보아온 교회 중 금성교회는 와서 보니 참으로 초라한 모습이라 느꼈을 때 '교회 보지 말라'던 전도하신 분의 말씀이 생각났다.

얼마 지나지 않아 어떤 할머니 집사님이 새 신자인 나에게 어느 분의 험담을 했을 때 사람 보지 말라고 한 말씀이 떠올랐다.
지금 생각해도 감사하고 또 감사한 일이다.

지금에 와서 생각해 보니 그때 그분이 하나님께서 보내주신 천사가 아니겠는가?
지금 그분이 어디 계신지 또 누군지도 몰라 안타까울 때도 있다.
'때를 얻든지 못 얻든지 땅 끝까지 복음을 전하라'는 하나님 말씀을 생각하며 열매가 눈에 보이지 않을지라도 나를 전도했던 그분을 생각하며 전하고 있다.
어디선가 주님께서 자라게 하시어 열매가 되어가길 기도하며~

앞으로 나는 나에게 복음을 전해 주셨던 그분과 또 금성교회 이채상 장로님의 전도와 은혜를 기억하며, 나도 한 영혼을 구원을 위해 전하기만 한다면 하나님께서 열매 맺게 하시리라는 믿음을 잃지 않고 달려가려 한다.
섬기시길 즐기시는 이채상 장로님 덕분에 그리고 성도님들의 특별한 사랑 많이 받으며 오늘까지 왔음을 이 지면을 통하여 감사를 드리며, 이채상 장로님 항상 건강한 모습으로 오래오래 섬김의 본을 보여주시길 기도드립니다.

나는 오늘도 외치고 싶다.
예수 믿고 나만큼 복 받은 사람 있으면 나와 보라고!!
한 명 전도를 꿈꾸는 금성교회의 모든 성도님들 올해엔 그 꿈 모두 이루어 하나님 은혜로 아름답게 건축된 새 성전을 가득 채워가기를 기도하며 우리 함께 전도하러 달려갑시다.

❖ 나에게 너무 좋은 금성교회

안녕하세요. 저는 금성교회에 다니고 있는 송선미입니다.
저는 몇 달 전에 흰여울길로 이사를 왔습니다.
이사 온 지 며칠 뒤에 집으로 손님이 오셨는데, 목사님과 나보신 집사님께서 저희 집으로 방문을 해 주셨습니다.

저는 깜짝 놀랐습니다.
저는 교회를 다니지도 않았고 다닐 생각조차 없었습니다.

그런데 목사님께서 이사를 왔다고 기도를 해 주시겠다고 하셨습니다.
저도 얼떨결에 같이 기도를 했는데 목사님의 기도 내용이 제 마음속에 와 닿았습니다.
지난날 힘들었던 제 삶을 기도해 주시는 것 같아 눈물이 울컥했습니다.

저는 다가오는 주일날 교회를 나가고 싶었습니다.
그 주일은 마침 성탄절이었습니다.
교회에 들어서는 순간 찬송 소리에 마음이 또다시 울컥했습니다.
정말 감미롭고 아름다운 찬송 소리였습니다.

예배를 마친 후 새 식구를 위한 목사님의 성경공부도 즐거웠습니다.
저는 저랑 친하게 지내는 언니에게 말했습니다.
그 언니 역시 교회를 다니는 사람이 아니기에 교회를 나가자고 하면 그 언니가 부담스러워할 것 같아서 저는 그냥 제가 교회에서 느꼈던 감정을 그대로 이야기해 주었습니다.
제가 교회에 나와서 마음이 굉장히 편안하고 왠지 착해지는 느낌들~
그리고 아름다운 생각들을 많이 하고 있다고 이야기를 했습니다.

저의 이야기를 듣고 그 언니도 주일날 교회에 나오게 되었습니다.
저는 앞으로도 더 많은 사람들에게 제가 교회를 나와서 편안해진 몸과 아름다운 생각들을 이야기해 주고 싶습니다.
그리고 하나님을 열심히 잘 믿겠습니다.
며칠 후 나보신 집사님께서 제게 성경책을 선물해 주셨습니다.
성경책이 생기니 제가 정말 하나님의 자녀가 된 듯한 느낌이었습니다.
저는 성경 내용은 아직 잘 모르지만 매일매일 조금씩 성경을 읽고 알아가려 노력하고 있습니다.
하나님을 열심히 믿으며, 또한 열심히 살겠습니다. 감사합니다.

2017년 3월 새 가족 송선미

❖ 야유회를 다녀와서

금성교회에는 전도대원들이 있다.

목사님을 비롯해서 권사님과 집사님들이 전도대 회원들이다.
오늘은 전도대원들이 그동안의 노고를 위로할 겸 모처럼 야유회를 가졌다.
목적지는 경남 함양 상림 숲이다.
김병호 담임목사님과 양선열 부목사님께서 함께 동행해 주셨다.

야유회 가기에 너무 좋은 맑고 화창한 날씨에 차에 몸을 싣고 아침 일찍 금성교회를 뒤로하고 복잡한 부산 도심을 빠져 나갔다.
전도대원들은 마냥 기뻤다.
때는 깊어가는 가을이라 차창 밖을 바라보니 산과 들에는 찬란한 오색 단풍들이 아름답게 물들어 있었고, 목적지인 함양으로 가는 길에 물과 공기와 토양이 좋다는 산청군 유적지를 여기저기 둘러보니 힐링도 되고 한마디로 짱이었다.

마침내 우리들은 목적지인 함양 상림 숲에 도착했을 때 천년의 유구한 세월 동안 넓게 우거진 숲을 보면서 한 번 놀랐고, 또 곱고 아름답게 물들어진 단풍을 보면서 두 번 놀랐다.
그곳에서 아름다운 단풍을 배경으로 함께 사진도 찍고 또 어린 동심으로 돌아가 낙엽을 주우니 옛날 낙엽으로 책갈피를 만들었던 지난 추억들이 생각이 났다.
그리고 숲속에 떨어져 있는 낙엽을 밟으니 그동안의 모든 피로가 다 풀리는 기분이었고, 붉고 노랗게 물들인 아름다운 가을의 풍경을 보니 내 마음도 가을과 같이 아름답고 풍성해졌다.

하나님께서 우리에게 이렇게 아름다운 자연을 주시니 얼마나 감사한지 전도대원들은 야유회를 통하여 하나님께 감사와 찬양을 드렸고 그동안 영선동 지역 골목골목을 청소하며 전도 활동을 했던 고단한 나날들을 모두 잊고 야유회로 심신을 달래며 소모되었던 에너지를 재충전하는 참으로 유익한 시간이었다.

오고 가는 길에 두 분 목사님과 그리고 금성교회 전도대원들!
교회 부흥을 위해 수고 많이 하셨습니다.
앞으로도 열심히 지역을 잘 섬겨 빛과 소금의 역할을 잘 감당하는 우리 전도
대원들이 되도록 합시다.
그리고 야유회를 잘 다녀오게 해 주신 하나님 아버지께 감사를 드립니다.

2018년 11월 김설매 권사

❖ 경로 관광을 다녀와서

그리스도인 사랑을 나누는 성도님들께!
우리 금성교회 효도 관광은 5월 19일 화요일 아침 7시 45분 교회 앞에서 출
발하였습니다.
어느덧 남해 고속도로로 들어섰습니다!
그때부터 이종득 장로님이 재치 있고 유머 있는 사회로 우리들을 재미있게
이끌었습니다.
청팀·홍팀으로 나누어서 풍선으로 게임을 시작하였고, 번호로서도 '행운상'을
타기도 하였습니다.

우리 40여 명의 노인들은 초등학교 어린 시절의 동심으로 돌아가 얼마나 기
쁘고 즐겁고 은혜롭고 웃음이 가득한 행복한 시간이 되었는지 모릅니다.
첫 번째 코스 목적지인 '마이산'에 도착하였습니다.
그곳에서 약 한 시간 정도 자유 시간을 보내면서 많은 사람들의 소원을 기원
하는 마음으로 쌓아 올린 돌탑들을 구석구석 구경했습니다.
그리고 난 후 점심 식사는 전주의 명물인 '전주비빔밥'을 맛있게 먹었습니다.

두 번째 코스인 전주 '한옥마을'을 견학하였습니다.
현 도시에서는 사라져 버린 가장 한국적이고 아름다운 전통 한옥집을 보니
어릴 적 고향에서 느꼈던 정을 느낄 수 있었습니다.

경로 관광을 통하여 많은 사람을 만나 대화를 나누며 좋은 친교와 교제의 시간을
가지게 되었고, 또 교회에서 이렇게 어르신들을 초청하여 효도 관광을 시켜 즐거운
시간을 보내게 되니 몸과 마음도 젊어지고 얼마나 감사한지 모릅니다.

5월 19일은 나에게 있어 참으로 아름다운 추억으로 영원히 기억될 축복의 날이었습니다.

다시 한 번 금성교회와 성도님들께 하나님의 복이 가득하기를 기원합니다.

감사합니다.

2015년 5월 새 가족 이선학 성도

❖ 효도 관광을 다녀와서(1)

5월 23일 월요일. 교회에서 70세 이상 어르신들을 모시고 효도 관광을 다녀오게 되어 나도 참석을 하게 되었다.

관광버스 한 대를 전세 내어 할아버지 · 할머니 · 목사님 · 사모님, 교회 장로님과 집사님이 참석하고 많은 상품과 간식거리, 음료수를 준비하여 출발하였다.

가는 도중 차 안에서 양 팀을 갈라 청팀과 홍팀으로 게임을 하였다.

이종득 집사님이 너무 재미있게 진행을 하여서 어르신들이 너무너무 좋아하셨다.

창밖을 보니 산천이 너무 아름다워 그동안 생활에 얽매여서 나오지 못했던 지난 세월이 너무 아쉬웠다.

어느덧 내 나이 칠십!

언제 이렇게 세월이 흘러 내가 경로 관광잔치에 합석하게 되었는지, 내 나이가 벌써 이렇게 되었나 하는 생각이 들었다.

목적지인 순창에 도착해서 고추장 공장과 각종 장아찌 전시장에 들러 구경을 하면서 시식도 해보고 구입도 하였는데, 우리나라 전통 음식이 얼마나 맛이 좋고 아름다운지 다시 한 번 느끼게 되었다.

점심 식사는 제2의 금강산이라고 불리는 강천산에서 산채 비빔밥을 먹었는데 자연 그대로 조리한 음식이라 그 맛이 일품이었다.

강천산 일대를 구경하면서 대자연의 아름다움을 다시금 느끼게 되어 창조주 하나님께 감사를 드렸다.

가는 길에 남원 광한루에 들러 춘향이가 그네 뛰던 곳과 월매가 살던 집을 둘러보니 우리나라 전통 초가집 보존이 무척 잘되어 있었다.

집으로 오는 길에 고속도로에 차가 많이 밀리면 어쩌나 하고 걱정을 많이 했는데, 하나님께서는 우리의 생각과는 달리 우리 가는 길에 아무런 장애물이 없이 잘 가게 해 주셨다.

아침부터 저녁까지 안전운행으로 모든 성도님들의 안전을 지켜주신 하나님께 감사드리며, 이 관광을 주선해 주신 목사님과 금성교회 전 성도님들께 감사드린다.

2012년 5월 진경열 안수집사

❖ 효도 관광을 다녀와서(2)

5월 어버이 주일을 맞아 우리 금성교회에서는 목사님을 비롯하여 모든 성도들이 지역 어르신들을 모시고 효도하는 마음으로 경로잔치를 베풀었다.

350여 명의 많은 어르신들이 오셔서 즐거운 잔치가 되었다.

참으로 마음이 뿌듯하였다.

그리고 일주일 후, 이번에는 금성교회의 제2남선교회 회원들이 연세 많으신 어르신들을 모시고 효도 관광을 다녀왔다.

우리는 관광을 위해 마련한 버스에 올랐고, 어르신들은 모두 즐거운 표정들이셨다.

화창한 날씨에 우리를 태운 관광버스는 출발지인 부산 영도 금성교회를 뒤로 하고 복잡한 도심을 빠져나갔다.

우리는 즐거운 여행에 마음이 들떠서 경주를 지나 목적지인 영덕, 삼척, 울진으로 향하였다. 동해 바다 해안도로를 따라서 차창밖에 펼쳐지는 풍경들을 바라보면서 상쾌하고 기쁜 마음을 감추지 못하였다.

제2남선교회 회장, 총무, 회원들의 아낌없는 배려로 즐겁고 편안한 여행길이 되었다. 동해안으로 난 멋진 해안도로를 달리면서 우리는 일상생활의 피로를 다 잊어버릴 수 있었다.

영덕에 도착하여 해변공원과 공해 없는 녹색 산업의 상징인 풍력 발전소를 구경하고 다시 출발, 삼척에 도착하여 맛있는 점심을 먹었다.

점심식사 후에 삼척에 있는 해신당 공원을 구경하였다.

해신당의 유래는 마을 총각과 낭자가 사랑하여 약혼을 했는데 낭자가 그만 바다에 빠져 죽는 바람에 이루지 못한 애틋한 사랑의 전설이 담겨 있었다.

해신당 공원에는 그 시대에 살았던 어촌마을의 생활상이 잘 전시되어 있었다.

구경을 다 하고 우리는 다시 울진에 있는 유명한 성류굴로 향하였다.
구불구불 산길과 계곡과 숲을 지나 울진에 있는 성류굴에 도착하였다.
천혜의 자연 석회석 동굴 속은 너무나 아름다워서 감탄이 절로 나왔다.
하나님의 솜씨가 얼마나 오묘한지, 우리는 감탄하고 또 감탄하였다.

우리가 목적했던 관광지를 다 돌아보고 귀갓길에 동해안을 따라 펼쳐진 해안도
로를 달리면서 탁 트인 동해 바다의 아름다움에 흠뻑 취한 우리들은 그동안의
피곤함도 다 잊어버리고 더욱 힘이 솟는 것 같아 몸과 마음이 즐겁고 가뿐했다.
마치 동해 바다의 큰 고래라도 한 마리 잡아 가지고 돌아온 기분이었다.
이번 효도 관광은 일생의 영원한 기쁨으로 기억될 것이다.

이처럼 아름답고 멋진 강산에 살게 하시고 효도 관광을 무사히 다녀오게 하신
하나님 아버지께 감사를 드린다.

김설매 집사

❖ 금성교회를 다녀와서(1)

금성교회 김병호 목사님과 성도들께!
샬롬! 주님의 이름으로 인사드립니다.
목사님! 참 감사했습니다.
저희는 주님의 은혜로 부산에서 잘 지내다가 서울에 안전하게 도착했습니다.

짧은 만남이었지만 주 안에서 역동하는 금성교회를 오래도록 잊지 못할 것입니다.
장로님들의 모습~
청년들의 찬양 모습~
세상과 소통하는 교회~
나눔을 실천하는 공동체와 목사님의 지역을 섬기시는 헌신은 두고두고 제 마
음에 새겨 제 사역지에서도 실천하겠습니다.

이 아름다운 모습을 많이 닮고 싶습니다.
오밀조밀한 교회 입구와 교육관, 무엇보다도 연세 많으신 성도님들과 성도님
한 분 한 분의 따뜻한 마음은 오래도록 기억하겠습니다.

정말 감사했습니다.

큰 은혜와 위로를 받았습니다.

목사님의 소탈하신 모습도, 열정도 정말 큰 은혜였습니다.

목사님, 건강 조심하시고 주 안에서 좋은 소식 오고 가길 소망하며 기도합니다.

멋진 금성교회와 목사님이 참 부럽습니다.

가끔씩 선교지의 소식과 기도제목 전해 드릴게요. 기도해 주세요.

항상 평안하시길 기도드립니다.

2015년 10월 15일

대만선교 중 잠시 귀국했다가 금성교회 방문한 강숙경 선교사

❖ 금성교회를 다녀와서(2)

샬롬!

먼저 지면을 통하여 베풀어 주신 은혜와 사랑에 하나님께 영광을 올려 드립니다.

지난 10월 26일 오후 2시 30분. 금성교회 제3여전도회 헌신예배의 강사로 요청받아 말씀을 전할 수 있는 기회가 있었다.

언제나 그러하듯이 목사는 설교의 거룩한 부담감을 가지고 있는지라 구하는 자에게 주시는 하나님께서 주의 종의 간구를 들으시고 은혜와 평안을 인도하사 하나님께서 주신 감동으로 말씀을 전하게 되었다.

성도들의 뜨거운 열정을 느끼기에 충분한 영혼으로 찬양하는 모습은 어떤 현실에서도 거뜬하게 해결해 내는 영적 용사처럼 느껴지는 것은 나 혼자만의 생각일까?

분명코 아니라 금성교회의 뜨거움과 지치지 않는 이웃사랑을 실천함에 먼저 달려가는 착한 행실을 종이 경험하였다.

그것은 예배를 마친 후에 김병호 목사님은 종(장기성 목사)이 섬기는 은혜로 교회를 위하여 금성교회의 온 성도가 선교헌금을 하여 하나님의 사랑을 나타내며 은혜로 교회의 선교현장에 협력하자는 광고를 듣고 종은 깜짝 놀랐다.

종이 기도한 것을 하나님께서 들으시고 이렇게 응답하셨음을 감사할 뿐이다.

김병호 목사님과 금성교회 온 성도님들께도 진심으로 감사를 드린다.

그동안 (2014년 7월 14일부터 현재까지) 종은 기도하였다.

"하나님! 은혜로 교회에 교회 차량을 주시옵소서!"

교회 차량은 성도들의 운행수단이기도 하지만, 전도비를 마련하기 위하여 각종 재활용품을 싣고 판매하는 전도비를 마련하는 공장과 같은 것이다.
또한 교인들에게 급한 일이 생기면 그들을 위하여 사용되기도 하는 차량이다.
다양하게 사용되는 차량인데 그동안 사용하던 차량은 지난여름 7월에 노후된 차량은 더는 운행할 수 없을 지경이 되어 폐차한 상태였다.

"주여! 여기에 작은 자의 소원을 외면하지 마시고 들어 온 교인들이 기뻐하며 전도의 현장에 담대함을 가지고 나아 갈 수 있도록 교회 차량을 주소서! 재정이 열악한 까닭에 섬김과 한 영혼 구원에 대한 열정이 식지 않게 하소서. 지치지 않게 하소서!"

응답은 그들의 믿음을 한 단계 올리는 기회이다.
예배 후에 금성교회의 온 성도들의 선교헌금을 김병호 목사님으로부터 전달받고 감동의 떨림이 내면에서 일어났다.

전달된 선교헌금은 현재까지 기도 중인 은혜로 교회 차량 구입에 사용하였다.
집으로 돌아온 후에 여전히 가슴을 채우는 것이 있었다.
그것은 하나님이 금성교회를 자랑스러워하신다는 확신이다.
하나님이 보시기에 아름다운 교회라는 것이다.

선한 이웃이 되고자 하는 희생적 나눔을 그들은 생활화하기에 나눔으로 큰 기쁨이 있는 하나님이 자랑하는 금성교회!
금성교회가 각종 봉사와 섬김으로 지역의 선한 이웃이 되기에 이웃 사람들은 행복한 사람들이요, 행복한 에덴동산 같으리라!
또한 그들의 곁에 있는 금성교회도 이 땅에 전도하러 오신 예수님!
예수님의 십자가 희생으로 이루신 죄에서 구속하신 그 은혜와 사랑을 실천하는 선두 주자가 되어 있기에, 하나님의 살아 역사하심이 드러나는 공동체임을 의심치 않는다.

그들의 믿음을 가름할 수 있는 것은 예배드리는 태도이다.
종이 하나님의 말씀을 선포할 때에 말씀 가까이 오려는 순박한 신앙!

그 말씀으로 살아 역사하시는 하나님을 만나야겠다는 신앙적 결의와 영혼의 움직임을 보았다.

예배를 조금도 소홀히 여기지 아니하고 예배의 은혜와 감동을 하나라도 놓치지 아니하는 그들의 영적 몸부림을 보면서 과연 하나님의 강력한 역사와 큰 감동으로 사로잡아 이 시대에 사용하시는 성도들과 교회임을 알 수 있었다. 점점 더 사랑이 말라져 가는 시대의 흐름을 역류하며 거센 이기적 세상 물결도 헤쳐 가며 감동 어린 사랑을 가득 채워가는 신령과 의로운 모습들을 하나님께서 크게 기뻐하리라 믿어진다.

강사(부족한 종)를 위대한 종을 대하듯이 하는 겸손한 성도들!
영도의 복음화를 위하여 어느 교회보다 진실한 사랑으로 앞서가는 섬김과 정성 어린 열정으로 사회복지를 실현해 가는 교회라고 익히 알고 있는바 남다른 관심을 가지고 있었다.
역시 하나님의 최고의 걸작품이 여기 있다는 것을 충분히 느낄 수 있었다.
"주여! 저들의 섬김으로 한 영혼, 한 영혼이 하나님의 택함 받은 자임을 깨닫고 속히 주님의 몸 된 교회로, 은혜의 자리에 함께하여 믿음의 큰 가족을 이루게 하소서!"

앞으로 이 선교헌금의 나눔을 통하여 금성교회의 지역 복음화가 가속화되기를 바라며 '코 밑이 열려야 마음이 열린다'는 지혜로운 선조들의 말이 적용되어 사람들의(불신자) 마음이 열리고 주님과 함께 밝게 웃는 거룩한 공동체가 되기를 바란다.

지역에 꿈과 희망을 주기 위해 그리스도인의 사랑을 힘써 나누는 공동체의 열정에 사랑과 구원받은 사람들의 수가 점점 커져가는 교회의 모습을 미리 앞당겨 보게 되는 기회가 되었다.
다시 한 번 나눔과 섬김에 진심으로 감사를 드립니다.

2015년 10월
은혜로 교회를 섬기고 있는 장기성 목사 올림

❖ 짐바브웨에서 온 소식

샬롬!

"세상에 있는 사람들을 사랑하시되 끝까지 사랑하시느니라"

주님의 사랑과 은혜로 이제 짐바브웨 땅을 섬긴 지 만 10년이 되었습니다.
저희를 통해 선교하시려고 선교지로 불러내신 하나님!
이곳에서 부딪힌 수많은 어려움들을 통해서 저희를 만들어 가시는 하나님을
만날 수 있음이 얼마나 큰 축복인지 깨닫는 요즈음입니다.

1. 2년 만에 베푼 세례식

올해 부활절 주간을 준비하면서 교회에 등록하고 2년 이상 성실하게 출석한
성도들을 대상으로 세례교육을 하고, 교육과 문답에 성실하게 참석한 40명에게
세례를 베풀었습니다.
성도들에게 매일의 삶에서 예수 그리스도를 삶의 주인으로 인정함으로 기적이
일상이 되는 삶을 살도록 기도 부탁드립니다.

2. 선교하는 주일학교 아이들

교회창립 5주년을 맞으면서 올해를 선교하는 해로 정했는데 어른보다 먼저
주일학교 아이들이 선교의 첫걸음을 내디뎠습니다.
우리 교회가 있는 루만다 마을도 가난하고 열악하지만, 그보다 더 열악하고
가난한 깡아가 마을에 40명의 주일학교 아이들과 함께 일일 단기 선교를 다
녀왔습니다.
찬양과 드라마, 말씀 등으로 이 땅 아이들의 마음 밭에 복음의 씨앗을 심었으니,
이제 믿음으로 잘 자라날 수 있도록 함께 기도를 부탁드립니다.

3. 한 가정 살리기 프로젝트

한국 나눔선교회를 통하여 가난한 아프리카 가정에 병아리와 사료를 제공함
으로써 스스로 자립할 수 있도록 도와주는 프로젝트입니다.
많은 성도들이 혜택을 받고 열심히 키움으로써 자립하는 데 성공할 수 있도록
계속해서 관심과 격려가 필요합니다.

감사한 것은 프로젝트의 첫 번째 수혜자들이 수익금으로 교회에 십일조를 드리고 또 다른 가정을 돕는 선순환의 흐름을 만들어낸 것입니다.
50만 원이면 한 가정을 영구적으로 자립할 수 있도록 도우실 수 있습니다.

함께 기도해 주세요.

1. 저희가 이 땅을 섬기는 선교사로 깨어 있어서 귀에 들리고 눈에 보이며 손에 잡히는 참 복음을 누리고 전하는 삶을 살도록
2. 많은 프로그램을 진행하지만 영혼 구원이 목표이고 목적임을 잊지 않도록

2020년 2월 20일, 금성교회 출신 짐바브웨 선교사 현내식 드림

❖ 생애 최고의 성탄절

50여 년 전 '성탄절에 교회 가면 과자랑 과일을 준다'는 친구의 꾐(^^?)에 빠져서 생애 처음으로 교회라는 곳에 발을 내디뎠었는데, 올해 성탄절을 하나님께서 또 한 번 제 인생에 특별한 날로 만드셨습니다.

이름 없는 작은 동네 베들레헴에 오셨던 예수님!
아프리카에서 가장 가난한 나라 중의 하나인 짐바브웨에서 가장 가난한 마을인 루만다 마을에도 우리 교회 성도들과 함께 주일학교 아이들이 준비한 성탄절 프로그램을 보면서 기쁨으로 그분의 오심을 맞이했습니다.
하루 벌어 하루 먹고 살기에도 바쁜 분들임을 너무나도 잘 알기에 기대하지 않고 성탄절 특별헌금 광고를 했었는데 하나님의 생각은 저와는 달랐습니다.
사진에서 보시는 것처럼 많은 성도들이 성탄절 감사헌금을 드렸을 뿐만 아니라 드린 금액도 저의 생각을 크게 뛰어넘었습니다.
드린 헌금들을 보면서 누가복음 21장에 예수님께서 과부가 드린 두 렙돈에 대해 말씀하시던 것이 생각났습니다.

저는 비록 풍족하지는 않지만 있는 것 중에 드렸는데, 없는 중에도 구별하여 드리는 성도들을 보면서 너무나도 감사하고 이분들이 사랑스러웠습니다.
아마도 아버지의 마음이 이런 것이 아닐까 싶었습니다.
예배가 끝난 후에 한 남자 성도가 쭈뼛쭈뼛하며 저에게 다가오더니 핑크빛 포장지로 예쁘게 포장한 조그만 선물을 저에게 내밀었습니다.

무언가하고 포장지를 열어 보았더니 길거리에서 1불에 두 개 주는 양말 한 켤레!
갑자기 제 두 눈에 눈물이 핑 돌았습니다.

지난 십 년 동안 짐바브웨에서 가장 가난한 마을, 자기 이름도 쓸 줄 몰라 식량 나눔을 할 때면 'X'가 유일한 사인인 분들과 함께했던 시간들!

아무리 많은 시간을 이들과 함께 보내도 전혀 열매가 보이지 않을 것 같아서 마음속에 불평 아닌 불평이 자리 잡으려고 할 때 하나님께서 '짠…!!!' 하고 보여주신 하나님께서 일하고 계신다는 증거~

제가 이룬 일이 아니라 저희 가족이 아프리카로 간다고 할 때부터 지금까지 십여 년이 넘는 시간을 묵묵히 지켜보시면서 기도와 재정으로 동역하셨던 교회들과 성도님들이 계셨기에 가능한 일이었습니다.

오늘도 기쁨과 감사함으로 이 나라와 이 백성을 섬깁니다.

제가 52년 전에 교회라는 곳에 첫발을 내디뎠던 금성교회가 없었다면 오늘날의 저는 없었을 것입니다.

주일학교 시절부터 저를 지켜와 주시고 이제는 짐바브웨 선교에 동역자가 되어 주신 금성교회와 성도님들께 다시 한 번 감사드리며 사랑의 인사를 전합니다.

하나님께서 하셨습니다.

2022년 12월 25일, 금성교회 출신 짐바브웨 선교사 현내식 드림

❖ 할렐루야! 주님의 이름으로 문안드립니다.

금성교회 여러 성도님들과 김병호 목사님과 가정에 주님의 축복과 은혜가 넘치시길 기도드립니다. 주님의 십자가 사랑을 감사드리며, 무더워져 가는 이곳 날씨에도 찬양으로 열정을 다합니다.

오라는 곳은 없지만 무작정 가다 보면 그곳이 주님이 예비해 주신 곳이라는 것을 느끼며 오늘도 주님을 전하고 있답니다.

천사밴드 찬양선교단은 마닐라 명성 한인교회에서 주일예배 찬양 인도, 수요예배 찬양 인도, 금요기도회 찬양을 인도하며, 주일 오후에는 빈민 지역과 교회 없는 지역에 가서 찬양, HDTV 영상선교, 마술로 복음을 전하고 있답니다.

"앙 마히까 아이 마이 다이야"(마술은 눈속임입니다)

"사 디오스 아이 윌랑 다이야"(그러나 하나님의 말씀은 진리입니다)

마술을 보여주면서 필리핀 따갈로그어로 외치는 소리입니다.

찬양 집회를 하면 할수록 성령의 역사하심이 느껴지면서 왜 주님이 우리를 이곳에 보내셨는지를 깨닫게 되고, 저와 천사밴드도 함께 은혜를 받습니다. 집회가 끝나면 필리핀 사람들이 우리 손을 잡으며 다음에 꼭 다시 오라는 말을 할 때 그 말소리가 마치 주님께서 우리에게 "잘하였다. 내가 기쁘구나" 라는 음성으로 들린답니다.

2010년도 변함없는 기도와 후원에 진심으로 감사드리며, 목사님과 교회와 모든 성도님께 주님의 축복과 부흥이 가득하시길 기도드리겠습니다.

■ 천사밴드 기도제목
  1. 천사밴드가 성령의 능력이 갑절로 넘쳐나게 해 주세요.
  2. 집회 때마다 마가 다락방처럼 성령이 충만하고 주님의 능력이 일어나게 해 주세요.

2010년 6월, 필리핀에서 2프로 부족한 김욱서 선교사 드림

❖ 필리핀에서 온 편지

목사보다 더 목사 같은 김병호 담임목사님!
주님의 일이라면 앞장서시는 당회 장로님들!
더 베풀 것이 없나 애타하며 모든 것을 아낌없이 필리핀 성도들에게 주신 김동효 전도사님!
무언극에서 진짜 할머니 같은 예쁜 사모님!

제가 교육전도사 시절 아동부 때 가르쳤던 눈 동그랗고 예쁜 여학생이 믿음으로 성장하여 천사 같은 민아!
고속도로에서 화장실을 찾던 빗속의 여인 지민!
이곳 리더 학생들의 피자 소원을 풀어준 피자 천사 지애!
얼굴 하나로 필리핀 여학생들의 마음을 사로잡은 태훈!
피아노로 기타로 재능 만점인 근육 맨 형우!

믿음의 용사로 성장한 미남 경원!
이곳 필리핀 친구들을 안아주고 기도해 주며 무더위 속에 땀방울이 온몸을 적셔
도 웃으며 주님의 사랑을 심어준 효성, 하은, 반석, 시온, 소영, 윤정, 예담, 하나!
기도와 사랑의 선물을 보내주신 이영만 집사님!
모든 성도님들께 진심으로 감사드리며, 수고하셨습니다.
그리고 사랑하는 어머니 박춘자 권사님, 사랑합니다.

단기 선교의 또 하나의 귀한 열매는 에이미라는 여학생이 은혜 받아 주의 종
으로 결단하였고, 금성교회 청년부들의 기도와 후원으로 금년도 고등학교를
졸업하고 내년에 신학교를 가기 위해 준비하고 있습니다.
에이미가 주의 일꾼이 되어 많은 영혼들을 구원의 길로 인도하는 모습을 생
각만 해도 설레며, 감사드립니다.

오늘도 필리핀 교인들을 심방하러 가면서 만나게 되는 마을 입구에 당당히
자리 잡은 금성교회!
청년부가 지어준 사랑의 집(6호)을 보면서 마음속으로 외칩니다.
 "하나님! 저 집을 보는 자마다 예수님 만나게 도와주시고, 금성교회의 헌신을 잊지 마시
 고 축복하옵소서. 할렐루야!"

 "살라~맛"

2014. 8. 1. 금성교회 협력 선교지 필리핀에서 김욱서 선교사 드림

❖ 필리핀에서 온 두 번째 편지

샬롬!
넓은 들에 익어가는 곡식이 춤을 추고 있는 10월에 이곳 선교지에서는 금성
교회 청년부의 선교 씨앗의 열매가 주렁주렁 열매가 맺어가고 있답니다.

지난 7월 뼈마디가 견디기 힘든 자갈 바닥에, 때로는 콘크리트 바닥에 무릎
꿇고 십자가를 두 손에 꽉 쥐고 두 눈을 꼭 감고 한 영혼이라도 주님 십자가
붙들라고 간절히 기도하시던 김동효 전도사님과 청년부 천군 천사들의 준비된

선교집회가 가는 곳마다 주님의 사랑을 전하기에는 성령의 도우심이 가득하였으며, 보는 이들마다 주님의 은혜의 바다에 흠뻑 빠져서 더위도 잊었던 7월이었습니다.

선교사인 저도 깜짝 놀란 청년부의 준비한 은혜와 열정의 순서가 하늘나라 열매가 가득 맺어지리라 믿으며 그 열매가 지금도 맺혀지고 있습니다.
더 감사한 것은 준비한 열정과 많은 은혜의 선교집회 프로그램만큼이나 많은 사랑의 선교물품을 가지고 와서 나누게 된 것을 감사드립니다.

제가 선교사로 금년에 안식년을 맞이하였습니다.
그러나 하나님이 금성교회 천군 천사들을 보내 주셔서 안식년에 위로해 주시고 힘주시고 더 열심히 하라고 하신 것 같아 안식년을 포기하고, 금성교회 청년부 선교팀이 뿌린 선교 씨앗을 30배 60배 100배의 열매를 하나님이 주실 줄 믿고 열정을 다해 사역하고 있습니다.

하나님이 청년부의 열정을 기억하고 계셨는지 선교를 다녀간 뒤로 성도들이 모이기 시작하여 지금은 400여명이 예배를 드리며 밥퍼를 한답니다.
예배는 1부, 2부 예배로 드리며 밥퍼는 밥을 두 번 하고 있습니다.

200명이 모여도 꽉 차던 교회이기에 지금은 교회 옆 빈 공간에서 주일을 드립니다.
하나님의 은혜요 금성교회 청년부의 땀방울의 결실이라 감사드립니다.

2014년 10월, 필리핀에서 김욱서 선교사 드림

협력 선교지 단기 선교를 다녀와서

❖ 미얀마 선교지를 방문하고

1년 전부터 선교지 방문을 위해 계획을 세우고 기도하며 준비한 선교부가 지난 2월 10일~16일까지 6박 7일간 18명이 태국과 더불어 우리가 협력하고 지원하는 미얀마 선교지 제4다곤 교회를 하나님의 은혜 가운데 잘 다녀왔습니다. 협력 선교지 방문을 위해 출발하기 한 달 전부터 후원할 물품들을 모집하였습니다. 수건 · 비누 · 치약 · 칫솔 · 문구류 · 옷 · 과자 등등….
많은 성도들이 동참하여 가져갈 물건들을 박스에 가득 담았습니다.

처음 지원할 물품을 가져갈 때는 조금이라도 더 후원하고 싶은 욕심에 많이 준비하였습니다.
그런데 물품을 가져가려고 정리를 하니 한 트럭 분량이 되었습니다.
그런데 1인당 가져갈 수 있는 물품량을 초과하여 다 가져갈 수 없었습니다.
이에 일부는 개인의 가방에 넣을 수 있는 데까지 가득 담고 일부는 반품하고, 꼭 필요한 것은 비싼 화물비를 지불하고 비행기에 몸을 싣고 미얀마로 향하였습니다.

미얀마에 도착하여 우리 교회가 후원하는 미얀마 제4다곤 교회를 방문하였습니다.
제4다곤 교회는 우리 금성교회가 3년 전 이곳에 땅을 사고 건물을 구입하여 교회를 세우게 된 곳인데, 우리가 방문하게 되었을 때 그곳 목회자인 카이콩 목사님과 여러 성도님들이 우리를 반갑게 환대해 주었습니다.
잠시 소개와 보고 찬양과 교회를 위한 기도를 하고 난 후 우리는 가져간 물품들을 나누었습니다.

물품을 나누어 줄 때 그곳 성도들과 아이들이 얼마나 좋아하는지 가져갈 때는 후원 물품이 너무 많아서 이동하는 데 힘이 들어 귀찮게 여겼는데 그곳에서 나누게 될 때는 오히려 더 가져가지 못한 아쉬움이 남았습니다.

잠시 교회와 더불어 그들이 살아가는 생활환경을 보았습니다.
그런데 정말 눈 뜨고 보지 못할 정도로 너무 마음이 아팠습니다,
교회 창문은 깨져 천으로 가려 놓았고, 악기는 겨우 기타 하나, 그 외의 다른 집기가 없었습니다.
부엌에 들어가 부엌 도구를 보니 겨우 냄비 하나, 그릇 몇 개, 숟가락 몇 개 정도였습니다. 모두가 먹지 못해 그의 영양실조 상태였고, 또 방에 들어가 보니 옷장도 없고 살림이라고는 옷 두 벌 정도 얇은 이불 하나밖에 없는 우리나라 1930년, 1940년대를 보는 것과 같은 힘든 생활을 하고 있었습니다.
그런데도 그들은 큰 불편함 없이 만족을 누리며 웃으면서 사는 모습을 보고는 우리는 그렇게 많은 것을 가지고 누리고 살면서도 늘 부족하다고 불평하며 살아가고 있는 모습을 볼 때 많이 가지고 있는 것이 죄스러웠습니다.

선교지 방문을 마치고 떠나 올 때는 발걸음이 잘 떨어지지 아니하였고, 그냥 나올 수 없어 일행은 우리의 가진 것을 하나둘씩 내어놓기 시작하였습니다.
어떤 사람은 시계, 어떤 사람은 목걸이, 어떤 사람은 반지, 그 외 주머니에 챙겨간 돈 등 다 털어놓지 않고는 발걸음이 떨어지지 않았습니다.
떠나 올 때 더 오랜 시간 함께하지 못하고 더 많이 도와주지 못한 안타까움이 지금도 남아 있습니다.

아직도 지구촌에 함께 살아가면서도 이렇게 어렵게 살아가는 사람들이 많이 있다는 것을 보고 우리가 할 일이 참으로 많다는 것을 깨닫게 되었습니다.
과거 우리나라가 어려울 때 우리를 도와주었던 그 은혜를 기억하면서 앞으로 우리의 도움을 요청하는 곳이라면 땅 끝이라도 달려가야 할 우리의 사명을 다시 한 번 상기하는 참으로 좋은 선교여행이었습니다.

2008년 2월 김병호 담임목사

❖ 가든지! 보내든지

"하물며 이 큰 성읍 니느웨에는 좌우를 분별하지 못하는 자가 십이만여 명이요 기축도 많이 있나니 내가 어찌 아끼지 아니하겠느냐 하시니라"(욘 4:11)

금성교회 청년부는 우리가 협력하고 지원하는 필리핀 마닐라 리잘 따이따이 지역으로 비전트립 계획을 세우고 3월부터 기도회와 더불어 프로그램 (노방전도 · 워십 · 찬양율동 · 연주와 페이스페인팅 · 풍선아트 등)을 준비하여 7월 26일~8월 1일 일정으로 다녀왔다.

금번 필리핀 비전트립은 교회 주변 이웃을 넘어 세계로, 아직 복음을 듣지 못하고 들었지만 믿음이 약한 자들에게 복음의 기쁜 소식을 전하는 데 있었다.

청년들은 아직 비전트립(선교여행)이라는 용어 자체부터가 생소하였다.
하지만 겸손한 마음으로 우리가 잘사는 것이 나를 위한 것이 아니라 나누며, 섬기는 것임을 깨닫고 차근차근 준비하였다.
아울러 우리 청년들에게는 자신을 발견할 수 있는 기회요, 꿈과 비전을 크게 가질 수 있는 좋은 기회가 되었음에 감사할 따름이다.

가든지! 보내든지!
요나가 부름을 받아 니느웨라는 이방인 도시에 하나님의 메시지를 전하도록 보냄을 받은 것은 우리들도 하나님을 증거하기 위해서 선택되었고 복음을 전하는 것이 본업이 되어야 한다.
그러나 요나가 순종치 않고 다시스로 도망했듯이 우리들도 하나님을 거역하고 자신들의 사명을 다하지 못할 때가 얼마나 많았는가?

모든 민족을 사랑하시는 하나님께서는 이방인이라 할지라도 구원받기를 원하신다. 요나가 물고기 뱃속에서 회개하여 생명을 건진 것처럼 하나님께서는 우리를 남겨두셨다. 기쁜 소식 복음을 전하라고!
모든 민족은 하나님의 구원 계획과 섭리 가운데 있다.

금성교회는 오래 전부터 담임 김병호 목사님과 장로님 온 성도들이 한마음으로 교회 주변 어려운 가정들에게 따뜻한 정을 나누며 예수님의 사랑을 전하고 있다.

우리 금성교회 청년부와 더불어 모든 성도들 역시 세계 열방이 하나님을 인정하고 예수 그리스도로 말미암아 구원을 얻는 그날까지 쉬지 아니하고 복음을 전하는 일에 최선을 다해야 할 것이다.

청년부 김동효 전도사

❖ 하나님의 선물

"난 주러 왔을 뿐인데, 오히려 내가 받고 갑니다."

이 문장은 유은성의 '난 이렇게 많이 받았는데'라는 찬양 중 도입 부분 가사입니다.
이번 선교여행을 통해 제가 느낀 것을 한 문장으로 요약하자면 아마 이렇게 표현할 수 있을 것 같습니다.

이번 비전트립의 모든 일정 가운데 매 순간 하나님의 사랑을 느끼고 감사했지만, 그중에 가장 감사했던 순간 몇 가지를 꼽으라면 저는 3번의 노방 전도와 리잘 예전교회 리더들의 집을 방문하는 것이었습니다.
노방 전도는 제가 제일 두려워했던 것이었습니다.
'한국에서 단 한 번도 해본 적이 없던 노방 전도를 말도 안 통하는 이국땅에서 과연 잘할 수 있을까?' 하는 두려움에 처음에는 피하고 싶었습니다.

처음 노방 선교를 할 장소를 본 순간, 열악한 환경에 두려움은 더 커졌습니다.
청년 모두가 함께 기도하고, 사람들 앞에 서니 하나님께서 두려움은 사라지게 해 주셨습니다.
그 앞에 앉아서 저희를 보며 웃어주는 아이들의 모습을 보니 닫혀있던 저의 마음이 열리고, 지쳐있던 몸은 힘이 났습니다.
그리고 너무 행복해서 웃음이 절로 났습니다.

하나님의 은혜로 첫 노방 전도의 무대를 무사히 마치고, 그곳에 있던 아이들 중 백 명에게 준비해 간 과자를 나누어주는 시간이 있었습니다.

과자를 받기 위해 줄을 서는 아이들과는 달리 한 아이가 과자를 받으러 가지 못하고 그 곁을 서성이고 있었습니다.

안타까운 마음에 그 아이를 떠밀어서 줄을 서게 했는데, 그 아이 앞에서 과자가 모두 소진되었습니다.

그러나 그보다 더 아팠던 것은 '과자가 더 이상 없으니 다음 기회에 오라'고 말하니 한마디 불평도 없이 떠나는 아이의 모습이었습니다.

그 순간 더 주지 못한 것이 미안해서 눈물이 났습니다.

청년 모두가 더 주지 못한 것에 대해 마음 아파했습니다.

하나님께서는 청년들의 아파하는 마음을 아시고 과자를 더 많이 준비할 수 있도록 채워주셨습니다.

채워주신 하나님께 너무나 감사했습니다.

두 번째 노방 전도에서는 처음보다 아이들이 더 호응해 주고 더 웃어주어서 정말 고마웠습니다.

여전히 덥고 땀도 많이 났지만, 그 아이들의 초롱초롱한 눈을 보고 있으니, 그런 건 문제가 되지 않았습니다.

오히려 더 많이 웃을 수 있었고, 더 힘을 낼 수 있었습니다.

저희가 준비해간 과자를 받고 고맙다고 해 주고 저를 먼저 안아주고 먼저 웃어줘서 오히려 제가 더 고마웠습니다.

노방 전도를 통해 그곳에 있는 아이들과 함께 찬양하고 율동을 하면서 가슴 벅차고 감동이 밀려왔습니다.

비록 말은 안 통하지만, 하나님 안에서 우리는 하나라는 것을 느낄 수 있어서 너무나 감사했습니다.

3번의 노방 전도를 하면서 체력은 떨어졌지만, 그것이 문제로 느껴지지 않을 만큼의 웃음을 선물로 받았고, 행복함을 느낄 수 있었습니다.

리더들 집 방문은 화요일에 있었습니다.

필리핀 학교들이 모두 쉬는 바람에 갑작스럽게 정해진 시간이었지만, 노방 전도와 마찬가지로 큰 은혜를 받았습니다.

금성교회 청년 한 사람과 리더 한 사람이 짝이 되어 리더들의 집을 방문했습니다.
제 짝은 '에리카'라는 이름을 가진 13살 소녀였습니다.
'에리카'는 곱슬머리에 눈이 크고 속눈썹이 아주 길고 웃는 모습이 너무나도 귀여웠습니다.
그녀의 집을 방문해보니 거실처럼 보이는 곳은 물이 고여 있는 땅이 보일 정도로 바닥이 약간 뚫려 있었고, 방이라고 안내했던 곳은 5명이 똑바로 누우면 가득 찰 정도로 비좁고 매우 더웠습니다.
그런 곳에서 살면서 구김살 하나 없이 항상 웃는 그녀의 모습을 보니, 그녀보다 내가 가진 것이 더 많음에도 감사하지 못하고 불평했던 것이 너무나 부끄러웠습니다.

점심을 먹고 난 후 마트로 가서 그녀들에게 먹고 싶은 것을 고르자고 하니 자꾸 싼 것만 고르는 모습에 안쓰러웠습니다.
과자 중에 '프링글스'라는 과자가 있었는데, 그 과자를 먹어본 적이 없다는 말을 듣고 마음이 너무 아팠습니다.
둘이 똑같이 과자를 사주고 집에 가서 가족들과 함께 나누어 먹으라고 하니 너무나 기뻐했습니다. 그 모습을 보니 오히려 저희가 더 기뻤습니다.

교회에 도착한 후 '에리카'가 저에게 쓴 편지를 전달받았습니다.
편지에는 '하나님께서 자신에게 저 같은 친구를 만나게 해 주심에 감사하다'는 내용이 적혀 있었습니다.
그 순간 '에리카'에게 고맙고 미안해서 눈물이 났습니다.
그녀들과 함께한 시간을 통해 미안함과 감사함을 느낄 수 있었습니다.

이번 비전트립은 필리핀에 살고 있는 그들에게 사랑을 주러 갔을 뿐인데, 오히려 제가 더 많은 사랑을 받고 온 시간이었습니다.
매 순간 임재하셨던 하나님을 느낄 수 있었고, 그 땅에 사는 사람들을 통해 웃음과 행복, 미안함, 감사함을 선물로 받았습니다.
그 많은 것을 넘치도록 주신 하나님께 감사드립니다.

김지애 청년

❖ 필리핀 단기 선교를 다녀와서

먼저 무사히 선교 활동을 다녀오게 하여 주신 하나님께 너무 감사드립니다.
사실 저는 개인 사정으로 인해 선교 활동에 참여하지 못하는 상황이 되었고,
그래서 한국에 남아 기도로 선교팀을 응원하기로 했습니다.
그런데 선교 날짜가 가까워지자 하나님께서 단기 선교를 갈 수 있는 상황으
로 인도해 주셨고, 많은 분들의 기도와 도움으로 필리핀으로 가는 비행기에
함께 오르게 되었습니다.

필리핀에서 사역하던 모든 일이 저에게는 너무 소중하고 귀한 시간들이었지만,
그 중에 가장 기억이 남는 몇 가지 사역들이 있었습니다.

필리핀에 도착한 뒤 처음 사역을 하는 날, 선교사님과 리잘 예전 교회 집사님
께서 준비하여 주신 맛있는 식사를 든든히 먹고 리잘 예전 교회로 향했습니다.
그 교회에서 찬양팀으로 섬기고 있는 몇몇 친구들과 교회의 리더들을 만나게
되었습니다.
선교사님께서 짝 지어 주신 그 짝과 조를 이뤄서 그 친구의 집을 방문하게
되었습니다.

저희를 처음 만났음에도 불구하고 미소로 반겨주고 마음을 활짝 열어 준 친
구들에게 정말 고마웠고, 저의 서툰 영어 실력에도 귀 기울여 들어주고 대화를
하면서 서로를 알아 가는 시간이 너무 즐거웠습니다.
그리고 그 지역의 아이들과 함께 팔찌를 만들어 사탕과 함께 팔찌를 선물해
줬는데, 우리에게는 너무나도 작은 선물들이 그 아이들에게는 너무나 귀하고
소중한 것으로 여기고 우리에게 "감사합니다."라고 표현을 하는 모습이 너무
감동적이고, 한편으로는 삶에서 작은 것에도 감사하면서 살지 못했던 저의 모
습을 반성하고 돌아보는 시간이 되었습니다.

둘째 날은 교회 옆 공터에서 수요예배와 밥퍼 사역을 했습니다.
리잘 교회 친구들은 교회 안이 좁아서 더운 날씨임에도 불구하고 주차장에서
예배를 드린다고 합니다.

악기 세팅부터 예배에 필요한 모든 것들을 리더들이 도맡아 옮기고 준비를 하여 찬양 연습을 해서 하나님께 찬양을 드리는데 그런 과정을 다 보고 예배를 드리는 순간들을 지켜보면서 전날 밤 말씀을 읽고 큐티를 하는 시간이 떠올랐습니다.

사역을 마치고 숙소로 돌아와서 씻고 모두 모여 큐티를 하는 시간에 서로가 느낀 점을 말하는데 '하나님이 이 아이들을 다 책임져주셔야 하겠구나.'라는 것을 느꼈습니다.

저는 처음에 이 이야기를 들었을 때 그렇게까지 마음에 다가오지 못했는데, 주차장에서 예배를 드리는 모습을 보는 순간순간마다 쿵하고, 그 말이 내 마음에 와 닿았습니다.

사실 저는 경제적인 부분에서 그 아이들을 조금씩 후원을 해 줄 수는 있지만, 그 교회 사람들을 다 책임져 줄 수 있는 능력이 되지 못했습니다.

그러나 오직 하나님만이 그 아이들과 부모님들을 책임져 줄 수 있는 분이셨고, 그들의 건강을 지켜주시고 사랑하여 주실 분이라는 것을 깨닫게 되었습니다.

또한 예배 장소와 그것에 불평 불만하지 않고 온전히 하나님께 예배를 드리고 워십을 준비하는 아이들의 모습이 너무 사랑스럽고, '하나님께서 그 아이들과 함께 하여 주시고 계시구나' 하며 감사를 느끼고 은혜가 되는 시간이었습니다.

만약 제가 필리핀 선교를 오지 못해서 이러한 모습들을 보지 못했더라면 얼마나 안타깝고 슬펐을까 하는 생각도 많이 들게 되었고, 그 생각 가운데서 이 필리핀 땅에 우리를 보내시어 아이들과 함께 경험하는 시간들을 허락하신 하나님께 너무너무 감사하다고 생각되었습니다.

제가 필리핀 선교를 다녀올 수 있게 해 주신 하나님께 다시 한 번 감사드리고 하나님을 만나서 너무나 행복한 날들로 인도하여 주셔서 감사합니다! 사랑합니다!

청년부 허민지

❖ 필리핀 선교지를 다녀와서

내 생애 처음으로 비행기를 타고 처음으로 다른 나라에 가 보았다.

모든 게 처음이라 떨리기도 했고 두렵기도 했다.

그렇게 비행기를 타고 필리핀에 도착했을 때 날씨는 우리나라와 비슷했다.
우기여서 그런지 생각보다 덥지 않았다.
곧바로 숙소에 가서 씻고 잠을 잤다.

다음날 예배를 드리기 위해 김욱서 목사님이 계시는 교회를 갔다.
교회 바로 옆에는 공터 같은 곳이 있었는데 아이들이 빽빽이 가득 차 있었다.
교회에서는 어른들이 예배를 드리고 바로 옆 공터에서는 어린이 예배를 드린다고 목사님께서 말씀해 주셨다.
아직 예배를 시작하기 전이라서 모두들 공터에 와서 아이들과 인사를 했다.

처음에는 다른 나라 사람이라 그런지 인사를 해도 눈만 동그랗게 떠서 쳐다보았다.
계속 인사를 하고 말을 하다 보니 조금 친해졌는지 같이 게임도 하고 장난도 쳤다.
시간이 다 돼서 예배드리러 갔는데 예배실 안에는 발 디딜 틈 없이 가득 차 있었다.
겨우겨우 들어가서 앉지도 못하고 서서 예배를 드렸다.
목사님께서 말씀하시면 성탄이가 바로바로 따갈로그어로 번역해 주었다.
거기서 바로 특송도 했다.
그렇게 예배가 끝나고 밥퍼 사역을 했다.
교회에서 밥을 준비해 교회에 온 아이들과 사람들에게 무료로 밥을 나눠 주었다.

그다음 날 오후에는 노방전도를 했다.
말 그대로 노방 전도로 차도 바로 옆에서 공연을 했다.
공연 준비를 하고 있으니 점점 아이들이 몰려들었다.
오전과 똑같이 처음엔 찬양으로 시작했는데 첫 찬양이 당신은 사랑받기 위해 태어난 사람이었다.
이 찬양을 부르는데 나도 모르게 기분이 좋기도 했는데 이상하기도 했다.
말로는 표현이 안 되는 뭐 그런 느낌을 받았다.
아무튼, 그 뒤로 쭉 또 공연하고 밥을 먹고 숙소로 가서 잠시 쉬었다가 씻고 하루를 마감했다.

화요일에는 목사님께서 정해 주신 파트너와 짝이 되어서 집도 방문하고 같이 점심을 먹는다고 했다.

나와 파트너인 조나단, 지민이 누나랑 파트너인 알마, 이렇게 한 팀이 되었다.
먼저 내 파트너인 조나단 집에 갔었다. 나름 TV랑 선풍기도 있었지만 바람이
불거나 비가 오면 집에 물이 샐 만큼 불안해 보였다.
잠시 앉아 있다가 조나단에게 선글라스와 샴푸를 선물로 주고 내가 기도를
하고 지민이 누나의 파트너인 알마 집에 갔다.

알마 집은 좀 많이 힘들어 보였다.
집 안쪽에 물이 차 있어 들어가기 위해서는 물 위에 떠있는 통나무를 밟고
겨우겨우 들어갔다.
조나단 집에는 나름대로 가전제품이 있었는데, 알마 집에는 정말 아무것도 없었다.
나무판자 바닥과 한 쪽에는 커튼으로 가려진 옷 방이 전부였다.
사방이 꽉 막혀있는 데다가 밥을 짓는데 그 열기랑 재들이 집으로 들어와서
집이 후끈후끈했다.
더운 모습을 안 보이려고 용을 썼지만 흐르는 땀은 어떻게 할 수 없었다.
알마가 어쩔 줄 몰라 하는 표정을 지어서 내가 더 미안했다.

그때 알마 아버지께서 들어오셨고, 알마 동생도 같이 들어 왔다.
그 순간 좀 깜짝 놀랐었다.
같이 들어온 아이의 오른쪽 손가락이 6개였다.
완전히 붙어 있는 것도 아니었고 금방이라도 떨어질 듯이 달랑거렸다.
내 생각에는 수술할 돈이 없어서 계속 그렇게 놔둔 것 같았다.
그렇게 지민이 누나도 선물을 주고 기도를 하고 집을 나왔다.
집을 보고 나니까 그 아이들이 너무 불쌍해 보였다.
내가 진짜 잘 먹고 잘살고 있다는 것을 그때 깨달았다.

그다음 날인 수요일은 마지막 노방전도를 하는 날이었다.
처음에 가서 공연하기 전에 풍선아트와 페이스페인팅을 했다.
저번과 마찬가지로 똑같이 처음 찬양과 마지막 주님의 강 워십을 했다.
마지막 주님의 강 워십을 끝내고 아이들에게 과자를 나눠주는데 갑자기 비가 왔다.
땀이 난 상태였었는지 참 시원했다.

마지막에 이렇게 비를 내려 주시니까 뭔가 마무리하는 것 같아서 좋았다.

그렇게 과자를 다 나눠주고 정리하고 차에 타려고 가는데 갑자기 한 아이가 와서 고사리 같은 손으로 나를 꽉 안아주곤 "살라맛뽀~"라고 말했다.

'살라맛뽀'는 '고마워요'라는 뜻이다.

그 말을 들으니 참 이런저런 생각이 다 나면서 몸이 뜨거워졌다.

나도 "살라맛뽀~"라고 말하면서 같이 안아주고 차를 탔다.

여기 살고 있는 애들은 모두가 다 행복해 보였다.

잘 먹지도 입지도 못하는데 어떻게 그렇게 행복해 보일까?

난 그 아이들이 참 부러웠다.

호의호식하면서도 항상 내 안은 텅텅 비어 있는 느낌을 받았었다.

교회도 엄마, 아빠 다 다니니까 그냥 다니는 것 같았고, 그래서 그런지 이번 비전 트립도 연습할 때 다른 사람들은 참 즐거워 보였지만 난 별로 그렇지 않았다.

그 시간에 놀러 가고 싶었고 가기 싫은 적도 있었다.

하지만 이번 비전트립을 갔다 온 후 내 안이 가득 차 있는 느낌을 받았다.

필리핀에서 찬양을 부르고 워십했던 그 시간들이 참 행복했었다.

하나님께 아주 큰 은혜를 받았다.

이 은혜 죽을 때까지 잊지 않고 주일예배 잘 지키며 다른 모든 것들이 아닌 예배가 중심이 되는 삶을 살 수 있도록 기도해야겠다.

허경원 청년

❖ 필리핀 단기 선교를 다녀와서

7월 25일 월요일!

나는 필리핀으로 5박 6일 동안 중고등부 누나들과 청년부 형 누나들과 전도 사님 두 분과 함께 단기 선교를 떠났다.

작년 같으면 생각지도 못할 일이었다.

선교지에서의 첫날 우리는 교회 근처 빈민촌에 가서 필리핀 친구와 개인적으로 만나서 짝을 이루어 여기저기 구경하며 친해졌다.

그런데 현지인의 생활 모습은 참 놀라웠다.

왜냐하면 환경이 비위생적이고 어려운 환경의 친구들을 보니 우리들의 생활 모습과 정말 달랐기 때문이다.

여러 가지 환경과 조건은 우리보다 못하지만 한 가지 깨달은 것은 그 아이들의 환경이 우리보다 좋지는 않았지만, 우리보다 행복하게 보였다는 것이다.

우리처럼 학업에 매여 허덕거리지 않고 스트레스를 받지 않고 아이들이 걱정이 없는 밝은 표정들이었다.

즉, 그들만의 방법으로 행복하게 사는 것 같았다.

전도를 위해 천사밴드와 노방 전도를 하면서 사람들에게 사탕도 나눠 주었다.

내가 준비한 프로그램은 무언극에서 할머니 역할이었다.

무언극의 내용은 처음에 큰 사랑을 받았지만 나누지 않고 혼자 움켜쥐고 있으면 사랑이 작아지고 없어지며 비록 작은 사랑을 받았지만 나누면 나눌수록 사랑이 더 커진다는 의미로 무언극으로 전달했는데 호응이 좋았다.

그리고 마지막 날 우리는 마닐라로 가서 관광도 하고 선물도 많이 샀다.

나는 엄마의 간곡한 부탁대로 먹는 것만 사서 왔다.

나는 단기 선교를 통해서 참 많은 것을 보고 느끼고 깨닫고 돌아왔다.

내가 지금 얼마나 행복한 생활을 하고 있는지~

이제 모든 일에 짜증 내지 않고 불평 안 하고 열심히 공부도 하고 신앙생활도 잘해야겠다고 다짐했다.

다음에 또 기회가 되면 다시 한 번 꼭 선교지에 가보고 싶다.

그리고 필리핀 선교지를 다녀올 수 있게 도움을 주신 금성교회와 중고등부 청년회에 감사를 드린다.

중고등부 박성민 학생

제4부
금성인의 행복이야기

금성교회는 1953년 3월 1일 설립된 교회로서 이웃과 더불어 정의와 평화가 숨 쉬는 아름다운 세상을 만들기 위해 우리의 몸을 태우고 녹여서 지역에 어둠을 밝히고, 이웃에 사랑을 전하는 생명 공동체입니다.
금성교회는 훌륭한 교회보다 능력 있는 교회입니다. 최고의 교회보다 이웃을 돌아보며 섬기는 참 좋은 교회입니다.
여기에 오시면 여러분의 꿈이 성취됩니다. 여기에 오시면 여러분의 삶이 행복하고 즐거워집니다. 여러분을 위하여 사랑을 주고받으며 인생의 방황을 종결짓는 곳…
"금성교회는 언제나 여러분을 환영합니다."

성도들의 기업 이야기

❖ 헵함께 잘되는 성현비나, 근로자 신발로 유럽시장 석권

메이드 인 부산 '성현비나'

성현비나는 베트남에 생산 공장을 둔 신발기업이다.
월간 800만 족 생산에 연간 1억 3천만 달러 수출, 근로자
만 5천명에 이르고, 여기서 만든 신발은 베트남과 한국은 물
론, 까다롭기로 유명한 유럽에서도 '넘버 원' 대접을 받는다.
삼성전자 · 벤츠 · 아우디 · BMW · 폭스바겐 현장 근로자가
성현비나 안전화를 신으며, 세계에서 가장 안전하고 편한
'고급신발 제조기업'으로 명성을 쌓아가고 있다.

문화 차이 극복 힘쓰는 글로벌 기업

전체 직원 다 합하면 1만 명쯤 되는 성현비나는 계열사가
여럿인데, 모태가 된 SH&M과 주축인 성현비나, 성현비나
처럼 베트남에 있는 SGX, 그리고 인도네시아 SHI가 있다.
직원 대부분은 현지인이고, 한국인은 60명이 넘는다.
현지인이 많다 보니 문화적 차이 극복은 경영방침의 하나다.
현지 문화를 이해하고 존중하며 배려하는 것, 함께 잘되는
상생을 늘 염두에 둔다.

베트남 호찌민과 빈증성 지역에서 벌이는 봉사활동과 장학 사업은 베트남의
현재와 미래에 대한 성현비나의 동반자 의식이다.

3년간의 준비 기간을 거쳐 지난 6월 창립한 한국 베트남 신발업협의회 또한 한국과 베트남의 동반 성장을 바라는 마음이 담겼다.

이 회장은 협의회에서도 회장을 맡고 있다.

부산 영도 대표하는 기업인 되고 싶어

'부산시 2018년 상반기 모범선행 시민상'을 수상한 그는 "해외에 나가 성공한 영도 출신 기업인으로 기억되고 싶습니다."라고 말한다.

영도는 이 회장이 나고 자란 곳, 아버지가 함경도 흥남에서 피란 오면서 일가친척 없이 자란 이 회장에게 영도는 고향과 친척 이상이다.

꿈도 '영도스러워' 성공하면 한국의 기업인이 아니라 영도의 기업인으로 기억되길 바란다.

이 회장의 희망이라지만, 세계에서 알아주는 기업인이 된 지는 이미 오래 전이다.

부산 이야기 동길산 시인 글 / 편집

❖ 이영만 안수집사 부산시 모범선행 시민상

이영만 ㈜성현비나 회장(금성교회 안수집사)이 5월 10일, 2018년 상반기 모범선행 시민상을 수상했다. 부산시는 매년 이웃에 대한 봉사와 선행을 실천하여 지역사회 통합에 기여한 시민을 발굴하여 표창하고 있다.

금성교회 이영만 안수집사

이영만 회장은 영도구 국제명예 홍보대사로서 다양한 사회공헌 활동을 통한 민간차원의 국제교류 강화에 기여해 오고 있다.

2013년부터 매년 영도구 거주 대학생들의 베트남 기업체 연수사업을 주관하며 그동안 모두 5기에 걸쳐 110여명의 대학생 연수 체류비용 등을 전액 지원했다.

아울러 베트남과 영도구 대학생 간의 친선교류를 장려하고 현지취업 정보를 제공해 오고 있을 뿐 아니라 경성대학교 해외인턴 취업사업 및 산·학·관 협력 프로그램 추진을 통해 지역 대학생의 해외 취업을 적극 지원하는 등 지역사회 발전을 위한 다양한 공적을 인정받아 부산시로부터 모범선행 시민상을 수상하게 되었다.

우리구와 베트남 대학생 기업체 연수 및 친선교류 사업은 올해에도 계속 실시할 예정이다.

영도소식 6월 1일 (308호)

❖ 편한 발의 세상 만들기

'편한 발의 세상'을 만들기 위해 끊임없이 노력하는 신발제조 업체 ㈜SH&M(대표 이영만)

1993년 설립된 SH&M은 정직한 목표와 열정으로 현재 연간 700만 족 이상의 신발을 생산하고 해외 직원 수만 해도 무려 1만여 명에 달하는 글로벌 신발 제조사로 성장했다.

SH&M의 이런 성장은 R&D에 대한 과감하고 집중적인 투자를 통해 이루어졌다. 다품종 소량생산이 가능한 베트남 R&D 센터를 설립, 최신 설비를 이용해서 최상의 신발을 만들기 위한 노력을 멈추지 않고 있다.

R&D를 통해 얻은 기술력은 해외 유명 브랜드들과의 파트너십 체결로 이어졌다. 특히 SH&M이 생산하는 이탈리아 브랜드 '제옥스'(GEOX)의 신발은 유럽은 물론이고 전 세계적으로 품질과 가치를 인정받고 있다.

SH&M은 특수화 제작에도 두각을 나타내고 있다.

현재 독일 안전용품 1위 브랜드인 'UVEX'의 고어텍스류 안전화를 생산하고 있으며 독일 군화, 경찰화, 소방화 납품업체 'Haix'의 특수화도 생산하고 있다.

SH&M은 16년 신발제조업의 노하우를 집약하여 2016년 겨울, SH&M만의 스포츠 패션 브랜드를 론칭할 계획인데, 디자인은 패션의 나라 이탈리아에서 하고, 제조는 뛰어난 기술력을 지닌 한국에서 진행될 예정이다.

이영만 회장은 앞으로 국내 제조업이 발달하기 위해서는 정부의 지원이 필요하다고 주장한다.

그는 "해외에서 고군분투하는 한국 기업의 공장들은 해외에 있을 뿐 한국 공장이나 다름없다. 따라서 정부에서 한국에 있는 기업과 같은 지원을 해줘야 한다고 생각한다."고 말했다.

한편 이 회장은 오래전부터 기업의 사회적 책임에 대해 관심을 가지고 실천해 왔다. 이 회장은 매년 영도 출신 대학생 30여 명에게 베트남 연수지원을 하고 있으며, 북한 어린이들을 위해 신발을 제공하는 프로젝트도 계획하고 있다.

동아일보(황효진 기자)에서 발췌, 금성교회 이영만 안수집사

❖ 하나님께 인정받는다는 것

신라대 조윤혁! 대한민국 최고 발명왕 탄생!

제12회 대한민국 그래미 어워드 청소년 발명 아이디어 경진대회 시상식이 8일 오전 서울 잠실 롯데호텔에서 열렸습니다.

영예의 최고상인 대통령상은 신라대 조윤혁 군이 수상했습니다.

조윤혁 군은 전력 사용량을 시각과 청각으로 인지할 수 있는 '전기절전 및 안전 콘센트류 기기'를 발명했습니다.

> "최대 전력 사용량을 넘으면 경고음이 울리면서 자동으로 차단이 되고, 현재 사용하고 있는 전력량을 퍼센트로 환산해서 표시함으로써 절전 효과를 기대할 수 있습니다."

(조윤혁, 신라대. 대통령상 수상)

한국대학발명협회가 주최하고 주식회사 그래미가 후원한 이번 대회는 전국의 청소년 발명가 1만 5천여 명이 참가해 사상 최대 규모로 개최되었습니다.
요즘 저에게는 많은 수식어들이 생겨서 불리고 있습니다.
국제발명대회 금상 수상자, 국내발명대회 대통령상 수상자, 신라대 학생회장 등 많은 수식어가 저를 따라다니고 있지만, 그 전에 저에겐 더 중요한 일들이 있습니다.

2010년도는 다른 이들에게는 행복했을지 몰라도 저에게는 그 어떤 순간보다 힘든 한 해였습니다.
해군 헌병대로 군 복무 때에 신종플루, 천안함 피격, 연평도 도발, 잃어버린 전우들…….
한 해 동안 스스로 감당하기에는 너무나도 힘든 시기였습니다.
그때 늘 저를 위로해 주고 힘이 되어 주시던 하나님, 늘 교회를 찾아갈 때 굳어있던 제 몸과 마음이 다시 따스해지고 또 기도하면 하나님께서 제 기도를 응답해 주셨습니다.

그러던 중 어느 날 갑작스레 한 가지 질문이 떠오르게 되었고 그 질문은 '내가 살면서 다른 이들에게 어떠한 도움을 주고 변화를 줄 수 있을까?'라는 내용이었고, 저는 그 질문을 가지고 늘 기도하였습니다.
그런 생각을 가지고 전역을 하였지만, 그때부터 시작된 질문은 아직 끝나지 않았습니다.

그렇게 벌써 2년이 지나게 되었고, 계속된 질문을 하며 지내오면서 저 스스로가 계속 바뀌고 있다는 걸 지금에야 비로소 알게 되었습니다.
하나님께서 저의 질문을 응답하여 주셨는지, 아니면 제가 하나님께 인정을 받았는지 저는 알 수 없지만, 단 한 가지 하나님께 질문하고 기도하며 나아가는 제가 하나님으로부터 응답받아 하나님으로 인해 변화되어 가고 있는 사실을 알게 되었다는 것을~

2013년 9월 조윤혁 청년

내가 만난 하나님 (간증문)

❖ 베개에서 소리가

저에게는 교회에 다니는 두 딸이 있습니다.
결혼한 두 딸이 친정에만 오면 교회에 나가자고 하였지만, 저는 마음이 내키지 않았습니다.
그런데 어느 날 저에게 우울증이라는 병이 찾아 왔습니다.
저는 병원만을 의지하며 우울증 약을 먹고 힘든 날들을 지내고 있었습니다.

그런데 어느 날 갑자기 교회를 한 번 가보고 싶다는 생각이 불현듯 들었습니다.
그러나 막상 교회에 선뜻 가지는 못하고 생각만 하고 있었습니다.
그렇게 생각만 하고 있던 중에, 하루는 옆집에 살고 있는 나보신 성도님이 박희하 권사님과 함께 우리 집에 전도를 하러 왔습니다.
그러자 제 마음의 문이 열려서 나보신 성도님과 박희하 권사님을 따라서 교회에 나오게 되었습니다.

그런데 참 이상한 일이 일어났습니다.
교회에 나온 지 2주일쯤 지난 어느 날, 베개를 베고 누웠는데 머리에서 '쿵쾅 쿵쾅~!' 소리가 크게 들리는 것입니다.
무슨 소린가 하고 너무 놀랐습니다.
그런데 가만히 생각해보니 베개 속에 부적을 넣어 두었던 것이 생각이 났습니다.
그래서 저는 베개 속에 있던 부적을 꺼내어 옥상에서 불태웠습니다.
그러자 다시는 그 소리가 들려오지 않았습니다.

저는 이 일로 인하여서 하나님이 살아계심을 확신하게 되었습니다.
저는 이제 눈만 뜨면 하나님께 여러 가지 저의 소원들을 기도합니다.

그리고 금성교회에 와서 또 한 가지 감사한 것은 한글을 배우게 된 것입니다.
사실 교회에 나오고 싶어도 글을 모르기 때문에 더 많이 망설였던 것 같습니다.
그런데 금성교회에 오니 목사님께서 한글 교실을 운영한다고 함께 배우자고 하셔서
그때부터 화요일·목요일 저녁에 열심히 한글을 배우고 집에서 공부하였습니다.

그 후 몇 개월 만에 이렇게 어느 정도 글을 읽고 쓰게 되어 오늘 부끄럽지만
이 자리에 나오게 되었습니다.
아직도 열심히 배우고 있는 중입니다.
저는 교회 나오게 된 것이 얼마나 좋은지 모릅니다.
여러 사람들의 사랑을 받으며 여러모로 배우게 되고 알게 되니 재미도 있고
얼마나 좋은지 모릅니다.
열심히 교회에 다니고 많이 배워서 앞으로 남은 생을 하나님을 열심히 믿으며
열심히 봉사하고 살겠습니다.
많이 기도해 주시고 도와주세요.
하나님, 감사합니다. 목사님, 감사합니다. 여러분들, 감사합니다.

강경자 집사

❖ 하나님과의 기막힌 사랑이야기

"하나님, 저 진달래꽃 좀 보이소. 너무너무 이쁘지예~ 봉래산이 진달래꽃 이불 덮었따
꼬 좋아죽네예~ 누가 만들었는지 대단하지예~"

"내가 만들었다 아이가? 내가 능력이 좀 많다. 니도 잘 알면서! 저것 좀 봐라. 내가 만
들었지만 암만 봐도 이뿌다 이뻐~"

"에고~ 우리 하나님, 왕자 병 있으시네예~"

"하하하~ 저 꽃이 아무리 이뻐도 너하고 비교되겠냐? 너보다는 천만번 못해~"

"알고 있습니더. 너무 이뿌서 그렇다니까예~ 저도 하나님 아버지 닮아서 공주병 있는가
봅니더~ 키키키~"

전 아직 믿기지가 않습니다.
봉래산을 오르면서 하나님과 이렇게 즐겁고 유쾌한 대화를 한다는 것이~

오늘도 주님과 동행하는 웃음 가득한 생활을 한다는 것이 믿어지지 않습니다.

불과 7개월 전만 해도 '삶이 힘에 겨워~ 원래 인생이 다 그렇지 뭐! 누구나 다 고통과 고민 없는 사람은 없어~' 이렇게 여기며 목사님과 이향자 권사님 등 많은 성도님들이 차 봉사를 하며 찾아와 교회 나가자고 권유를 해도 뿌리치고 세상 속에 위안을 찾았던 저였습니다.

절대 위로가 될 수 없는 세상인데 말입니다.

그러다가 제 삶에 위기가 찾아왔습니다.

많이도 아파하고 많이도 방황했습니다.

그때 초등학교 1학년 때부터 금성교회에 다녔던 아들이 "엄마, 교회 나가자~ 엄마가 교회 다니는 게 소원이야~"라면서 제법 어른스럽고 진지하게 말하는 아들의 권유를 차마 거절할 수가 없어 교회에 나가게 되었습니다.

제가 아들을 잘 둔 거 같죠? ^^

지금 느끼는 거지만 오랫동안 여러 성도님들의 기도 덕분이라는 생각이 듭니다.

처음 교회 나갔을 때 김언미 집사님이 제일 먼저 저를 만나 반갑게 맞아주셨고, 목사님과 사모님 등 많은 금성교회 성도님들 모두가 한결같이 기쁨으로 저를 반겨주었습니다.

사실 '힘드니까 교회 나오네' 하면서 좀 싫어할 줄 알았는데, 그런 쓸데없는 걱정을 했던 것이 부끄러웠습니다.

처음 교회에 출석하고 말씀을 듣고 집에 돌아오는데 정말 몸과 마음이 편안했고, 가슴을 누르고 조이고 있던 커다란 바윗덩이가 사라진 듯했습니다.

그때부터 모든 예배와 기도회 다 참석하려고 마음을 먹고 노력을 했습니다. 교회 가는 시간이 기다려졌고 또 교회 가서는 너무 즐거웠고 세상에서 받을 수 없는 편안함과 평안함을 느꼈습니다.

교회 나간 지 한 달쯤 되었을 때 그러니까 작년 11월 3일.

저는 하나님을 만났습니다.

첫 새벽기도에 참석한 날이지요. 목사님 설교 끝난 뒤 모든 조명을 다 끄고 캄캄한 상태에서 찬송가 연주를 은은하게 틀어주더군요.

어둠 속에서 전 두 손 모으고 하나님께 기도했습니다.

그땐 기도를 어떻게 해야 하는지 잘 몰랐습니다.

저는 그저 "하나님! 저를 용서해 주세요. 하나님! 감사합니다!"라고 외쳤습니다.

그런데 갑자기 어깨와 등이 뜨거워지고 입술이 뻣뻣해지더니 입이 돌아가는 듯했고, 입에서는 내 의지와 다르게 자꾸만 신비한 소리가 나오면서 눈물이 하염없이 흐르는 것이었습니다.
이에 나는 겁이 났고, '내가 왜 이러지? 갑자기 왜 이러는 건가?' 하며 일어서려고 했지만 꼼짝할 수가 없었습니다.

목사님께서 기도를 마치신 후 제 곁에 다가오셔서 "오주영 씨!" 하고 이름을 불러주시자 그제야 고개를 들고 목사님과 대화를 할 수 있었습니다.
목사님은 저를 보고 방언을 한 것이니(그때는 방언이 뭔지 잘 몰랐습니다.) 걱정하지 말라며 저를 위해 기도해 주시고 축하한다고 하셨습니다.
그러면서 방언의 은사를 잘 활용하시고 더욱 열심히 신앙생활 하라고 말씀해 주셨습니다.

소설 속의 이야기라고 생각했던 예수님은 소설 속의 주인공이 아니라 실제 계셨던 분이고, 우리 곁에 아니 내 곁에 살아계신 주님이심을 확실히 믿게 되었습니다.
그 후 많은 것을 배웠습니다.
새 신자 성경공부 시간에 목사님을 통하여 쉽고 재미있게 모르는 내용을 잘 가르쳐 주시어 어떻게 신앙생활 하는지, 그리고 구체적으로 하나님에 대하여, 구원에 대하여 참 믿음이 어떤 것인지 잘 배웠습니다.
또한 수요 중보기도회에서는 나의 소원보다는 먼저 그의 나라와 의를 구하며, 나 아닌 다른 사람을 위해 어렵고 힘들게 살아가는 사람들을 위해 먼저 기도하는 것을 배웠습니다.
제가 속해 있는 4구역과 3여전도회를 통하여 성도들과 더욱 친밀히 교통하는 것을 배웠고, 중·고등부 보조로 섬기면서 교회 봉사를 조금이나마 배웠습니다.

이렇게 신앙생활을 배우는 과정에서 저 자신은 점점 변해갔습니다.
산에 떨어져 있는 휴지를 보면 '화요 전도대에서 목사님도 열심히 쓰레기 줍는데…' 하는 생각이 들어서 휴지를 주워 오게 되고, 추운 밤에 술에 취해서 쓰러져 있는 사람을 보면 그냥 지나치지 않고 신고해서 구해드리게 됩니다.
생각해 보면 한두 가지 변한 게 아닌 것 같습니다.

제가 변하니까 주님께서는 제게 복도 주셨습니다.

수년 동안 해동병원뿐 아니라 유명한 한약방을 다녀도 고쳐지지 않고 하루라도 약을 먹지 않으면 잠을 못 이루는 울화병에서 온 불면증을 저도 모르는 사이 고쳐주셔서 지금은 잠이 너무 와서 고민입니다.

그리고 조금 부끄럽지만 잘 부딪치고 넘어져서 무릎에 자주 멍이 들었는데, 하루 내내 양 무릎을 따뜻한 열로 뜨끈뜨끈하게 만져주셨고, 온 얼굴뼈와 목 뒤 여러 곳을 며칠 밤낮 만져주셔서 제 아들도 만져보고 놀랄 정도로 호전되어 그런지 민망하지만 사람들이 저를 보고 예뻐졌다고들 하시고, 저도 저의 인상이 많이 밝아진 것을 많이 느낍니다. 정말 감사한 일입니다.

1인 3역을 감당해야 하는 매일 매일의 피곤한 일임에도 불구하고 하나님께서는 조금도 나에게 피곤치 아니하게 감당할 수 있는 새 힘을 주시고, 순풍에 돛을 단 듯 모든 문제를 하나하나 해결해 주셨습니다.
정말, 정말 저는 하나님께 이렇게 해달라고 기도한 적이 한 번도 없습니다.
하나님께서는 제가 미처 기도하지 못한 것조차도 미리 아시고 고쳐야 할 곳, 만져주어야 할 곳을 다 알아서 치료해 주셨습니다.
거짓말 같지만 진실입니다.

또 하나님께서는 나에게 많은 천사를 통해서 복을 주셨습니다.
몸이 아프거나 맘이 고달플 때 어떻게 내 마음을 아셨는지 목사님께서 전화로 기도해 주시거나 아니면 문자로 위로해 주셨습니다.
생일날 혼자 적적해 할 것 같다면서 생일을 챙겨주시는 목사님과 사모님, 이것저것 먹을 것을 챙겨주시는 장로님들과 권사님들, 몸이 불편하다고 저를 차타는 데까지 업어주는 우리 아들 현준이, 정말 이렇게도 많은 복을 주셨습니다.
저는 하나님께 사랑받는 분들로부터 사랑받는 것이 얼마나 큰 축복인지 모릅니다.
저에게 있어 금성교회 목사님을 비롯하여 모든 성도님들은 다 천사이십니다.

세상은 사랑하면 사랑할수록 허전하고 외롭고 갈증이 나지만, 하나님은 사랑하면 사랑할수록 더욱더 많은 사랑을 받는 것 같습니다.
앞으로 많은 어려움이 제 앞에 있겠지요.
하지만 "세상에서 너희가 환난을 당하나 담대하라. 내가 세상을 이기었노라." 하시는 주님의 말씀을 믿고, 강하고 담대히 나아가기에 아무것도 두렵지 않습니다.

내가 주님 안에 주님이 내 안에 계시면 주님을 향한 눈물과 기도가 마르지 않는다면 주님은 어떤 어려움에서라도 저를 도와주시고 구원해 주시라 믿습니다.
이렇게 수십 년 동안 가슴앓이 했던 것은 주님의 계획이었습니다.
그래서 주님께서 단련했으니 주님하시는 일에 맘껏 써달라고 '아직은 어린아이와 같은 믿음이지만 주님의 은혜 안에서 강하게 자라게 하셔서 저 오주영 주님 계획에 크게 쓰임 받게 해달라'고 기도하고 있습니다.

3월 24일, 예수님께서 죽은 자 가운데서 다시 살아난 부활주일에 떨리고 설레는 마음으로 세례도 받았고, 첫 성찬식에도 참여했습니다.
그리고 그날의 감격은 나는 평생 잊을 수가 없을 것입니다.
이전의 저는 겨울의 죽은 거나 다름없는 나무였습니다.
이젠 주님의 은혜로 봄을 맞이하였습니다.
새싹을 틔웠으니 가지가 무성하며 꽃도 피우고 좋은 열매를 맺을 것입니다.
저는 연약하기 그지없지만, 주님께서 꼭 좋은 열매 맺을 수 있도록 인도해 주시리라 믿습니다.

지금도 제가 눈을 감고 "하나님!" 이렇게 부르면 파도가 밀려오듯이 성령님께서 제 몸속으로 들어오시며 바로 꼭 껴안아 주십니다.
이렇게 전지전능하신 하나님께서 저와 항상 늘 함께하여 주시니 얼마나 기쁘고 즐거운지 모릅니다.

지금까지 세상 가운데서 기쁨과 즐거움을 찾으려고 노력했지만 찾을 수 없었고, 헛수고였습니다.
또한 세상 어떤 말로도 저의 이 기쁜 맘을 표현할 만한 말을 못 찾았습니다.
그런데 이제 그 기쁨과 즐거움을 금성교회와 주 안에서 찾을 수 있었습니다.
그러니 이제 전 모릅니다.
하나님 저의 인생을 책임져 주십시오.

그저 저는 주님께서 시키는 대로 하겠습니다.
주님 오시는 날 기쁨으로 맞이하는 그날까지 주님의 기쁨이 되기를 원합니다.
지금도 들립니다.

한밤중에 무릎 꿇고 한없이 흐르는 내 눈물로 하나님을 찾았을 때 하나님은 나를 꼭 껴안아 주시면서 "사랑한다. 내 딸아! 내가 너를 사랑한다, 많이 많이 너를 오주영이를 사랑한다. 내가 네게 축복하노라."고 하시던 그 인자하신 하나님의 음성이~

앞으로도 하나님과 저의 기막힌 사랑 이야기는 계속될 것입니다.

오주영 집사

❖ 내가 만난 하나님

반갑습니다.

하나님의 자녀가 되고 금성교회 가족이 됨을 감사하며 사는 고승희입니다.

예수님을 믿기 전에는 미래에 대한 불안, 알 수 없는 불안이 늘 저의 마음에 있었습니다.

'나는 왜 사는가?', '어디서 와서 어디로 가는가?'

삶과 죽음에 대한 답을 얻고 싶었습니다.

하나님을 믿고 의지하고 싶은 마음이 있었지만, 집안 사정상 교회에 다니고 싶어도 다닐 수가 없는 상황이었습니다.

그런데 어떤 계기로 그 상황이 해결되어 그 누구의 간섭 없이 누구의 눈치도 보지 않고 기쁜 마음으로 교회를 찾게 되었습니다.

말씀에 갈급하였던 저는 성경말씀을 잘 가르쳐 주는 교회를 찾게 되었고, 이 교회도 가보고 저 교회도 가보고 그렇게 1년여 정도 여러 교회를 다니다가 모 교회에 가게 되었습니다.

저는 그곳이 옳은 줄 알고 그곳에서 가르쳐주는 말씀을 열심히 배우며 신앙생활을 하고 있었습니다.

그러던 중, 금성교회 김병호 목사님께서 저희 가게를 방문해 주셨습니다.

목사님과의 대화중에 제가 다니던 교회에 대하여서 말씀을 드렸더니, 목사님께서 그 교회는 이단이라고 하시며 옳은 교회를 선택해야 한다고 말씀하셨습니다.

그래서 저는 마음을 정하고 금성교회에 등록하게 되었습니다.

그리고 끈질기게 우리 가게에 찾아오는 이전의 그 이단 교회 교인들을 단호하게 끊고, 목사님의 말씀을 열심히 듣고 새 가족 공부도 하게 되었습니다.

금성교회에 와서 목사님의 말씀을 들을 때, '이제야 내가 찾던 교회에 오게 되었구나.' 하는 생각이 들었고, 마음이 편안해졌습니다.

이제는 구역예배도 드리고, 또 제3여전도회 회원들과의 교제를 통해서 조금씩 교회생활이 적응되어갑니다.

저는 여태까지 사람을 많이 의지하며 살아왔지만, 하나님을 알고 난 뒤부터는 우리가 믿고 의지할 분은 오직 하나님뿐임을 알게 되었습니다.

사람은 사랑할 대상이고, 우리가 믿고 의지할 분은 오직 하나님 한 분이라는 것을 알게 되었습니다.

그동안 살면서 겪어야 했던 여러 가지 크고 작은 아픔과 내 영혼의 고통이 하나님을 의지하는 삶을 살지 않아 겪은 일이라는 생각이 들었습니다.

'왜! 좀 더 일찍 하나님을 알지 못했을까!' 하는 아쉬움도 많이 들었습니다.

하나님을 의지한 후부터는 사랑하는 마음, 감사하는 마음이 제 안에 들어왔습니다.

그것은 제 영혼에 너무나도 신선한 공기였고, 밝은 빛이었습니다.

저는 요즈음 '아, 하나님을 믿고 의지하는 것이 이런 것이구나~' 하는 것을 알게 되었고, 이 사실을 하나님을 모르는 사람들에게 전하고 싶은 마음도 생겼고, 저처럼 방황하는 인생에게 전도하고 싶은 마음도 생겼습니다.

이전에는 어떤 문제가 닥치면 힘이 들고 불안하였지만, 지금은 하나님을 믿기 때문에 마음에 여유와 평안이 생기고 웃으며 넘기게 됩니다.

저는 이제 하나님의 말씀인 성경을 깊이 알기를 원합니다.

하나님이 어떤 분인지 더 깊이 배우고 싶고, 하나님의 사랑을 더 가까이 느끼며 살고 싶습니다.

그래서 하나님 말씀인 성경을 열심히 읽고 있습니다.

여태까지의 모든 일들이 하나님께로 나아오게 하기 위한 과정이었다는 생각이 듭니다.

이제는 오직 하나님만 의지하고 하나님의 말씀대로 실천하며 살고자 합니다.

앞으로 살아가는 길에 어떤 어려움이 닥쳐오더라도 오직 하나님만을 의지한다면 그 무엇도, 그 어떤 것도 무섭거나 두렵지 않다는 확신도 생겼습니다.

이제는 사랑하는 제 가족들도 하루속히 저와 같은 마음으로 너무나도 좋으신 하나님을 알게 되기를 기도합니다.
목사님과 금성교회 모든 성도님께 감사를 드립니다.

새 가족 고승희 성도

❖ 내가 만난 하나님!

신기하고 놀라운 얘기를 해볼까 합니다.
늦둥이를 낳고 방긋방긋 웃는 모습이 참으로 예뻤던 아들의 모습을 바라보며 우리 가정은 좋은 환경 속에서 먹을 것, 입을 것 염려 없이 웃음으로 가득 채워진 행복하고 즐거운 가정이었습니다.
그런데 어느 날 갑자기 나의 몸에 이상 반응이 이곳, 저곳에서 나타나 나의 몸을 고통스럽게 하였습니다.
더 이상 그 고통을 참을 수 없어 병원에서 검사를 받아보니 '류머티스'라는 병이 나에게 있다고 하였습니다.

모든 병이 내가 아파보지 않으면 그 고통을 알지 못하듯이 어떻게 표현을 못할 정도로 몸이 너무 아팠습니다.
아이에게 젖을 먹일 때도 관절이 좋지 않아 내가 무엇을 하려고 해도 몸이 따라주지 않았고, 갈수록 몸은 더 피곤해지고 고통은 심해지며 삶에 의욕이 사라지고 차라리 죽어버릴까 하는 생각이 많이 들었습니다.
시간이 지나면 괜찮아지겠지 하며 하루하루를 보내고 병원에 가서 치료도 받고 해보았지만 별 효과도 없고 몸은 더 아파 밤에도 울고 낮에도 울고 나의 눈에서 눈물이 마를 날이 하루도 없었습니다.

움직이는 것 자체가 곤혹스러웠고, 약으로 인해 나의 몸과 얼굴은 퉁퉁 부었고, 걸음도 정상인들과 같이 제대로 걸을 수 없었으며 손은 숟가락을 잡지 못할 정도로 힘이 없어 숟가락이 저절로 내 손에서 떨어져 내렸습니다.
손가락도 뻣뻣하고 부어 있어 그야말로 며느리 · 엄마 · 아내의 역할은 전혀 할 수가 없는 상태였습니다.
그래도 나의 몸은 아팠지만 늦둥이를 사랑하는 마음에 조금이라도 젖을 더 먹일까 하는 마음에 처음에는 약을 먹지 않았습니다.

그러나 몸은 날이 갈수록 더 아파 왔고, 그러다 보니 자연적으로 집안 설거지며 빨래며 모든 일을 대충 대충하며 살 수밖에 없었습니다.

그런데 참으로 감사한 것은 내가 아플 때 나의 시어머니께서 집안일을 많이 도와주셔서 감사하고, 또한 우리 예쁜 딸들이 엄마가 아픈 관계로 집안일을 소홀히 해도 많이 도와준 것 정말 고맙게 생각합니다.
그렇게 세월은 흘러 늦둥이 돌이 지나고 순간순간 진통제를 먹으며 약 기운에라도 그 통증을 잊고 살았습니다.
그런데 갈수록 나아질 기미는 보이지 않고 더 고통스러워 견딜 수가 없었습니다.
더군다나 외상(外傷)이면 누군가 관심을 둘 것인데 뼈가 아픈 것이라 보이지도 않고 아프다 해도 꾀병처럼 느껴져 혼자 속앓이를 하며 하루하루 고통의 세월을 지낼 수밖에 없었습니다.

그런데 어느 날 나에게 복음을 전하는 집사님이 계셨습니다.
"병원에서 약으로도 낫지 않는 병은 하나님께 가서 기도하면 되니까 그러지 말고 가까운 교회 한 번 나가 보도록 해요." 하고 나에게 전도하였습니다.
지금까지 '하나님이 세상에 어디 있나? 보여야 믿지!' 빈정대며 살아온 나에게 하나님을 믿으라니! 예수를 불신하는 나에게 예수를 믿으라니!
도저히 받아들일 수 없었습니다.
그런데 전에 같으면 극구반대하며 거절할 텐데 그날따라 너무나도 고통스러워서 실오라기라도 붙잡고 싶은 마음에 집사님의 인도로 금성교회에 가게 되었습니다.

처음 교회 나가 예배를 드릴 때 몸이 너무 아파 하나님 말씀은 귀에 하나도 들어오지 않았고, 예배 마치는 시간까지 내내 졸다가 예배는 끝이 났습니다.
두 번째 주 교회에 갔을 때 권사님께서 뒤에 앉아 있으면 은혜 못 받는다고 나를 데리고 제일 앞자리로 인도하여 주셨습니다.
그 후 한 번 두 번 교회에 나와서 예배를 드릴 때마다 나는 울지 않으려 하는데 왜 말씀을 들을 때마다 그렇게 눈물이 흐르는지 알 수가 없었습니다.
어찌나 눈물이 흐르던지 눈물을 닦고 나면 또 흐르고, 닦고 또 닦고 예배 내내 눈물만 닦다가 나왔습니다.

그런데 며칠을 교회 다닌 후 예배를 드리고 나오는데 세상에!!

굳어져서 펴지지도 않던 내 팔이 펴진 것입니다.

그동안 굳어져 있던 내 팔이 펴졌을 때 얼마나 기뻤는지 모릅니다.

그래서 저는 '기도란 이런 것이구나' 싶어 시간 날 때마다 교회에 가서 기도했고, 하나님께 감사기도를 드렸습니다.

그리고 내 입술은 한없이 '지금까지 지은 내 죄에 대하여 용서해 달라'는 말밖에 나오지 않았습니다.

그 이후 나는 내가 알고 있는 모든 사람을 만날 때마다 내가 이렇게 팔이 펴지고 낫게 되었다고 간증을 했습니다.

사실 제가 교회 나오기 전 참으로 많은 죄를 짓고 살아왔습니다.

그래서 나는 교회 나올 때마다 "하나님! 죄 많은 나를 용서하여 주옵소서!"라고 눈물 콧물을 흘리며 기도했습니다.

밤에는 집에서 아픈 무릎을 꿇고 기도를 하고, 눈이 퉁퉁 붓도록 목이 터져라 기도하기도 하고, 때로는 나지막이 흐느끼며 호소를 하였습니다.

교회 나온 지 얼마 되지 않아 기도를 어떻게 해야 하는지 잘 몰라 5분 정도 기도하면 할 말이 없어 무조건 5분이면 기도가 끝이 났고, 나의 입술을 통하여 나오는 말은 항상 나의 죄를 용서해 달라는 말밖에 없었습니다.

하루는 한밤중에 교회에 나가 울고 불며 혼자 기도하고 있을 때 가만히 있는 문이 흔들리는 것 같기고 하고 바스락거리는 소리가 나기도 하였습니다.

한참을 기도하다가 혹시나 싶어 뒤를 돌아보면 아무도 없고 또 조용히 귀를 기울여 보면 아무 소리도 들리지 않았습니다.

그런데 또 한참을 기도하고 있는데 어디선가 들려오는 소리가 있었습니다.

"딸아, 내가 너를 용서하였단다."라는 음성을 또렷이 들을 수 있었습니다.

그 순간 나는 모든 것을 멈추고 주위를 두리번거렸습니다.

'나 외에 다른 사람이 있는가?' 돌아보니 아무도 없었습니다.

또 한참을 기도하는데 여전히 음성이 들려왔습니다.

"딸아, 걱정하지 마라. 내가 너를 용서하였단다."

저는 아무도 체험해 보지 않으면 모르듯이 나에게 들려준 그 음성이 바로 하나님의 음성이구나 하는 확신을 가지게 되었습니다.

그리고 나는 다시 한 번 감사의 눈물을 펑펑 흘리며 울었습니다.

"하나님! 감사합니다. 하나님! 감사합니다."

그리고 한참을 지나 금요 기도회가 있는 날 목사님이 기도회를 인도하시는데 기도를 하다가 놀라운 역사가 일어났습니다.

성령이 뭔가를 모르는 나에게 성령의 역사가 일어났습니다.

나는 나의 죄를 고백하며 눈물을 흘리며 기도하는데 성령께서 내게 임하여 나의 온몸을 땀과 눈물로 적셔 주셨습니다.

그리고 나는 알 수 없는 이상한 소리를 나도 모르게 내게 되었습니다.

알아들을 것 같기도 하고, 모를 것 같기도 하고, 나의 의도와는 다른 말을 계속 중얼거리고 있었습니다.

그것이 바로 나에게 성령의 역사인 방언이 터지게 된 것입니다.

그렇게 한참을 기도하는데 목사님께서 나에게 오셔서 나의 머리에 손을 얹고 기도해 주시는데 그때 어찌 그리 마음이 평안하고 기뻤는지 모릅니다.

그리고 기도회가 끝났을 때 기도회에 참석한 여러 성도님들이 나를 향하여 방언 받은 것을 축하한다고 말씀해 주었습니다.

그날 저녁 또한 아픈 무릎을 꿇고 부르짖으며 기도했습니다.

"약으로 되지 않는 나의 이 불치병을 하나님! 고쳐 주세요!"

그 이후 나는 걸음걸이가 정상을 되찾을 수 있었고, 진통제 없이는 견딜 수 없던 제가 이제는 진통제도 끊고 먹던 약도 줄였습니다.

이후 검사할 때마다 수치가 낮아져 전에는 손가락이 잘 펴지지 않았는데 이제는 정상인처럼 펴져 건강한 모습으로 활동하고 있답니다.

하나님, 감사합니다. 할렐루야!

김언미 집사

현재는 권사로 임직 받아 교사로 찬양단으로 섬기고 있음

❖ 내가 만난 하나님

반갑습니다.

저는 시이모님이신 김병희 권사님과 박춘자 권사님의 전도로 금성교회에 나오게 되었습니다.

2002년 어느 날이었습니다.

앓고 있던 류마티스가 그날따라 너무 많이 아파서 제 마음속으로 '엉~엉~' 울었습니다.

통증이 너무 심해서 견딜 수가 없던 저에게 갑자기 내가 교회에 가면 류마티스가 낫지 않을까 하는 생각이 들었습니다.

그래서 제가 남편한테 "나도 교회 한 번 가볼까?" 했더니 남편의 눈이 휘둥그레지는 것입니다. 놀라는 남편에게 더 이상 아무 말도 못하고 저는 '주일날 남편 몰래 나가 보아야지' 하고 마음속으로 생각하였습니다.

그리고 저를 위해서 항상 기도하시며 교회 가자고 전도하시던 박춘자 권사님께 이번 주에 교회에 나가겠다고 전화를 드렸습니다.

박춘자 권사님께서 너무 좋아하시며 주일날 저를 데리러 오셔서 같이 금성교회에 왔습니다.

저의 남편은 남부여객 버스 기사인데, 그때는 7번 버스를 운행하고 있었습니다.

주일날 집에서 나오기 전에 저는 하나님께 기도하였습니다.

"제가 집을 비우는 동안 남편이 집에 전화하지 않게 해 주시고, 길에 왔다 갔다 할 때 남편이 운전하는 버스가 저를 발견하지 못하도록 해 주세요."

그렇게 기도하고 몇 주일 동안 교회를 잘 다녔습니다.

교회에 다닌 몇 주 동안은 아무 걱정 없이 마음이 편안해지고 그렇게 기쁠 수가 없었습니다.

그러나 몇 주 후에 이웃 사람을 통하여서 교회 나간 것을 알아차린 남편이 교회 가는 것을 너무 심하게 반대하였습니다.

확실한 믿음이 아직 없던 저는 가정이 편하기 위해 교회 가는 것을 포기하게 되었습니다.

교회에 나가지는 않았지만 근심 걱정이 생기면 항상 하나님께 기도했습니다.

2007년 12월 20일, 저는 그날을 잊지 못합니다.

출근하여 버스를 한 차례 운행하고 두 번째 나가려고 대기실에 있던 남편이 쓰러졌다는 연락이 왔습니다.
해동병원과 영도병원을 다니며 치료를 하였지만, 병명이 나오지를 않았습니다.
의지할 곳 없던 저는 하나님을 찾게 되었습니다.
해동병원과 영도병원 원목실을 찾아가서 '우리 남편 안승길이 예수 믿게 해 달라'고 기도와 전도를 부탁하였습니다.
그때 각 교회에서 병원에 와서 찬송도 부르고 전도도 하였는데 저는 그 찬송 소리가 그렇게 좋았습니다.
찬송 소리만 들으면 눈물이 흐르고 그 사람들이 기다려졌습니다.

남편은 2010년 1월에 부산대학병원에서 간세포암 판정을 받게 되었습니다.
그 뒤 남편은 다리에 있는 대동맥을 통하여 색전술로 항암치료를 하고 있습니다.
지금 4차례 약을 투여하였는데 항암치료를 하고 나면 한 20일 정도는 굉장히 힘들어 하였습니다.
그동안 이모님(김병희 권사님)이 저의 남편과 저를 전도하려고 갖은 노력을 많이 하셨습니다.
이모님이 하도 간곡하게 교회에 나올 것을 권유하시자 남편은 할 수 없이 자기는 가기가 싫으니 아내인 저를 데리고 가라고 하였습니다.

그러고도 남편의 확실한 허락이 떨어지지 않아서 바로 교회에 가지 못하고 기회를 보고 있는데 어느 날, 금성교회에서 전도사님과 박춘자 권사님과 전도 대원들이 저의 집에 오셔서 교회에 나오도록 간곡하게 권유하며 저의 손을 잡고 기도해 주셨습니다.
저녁에 집에 돌아온 남편에게 이야기하였더니 "이번 주일부터 교회에 열심히 다녀라." 하고 드디어 허락을 해 주었습니다.
그때 제 마음은 너무 기뻐서 '아멘, 아멘! 교회 나가서 당신을 살려달라고 열심히 기도하겠습니다.' 하고 생각하였습니다.

그리고 그 주일부터 당장 금성교회에 등록을 하고 교회에 다니게 되었습니다.
다시 하나님 앞에 나오니 저의 마음이 얼마나 감사하고 기쁜지 모르겠습니다.
기쁘고 감사한 이 마음을 하나님께 올려 드립니다.

하나님의 말씀을 듣고 찬송가를 부르면 정말 감사해서 저의 눈에서 늘 눈물이 흐릅니다.

찬송가 가사가 구구절절이 너무 가슴에 와 닿습니다.

영상에 예수님의 얼굴이 뜨면 '나의 죄를 위해서 희생을 당하신 예수님이 얼마나 고통스러웠을까' 하는 생각에 가슴이 너무 아픕니다.

그리고 예배 시간에 목사님의 말씀을 들을 때마다 '맞다, 맞다!' 하고 마음속으로 외칩니다.

저는 이제 하나님에 대해서 알고 싶은 마음이 가득합니다.

그래서 새 가족 공부도 열심히 하고, 시간 날 때마다 성경을 읽고 기도합니다.

기도의 체험들도 많이 생겼습니다.

저는 하나님을 알게 되고 사랑이 넘치는 금성교회로 오게 되어서 얼마나 기쁜지 모릅니다.

자상하고 사랑이 많으신 목사님과 저를 전도해 주신 이모님, 박춘자 권사님, 금성교회 모든 성도님들께 머리 숙여 감사의 인사를 드립니다.

새 가족 김숙자 성도

❖ 내가 만난 하나님

저는 경남 함양군 병곡면에서 7남매 중에 둘째 딸로 태어났습니다.

제가 태어난 곳은 지리산 자락에 있는 두메산골 마을이었습니다.

21살에 중매로 결혼하여 남편 고향인 함양군 지곡면에서 살다가 1968년도에 부산에 나오게 되었습니다.

고종 사촌 오빠가 영도에 살고 계셨기에 영도로 이사를 오게 되어 지금까지 40여 년을 영도에서 살고 있습니다.

사촌 오빠가 영도 모 교회 장로님이기 때문에 저에게 교회 다니라고 권유하여서 1977년 무렵에 그 교회에 한 달 정도 다녔습니다.

그런데 그때는 믿음이 전혀 없었고, 또 설상가상으로 집에 가정불화가 생겨 교회를 나가지 않았습니다.

우리 언니는 결혼하자마자 예수를 믿게 되어서 지금은 권사님인데 언니 권사님은 동생들이 모여 앉기만 하면 "예수 믿어라. 예수 믿어야 된다. 그래야 천국 간다." 하고 우리에게 늘 전도하였습니다.

저는 그때마다 "언니 다리 잡고 따라 가겠다."라고 이야기하며 언니의 말을 듣지 않고 코웃음을 쳤습니다.

그런데 어느 날부터 금성교회에서 저에게 찾아와 본격적으로 전도를 시작하였습니다. 일주일에 두 번씩 찾아와서 전도 물품을 전해 주고 전도지를 주며 저를 아주 못살게 하였습니다.

저는 평소에 책을 참 좋아하여서 그날도 책을 읽고 있는데 금성교회 전도팀들이 와서 저를 보더니 "아, 책을 좋아하시네요. 그러면 좋은 책이 있는데 드릴테니 읽어보세요." 하면서 기독교 관련 책들을 많이 가져다주었습니다.

책을 좋아하는 저는 그 책들을 모두 다 읽었습니다.

어느 날, 어느 목사님이 쓰신 책을 읽는데 갑자기 눈물이 폭포수처럼 쏟아졌습니다. 그리고 '하나님이 확실히 살아 계신가? 만약에 그렇다면 내가 이러고 있다가는 큰 벌을 받겠다'는 두려운 생각이 들기 시작하였습니다.

금성교회 전도팀의 간절한 권유에 교회에 가 볼까 하는 마음이 약간 들기도 하였지만, 마음이 결정이 안 되어 교회 출석을 계속해서 차일피일 미루고 있었습니다.

금성교회 전도팀은 일주일에 두 번씩이나 저를 찾아와서 교회에 나오라고 간곡하게 권유하고 눈물로 기도해 주고 갔습니다.

김병호 목사님께서도 수시로 오셔서 저의 손을 잡고 기도해 주셨습니다.

어느 날 드디어 저의 마음에 결단이 서게 되었습니다.

'내 남편과 자녀들과 손자, 손녀들을 위해서 하나님 앞에 나가서 기도해야 되겠다. 그리고 이제부터는 나도 하나님을 믿고 살아야 되겠다.' 하는 결단이 서게 되었습니다. 그리고 하나님께 간절히 기도하였습니다.

"하나님 아버지, 내 손을 꼭 잡아 주셔서 하나님께로 인도해 주시고 나를 하나님께 꼭 붙들어 매어 주옵소서."

그리고 다음 날부터 당장 새벽기도에 나갔습니다.

참 놀라운 일이 일어났습니다.

강대상 뒤에 있는 십자가를 볼 때 눈물이 한없이 흐르고, 목사님 말씀을 들을 때, 또 찬송을 부를 때 눈물이 하염없이 흘렀던 것입니다.

마음에 감사와 기쁨이 벅차오르며 "하나님, 감사합니다. 그렇게도 나에게 금성교회 전도팀들을 끝없이 보내 주셔서 하나님께로 나를 인도해 주셔서 감사하고 또 감사합니다." 하는 감사의 기도가 저절로 나왔습니다.

처음 새벽기도 나온 이후로 한 번도 빠짐없이 새벽기도에 참석하여서 열심히 기도하며 오직 하나님만을 의지하고 하루하루 살아갑니다.

어떤 때는 새벽에 일어나려면 몸도 아프고 너무 힘이 들어 "하나님 아버지, 머리끝부터 발끝까지 보혈의 피로 덮어 주시고 새 힘 주시고 안 아프게 해 주옵소서." 기도하면 거짓말처럼 하나님께서 고쳐 주시고 새 힘을 주십니다.

교회에 나오면 마음에 기쁨이 가득하여 "아버지, 감사 감사 또 감사합니다. 우리 목사님, 장로님, 권사님, 성도님, 모두 모두 감사합니다." 제 입에서는 감사가 저절로 나옵니다.

이제 뒤늦게 하나님을 믿게 되었으니 앞으로 열심히 하나님을 믿고 저도 금성교회 전도팀을 본받아서 저처럼 아무것도 모르고 뺀질거리는 사람에게 복음을 전하여 많은 영혼을 주께로 인도하는 사람이 되겠습니다.

2012년 12월 새 가족 조차순 성도
(2022년 12월 25일 명예권사로 추대되다)

❖ 십자가가 내 마음에

저는 25년 이상을 절에 다니면서 부처를 섬기고 살아왔습니다.

그런데 25년을 부처를 섬겼지만, 집안 형편은 조금도 나아지지 않았습니다.

오히려 두 아들은 알코올 중독에 걸려서 늘 술을 많이 먹었습니다.

그러던 중, 제가 갑자기 종교를 바꾼 이유는 절에 바치는 불전이나 불사가 부담이 되었고, 또 그러한 것들에 회의를 느꼈기 때문입니다.

집안에 좋지 않은 일이 있을 때, 불전이나 불사를 많이 내면 모든 것이 쉽게 풀린다는 스님의 말에 마음에 의문이 들었고 그것은 아니라는 생각이 들었습니다.

그러던 어느 날 큰 절에 갔다가 이런저런 생각 속에서 버스를 타고 밤늦게 집으로 돌아오는 길이었습니다.
차 창밖으로 보이는 유난히 빛나는 십자가가 갑자기 내 마음에 들어왔습니다.
왜 하필이면 큰 절에서 밤늦게 집으로 돌아오면서 십자가가 내 마음에 들어왔는지 모르겠습니다.

내 마음이 언제부터인가 절에 대해서 회의적인 생각을 하게 되었고, 그러한 자신에 대해서 '25년이나 부처를 섬겼는데 내가 왜 이런 생각을 하고 있나'하고 자신도 놀랐습니다.
그러나 저의 마음에 자꾸만 들어오는 생각이 내가 교회에 가야 우리 애들이 술을 먹지 않을 것 같은 마음이 자꾸 생기는 것입니다.
그러면서 절망 속에 있던 나의 마음속에 희망이 보이는 것입니다.
그래서 이순점 성도님과 시누이가 되시는 이민순 집사님을 따라서 금성교회에 오게 되었습니다.
교회에 와서 저는 너무 오랜 세월 동안 어리석게 우상을 섬겨왔다는 것을 깨닫게 되었습니다. 진작 교회에 와서 참 신이신 하나님을 믿어야 하는 것을, 제가 모르고 너무 오랫동안 죄를 짓고 살아왔습니다.

> "하나님, 지난 세월 동안 제가 너무도 바보같이 살았습니다. 하나님, 이제부터라도 교회에 나오게 해 주셔서 감사합니다. 이제 우리 식구들이 모두 다 교회에 나올 수 있도록 하나님, 인도해 주세요. 이제부터 영원토록 하나님만 섬기고 살겠습니다."

여러 성도님들, 따뜻하게 환영해 주셔서 감사합니다.

새 가족 김점순

❖ 하나님께 감사드리며

저는 황매산 줄기에 있는 산청, 양반동네에서 태어나 긴 담뱃대 물고, 놋화로 두드리는 유교 사상이 깊은, 엄한 부모님 밑에서 자랐습니다.

조상 섬기고 제사 지내는 것은 잘 배웠지만 하나님 섬기는 것은 상상도 못했고 누가 예수 믿으라고 하면 그 사람과는 상종도 안 했습니다.

그러던 어느 날, 반평생을 살고 내 나이 49살이 되었을 때 나는 몸이 너무 많이 아파서 병원에 갔지만, 치료가 되지 않았습니다.
병원에서 마지막 약을 주면서 이 약으로 치료되지 않으면 더 이상 방법이 없다고 하였습니다.
나는 이제 죽을 준비를 하면서 "왜 하필이면 나에게 이런 병이 왔는가? 아이들 공부는 어떡하라고…" 저는 가슴을 치고 울었습니다.

그리고 예수 믿는 넷째 시누이에게 "내가 죽으면 우리 아이들을 부탁한다."고 했습니다.
그러자 그 시누이가 "지금이라도 늦지 않았으니 예수 믿으면 산다."고 하면서 "자기가 뿌린 씨앗은 자기가 거둔다."고 하였습니다.
그러나 저는 "죽었으면 죽었지, 예수는 안 믿겠다."고 했습니다.
그때 시누이와 주고받는 말을 친정어머니가 듣고 "내 앞에 죽지 말라."고 내 손을 꼭 잡고 슬피 우시는 것이었습니다.
그것을 보면서 나는 마음을 바꾸어 죽을 힘 다해서, 다시 살기로 다짐했습니다.
그리고 그다음부터 저는 우리 시누이 말대로 "진짜로 하나님이 계신다면 나를 살려 달라."고 기도하며 열심히 교회 다니게 되었습니다.
그런데 교회 다닌 이후로 나도 모르게 내 병이 다 나아서, 저는 아주 건강한 몸으로 지금까지 살고 있습니다.
저는 정말로 하나님이 살아 계시다는 것을 체험적으로 알게 되었습니다.

돌아보면, 내가 이렇게 건강한 몸으로 남을 위해 기도하고 전도하며 기쁨으로 살게 된 것은, 나를 위해 기도하는 분들이 있었기 때문입니다.
나를 위해 기도하셨던 분은 예수 믿는 시누이와 여동생, 그리고 최상조 집사님 어머니 되시는, 매일 약국 권사님이십니다.
매일 약국 권사님은 나를 전도하기 위해 이십 년을 기도하셨습니다.
저는 매일 약국 할머니가 저 멀리 보이면, "예수 믿으라."고 하는 소리가 듣기 싫어서 피해 다니곤 하였습니다.

그러나 약국 할머니는 이 미련한 나를 예수님께 인도하려고 20년을 기도하셨습니다. 저는 남을 위한 중보기도가 너무나 중요하다는 것을 알게 되었습니다.

병이 나은 후에 저는 정말로 하나님이 살아 계신다는 것을 깨닫고, '죽을 목숨이 하나님 은혜로 살았으니 이제 나도 남을 위해 기도하겠다'고 결심하였습니다. 그때 이웃에 사는 김숙자 씨가 류마티스 관절염으로 고생하는 것을 보고, 처음으로 "김숙자 씨가 예수 믿고 병이 낫게 해 달라."고 하나님께 기도했습니다. 그때부터 저는 주변의 친한 친구들을 위하여 매일 쉬지 않고 17년째 중보기도를 하고 있습니다.

그 이후로 저의 기도수첩에는 전도대상자가 자꾸자꾸 늘어서 지금은 온 동네 이웃 사람들의 이름을 한 사람씩 불러가며 기도하게 되었습니다. 주님은 부족한 저의 기도를 들으시고 하나님의 때에 응답하셨습니다. 제가 기도하던 분들이 한 분, 한 분, 하나님 앞에 나오고 계십니다. 이제 얼마 남지 않은 내 인생에 있어서 저의 기도제목은 기도하여 기도 대장, 전도하여 대장이 되는 것입니다. 저희 인생 가운데 베풀어 주신 하나님 은혜에 너무 감사를 드립니다.

박춘자 권사

❖ 세례 받게 됨을 감사드리며

그동안 우리 가정을 위해서 기도해 주시고 하나님께로 인도해 주신 목사님과 여러 성도님들께 감사드립니다. 부족한 우리 가정을 위해서 금성교회에서 끊임없이 전도대원들을 보내 주시고 기도해 주셔서 우리 가정이 하나님 앞에 나오게 되었습니다. 그리고 제가 하나님의 자녀가 되는 세례식에 참석하게 되니 얼마나 감사한지요!

저는 2남 3녀의 자녀를 두고 있는데 그 중에 큰아들과 둘째 딸이 예수를 믿습니다. 서울 사는 아들과 딸이 우리 부부에게 "아버지, 어머니, 예수 믿으세요." 하고 수없이 권하였지만, 제 남편이 워낙 유교 사상이 강하고 완고하였기 때문에 손톱도 들어가지 않았습니다.

서울에 살고 있는 큰아들은 어릴 때 금성교회를 다녔는데 그때 아버지의 핍박을 엄청 많이 받았습니다.
제 남편은 그 아들이 교회에 못 가게 하려고 때로는 설득하고 때로는 야단을 치고 협박을 하고 아무리 말려도 아들은 목숨을 걸고 교회에 다녔습니다.

하루는 제 남편이 아들의 목에 칼을 들이대며 "이래도 예수 믿을래?" 하며, 죽음을 선택하든지 예수를 선택하든지 둘 중의 하나를 하라고 불호령을 내렸습니다. 그럴 때도 아들은 "죽었으면 죽었지, 예수는 포기를 못한다."고 하였습니다.
그 아들이 아버지에게 집을 쫓겨나가서 몇 달을 밖에서 떠돌다가 들어온 적도 있습니다.

그때 저는 교회에 다니고 싶었지만, 남편이 절대로 허락을 하지 않았습니다.
금성교회에서 전도대원들이 수없이 찾아와서 제 남편에게 저를 교회에 보내 달라고 사정을 하였지만, 제 남편은 "내 눈에 흙이 들어가기 전에는 절대로 안 된다. 내가 죽고 나면 교회 다녀라."고 늘 그렇게 말을 하였습니다.
그런데 기적이 일어났습니다.
금성교회에서 전도대원들이 수없이 찾아오자 그렇게 완고하던 제 남편의 마음이 조금씩 누그러지기 시작하였습니다.

그러던 어느 날, 드디어 남편의 입에서 교회에 가도 좋다는 허락이 떨어졌습니다.
그 뒤로 저는 열심히 금성교회에 출석을 하고 있습니다.
서울에 사는 큰아들과 며느리, 그리고 딸이 얼마나 좋아하는지 이 모든 것이 하나님의 은혜요, 또 금성교회 모든 성도님들의 사랑과 기도 덕분입니다.
저는 이제 천국 가는 날까지 하나님만을 열심히 섬기고 또 하나님을 모르는 사람들에게 하나님을 전하는 사람이 되겠습니다. 감사합니다.

(남편 김종태 씨는 교회에 나와 신앙생활하다 세례 받고 하늘나라 가심)

새 가족 이정자

❖ 내가 만난 하나님

안녕하세요?
저는 금성교회 출석하여 지난 추수감사절 때 세례를 받은 배순미 성도입니다.

제가 이렇게 글을 쓰게 된 것은 제가 잘나서 뭔가 자랑하려고 글을 쓰는 것이 아니라 부끄러운 저의 과거를 들추어내며 지난날의 나의 잘못을 뉘우치고 주님 앞에 나오게 되어 주님 안에서 새로운 삶을 살고 있는 저의 현재의 모습을 잠시 여러분들과 함께 나누고자 합니다.

저의 과거를 잠시 말씀드리면 저는 지금과는 너무나 다른 삶을 살아왔습니다. 무엇이 그리 힘들었는지 매일같이 알코올 중독에 찌들려 있었고, 얼마 전까지 우울증을 갖고 살았습니다.
그러다 보니 가족과 주변인들에게 자주 신경질적이고 사람과의 관계도 원만하지 못하고 늘 외롭고 고독하게 하루하루가 힘겨운 괴로운 삶을 살았습니다. 마음을 굳게 먹고 열심히 살아보려고 노력도 해보았지만, 번번이 실패하고 또 무너지고 이런 상태에서 자식들에게 볼 면목도 없어 자녀들에게 오히려 크나큰 상처만 주는 것 같아 미안한 마음에 차라리 죽는 게 낫겠다 싶어서 몇 번이나 자살을 시도했는지도 모릅니다.
그러나 우리 하나님은 나를 버리지 않으시고 하나님의 귀한 딸로 만들어 주셔서 여기까지 이르게 됨을 하나님께 얼마나 감사한지 모릅니다.

제가 태어난 곳은 영도이며, 그것도 금성교회와 아주 가까운 곳에서 어린 시절을 보냈습니다. 어릴 때는 금성교회에 나오기도 했지만, 그때는 멋모르고 빵이나 사탕 얻어먹으려고 나왔습니다.
그 이후 저는 교회와 주님을 멀리하였고, 세상이 좋아서 말로 다 할 수 없지만 여러 가지 이유로 탈선을 하게 되고 세상 속에서 방황하며 지냈습니다.
이곳저곳 헤매며 다니다가 술도 마시고, 담배도 피워 나중에는 알코올 중독으로 병원 신세도 지고 세상 속에 문제아로 늘 걱정스런 그런 사람이었습니다.
나중에는 술도 끊고 마음잡고 열심히 살아보겠다고 친정엄마 집 근처 교회 뒷집으로 이사를 오게 되었습니다.
이곳에 이사 와서 술은 끊었지만, 우울증을 앓고 있다 보니 나름대로 노력했지만 그리 큰 변화는 일어나지 않았습니다.

기분이 우울하고 감정이 조절되지 않으면 교회에서 흘러나오는 찬송과 악기 소리들이 그렇게 듣기 싫었고, 귀찮았으며, 참다가 견딜 수 없을 때는 소음이

심하다는 이유로 교회를 찾아와 따지며 화를 내는 모습도 한두 번이 아니어서 성도 분들도 보았을 것입니다.

그것도 부족해서 급기야는 목사님을 찾아가 "사람 좀 살자고! 이게 뭐냐고!" 화를 내며 따졌고, 목사님을 직접 집으로까지 모시고 와서 소리를 들어보라며 고래고래 소리 지르며 화를 내기도 하였습니다.

지금 생각하면 목사님께 부끄러워서 고개도 못 들겠고, 교회 나오게 될 때도 목사님께 한 일이 죄송해서 빨리 나오고는 싶었지만, 교회 나오는데 조금 더 시간이 오래 걸렸습니다.

어느 날은 목사님께 화를 내며 "더 이상 우리 딸 수경이에게 교회 나오라고 하지 마세요!"라고 말한 적도 있고, 또 수경이가 교회 나가면 내 맘에 들지 않아 교회 나가지 말라고 야단치고, 때로는 매를 들며 교회에 보내지 않았습니다.

그 후 가정에는 계속해서 기쁨도 즐거움도 행복도 없고, 평탄하지 못하고 우환이 끊이지 않았으며, 살아야 할 이유와 소망도 없었습니다.

그러다 보니 가족에게 짜증과 상처, 고통만 주었고 주변 이웃들과도 별것도 아닌 것을 가지고 자주 싸우고 피해를 주면서 하루하루를 지냈습니다.

그러던 중 수경이를 교회에 보내지 않는 날이 늘어가자 전도사님께서 수박을 사 들고 오셔서 저를 설득해 보기도 하였고, 그 외 여러 선생님들과 김언미 집사님, 오주영 집사님, 김미정 집사님께서도 오셨다가 가셨지만, 교회라는 곳이 싫었고 집사님들이 집에 찾아오는 것도 화가 났습니다.

하지만 끊임없이 찾아오시는 목사님과 선생님, 집사님, 성도님들 때문에 수경이를 다시 교회로 보내게 되었습니다.

그 후 어느 일요일 아침이었습니다.

이런저런 세상일들 때문에 생각에 빠져서 거실에 앉아 있는데 찬송 소리가 은은하게 들려오더군요.

온갖 걱정으로 너무 힘들었던 저는 솔직히 그때 마음으로는 당장이라도 교회로 달려가서 교인들이 부르는 찬송을 나도 같이 부르며 주님만을 의지하며 살고 싶었습니다.

그러나 예전에 내가 교회를 찾아가 못되게 굴고 따지고 화를 냈던 것을 떠올리면 부끄러워서 자신이 없었습니다.

그리고 또 교회라는 곳이 왠지 어렵게 느껴졌습니다.

어느 정도 시간이 지났을까요.

어느 날 잠자리에 들어 꿈을 꾸게 되었는데 단 한 번도 제 꿈에, 또한 제 인생에 나타나 보이지 않으셨던 예수님이 꿈속에 나타나셔서 저에게 "땅에서 모든 것이 다 이루어지는도다."라고 말씀하셨습니다.

그 말씀의 뜻이 무엇인지 아직도 알 수 없지만, 저는 그 말씀을 듣고 꿈에서 깨었고, 그 꿈이 너무나 생생하게 가슴에 와 닿았습니다.

그날 저녁에 수경이에게 꿈에 대해 말을 하였습니다.

그러자 수경이가 "엄마, 그거 하나님이 교회에 나오라고 하시는 것 같아요." 해서 저는 수경이에게 "알았다. 앞으로는 교회에 함께 나가자." 하니 수경이가 눈이 똥그래지면서 "정말로요?" 하며 너무 기뻐하였고, 저 또한 교회 나가기로 결심을 하니 가슴 한 쪽이 뭉클해졌습니다.

드디어 주일이 돌아왔습니다.

교회 나가기로 결심은 했지만 쉽지가 않았습니다.

그래도 용기를 내어 딸 수경이와 함께 교회에 나갔습니다.

그런데 교회에 와서 앉아 있기는 했지만, 왠지 내 생각에는 교회 성도들이 "예전에는 교회가 시끄럽다고 그렇게 야단법석이더니 왜 교회에 나왔지?"

이런 생각을 하는 것 같아서 몸과 마음이 움츠러들었습니다.

그러나 그것은 전혀 저 혼자의 자격지심, 저 혼자의 생각이었습니다.

성도님들은 나를 너무나 반가워하고 내가 교회에 나온 것을 가족과 같이 기뻐하고 축하해 주었습니다.

그리고 잠시 후 설교시간이 되어 목사님께서 말씀을 전하시는데, 목사님 말씀이 마치 나를 다 알고 있는 것처럼 느껴졌습니다.

목사님의 말씀이 마치 내 이야기처럼 생생히 느껴져 말씀을 들을 때에 눈물이 자꾸만 쏟아져 나왔습니다.

예배를 마치고 집에 와서 생각해 보았습니다.

참으로 감사하고 신기한 생각이 들며, 오늘 교회에 정말 잘 나갔다는 생각이 들어 하나님께 감사를 드렸습니다.

그 후, 교회에 나간 지 얼마 되지 않았을 때, 제 딸에게 문제가 좀 있어 목사님을 만나 상담을 받았는데, 목사님께서는 자상하게 말씀해 주시고 실천해야 할 여러 항목을 구체적으로 가르쳐 주셨습니다.

저는 집에 와서 매일 목사님 말씀대로 하나하나 실천에 옮기기 시작하였습니다.

시간이 지나 새벽기도에 나오라는 권유에 따라 새벽기도도 나가게 되었습니다.

새벽기도 시간에 말씀을 듣고 주님께 내 죄를 고백하며 기도를 하고 돌아오면 그날 하루가 왜 그리 기분이 좋은지 모릅니다.

새 가족 성경공부도 주님을 알아간다는 생각으로 열심히 목사님과 전도사님의 교육을 잘 받았습니다.

그러한 모든 것들이 어렵고 힘들 때마다 나를 든든히 세워가는 데 얼마나 많은 도움이 되었는지 모릅니다.

목사님 말씀을 듣고 돌아오면 그 말씀을 항상 생각하고, 좋은 말씀은 메모하여 냉장고 문에 붙여 놓고 체크를 하며 실천에 옮겼습니다.

이전의 습관대로 또 다시 죄를 지을 것 같을 때면 기도하면서 목사님이 하신 말씀을 생각하였습니다. 그리고 목사님이 가르쳐 주신대로 신앙 실천표를 만들어서 지키려고 꾸준히 노력하였습니다.

그러다 보니 주님을 알아가는 재미에 푹 빠져 성경도 매일같이 읽게 되었습니다.

그 후, 주님의 말씀대로 죄를 고백하며 주님의 뜻대로 살려고 애를 쓰니 하나님께서는 그 크신 사랑을 자꾸 느끼게 해 주셨고, 나의 생활은 나도 모르게 조금씩 변화하고 있습니다.

그러던 어느 날, 사모님께서 영성 공부를 하자고 권하셔서 공부를 하게 되었습니다.

며칠 후, 내 죄를 주님께 고백하며 지혜를 구하는 기도 시간이었습니다.

열심히 기도를 하고 있는데 놀랍게도 갑자기 방언이 터져 나왔습니다.

방언이 무엇인지도 모르는 나에게 주님께서 방언을 하게 하신 것입니다.

교회에 나와서 신앙생활을 하면서도 마음속에 '정말로 주님이 살아 계실까?' 라는 의문이 가끔씩 들기도 하여, 확실한 믿음을 갖지 못했는데 방언이 터지고 난 뒤부터는 정말로 주님이 살아 계시다는 것을 확신하게 되었습니다.

그리고 나를 위한 주님의 사랑과 계획과 섭리가 너무나 크시다고 하는 것이 깨달아졌습니다.

교회에 나오고 난 뒤부터 우리 집은 화목해졌습니다.

아이들이 좋아하고, 기뻐하고 너무나 즐거워하며 남편도 교회에 나와서 등록하게 되어 온 가족이 교회에 나오게 되는 은혜를 하나님께서 베풀어 주셨습니다.

항상 신경질적이었던 내 모습도 이제는 많이 나아지고 있는 중이며, 또한 매일 우울증 약에 의존하며 살았는데 지금은 우울증 약도 먹지 않고 우울증 병도 사라졌습니다. 얼마나 기쁘고 감사한 일인지 모릅니다.

우리 주님은 능치 못할 일이 없는 만병의 의사이십니다. 할렐루야!

또한 교회에 나온 뒤, 어머니와 주변 사람들이 저를 보고 "순미가 교회 나가 더니 많이 달라졌다. 나도 교회를 다녀 봐야겠다."라는 말을 하실 때 얼마나 행복한지 모릅니다.

부족한 사람이 이렇게까지 변하게 될 줄이야! 솔직히 나도 몰랐습니다.

교회에 나온 뒤로 내 모습을 돌아볼 때면 모든 것이 다 하나님의 은혜이고 주님께 감사, 또 감사할 따름입니다.

목사님과, 사모님, 그리고 전도사님들을 비롯한 모든 분들께 감사드립니다.

내가 현재까지 교회에 나올 수 있게 든든한 힘이 되어 주셨던 성도님들께도 감사를 드립니다.

항상 처음 사랑 잊지 않고 초심의 신앙으로 사나 죽으나 나는 주님의 것임을 깨닫 고 열심히 신앙생활 잘하여 하나님께 영광 돌리는 복된 딸 배순미가 되겠습니다.

지켜봐 주시고 많이 기도해 주십시오. 감사합니다.

배순미 집사

❖ 주님, 나를 사용하옵소서!

11년 전 저는 류마티스가 너무 심하여 관절을 쓸 수가 없는 상태였습니다.

온갖 좋다는 약을 다 써보았지만 아무 효과가 없었습니다.

그때, 아름슈퍼를 운영하시는 백옥경 집사님을 통해 복음을 전해 들었습니다.

제 몸이 너무 아팠으므로 지푸라기라도 잡아 보자는 심정으로 반신반의하며 금성교회에 등록하게 되었습니다.

그런데 놀랍게도 목사님의 기도를 통하여 그렇게도 아프던 저의 류마티스 관절염이 고침 받게 되었습니다.

그렇게도 저를 괴롭히던 통증이 사라지고, 기도만 하면 역사가 이루어지니 너무나 신기하고 놀랍고 기도가 너무 재미있었습니다.

온갖 좋은 약들보다 기도만큼 좋은 약은 없었습니다.

늘 우울하고 죽고 싶던 저의 마음에 감사와 기쁨이 찾아왔습니다.

몸과 마음이 회복되고 난 후, 하나님께 받은 은혜가 너무 감사하여서 그 은혜에 보답할 길은 하나님께 부지런히 헌신하는 일뿐이라고 생각하고 지금까지 열심히 신앙생활을 하고 있습니다.

하나님의 은혜로 큰딸도 장학금을 받으며 큰돈을 들이지 않고 대학에 다닐 수 있었고 감사하게도 하나님께서 둘째 딸 역시 큰딸과 같은 학교에 수시로 합격시켜 주셨습니다.

합격은 했지만 두 자녀 등록금과 기숙사비가 천만 원 돈인데 어떻게 맞출까 걱정하던 중에 "구하라, 찾으라, 두드리라. 그리하면 열릴 것이라"는 말씀처럼 하나님께 기도하고 구하였더니 하나님의 은혜로 등록금과 기숙사비를 모두 맞추고도 남았으며, 하나님께서는 제가 구하지 않은 것도 더 주셨습니다.

하나님께서는 얼마나 세밀하게 저의 기도에 응답하시는지, 얼마 전에 아들 상하하고 장난치고 놀다가 안경이 망가져서 '새로 사야 되겠다.' 하고 마음먹었습니다.

그런데 극동방송에서 방송하는 성경퀴즈 프로그램에 참여하게 되었는데 제가 답을 맞혀서 안경 상품권을 받게 되었습니다.

얼마나 세밀하신 하나님이신지요!!

하나님은 저의 모든 기도와 간구를 들으시고 항상 부족함 없이 채워주셨습니다.

저는 받은 은혜가 너무 감사하여 어린 영혼에서부터 어른들까지 복음을 전하지 않고는 견딜 수가 없습니다.

하루를 시작할 때 늘 "하나님, 제가 하나님의 도구로 쓰이길 원합니다. 나를 통하여 이 귀한 주님의 복음을 듣고 많은 영혼들이 주님께로 돌아오게 되기를 원합니다. 나를 사용하여 주시옵소서!"라고 기도합니다.

매일 매일 주님과 함께 어제보다 더 새롭게 하루를 시작합니다. 할렐루야!!

김언미 권사

❖ 하나님 한 번만 살려주세요!!

이곳저곳에서 봄이 왔다고 아우성을 치는 듯합니다.
서른을 조금 넘게 살아오면서 이토록 아름답고 찬란한 봄은 처음입니다.
제 인생의 영원한 벗 우리 주 예수 그리스도를 정말이지 가슴으로 만나게 되
었기 때문입니다.
고난주간 특별 새벽기도가 끝난 오늘 모니터 앞에 앉았는데 그렇게 떨리던
마음은 온데간데없이 사라지고 마음이 평안해져 옵니다.
이제부터 짧은 제 삶의 아픔과 고통의 일기를 써 내려 가고자 합니다.

고등학교 3학년 시절 아마도 전 사춘기를 남달리 우울히 보낸 것 같습니다.
그해 여름 온몸에 멍이 자꾸 들고 얼마나 심했으면 학교 선생님들과 친구들은
제가 어디서 두들겨 맞고 다니는 게 아닌가 생각해 선생님께서 엄마를 학교로
부를 정도였으니 말입니다.
거기에 걸핏하면 쏟아지는 코피 때문에 그때는 밤에 누워서 잠을 자보는 게
소원이었습니다.
피를 너무 많이 흘려서 정신을 놓을 지경이었거든요.
집안 어른들도 놀라고 이상히 여겨 병원에 갔습니다.
진단 결과 특발성 혈소판 감소증이란 진단을 받게 되었죠.
이 생소한 병명에 대하여 의사 선생님이 혈소판 수치가 너무 낮아서 지혈이
되지 않는 희귀 난치성 질환이라 말씀하시더군요.

지금도 저는 정상인의 10분의 1정도의 수치만 겨우 유지하고 있습니다.
그때 제 나이가 19살, 지금은 32살이 되었네요.
그동안의 세월동안 가슴 쳤던 고통들을 어찌 말로 다 표현할 수 있을는지~
지금은 돌아가셨지만 저 때문에 인병이 생기신 할머니, 매일 매일을 눈물로
보내시는 저희 부모님과 오빠와 동생, 비싼 치료비 때문에 가세는 기울고

IMF탓에 부모님이 하시던 채소장사로는 적어도 일 년에 두 번씩 입원해야 하는 저의 치료비를 감당하기엔 너무 벅찼습니다.

거의 한 달에 한 번씩 수혈을 받는 일도 쉽지는 않았죠.

설상가상으로 뇌출혈에 몇 년 후에 장출혈까지, 그것보다 더 힘든 것은 '건강하게 낳아주질 못해서 미안하다, 대신 아파주질 못해서 미안하다'며 얼굴이 새까맣게 타 들어가시는 부모님을 보고 있는 일이었습니다.

그때 나는 '가슴에 한이 생긴다는 게 바로 이런 것이구나?'하며 제 가슴을 쥐어 뜯어가며 이를 앙다물고 속으로만, 속으로만 울던 세월이 벌써 10년이라는 세월이 훌쩍 넘었습니다.

그 후 한 달 여전히 뇌출혈이 또다시 재발했습니다.

신경외과 병동에 누웠는데 한 가지 생각만 맴돌았습니다.

'내가 죽으면 끝이야!'

자살! 그것만이 가장 합당한 방법이란 생각만 들었습니다.

생각만으로도 서글퍼 우는데 바로 그때 제 입에서 "하나님, 한 번만 살려주세요!"라는 말이 튀어나왔습니다.

정말이지 하나님밖엔 다른 어쩔 도리가 없다는 것을 뒤늦게야 깨달은 것입니다.

그래서 어머님께 부탁했습니다.

우리 김병호 목사님께만 얘기하고 '목사님 기도 받고 싶다'고 말입니다.

목사님께서는 기도를 요청한 후 하루가 멀다 하고 먼 길 달려와 병실에 와서는 저뿐만 아니라 여러 환자분의 손을 꼭 잡으시고 기도해 주셨습니다.

목사님께서 오셔서 기도해 주실 때마다 저는 회복의 느낌을 느꼈습니다.

이 글을 통해 목사님께 머리 숙여 감사를 드립니다.

이후 목사님의 말씀대로 저도 기도에 열중했습니다.

머리는 아프고 눈도 잘 보이질 않았지만, 꼭 하루 세 번 기도하고 성경도 읽어가면서 2년 전 지식으로만 하나님을 알고 자만과 교만으로 가득 찼던 저의 죄를 눈물로 회개하며 그렇게 하나님께 울면서 매달렸습니다.

그러는 동안 뇌출혈도 흡수가 되고, 눈 시력도 회복이 되면서 정말이지 작은 신음 소리에도 응답해 주시는 살아계시는 하나님이 계시다는걸 확신할 수 있었습니다.

퇴원하고 다시 교회를 나왔더니 2년 전 그때와는 분명 뭔가 달랐습니다.

우선은 제 속에 주님이 계시기에 가슴을 쥐어뜯지 않아도 저 자신보다 제 속을 더 잘 알아주시는 저의 영원한 벗이 생겼다는 벅찬 기쁨이 가슴 저 밑바닥에서부터 퐁퐁 솟아올랐습니다.

또 때마침 사순절 특별 새벽기도 기간이 저에겐 이루 말할 수 없는 감격과 감동의 시간이었습니다.

주님, 사랑합니다. 목사님, 감사합니다.

정현주 성도

❖ 중 · 고등부 박영환입니다.

안녕하세요? 저는 동아공업고등학교에 다니는 박영환이라고 합니다.

제가 이 글을 쓰게 된 계기는 작년 여름부터 지금까지 금성교회를 다니면서 제가 느꼈던 점을 적으려고 합니다.

우선 금성교회는 친구 상하의 소개로 금성교회를 출석하게 되었습니다.

처음 금성교회에 오니 다양한 사람들이 있었고, 첫인상으로 모두 착하다는 것을 느낄 수 있었습니다.

그 이후 계속 출석하니 주위 사람들이 나를 반갑게 맞이해 주었고, 시간이 지나면서 친구들과 금방 친해질 수 있었고, 중 · 고등부 수련회를 통해 친구들과 시간을 보내면서 더욱더 친숙해질 수 있었습니다.

겨울 수련회에 저는 친구 한 명을 초청하여 수련회에 참석했습니다.

거기서 전도사님께서 인도하시는 찬양 시간에 그 가사들이 제 귀에 쏙쏙 들어왔고 따라 부르는 내내 즐거웠습니다.

그 후 전도사님의 설교를 듣는 동안 말씀에 공감이 되었고, 또 반성할 수 있는 시간이 되어서 좋았습니다.

겨울이 지나고 봄을 맞이하여 전도사님과 여러 선생님께서 저희와 같이 놀아 주었고, 최선을 다해 나에게 많은 관심과 사랑으로 나를 이끌어 주셨기에 더욱 재밌고 즐거웠습니다.

특히 교회 선생님들께서 저희가 못가 봤던 곳을 가보게 해 주셨고 먹어보지 못한 음식들을 자주 사 주었습니다.

금성교회 전도사님과 교회 선생님들께 대단히 고맙고 감사하게 생각합니다.

시간이 흘러 여름 연합수련에 참석하게 되었고 친구들이 많았습니다.

첫째 날 설교를 들을 때 제 인생에서 예수님이 얼마나 중요한 사람인지 알게 되었고, 그날을 계기로 둘째 날, 셋째 날도 강사님들의 설교를 들었습니다.

수련회를 마치고 귀가할 때 설교 말씀 중 "성경을 다 읽었으면 이제 그 말씀들이 너를 이끌 것이다."라는 말이 떠올라 전도사님께 성경책을 부탁하였더니 성경책을 선물로 주어서 일독을 해 보려 했는데 읽기가 좀 힘들었습니다.

하지만 저가 신앙이 더 깊어지면 일독하려고 합니다.

아직까지 믿음이 약하지만, 앞으로 계속 열심히 예수님을 믿고 따를 것입니다.

이상 제가 1년 넘게 교회를 다니면서 생각했던 것들과 느낀 점입니다.

감사합니다.

중·고등부 박영환

❖ 참 좋으신 하나님 아버지!!

많은 시간을 세상에서 허비하며 주님을 모르고 살아온 저에게 주님을 구주로 믿고 구원받게 하신 하나님 아버지의 사랑에 진심으로 감사를 드립니다.

이제 주님을 새롭게 영접한 후 하루하루를 주님과 함께 동행을 하게 되니 얼마나 기쁘고 감사한지 모르겠습니다.

주 안에서의 새로운 삶이 주께서 주신 귀한 선물임을 깨달아 남은 여생 주님을 위해 열심히 살도록 하겠습니다.

지난 주일날, 60여 년 만에 주님께 돌아와 세례를 받았습니다.

주님께서 나를 위해 오랫동안 참아주시고 기다려 주신 것 생각하니 그 은혜와 기쁨이 얼마나 큰지 눈물이 한없이 흘러나왔습니다.

이제 주님 떠나지 않고 받은 은혜 잘 간직하며 주님이 기뻐하시는 아름다운 꽃과 열매를 맺으며 살아가겠습니다.

그동안 금성교회 전도대원과 목사님께서 못난 저를 끊임없이 찾아와 주시고 기도해 주시고 사랑을 베풀어 주셔서 너무너무 감사합니다.

받은 사랑 받은 것으로 끝나지 않고 저도 그 사랑을 또 다른 이웃에게 나누며 살도록 하겠습니다.

하나님, 지켜봐 주세요. 성도님들, 많이 기도해 주세요.

부족하지만 주를 위해 존귀한 자로 열심히 믿음 생활 잘하며 살겠습니다.

2012년 추수감사절에 부족한 종이 감사의 열매로 드려지게 됨을 감사드리며
주 안에서 새 가족 된 김정옥 올림.

❖ 오직 예수뿐이네

2018년 초 김병호 목사님의 전도아래 금성교회를 나가게 되었고, 주일예배를 드리는데 엄청난 눈물을 흘리며 예배를 드렸지만 그 이유를 알지 못했습니다. 그 당시 사람에게 상처받고 사회생활도 가족 간의 관계도 지인들과 대화도 아무것도 하기 싫었던 상황들의 연속이었습니다.

2018년 6월 한 달쯤 새벽기도를 나가면 신앙이 깊어지나 했지만 계속되는 나의 꼬리에 꼬리를 무는 부정적인 생각들로 힘든 상황은 쉽게 나아지지 않았습니다. 나 하나도 추스르기 힘든데 교회는 무슨 교회냐며 새벽기도도 주일예배도 목사님의 연락도 모두 끊은 채 다시 혼자만의 시간 속에 갇혀 생활한 지 3개월쯤 되는 어느 날, 알 수 없는 생각들과 회개의 눈물로 다시 새벽기도를 다니기 시작하여 10월 14일 목사님의 도움과 하나님의 영광으로 세례를 받게 되었습니다.

새벽기도, 중보기도, 성경 읽기 등 김미진 집사님과의 교제와 목사님의 도움으로 또한 예수님의 저에 대한 긍휼함으로 예수님이 내 안에 살아 계시다는 걸 알게 되었습니다.

매일 자아를 죽이며 나는 아무것도 아닌 것을 회개하며 하나님께 의지할 때 성령님이 함께하시고 그 때에 하나님이 내 안에서 일하시는 경험을 하였습니다.

그러고 나니 많은 일들이 나에게 생겼습니다.

사회생활도 가족 간의 관계도 지인들과의 관계도 조금씩 달라지는데 내가 달라지니 관계들이 개선되는 것을 알게 되었습니다.

그 후 매일 매일 사는 것 걱정 근심을 하나님께 내맡기고 즐겁게 생활하는 것이 큰 축복이라는 사실을 알게 되었고, 이제 매일 잠도 잘 잘 수 있으며, 새벽기도도 기쁘게 할 수 있습니다.

시간이 지나면서 내가 금성교회를 다니므로 영육으로 회복되니 이제는 내가 필요한 곳이 생기고 날 찾는 이가 생기며 내가 누군가에게 도움 줄 수 있다고 생각하니 얼마나 감사한지 모릅니다.

자비롭고 마음 넓은 짱! 멋진 하나님!
오늘도 하나님의 음성에 귀 기울이는 자가 되며 순종의 길을 걷고자 매일 기도를 합니다.

매일 회개와 겸손으로 주를 좇을 때 능치 못할 일이 없다는 것도 믿습니다.
"주께서 심지가 견고한 자를 평강에 평강으로 지키시리니 이는 그가 주를 신뢰함이라"는 말씀처럼 하나님을 의지하고 사랑의 예수님을 신뢰하며, 한 발 한 발 기쁨으로 하루하루를 살아갑니다.

이정원 새 가족

❖ 나를 붙들어주신 하나님

나의 힘이 되신 하나님 아버지!
내가 주님을 사랑합니다.
저는 감기와 몸살로 병원에 입원했습니다.
그런데 그날 밤 갑자기 통증이 심해 당직 의사 선생님의 폐렴 진단을 받고 산소 호흡기를 입에 물고 밤을 지새우는 지경에 이르렀습니다.

아침 일찍 병원 원장님의 출근과 동시에 나는 곧바로 고신대학 병원으로 이송되었고, 곧바로 응급실 중환자실에 입원하여 침대에 양손 양발이 묶인 채 입에는 산소 호흡기를 물고 혼수상태에서 치료를 받아야만 했습니다.

가족 면회도 하루 오전 오후 두 차례 30분간 면회 외에는 면회 사절이었습니다.

잠깐의 면회시간을 이용하여 목사님께서 자주 방문하여 기도해 주셨습니다.
중환자실에서 한 달이 넘도록 치료받는 동안 큰아들과 며느리는 시간에 맞추어
지극 정성으로 간병하였습니다.
남편은 다리를 다쳐 골절 수술로 치료 중임에도 하나님 아버지 집사람 살려
달라고 간절한 기도를 드릴 수밖에 없었습니다.

작은 아들은 직장 일을 마치고 저녁 면회시간에 매일 다녀갔습니다.
내가 중환자실에서 사경을 헤맬 때 더 이상 견뎌낼 힘도 없어졌습니다.
그러나 이러한 혼수상태 속에서도 나는 오직 주님께 매달려 주님만 바라보면서
간절한 기도를 드렸습니다.
"주님, 나에게 왜 이런 시련을 주십니까? 나, 이대로 죽을 수는 없습니다. 주님, 살려
주세요! 내가 아직은 할 일이 많습니다."
그랬더니 주님께서 나의 기도를 응답해 주셨습니다.

위기를 기회로 하나님께서는 나의 모든 무거운 짐 받아주시고 주님께서 나에
손잡아 일으켜 세워 주심을 감사드립니다.
그리고 사경을 헤매고 지옥과 천당의 죽음의 길목에 서 있던 저를 금성교회
목사님을 비롯하여 장로님, 권사님, 집사님, 여러 성도님들께서 기도해 주신
덕분에 내가 건강을 되찾게 되어 감사를 드립니다.

여러 친척, 형제, 동료, 지인들이 걱정해 주시며 위로를 해 주시어 죽을 몸이
건강을 회복하여 퇴원하고 건강하게 신앙생활을 잘하고 있습니다.
그리고 이번 일로 가정에 아픔은 있었지만, 작은 아들이 교회에 나오게 되었고,
온 가족이 예수님을 믿어 구원을 얻게 됨을 진심으로 감사를 드립니다.
2018년 9월 김설매 집사

성도들의 행복 이야기

❖ 지나온 세월

지나 온 70년 세월을 돌이켜보면 세월이 참 빠르다는 것을 느낀다.
어리고 젊었을 때는 시간이 더디 가는 것 같았는데 나이가 들면서 세월이 빨리
지나간다는 것을 더 실감하게 된다.

지금에 와서 지나온 세월을 생각해보면, 그때는 너무나 가난했다.
그리고 가난으로 인하여 너무 힘들게 살았다.
먹을 것이 없어 옥수수 죽을 끓여 먹었고, 그것조차 없을 때는 굶기를 밥 먹
듯이 했다.
아이들이 학교에 갈 때 도시락을 가져가지 못한 적이 한 두 번이 아니었고,
학교 갔다 와서 배고파하며 먹을 것을 달라고 조를 때는 마음이 너무 아팠고,
아이들이 불쌍했다.
그래서 아이들을 먹이고 살리기 위해 가만히 있을 수 없어서 생활 전선으로
뛰어 들어 다름 아닌 대한조선공사에 취직을 해서 용접을 배웠고, 아이들에게
공부 가르칠 생각에 참으로 열심히 일했다.

여자로서 남자들 틈 사이에서 하루하루를 생활한다는 것은 보통 힘든 일이
아니었다.
일도 고되었고 또 여자가 용접한다는 것은 당시 많은 남자들로부터 존경과 부러
움보다는 오히려 더 많은 조롱과 멸시, 시기와 질투, 욕을 듣기도 했다.

그러나 아랑곳하지 않고 정말 옆도 뒤도 돌아보지 않고 앞만 보고 최선을 다했다.

열심히 최선을 다한 결과 하나님께서 복을 주셔서 1970년 대한민국 최초로 여자 용접사로서 대통령 표창을 받기도 했다.

어려운 가운데서도 큰아들이 열심히 공부하여 서울대학교에 입학하여 조선 설계 기술을 배워 우수한 성적으로 졸업하게 되었고, 그 후 거제 삼성 조선소에 입사하여 직장 생활하다가 지금은 미국회사에서 인정받는 조선 설계사로서 활동 중이다.
그 외 딸들도 시집가서 행복하게 잘 살고 있다.

살아올 때는 '앞으로 어떻게 살까?' 연약한 인간인지라 참 많이 염려하고 걱정했는데 고비마다 하나님께서 함께해 주셔서 모든 일들을 잘 감당할 수 있었고, 지금의 영광과 기쁨을 누릴 수 있게 되었다.
지나올 때는 힘들고 어려웠는데 지금에 지나온 모든 인생의 여정을 돌아볼 때 나는 이 세상에서 가장 행복한 사람이라는 것을 깨닫게 된다.
그 이유는 아들과 딸들 그리고 며느리와 사위들 또 손자 손녀들이 어머니와 할머니를 사랑하고 존경하며 그들의 가정이 모두 행복하게 잘 살고 있기 때문이다.

수줍은 나의 과거를 통하여 잠시 행복에 잠기며 이 모든 것이 전적으로 하나님의 은혜임을 감사드리며, 하나님께 영광을 돌린다.

2007년 8월 김병희 권사
권사님은 금성교회 등록하여 열심히 행복하게 신앙생활 하시다가 2019년 5월 11일 하늘나라로 가셨다. 권사님의 인생 여정을 담은 내용이 KBS 방송 인간시대에 방송되었다.

❖ **주여! 저를 버리지 마옵소서!**

내가 살아온 55년 삶의 그래프를 그리면 아주 높은 곳까지 올라가서 밑바닥까지 내려오는, 마치 심장이 멎었다가 다시 뛰기 시작하는 것과 같은 모양이 될 것이다.

26년 전 주님을 만난 이후, 내가 알고 있는 지인들은 모두 불교 신자이다 보니 나는 기독교에 대한 자부심을 가지고 언성을 높여가며 믿음에 대해 논쟁을 하며 행복하고 복된 날들을 보내며 살았다.

아침에 일어나 새벽기도, 낮에는 성경공부와 전도 활동, 봉사활동 등을 하면서 11년 동안 오직 주님 말씀으로 살아왔었다.

그러나 그로부터 11년 뒤!
나의 믿음은 주위 사람들에게 휩쓸려 절을 찾게 되었고 108배, 하물며 1,000배의 절을 하면서 지인들과 어울려서 절에 가는 재미로 살게 되었다.
이후 IT사업을 시작하여 전국에 102개의 대리점을 내고 4개국에 수출을 하며 유망기업이라는 상장도 받았다.
우리나라와 세계를 다니면서 상품 설명회를 하면 계약이 되었고, 회사는 IT 업계에서 서서히 자리매김을 하기 시작했다.
기독교를 믿는 몇 명의 지사장들은 나에게 "사장님, 교회에 다시 나가세요. 회사가 더욱 더 발전할 거예요."라고 했지만 나는 가볍게 대답하고 사업적인 일로 바빠서 그냥 잊어버리고 살아왔다.

2004년 7월의 햇볕은 수입 자재비가 인상되면서부터 너무나 뜨겁게 나의 목을 조여 왔다.
마른하늘에 날벼락 같은 일들은 무서울 정도로 속도를 높였고, 일순간 나는 "주여, 잘못했나이다!"라고 외쳤지만 이미 나에게는 아무것도 남은 것이 없이 나는 바닥에 떨어져 내동댕이쳐졌다.
내 주위에는 가족 · 친척 · 친구, 아무도 없었고, 희망은 오직 주님밖에 없었다.

좌절과 절망과 죽음의 갈림길에 있던 나는 평생 불교 신자였던 부산에 계시는 어머니께서 교회를 다니신다는 말을 듣게 되었다.
그리고 28년 만에 고향인 부산에 내려와서 어머니가 다니시는 금성교회에 등록하게 되었고, 주님 앞에 눈물의 회개 기도를 하게 되었다.
그리고 목사님 말씀과 전도사님의 친절에 고마운 마음과 함께 나를 이끌어 주신 주님께 100일 새벽기도를 작정하였다.
100일 새벽기도는 참 힘들었지만, 오직 사랑하는 주님을 다시 만나야 하겠다는 생각에 더욱더 간절하게, 장소 불문하고 오직 기도만 했다.
놀랍게도 기도의 제목대로 즉각 응답이 왔다.
주여! 감사합니다!!

여러분도 기도하십시오.

하나님께서는 우리가 기도할 때, 강한 믿음과 더불어 기도의 응답을 꼭 해 주십니다. 이제 제가 하는 기도는 주님과의 약속된 일과 그 일이 금성교회를 통해서 꼭 이루어지리라 믿으며 매일 기도하고 있습니다.

2011년 2월 박정애 집사

❖ 금성교회 새벽 종소리

지금으로부터 50년 전에 우리 부부는 고향에서 결혼을 하고 1971년에 부산 금성교회 뒷집으로 이사를 왔다.

처음에는 모든 것이 낯설기만 하였다.

새로운 살림에 모두가 어렵고 힘들 때라 살림살이가 넉넉지 못하여 벽시계 하나 없던 시절에 답답했는데 정말 감사했던 것은 금성교회에서 새벽이면 땡그랑땡그랑하고 울려오는 종소리에 매일 새벽마다 남편을 깨워서 직장 출근 시키는 데 많은 도움이 되었다.

지금이야 교회에서 들려오는 새벽 종소리를 들을 수 없지만, 그때 우리에게는 교회에서 들려오는 새벽 종소리가 은은하게 그렇게 좋을 수 없었다.

옛 추억을 돌이켜보면 지금은 신축 건물로 옛 성전을 볼 수 없지만, 그때는 금성 교회 구건물이 단층 건물에다 슬레이트 지붕과 대청마루 바닥 예배실이었다.

또 교회 종각은 수동으로 사람이 종을 치는 별도의 종각이 우뚝 서 있었고, 이송도 바닷가 언덕 위에 아담한 교회로 지역 주민들을 섬기며 희망을 주고 슬픔을 달래주는 교회였다.

금성교회 뒷집에 사는 동안에는 우리 집 두 아들도 이곳에서 출생하여 애들이 어렸을 때는 교회 앞마당을 놀이터 삼아 매일 나가 놀며 자랐다.

그때에는 교회 건물 옆에 목사님의 사택이 있어 목사님의 자녀들과 어울려 친하게 지내면서 교회학교에 다니며 유년 시절을 보냈다.

그 후 저희는 그곳에서 10년 넘게 살다가 어느 주일날 교회를 스스로 나갔었다.

그때에는 친정과 시댁이 불교 집안이어서 교회 나가는 것은 생각지도 못했을 때이다.

그렇지만 그 이후로 자주 교회를 못 나가도 교회는 다니고 싶었다.

그때 10월 셋째 주일 총동원 전도 주일이 되어서 큰아들 승진이 작은 아들 수웅이 그 외에 친구들과 다섯 명 애들을 데리고 금성교회에 갔었다.
교회에서 얼마나 반갑게 맞이해 주었는지 잊을 수가 없었고, 그 이후로 남편도 전도해서 현재 교회를 잘 나가고 새벽기도도 빠지지 않고 신앙생활을 열심히 해나가고 있다.

남편은 시가집 10남매 중에 다섯째 아들로 처음에는 어른들이 교회에 나간다고 야단을 치셔서 한동안은 너무 힘들어 했다.
하지만 지금에 와서 생각해보면 하나님 믿고 건강하고 행복하고 모든 일들이 잘 풀리고 즐거우니 하나님 믿기를 참 잘했다고 생각한다.

"주님, 감사합니다. 저희들 예수님 믿게 해 주셔서 너무너무 감사합니다.
그리고 지금의 금성교회 김병호 목사님 20여 년 전 부임하여 교회 지경을 넓히고 지금까지 한 번도 시도해보지 못하고 성도들의 오랫동안 기도하며 숙원 사업인 교회 건축을 2년여에 걸쳐 이루었습니다.
교회 신축공사로 인하여 모두가 매우 힘들었지만, '고생 끝에 낙이 온다고 하는 말이 틀리지 않았고 지금은 아름답고 깨끗한 성전에서 예배드리고 기도할 수 있으니 얼마나 감사한지요.
하나님, 감사합니다. 하나님 뜻이 아니면 이러한 영광이 있었겠습니까?
저희 이 모습 이대로 주님을 의지하오니 나이든 이 부부 끝까지 지켜 주옵소서.
이제 남은 인생 주님 앞에 가는 그날까지 주님이 손잡아 주시고 바른길로 인도하시고 동행하여 주옵소서. 저들은 평생 잊지 못할 금성교회입니다.
저희 두 아들이 태어난 곳이고 애환이 서려 있는 곳입니다."

지금은 영선동 흰여울 문화마을에서 가장 큰 건물 아름답고 웅장하고 새로운 금성교회! 이제는 이 성전이 지역 사회에 환한 불빛 밝혀 방황하고 배회하는 영혼들을 인도하는 등대가 되게 하시고, 세상에 소금이 되어 맛을 내는 금성교회가 되기를 소원해봅니다.

김설매 권사

❖ 나의 인생은 하나님의 계획 안에

"그런즉 누구든지 그리스도 안에서 있으면 새로운 피조물이라 이전 것은 지나갔으니 보라 새것이 되었도다"(고후 5:17)

내가 처음 하나님을 만나게 된 것은 고1 때였고, 친구의 전도를 통해 교회에 가게 되었습니다.

쉽게 교회에 갈 수 있었던 것은 아니지만 친구의 전도를 받기 전에 '나는 무엇이며, 나의 마음 한구석에 텅 빈 것 같은 이 허전함은 무엇인가? 그리고 사람이 죽으면 어떻게 되는가?'에 대한 많은 의문점이 생기기 시작했습니다. 그래서 친구의 권유에 마음이 열렸고, 교회에 가게 되었습니다.

처음 간 교회에서의 느낌은 나의 텅 빈 마음을 채워주는 무엇인가가 있었습니다. 그 당시 선포되는 하나님의 말씀이 우리를 죄악에서 구원하신 하나님에 관한 이야기였고, 나도 역시 하나님 앞에서 죄인이며 하나님의 긍휼하심이 없이는 살아갈 수 없는 나약한 존재라는 사실을 깨닫게 되었습니다. 무엇보다도 나에게 가장 크게 다가왔던 것은 예수님이 나를 위해 죽으셨다는 사실과 천국을 예비하시고 나를 하나님의 딸이라고 불러주셨다는 사실이었습니다. 그것만으로도 나는 온 세상을 얻은 기분이었고, 나의 마음속에서 그렇게 고민하던 모든 것이 다 해결되는 순간이었습니다.

그 이후로 나는 예수님의 십자가 이야기를 들을 때마다 눈물이 나왔고, 하나님께 감사하지 않을 수 없었습니다. 그리고 어렵고 힘들 때마다 예수님의 십자가를 생각하며 기도할 수 있었고, 나를 사랑하시고 옆에서 함께 계시는 예수님을 생각하니 너무나 감사했습니다.

특히 아버지가 암과 투병하시던 어려운 순간에도 하나님은 나와 우리 가족과 함께해 주시고 위로해 주셨으며 불꽃같은 눈으로 지켜 주셨습니다. 그 이후 남편과 만남도 하나님의 계획이었으며, 나의 인생은 나의 것이 아니라는 것을 알 수 있었습니다. 지금도 많은 어려움 가운데서 하나님을 만나지 못하고 스스로 그 무거운 짐을 지고 가는 분들이 있습니까? 그런 분께 이 글을 드립니다. 하나님의 마음을 전하고 싶은 간절한 마음으로~ 나의 인생은 나의 것이 아니라 온전히 하나님의 계획 안에 있다는 것을~

2006년 12월 김옥련 집사

❖ 꺼질 줄 모르는 촛불

어두운 밤에 작은 촛불 하나가 얼마나 밝은 빛을 주고 있는지 누구나 다 아시지요.
어두운 밤에 밝게 비추는 촛불 빛을 보면 느낄 수 있습니다.
그런데 나는 마음의 밝은 촛불을 보았습니다.
그것도 대한민국 땅 끝, 하나님이 마련해 주신 자그마한 금성교회에서요.

처음으로 금성교회 목사님을 뵐 때 그렇게 거인 같은 몸매를 가진 분도 아니요,
영화배우처럼 멋진 모습도 아니었지만, 하나님의 말씀을 전하시는 맑은 목소리와
인자하신 밝은 얼굴이 언제나 기쁨과 사랑으로 넘치는 것을 보았습니다.
우리 김병호 목사님은 우리 금성교회의 꺼질 줄 모르는 밝은 촛불입니다.
금성교회 모든 곳에 목사님의 손길이 깃들어 있고 피와 땀이 배어있지요.
교회 모든 성도들의 마음에서 뿐만 아니라 이 지역에 진실로 김병호 목사님을
모르면 우리 영도 영선동 사람이라고 인정할 수 없을 정도입니다.

새벽부터 늦은 밤까지 힘들고 어려운 일이 있는 곳에는 우리 목사님이 계시지
않는 곳이 없지요.
언제나 하나님의 복음으로 많은 생명 구하려고 쉴 새 없이 달려가시는 우리
목사님, 남들의 고난을 내 고난으로 가슴 아파하시고 남들의 아픔을 내 아픔
으로 생각하며, 인자하신 하나님의 말씀으로 쓰다듬어 주시는 사랑의 손길과
마음으로부터 항상 남에게 베풀어주시는 진실한 사랑, 우리 목사님은 언제나
그 진실한 사랑이 넘치는 분이지요.
남들이 걸을 때면 앞서 달리고 남들이 달릴 때면 앞서 날아가시면서 본을 보
여주시는 뜨거운 열정과 그 누구에게도 조그마한 차이도 없이 나누어 주시는
우리 목사님의 사랑은 우리 금성교회에서 뿐만 아니라 우리 지역에서 진정
하늘만큼 땅만큼 큽니다.

목사님께서 꺼질 줄 모르는 촛불처럼 항상 자기 몸을 태워가면서 이 지역에
복음을 전하실 때 우리 성도들은 언제나 자기도 모르게 감탄이 나옵니다.
항상 하나님께 고맙지요.

하나님께서는 우리 금성교회에 어쩜 이렇게도 신통방통 사랑스러운 목사님을 우리 목자로 보내주셨는지요?
금성교회는 오늘도 꺼질 줄 모르는 작은 촛불, 김병호 목사님이 계시므로 금성의 밝은 빛을 온 지역에 비출 수 있습니다.
금성교회의 모든 성도들은 좋은 목자의 인도하심으로 오늘도 하나님의 사랑을 감사함으로 서로 나누고 실천할 수 있지요.
금성교회의 꺼질 줄 모르는 촛불, 김병호 목사님! 감사합니다.

오늘도 맑고 청량하게 메아리치는 아름다운 목소리로 하나님 말씀을 이 지역에 전하실 때 그 말씀이 금성교회를 넘어 하늘 땅 끝까지 전해질 줄로 믿습니다.
오늘도 내일도 꺼질 줄 모르는 촛불, 우리 목자 김병호 목사님이 계시므로 우리 금성교회가 좋은 교회를 넘어 위대한 교회가 될 줄 믿습니다.

오선옥 집사

❖ 하나님, 사랑해요!

저는 20살부터 교회를 다니게 되었습니다.
처음에 교회를 오게 된 계기는 이모님 댁(김옥주 권사님)에서 지내게 되었기 때문이었죠.
그때만 해도 전 교회 가는 것을 극도로 싫어했습니다.
왜 그랬는지 모르겠지만 그 땐 그냥 싫었어요. ㅠㅠ
내 의지로 다닌 것이 아니었기 때문에 정말 교회 가는 주일이 너무 싫었습니다.
그런데 교회를 억지로 다니게 된지 약 1년 반이 지났을 무렵~
중고등부 수련회를 따라 갔는데, 그 때 놀랍게도 나는 하나님을 만나게 되었습니다.

그때의 기쁨은 말로 표현할 수가 없을 정도였어요.
정말 많이 울었지요.
나를 만나주신 하나님이 너무 감사해서~
그때 이후로 저의 신앙생활은 180도 확!! 바뀌었습니다.
그 중에서 '기도 제목'들이 확 바뀌었습니다.

예전에는 이것저것 세상적인 것을 바라는 기도제목들이었다면, 하나님 아버지와의 만남 이후로는 늘 감사의 제목들을 가지고 기도했죠.~ㅎ

그랬더니~ 신기하게도 감사할 일들이 엄~~청 많아지더라고요~ㅎㅎ.
진짜 신기하고 너무 행복했습니다.
시간이 흐르고, 2010년 청년부 회장이라는 직분을 맡게 되면서부터는 예전과는 다른 고통들이 많이 찾아왔습니다(물론 기뻤던 일들도 많았지만요).
교만함이 자꾸 나를 찾아오고, 하나님을 바라보지 않고 사람들을 보면서 넘어지는 일도 많았습니다.
지금도 생각하면 눈에 습기가~

그 중에서 가장 힘들었던 것은 얼마 전에 단기 선교를 미뤄야 할지도 모른다는 의견이 나왔을 때였습니다.
집에 와서 정말 많이 울었습니다.
그 때 주위 분들이 많이 위로해 주시긴 했지만 제 마음이 위로받지 못하더군요.
너무 힘들고 낙담하는 가운데 제가 할 수 있는 일이라고는 기도밖에 없었습니다.
그래서 무릎 꿇고 정말 간절한 마음으로 기도했습니다.
"단기 선교 꼭 갈 수 있게 도와 달라"고~
"난 꼭 가야겠다"고~
정말 눈물, 콧물 쏟아가며 기도했습니다.
그랬더니 세상에~ 그 다음 주 화요일에 비행기 표가 구해졌다고 전도사님께서 연락을 하셨어요.
그때의 그 기쁨은~ 어휴~ 아직도 벅찹니다.
그리고 최근에 기도 응답을 받게 된 사연도 함께 나누고자 합니다.
이것 역시 단기 선교와 관련되어 있습니다.
단기 선교에 드는 개인부담 비용에 대한 것입니다.
단기 선교를 가자고 의견이 나왔을 때부터 저는 개인비용에 대해 기도해왔습니다.
사실 대학생에게 60만원이란 돈은 큰 액수입니다.
그런데 이상하게도 비용에 대해서는 걱정이 안 되는 것입니다.
하나님 아버지께서 그 비용을 다 채워주실 것이라는 강한 믿음이 있었죠!!

그래서 믿음으로 기도했습니다.

단기 선교를 준비하면서 하나님께서 저에게 힘을 주신 말씀입니다.

"내가 사망의 음침한 골짜기로 다닐지라도 해를 두려워하지 않을 것은 주께서 나와 함께 하심이라 주의 지팡이와 막대기가 나를 안위하시나이다"(시 23:4)

우리가 갔던 인도네시아는 국민의 85% 이상이 모슬렘이라고 합니다.

처음 가는 단기 선교라는 부담감과 함께 어마어마한 모슬렘 숫자에 걱정이 앞섰습니다.

그러나 하나님께서 겁먹은 저에게 위의 말씀을 주시면서 용기와 힘을 주셨습니다.

기도하며 기다리던 7월 29일, 우리 일행은 드디어 교회를 출발하여 약 19시간이 지난 후에야 목적지인 인도네시아 '사랑 까시 까루니아'에 도착하게 되었습니다.

너무 늦은 시간이라 아이들이 자고 있었기 때문에 첫 인사는 다음 날로 미루어야 했습니다.

다음날, 어떤 소리에 이끌려 새벽 5시에 기상했습니다.

소리가 나는 쪽으로 가보니 스텝들과 아이들이 새벽기도를 드리는 모습이 눈에 띄었습니다.

비록 말은 알아들을 수 없었지만 작은 두 손을 모으고 간절히 기도하는 그들의 모습을 보면서 나의 나태함이 창피하고 너무 부끄러웠습니다.

아침 기도회 때 하나님께서는 그 아이들의 모습을 통해 그러한 저를 회개하도록 하셨습니다.

너무 죄송해서 눈물이 났습니다.

그리고 회개할 수 있는 마음을 주셔서 너무 감사했습니다.

눈물의 기도회를 마치고 나니 아이들이 학교 갈 준비를 하고 있었습니다.

먼저 다가가지 못하고 우물쭈물하고 있는데 아이들이 반갑게 인사해 주었습니다.

아이들의 웃는 모습을 보면서 나도 모르게 웃음이 났고 행복했습니다.

그곳에서 닭장을 만들고, 메기를 키울 작은 연못도 만들었습니다.

맨발과 맨손으로 벽돌을 나르면서 불평도 하지 않고 밝게 웃는 아이들을 보며, 조금이라도 더 쉬려고 했던 나 자신이 부끄럽게 느껴졌습니다.

하나님께서는 웃으면서 즐겁게 일하고 뛰어노는 아이들의 모습을 통해, 그 순수함과 천진난만함을 통해서 내 모습을 돌아보게 하셨습니다.
비록 짧은 시간이었지만, 너무 행복한 하루하루였습니다.

인도네시아에서의 마지막 날은 현지교회에서 예배를 드렸습니다.
그 예배 가운데서 하나님께서는 저에게 2가지 깨달음을 주셨습니다.

1. 하나님은 한국뿐만 아니라 모슬렘 세력이 강한 인도네시아 땅에도 살아계신다는 것.
2. 비록 생김새도 다르고 말도 다르지만, 하나님 품안에서 우리는 한 가족이라는 것.

가슴이 벅차서 얼마나 울었는지 모릅니다. 짧은 단기 선교 기간이 끝나고 서로 안고 울면서 작별 인사를 할 때는 마음이 너무 아팠습니다.
아직도 아이들의 우는 모습을 생각하면 마음이 아픕니다.
첫사랑이 더욱 애틋하고 소중하듯 우리의 첫 번째 단기 선교는 우리 마음속에서 크게 자리 잡고, 우리에게 인생을 어떻게 사는 것이 정말 가치 있게 사는 것인지를 깨닫게 해 주었습니다.

청년부 회장 김지애

❖ 하나님의 영광을 위해

도서관에서 공부를 하고 있는데 한 자매가 저에게 광고지(?)를 주고 갔습니다.
저는 이게 뭔가 하고 읽어보니 ○○교회 청년부에서 전도용으로 쓰는 전도지였습니다.
저는 이 전도지를 받고 2가지의 메시지를 받았습니다.
첫째는, '경건'이라는 단어였습니다.
하나님을 사랑하고 그와 동행하는 삶을 살라고 하는 메시지였습니다.
내가 요즘 구하고 있는 기도의 내용으로 '하나님의 귀한 일에 사용되는 도구로 다듬어 달라'고 기도를 하고 있는데, 그 기도에 대한 첫 번째 응답이라고 생각됩니다.
저는 그렇게 느껴졌습니다.
아마 하나님께서 부족한 저를 계속하여 다듬어주시겠죠?

어제 하나님께 약속했던 것을 제가 지키지 못했거든요. ㅎㅎㅎ
그래서 '아, 또 약속을 지키지 못했네' 하고 낙심하고 있었는데 이런 저를 하나님께서는 역시나 챙기시고 사랑해 주신 것입니다.

두 번째는, 그 자매의 '마음'이었습니다.
그 자매는 자신의 외모를 남들보다 예쁘게 꾸미고 가꾸진 않았었습니다.
하지만 그 자매의 마음, 하나님을 전하고자 하는 그 마음은 그 누구보다 '아름답다'라고 느껴지더군요.

"대학교에서 저거(전도지 돌리며 복음을 전하는 것) 참 쉽지 않은데…"

사실상 나는 입으로만 '하나님의 영광을 나타내는 자가 되게 하소서'라고 고백하면서 실천은 못했거든요.
그리스도인으로 나 자신이 참 부끄러웠습니다.
오늘 나에게 있었던 일~
작고 사소한 일이지만 참 많은 것을 느끼고 내 삶을 되돌아볼 수 있었던 것 같습니다.
하나님의 영광을 위해 구별된 세대 나실인!!
"The Nazirite of God"

그렇게 살겠다고 고백한 나!
완전한 나실인의 삶을 살지는 못하지만, 포기하지 않고 노력 중이랍니다.

오늘 하루를 마치며 몇 자 적어 봅니다.

2010년 6월 청년부 전창민

❖ 최우수 요양보호사 상을 받고 나서

먼저 부족한 저를 일꾼 삼아 주신 하나님께 감사를 드립니다.
관절이 뒤틀리는 류마티스라는 병 때문에 심한 고생을 하던 저는 금성교회에 나와서 하나님의 은혜로 깨끗이 고침을 받았습니다.
그리고 얼마 후, 목사님의 권유로 요양보호사 일을 시작하게 되었습니다.

내 부모님도 잘 돌보지 못하면서 남의 부모님을 모시는 것이 쉬운 일은 아니었습니다.

어르신들은 너무 외로워서 우리를 보고 좋아하셨지만, 가족들은 여러 가지 트집을 잡으며 우리를 힘들게 할 때도 있었습니다.

지금 제가 모시는 어르신은 하나님께서 맺어주셨습니다.

이 어르신이 하루는 낮잠을 주무시는데 꿈속에서 하나님께서 천사를 보내셨더랍니다.

잠에서 깨어 눈을 떠보니 제가 문 앞에 서 있었다는 것입니다.

그날부터 할머니와 동거(?)를 시작했습니다.

식사와 목욕, 청소를 도와 드리고 마칠 시간이 되어 내가 옷을 갈아입으면 할머니의 표정은 슬퍼지십니다.

"니가 가면 나는 우짜라고? 개미 한 마리 안 오는데 외로워서 우째 살라고? 가지 말고 내캉 살자~"라고 말씀하십니다.

"내일 오나? 내일 오나?" 거듭거듭 물어보시는 할머니의 손을 놓고 방문을 나올 때는 나의 마음도 쓸쓸해집니다.

요양보호사 일을 하다 보면, 생활이 부유한 가정도 있고 하루하루를 힘들게 살아가는 어르신도 있습니다.

그런 어르신들을 위해서 복지제도가 잘 생겼다고 하지만 아직 많은 사람에게 도움이 가지 못하는 것에 대해서는 늘 아쉬운 마음이 듭니다.

눈도 멀고, 귀도 먼 어르신들을 모시느라 말을 크게 하다 보니 배도 빨리 고파집니다.

할머니와 지내는 4시간은 어르신들 시중을 들고 또 이런저런 이야기를 하다 보면 금방 지나가 버립니다.

어르신들은 "내 자식도 안 해 주는데, 누가 이렇게 해 주겠노?" 하시며 내 손을 꼭 잡고 감사함을 표하십니다.

천진난만한 어린아이처럼 해맑은 표정으로 웃으실 때는 얼마나 예쁜지 모릅니다.

나는 며느리처럼, 딸처럼, 손녀처럼 더욱더 정성을 다해 할머니를 모셔야겠다는 마음을 갖게 됩니다.

그러던 어느 날, 예고도 없이 건강보험공단 직원들이 할머니 집을 방문하였습니다. 할머니와 상담하고 기록지에 여러 가지 체크를 하더니 빙그레 웃으며 "잘 모셔 주셔서 감사합니다." 하며 가셨는데, 며칠 후에 나에게 최우수 요양사로 선정이 되었으니 시상을 하겠다는 연락이 왔습니다.

마땅히 해야 할 일을 했을 뿐인데, 상이라고는 받아본 적이 없는 나에게 이렇게 귀한 상을 주신다니 정말 부끄러웠습니다. 모든 영광 하나님께 올려드립니다.

많은 영혼을 구원하고 천국으로 가는 정류소 역할을 하며 열심히 어르신들을 섬기는 '참 편한 장기요양보호센터' 파이팅!!

어르신들, 감사합니다. 오래오래 건강하세요.

요양보호사 김언미 권사

❖ 치아 건강에 대하여

교육을 받은 후 직접 해 보면 알겠지만, 이를 제대로 닦기는 매우 어려우므로, 한 번 교육을 받는 것으로 끝나는 것이 아니고, 주기적으로 칫솔질 방법에 대하여 점검 및 재교육을 받는 것이 필요하고, 자신의 상태에 따라 전문가로부터 치간 칫솔이나 치실과 같은 보조 기구를 처방받아 이용하여야 한다.

칫솔질 횟수는 매 식후마다 할 것을 추천하는데, 어떠한 경우에라도 잠 자기 전에는 반드시 구강 청소를 하여야 한다.

만 6세가 되면 대부분의 사람에서 기존 유치의 맨 뒤에서 제1대 구치라는 영구치가 나오는데, 상당히 많은 부모들이 제1대 구치가 유치를 탈락시키고 나오는 치아가 아니라서 유치로 오해를 하여 적절한 관리 및 치료를 하지 않고 방치를 하고 있으며, 설사 영구치인 것을 알았다 하더라도 이 시기의 아동의 이를 닦는 기술은 매우 미숙하여 제대로 관리가 되지 않는다.

그리하여 제1대 구치의 상실률은 굉장히 높은데, 불행히도 이 치아는 저작 기능의 약 70%를 담당할 정도로 매우 중요한 치아이며, 이 치아에 발생한 우식증은 향후 발생할 치과적 비극을 알리는 서막이라고 볼 수 있다.

그러므로 만 6세가 되면 수시로 제1대구치가 나오는지 확인하여, 나온 즉시 치아에 있는 미세한 홈을 메워주는 치면열구전색(일명 코팅이라고 함)을 시행하여 주면 우식증의 상당 부분을 예방할 수 있으므로 반드시 해 주도록 한다.

그리고 불소가 우식증의 예방에 도움이 된다.

불소는 음료수에 미량을 넣어 마시는 방법, 불소치약을 이용하는 방법, 치과에서 도포를 하는 방법 등이 있는데, 적절한 방법을 이용하면 된다.

특히 아동의 경우 주기적인 불소 도포는 우식증 예방에 많은 도움을 주는데, 이는 대개 정기 검진과 함께 시행하는 것이 좋다.

최근에는 설탕 대용물인 자일리톨이 우식증 예방에 효과가 있는 것이 알려져 이용되고 있다.

자일리톨은 우식증을 일으키는 세균이 이용하는 당과 유사하나 실제로 세포 내에서 대사할 수 없는 물질로서, 세균은 자일리톨로부터 에너지를 얻지 못한 채 흡수 및 배설을 계속 반복하여 에너지를 소진하게 되고 결국은 죽게 된다.

작용 기전은 아주 고무적이나 아직은 사용 방법이 잘 개발되어 있지 않은 상태다.

하지만 앞으로의 전망은 좋을 것 같다.

이상과 같이 치아의 건강을 유지하는 방법이 개발 시행되고 있으나, 그 중에 가장 중요하고 기본이 되는 것은 칫솔질이다.

식이요법, 치면열구전색, 불소, 자일리톨 등의 방법은 칫솔질의 효과를 결코 대신할 수 없다는 사실을 명심해야 한다.

즉, 칫솔질은 하지 않거나 대충하면서 자일리톨 껌을 씹는다고 우식증이 예방되는 것은 아니고, 상기의 방법을 모두 열심히 행한다고 하더라도 인간은 불완전한 존재이므로 치과 치료의 결과나 칫솔질 등이 완벽할 수 없다.

치과 보철물과 수복 물의 수명은 그리 길지 않고, 스케일링 후에 칫솔질을 제대로 하지 않으면 3개월 만에 치석이 다시 생긴다.

그러므로 일정 간격으로 치과에 내원하여 점검, 치료, 및 재교육을 받아야 한다.

결론적으로 다음과 같이 요약할 수 있겠다.

임신 때에 유전적인 치아의 건강이 결정되고, 임신 중, 성장 중의 영양 상태가 치아의 발육 상태를 결정한다.

치아가 입안으로 나온 후에는 칫솔질이 그 무엇보다 중요하며, 식이요법 · 치면열구전색 · 불소 · 자일리톨 등과 보조적인 방법도 적절히 이용, 잘 관리하여야 한다.

이상의 방법을 성실히 시행한 후 발생하는 문제는 정기 검진으로 해결한다.

금성교회 박경록 집사(고신의대 교수)

❖ 내 삶의 목적을 찾는 일

언제부턴가 예수 전도단이 주최하는 부산진교회 화요모임에 참석하곤 한다. 그곳에는 사람들의 회개 기도 소리도 들리고 악한 영들이 떠나가는 소리도 들린다. 그러나 무엇보다도 나를 요동케 하는 것은 오직 한 분만 높임 받으시는 찬양의 열기이며, 그리고 그날은 정말로 강한 기름 부으심과 임재가 있었던 날이었다.

죽음의 땅 북아프리카!
이 죽음의 위협에서도 복음을 전하고 계시는 선교사님께서 "여러분의 사명이 무엇인지, 당신의 Destiny(운명·숙명, 하나님의 뜻) 무엇인지, 무엇을 하면서 살아야 할지 주께 물으세요!" 하면서 외쳤을 때, 난 이렇게 기도하기 시작했다.

　"하나님, 전 당신을 위해 무엇을 할까요? 저도 저 선교사님처럼 그 땅으로 나아갈까요? 아이들에게 당신의 복음을 전하는 일은요? 무엇을 하면 하나님께서 기뻐 받으실까요?"

이렇게 기도하고 있을 때, 내 기도소리를 깨뜨리는 마음의 감동이 너무나도 선명하게 다가왔다.

　"친밀함이다, 민영아."

이에 나는 "저는, 하나님께 사명을 말했는데, 무엇을 헌신할까요?" 하고 물었는데, 주님은 나에게 '너와 더 가깝게 있고 싶다.', '너와 함께이고 싶다'라며 다가오는 것이었다.
그날, 정말 여태까지 울어본 것 중에 가장 많이 울었던 것 같다.
"그랬군요. 아버지, 그랬군요." 하며 기도하는 나에게 성령님이 찾아 오셨다.

그 이후, 내 삶 속에서 주님은 내 손을 꼭 잡고는 놓아주지 않으신다.
예배 시간이든, 버스를 타며 오고 가는 출근 시간이든, 주님의 이름을 부르는 공간에선 언제나 내 손을 잡고 계심이 느껴진다.
이제는 이 친밀함의 비밀을 평생 놓치고 싶지 않다.
그리고 그런 나에게 더 거룩하고자 하는 소망이 내 속에 생겨났다.

TV를 켜는 일이, 누군가 사람을 만나는 일이, 할 일 없이 컴퓨터에 앉아 있는 일이 재미가 없어진다.

그것보다 지금은 찬양을 들으며 하나님의 임재에 빠지는 일이, 주를 사랑하는 사람들과 함께 예배하는 일이, 하나님을 알아가고 있는 아이들에게 내가 가진 믿음을 증거하며, 전하는 일이 나에겐 더 큰 관심사가 되어버렸다.

그리고 나는 알게 되었다. 거룩은 억지로 되는 것이 아니었으며, 이것이 주님의 은혜임을 또한 내 삶의 목적, 나의 높은 부르심은 세상을 뒤로하고 주와의 친밀함으로 나아가는 것이 주님이 원하시는 삶이라는 것을~

2009년 12월 현민영 청년

❖ 탁월한 선택

중 · 고교 시절 그나마 자주는 아니지만 이따금씩 교회에 발을 들여서 그런지, 군 생활 속에서도 교회를 다녔었고, 그 후로 낯선 이 송도로 이사 와서 금성교회 첫발을 내 디딘지도 어언 20년이 되었다.

그때를 회상해보면 처음은 주일에 낚시를 즐긴다거나, 다른 스케줄이 있을 때면 교회를 나가지 않았었다.

그럼에도 불구하고 난 몇 년 후 서리 집사로 임명되었고, 서리 집사가 되어서 얼마 후 주일 아침 달력 보며 계산해보니 월 3번 주일 성수를 하지 않은 것을 보면서 문득 이런 생각을 하였다.

'나를 그래도 집사로 추천한 분이 있을 텐데, 나에 대해서 얼마나 실망할까?'

그 이후 나는 하나님과 사람 앞에 죄송하다는 생각이 불현듯 스쳐 지나가며, 이젠 주일 성수를 꼭 해야겠다는 마음으로 열심히 다니기 시작하였다.

그리고 그런 나를 목사님은 반갑게 맞이해 주었고, 그 후 나는 직장 근무 외에는 온전히 주일 성수를 하기로 마음을 먹게 되었고, 그러면서 하나님 말씀 듣는 것이 차츰차츰 은혜롭고, 기쁜 마음이 들기 시작했다,

그러다 보니 오후 예배도 드리게 되었고, 마치고 나면 오후 4시, 그 시간은 하루가 다가서 어디 갈 수도 없는 시간이라는 생각에 중 · 고등부 예배도 참석하게 되어 보조교사까지 맡게 되었다.

지금 생각해 보면 삶에도 단계와 고비가 있듯이 신앙도 그런 것 같다.

지금도 한 번씩 그때의 일을 떠올려 본다.

내가 만약 그때 그런 결단을 하지 않고 '나중에 천천히 다니지~' 생각하고 신앙생활을 제대로 안 했다면 지금 나의 모습은 어떠한 모습일까?

어떤 사람들은 '예수 믿는 것이 너무 어렵다', '너무 쉬워서 못 믿는다'고 한다.

서양 격언에 "Well begun is half done", "just do it"(시작이 반이다, 곧 바로 하라) 말이 있다.

예수님을 믿는 것은 참으로 좋은 시작입니다.

조금은 어려워도 더 늦기 전에 지금 교회로 첫발을 내디뎌 보십시오.

약하면 약한 대로 하나님께서 붙들어 주시며 이끌어 주실 것입니다.

시편에 "여호와는 은혜로우시며 긍휼이 많으시며 노하기를 더디 하시며 인자하심이 크시도다"(시 145:8)라는 말씀이 있습니다.

아직도 교회 나오기를 망설이고 계십니까?

지금 있는 모습 그대로 오십시오. 한 번 교회에 와 보십시오,

그러면 지금은 교회 가지 않겠다는 이유와 핑계들이 많을 것 같아도 후에는 교회에 나가야 할 이유가 몇 십 배 더 많음을 느끼며, 탁월한 선택이었다고 생각할 것입니다.

예전에 1980년대 모 전자회사 세탁기 광고 문구 중에 이런 것이 있었습니다.

"순간의 선택이 10년을 좌우합니다."

이 광고 문구는 자기네 회사 세탁기를 사용하면 10년 동안 아주 편안한 생활이 될 것이라는 내용이지만 반대로 생각하면, 다른 세탁기를 사용하면 몇 년밖에 사용하지 못할 것이라는 강한 어필을 주는 상업광고였고, 이 문구는 많은 패러디 작품을 낳기도 했었던 기억이 납니다.

우리 인생은 내일 일을 모르는 나그네 같은 인생입니다.

나도 어느새 60 중반을 넘었고, 이제는 직장 동료나 동기생 또는 주위에 아는 사람들이 한 명씩 사고로, 병으로, 생을 마감하는 모습을 보게 됩니다.

그러면서 드는 생각은 '우리 인생의 선택은 10년만 좌우하는 것이 아니라 평생을 좌우한다'는 것입니다.

김영정 장로

❖ 내가 본 축복의 나라

저는 40여 년간 중국에서 공산주의라는 큰 가마솥 밥을 먹으면서 자랐습니다. 그런데 40대 후반에 뜻밖에 불어온 중국의 개방정책으로 중국 사회에서 사정없이 정리해고를 당하게 되었습니다.

저는 20여 년간 일하던 일터와 삶의 터전을 잃게 되어서 이제 남은 희망은 한국 입국뿐이었습니다.

이제 한국에 못 가면 죽는 길밖에 남지 않은 것 같은 절박함에 나는 '국제결혼'이라는 마지막 길을 선택하였습니다.

산만큼 큰 빚 주머니를 짊어지고 한국행 배에 올라 꿈에 그리던 부산 땅에 발을 내려놓게 되었습니다.

그러나 꿈은 컸지만 한국 생활은 만만치 않았습니다.

중국에서 겪어보지 못했던 모든 일들을 매서운 눈총을 받아 가면서 배워야 했고, 몸으로 부대끼다보니 한국 땅에 와서 너무나도 험난한 인생의 고생을 하게 되었습니다.

힘겨운 식당일을 하게 되어 아침에 출근할 때면 혼자서 바다와 이야기하면서 울었고, 집으로 돌아올 때면 또 바다와 힘겨운 이야기로 눈물을 흘렸습니다.

부산 영도에 와서 산 설고 물설고 마음 선 곳에 오직 바다와 친구하며 먼 바다 저 고향 땅을 그려보면서 남몰래 흘린 눈물이 얼마였는지 그때 본 한국은 사람의 피와 땀을 다 빼앗아 가는 지옥처럼 느껴졌습니다.

'내가 왜, 왜, 왜? 이 한국 땅에 와서 이처럼 고생해야 하는가? 돈이 뭐길래!' 하는 후회로 혼자서 내 가슴을 쳤습니다.

그러던 어느 날, 젊은 목사님이 상냥한 목소리로 말씀하신 말 한마디가 나도 모르게 마음에 와 닿았습니다.

"안녕하세요? 금성교회 목사입니다. 금성교회 한 번 나오시지요."

나중에 집에 가서 남편과 이야기했더니 "그래, 금성교회는 우리 집에서 멀지 않으니 나가보라"고 남편이 권고하여, 수없이 그 길을 지나다니면서도 보지 못했던 금성교회가 그날부터 내 눈에 크게 보였습니다.

처음으로 교회 간 날, 젊은 목사님이 하나님의 말씀을 전하시는데, 내 마음 깊은 곳에서부터 느껴보지 못한 감격과 함께 '내가 이 길을 꼭 가야 한다'는 마음이 들었고, 그 후 계속 교회를 나가면서 목사님이 전하시는 하나님의 말씀이 나의 귀와 마음에 감동을 주었고, 그 말씀을 믿음으로 받아들이는 순간, 세상이 새롭게 보였습니다.

외국 선교사들에 의해 예수님의 복음을 받아들인 한국, 폐허 가운데서도 이렇게 잘 살게 되는 것은 하나님의 은혜이며, 이 땅은 정녕 하나님이 복 주신 나라입니다. 이곳의 땅과 산과 물과 하나님께 나아가는 모든 이들이 내 눈앞에서 얼마나 아름다워 보였던지~ 이 땅 한국으로 나를 인도하시고 또 금성교회에 와서 하나님 말씀을 듣게 인도하신 우리 하나님 은혜가 얼마나 위대하고 고마운지 하나님 아버지를 부를 때마다 나도 모르게 눈에서 뜨거운 눈물을 흘리게 됩니다.

하나님을 알고 다시 보게 된 한국은 세상에서 제일 아름다운 나라이고, 세상에서 제일 축복받은 나라입니다. 나에게 새 생명을 주신 김병호 목사님, 진심으로 감사합니다.
목사님이 섬기시는 우리 금성교회는 새해 표어처럼 '좋은 교회를 넘어 위대한 교회'가 될 것이고, 항상 하나님의 사랑과 축복이 우리 목사님과 금성교회에 넘치게 될 줄로 믿습니다.

오선옥 집사

❖ 새해 나에게 주신 하나님의 말씀

해마다 송구영신 예배 때 새해 나에게 주시는 하나님의 말씀을 항아리 속에서 뽑게 된다.
그때마다 난 하나님의 임재하심을 깨닫게 된다.
몇 해 전 내가 나를 사랑하지 못하고 나의 자존감도 잃어 갈 때에 하나님께서는 스바냐 3장 17절 말씀 "너의 하나님 여호와가 너의 가운데 계시니 그는 구원을 베푸실 전능자시라 그가 너로 인하여 기쁨을 이기지 못하여 하시며 너를 잠잠히 사랑하시며 너로 인하여 즐거이 부르며 기뻐하시리라 하리라"는 말씀을 주셨다.
하나님께서는 이 말씀으로 나의 아픈 마음을 치유시켜 주셨다.

내가 이 말씀으로 된 찬양을 그전에도 가장 좋아하는 찬양으로 꼽을 정도로 나에게는 힘과 위로의 말씀이었다.

또 한 해는 전도대를 하느냐 마느냐 하는 고민에 빠져 있을 때였다.
난 남들 앞에서 복음을 전하는 일들을 해보지 못했었고, 그저 내가 그리스도인이기 때문에 남들보다 본이 되기 위해서 노력했을 뿐이었다.
그때에 하나님께서는 디모데후서 4장 2절 말씀 "너는 말씀을 전파하라. 때를 얻든지 못 얻든지 항상 힘쓰라 범사에 오래 참음과 가르침으로 경책하며 경계하며 권하라"는 말씀을 주셨다.

다음 해에는 나의 말씀을 읽는 시간이 부족함에 항상 죄책감을 가지고 있었다.
그때에 주신 말씀은 디모데후서 3장 15절 말씀 "또 네가 어려서부터 성경을 알았나니 성경은 능히 너로 하여금 그리스도 예수 안에 있는 믿음으로 말미암아 구원에 이르는 지혜가 있게 하느니라" 였다.
나에게 얼마나 찔림이 되었는지는 말하지 않아도 알 수 있을 것이다.
올해 내게 주신 말씀도 하나님께서 나의 상황을 너무도 잘 알고 계심을 느꼈다.

작년 연말에 남편과 난 교회의 봉사 분량을 가지고 많이 다투었다.
남편이 너무도 많은 일들을 하고 있다고 느꼈기에 나는 그것들을 줄이라고 했었다.
남편의 일들을 도와주고 협력자가 되어야 한다는 생각보다는 어떻게 해서라도 청년부 일을 못하게 막고 집안에서 가족들과 함께하는 시간들을 늘여야 한다는 생각뿐이었다.
그때에 하나님께서는 나에게 히브리서 13장 1절-2절 말씀 "형제 사랑하기를 계속하고 손님 대접하기를 잊지 말라. 이로써 부지중에 천사들을 대접한 이들이 있느니라"는 말씀을 주셨다.
이때 나는 깨달았다. 내가 남편의 일들을 도와주어야 한다는 것을~

청년들에게 가장 필요한 것은 모이기에 힘써야 할 때인데 그 일들에 나도 동참해야 하고 그들을 도와주는 것이 필요한 일임을 알게 되었다.
하나님은 언제나 나의 부족한 면을 아시고, 그것들을 이겨내는 방법들을 나에게 말씀으로 제시해 주셨다.

난 언제나 항아리 속에 손을 넣을 때 긴장을 한다.

'하나님께서는 또 어떤 말씀을 주실까?' 어떨 때는 '그 말씀을 다시 바꿔 버릴까?' 하는 유혹에도 빠진다.

너무나도 내 마음에 찔림이 있기 때문이다.

하지만 그 마음을 접고 그 말씀을 받아들이기로 한다.

많은 사람들이 그런 고민을 해 봤을 것으로 생각하는데, 그 말씀은 그냥 집어든 것이 아니라 하나님께서 나에게 꼭 필요한 말씀을 주시는 것이라고 믿고 그 말씀을 받아들였으면 한다.

남편은 나에게 "하나님께서 당신을 너무 사랑하시어 말씀으로 항상 길을 제시해 주신다"고 했었다.

그 말을 믿고 난 오늘도 하나님께서 날 사랑하심을 몸소 체험하며 살아간다.

조현숙 권사

❖ 축복의 통로에서는

축복의 통로에서는 진리와 믿음이 보인다.

축복의 통로에서는 밝은 모습이 보인다.

축복의 통로에서는 스스로 봉사할 곳이 보인다.

축복의 통로에서는 전도 대상자가 보인다.

축복의 통로에서는 성령과 은혜가 보인다.

축복의 통로에서는 택시 타실 손님이 보인다.

축복의 통로로 가는 자는 덥고 그늘에서 쉴 수 없다.

축복의 통로로 가기를 원하는 자,

우리 교회 좋은 교회, 금성교회로 오십시오.

개인택시를 운행하며 만나는 모든 사람들에게
축복의 통로를 소개하는 이채상 장로

❖ 고목나무

어느 시골 마을 앞에 오래된 고목 한 그루 서 있는데

그 나무는 속이 모두 썩어 텅 빈 나무였습니다.

왜 나무가 속이 다 썩었을까요?

지나가는 사람마다 나무에게 와서 두 손 모아 자기의 소원을 비는 바람에 나무가

그 모든 소원을 해결하지 못해줘 속이 썩어 고목이 되었다는 속담이 있습니다.

교회에 공동체의 지도자인 목사님은

궂은일이나 고된 일이나 힘든 일이나

몸이 아무리 피곤해도 참으시며 오늘도 고생하고 계신다.

새벽예배를 드린 후에도 심방을 가는가 하면

친히 교회 청소도 하시고

교회 건물 수리부터 마을 주민들의 요구사항까지 다 들어 해결해 주신다.

조금만 문제가 있어도 성도들은 목사님! 목사님! 하고 부르는데

부를 때마다 몸은 하나요. 성도들의 모든 문제를 해결해 주지 못할 때

마을 앞에 서 있는 고목처럼 속이 다 썩어 있지 않을까? 생각이 든다.

주님을 사랑하는 성도라면 내가 먼저 솔선하여

맡겨진 일을 잘 감당하는 성도가 되기를 원한다.

죽도록 충성하여 생명의 면류관을 받도록~

이채상 장로

❖ 인도자를 따라가자.

이스라엘 백성은

애굽에서 모진 세월을 보내고

모세의 말을 따라

홍해의 기적을 체험하며 출애굽하였다.

그러나 막상 도착한 곳은

애굽에서보다 더 힘든 시간이었다.

모세의 말을 따라 나왔지만

젖과 꿀이 흐르는 땅이 아닌 거친 광야였고 황야였다.

마실 물도 없었고, 먹을 양식도 없었다.

추위와 더위는 견디기에 너무 힘들었다.

그런데 하나님께서는
이스라엘 백성에게 바위를 쳐서 물이 나오게 하여 마시게 하였고
하늘에서 만나와 메추라기를 내려 주시어 먹게 하였으며
낮에는 구름 기둥으로 밤에는 불기둥으로 인도해 주셨다.

그렇다.
우리 하나님은 우리를 푸른 초장 쉴만한 물가로
인도하시는 선한 목자이시다.

이제 우리도 우리의 인도자 되시는
주님을 따라가자.
교회 앞바다에 떠 있는
크고 작은 배들도 닻을 내려놓으면
사람이 뱃머리를 돌리지 아니하여도
저절로 뱃머리가 바람 부는 쪽을 향하는 것처럼.

우리 교인들도 새해부터 인도자를 따라서
하나님의 말씀에 순종하며 앞으로 앞으로 전진해
좋은 교회를 넘어 위대한 교회를 만드는
주인공이 되기를 기원한다.

이채상 은퇴 장로

❖ 금성교회를 보고 느낀 점

항상 저희들을 아껴 주시고 사랑으로 안아주시는 주님께 범사에 감사를 드립니다.
저는 우리 교회 '금성교회'에 다니고 있는 성도 배순미입니다.
제가 2년 넘게 다니면서 느끼고 경험했던 일들을 보고를 드리고 싶은 마음에
이 글을 적어 보았습니다.

교회란 곳은 정말 정이 넘치고 따뜻하며 사랑으로 서로 돕고 안고 살아가는
곳이 바로 교회라고 생각이 됩니다.
제일 먼저 우리 교회 목자이신 목사님을 소개하며 자랑을 하고 싶습니다.

우리 교회 김병호 목사님은 이 시대에 있어서 진정한 참 목사님이십니다.
항상 모든 일에 솔선수범하시고 헌신하시며 친절과 사랑으로 이웃을 돌보십니다.
그뿐만 아니라 항상 지역을 섬기며 돌보는 헌신하시는 모습과 이웃을 사랑하며
친절하게 대하는 밝게 웃는 모습이 너무 아름답습니다.
무엇보다 말과 행동이 먼저 우리의 본이 되게끔 살아가시는 목사님입니다.

교회에 궂은일들을 몸소 도맡아 수고하시고 항상 검소하게 사시면서 어려운
이웃을 먼저 생각하는 그런 분입니다.
그리고 권순옥 사모님은 교회의 어머니로서 사랑으로 성도들을 섬기시며, 교
회와 성도들을 위하여 늘 기도하십니다.
그리고 우리 교회 전도사님 두 분이 계시는데 정호일 전도사님은 찬양에 카
리스마가 넘치고, 또 한 분의 전도사님 하계옥 전도사님은 따뜻한 마음으로
저희들에게 항상 다정다감하게 대해 주십니다.

우리 교회에 장로님들께서는 정말 정이 많으시고 항상 저희들에게 따뜻한 겨
울옷같이 때로는 친정아버지와 같이 대해 주시고, 우리 교회 권사님들은 어렵
고 힘든 일들을 앞장서 헌신 봉사하시며, 항상 기도의 어머니라고 생각이 들
정도로 열심히 저희들에게 사랑을 베푸십니다.
집사님들은 때론 한 자매, 오빠, 동생, 언니처럼 느끼면서 서로 아끼는 마음이 보
이고, 서로에 대한 신뢰감으로 정으로 만들어진 관계를 유지하고 지냅니다.

사실 저는 금성교회에 나오기 전에 세상 그 어떤 곳에서도 이런 사랑과 관심을
받아본 적이 없었습니다.
제 형제간도 제가 아프다면 연락이 없고 찾아오지도 않지만, 우리 교회 교인
들은 정말 정이 많은 분들인 것을 저는 너무나 많이 느끼고 살아갑니다.

이제 저는 우리 교회 목사님과 전도사님, 장로님·권사님·집사님·성도님,
모든 형제자매를 진심으로 사랑합니다.
여러분들도 직접 교회에 나오시면 저의 말뜻이 무엇인지 체험하게 될 것입니다.
저는 우리 주님께 항상 감사의 기도를 드립니다.
저희 자녀가 주님의 뜻에 따라 학교생활을 잘하고 나도 신앙생활 끝까지 잘
하기를 기도합니다.

그리고 항상 저들을 지키고 보고 계시며 간절한 기도를 반드시 들어주시는 주님께 감사를 드립니다.

하고 싶은 말들은 많지만, 여러분께서 우리 금성교회에 꼭 한 번 오셔서 보고 느끼시기를 바랍니다.

배순미 성도

❖ 아버지와 소보로 빵

소보로 빵은 먹다보면 부스러기가 유난히 많이 떨어지는 빵이다.

그래서인지 아이들이 소보로 빵을 먹기라도 하면 집사람은 청소를 하면서 불평을 하곤 한다.

하지만 나는 왠지 그런 소보로 빵이 좋다.

어릴 적 우리 집은 형편이 그리 넉넉하지 못했다.

그래서 군것질거리가 귀했는데, 그 당시 아버지께서 퇴근하면서 가져오시는 소보로 빵과 우유가 우리 형제들에겐 큰 즐거움이었다.

신문지에 돌돌 말려 있는 소보로 빵과 우유를 아버지보다 더 반기며 동생과 맛있게 나눠 먹었는데, 나중에 철이 들고 알게 된 사실이지만 그 빵과 우유는 아버지께서 일하시다 새참으로 나오는 것을 드시지 않고 자식들을 위해 챙겨서 집으로 가지고 오신 것이었다.

다른 사람들이 그 빵과 우유를 먹을 때 아버지도 얼마나 드시고 싶으셨을까?

자식들이 맛있게 먹는 모습을 그리며 참으셨을 아버지~

그 마음을 생각하면 가슴이 찡해온다.

아마도 그때 나와 동생은 단순한 소보로 빵과 우유가 아닌 아버지의 사랑을 먹었음이 틀림없다.

이런 아버지의 사랑을 감히 다 안다고는 할 수 없지만, 부모가 되고 보니 그 사랑이 더욱더 귀하고 감사하게 여겨진다.

아버지께서는 여전히 다 큰 자식들을 걱정하며 챙겨주려 하신다.

혹여 외식이라도 하면 돈 많이 든다고 집에서 먹자 하시고, 선물이라도 할라 치면 필요한 게 하나도 없다고 하신다.

아버지 마음은 알지만, 자식으로서는 때론 서운하기도 하다.
하지만 나는 이런 아버지의 아들인 것이 참으로 자랑스럽고 아버지께 감사드린다.

더욱더 감사한 것은 아버지께서 몇 년 전부터 교회에 나오시고 예수를 믿으면서 성경말씀대로 하나님 앞에서 살고자 노력하신다는 것이다.
이런 아버지의 모습을 뵐 때마다 감사의 기도가 나온다.

"하나님, 감사합니다. 저희 가정이 은혜를 입어 삼대가 예수 믿게 하시니 감사 또 감사드립니다."

이제 아버지를 향한 기도의 제목이 있다면, 소보로 빵과 함께 받은 그 사랑을 조금이나마 갚아드릴 수 있게 오래오래 건강하시기를 기도드린다.

2011년 3월 류승진 집사

❖ 우리 가족에게 주신 하나님의 축복

지난여름은 너무도 무더워서 누구에게나 견디기 힘들었을 것이다.
하지만 우리 가족에게는 더더욱 힘든 여름을 보내었다.
한꺼번에 가족들이 병원 신세를 지게 된 것이었다.
시어머니의 수술과 남편과 작은 딸의 교통사고, 친정아버지의 힘겨운 병원 생활들을 돌아보면 그때만큼 힘들었을 때가 있었던가 하고 생각해본다.
하지만 난 이 일들 속에서 하나님의 축복과 사랑을 느낀다.

다행히 남편과 딸의 교통사고는 그다지 크지 않았다.
물론 수술과 3주간의 입원과 오랜 외래 치료를 필요했지만, 그 정도는 감사히 받아들일 수가 있었다.
딸도 작은 뇌진탕 정도여서 금방 퇴원할 수 있었음에 감사드린다.
믿은 지 오래되지 않으신 시아버님께서도 하나님께 감사드리는 모습을 보았을 때 '우리 아버님도 이제 하나님께 감사드리고 동행하는 삶을 사시게 되었구나' 하는 생각에 기쁨이 넘쳤다.
한편 교통사고를 낸 가해자가 아무런 보상 능력도 보험도 없어서 치료비를 우리가 다 부담해야 하는 상황까지도 갔었다.
하지만 하나님의 은혜로 다른 방법들이 생겨서 치료비는 받을 수 있게 되었다.

물론 내 동생이 많은 수고를 해 주었기 때문에 가능하기도 했고, 하나님께 감사드리지 않을 수 없는 일이다.

가장 힘들었을 때는 친정아버지께서 중환자실에 계실 때였다.
그때 난 하나님께 그동안 아버지를 교회로 인도하지 못했음을 용서 구하고 아버지께 다시 한 번 기회를 달라고 기도했다.
그 후 아버지는 다시 회복되셨고 지금은 교회에 나오고 계신다.
난 하나님께 정말 너무도 감사를 드린다.
지금은 아버지의 입술로 주님을 만났음을 고백하실 수 있기를 기도한다.

또 얼마 전 시아버님께서 사고로 병원에 입원하셨다.
물론 별로 크게 다치시진 않으셨다.
그동안 신장이 안 좋으셨는데 이번에 탈이 나셨나 보다.
사고를 계기로 하여 그동안 안 좋았던 신장을 치료받으시고 지금은 요양 중이시다.
이것 또한 하나님께 감사드리지 않을 수 없다.
크게 사고가 나지 않은 것에 감사하고 또 사고로 인하여 오랜 병을 치료할 수 있었던 것도 감사드린다.

이런 우리 가족에게 혹자는 '하나님께서 주신 벌이다, 또는 삼재가 끼었다'라고들 하였다.
그건 하나님을 잘 알지 못하는 사람들의 얘기이다.
분명한 것은 하나님께서 우리 가족을 너무도 사랑하셔서 이런 어려움 가운데에서도 크게 다치지 않게 해 주셨고 하나님을 만나게 해 주셨으며 모든 것이 원활하게 잘 해결되게 해 주셨음을 믿는다.
오늘도 난 하나님께서 우리 가족과 동행해 주심을 감사드리며 찬양 드린다.

2010년 12월 조현숙 집사

❖ 잠시 자신을 되돌아보며

"헌금은요? 지갑을 드리는 것이 아니에요. 마음을 드리는 것이지~
어떤 일을 하더라도 주님께 드릴 생각을 하면서 일을 하는 거예요.

주님 이름 높일 생각만요.

그럼 주님께선 벌써 기뻐 받으셨을 거예요. 분명해요.

헌금은 말이죠, 천 원 한 장 없어도 되요.

설마 그 위대하신 주님께서 천원을 바라고 계시겠어요?

아니거든요. 마음을 드리는 거예요. 전 믿어요."

위 글은 제가 2011년 12월에 썼던 글입니다.
고등학교 때 한창 주님께 매달려 살 때였죠,
2013년 지금도 저는 크리스천입니다.
그런데 어느 순간부터 신앙이 식어졌습니다.
내가 아직도 크리스천이라고 당당히 말할 수 있는 것일까요?
그런데 이 생각도 참 웃긴다는 생각이 듭니다.

"아직 크리스천이라니?"
무슨 유통기한이라도 있다는 듯 생각을 하고 있었나 봅니다.
저는 며칠 전 고등학교 때 썼던 다이어리에서 우연히 저 글을 발견했습니다.
저는 이 글을 다시 읽으면서 과거의 어린 내가 썼던 것이라는 생각보단 언젠가
나타날 미래의 내가 써놓은 것 같다는 생각이 들었습니다.
고등학교를 졸업 후 알바를 하면서 용돈을 벌어온 나~
진심으로 주님 이름 높일 생각만 하면서 일을 해왔는지?
학업으로 돌아와서 공부할 때 어땠는지 되돌아보게 되었습니다.
하나님께서 나의 주인이시라는 걸 마음에서 잊고 있었던 건 아닌지 묻고 싶습니다.

저는 지금 미래를 설계하고 꿈을 찾으며 끊임없이 나의 개발을 위해 힘쓰고
있는 20살입니다.
하지만 저는 지금 너무 부끄럽습니다.
대학 시험에 떨어지고 갈 바를 알지 못했지만, 진심으로 기뻐 뛰며 찬양하던
10대가 너무 부럽습니다.
매점 갈 돈 아끼고 깨끗한 돈만 모아서 들뜬 마음을 가지고 교회로 달려가던
때가 그립습니다.
마음이 단번에 다시 그때로 돌아갈 수 없다는 건 알고 있습니다.

하지만 다시 걸어가 보려 합니다.
다 알 순 없지만 더 알아가려 합니다.
지치고 힘든 마음 다시 주님께로 귀 기울이며~
모두 한 해를 잘 마무리하시길 바랍니다.

2013년 12월 강소정 청년

❖ 기도에 응답하시는 하나님

오늘도 감사의 마음으로 맞이하는 주일입니다.
거울 앞에서 차림새를 단정히 하고 교회로 발걸음을 재촉하는 남편을 바라볼 때
뿌듯하고 기쁘고 감사한 마음이 가득합니다.
우리 두 사람은 주일마다 다정하게 교회로 갑니다.

3년 전 폐암 진단으로 어려운 고비를 넘길 때만 하여도 하나님과 거리가 멀
었던 남편이었습니다.
그러나 아픔의 고통 속에서 남몰래 흘린 한 사람의 눈물의 기도는 헛되지 않
았습니다. 남편이 수술하는 8시간 동안에도 저는 외로이 혼자 눈물로 하나님께
기도하였습니다.
수술 후 남편이 고통 속에서 통증과 싸우는 시간에도 저는 새벽부터 하나님을
찾아 애타게 기도했지요.

> "하나님, 나의 남편, 한 번의 수술로 완치시켜 주옵소서! 항암치료 받지 않고 암을 치료
> 해 주십시오. 그리고 이번 기회에 우리 남편이 꼭 하나님을 알게 하여 주옵소서!"

새벽마다 드리는 간절한 기도에 하나님께서 신실하게 응답하셨습니다.
남편은 항암치료 없이 단 한 번의 수술로 건강을 찾게 되었습니다.
그 뒤로 2년간 끊임없는 저의 기도에 드디어 교회로 발걸음을 한 나의 남편!!
참 고마웠지요.
기도에 응답하시는 하나님 얼마나 감사한지요.
오늘도 나는 눈만 뜨면 "하나님, 감사합니다!"라는 감사의 인사로 하루를 시
작합니다.

힘들었던 지난 시간들은 하나님과 동행하면서 받은 은혜로 잘 지낼 수 있었습니다.

지난 1월부터 교회에 다니게 된 남편은 1년 동안 주일을 한 번도 어기지 않고 열심히 다니며 새 신자 교육을 잘 받았고, 세례까지 받게 되었습니다.

남편의 영혼을 구해 주신 우리 주님께 고마움을 어찌 말로 다 표현할 수 있을까요?

이제 우리 가정은 하나님의 은혜 속에서 오직 주님만 믿고 의지하며 살아갈 수 있는 행복한 가정이 되었습니다.

주님은 항상 우리 가정 속에서 함께 계십니다. 할렐루야!

오선옥 집사

❖ 길 위의 선교사

부산의 42번 시내버스는 시민들 사이에서 '타고 싶은 버스'로 소문이 나 있다.

버스에 오르자 향기가 솔솔 피어났다.

버스 내 화분에서 피어나는 향기다.

앞 출입문 쪽 여유 공간과 차창, 맨 뒷좌석 틈새 공간에 '보란 듯' 화분이 얹혀 있다.

화분마다 지지대가 있고 끈이 단단히 묶여 있다.

"모두 생화예요. 공기청정제 역할을 하지요. 5년 전부터 키웠는데, 모두 40개쯤 됩니다. 율마, 테이블야자, 아이비, 금사슬 등 공기정화를 해 주는 화분이죠. 날이 풀리면 인삼 벤자민도 향기를 뿜을 겁니다. 승객들이 무지 좋아해요."

부산 삼화여객 소속 42번 시내버스 운전기사 이종득 집사님의 말이다.

큰 키에 표정이 서글서글했다.

얘기를 나누는 순간에도 나무향이 코끝을 간지럽혔다.

이종득 집사님이 모는 42번 버스는 금정구 회동동 차고지에서 '토곡-수영교차로-광안리-대연동-부산진시장'까지 운행하는데, 승객들 사이에서 '움직이는 정원'으로 통했다.

화분만 있는 게 아니다.

출입문 쪽에 승객들이 먹을 수 있게 사탕 통을 갖다 놓았고, 작은 쓰레기통을 비치했다.

게다가 우산을 차에 놔두고 가는 승객들을 위해 우산 보관함까지 두고 있다.

이 모두는 이종득 집사님과 그의 운전조(짝지)인 김규영 성도님이 사비를 털어 함께 만든 '작품'이라고 한다.

이들은 부산시의 유공 친절 기사들이며, 이들은 말한다.

"승객들을 위한 작은 배려죠. 승객들이 좋아하면 우리도 기분이 좋아지고 운전을 해도 별로 피곤하질 않아요. 서로서로 좋은 거죠"

국제신문에서 발췌

금성교회에 출석하고 섬기는 이종득 집사님과 김규영 성도님

※ 거칠고, 조급하며, 배려가 약한 도시 부산! 사람들이 알게 모르게 갖고 있다는 기질들이다. 부산이 제2도시로 급속 팽창하는 과정에서 얻게 된 좋지 못한 습성들을 고치지 않고는 21세기 창조도시는 열리지 않는다. 이러한 부산의 운전 문화 속에서 이종득 집사님과 김규영 성도님은 예수님의 섬김의 도를 실천하는 진정한 길 위의 선교사이다.

❖ 회사까지 가는 길에서

나의 직장은 걸어서 25분이 소요되는데 그 시간을 나는 날마다 주님과 동행한다. 집을 나서면서 사도신경을 암송하고, 그 다음 주기도문을 암송하고, 다음으로는 전 교인이 함께 드리는 공동 기도문을 암송하고, 잠시 묵상기도 후에 복 있는 사람으로 시작되는 시편 1편을 암송하고 시편 23편을 나의 버전으로 다음과 같이 암송한다.

여호와는 기종이의 목자시니 기종이가 부족함이 없으리로다.

하나님이 기종이를 푸른 초장에 누이시며 쉴만한 물가로 인도하시는도다.

기종이 영혼을 소생시키시고 하나님의 이름을 위하여 의의 길로 인도하시는도다.

기종이가 사망의 음침한 골짜기로 다닐지라도 해를 두려워하지 않을 것은

하나님이 기종이와 함께하심이라.

하나님의 지팡이와 막대기가 기종이를 안위하시나이다.

하나님께서 기종이 원수의 목전에서 기종이에게 상을 베푸시고

기종이 머리에 바르셨으니 기종이 잔이 넘치나이다.

기종이 평생에 선하심과 인자하심이 정녕 기종이를 따르리니

기종이가 여호와의 집에 영원히 거하리로다.

시편 23편을 암송한 후 잠시 묵상기도 후 오늘도 믿음으로 살게 해 달라고 히브리서 11장을 암송하면 믿음으로 살았던 선진들의 위대한 믿음의 모습을 발견하게 된다.

"주님, 믿음이 없이는 하나님을 기쁘시게 못한다고 하셨으니 나에게도 믿음을 더하셔서 하나님을 기쁘시게 하는 복된 날 되게 하여 주시옵소서. 예수님 이름으로 기도합니다. 아멘."

이렇게 직장까지 오고 가는 길, 주님 손잡고 주님과 함께하는 매일의 그 시간에, 나의 마음은 감사와 기쁨으로 충만하여진다.

신기종 장로

❖ 일터를 허락하신 하나님!

지금은 부모님과 함께 신앙생활을 하고 있지만, 서로 다른 교회를 섬기던 때가 있었습니다. 그땐 1년에 딱 한 번 금성교회에 올 기회가 있었는데, 그건 바로 우리 가족이 특송을 맡아서 가족창을 할 때였습니다.

특송을 하기 전, 아버지께서 제 소개를 하셨습니다.

"제 아들은 '아주 거룩한 백성'입니다."

아닌 게 아니라 저는 정말 그랬습니다.

왜냐하면 저는 본관이 '아주'(鵝州)이고, 이름은 '성민'(聖民)이니까 풀이를 하면 '아주 거룩한 백성'이 맞지요.

그런데 지난 3월 1일부터 7월 31일까지 5개월 동안 저는 '아주 거룩한 백수'로 지냈습니다.

취직을 하지 못해 집에서만 중요하게 쓰임 받았습니다.

다른 사람들과는 반대의 생활이 이어졌습니다.

다른 사람들은 일할 때 쉬고 있다가, 다른 사람들이 안식하는 주일에 저는 오히려 분주하게 일했습니다.

마치 누군가에게 내가 하던 일을 빼앗길까 두려웠고 이거라도 안 하면 인정받지 못할 것 같은 마음도 솔직히 있었습니다.

교회에서는 그렇게 내가 맡은 걸 열심히 하면서도 또 다가오는 한 주간의 긴 휴식을 맞이해야 하는 막막함은 너무나도 공허했습니다.

일하고 싶었습니다. 정말 일하고 싶었습니다.

물론 제 전공을 살리고 싶었지요, 그리고 부산에서 일하고 싶었는데, 두 마리 토끼를 잡기에는 너무나 힘들어 보였습니다.

취업사이트에 올라오는 채용공고를 보고 이력서를 넣고 기다려 보았지만, 아무런 소식도 오지 않았습니다.

점점 초조해지기 시작했습니다.

학생회 수련회 날짜가 정해지고, 참가 여부를 묻는 전도사님의 물음에도 '못 갈 것 같다'라고 했습니다.

수련회를 가더라도 아이들에게 아무런 도움이 될 것 같지 않았습니다.

더욱이 연합으로 하는 수련회에 '아주 거룩한 백수'의 등장은 너무나도 어울리지 않아 보였습니다.

수련회 가기 하루 전날까지도 마음을 정하지 못하다가 가기로 결심했습니다.

뭐 대단한 결심이 선 게 아니라 다만 나중에 후회하고 싶지 않았습니다.

그 후로 어떻게 되었을까요?

저는 통계를 좋아해서 리서처(researcher-조사원)가 꿈이었습니다.

그런데 하나님께서는 나를 실망시키지 않으시고 그 어려운 리서처 '연구원'의 길을 허락해 주셨습니다.

어느덧 일한 지도 두 달이 다 되어 갑니다.

지난 8월 1일 첫 출근을 했을 때의 그 기분은 이루 말할 수 없습니다.

그날은 또 청년회 수련회가 있었는데, 그야말로 은혜 위에 은혜였습니다.

남들과 비교해서 저는 나을 게 없었습니다.

그러나 하나님께서 함께하셔서 붙드시고 인도해 주셨습니다.

많은 사람이 그러하듯 저도 시편을 좋아하는데, 주님은 나를 떠나지 않으셨고 버리지도 않으셨습니다.

저는 알고 있습니다.

부모님과 목사님, 전도사님과 또 여러 성도님들의 기도가 있었음을~

그래서 저는 자랑할 수가 없습니다.

다만 하나님의 은혜에 감사하고 놀라워할 뿐입니다.

요즘 저는 이 찬양을 자주 듣고 부릅니다.
'주님은 기쁨'이라는 성가곡입니다.

> 주님은 기쁨 주님은 아침 해 주님은 무지개 폭풍우 그친 후
>
> 주님은 참 빛 주 인도하시네. 어디든지 주 동행하여 주시네.
>
> 주님은 기쁨 주님은 내 노래 주는 진리 주는 나의 노래
>
> 주는 샛별 영원한 나의 주, 어디든지 주 동행하여 주시네.

저에게 일어난 모든 일이 여러 성도님들에게도 일어날 것입니다.
우리 하나님은 은혜가 풍성하기 때문입니다.

신성민 청년(지금은 안수집사와 중고등부 부장으로 섬김)

❖ 나를 인도하시는 하나님

대학교 4학년 2학기 마지막 겨울방학을 어떻게 보내야 할지 고민하던 중 한국대학발명협회의 대만국제행사 참가와 학교에서 해외 탐방을 하는 프로그램이 생겨 미국을 비롯하여 대만, 일본, 캐나다를 방문하는 것을 기획하고 준비하여서 1월 20일(월)부터 2월 16일(일)까지 약 한 달간의 해외로 나가게 되는 기회를 마련하게 되었습니다.

그 중에서도 제가 가장 기대하였던 것 중 한 가지는 미국의 본래 주인인 인디언들의 현 삶과 종교 문제에 관한 것이었습니다.

미국의 그 지역에서 선교하고 계신 목사님을 통하여 인디언 성경 대학에 방문을 하여 저와 비슷한 또래 인디언들의 기독교로 인한 주변의 핍박과 또한 주님 안에서 새롭게 거듭나려 노력하는 친구들을 보면서 정말로 나는 한국에서 이 사람들보다 주님을 뵙고자 무엇을 하여왔는지 다시 한 번 반성하게 되는 시간이었습니다.

그리고 미국 내의 인디언 보호구역에서 거주하는 인디언들의 가정집에 모여 같이 예배드리고 찬송할 때에 아직은 언어의 장벽으로 소통하는 것이 힘든 부분들도 많았지만, 그분들께서 쉽게 알려주고자 노력하고 이해시켜 주려 할 때 나도 이러한 부분들을 극복하여 또 다른 도움을 줄 수 있는 사람이 될 수 있도록 하나님께 기도하였습니다.

한국을 떠나 한 달간 타지에서 생활할 때에 하나님께서 함께하여 주셨기에 아무런 사고 없이 더 많은 것들을 보고 배울 수 있는 유익한 시간을 보낸 것 같습니다.
그러한 경험을 금성교회에 보태어 더욱 부흥할 수 있도록 노력하는 청년 조윤혁이 되겠습니다.

2014년 3월 조윤혁 청년

❖ 뉴질랜드에서의 8개월간의 외유

2013년 5월 25일!
저는 한국과는 정반대에 있는 뉴질랜드라는 남쪽 섬나라에 갔다 왔습니다.
뉴질랜드는 한국과는 반대인 남극 근처에 있어서 계절이 달랐습니다.
한국이 겨울이면 뉴질랜드는 여름이었고, 한국이 여름이면 뉴질랜드는 겨울이었습니다.

제가 뉴질랜드를 선택하게 된 이유는 여러 가지 이유가 있습니다.
2학년 2학기를 보내던 중 저는 CCC(한국대학생선교회)에서 훈련받을 수 있는 LA 학생선교사와 호주, 뉴질랜드 워킹홀리데이 중의 한 곳을 결정해서 가야겠다고 결심했습니다.
그래서 저는 군대를 안 가는 대신 더 넓은 세상을 경험하기 원했습니다.
부모님과 함께 3가지를 두고 고민하고 기도하던 중 하나님께서 뉴질랜드에 마음을 향하도록 저를 이끄셨습니다.
뉴질랜드는 미국 LA와 호주보다는 더 안전하고, 재정적인 부담도 덜 나갔기 때문입니다.

또 다른 이유는 저 자신을 하나님께 더욱더 의지하고 자신의 계획과 의지를 하나님께 맡기는 것이었습니다.
하지만 하나님께서는 귀한 동역자들과 학생들을 만나게 함으로써 더 큰 배움과 깨달음을 가르쳐 주셨습니다.
뉴질랜드에 도착하여 입국 수속할 때에 한국에서 나름대로 영어를 배우고 나갔지만, 막상 낯선 곳에 들어서니 불안함과 두려움이 밀려와 영어를 잘 이해하지 못하여 입국 대기실에서 입국절차가 처리되기까지 20여 분을 기다렸습니다.

겨우 모든 입국절차를 마치고 홈스테이에 찾아갈 때까지 차를 타고 가면서 뉴질랜드의 풍경을 보니 두려움 반, 설렘 반이었습니다.

홈스테이에 도착하니 홈스테이 맘과 파파가 기쁨으로 환영해 주었고, 새로운 곳에서 빨리 적응할 수 있도록 친절하게 안내와 도움을 주셨습니다.

뉴질랜드에서의 짧은 시간이었지만 몇 가지 특징을 살펴보면

첫째, College에 수강 신청을 하여 강의를 듣게 되었을 때 한국의 영어 교육 방법과는 아주 다르다는 것을 알 수 있었습니다.

한국에서는 영어를 공부할 때에 주로 문법 위주로 어렵게 공부하여 이해하기가 힘이 드는데, 뉴질랜드에서는 Speaking 위주로 가르쳐 이해하기 쉽게 공부를 할 수 있었습니다.

그래서 영어에 대한 자신감이 생기게 되었고, 배운 것을 각국에서 온 친구들과 대화를 하면서 영어 실력이 조금씩 향상되었습니다.

시간이 지나면서 영어에 대한 귀도 열리고, 말문도 트이고, 자신감도 생기게 되었습니다. 잘하지는 못하지만 이제 어느 곳에 가더라도 외국인과 만났을 때에 두렵지 않고 기본적인 대화는 할 수 있게 되었습니다.

둘째, 그곳에서의 신앙생활은 이종득 집사님의 아들 되시는 이성수 전도사님의 소개로 뉴질랜드 온 누리 비전교회에 출석하게 되었습니다.

집과 교회와의 거리가 멀어 전도사님께서 매 주일 아침마다 픽업을 하러와 어려움 없이 교회에 출석할 수 있었고, 제가 그 교회에서 중·고등부 찬양팀의 음향 엔지니어를 맡아서 섬겼습니다.

그리고 그곳에서 전도사님의 도움으로 중·고등부 학생들이 토요일 새벽부터 일어나 찬양 연습을 하고, 주일이 되면 이른 시간 6시 30분쯤에 일어나 모든 악기의 운반과 의자 Setting 등의 예배 준비를 스스로 준비하였습니다.

예배를 준비하는 가운데 아이들에게서는 불평과 불만이라는 것을 찾아볼 수 없었고 모두가 기쁨으로 섬기고 하나님을 찬양하였습니다.

그리고 매주 선생님들이 학생들을 향한 가르치는 열정이 대단하고 뜨거웠습니다.

셋째, 뉴질랜드 사람들(키위)의 생활과 문화를 말씀드리면, 키위들은 한국인들과는 다르게 모두가 유순하고 여유가 있어 보였습니다.

키위들은 아침 일찍 출근하여 저녁 5~6시쯤이 되면 모두 다 퇴근을 하여 저녁 식사를 할 때면 온 가족이 모여 1시간 이상씩 시간을 보내며 음식을 나누고 또 아이들과 대화를 나누며 행복한 시간을 보내는 모습을 볼 때 우리나라와는 다르게 가정을 매우 중요시하는 것을 느꼈습니다.
또한 현지인들은 돈을 모으거나 집을 사는 것을 중요시하지 않았고, 즐기며 의미 있는 삶을 살았습니다.

그곳에서의 자연과 환경은 정말 아름답고, Fresh하였습니다.
어느 곳을 가더라도 깨끗하고 여유가 있어 보였으며 넓은 공간과 푸른 잔디 그리고 오래된 건축물과 수목들을 볼 때 어느 곳에서도 느낄 수 없는 평온함을 느낄 수 있었습니다.
그곳 사람들은 사람을 차별하지 않고 또 장애인들과 비장애인들을 동등하게 대하였습니다.

뉴질랜드는 운전 매너도 한국과는 너무나 달랐습니다.
보통 한국에서는 신호등이 없는 횡단보도를 건너려고 할 때 차를 먼저 보내고 사람이 지나가는데, 뉴질랜드에서는 횡단보도에 사람이 있으면 먼저 차를 멈추고 보행자를 보내고 난 후 운행을 하는 모습을 볼 때 우리 한국인들은 마음이 급하고 남을 배려하는 데 부족하다는 것을 느꼈습니다.

마지막으로 한국에 있을 때는 부모님의 사랑과 은혜의 소중함을 잘 몰랐지만, 이번에 뉴질랜드에서 생활하는 중 부모님이 나에게 얼마나 소중한 존재라는 것을 새롭게 깨닫게 되었습니다.

2014년 1월 28일 한국에 입국하고 난 후 뉴질랜드에서의 생활을 돌이켜 볼 때 '할 일은 많고 세상이 넓다'는 것을 깨닫게 되었고, 많은 것을 배울 수 있는 좋은 기회가 되었으며, 하나님께서 저를 군 생활 대신에 외국에서 훈련시켜 많은 것을 경험을 할 수 있는 좋은 기회가 되게 해 주셨습니다.

여기까지 인도하신 하나님께서 앞으로도 나를 선한 길로 인도해 주실 것을 믿고 감사와 찬양을 드립니다.

2014년 2월 김형우 청년

❖ 노란 옷 천사

노란 옷 천사가 거리에 나타나면!
아름다운 꽃들도 수줍게 머리를 숙이지요.
제아무리 아름다워도 노란 옷 천사의 아름다운 마음처럼
사랑을 나눌 수 없어서 부끄럼을 타지요.

노란 옷 천사가 거리에 나타나면!
바람에 한들거리는 푸른 나뭇잎도 수줍게 멈추어 서지요.
제아무리 푸른 옷 입고 춤을 추어도 노란 옷 천사들처럼
영원히 변치 않는 아름다운 소식 전할 수 없고
때가 되면 푸른 옷 벗어버리거든요.

노란 옷 천사가 거리에 나타나면!
저 푸른 바다의 파도도 소리 없이 수줍게 멈추어 서지요.
제아무리 넓은 바다라 할지라도 노란 옷 천사들처럼
오늘도 내일도 변함없는 정성으로 나누는
커피 한 잔이 될 수 없거든요.

노란 옷 천사가 거리에 나타나면!
거리에 제멋대로 널브러졌던 담배꽁초와 쓰레기들은
모두 다 쥐구멍 찾아 몸 숨기기 바쁘지요.
오늘은 노란 옷 천사의 체포령 신고 받고 잡혀가는 날이거든요.

노란 옷 천사가 거리에 나타나면!
지나가는 사람과 버스 기사들까지도
노란 옷 천사의 정성이 담긴 커피 한 잔에 감동을 먹지요.
길가는 할아버지, 할머니, 아저씨, 아줌마들도 따뜻한 커피 한 잔,
달콤한 야쿠르트 하나에 고마운 하나님의 사랑을 맛보고 가지요.

노란 옷 천사들이여!
그대는 진정 이 땅의 아름다운 사람들입니다.

그대들의 아름다운 사랑은 영원히 빛날 것이고
사람들의 마음속에 깊이 남을 것입니다.

(노란 옷 천사란? 금성교회 화요, 금요 지역 전도대 복장을 말합니다)

오선옥 집사

❖ 삶의 자락에서

삶의 자락에서 얻을 수 있는 확실한 행복은
주님을 사랑하고 사랑받는 것뿐입니다.
가을이 바람을 타고 조용히 다가왔습니다.

가을 향기처럼 오늘이 아름다울 수 있길
하나님께 기도드립니다.

단풍잎보다도 더 예쁘고
가을 하늘보다 더 높고 아름답지만
주님보다 더 예쁘고
높고 아름다운 것은 없습니다.

주님을 사랑하는 마음으로 살아가면서
나에게 주어진 사명을 감사하게 생각하고
항상 긍정적인 삶으로 살아가겠습니다.

진경열 안수집사

❖ 하나님, 제 마음은…

하나님, 제 마음은요.
12월 하얀 눈밭 위에 빛나는 별이 되고 싶습니다.
하얗고 깨끗한 세상과 조화를 이룰 수 있는
하나님의 딸이니까요.

하나님, 제 마음은요.

아주 큰 양문형 냉장고가 되고 싶습니다.
남편과 내 아이들에게 시원한 물과 싱싱한 먹거리를 주고 싶은
가정에 꼭 필요한 엄마니까요.

하나님, 제 마음은요.
교회에서 나누어주는 달력이 되고 싶습니다.
고난주일 부활절 추수감사절 성탄절 등
매일을 내 주님과 함께함을 느낄 수 있으니까요.

하나님, 그래서 저는 하나님이 좋습니다.
저는 하나님 딸이니까요.

오령희 집사

❖ 내 인생 가을에 서서

날 수로 세어보면 까마득히 멀어도
단숨에 팔십 년 세월이여!
허허벌판 힘겹게 달려온 길
여기까지 와서 뒤돌아보니
숨 막히던 근심도 가슴 치던 억울함도
처절했던 슬픔도 뛸 듯했던 기쁨도
이제는 모두 아무것도 아닌 듯 지워져만 가는데
삶의 길목마다 피어 더욱 뚜렷해만 가는데
넘치는 주님의 사랑과 은혜의
꽃향기에 듬뿍 취해 보려무나
친구여! 김분금 친구여!

❖ 사십 년 전 벗들이여!

사십 년 전 벗들이여!
지나온 삶의 고비 고비마다
우리가 남겨놓은 헌 옷처럼

벗어놓은 그 시절
슬픔이 낳은 한 방울의 눈물과 기쁨
함께 흐르던 그 시절
산과 바다 계곡을 좇던 그 시절
지금도 아련히 생각나
어렴풋이 떠오른 지난 세월
젊음과 늙음이 잠들지 못하고 있는 까닭은
친구들이여!
이 말 한마디를 가슴 속 깊이
묻어두고 싶구나, 이젠 하나님의
품으로 돌아오라고
하나님을 사랑한다고~

사랑하는 김분금 친구가 교회 나오기를 15년째 기도하고 있는 박춘자 권사

❖ 나! 주님의 기쁨이 되기를 원합니다.

봄비가 촉촉이 내리는 이른 아침 하나님께 감사를 드리며 이 글을 적어봅니다. 강원도에서 부산으로 시집을 온 지 엊그제 같은데 벌써 16년이라는 세월이 너무나 빠르게 지나가고 있습니다.

> '중학교 시절부터 신앙생활을 시작하여 결혼하고 지금껏 신앙생활 하면서 하나님과 함께한 시간은 과연 얼마나 될까?'

한 번 생각해 보게 될 때 과히 후한 점수를 줄 수 없는 처지입니다.

이스라엘 백성들이 출애굽 이후 광야에서 지낼 때 하나님께서는 낮에는 구름 기둥, 밤에는 불기둥으로 인도하시고 보호하시며 또 만나와 메추라기를 통하여 먹을 것, 입을 것, 염려치 않도록 다 해결해 주셨건만 그러나 이스라엘 백성들은 하나님께서 함께해 주시고 베풀어 주신 그 은혜를 새까맣게 다 잊어버리고 늘 불평과 불만 가운데서 살아왔습니다.

마찬가지로 저 또한 지금껏 신앙생활하며 산다고 하면서도 이스라엘 백성들처럼 자신의 모습을 돌아보면 많이도 불평과 불만 가운데 살아왔습니다.

그런데 금성교회에서 새 가족 성경공부와 더불어 말씀을 들으면서 전에 하는 습관처럼 불평, 불만을 하기보다는 감사와 기쁨이 넘쳐났습니다.

되돌아보면 배우자와의 만남을 비롯해 사고로 병원에 입원했을 때도 또한 큰 아이 교통사고가 났을 때도 그 외 크고 작은 여러 일들 가운데서도 하나님은 우리의 가정을 버리지 않으시고 함께해 주셨으며, 여러 가지 방법으로 믿음의 훈련을 시켜 주셨음을 깨닫게 되었습니다.

하나님께서는 독생자 아들 예수님을 이 땅에 보내시어 우리의 죄를 대신하여 아무런 대가도 없이 십자가에 고통을 당하시며 우리의 죄를 대신 지셨던 것처럼 이제 말씀을 통하여 주님의 마음을 본받아 그렇게 살아가려고 노력하고 있습니다.

쉽지는 않지만 가까운 가정에서부터 실천에 옮겨봅니다. 믿지 않는 친정 식구들이나 시댁 어른들께 더욱 낮아지며 섬기려고 노력하고 있습니다.

조금은 내성적이라 남과 쉽게 잘 지내지 못하는데 이웃과도 주님의 사랑을 배운 대로 실천하려고 합니다.

그뿐만 아니라 제 속의 고집과 욕심과 시기와 질투 남을 판단하는 교만함을 내려놓고 하나님의 음성에 귀 기울이며 하나님께서 원하시는 뜻이 무엇인지 하나님의 기쁨이 되기 위해 하루하루를 하나님께 매달려 봅니다.

푸르른 5월의 아름다운 계절처럼 너무나도 보잘것없는 저를 하나님께서 아름답게 존귀한 자로 다듬어 가는 하나님의 손길을 느끼며 누구보다 주님의 사랑에 깊은 감사를 드립니다.

> "믿음이 없이는 하나님을 기쁘시게 하지 못하나니 하나님께 나아가는 자는 반드시 그가 계신 것과 또한 그가 자기를 찾는 자들에게 상주시는 이심을 믿어야 할지니라"(히 11:6)

이 말씀을 붙들고 부족하지만, 하나님께서 도와주시리라 믿으며 하루하루를 열심히 달려가고 있습니다. 금성교회에서 신앙생활 하게 됨을 감사를 드리며 끝까지 믿음의 경주를 잘 달려 갈 수 있도록 많이 응원해 주십시오.

주님의 축복이 언제나 금성교회 성도님들과 지역 주민들과 함께하시길 기도합니다. 아름다운 계절 촉촉한 비가 내리는 이른 아침에~

이미정 성도 (지금은 권사로 임직 받아 시무 중)

❖ 지역 어르신을 돌보며

어느 날 목사님께서 지역 어르신을 돌보는 요양보호사를 해 보라고 권하셨습니다. 처음에는 제 부모도 잘 섬기지 못하면서 어떻게 남의 부모를 섬길 수 있을까 하는 마음에 망설였지만, 목사님의 말씀을 듣고 순종하였습니다.

이 일을 시작할 때에 섬길 대상자를 찾아 따가운 여름 땡볕에 얼굴을 그을리며 이마에 땀이 흐르도록 다녀 지쳐 있을 때 슈퍼 아주머니로부터 마침 한 할머니 한 분을 소개받았습니다.

소개를 받고 할머니 집을 찾아갔을 때 96세 할머니는 혼자 생활하고 계셨고, 허리가 굽을 대로 굽어 허리를 제대로 펴지 못하고 손과 무릎으로 겨우 활동하는 정도였습니다. 또한 눈도 잘 보이지 않아 더듬거리시고 귀도 잘 들리지 않아 큰 목소리로 말을 해야 알아들을 정도였습니다.

뿐만 아니라 끼니는 주위 할머니들의 도움으로 조금이나마 도움을 받을 정도였고 주위 환경도 열악하고 너무나 어려운 환경에서 생활하고 있었습니다.

저는 할머니를 보는 순간 나도 모르게 눈물이 핑 돌았습니다.

그리고 며칠 뒤에 할머니를 집에서 섬길 수 있게 되었습니다.

먼저 수건인지 걸레인지 구분이 안 되는 것 등 삶을 것은 하얗게 삶고 빨래와 더불어 집안을 깨끗이 대청소하고 식사를 챙겨드렸습니다.

처음 밥을 드실 때는 치아가 없어 씹기 힘든 것은 뱉어내셨고 같이 식사를 하자고 할 때는 비위가 약해서 그런 모습을 보고 도저히 같이 밥을 먹을 수 없어 할머니 혼자만 식사할 수 있도록 난 옆에서 도와주기만 하였습니다.

그런데 시간이 조금씩 지나면서 정이 들고 그러면서 많은 말씀도 들어주고 집에서 맛있는 반찬을 요리해서 갖다 드리기도 하고 또 맛있는 것을 사다 드리기도 하고 할머니 집에서 요리를 직접 만들어 드리기도 하였습니다.

사람이 살다 보면 미운 정 고운 정도 든다는데 매일 같이 시간을 함께 지내다 보니 나는 할머니와 가까워지고 많은 정이 들었습니다.

출근하여 할머니 방에 들어가면서 "할머니, 저 왔어요~" 하면 할머니는 "나 같은 늙은이가 뭐가 그리 좋노?"라고 하십니다.

그리고 할머니는 늘 "누가 나를 이렇게 챙겨주겠노~" 말씀하시며 하나님께서 나에게 천사를 보내주셨다며 늘 고마워하셨고, 또 모든 일을 마치고 헤어질 때면 "내일도 꼭 와~"라고 말씀하십니다.

처음에는 할머니와 마주 앉기도 부담스러웠는데 지금은 어머니처럼 편안하고 따뜻한 밥과 반찬을 만들어 함께 식사할 때면 얼마나 행복을 느끼는지 모릅니다. 또한 맛있게 드시는 모습을 보면서 할머니의 잃어버린 미소를 되찾게 되어 너무 보람을 느끼고 오히려 할머니 때문에 제가 감사하고 행복합니다.

어르신, 사랑합니다.
사시는 동안 최선을 다하여 모시도록 하겠습니다.
마음 편안하게 더욱 건강하시고 꼭 100세까지 장수하세요.

김언미 권사

❖ 최우수 구역상을 수상하고

새벽을 깨우신 주님, 이른 새벽, 상쾌한 마음으로 하루 일과를 계획할 수 있는 새벽에 남편과 함께 우리 금성교회는 멀어서 못 가고 집 부근에 있는 가까운 교회에 나가 새벽기도를 드립니다.
아무리 피곤해도 새벽기도를 빠질 수가 없습니다.
왜냐하면 우리 금성교회에서 2011년 전반기 성적이 우수한 구역을 선정하여 최우수 구역 시상을 한다고 하였기 때문입니다.

처음에 목사님께서 성적 순위로 시상한다고 말씀하실 때 걱정이 앞섰습니다.
'내가 과연 구역을 잘 이끌 수가 있을까?'

이름만 구역장이지 아무런 능력이 없는 저는 마음에 걱정이 가득하였습니다.
그래도 '주님 일은 걱정하지 말고 순종하는 마음으로 노력하면 된다. 오직 기도뿐!!'이라는 마음이 들어서 매일 기도에 열중했습니다.
특히 금요일 아침이 되면 구역모임을 인도해야 하는 구역장으로서의 책임을 느끼기 시작했습니다.

저는 우리 집에서 제일 만만한 사람(?)인 남편 류중신 집사님에게 "성경책 좀 읽으세요. 새벽기도 같이 갑시다." 하고 부탁했는데, 새벽기도는 잠이 와서 못가겠다고 하면 억지로 깨우는 일이 보통 일이 아니었습니다.

남편은 "쓸데없이 구역장을 맡아 가지고 사람을 피곤하게 한다." 하였습니다.

그러나 그 말도 무시하고 "조금 도와주세요~" 남편을 달래가며 "용돈이 얼마나 필요합니까?" 온갖 수단(?)을 부리며 남편에게 부탁하고, 애원도 했습니다.

"새벽기도 같이 나가고, 주일 오전 오후 예배 참석 잘해서 저를 조금 도와주세요~"

고맙게도 남편 류중신 집사는 순수하게 저를 따라주었습니다.

그동안 새벽기도를 꾸준히 다니고 공적인 예배에 모두 참석하고 성경말씀을 열심히 읽으면서 남편 류중신 집사가 차츰차츰 신앙이 자라는 것을 옆에서 볼 수가 있었습니다.

요즘에는 말하지 않아도 스스로 매일 매일 기본적으로 성경을 읽습니다.

우리 구역 성도님들, 부족한 사람을 구역장이라고 따라주어서 감사를 드립니다.

전반기 우리 구역 성도님들! 너무 너무 수고하셨습니다. 3구역 파이팅!!

새벽을 깨우며 드리는 우리의 모든 기도를 다 들으시고 이루어주시는 주님께 감사드립니다.

앞으로도 최선을 다해 이웃과 금성교회를 섬기며 천국 가는 그날까지 주님과 함께 동행하며 살겠습니다.

구역장 김설매 권사

❖ 좋은 것으로 채우시는 하나님

우리 가정에 관해 쓰려고 하니 약간 부끄럽기도 하고 어떻게 써야 하나 하는 생각이 들었습니다.

그러한 생각들을 뒤로하고 우리 가정을 소개하는 이유는, 하나님이 하신 일들을 다른 성도들에게 알리고 하나님께 영광 돌리기 위해서입니다.

김병호 목사님의 소개로 만나게 된 우리 부부는 좋은 인연으로 만나 결혼을 하게 되었습니다.

그 후 하나님이 우리 가정에 귀한 선물로 예쁜 아들 주은이를 주셨는데, 주은이를 키우면서 하나님의 마음을 느끼게 되었고, 하나님의 사랑을 다시 한 번 생각하게 되었습니다.

주은이가 아프기라도 하면 내가 대신 아팠으면 하는 마음이 들었고 주은이가 기쁘고 즐겁게 잘 놀면 우리 부부도 너무나 행복했습니다.
주은이가 아파서 병원에 입원했을 때는 직장도 가야 했고 밤에는 병원에서 주은이를 돌봐야 했습니다.
그러나 주은이 걱정에 아플 사이도 없이 지나갔던 생각이 납니다.

주은이가 퇴원하던 날 우리 부부는 얼마나 기뻐했는지요!
여기서 내가 느꼈던 것은 '사랑하는 딸아, 네가 주은이를 너무나 사랑하여서 조그마한 상처나 아픔이 있어도 마음이 아프고 작은 웃음에도 그렇게 기뻐하지 않느냐? 너를 자녀 삼은 나의 마음은 그보다 더 크단다.' 하는 하나님의 마음이었습니다.
우리 주은이를 통하여 하나님의 사랑을 다시 깨닫고 얼마나 감사한지 눈물을 그렇게 많이 흘린 적이 없었습니다.
여태까지 하나님을 사랑한다고 사람들에게 말을 하였지만, 입술로만 하나님을 사랑한다고 하였던 나의 삶의 모습이 너무나 부끄럽게 느껴졌습니다.

이제 주은이는 자기의 생각을 말할 정도로 많이 커서 우리 부부의 언행이 너무나 조심스럽고 많은 기도가 필요하다는 생각을 합니다.
주은이 아빠도 아버지 학교에 다니고 하나님께 많이 기도하고 있습니다.
앞으로 저희 부부는 하나님을 기쁘시게 해 드리기를 원합니다.
우리 주은이가 잘 자라서 하나님의 귀한 일꾼이 되기를 원하며 우리 가정을 통해서 하나님께서 영광 받으시기를 소망합니다.
2012년 주은이 아빠 이영근 집사 · 엄마 김옥련 집사

❖ 금성교회 행복한 이야기

금 - 금빛물결 반짝이는 바닷가에 작은교회 하나있죠.
성 - 성스러운 교회지붕 십자가에 보름달이 걸린날은

교 – 교회당과 하늘바다 한데모여 그림되고 시가되니
회 – 회선하던 부드러운 바람한줄 교회문을 두드린다.
행 – 행복하고 싶었지만 맘은 항상 외딴마을 빈집같고
복 – 복된소식 없어지니 아둥바둥 인생살이 힘이들고
한 – 한겨울날 소낙비에 패인땅은 고목나무 같은분들
이 – 이제홀로 안개길을 걷지 말고 하나님께 귀기울여
야 – 야훼아들 예수님이 피로사신 금성교회 뛰어나와
기 – 기대하며 안겨봐요 따뜻하고 놀라우신 그 사랑에

오주영 집사

❖ 내가 하나님을 찬양하는 이유

나를 창조하시고 태초부터 계획 하셔서 사용하시는 하나님께 영광을 드립니다.
예수님을 알기 전, 저는 내가 사랑받아야 할 마땅한 이유를 전혀 알지 못했습니다.
모태신앙인 저의 삶 속에서도 예수님을 전혀 발견하지 못할 만큼 아무것도 아닌
저였습니다.
하지만 하나님은 쓰레기를 만들지 않으십니다.
"좋은 것만 창조하시고, 보시기에 좋았다."고 말씀하십니다.

"예수님, 저를 만나주세요!"

당연히 예수님은 저를 만나주셨습니다.
왜냐하면 저를 선택하셨고 사랑하시니까요.
그때 이후부터의 저의 삶은 완전히 바뀌기 시작했습니다.
한 번의 예배가~ 한 번의 나의 고백이~
너무 부족하고 연약한 우리에게도 예수님이 찾아오십니다.

어느 날, 하나님은 저에게 말씀하십니다.

"내가 너를 만든 이유는 나를 찬송하게 하기 위해 지었다."

그때부터 저의 삶은 하나님을 찬양하는 이유로 바뀌었습니다.
하나님을 예배하고 부산 땅을 위해 기도하는 찬양팀을 만났습니다.
예배자로 서면서 하나님과 가까이할 수 있었습니다.

연약한 저도 하나님께서 사용하십니다.
제가 잘하냐고요? 아닙니다. 저는 사용될 뿐이고, 하나님께서 일하십니다.

하나님은 저를 계획하시고, 그 계획을 이루시려고 일하십니다.
우리는 하나님으로부터 선택받은 자녀들입니다.
여전히 내가 하나님을 찬양하는 이유는
하나님을 그 누구보다 그 어떤 것보다 사랑하기 때문입니다

하나님께서 우리를 사랑하셔서
예수님을 십자가에 못 박았던 십자가 사건을 통해서
하나님께서 우리의 사랑을 확증하셨습니다.
내가 너를 만들었고, 선택하셨다 하십니다.
당신도 선택받았습니다. 하나님은 사랑이십니다!

2014년 2월 황이슬 청년

❖ 좀 쉬어 갑시다.

태초에 하나님께서 천지를 창조하실 때
6일간 일을 하고 7일째는 쉬셨습니다.
하물며 우리 인간을 하나님 형상대로 만드셨는데,
우리도 6일은 일하고 7일째 되는 날 쉬는 것은
하나님의 명령입니다.

그러나 우리 주위를 보면
앞만 보고 달려가는 사람들이 너무 많습니다.
하나님께서 마지막 날 쉬시면서
자신이 만든 작품을 보시고 만족해 하셨습니다.

우리도 하나님과 같이
6일 동안 일을 하고 7일째는 지나온 발자취를 뒤돌아보며
하나님과 대화하고 부족함을 고백하며 회개하는 마음과 기도하는 여유로
잠시 쉬어야 하나님께서 기뻐하십니다.

그런데 자신과 이웃을 위해 잠시 쉬어가야 하는데
그렇지 못하여 우리의 주변에서
얼마나 많은 사건 사고가 일어나고 있는지 모릅니다.
이 모든 사건이 결국은 쉬지 못하고
한 번 더 생각을 못했기 때문입니다.

경주리조트에서 일어난 사건과
이집트로 성지순례에 가서 폭탄테러를 당한 사건과
바다에 기름 유출사고,
어미가 자식을 자식이 부모를 저주하며 죽이는 사건들,
어린 학생들과 어른들 자살사건, 성폭력과 성폭행 사건들,
이 모든 사건과 사고를 볼 때 잠시 여유를 가지고
쉬면서 생각을 못했기 때문에 일어난 사건들입니다.

우리는 지금부터라도 하나님 말씀처럼 잠시 쉬면서
살아온 내 모습과 행동에 대해 뒤돌아보고
잠시 쉬어가는 지혜가 필요하지 않을까요?
모든 행동을 하기 전과 한 후에라도
잠시 쉬면서 생각하는 자세가 매우 중요하다는 것을 깨닫고
여러 사건 사고를 보면서 기도하는 마음으로 배웁시다.
삼사삼휴!!!

2014년 2월 20일 진경열 안수집사

❖ 하나님께 드립니다.

사랑하는 나의 하나님!
며칠 전 소식지에 올릴 글을 적어달라고 부탁 하시더군요
처음엔 여러 가지 이유로 거절하려 했습니다.
왜냐하면 저보다 저를 더 잘 아시는 주님께서 아시다시피 지금의 저는 거룩
함·겸손 이런 것에는 꼴등이며, 죄의식·열등감·패배감 이런 것에는 일등을
달리고 있기 때문입니다.

하지만 이번 9월이면 하나님을 믿고 교회를 출석한 지 10년째란 것을 기억하게 하시고 그 때나 지금이나 변함없이 저를 사랑해 주시고 귀히 여겨주심을 성경을 통해 알게 하시어 하나님께 연애편지를 적습니다.

부디 사랑의 눈길로 읽어주세요. 하나님을 처음 만났던 그 날을 기억하다 보니 문득 그리운 세 곳이 생각나서 가봤습니다.

첫 번째는 진 주황 나팔을 불며 예쁨을 뿜어내고 있는 능소화가 피어있는 영선동 골목에 갔습니다.

꽃잎을 한 장씩 날리며 지는 꽃들과는 달리 능소화는 가장 아름다울 때 그 모습 그대로 낙화하지요. 꽃송이째 툭툭 떨어지는 것을 보며 저의 서러운 삶에 능소화보다 더 굵은 눈물을 흘렸습니다. 이제는 골목과 어우러지는 예쁜 꽃을 만드신 주님을 찬양할 뿐 서러움에 울지 않습니다.

두 번째는 가끔 낮달이 유리창에 비춰지는 슈퍼 앞에 갔습니다.

슈퍼 앞 차도를 무단 횡단하여 3번이나 큰 사고가 날 뻔한 것을 하나님께서 구해 주셨던 곳이죠. "살려준 이유는 나의 일을 하라!"는 또렷한 음성과 환상을 2010년 9월 수요예배 시간에 들려주시고 보여주셨지요.

세 번째 간 곳은 봉래산입니다.

더 정확히 말하면 봉래산 중턱에 십자가가 새겨져 있는 쭉 뻗어 잘 자란 편백나무 한 그루입니다. 원래 그 나무에는 십자가가 없었어요.

매일 등산하다시피 하여 그 나무를 끌어안고 기도했지요. 이 산을 오르는 모든 사람들 하나님 믿고 찬양하며 천국가게 해 달라고 기도하던 그 나무에 어느 날 큰 십자가가 새겨져 있어 얼마나 놀랐는지 모릅니다. 봉래산 그 수많은 나무 중에서 왜 그 나무에만 십자가가 새겨졌을까요? 주님은 아시죠?

사랑하는 주님!

가보고 싶었던 세 곳을 다녀온 후 떠나보낸 지난 10년을 뒤돌아보았습니다.

내 사랑과 주님과 지내왔던 모든 순간들이 다 그립지만 특히 아픔은 더 그립습니다. 아팠으니 더 매달리고 내려놓고 무릎 꿇고 엎드리고, 그래서 주님과 더 가까워져서 하나가 되었죠.

이렇듯 힘든 고난이 유익이라고 생각합니다.

"주님 선택이 최고이며 최선이니, 주님 주시는 지혜대로 살겠습니다."라고 수시로 다짐을 하면서도 세상에 곁눈질했고 죄를 지었습니다.

이런 일로 인해서 '주님이 마음 아파하시겠지, 눈물 흘리시겠지' 알면서도 그렇게 했습니다.

그래도 저를 사랑한다는 이유로 잘못을 벌하지 않으신 바보 같은 주님!

참 많이 사랑합니다.

앞으로 많은 연단이 있더라도 주님의 소망으로 살아갈 테니 영원히 이 죄인 손 놓지 마시고 바른길로 인도해 주셔서 죄를 멀리하여 감사함으로 매일을 살아 주님과 좋은 이야기 많이 만들어 주실 것을 믿습니다.

2017년 9월 16일, 주님과 저 10주년 기념 파티해요!!

　　　　　2017년 9월, 주님 없인 한 순간도 살 수 없어 10년째 열애 중인 죄인 오주영

❖ 그리 아니 하실지라도

일 때문에 주일날 1부 예배만 드리고 일터로 나가는데 하루는 주일 2부 예배를 드리게 되었다.

찬양단이 찬양할 때 '예수 인도하셨네!'를 찬양하는데 평소 감사하는 마음으로 즐겨 부르던 복음송 가사 하나하나에 감동의 눈물이 나왔다.

'지금까지 고비 고비마다 인도하심으로 받은 하나님의 사랑이 얼마인데 난 지금 뭘 하고 있는가?'라는 생각이 들면서 내 형편엔 어쩔 수 없다고 생각했던 "먼저 그의 나라와 그의 의를 구하라."는 말씀이 생각났다.

죽으면 죽으리라 기도하며 작년 12월 30일에 직장을 그만 두었다. (사장님의 만류에도 불구하고) 주일날 쉬는 직장을 찾겠다고 대책 없이 그만둔 나를 보고 사람들은 어리석은 생각이라고 할만도 한데 나에게는 두려움이 없었다.

그게 믿음이라고 생각했다.

그런데 막상 쉽지 않았다. 시간이 지남에 어느덧 하나님께 다 맡긴다.

대놓고 맡기지 못하고 걱정하고 있는 나를 보며 하나님께 죄송함을 느꼈다.

그 순간 감사하게도 '그리 아니 하실지라도 감사하자'는 생각이 들어서 다시

한 번 결단하는 마음으로 감사 헌금을 드리며 감사했다.
나의 작은 마음을 하나님께서 기뻐 받으셨나 보다.

그 후 오랜 지인의 소개로 남포동에 '거옥'이라는 일식집을 찾아갔다.
그런데 출근 시간이 오후 2시란다. 속으로 '할렐루야! 2부 예배를 드릴 수 있
지 않은가! 하나님 감사합니다!' 외쳤다.
마음은 간절한데 주일 성수 못하는 아픈 마음을 겪어보지 않은 사람은 모를
것이다.

그런데 다음날 출근해서 들으니 금·토·일 빼고 일주일에 한 번 쉰단다.
그래서 나는 수요일에 쉴 수 있으면 좋겠다고 했더니 그렇게 하라고 하셨다.
참으로 '할렐루야! 하나님 아버지, 감사합니다.' 밖에 할 말이 없었다.
하나님께서는 내 마음을 아시고 우리의 필요를 채우시는 하나님이심을 고백
하지 않을 수가 없었다.
우리가 결단하지 못해 받지 못함을 다시 한 번 깨닫게 되었다.
그런데 감사하게도 어느 날 사장님께서 주일날 쉬라고 해서 이제는 주일을
온전히 쉴 수 있게 되어 얼마나 좋은지 모른다.

이제 하나님께서 보내주신 직장에서 열심히 일하는 게 하나님 은혜에 보답하는
길이라고 생각하고 나이는 젊으나 많은 어려움을 이기고 오늘의 성공을 이룬
사장님과 사모님, 함께 일하는 여러 직원들에게 주님의 이름으로 사랑하며 하나님
사랑 전하며 기도하고 있습니다.

우리 금성교회 모든 성도 여러분!
이들을 다 전도할 수 있도록 함께 기도해 주시면 고맙겠습니다.
그리고 특별히 좋은 날 '거옥'을 찾아 주시면 특별 서비스로 모시겠습니다.
사장님께서 당연히 그러실 분이어서 자신 있게 말씀드립니다.

에벤에셀 하나님! 감사합니다. 임마누엘 하나님! 사랑합니다.
어떠한 형편에 처하든지 오직 감사의 삶을 살 수 있기를 바랍니다.
그리 아니 하실지라도~

최영심 권사

❖ 12월 한 달을 남겨두고

2018년 올해도 하나님의 은혜로 건강주심을 감사드립니다. 이 글을 통해 하나님께 영광이 되고 이웃에게 조금이나마 힘과 위로가 되길 원합니다.

초등학교 5학년 때 이유 없는 질병과 가난으로 시달리다가 부모님의 도움으로 교회를 다니게 되었고 예수님을 직접 영접한 것은 고1 때였습니다.
그때 세상이 알 수도 줄 수도 없는 평안을 맛보게 되었습니다. 이렇게 많은 은혜를 받았음에도 불구하고 금성교회를 다니기 2년 전, 나는 주님 없어도 혼자 잘 살 수 있다는 착각과 오만함으로 주님을 떠나 살았고 그 후 나는 무뎌진 영적인 상태로 몸은 병마에 계속 시달리고 마음은 공허함으로 무척 힘든 삶을 살았습니다.

그러던 중 남편의 소개로 좋은 이미지로 소문난 금성교회를 알게 되었고 막상 교회를 찾아갔으나 자신이 없어 돌아온 적이 한두 번이 아니었습니다.
나는 더 이상 지체할 수 없어 용기를 내어 금성교회에 나오게 되었고 처음 교회에 나와 예배를 드릴 때에 얼마나 많은 눈물이 하염없이 흘렀는지 모릅니다.

예수님의 살아 계심을 체험했음에도 불구하고 주님을 멀리했던 나 자신이 얼마나 한심하고 부끄러운지, 병들고 나서야 두 손 들고 주님 앞에 찾아 나온 염치없는 나를 불쌍히 여기시고 감싸주셨습니다.
　"하나님, 저의 어리석음을 용서해 주세요."
주님은 저를 떠나지도 버리지도 않으시고 주께로 돌아오길 기다리고 계셨습니다.
물고기가 물을 떠나 살 수 없듯이 나도 하나님의 품을 떠나 살 수 없음을 다시 한 번 깨닫게 되었습니다.

한때 저의 몸은 호흡이 힘들고 소화 기능도 떨어져 거의 일 년 동안 나물만 먹고 살았습니다.
여름에는 마귀처럼 두렵고 싫은 것이 에어컨, 선풍기였고 내의를 껴입어도 몸이 추워 피가 거꾸로 돌 정도로 견디기 힘들고 고통스러웠습니다.
그러나 다시 신앙생활을 시작하면서 하나님과의 관계가 회복되자 병든 몸이 많이 치료되어 지금은 큰 고통 없이 잘 지내고 있습니다. 그 후 사소한 일상이 얼마나 귀하고 감사한지 이제는 불평보다 감사하며 주안에서 행복하게 살고 있습니다.

예수님께서 자기를 낮추시고 복종하신 십자가의 사랑으로 먼지처럼 죄 많은 나를 죄인이라 하지 않으시고, 주님의 피 값으로 나를 의롭다 하셔서 회복시켜 주시니 얼마나 감사한지 이제는 어떤 일이 있어도 주님만을 붙잡고 살겠노라고 고백하며 이제 남은 나의 여생 주님의 상을 바라보며 푯대를 향해 열심히 달려가고 하나님의 자녀로 택하여 주심을 감사하며 맡겨진 일에 기쁨으로 봉사하면서 살아가기를 원합니다.

최경순 집사

❖ 자녀를 향한 기도의 유산

모태신앙으로 신앙생활을 하면서 큰 뜨거움과 간절함 없이 교회를 다녔습니다. 그러나 엄마가 되고 아이를 기르면서부터 저도 조금씩 부모의 마음을 통해 하나님의 마음이 어떠실지 알게 되는 것 같습니다.
때론 육아에 힘들고 지치기도 하지만 순간순간 너무도 설레고 감사하며 행복한 날만 가득합니다. 한편으로는 하나님께서 믿고 맡겨주신 자녀를 어떻게 바르게 양육하고 가르쳐야 하나 고민도 많아집니다.

사무엘은 모든 문제를 하나님께 맡기고 기도하였습니다.
한나 또한 아이를 위하여 기도하였더니 하나님께서 세 아들과 두 딸을 주셨습니다. 그리고 주신 그 자녀들을 여호와께 드리며 여호와께 경배하였습니다.
이처럼 기도가 인간으로서 부모로서 할 수 있는 최고의 행위이며 가르침이고 부모가 자녀에게 줄 수 있는 최고의 유산이 아닐까 하는 생각이 듭니다.

성경의 부모들은 자녀에게 유형의 재산보다는 믿음, 지혜, 성품, 기도 등 무형의 유산을 남기기를 힘썼습니다.
아브라함·이삭·야곱·모세, 이런 믿음의 사람들은 자녀들을 위한 축복 기도를 유산으로 남겼으며 위대한 인물 뒤에는 어머니의 위대한 기도가 있었습니다.

자녀를 사랑한다고 수없이 말하지만, 기도가 부족하고 하나님의 뜻과 계획이 아닌 나의 마음대로 키우고 있는 것은 아닌지 이 세상을 지으신 전능하신 하나님을 순간순간 믿지 못했던 저를 되돌아봅니다. 그리고 앞으로 하나님의 그 큰 믿음에 답하며 제 작은 믿음이 커지기를 기도합니다.

제 작은 간절한 기도 하나하나가 모여서 은유가 그 기도의 길을 한 걸음 한 걸음씩 걸어 나갈 수 있기를, 그 기도에 응답하는 삶을 살기를 바랍니다.

"은유야! 넌 소중한 존재이며 사랑받고 있고, 어디를 가든지 하나님의 날개 아래 있으며, 복이 있는 사람이야, 너로 인해 세상이 따뜻하고 아름다워지길~ 하나님의 약속과 사랑의 말씀 속에 하나님을 사랑하고 이웃을 사랑하는 아이로 자라나길 간절히 기도할게~"

이정미 집사

❖ 차츰차츰 안개는 걷히고 하나님 지으신 빛이 뚜렷이 보이리라.

제가 가장 좋아하는 찬양의 구절입니다.

하나님은 실수하지 않으신다네 - 최용덕

다 아실 수 있지만, 꼭 한 번 더 묵상 부탁드려요.

어머니께서 태교를 찬양과 말씀으로 하셔서 태아 때부터 저는 성령님과 함께할 수가 있었습니다. 어머니께서는 찬양의 도구로 이 아이를 써달라고 주님께 간절히 기도하셨고, 저는 피아노를 배우고 몇 년 뒤 바로 하나님을 찬양하며 섬기는 교회 반주자가 되었습니다.

초등학교 때 반주자는 생각보다 많은 희생이 따랐습니다.
친구들이 주말에 놀자고 해도 저는 주일학교 찬양 연습이 토요일에 있었기에 늘 주말을 주님께 드려야 했습니다.
하루 정도는 놀러가고 빠지고 싶을 때도 있었지만 '아플 때도 교회에서 아파야 한다'는 어머니의 엄격한 신앙교육 때문에 한 번도 빠지지 않고 예배 반주에 열심히 임했습니다.
그래도 막상 찬양 연습하며 예배를 드리고 난 후엔 늘 다시금 감사하는 마음이 들고 하나님이 나를 가장 사랑하신다는 확신에 매번 기쁘고 내 마음이 예수님으로 뜨거워졌습니다. 그런데 신기한 것은 저가 그 매 주일을 다 기억하지 못해도 하나님은 다 기억하고 계셨습니다.
주님을 기뻐하고 뜨겁게 찬양하며 섬기는 그 작은 아이의 마음을….

하나님은 시간이 많이 흐른 지금 그 이유를 보다 선명하게 보여주고 계십니다.

바로 나의 연약하고 작은 믿음을 누구보다 잘 아시고 어떤 상황에서든 주님 안에서 믿음을 지켜나가는 법을 배우라고 어머니의 엄격한 신앙 울타리 안에서 가장 안전하고 확실한 방법으로 예배 반주자의 자리에 앉히셨습니다.

때로는 하나님의 빛의 자녀가 안개에 가려 주님을 보지 못하고 신뢰하지 못할 때가 많습니다.

그 순간에는 그분의 뜻을 알 수 없지만, 하나님을 사랑하는 내 마음 아시고 나를 만드시고 나를 가장 사랑하시는 하나님께서 항상 좋은 것만 주시고 천국까지 나를 이끄신다는 믿음 하나만 있다면 차츰차츰 걷히는 안개를 마음 편히 기쁘게 기다릴 수 있지 않을까요?

하나님은 절대로 실수하지 않으시니까요.

2020년 3월 조영은 집사

❖ 하나님께서 찾으시는 한 사람

생명의 근원이시고 만왕의 왕이신 하나님 아버지를 사랑합니다.

저희들 한 사람 한 사람은 바로 하나님께서 찾으시는 한 사람입니다.

"내 안에 거하면 나도 너에게 거하노라"고 하신 사랑의 하나님께 무릎 꿇고 기도 10가지를 올립니다.

- "내가 길이요, 진리요, 생명이다."라고 말씀하신 예수 그리스도의 말씀이 내 삶 속에서 생수같이 흐르게 하여 주시길 기도드립니다.
- 광야에서 구름 기둥과 불기둥으로 지키시고 만나로 주의 백성을 먹여 주심을 기억해 봅니다. 하나님께서 먹고 마실 것과 입을 것 채워주심으로 은혜로움에 부족함이 없는 한 사람이 되게 하여 주십시오.
- 하나님의 은혜와 천군 천사가 간절히 필요하오며 은혜의 보좌 앞에 나아가 믿음으로써 죄 사함 받는 한 사람이 되게 하여 주시옵소서.
- 영광의 왕께서 친히 수건을 두르고 사랑의 마음으로 제자들 앞에 앉아 더러운 발을 만져주며 냄새나는 발을 씻어 주신 주님의 손길을 애타게 바라는 한 사람이 되게 하시옵소서.
- 믿음이 있는 것처럼 했지만 시험 앞에 속절없이 무너지는 한 사람이 되지 않게 하시옵소서.

- 힘든 환경을 빨리 벗어나는 것이 지혜라는 단순한 생각을 버리고 하나님의 때를 기다리며 인내하는 한 사람이 되게 하시옵소서.
- 아멘으로 화답했지만, 순종이 없었고 찬양을 뜨겁게 불렀지만, 찬양의 가사와 고백대로 살지 못함을 깨닫는 한 사람이 되게 하시옵소서.
- '하나님 말씀에 순응하면 하나님의 아들이 될 것이다'라는 말씀을 새기며 교회 앞마당만 밟고 가는 한 사람이 되지 않게 하시옵소서.
- 이기적인 추한 모습이 아닌 하나님께 온전히 순응하며 쉬지 않고 기도하며 살아가는 한 사람이 되게 하시옵소서.
- '일어나 걸어라 내가 너를 도우리라'는 주님의 말씀을 되새기며 통곡과 눈물로 아버지께 간구와 소원을 올리셨던 주님을 사랑하는 한 사람이 되게 하시옵소서.
- 믿음이 부족하고 신앙심이 얕은 한 사람이 오늘 무릎 꿇고 두 손 모아 주님께 기도드리오니 하늘 문을 활짝 열어 주시고 나의 기도를 들어 주시옵소서.
- 길과 진리와 생명이신 주 예수 그리스도의 이름으로 기도드립니다. 아멘.

2023년 1월 윤호용 집사

❖ 사람의 행복은?

한 사람이 바닷가에서 낚시를 하다가 이상한 고기 한 마리를 잡았습니다.
그 고기가 낚시꾼에게 무지갯빛을 발하며 말하였습니다.

"아저씨, 저는 바다의 용왕의 아들이에요. 저를 바다에 다시 넣어주시면 아저씨의 소원 세 가지를 들어드리겠어요. 그러니 저를 꼭 살려 주세요!"

그러자 욕심 많은 그가 말하였습니다.

"안 돼! 나는 부자도 되어야 하고, 예쁜 아가씨와 결혼도 해야 하고, 몸도 건강해야 하고, 명예도 얻어야 하고, 권세도 얻어야 하니 적어도 다섯 가지가 필요해."

"그러나 저는 세 가지 소원 밖에 들어 드릴 수가 없어요. 세 가지만 말씀하세요."

"아니야, 나는 다섯 가지가 필요해!"

"세 가지 밖에 들어 드릴 수가 없어요."

"그러면 네 가지라도 들어줘."

"안 돼요. 세 가지~"

그러다가 물고기는 목이 타 죽었고, 그는 한 가지 소원도 이루지 못했다는 이야기가 있습니다.

욕심을 너무 많이 부리면 죽습니다.

"욕심이 잉태한즉 죄를 낳고 죄가 장성한즉 사망을 낳느니라"(약 1:15)

그러므로 욕심이 잉태하지 못하고 죄가 장성하지 못하도록 합시다.

사람의 행복은 많은 것을 가졌다고 행복한 것이 아닙니다.

비록 많은 것을 소유하지 못했다 할지라도 욕심 부리지 말고 서로 사랑하고 아끼면서 살면 행복한 것입니다.

날마다 웃음꽃이 활짝 피어나는 행복한 삶이길 기도합니다.

2006년 8월 김 목사

❖ 우는 자들로 함께 울라.

지역을 섬기면서 여러 가정을 방문하고 또 여러 사람을 만나게 됩니다.

도심 속에 살면서도 조금은 정이 많은 시골을 연상케 되는 영선동 지역, 이 지역은 옛날처럼 어린아이들과 학생들을 만나기가 쉽지 않고 대부분 어르신을 많이 만나게 되는데 만나는 모든 사람은 대체로 정신적·육체적으로 연약함과 또한 경제적으로 많은 어려움을 겪으며 살아가는 사람들입니다.

이곳에 살면서 처음에는 많은 사람의 문제를 해결해 주고 또 그들의 필요를 채워주며 어떻게 해서든지 기쁨과 슬픔을 함께 나누며 작으나마 힘이 되는 섬김의 사역을 하려고 노력해 왔습니다.

그러던 중 이왕이면 주의 종으로서 특별한 은사와 능력 기적을 행하면서라도 사람들에게 많은 도움을 주었으면 참 좋겠다는 생각이 들었습니다.

하나님께서 저의 사역에 침묵하시고 계실 때는 원망스러울 때도 있었습니다. 그러던 중 하루는 로마서를 읽다가 "즐거워하는 자들과 함께 즐거워하고 우는 자들과 함께 울라"(롬 12:15)는 말씀을 읽고 하나님께서 기뻐하시는 것은 어떤 병을 고치거나 기적을 행하는 특별한 은사를 소유하는 것이 아니라, 단지 그리스도의 마음으로 같이 즐거워하고 또 함께 울어주는 것이라는 것을 깨닫고 큰 위로를 받게 되었습니다.

그렇습니다. 기쁘고 좋은 일에는 많은 사람이 붐비며 함께 즐거워하는데 그러나 힘들고 어렵게 살아가는 아프고 약한 사람들에게는 예수님처럼 함께 울어줄 사람이 너무 적습니다.

기댈 곳을 찾는 사람은 너무 많은데 그러나 기댈만한 곳이 참으로 적다는 것입니다. 이제 지역에 함께 살면서 내가 힘들다고 기댈 곳을 찾는 저들이 아니라 나도 힘들지만 나보다 더 어렵고 힘든, 아프고 약한 사람들을 위해 내게 특별한 은사가 없더라도 누군가가 기댈 언덕이 되어주고 기댈 곳을 만들어 주는 그런 사람들이 되기를 원합니다.

우리 모두 특별한 능력과 은사가 내게 없다 할지라도 주님의 마음으로 한 영혼 한 영혼을 사랑스러운 눈으로 바라보며 즐거워하는 자들과 함께 즐거워하고 우는 자들과 함께 울어줄 때 세상은 살만한 세상이 될 것입니다.

2017년 9월 김 목사

❖ 지역주민의 상이군인 인정 신청서를 작성하여 혜택을 보게 하다.

상이군인 인정 신청 사유서

저희 남편 궁○○ 씨는 1934년 11월 6일 평양시 서성리 68번지에서 출생하여 이북에서 서성 소학교와 평양 제일 중학교와 평양 제일 고등학교를 졸업하고 1950년 10월 22일 군입대하여 6·25전쟁을 치르게 되었고, 그러던 중 전쟁 중 다리에 총상을 입어 대구에 있는 839부대(원효대)에서 치료를 받고 1952년 7월 15일 제23차 명예전역(의가사)을 하게 되었습니다.
(육군참모총장 이종찬 명예로 제대 제대증 No.3697)

그 후 1953년 4월 10일 전국 제대증 재교부 시 제대증 No h28037호 육군참모총장 육군대장 백선형(백선엽) 명예로 교부받음.
(자필 일기와 이력서 참조 복사 첨부함)

그 후 아는 지인을 통해 중매로 만나 사귀다가 1958년 4월 14일(음 2월 26일) 대구 동구 신암동에서 본인 김○○과 결혼하여 생활하였습니다. 평소 남편 궁○○ 씨는 군에 갔다 온 이야기를 자주 했고 또 전쟁 중 총상을 당하여 대구 군 병원(원효대)에서 치료를 받아 명예제대를 하였다는 이야기를 들었습니다.

평소 총상 후유증으로 다리를 절었으며 다리에 총상을 맞은 흉터 흔적이 있었습니다. 그 후 몸이 불편하여 직장 생활을 제대로 하지 못하였고 본인이 생활전선에 나가 벌어서 먹이고 아이들을 공부시켰습니다. 그러던 중 1982년 9월 5일 48세의 일기로 일찍 세상을 떠나게 되었습니다.

남편은 젊은 나이에 나라의 부름을 받고 전쟁 중 나라와 국민의 생명과 재산을 지키기 위해 목숨을 걸고 싸우다가 총상을 입게 되었고, 그 후 대구 839부대 원효대에서 치료를 받고 명예전역을 하게 되었습니다. 나라와 국민을 위해 총칼을 들고 싸우다가 총상을 입고 그 후유증으로 고생하다 세상을 떠난 지 약 40여 년이 되었습니다.
그런데 국가로부터 지금까지 총상을 입고 후유증으로 고생하고 이른 나이에 돌아간 것에 대하여 한 번도 보상을 받지 못하였습니다. 몰라서 그런 것도 있고 또 다른 사람은 사망하고 난 이후에도 신청하니 보상해 주더라는 소식을 듣고 이번에 신청하게 되었습니다.

이제 본인도 살날도 얼마 남지 않았는데 참조하시고 나라를 위해 전쟁 통에 나가 싸우다가 총상을 입고 고생하다 돌아갔는데 제대로 된 보상을 받을 수 있도록 선처를 부탁드립니다.

2021년 11월

❖ 받은 은혜를 나눕시다.

세상의 모든 일은 저절로 되는 일은 없습니다.
우리가 행복을 누리고 평안을 누리는 것은 하나님께서 우리에게 주신 크신 은혜이며, 또한 그 누군가의 희생과 눈물이 있었기 때문에 가능한 일입니다.

우리의 부모님의 세대는 가난과 역경의 시간을 보냈습니다.
그들이 눈물 흘리며 기도하고 희생하였기에 그 다음세대가 더 나은 행복을 누리게 된 것입니다.
사랑은 또 다른 사랑을 낳게 됩니다.
은혜는 또 다른 은혜를 낳게 됩니다.
사랑받은 자만이 사랑을 나눌 수 있고, 은혜 받은 자만이 은혜를 나눌 수 있습니다.

우리가 하나님 안에서 은혜를 누리고 있다면 그 은혜를 받은 우리 역시 받은 은혜를 나누어야 합니다.

이 좁은 땅덩어리에 살면서 풍요속에 사는 사람이 있는가 하면 아직도 굶주림과 가난에 비참한 생활을 하고 있는 사람들도 많이 있습니다.

그들에게 희망을 주기 위해 섬김으로써 받은 은혜를 나누며 살아가도록 합시다.

김 목사

❖ 영혼의 미소

안녕하세요? 미소 짓는 마음으로 인사를 드립니다.

나이 마흔 넘으면 제 얼굴 제가 책임져야 합니다.

사람 얼굴은 얼의 꼴이기 때문입니다.

얼굴을 찬찬히 들여다보면 영혼의 모습이 떠오릅니다.

'영혼의 미소'라는 소설이 있고 '모나리자의 미소'라는 그림도 있습니다.

미소는 아름다움의 상징이며 은은한 자비심의 표현이기도 합니다.

미소가 있는 국민은 문화인임을 인정받으며, 미소가 있는 곳에 평화와 기쁨과 사랑이 있습니다.

이 좋은 미소는 억지로 나오지 아니합니다.

하루 이틀 '미소 짓기 운동'을 벌였다고 되는 것도 아닙니다.

미소는 나 자신을 기쁘게 하고 이웃을 기쁘게 합니다.

그러나 마음에 미움이 있거나 교만이 있으면 절대로 미소를 지을 수가 없습니다.

어느 심리학자가 말했듯이

'사람은 웃음으로서 기뻐지고 울음으로서 슬퍼진다.'는 원리를 미소 짓기 연습으로 당신의 생활에 적용하고 싶지 않으신지요?

지혜로운 사람은 험담이 들리면 귀를 돌리고, 음란이 보이면 눈을 돌리고, 거짓이 보이면 마음을 돌립니다.

듣고 보고 분별하는 것은 마음에 담기고 마음에 담긴 것이 영혼을 사로잡습니다.

매일 매일의 삶이 온통 환한 미소와 기쁨으로 가득하길 바랍니다.

김 목사

금성인의 행복한 기도

❖ 자녀를 위한 기도

이런 자녀가 되게 해 주소서.

저 푸른 넓은 바다와 높은 하늘을 가슴에 품은 자녀가 되게 해 주시고, 대나무처럼 올 곧게 자라나 이 땅의 자랑스러운 위대한 자녀가 되게 해 주소서. 좋은 책 한 권은 훌륭한 스승 한 분이라는 것을 깨닫게 해 주시고 돈이나 지위보다 더 소중한 것은 명예임을 알게 해 주시며, 끊임없이 스스로를 갈고 닦아 투명한 수정처럼 빛나는 자녀가 되게 해 주소서.

이 세상에서 소중한 것은 만남이며, 내가 만나는 사람의 좋은 면을 보고 배우며 깨우치게 하시고, 하나님의 은혜와 부모님의 은혜를 평생 잊지 않는 자녀 되게 하옵소서. 상대의 잘못은 잊어버리고 용서해 주는 그런 자녀가 되게 해 주시고, 연약한 여자는 보호하고, 열심히 땀 흘리며 노력하는 남자에게는 존경의 뜻을 보여줄 줄 아는 그런 자녀가 되게 해 주소서.

사람은 시련과 역경을 통해 더욱 강해진다는 것을 아는 자녀가 되게 해 주시고, 권리주장에 앞서 책임완수가 더 중요한 것임을 알고, 나에게 주어진 1분 1초는 자기의 생명임을 알고, 시간을 소중히 하는 그런 자녀가 되게 해 주소서. 값지게 쓰는 1천원은 함부로 쓰는 1천만 원보다 더 많다는 것을 깨우쳐 주시며, 검소와 절약만이 풍요의 원천임을 깨닫게 해 주소서. 인생을 100m처럼 숨 가쁘게 살지 말고 마라톤을 뛰듯, 끈기와 인내심으로 살아가게 인도해 주시며, 1등도 좋지만 완주처럼 값진 것도 없다는 것을 알게 하옵소서. 옳고 그름을 판별하는 지혜와 자신의 약점 뒤에 깃든 무한한 장점이 있음을 찾아내는 슬기를 갖게 해 주시고, 낮은 자리라고 비굴하지 않고 높은 자리라고 교만하지 않는 그런 자녀가 되게 해 주소서.

자신이 한 약속은 목숨을 바쳐서라도 지킬 줄 알게 하시고, 오늘 일을 내일로 미루는 자녀가 되지 않게 해 주소서.

앞길이 막막하게 느껴질 때는 봉래산 정상을 걸어 올라가면서 봉래산 중턱에서 본 영도와 봉래산 정상에서 본 영도가 전혀 다르다는 것을 깨닫고, 포기하지 않고 끝까지 정상을 향하여 달려갈 길을 다 달려가게 해 주소서.
비바람이 부는 날보다는 맑고 쾌청한 날이 더 많다는데 감사할 줄 알게 해 주시고, 한 번뿐인 삶 녹슬어 없어지는 삶이 아니라 연장처럼 닳아 없어지는 한 점 부끄러움 없이 살아가는 복된 자녀가 되게 해 주소서

김 목사

❖ 새 생명을 위한 기도

사람을 하나님의 형상대로 창조하시고 서로 사랑하여 가정을 이루게 하신 하나님! 저희들을 택하셔서 사랑하게 하시고 아름다운 가정을 이루며 살게 하시며 귀한 가정들이 하나님의 은혜와 축복 가운데 사랑의 열매로 아름다운 자녀들을 허락해 주심을 감사를 드립니다.

지난 10달 동안 엄마의 품속에서 고이 잘 자라게 하시다가 하나님께서 만드신 아름다운 세상에 빛을 보게 되었사오니 비옵기는 어린 새 생명들을 두 손을 들어 축복하사 주님의 보호와 사랑 안에서 잘 자라게 하여 주시옵소서.
어린 생명들에게 날마다 새 힘을 주시고 건강함을 주셔서 그들이 자라날 때 육신적인 질병과 아픔이 없게 하시고 주께서 지켜주시는 그 은혜 가운데 강건하게 잘 자라나 하나님을 사랑하며 이웃에 봉사하고 낳은 부모님을 기쁘시게 하는 삶을 살아가게 하여 주시옵소서.

머리에는 지혜를 주셔서 많은 사람들을 바르게 인도하여 주시고, 눈은 아름다운 눈을 주셔서 초롱초롱 빛이 나게 하시며 귀는 밝은 귀를 주사 죄악이 관영한 이 세상에 좋은 소식만 듣게 하옵소서.
코는 주님의 향기만을 맡으며 오랫동안 살기에 불편함이 없이 호흡하게 하시고 입술을 복되게 하사 하나님을 찬양하며 사람에게 덕을 끼치는 유익한 말만 하게 하시고, 가슴은 넓은 가슴을 주시어 뜨겁게 영혼을 품고 사랑하게 하

시며 손끝에는 많은 다양한 은사와 재능을 주셔서 그 실력을 십분 백분 발휘하여 손끝으로 하는 모든 일마다 하나님의 솜씨를 드러내게 하시고 다리에는 새 힘을 주셔서 걸어가도 피곤치 않고 달려가도 곤비치 아니하며 발로 밟는 모든 땅들이 축복의 땅이 되게 하여 주시옵소서.

사랑하는 주님! 우리의 머리털까지 다 헤아리시는 주님께서 이 어린 생명들을 간섭하여 주시고 보호하여 주시되 밤이나 낮이나 늘 함께 보호하여 주시고 그 보호의 약속 아래 주의 화원에서 주님의 은혜 머금고 한 송이 꽃과 같이 잘 자라나 향기 나는 삶 되게 하여 주시옵소서.

특별히 부모님께 은혜를 더하여 주셔서 믿음과 경건과 주의 사랑 안에서 양육하게 하시고 신앙의 모범이 된 삶을 통하여 믿음이 자녀에게 유전되어 자자손손이 하나님의 복을 누리며 영원히 살게 하여 주시옵소서.
또한 저희 자녀들이 겸허한 마음으로 하나님의 진리를 깨달으며 잘 자라나 하나님의 기대와 어긋남이 없는 인물들로 자라나게 하시고 하나님의 선한 사업과 이 나라를 위해 큰일을 능히 감당하는 귀한 일꾼으로 쓰임 받게 하여 주시옵소서. 무엇보다도 이 아이들이 무럭무럭 건강하게 자라나게 하시고 하나님을 닮은 성품과 지혜가 날로 더하사 하나님과 사람에게 더욱 사랑과 존귀함을 받게 하여 주시옵소서.
예수님의 이름으로 축복하오며 기도하옵나이다. 아멘

김 목사

2007년 1월에 4명의 새 생명이 탄생하게 되었습니다.
정용제 김현자 집사의 가정에(정은혜) ┃ 윤인석 아이린 성도의 가정에(윤준승)
이송민 이은미 성도의 가정에(이가영) ┃ 정태균 황주련 성도의 가정에(정다린)

❖ 성년을 맞이한 기도

우리의 인생에 젊은 청년의 시기를 주신 참 좋으신 하나님!
오늘 청년 주일에 성년을 맞이한 청년들을 위해 축복하며 기도드립니다.
주님! 저들에게 부모님을 허락하시고 그 자녀들이 태어나 장성하여 성년이 되었으므로 이에 성년증서를 수여하며 이들을 위해 기도하오니 성년이 된 젊은이들에게 주님께서 평강에 평강으로 축복하여 주시옵소서.

청년들의 생각이 건전하며 몸과 마음이 건강하게 하시고, 얼굴에는 항상 밝고 환한 미소로 기쁨으로 살아가게 하여 주시옵소서.

무슨 일에든지 열정을 가지고 행동에 앞장서는 모범적인 삶을 살게 하시고, 몸과 마음을 단련하여 순금같이 빚어지는 복된 삶을 살아가게 축복하여 주옵소서.

주님! 이들에게 맡겨진 의무와 사명이 있습니다.

각자에게 맡겨진 사명을 잘 감당하게 하시고, 부지런하여 게으르지 말고 열심을 품고 주를 섬겨 이 세상에 꼭 필요한 자랑스러운 청년으로 자라게 하옵소서.

무엇보다 성년을 맞이한 젊은이들이 세속에 물들지 않게 하시고 많은 시간을 말씀을 묵상하며, 기도에 힘쓰며, 하나님을 경외하고, 저들을 낳고 기른 부모님을 잘 섬겨 효도하게 하시고, 이웃을 섬기는 일에도 앞장서 기독교인의 본이 되게 하여 주시옵소서.

특별히 비옵나니, 저들이 세상 살아갈 때 환난과 우환을 당하지 않게 눈동자와 같이 보호하여 주시고, 저들이 계획하고 꿈꾸는 대로 이루어지며, 믿음의 많은 간증을 남기는 복된 사람으로 살아가게 하여 주시옵소서.

앞으로 살아가는 모든 삶에도 평안으로 은혜로 축복으로 아름답게 수놓아지게 인도해 주시옵소서.

하나님을 찬양하며 예수님의 이름으로 축복하오며 기도하옵나이다. 아멘.

김 목사

❖ 결혼식 축복 기도

서로 사랑하여 결혼하게 하신 하나님 아버지!

한 해가 가장 아름답게 물드는 가을의 문턱에서 둘이 하나 되어 행복한 가정을 이루게 하시는 주의 은혜를 진심으로 감사를 드립니다.

여기 사랑하는 두 사람이 하나님과 여러 하객들 앞에 경건한 마음으로 머리를 숙였사오니, 이들을 지으신 이가 하나님이시오, 이들을 부르신 이도 하나님이시오, 이들을 부부로 하나가 되게 하신 이도 하나님이시오니 둘이 하나 되어 새롭게 출발하는 저들의 앞길에 두 손 들어 축복하여 주시옵소서.

두 사람이 하나 되어 영원토록 화목하게 하시고, 마음과 뜻이 하나 되어 행복하며 하나님과 여러 사람들을 잘 받들어 섬김으로 복을 받는 축복의 가정이 되게 하여 주시옵소서.

저들이 가정을 이루고 살아가는 모든 앞길에 내 영혼이 잘 됨 같이 범사가 잘되게 하시고 몸과 마음과 영혼이 강건하여 생육하고 번성할 수 있게 복에 복을 더하여 주시고 두 사람을 통해 적절한 자녀도 허락하여 자자손손 복을 받는 명문과 축복의 가문을 이루게 하여 주시옵소서.

특별히 오늘이 있기까지 많은 어려움과 역경도 있었지만 잘 극복하여 오늘에 이르게 되었습니다. 앞으로 주 안에서 형통한 일만 있게 하시고 부모의 사랑과 하나님의 사랑을 듬뿍 받아 그 사랑을 서로 유통하고 소통하게 될 때 가정에 기쁨이 넘쳐나고 평화가 깃들게 하여 주시옵소서.
또 주님 앞에 무릎 꿇고 기도할 때마다 저들이 이루고자 하는 모든 일들이 주 안에서 아름답게 이루어지게 하여 주시옵소서.

두 사람이 결혼하기까지 눈물과 기도로 낳고 길러 준 양가 부모님이 계십니다. 저들이 효도로서 양가 부모님을 잘 받들어 섬김으로 자랑거리가 되게 하시고, 두 사람을 통하여 많은 열매를 맺으며 하나님의 큰 뜻을 이루어 가는 축복된 나날들 되게 하여 주시옵소서.

살림살이에도 풍족하여 궁핍함이 없게 하시고, 믿음으로 구할 때마다 하늘 보좌를 움직여 응답되는 역사가 나타나며 하나님의 은혜로 평생 주를 잘 섬겨 하늘의 신령한 것과 땅의 기름진 것을 풍성히 누리며 하나님의 자녀로 승리와 성공적인 삶을 살게 축복하여 주시옵소서.

무엇보다 새 출발하는 귀한 가정에 이제부터 저들의 둘을 갈라놓는 마지막 죽음의 순간까지 영원히 함께하셔서 하나님의 선하심과 인자하심을 날마다 맛보며 존귀한 삶으로 많은 사람들에게 유익을 끼치는 아름다운 여생이 되게 하여 주시옵소서.
예수님의 이름으로 축복하오며 기도하옵나이다. 아멘.

김 목사

❖ 파송 받는 이를 위한 기도

은혜로우신 하나님 아버지!
하나님의 경륜과 섭리에 따라 하 목사님을 우리 금성교회에 보내어 주시고
목사님을 통해 하나님의 일을 이루게 하심을 진심으로 감사를 드립니다.

이제 평생을 주 앞에 바쳐 봉사하려고 금성교회를 사임하고 베트남으로 파송
받아 떠나게 됩니다. 주님! 하 목사님을 통해 영광 받으시고 앞으로 주님의
뜻이 온전히 이루어지게 하여 주시옵소서.
하나님의 일은 성령의 도우심이 없이는 아무것도 할 수 없사오니 목사님의
마음속에 성령 충만하게 하여 주시고 하나님의 지혜와 분별력으로 모든 일을
잘 감당하게 하여 주시옵소서.

먼저 파송 받아 나아갈 때에 홀로 버려두지 마시고 하나님께서 함께하셔서
맡은 직분을 잘 감당하게 하여 주시고 무엇보다 앞으로 감당할 사역 위에 감
당할 수 있는 지혜와 능력과 영력을 더하시고 사역을 감당하는 데 어려움 당치
않도록 눈동자와 같이 지켜 보호하여 주시옵소서.

이제 육체의 남은 때는 육체의 소욕대로 살지 않게 하시고, 하나님의 영광을
위하여, 내 건강도, 내 지혜도, 내 열심도, 내 시간도, 내 노력도, 내 물질도
하나님의 영광을 위한 도구로 온전히 쓰임 받게 하여 주시옵소서.
무엇보다 그곳에서의 사역 하나하나가 주님의 발이 되고, 주님의 입이 되고, 주님의
손이 되어서 많은 복음의 열매를 맺게 하시고, 초대 교회를 세웠던 사도들과 같이
영광은 하나님께 기쁨과 즐거움은 많은 영혼들과 함께하여 주시옵소서.

하나님 아버지!
이제 하 목사님을 축복하셔서 전심전력하여 최후 마지막 순간까지 주 위해
봉사하다가 주 앞에 어엿이 서서 잘하였도다. 착하고 충성된 종이라고 칭송받는
귀한 종 될 수 있도록 앞길에 하나님께서 영원토록 함께하여 주시기를 간절히
소원하오며 예수님의 이름으로 축복하오며 기도하옵나이다. 아멘.

김 목사

❖ 권사 은퇴를 위한 기도

하나님 아버지의 경륜과 섭리에 따라 교회를 세우시고 주님의 귀한 사명을 감당하기 위해 권사의 직분을 맡기시고 지금까지 그 직분을 힘써 잘 감당하게 하신 주의 은혜를 진심으로 감사를 드리옵나이다.

여기 평생을 주 앞에 바쳐 봉사하고 은퇴를 하는 박박자 권사님이 계십니다. 하나님 아버지, 달려갈 길 다 달리고 선한 싸움 싸우며 믿음을 지킨 우리 권사님께 영광의 면류관 생명의 면류관으로 축복하여 주시옵소서.
직분을 받고 이름도 없이 빛도 없이 얼마나 많은 수고를 아끼지 않고 헌신했는지 모릅니다. 지금까지 권사님을 통하여 흘린 그 모든 땀과 수고와 눈물이 헛되지 않게 하시고 많은 것들로 열매 맺게 하시되 권사님 당대와 더불어 자자손손에까지 복에 복을 더하는 축복의 역사가 있게 하여 주시옵소서.

무엇보다 우리 권사님은 몸을 아끼지 않고 누구보다 앞서 섬기고 모범을 보이셨습니다. 울고 있는 심령들에게는 찾아가 위로를 주었고, 고민하고 갈등하는 사람들에게는 기도로 지원하였고, 혼자되고 외로운 영혼들에게는 주님 사랑 가지고 찾아가서 물질로 섬겼고, 소외 받는 이들에게는 주의 평강과 축복가지고 찾아가 주의 발이 되고 주의 손이 되고 주의 입이 되어 섬겼습니다. 이 모든 것 기억하시고 이 땅의 상과 더불어 하늘의 상과 영광으로 충만케 하여 주시옵소서.
사랑하는 주님!
권사님이 은퇴하신 후에도 길이길이 기억되는 우리 권사님 되게 하시고 영육간이 강권하고 내 영혼이 잘되는 복으로 함께하시며 하나님 앞에 서는 그날까지 눈동자와 같이 해함도 상함도 없이 지켜 보호하여 주시옵소서.

이제 권사님의 자녀들에게도 은혜를 베푸사 어머님의 그 고귀한 사랑과 헌신 모범을 본받게 하시고 믿음을 지켜 이 세상 승리하는 삶 되게 하시고 또 자녀들이 부모님을 잘 공경하고 섬겨 땅에서 잘되고 장수하는 하늘의 은혜와 복을 내리어 주시옵소서.
험난한 삶 가운데서도 여기까지 인도하신 주의 은혜를 감사를 드리며 예수님의 이름으로 축복하오며 기도하옵나이다. 아멘.

김 목사

❖ 힘들게 살아가는 자들을 위한 기도

만복의 근원이 되시는 하나님 아버지!
시험당할 즈음에 피할 길을 여사 승리케 하시는 그 능력을 믿고 기도를 드립니다.
주님, 주님의 전능하신 손을 펴사 우리가 사는 지역에 연약하고 피곤해진 여러
지체가 많이 있습니다. 긍휼히 여기시고 강하게 붙들어 주옵소서.

번민과 갈등으로 염려와 걱정 가운데 있는 사람이 있습니다.
아무것도 염려하지 말고 오직 기도와 간구로 너희 구할 것을 감사함으로 구
하여 모든 지각에 뛰어난 하나님의 평강이 넘쳐나게 하옵소서.
육신적인 질병으로 아픔을 호소하는 사람들이 있습니다.
주님의 능력의 손으로 어루만지시고 안수하사 치료하는 광선을 발하여 모든
질병에서 자유로워 강건하게 살아가게 하옵소서.

고통 중에 있는 여러 사람이 있습니다.
고통에서 평안을 주실 이는 오직 주님 한 분밖에 없는 줄 믿사오니 거룩하신
사랑의 손을 펴사 고통에서 벗어나게 하옵소서.
잠 못 이루는 우울한 밤을 지내는 사람들이 있습니다.
너희 염려를 다 주께 맡겨 버림으로 정신적인 불안정에서 벗어나 어머니 품속에
있는 어린아이와 같은 평안한 마음을 주사 은혜의 잠을 허락하여 주옵소서.

물질적인 손실과 환경의 어려움 가운데 있는 사람들이 있습니다.
모든 문제의 해결되시는 하나님 앞에 나아와 기도함으로 때를 따라 도우시는
하나님의 은혜로 가난에서 부유함으로, 슬픔에서 기쁨으로, 약함에서 강함으로,
죄 대신 화관을 씌워주시는 주님의 능력으로 광야에 길을 내는 기적의 역사가
일어나게 하옵소서.

여러 가지 일로 실의와 절망 중에 있는 사람들도 있습니다.
나의 힘, 나의 생명, 나의 기쁨, 나의 소망, 나의 능력이 되시는 주님께서 실
망하여 안타까워하는 마음을 받으사 절망 중에도 내 곁에 계시는 주님을 믿고
다시 일어나는 용기를 주옵소서.
열심히 일하고 싶지만, 일자리를 잃고 실직한 형제들이 있습니다.

주님, 일터를 잃은 아픔을 위로하여 주시고 다시 힘써 일 할 수 있는 일자리와 일감을 허락하여 주옵소서.

가족을 잃고 외롭게 지내는 이들이 있습니다.
길과 진리와 생명이 되신 주님께서 이들을 크게 위로하여 주시고 슬픔 가운데서도 하늘의 소망과 용기로 새 힘을 얻어 넉넉히 세상을 승리하며 살게 하여 주옵소서.

중대한 결정을 앞두고 선택해야 하는 기로에 선 사람들이 있습니다.
분별할 수 있는 지혜의 마음을 주사 우리의 경험, 지식, 재주, 선입관에 의하여 결정하고자 하는 유혹에서 떠나 주님 앞에 겸손히 무릎 꿇고 하나님의 거룩하신 뜻을 물어 우리의 결정이 한결같이 모두에게 기쁨이 되고 유익이 되는 결정이 되게 하옵소서.
여러 가지 시험에서 승리한 욥에게 갑절의 복을 허락하셨던 주님,
어려움과 염려 가운데 있는 모든 이들을 욥처럼 복되게 하시고 불을 통과한 금과 같이 하나님의 손에 붙들려 존귀하게 쓰임 받는 복된 삶 되게 하옵소서.

김 목사

❖ 2016년 새해를 맞이하며

"마라나타" 아멘, 주 예수여 오시옵소서!
주님, 2016년 새해를 허락해 주시니 감사합니다.
심판과 재앙이 쏟아지는 마지막 교회시대, 오직 은혜로만 살고자 하는 교회와 성도들, 보호하시고 지키시는 위대한 하나님의 역사가 이 민족과 교회와 우리 모두 위에 임하게 하여 주옵소서.

주님, 이 땅 위에 임하소서.
거룩한 말씀 살아 있는 말씀으로 우리를 다스려 주시고, 역사하시는 성령님의 역사 속에 거룩한 은총과 축복을 경험하는 2016년이 되게 하옵소서.
주님, 2016년 거룩한 은총과 축복의 교회로 이 제단을 세워 주옵소서.
이 제단을 긍휼히 여기시고 친히 임재하셔서 오직 하나님의 은혜로만 온전히 세워지는 행복한 그리스도의 공동체가 되게 하옵소서.

주님, 거룩한 은총으로 우리 가정을 축복하옵소서.

거룩한 말씀으로 이 민족의 가정마다 치유하시고 회복시키셔서 우리의 자녀들을 말씀으로 사로잡아 주시고, 성령께서 저들의 앞길을 열어주셔서 교회와 민족의 장래가 밝아지게 하시고, 우리의 모든 삶의 터전 위에도 거룩한 은총으로 축복하셔서 하나님이 열어주시는 영적 승리의 역사를 경험하게 하옵소서.

주님, 이 민족을 축복하옵소서.

2016년은 온 민족이 하나님의 입에서 나오는 음성을 듣고, 그 말씀 앞에 순종하며 나아가는 세계 열방 가운데 뛰어난 민족이 되게 하시고, 하나님의 사랑이 전파되고 하나님의 나라가 확장되는 민족이 되게 하옵소서.

기업의 성장과 더불어 나라 경제와 모든 면에 놀라운 부흥과 성장이 있게 하옵소서.

특별히 21세기 복음 선교국으로서의 사명을 온전히 감당하게 하옵소서.

2016년 언제나 말씀으로 무장하는 가운데 성령의 강력한 기름 부으심이 삶의 모든 영역에서 나타나게 하시고, 그리하여 하나님의 은총과 축복을 경험하는 승리하는 성도들이 되게 하옵소서. 예수님의 이름으로 기도드립니다. 아멘.

김 목사

❖ 주님, 사람들의 눈물을 닦아 주십시오.

사랑하는 하나님!

이 땅에 살아가는 어려움을 겪는 사람들을 위하여 기도드립니다.

열심히 살면서도 마음에 상처를 입고 괴로워하는 사람들의 눈물이 있습니다.

내 마음을 전할 사람이 없어 외로움에 지쳐 있는 사람도 있습니다.

사랑하는 사람을 멀리 두고 와 그리움에 잠 못 이루는 사람도 있습니다.

사랑하는 사람을 가슴에 안고 목 놓아 울고 있는 사람도 있습니다.

사랑에 목마르고 진실에 목 타는 사람도 있습니다.

오랜 지병으로 요양원에서 생활하는 사람도 있고, 사고로 몸을 다쳐 이전과는 전혀 다른 삶을 살아가고 있는 사람도 있습니다.

먹을 것이 없어 배고픈 사람도 있고, 옷이 없어 추위에 떠는 사람도 있고, 잠 잘 곳이 없어 떠돌이 생활을 해야 하는 고독한 사람도 있습니다.

용서받지 못해 괴로워하는 사람도 있고, 용서하지 못해 애타는 사람도 있습니다.
남에게 모욕을 당하고 어쩔 줄 모르는 사람도 있고, 사람에게 버림받고 한숨 짓는 사람도 있습니다.
죄를 짓고 갇힌 몸이 되어 일생을 후회하며 사는 사람도 있고, 남이 모르는 죄 때문에 괴로워하는 사람도 있습니다.

돈을 꾸고 갚지 못해 쫓겨 다니는 사람도 있고, 돈을 빌려주고 받지 못해 안타까워하는 사람도 있습니다.
주님, 이 사람들의 눈물을 닦아 주십시오.
직장이 없어 불안한 사람, 가게 문은 열었으나 손님이 없어 초조한 사람, 화가 나서 날마다 술을 마시는 사람, 갈 곳이 없어 온종일 여기저기 돌아다니는 사람도 있습니다.

주님, 이들 모두의 눈물을 닦아 주십시오.
무엇보다도 뜻하지 않는 폭우와 태풍으로 인하여 수마가 할퀴고 간 흔적들 때문에 한숨짓는 이웃이 있습니다. 많은 사람의 생명을 잃었고 애써서 가꾼 농작물도 사토 속에 묻혀 버렸습니다. 졸지에 모든 재산을 잃고 불행을 당한 수재민들의 눈물도 닦아주시고 크게 위로하여 주십시오.

아픔과 슬픔에 잠긴 이웃에게 온정의 손길을 보내는 따뜻한 손길을 기억하시고 고통을 함께 나누는 아름다운 이들에게 함께하셔서 삶이 더욱 아름답고 풍성 하도록 복을 내려주십시오.
예수님의 이름으로 기도드립니다. 아멘.

김 목사

❖ 이웃을 향한 기도

은밀하고 세미한 소리 가운데 임재하시는 하나님 아버지!
우리를 아름답고 좋은 동네에 살게 하여 주신 것 감사를 드립니다.
지역 내에 함께 살고 있으면서도 서로가 바쁘다는 핑계로 서로를 돌아보지 못하고 살아가는 우리의 모습들이 있습니다.

주님, 우리의 이웃을 향하여 기도하지 못한 죄를 용서하여 주옵소서.
먼저 우리의 어두워진 눈을 용서하여 주옵소서.
우리의 주변 고통 속에 있는 저들의 어려움을 보지 못한 잘못이 있습니다.
주님, 우리의 막힌 귀를 용서하여 주옵소서.
곳곳에서 도와달라고 외치는 이웃의 절규를 듣지 못하고 외면한 잘못이 있습니다.
주님, 우리의 막힌 입을 용서하여 주옵소서.
말해야 할 때 말하지 못하고 불의 앞에 벙어리가 되었던 잘못이 있습니다.
주님, 우리의 무디어진 감정을 용서하여 주옵소서.
우리의 형제가 애통할 때 함께 울어주지 못하고, 고통의 짐으로 무거워할 때
함께 그 고통의 짐을 나누지 못한 잘못이 있습니다.

주님, 우리의 가정을 용서하여 주옵소서.
자녀들을 하나님의 말씀으로 올바로 양육하지 못하고 모범을 보이지 못한 잘못이
있습니다.
주님, 우리의 민족을 용서하여 주옵소서.
주님이 주신 축복을 잊고 우리의 형제 내 동포를 끌어안지 못한 잘못이 있습니다.
주님, 우리로 하여금 우리 주변의 아픔의 소리를 들을 수 있는 민감한 귀를
주시고, 숨겨진 고통과 소외를 볼 수 있는 눈을 주옵소서.
어려운 이웃을 찾아갈 수 있는 발을 주시고, 사랑을 실천할 수 있는 손을 주옵소서.

무엇보다 지극히 작은 자 한 사람을 끌어안고 세상 전부 사랑하신 주님의 뜨
거운 가슴을 주옵소서.
행여나 암과 투병하며 질병으로 고통당하는 가정이 있으면 속히 나을 수 있게
하시고, 실패하고 부도나 어려운 가정이 있으면 다시 일어설 수 있는 용기를 주
시고, 불화한 가정이 있으면 화해하고 행복하게 평화를 누리며 살게 하옵소서.
무엇보다 저들의 가정이 잘되고 자녀가 잘되는 은혜의 복을 내려 주시고, 직
장 일과 사업의 일들이 두루 형통하게 하시며 저들의 산업이 날로 번창하여
나누고도 더 풍성해지는 축복을 허락하여 주옵소서.
또한 세상을 능히 이길 수 있는 강건한 힘을 허락하여 주시고, 가정이 평안하여
행복한 웃음꽃이 봄꽃과 같이 활짝 피어나게 하여 주옵소서.

하나님! 우리가 어떻게 하면 이 동네를 더 좋은 마을로 만들 수 있을까 노력하는 구청장과 동장 그리고 공무원과 경찰 그 외 여러 근로자와 구민에게 지혜를 주시고 힘을 주셔서 아름다운 영도, 살기 좋은 영도, 축복받는 영도를 만들 수 있도록 도와주옵소서.

예수님의 이름으로 축복하오며 기도합니다. 아멘.

김 목사

❖ 아픔과 고통 가운데 있는 이들을 위한 기도

우리를 위로하시고 도우시며 힘과 용기를 주시는 주님!

시험당할 즈음에 피할 길을 여시고 우리를 도우시는 주님께 기도를 드립니다. 우리가 사는 지역에 연약하고 피곤하며 아픔과 고통 가운데 있는 지체들이 많이 있습니다. 주님의 전능하신 손을 펴사 긍휼히 여기시고 강하게 붙들어 주시옵소서.

물질적으로 정신적으로 어려움을 당하는 사람이 있습니다.

아무것도 염려하지 말고 오직 기도와 간구로 너희 구할 것을 감사함으로 구하여 모든 지각에 뛰어난 하나님의 평강이 넘쳐나게 하옵소서.

육신적인 질병으로 아픔을 호소하는 사람들이 있습니다.

주님의 능력의 손으로 어루만지시고 안수하사 치료하는 광선을 발하여 모든 질병에서 자유하게 하시고 강건하게 살아가게 하옵소서.

고통 중에 있는 여러 사람들이 있습니다.

고통에서 평안을 주실 이는 오직 하나님 한 분밖에 없는 줄 믿사오니 거룩하신 사랑의 손을 펴사 고통에서 벗어나게 하옵소서.

잠 못 이루는 우울한 밤을 보내는 사람들이 있습니다.

너희 염려를 다 주께 맡겨 버림으로 정신적인 불안정에서 벗어나 어머님 품속에 있는 어린아이와 같은 평안한 마음을 주사 깊은 숙면의 잠을 이루게 하옵소서.

물질적인 손실과 환경의 어려움 가운데 있는 사람들이 있습니다.

모든 문제의 해결되시는 하나님 앞에 나아와 기도함으로 때를 따라 도우시는 하나님의 은혜로 가난에서 부요함으로, 슬픔에서 기쁨으로, 약함에서 강함으로, 어려움에서 광야에 길을 내는 기적의 역사가 일어나게 하옵소서.

실의와 절망 가운데 있는 사람들이 있습니다.

나의 힘, 나의 생명, 나의 기쁨, 나의 소망, 나의 능력이 되시는 주님께서 실망하여 안타까워하는 마음을 받으사 고독의 절망 중에도 내 곁에 계시는 주님을 믿고 다시 일어나는 용기를 주옵소서.

열심히 일하고 싶지만, 일자리를 잃고 실직한 형제들이 있습니다. 일터를 잃은 아픔을 위로하여 주시고 다시 힘써 일할 수 있는 일자리를 허락하여 주옵소서.

중대한 결정을 앞두고 선택해야 하는 기로에 선 사람들이 있습니다.

지혜의 마음을 주사 우리의 경험, 지식, 재주, 선입관에 의하여 결정하고자 하는 유혹에서 떠나 주님 앞에 겸손히 무릎 꿇어 하나님의 거룩하신 뜻을 물어 우리의 결정이 한결같이 모두에게 기쁨이 되고 유익이 되는 결정이 되게 하옵소서.

여러 가지 시험에서 승리한 욥에게 갑절의 복을 허락하셨던 주님께서 아픔과 고통 어려움과 힘든 가운데 있는 모든 이들을 욥처럼 복되게 하시고 불을 통과한 금과 같이 하나님의 손에 붙들려 존귀하게 쓰임 받는 복된 삶 되게 하옵소서.

예수님의 이름으로 기도드립니다. 아멘.

김 목사

❖ 경건 생활을 위한 매일 기도문

자비하신 하나님 아버지!

예수 그리스도를 구주로 영접하게 하시고 믿음으로 구원 얻게 하심을 진심으로 감사를 드립니다.

주님의 강림이 가까운 때를 살아가는 저희에게 새 하늘과 새 땅에서 누릴 영원한 영광을 기대하며 주께 기도를 드리오니 천국을 소망하는 저들에게 경건한 삶을 통하여 하나님의 뜻을 이루게 하여 주옵소서.

먼저 하나님의 자녀로서 자녀답게 살지 못한 우리의 죄와 허물을 회개합니다. 베푸신 하나님의 은혜에 감사를 잃어버렸고, 하나님의 말씀에 불순종했으며, 오래 참지 못하고, 겸손하지 못하였습니다. 험담 · 중상모략 · 불의 · 부패 · 추악 · 탐욕 · 악의 · 시기 · 질투 · 살인 · 분쟁 · 악독 · 분 냄 · 수군수군 · 비방 · 분열 · 우상숭배 · 음행 · 원망 · 불평 · 위선 · 정욕 · 세속화….

이러한 모든 것을 통회하며 자복하오니 주님, 불쌍히 여기사 용서하여 주옵소서.

주님, 처음 사랑을 회복하사 우리를 여호와께로 돌아가게 하소서.
너희는 이 세대를 본받지 말고 오직 마음을 새롭게 함으로 변화를 받아 하나님의 선하시고 기뻐하시고 온전하신 뜻이 무엇인지 잘 분별하라 했습니다. 이제 아무에게도 악을 악으로 갚지 말게 하시고 모든 사람 앞에서 선을 도모하여 마음을 같이하여 나보다 남을 낫게 여겨 하나님의 자녀로서 참되며 경건하며 옳으며 정결할 만하며 사랑받을 만하며 칭찬받을 만하며 깨끗하고 정결하여 거룩한 주님의 신부로 하나님의 기쁨이 되게 하옵소서.

주님, 주님의 피로 세우신 교회와 나라와 민족을 긍휼히 여겨 주소서.
교회가 교회 되게 하시고 예배가 예배 되게 하시며 진리의 말씀, 이 땅 새롭게 하시고 은혜의 강물 흘러넘치는 축복의 통로가 되게 하옵소서. 무엇보다 교회가 이 시대와 세상의 소금과 빛의 역할을 잘 감당하여 세상 속에 칭송을 받으며 믿는 자의 수가 날마다 늘어나 나라와 민족의 등불이 되게 하옵소서. 국가의 흥망성쇠가 주님께 있사오니, 나라와 민족을 불쌍히 여기사 우상과 미신 불의와 불법, 부정과 부패가 사라지게 하시고, 온 백성이 하나님만을 두려워하고 경외하여 모든 민족 위에 뛰어난 이름을 소유하여 온 세계를 복음으로 이끌어가게 하옵소서.

주님, 우리를 위협하는 악으로부터 우리를 건지시고 보호하소서.
우리를 위협하는 악의 요소들이 너무 많습니다.
환난 · 곤고 · 핍박 · 박해 · 기근 · 적신 · 위험 · 칼 · 악한 원수 · 사탄 · 마귀 · 질병 · 역병 · 불안 · 염려 등……

"누가 우리를 하나님의 사랑에서 끊으리오? 세상에서 너희가 환난을 당하나 담대하라."

이 모든 일에 우리를 사랑하시는 이로 말미암아 넉넉히 이기고 승리하게 될 줄로 믿습니다. 주님 때문에 당하는 환난과 시련 역경이 있다고 두려워하거나 놀라지 말게 하시고 환난은 인내를 인내는 연단을 연단은 소망을 이룸을 믿고 나를 도와주시려고 서서 기다리시는 주님을 바라보고 날마다 넉넉히 승리하게 하여 주옵소서.
예수님의 이름으로 기도드립니다. 아멘.

김 목사

❖ 풍성한 열매를 맺게 하시는 하나님께

오곡백과 자라게 하시고 영글어 익게 하시는 하나님 아버지!
우리에게 풍성한 열매를 주셔서 먹고 마시게 하시고 오곡이 무르익어 양식이
있게 하심을 감사를 드립니다.
햇빛과 비를 주셔서 자라게 하시고 추수하는 기쁨을 주시니 감사를 드립니다.
주님, 이 시간 과수원과 논밭에서 여름 내내 땀 흘리며 일해 준 농부들에게
고마운 마음을 가지며 우리의 손에까지 오도록 수고하는 분들에게 감사한 마
음을 금할 수 없습니다. 농부들을 축복하여 주시옵소서.

심은 대로 거두게 하시는 하나님, 우리가 심은 대로 거두게 하시며 심은 양대로 거
두게 됨을 알면서도 심지 않고 거두기 원하는 어리석음을 용서하여 주시옵소서.
많이 심을 수 있었는데도 적게 심은 것도 용서하시고, 심은 후에 잘 가꾸지
못해 열매가 적은 것도 용서하여 주시옵소서.
하나님, 우리는 겸손하게 심는 자와 물주며 가꾸는 자가 아무것도 아님을 알게
하시고, 자라나게 하시는 하나님의 능력을 감사하게 하옵소서.
하나님, 우리의 신앙생활에도 열매가 많이 맺히게 하옵소서.
먼저 우리의 마음의 밭이 옥토가 되게 하여 삼십 배, 육십 배, 백배의 열매를
맺어 주님의 부르심의 목적이 우리 속에서 이루어지게 하옵소서.

하나님, 우리에게 성령의 열매와 빛의 자녀로서의 열매가 항상 있게 하옵소서.
그래서 주님이 우리에게 열매를 요구하실 때 열매 없는 무화과나무처럼 열매
없는 자 되지 않도록 늘 자신을 뉘우치고 회개하는 열매를 맺게 하옵소서.
나무의 열매로 그 나무를 알게 된다고 말씀하신 하나님,
우리가 주의 제자로서 합당한 생활의 열매를 맺기를 원합니다.
그러기 위하여 포도나무 되시는 주님께 온전히 붙어있어 주께서 공급해 주시는
그 은혜로 많은 열매를 맺게 하옵소서.
예수님의 이름으로 기도드립니다. 아멘.

김 목사

❖ 지난 9개월을 돌아보며

아름다운 계절과 수확의 절기를 주신 하나님 아버지!
지금까지 지내오는 동안 걸음걸음 인도해 주신 주님의 은혜를 감사를 드립니다.
아름다운 결실의 계절을 맞이하면서 열매 맺는 저들이 되기를 소원합니다.
주께서 기뻐하시는 성령의 열매를 맺음으로 저희의 삶에 소망이 넘치게 하시고
기쁨이 충만케 하셔서 하나님께 영광 돌리는 저들 되게 하여 주시옵소서.

주님은 우리에게 범사에 감사하라는 말씀을 하셨지만 우리는 인색하게 골라서
이기적인 것에만 감사한 마음이 있습니다.
늘 감사하는 말을 하라 하셨지만, 불평이 더 많았던 우리의 입술이 있습니다.
주여, 용서하여 주시옵소서.

이제 지난 9개월을 돌아보며 우리는 하나님을 잊은 시간이 많았으나 주의 사
랑이 끊어지지 않았음을 감사를 드립니다.
몸이 병들었을 때도 더 악화되지 않았음을 감사를 드립니다.
염려와 걱정이 있었지만 믿음의 투쟁을 계속할 수 있어서 감사를 드립니다.
하나님의 복을 세어 하나님의 마음을 알게 하신 것 감사를 드립니다.
나보다 더 힘들고 어려운 상태의 사람을 기억하여 지금의 나를 있게 하신 하
나님께 감사를 드립니다.

언제나 어떤 때도 감사할 일은 있사오니, 앞으로도 날마다 감사할 일을 찾아
내게 하시고 못 가진 것을 섭섭해 말고 더 가지려고 안달하지 말고 지금 가
지고 있는 것에 감사하며 범사에 감사하는 삶을 살게 하여 주옵소서.
예수님의 이름으로 기도합니다.

김 목사

❖ 2015년 새해 성도들의 기도문

새해에는 남편이 건강하고 주 안에서 모든 일이 순조롭기를 기도합니다.

중국에 계시는 어머님이 건강하셔서 형제간 우애가 변함없기를 기도합니다.
큰 딸이 주 앞에 나와 자신의 삶을 온전히 찾아 믿음의 길을 걸어가기를 기도합니다.
작은 딸에게 새해에는 주님께서 귀한 자식 선물 내려 주시길 기도합니다.
모든 일이 뜻대로 이루어지길 기도합니다.
범사에 감사한 일이 많게 하소서.

온 가족이 건강하고 주의 뜻을 이루게 하소서.
온 성도들의 사업장 일터가 복을 받고 번성하며 형통하게 하소서.
동삼동 땅 개발과 교회 건축이 순조롭게 하소서.
항상 온유하고 겸손하고 인내하게 하소서.
더 깊고, 더 높고, 더 넓고 더 큰 믿음을 주시옵소서.
어머니께 건강 허락하시옵소서.
믿음으로 삶의 희망을 주소서.
미국 언니가 한국에 와서 가족과 함께 살 수 있도록 길을 열어 주소서.
모두를 원망하지 않고 사랑하게 하소서.
내 탓이라는 것을 잊지 않고 살게 하소서.
삶의 지혜와 믿음의 전도와 인내와 끈기로 살아가게 하소서.

주님, 항상 감사드리며 깊이 깊이 감사합니다.
맡기신 사명 잘 감당하여 부끄럽지 않는 하나님의 자녀로 살기를 원합니다.
우리 가정 건강하고 믿음으로 승리하길 원합니다.
사랑하는 딸 ○○ 건강한 몸으로 많이 배우고 익혀 꿈대로 비전대로 마음껏 펼쳐 나갈 수 있도록 주님께서 그 길을 인도하여 주시길 원합니다.

하나님께 은혜 받은 자로서 부끄럽지 않은 삶을 살게 하옵소서.
하나님을 위해서 저희를 온전히 드리게 하옵소서.
주님의 사랑을 배워서 행하게 하옵소서.
주님만 온전히 바라보게 하시고 항상 동행하여 주옵소서.
주님 마음을 저희에게 주셔서 참된 제자가 되게 하옵소서.
항상 말씀 묵상하고 실천하는 주님의 자녀 되게 하소서.

쉬지 않고 기도하고, 귀 기울여 주님 말씀 잘 들을 수 있게 하소서.
주님의 일하는 데 큰 은혜와 새 힘을 주소서.
믿음 안에서 하나 될 수 있는 믿음의 동역자 만나서 주님의 복된 가정 이루게 하소서.
사랑하는 우리 아버지, 어머니, ○○, ○○이 주님 바로 섬기며 살게 하소서.

❖ 2017년 새해 성도들의 기도제목

하나님! 우리 목사님 건강 지켜주시고, 새해에는 귀한 생명 원하오니 우리 가정에 축복하여 주시옵소서.
저희 가정이 오직 주님만 바라보길 원합니다.
믿지 않는 형제들이 새해에는 주님 전에 나올 수 있게 하시고, 아들이 아프지 않고 건강하게 주님만 바라보면서 잘 자라게 하여 주옵소서.
우리 가족의 건간과 믿음을 지켜 주시고, 온전히 주님께 순종할 수 있도록 마음의 평안을 주세요.
새해에는 열심히 준비하여서 주님과 동행하는 데 부족함이 없는 직장을 허락해 주시고 세상을 보는 눈보다 주님만을 볼 수 있는 눈을 허락해 주세요.
그리고 우리 청년들을 불쌍히 여기시고 세상을 좇아가지 않게 하소서.

하나님 아버지!
우리 아빠와 큰 아빠 예수님 믿게 해 주세요.
또 제가 공부 잘하게 해 주세요.
4학년이 되면 더 철들게 해 주세요.
할머니랑 나랑 오래오래 살게 해 주세요.

사랑하는 아들 사역자의 길로 가려 하오니 은총을 베풀어 주시옵소서.
사랑하는 아내, 사역자의 길에서 헌신중이오니 건강한 몸으로 죽어가는 영혼들을 위해 귀한 종이 되게 하여 주옵소서.
제가 새해에도 범사에 감사할 줄 아는 믿음의 사람이 되기를 소망합니다
또한 새해에도 운행하는 시간 분초마다 주님 동행해 주시기를 소망합니다.

아버지께서 주신 직분 감사함으로 헌신할 수 있게 도와주시옵소서.
늘 기도하는 주님의 자녀 될 수 있게 도와주시옵소서.
하나님의 소망이 제 소망이 되길 소원합니다.
어린아이와 같은 순수한 마음으로 주님만 의지하길 소원합니다.
그리고 주님의 기쁨이 되길 소원합니다.

❖ 2019년 새해 성도들의 기도제목

✚ 하나님의 은혜를 잘 감당할 수 있도록 믿음을 주옵소서.
✚ 영적으로 깨어 있어서 늘 반응하고 기도하는 사람이 되게 하옵소서.
✚ 남편의 건강과 직장을 지켜주시고 성실하여 인정받게 하소서.
✚ 우리 자녀들의 소망대로 모든 일들이 주 안에서 이루어지게 하소서.
✚ 자녀들이 주님의 빛으로 살아갈 수 있게 도와주옵소서.
✚ 사랑으로 남을 배려하며 섬기는 마음을 주시옵소서.
✚ 새해 온 가족이 건강하고 모든 일이 주님 안에서 이루어지게 하소서.
✚ 새로 건축한 교회에서 부흥의 역사가 지속되는 은혜를 베푸소서.
✚ 치유와 회복의 역사가 기적이 상식처럼 일어나게 하옵소서.
✚ 말씀을 가까이하게 하시고 거룩한 삶을 살게 하옵소서.
✚ 맡은 직분을 잘 감당할 수 있는 믿음 더하여 주소서.

✚ 교회가 중심이 되어 모든 구제, 전도, 선교가 우선이 되게 해 주소서.
✚ 자녀들이 주님을 인격적으로 만나 주안에서 믿음 생활 잘하게 하소서.
✚ 가족들이 예수님을 믿고 성경에 대한 절대적 신뢰를 갖게 하소서.
✚ 미워하는 마음을 버리고 항상 주님과 함께하는 성도가 되게 하소서.
✚ 자녀에게 지혜와 총명함 주셔서 하나님께서 리더로 사용하여 주소서.

✚ 청년들이 믿음의 짝 만나 결혼하여 하나님께 영광 돌리게 하옵소서.
✚ 사업장이 주님의 계획과 뜻에 일치하여 순종하며 따라갈 수 있는 지혜를 허락하여 주옵소서.
✚ 어디서든 필요한 자가 되게 하여 주시옵소서.
✚ 교회 새 성전에 은혜 주시고 교회에 충성되게 하소서.
✚ 일터에서 항상 하나님과 동행하여 번창하게 하여 주시고 달려 갈길 잘 달려갈 수 있게 하
  여 주소서.

✞ 더 넓은 마음을 허락하셔서 더 많은 사람을 품게 하소서.

✞ 주님 은혜 안에서 새해에는 전도 사명을 열심히 감당케 하옵소서.

✞ 하나님을 향한 믿음이 흔들리지 않고 잘 자라나게 하소서.

✞ 2019년에는 더욱 주님을 따르고 말씀과 기도가 기본이 되는 제가 되게 하여 주소서.

✞ 주님의 크신 사랑을 기억하고 늘 감사하며 살게 하소서.

❖ 2020년 새해 성도들의 기도제목

✞ 올해도 하는 일마다 하나님의 사랑과 주님의 은총이 가득하게 하소서.

✞ 착하고 충성된 종으로 하루하루 주님 안에서 최선을 다하게 하소서.

✞ 믿음을 키우는 해가 되어 쓰임 받는 종이 되게 하소서.

✞ 우리 아들과 딸에게 믿음을 더하시어 주일을 생명처럼 지키게 하소서.

✞ 하나님께 은혜 받고 보람된 해가 되며 우리 가정 평안함과 가족들 건강 주소서.

✞ 교회가 부흥되며 칭송을 받는 믿음의 좋은 일꾼들이 많이 세워지게 하소서.

✞ 하나님을 깊이 아는 해로 기도하며 성령의 인도함을 받는 삶을 살게 하소서.

✞ 하나님 안에서 좋은 배우자를 만나 감사와 기쁨이 넘치는 가정을 이루게 하소서.

✞ 올해는 저와 자녀들의 믿음이 더욱 성장케 하시고 이웃과 나누며 살게 하소서.

✞ 하나님과 더욱 가까워지고 학교생활에 충실하며, 진로를 찾을 수 있게 하소서.

✞ 금성교회 전도 대장으로 인도하여 주시고 건강함으로 열심히 봉사하게 하소서.

✞ 친구들이 예수님을 알고 믿으며 우리 금성교회에 나올 수 있게 하소서.

✞ 부지런하여 게으르지 않고 열심을 품고 주를 섬기며 가정예배를 드리게 하소서.

✞ 자녀들의 믿음이 굳건하게 하시며 사위와 손자와 손녀의 앞길을 열어주소서.

✞ 자녀들의 믿음이 성장케 하시고 형제자매들이 예수님 믿고 구원받게 하소서.

✞ 자녀에게 지혜와 총명을 주시고 하나님께서 원하는 리더로 사용하여 주소서.

✞ 영도에 빈곤하고 힘없으며 소외당하고 있는 어르신들 예수님으로 힘 얻게 하소서.

✞ 예수님을 믿지 않는 부모 형제들에게 주님의 사랑의 향기를 나타내게 하소서.

✞ 모든 일 하나님께 묻고, 풍요롭지 않지만 베풀고 나누는 삶을 살게 하소서.

✞ 교육부가 부흥되게 하시고 자녀들이 진정으로 주님을 만나는 삶을 살게 하소서.

✞ 온 가족이 주일성수 할 수 있게 하시고 하나님 뜻에 합한 직장으로 인도하소서.

✞ 하나님을 향한 믿음이 흔들리지 않고 신앙이 잘 자라나게 하소서.

✞ 욥의 인내와 경건의 삶 주시고 임마누엘 하나님과 동행하는 가정되게 하소서.

✞ 금성교회가 부흥되고 환우들 치료되며 나 자신이 낮아져 주님을 따르게 하소서.

❖ 새해 주일 기도문

어제나 오늘이나 변함없이 우리를 사랑해 주시는 참 좋으신 하나님 아버지! 정해년이 지나고 무자년 새해 아침이 밝아왔습니다. 시온의 영광이 밝아오는 이 새해 벽두에 금성교회가 사랑의 공동체로 주의 사랑과 뜻을 펼쳐 나가며 그의 의를 이루어 나가게 하심을 진심으로 감사를 드립니다.

하나님! 지난 한 해를 돌아보면서 주께서 저들의 가정과 생업과 산업과 금성 교회에 허락해 주신 하나님의 은혜를 헤아려 보며 감사를 드리고 이제 부흥을 넘어 새로운 변화라는 목표를 가지고 새해를 힘차게 달려가고자 합니다. 모세의 기적이, 엘리야의 승리의 기쁨이, 솔로몬의 부와 영광이 넘치는 축복의 한 해가 되게 하여 주옵소서.

하나님! 오늘 성찬 예식이 있는 이 거룩한 예배에 모든 성도들이 경건한 마음과 믿음으로 우리의 신앙을 고백하는 엄숙한 성찬 예식에 참여코자 합니다. 성찬 예배를 통하여 주님 앞에서 자아를 돌아보게 하시고 자신의 심령 속에 있는 죄의 모든 찌꺼기들을 회개하여 예수 그리스도의 재림의 그 날까지 두려움 없이 거룩한 백성으로 아름답게 살아가게 하여 주옵소서.

하나님! 교회 모든 기간 부서가 있습니다. 새로 맡은 모든 부서들이 하나가 되어 주의 나라를 잘 이루어갈 수 있게 하시고 그리하여 이 지역을 복음의 빛으로 산 위에 세운 동네가 되어 영선동과 영도 그리고 죄악의 도성 소돔과 고모라와 같은 부산 도성을 복음으로 아름답게 변화시키는 소금과 빛의 역할을 잘 감당하게 하여 주옵소서.

하나님! 감사합니다. 새로운 지도자를 대통령으로 세워 주셨사오니, 예수님과 같은 섬김의 지도자로, 아브라함과 같은 믿음의 지도자로, 요셉과 같은 비전의 지도자로, 다윗과 같은 군왕이 되게 하시고 느헤미야와 같은 깨끗한 지도자로, 이사야와 같은 개혁의 지도자로 온전히 서서 하나님의 마음과 백성들의 마음을 시원하게 하는 지도자가 되어 정치발전과 더불어 경제 부흥으로 부국강병을 이루어 세계열강과 어깨를 나란히 하는 삼천리금수강산 대한민국을 이루어가게 하여 주옵소서.

저 북한에 있는 형제들도 우리와 동일한 혈육입니다.
저들을 불쌍히 여기시고 속히 그들이 핵을 포기하고 함께 더불어 통일의 그 날을 이루어가게 하여 주옵소서.

하나님! 질병으로 고통 받는 사람들이 있습니다.
속히 그 병상에서 일어나 새 힘을 얻어 강건하게 살아가도록 깨끗하게 고쳐 주시고, 어려운 시대에 물질적으로 어려움을 당하는 자들이 있습니다. 기뻐 뛰며 춤을 추게 하시고, 마음이 불안한 가운데 있는 사람도 있습니다. 마음이 평안하고 아무런 염려와 근심 걱정 없는 삶을 살아가게 축복하여 주옵소서.

하나님! 우리 목사님 건강으로 지켜주시고 하나님의 귀한 말씀을 선포하실 때마다 성령의 두루마기를 입히시어 능력의 역사가 나타나게 하시며 온 성도들이 귀한 말씀을 듣고 새 힘을 얻어 이 악한 시대에 믿음으로 승리하는 복된 역사가 일어나게 하여 주옵소서.

하나님! 새로 믿기로 작정한 새 가족들에게 은혜를 베푸시고 저들의 모든 삶이 평탄함과 형통함으로 살아가게 복에 복을 더하여 주시옵소서. 시온 찬양대의 찬양을 받으시고 예수님의 거룩한 이름으로 간절히 기도하옵나이다. 아멘.

김재옥 장로 신년감사 주일 기도문

❖ 부활의 아침에 드리는 기도문

죽은 자 가운데서 살아나 우리의 영원한 산 소망이 되는 하나님 아버지!

영원히 멸망할 수밖에 없는 저희들을 십자가상에서 보혈의 피를 흘려 우리의 죄를 속량하여 주시고 부족한 저들을 하나님의 자녀 삼아 하나님의 크신 은혜와 사랑을 누리게 하심을 진심으로 감사를 드립니다.

주님께서는 하늘 보좌와 영광을 버리시고 이 땅에 평화의 사신으로 오셔서 모진 핍박과 고난과 고초를 당하시고 십자가에 못 박혀 죽으시며 장사한 지 사흘 만에 다시 살아나셔서 부활하심으로 우리에게 참 소망과 기쁨과 희망을 주시고 영원히 사는 구원의 역사를 이루어 주시니 얼마나 감사한지 모릅니다. 그러나 우리는 하나님의 말로 다 할 수 없는 그 크신 은혜와 사랑을 많이 받았음에도 불구하고 우리는 그 은혜를 깨닫지 못하고 불순종하며 육신의 정욕과 안목의 정욕, 이기적인 삶을 살아올 때가 얼마나 많이 있었는지 모릅니다.

주님! 그동안 우리의 지은 수많은 죄를 용서하여 주시고, 십자가에서 흘리신 보혈의 피로 저들을 깨끗하게 씻어 주님의 빛 가운데 살아가게 하옵소서.
이제, 주님의 은혜와 사랑을 많이 받는 저들이 썩어져 가는 이 시대에 그리스도인들이 앞장서서 소금과 빛의 역할을 잘 감당하게 하시고, 저들을 통하여 하나님께서 이루시고자 하는 선한 일들을 온전히 이루어가게 하옵소서.
이 나라와 이민족도 사랑하여 주시고, 불황과 불경기가 없이 정치·경제·사회·문화·교육… 모든 것이 안정되어 모두가 평화롭고 살기 좋은 선진 복지 국가가 될 수 있도록 인도하여 주옵소서.

특별히 지역에 일꾼을 뽑는 4월 총선도 있습니다.
지역 주민들에게 현명한 판단과 분별력을 주시어 섬김의 리더, 화합의 리더, 비전의 리더, 개혁의 리더 지역을 크게 발전시킬 수 있는 합당한 일꾼을 뽑을 수 있게 하시고 그렇게 하여 영도 구민 모두가 마음과 뜻을 모아 영도를 살기 좋은 곳으로 만들어 가게 하옵소서.

우리 금성교회도 지역을 위하여 열심히 섬기며 일하고 있사오니 하나님의 귀한 뜻을 잘 이루어 나가는 아름다운 금성교회가 되게 하시고. 우리를 통해 일하는 저들의 수고가 헛되지 않게 하시고 복음의 전파가 널리 퍼져 저들을 통하여 지역 주민들이 행복해지는 역사가 일어나게 하여 주옵소서.

말씀을 전하시는 목사님의 영육을 지켜주시고 선포되는 말씀을 통해 날마다 새롭게 되고 하나님의 뜻을 깨달아 주님의 기쁨이 되는 저들이 되게 하여 주옵소서.

찬양대의 찬양을 받아주시고 우리에게 부활을 통하여 새 생명을 주신 예수님의 이름으로 기도하옵나이다. 아멘.

오봉근 장로 부활주일 기도문

❖ 하나님께 감사와 찬송과 영광을 돌려드립니다.

여호와의 인자하심과 인생에게 행하신 기이한 일을 생각할 때마다 감사와 찬송과 영광을 돌려 드립니다.

지난 한 주간도 우리의 피난처가 되어주셨고 방패가 되어 주셔서 주님 전에 나와서 예배드리게 하심을 진심으로 감사드립니다.

우리 금성교회를 위하여 기도합니다. 성령 충만함으로, 말씀 충만함으로 민족을 복음화 하는 교회가 되게 하여 주시옵소서. 선한 영향력으로 구원받는 사람이 날마다 더해가는 교회가 되게 하여 주시옵소서.

우리 대한민국을 위하여 기도합니다. 하나님이 통치하시고 다스리는 나라가 되어서 우리 하나님만 섬기는 제사장 나라가 되게 하여 주시옵소서. 위정자들이 하나님을 두려워하고 백성을 섬기는 귀한 마음도 허락하셔서 정치가 안정되고 경제가 회복되게 하여 주시옵소서.

이 시간 말씀을 선포하시는 목사님을 위하여 기도합니다. 말씀의 권세와 능력을 더하여 주셔서 복음의 비밀을 담대하게 선포할 수 있도록 하여 주시옵소서. 그 말씀을 듣는 저희들의 마음 문을 활짝 열어 주셔서 길가 밭이 아니요, 돌짝밭도 아니요, 가시밭도 아니요, 옥토가 되어서 말씀을 순종하므로 백 배, 육십 배, 삼십 배, 열매 맺을 수 있도록 하여 주옵소서.

우리 금성교회에 많은 기관들이 있습니다. 여전도회와 남선교회는 선교하는 기관이요, 전도하는 기관입니다. 사명을 다하게 하여 주시옵소서.

유치부 · 아동부 · 중고등부 · 청년부 · 주일학교를 통하여 천국 인재를 양성하고 있습니다. 특별히 저들을 양육하는 두 분 전도사님께 하나님의 권세와 능력을 더하여 주셔서 사명을 잘 감당하게 하여 주시고 많은 부흥과 성장을 통하여 이 나라 이 민족을 위하여, 세계 열방을 위하여 크게 쓰임 받는 일꾼들이 많이 배출되게 하여 주시옵소서.

이 시간 고3 학생들을 위하여 기도합니다. 영육 간의 건강함을 허락하여 주시고 담대함을 허락하셔서 두려워하거나, 조급해하거나, 염려하거나, 초조하거나, 긴장하는 마음이 사라지게 하여 주시옵소서.

이 시간 하늘 곡조로 찬양하는 성가대를 위하여 기도합니다. 다윗이 수금을 탈 때에 사울에게 있던 악신이 물러갔던 것처럼 흑암은 다 물러가게 하여 주시옵소서. 여호사밧 왕이 성가대를 앞장세워서 전쟁에 나가서 크게 승리하고 전리품을 많이 거두어들였던 것처럼 우리도 이 시간 성가대 찬양을 통하여 더욱 영적으로 승리하는 시간이 되게 하여 주시고, 기쁨과 소망이 넘치는 예배가 되게 하여 주시옵소서.
우리를 죄에서 구원하신 존귀하신 예수님 이름으로 기도합니다. 아멘.

신기종 장로

❖ 사랑과 은혜가 충만하신 하나님 아버지

한 주간도 주님의 보호 아래 돌보아 주셨다가 거룩한 주의 날, 아무런 공로도 없는 저희들을 주님을 사모하는 마음으로 신령과 진정으로 예배드리게 하여 주심을 감사드립니다.
이 귀한 예배를 통하여 육신이 치유되고 마음이 평안하며 주님의 뜻을 온전히 좇아 사는 데 부족함 없도록 우리를 도와주시옵소서.

하나님 아버지, 우리는 성령님의 도우심 없이는 아무것도 할 수가 없습니다. 또한 세상을 이길 수도 없습니다. 오순절 날에 주님의 말씀을 따라 순종하여 마가의 다락방에 120명의 성도가 모여서 마음을 같이하여 열심히 기도하였을 때에 아버지께서 약속하신 성령님이 갑자기 불의 혀 같이 임하였던 것처럼,

오늘 우리 교회에도 이런 역사가 일어나게 도와주시옵소서.
그리하여 이제는 믿음이 약해지지 않고 주님의 마음을 아프게 하지 않는 담대하며 성숙한 성도들이 다 되게 도와주시옵소서.

"진리를 알지니 진리가 너희를 자유롭게 하리라"고 주님께서 말씀해 주셨는데 아직도 참된 진리를 모르고 세상을 방황하며 살아가는 영혼들이 많이 있습니다. 이제 저희가 진리의 말씀으로 살아계신 하나님을 말씀을 담대히 증거하는 빛과 소금의 역할을 감당할 수 있도록 저들을 인도하옵소서.

무더운 날씨에 우리 교회 연로한 어르신들 건강 약해지지 않게 지켜주시고, 병원에 입원한 성도도 있사오니 하루 빨리 건강 회복할 수 있게 도와주시옵소서. 어렵고 고달픈 생업에 종사하는 성도들도 있습니다. 힘들지 않게 하시고 경미한 안전사고도 일어나지 않게 지켜 보호하여 주시옵소서.
특히 이 나라를 긍휼히 여겨 주시옵소서. 북한은 같은 동족이며 같은 민족인데도 우리와 대치 상태에 있습니다. 이제는 북한도 화해의 장으로 나와서 하루빨리 남과 북이 평화통일을 이룰 수 있게 도와주시옵소서.

주님께서 귀히 쓰시는 우리 목사님!
단에서 하나님의 말씀을 전하실 때 성령님이 함께하시고 주장하여 주셔서 저희들이 말씀 듣고 능력 받아서 말씀대로 살아갈 수 있게 도와주시옵소서.
시온 찬양대의 찬양에 맞춰드리는 우리의 예배를 하나님 기쁘게 받아주시고 저희들에게 큰 은혜의 시간이 되게 하여 주시옵소서.
우리 주 예수님의 이름으로 기도드립니다. 아멘.

김영정 장로

❖ 통일을 이루게 하시옵소서!

은혜로운 하나님 아버지!
우리나라 남북통일 이루어지게 하시옵소서. 주변 강대국에 의해 한반도가 남과 북, 둘로 갈라져 1950년 6·25 전쟁이 난지도 수십 년이 지났습니다.
휴전 후에도 남과 북이 대치 상태입니다.

우리 금성교회 제1남선교회 회원들이 부부 동반하여 목사님 장로님과 함께 우리나라 남쪽 거제도에 있는 포로수용소를 탐방하고 돌아와서 많은 것을 보고 느꼈습니다. 6·25 전쟁과 같은 비참한 전쟁이 또다시 언제 일어날지 우리는 아무도 모릅니다. 오직 하나님만이 알고 계실 줄로 믿사옵니다.

하나님 아버지! 전쟁 없는 평화통일 이루게 하여 주시옵소서.
지금, 이 시각에도 이북에서는 전쟁을 위한 트집을 잡기 위해 혈안이 되어 있습니다. 이번 백령도 서해 바다에서 우리 해군 천안함 사고로 수십 명의 병사가 한참 꽃다운 나이에 폭음과 함께 죽어갔습니다.
하나님 아버지! 이런 악몽 같은 일들이 다시는 일어나지 않게 하여 주시옵소서.
이런 불안한 시국에 우리는 어찌하여야 합니까?
우리들은 오직 우리 구주 예수님만 믿고 모두 하나 되어 하나님 말씀 따라 살아가게 하여 주시옵소서.

아버지 하나님은 애굽 땅에서 종살이하던 이스라엘 백성들을 구원하시기 위하여 가나안 땅으로 인도하셨을 때 그 광활한 사막에서 낮에는 구름 기둥으로 뜨거운 햇볕을 가려주시고 밤에는 추위를 막기 위하여 불기둥으로 이스라엘 백성들을 보호하여 주셨습니다. 그와 같이 우리나라에도 전쟁이 절대로 일어나지 않게 보호하여 주시고 남북 평화통일이 이루어지게 하여 주시옵소서.
남과 북이 평화롭게 하나 되게 하여 주시옵소서.

온 세상 사람들이 오직 예수님만 믿고 하나님 말씀대로 살아가기를 원하옵니다.
우리 금성교회 성도님들, 한마음 한뜻으로 예수님만 믿고 살아갈 때에 알찬 알곡 성도 되게 하시며 복되고 부흥되는 아름다운 금성교회가 되게 하여 주옵소서.
살아계신 예수님의 이름으로 기도드립니다.

류중신 집사

❖ 수요저녁에 드린 기도

언제나 변함없이 우리들을 사랑해 주시는 참 좋으신 하나님 아버지!
이 저녁에 주의 성전에 나아와 예배드리게 하여 주심을 감사를 드립니다.

죄 많은 우리들을 위해 그 모진 십자가를 지시고 죽으심으로 우리들을 죄에서 자유롭게 하시며 우리에게 소망을 주시고 죽음에서 생명으로 옮겨 주신 그 크신 은혜를 감사드립니다.

이 시간 주님 앞에 기도하오니 주님의 말씀이 능력으로 우리들에게 임하사 지금까지 우리의 욕심과 유혹을 따라 살아온 모든 죄악을 용서하여 주시옵소서. 그리하여 하나님 앞에 성결하고 부끄러움이 없이 거룩한 주님의 신부로 온전히 설 수 있도록 도와주시옵소서.
이제는 주님의 은혜와 사랑을 우리가 받은 것으로 끝나지 않게 하시고 받은 사랑 나누며 도움을 베풀 수 있는 넉넉한 마음과 사랑을 허락하여 주시옵소서.
특별히 주님이 세우신 우리 금성교회가 날로 성장하고 성령 충만하게 하시며 부흥되게 하시니 감사합니다. 앞으로도 이 부흥의 불길이 꺼지지 않게 하시고 계속 타오르게 하여 믿는 자의 수가 날마다 더하게 하여 주시옵소서. 그리고 우리 금성교회가 이 지역을 위한 구원의 방주가 되어 죽어가는 영혼을 살리고 또한 어두움을 밝히는 등불이 되어 방황하는 영혼들을 주께로 인도하게 하여 주시옵소서.
무엇보다 이 교회에서 헌신하시는 목사님 전도사님 장로님 권사님 집사님들께 주님의 능력을 더 하사 하나님과 이웃을 잘 섬기도록 도와주시옵소서.

사랑하는 주님!
이 시간 예배드리는 우리 교회 모든 성도들과 함께하셔서 하나님의 사랑으로 언제나 웃음과 기쁨과 행복이 넘쳐나는 축복을 허락하여 주시옵소서.
이제 목사님께서 말씀을 전하실 때 성령이 함께하시고, 듣는 저희들의 삶과 생각이 변화되어 주님을 섬기는 일에 부족함이 없게 하여 주옵소서.

은혜의 주님! 이 시간이 끝나면 우리는 또다시 세상 속에서 살게 됩니다.
말씀의 감각을 잃지 않게 하시고 기도의 끈을 절대 놓지 않도록 하여 세상의 유혹을 과감히 물리치고 주님께서 주시는 기쁨 가운데 늘 살아갈 수 있도록 도와주시옵소서.
살아계시는 우리 주 예수 그리스도의 이름으로 기도하옵나이다. 아멘.

오선옥 집사

❖ 생명의 길로 인도하시는 하나님 아버지께

우리의 생명이 되시는 창조주 하나님 아버지, 죄로 죽을 수밖에 없는 저희들을 살리시고 생명의 길로 인도하시는 하나님 아버지의 사랑에 감사를 드리며 이 시간 주님 전에 나와 기도를 드립니다. 지난 시간들을 되돌아볼 때 무엇이 소중한 줄도 모르고 분주하게만 살아왔습니다. 저희들 입술로만 주여! 주여! 할 때가 많았고 주님 일을 뒤로 미루고 세상일을 먼저 행했음을 회개하오니 주님, 용서하여 주시옵소서.
이 시간 주님의 은혜를 사모하며 머리 숙인 저들에게 은총을 내리사 예배드릴 때 세상에서 줄 수 없는 은혜와 평강 기쁨을 맛보게 하옵소서.

주님, 이 시간 이 자리에 나온 성도님들, 아마도 무거운 짐들을 지고 나왔을 것입니다. 하나님 아버지께서 받아주시고 힘들고 지친 손을 잡아주시옵소서. 늘 우리와 동행하신 하나님, 기쁠 때나, 슬플 때나 항상 지켜주심을 감사드립니다.

주님, 금성교회를 이 지역에 세우실 때는 주님의 뜻이 있을 것입니다.
진리의 방주, 구원의 등대가 되어 이 지역 사회에 빛을 밝히는 빛나는 금성교회가 되게 하옵소서.
지금은 세계적으로 경제가 어렵습니다. 위정자들이 나라를 걱정하는 마음으로, 맡은 바 사명을 충실히 감당하게 하시고, 국민의 소리를 잘 들어서 서민들이 살아가는 데 부족함이 없게 도와주시옵소서.

이 시간 말씀을 전하실 목사님, 건강과 안위를 지켜주시고 말씀을 듣는 저희들이 변화되어서 30배, 60배, 100배의 결실을 보게 하옵소서.
감사를 드리며 예수님의 이름으로 기도드립니다. 아멘.

김설매 권사

❖ 수요 저녁 기도문

우리의 길과 진리와 생명이 되시는 하나님 아버지! 아버지의 크신 은혜와 사랑을 감사드립니다. 저희는 항상 부족하고 연약하며 게으렀으나 우리 주님 저희를 사랑하셔서 눈동자와 같이 보호해 주시니 감사드립니다.

주님! 간절히 원하옵기는 저희가 주님과 온전히 일치되는 삶을 살기를 원합니다. 우리 주님은 24시간 저희와 함께 호흡하시며 저희를 사랑하시고 도와주시고 또 때로는 성령님이 말할 수 없는 탄식으로 우리를 위해 기도하고 계시는데 저희들은 미련하고 둔하여서 주님이 함께 계심을 깨닫지 못하고 저희 마음대로 저희 뜻대로 우리의 눈에 보기에 좋은 대로 우리 몸이 편한 대로 말하며 행동할 때가 얼마나 많은지 모릅니다.

주님! 저희의 믿음이 적음을 불쌍히 여기시고 긍휼히 여겨 주옵소서. 주님의 말씀을 통하여 주님의 사랑을 알아가며 주님의 뜻과 마음을 알아가지만, 그 앎이 그 믿음이 항상 어린아이와 같음에 부끄럽고 죄송한 마음뿐입니다.
원하옵기는 주님의 말씀으로 사랑이 가득 차서 주님의 뜻이 우리의 뜻이 되며, 우리의 삶이 주님과 일치되어 믿음이 장성한 분량까지 자라가도록 성령께서 우리를 도와주시옵소서. 그리하여 우리의 삶이 세상 사람들과 구별된 삶을 살아서 믿지 않는 세상 사람들로부터 칭찬을 들으며 저들을 다 주님 앞으로 인도할 수 있는 전도의 역군들이 다 될 수 있도록 도와주시옵소서.

주님께서 언제 어느 때에 우리를 부르실지 알 수 없는 이 세상을 살면서 항상 기름 등불 준비한 슬기로운 다섯 처녀와 같이 저들도 주님 앞에 설 때 기쁨과 감사한 마음으로 서며 주님께 잘했다 칭찬받는 저희들이 되게 하여 주옵소서.
우리 지체 중에 병으로 고통 받는 자들이 있습니다. 저들의 기도를 들어주시고 권능의 손으로 안수하셔서 깨끗함을 허락하여 주옵소서, 저들의 눈에 눈물을 닦아주시고 위로하시고 힘 주시사 오직 주님 의지하여 기쁘게 살아갈 수 있는 복을 허락하여 주시옵소서.
우리를 죄에서 구원하여 주신 예수 그리스도의 이름으로 기도드립니다. 아멘.

양소득 권사

❖ 전 교인이 함께 드리는 공동 기도문 (2010년)

사랑하는 하나님 아버지!
우리들에게 성령님을 통하여 예수 그리스도를 내 삶의 주님으로 영접하게 하시고 믿음으로 구원 얻게 하심을 진심으로 감사를 드립니다.

이제 하나님의 자녀 된 백성으로 지금 죽어도 하늘나라 갈 수 있는 특권과 소망 주심을 감사드리며 오늘도 주님께서 우리 가정과 교회를 지켜주시어 평안히 지나게 하심을 감사드립니다.

제가 섬기는 금성교회를 위하여 기도하오니 목사님을 비롯하여 두 분 전도사님과 장로님들과 모든 성도들의 가정을 말씀으로 충만히 채우사 힘을 합하여 주님이 기뻐하시는 교회로 부흥될 수 있도록 축복하여 주시옵소서.
평생 표어 '예수 소망'을 중심으로 올해 표어처럼 '좋은 교회를 넘어 위대한 교회'를 만들기 위해 교회 본질을 추구하는 교회!
참 생명과 기쁨을 주는 교회!
꿈과 사랑과 쉼을 주는 교회!
누구나 오고 싶어 하는 교회!
온 세상을 품고 빛을 비추는 생명력 있는 교회가 되게 하여 주시옵소서.

새롭게 직분을 받은 항존직과 기존의 모든 제직 직분자들이 동일한 마음으로 충성하게 하시고, 모든 이들을 섬기기 위해 전력투구하여 힘 있고 능력 있는 교회로 선한 영향력을 발휘하여 복의 근원이 되는 아름다운 교회가 되게 하여 주시옵소서.

이제 하나님께서 우리에게 허락하실 귀한 성전 건축을 위해서도 기도하오니 언제일지 모르지만 하나님의 절대적인 간섭으로 모든 일들이 순조롭게 이루어져 다음 시대를 여는 복음의 센터로서 진리의 등대와 방주로서의 사명을 다하게 하여 주시옵소서. 이름만 금성이 아니라 영적으로 지역적으로 금성이 되게 하여 주시고 세워진 제단을 통하여 수많은 축복의 간증과 기적의 역사를 체험하게 하여 주시옵소서.

앞으로 많은 성도들을 깨우는 교회가 되게 하시고 힘든 인생의 중심에 예수 그리스도를 왕으로 모시고 그분을 따르고 순종하며 누구를 만나든 예수님이 우리의 유일한 구원자이심을 증거하는 증인의 삶을 살게 하여 주시옵소서.
나그네와 같은 인생에서 우리 자녀들과 우리 모두가 주님을 닮아 성령 충만한 복된 가정으로 만들어 주시옵소서.
살아계신 예수님의 이름으로 기도드리옵나이다. 아멘.

❖ 전 교인이 함께 드리는 공동 기도문 (2016년)

사랑하는 하나님 아버지!

우리들에게 성령님을 통하여 예수 그리스도를 내 삶의 주님으로 영접하게 하시고 믿음으로 구원 얻게 하심을 진심으로 감사를 드립니다.

이제 하나님의 자녀 된 백성으로 지금 죽어도 하늘나라 갈 수 있는 특권과 소망 주심을 감사드리며 오늘도 주님께서 우리 가정과 교회를 지켜주시어 평안히 지나게 하심을 감사드립니다.

제가 섬기는 금성교회를 위하여 기도하오니 목사님을 비롯하여 부교역자들과 장로님들과 모든 성도들의 가정들을 말씀으로 충만하게 하사 힘을 합하여 주님이 기뻐하시는 교회로 부흥될 수 있도록 축복하여 주시옵소서.

평생 표어 '예수 소망'을 중심으로 올해 표어처럼 '사랑하며 살겠습니다'라는 주제로 하나님을 사랑하고, 이웃을 사랑하고, 원수까지 사랑하는 그리스도의 사랑으로 이웃과 세상을 잘 섬기게 하여 주시옵소서.

그리하여 아브라함과 같이 교회를 통해 자손만대 이르기까지 축복의 가문을 이루며 복음으로 가정과 민족을 치유하고 하나님의 나라를 회복하며 천국인재를 많이 배출하는 생명력 있는 복된 교회, 복음으로 영향을 끼치는 매력 있는 건강한 교회가 되게 하여 주시옵소서.

항존직과 모든 제직 직분자들이 하나님의 나라를 위해 충성 봉사하게 하시고 모든 이들을 섬기기 위해 전력투구하여 힘 있고 능력 있는 교회로 선한 영향력을 발휘하여 복의 근원이 되는 아름다운 교회가 되게 하여 주시옵소서.

이제 하나님께서 우리에게 허락하실 귀한 성전을 위해서도 기도하오니 하나님의 절대적인 간섭으로 모든 일들이 순조롭게 이루어져 다음 시대를 여는 복음의 센터로서 진리의 등대와 방주로서의 사명을 다하게 하여 주시옵소서.

무엇보다 인생의 방황은 하나님의 품안에서 끝이 나고, 신앙생활의 방황은 교회정착에서 끝이 남을 알고 세워진 제단을 통하여 수많은 축복의 간증과 기적의 역사를 체험하게 하여 주시옵소서.

앞으로 많은 성도들을 깨우는 교회가 되어 힘든 인생의 중심에 예수 그리스도를 왕으로 모시고 그분을 따르고 순종하며 누구를 만나든 예수님이 우리의 유일한 구원자이심을 증거하는 증인의 삶을 살게 하여 주시옵소서.

나그네와 같은 인생에서 우리 자녀들과 우리 모두가 주님을 닮아 성령 충만한 복된 가정으로 만들어 주시옵소서.

살아계신 예수님의 이름으로 기도드리옵나이다. 아멘.

❖ 전 교인이 함께 드리는 기도문 (2021년)

사랑하는 하나님 아버지!

우리들에게 성령님을 통하여 예수 그리스도를 내 삶의 주님으로 영접하게 하시고 믿음으로 구원 얻게 하심을 진심으로 감사를 드립니다.

이제 하나님의 자녀 된 백성으로 지금 죽어도 하늘나라 갈 수 있는 특권과 소망 주심을 감사드리며 오늘도 주님께서 우리 가정과 교회를 지켜주시어 평안히 지나게 하심을 감사드립니다.

제가 섬기는 금성교회를 위하여 기도하오니 목사님을 비롯하여 부 교역자들과 장로님들과 모든 성도들의 가정을 말씀으로 충만히 채우사 힘을 합하여 주님이 기뻐하시는 교회로 부흥될 수 있도록 축복하여 주시옵소서.

평생 표어인 '예수 소망'을 중심으로 올해는 '주여! 이제 회복하게 하소서!'라는 표어로 새로운 성전에서 하나님의 임재를 체험하고 경험하며 전인적인 치유와 회복이 있기를 원합니다.

저들에게 은혜를 베푸셔서 예배의 회복이 있게 하옵소서.

영성의 회복이 있게 하옵소서. 섬김의 회복이 있게 하옵소서.

거룩과 선민주의 회복이 있게 하옵소서.

그리하여 아브라함과 같이 교회를 통해 자손만대 이르기까지 축복의 가문을 이루며 복음으로 가정과 민족을 치유하고 하나님의 나라를 회복하며 천국 인재를 많이 배출하는 생명력 있는 복된 교회, 복음으로 영향을 끼치는 매력 있는 건강한 교회가 되게 하여 주시옵소서.

항존직과 모든 직분자들이 하나님의 나라를 위해 충성 봉사하게 하시고 모든 이들을 섬기기 위해 전력투구하여 힘 있고 능력 있는 교회로 선한 영향력을 발휘하여 복의 근원이 되는 아름다운 교회가 되게 하여 주시옵소서.

이제 새롭게 건축된 귀한 성전이 다음 시대를 여는 복음의 센터로서 진리의 등대와 방주로서의 사명을 잘 감당하게 하여 주시고 교회를 통하여 수많은 영혼들을 주께로 인도하는 축복의 통로가 되게 하여 주시옵소서.
그리고 인생의 방황은 하나님의 품 안에서 끝이 나고, 신앙생활의 방황은 교회 정착에서 끝이 남을 알고 세워진 제단을 통하여 수많은 축복의 간증과 기적의 역사를 체험하게 하여 주시옵소서.

앞으로 많은 성도들을 깨우는 교회가 되어 힘든 인생의 중심에 예수 그리스도를 왕으로 모시고 그분을 따르고 순종하며 누구를 만나든 예수님이 우리의 유일한 구원자이심을 증거하는 증인의 삶을 살게 하여 주시옵소서.

나그네와 같은 인생에서 우리 자녀들과 우리 모두가 주님을 닮아 성령 충만한 복된 가정으로 만들어 주시옵소서.
살아계신 예수님의 이름으로 기도드리옵나이다. 아멘.

❖ 전 교인이 함께 드리는 공동 기도문 (2022년)

사랑하는 하나님 아버지!
우리들에게 성령님을 통하여 예수 그리스도를 내 삶의 주님으로 영접하게 하시고 믿음으로 구원 얻게 하심을 진심으로 감사를 드립니다.
이제 하나님의 자녀 된 백성으로 지금 죽어도 하늘나라 갈 수 있는 특권과 소망 주심을 감사드리며 오늘도 주님께서 우리 가정과 교회를 지켜주시어 평안히 지나게 하심을 감사드립니다.

평생 표어인 '예수 소망'을 중심으로 올해 표어처럼 '복음으로 교회를 새롭게, 세상을 이롭게'라는 주제로 하나님을 사랑하고, 이웃을 사랑하여 이웃과 세상을 잘 섬기게 하여 주시옵소서.

그리하여 모든 상황을 역전시키는 하나님의 놀라운 일들을 기대하오니 아브라함과 같이 교회를 통해 자손만대 이르기까지 축복의 가문을 이루며 복음으로 가정과 민족을 치유하고 하나님의 나라를 회복하며 천국 인재를 많이 배출하는 생명력 있는 복된 교회, 복음으로 영향을 끼치는 매력 있는 건강한 교회가 되게 하여 주시옵소서.

항존직과 모든 제직 직분자들이 하나님의 나라를 위해 충성 봉사하게 하시고 모든 이들을 섬기기 위해 전력투구하여 힘 있고 능력 있는 교회로 선한 영향력을 발휘하여 복의 근원이 되는 아름다운 교회가 되게 하여 주시옵소서.

앞으로 금성교회가 주님의 은혜 안에서 연약한 교회를 돕고 소외된 이웃들에게 사랑을 나누는 일에 소홀함이 없게 하시고, 다음 세대를 말씀과 기도로 양육하여 교회와 민족과 세계를 책임질 신앙적 지도자로 키우는 데 최선을 다하게 하옵소서.

무엇보다 마음과 뜻과 정성을 다하여 하나님을 예배하는 데에 최우선을 두기를 원합니다. 주님이 주신 은사와 재능 시간과 물질 그리고 내 직업을 통해 국내외 불신 영혼들을 그리스도께 인도하여 구원시키는 데 최선의 노력을 다하게 하옵소서.

이제 하나님의 말씀을 듣는 시간입니다.
목사님을 통해 말씀하시는 하나님의 음성을 듣게 하시고 그 말씀에 온전히 순종하여 하나님께 영광 돌리며 축복의 길을 걷게 하여 주시옵소서.
살아계신 예수님의 이름으로 기도드리옵나이다. 아멘.

❖ 전 교인이 함께 드리는 공동 기도문 (2023년)

사랑하는 하나님 아버지!
우리들에게 성령님을 통하여 예수 그리스도를 내 삶의 주님으로 영접하게 하시고 믿음으로 구원 얻게 하심을 진심으로 감사를 드립니다.
제가 섬기는 금성교회를 위하여 기도하오니 담임목사님을 비롯하여 부교역자들과 장로님들과 모든 성도들의 가정을 말씀으로 충만히 채우사 힘을 합하여 주님이 기뻐하시는 교회로 부흥될 수 있도록 축복하여 주시옵소서.

이제 하나님의 자녀 된 백성으로 지금 죽어도 하늘나라 갈 수 있는 특권과 소망 주심을 감사드리며 오늘도 주님께서 우리 가정과 교회를 지켜주시어 평안히 지나게 하심을 감사드립니다.

평생 표어인 '예수 소망'을 중심으로 올해 표어처럼 '복음의 사람! 예배자로 살게 하소서!'라는 주제로 예수 그리스도의 복음으로 이웃에게 풍성한 생명을 나누며 하나님께 영광을 돌리게 하여 주시옵소서.
그리하여 모든 상황을 역전시키는 하나님의 놀라운 일들을 기대하오니 아브라함과 같이 교회를 통해 자손만대 이르기까지 축복의 가문을 이루며 복음으로 가정과 민족을 치유하고 하나님의 나라를 회복하며 천국 인재를 많이 배출하는 생명력 있는 복된 교회, 복음으로 영향을 끼치는 매력 있는 건강한 교회가 되게 하여 주시옵소서.

항존직과 모든 제직 직분자들이 하나님의 나라를 위해 충성 봉사하게 하시고 모든 이들을 섬기기 위해 전력투구하여 힘 있고 능력 있는 교회로 선한 영향력을 발휘하여 복의 근원이 되는 아름다운 교회가 되게 하여 주시옵소서.

앞으로 금성교회가 주님의 은혜 안에서 연약한 교회를 돕고 소외된 이웃들에게 사랑을 나누는 일에 소홀함이 없게 하시고, 다음세대들을 말씀과 기도로 양육하여 교회와 민족과 세계를 책임질 신앙적 지도자로 키우는데 최선을 다하게 하여 주옵소서.

무엇보다 마음과 뜻과 정성을 다하여 하나님을 예배하는 데에 최우선을 두기를 원합니다. 주님이 주신 은사와 재능 시간과 물질 그리고 내 직업을 통해 국내외 불신 영혼들을 그리스도께 인도하여 구원시키는 데 최선의 노력을 다하게 하여 주옵소서.

이제 하나님의 말씀을 듣는 시간입니다.
목사님을 통해 말씀하시는 하나님의 음성을 듣게 하시고 그 말씀에 온전히 순종하여 하나님께 영광 돌리며 축복의 길을 걷게 하여 주시옵소서.
살아계신 예수님의 이름으로 기도드리옵나이다. 아멘.

❖ 전 교인이 함께 드리는 매일 기도문

01. 매월 첫날을 건강으로 지켜 주시고 달려 갈길 잘 달려갈 수 있게 큰 권세와 능력을 주소서.

02. 이 나라의 대통령과 지도자들 그리고 수장들이 책임의식을 가지고 각자의 본분을 잘 감당하게 하소서

03. 담임목사님과 모든 교역자를 붙들어 주시고 성령의 기름 부으심으로 하나님의 능력의 역사가 나타나게 하소서.

04. 나라의 경제 부양 정책들이 잘 이루어져 경기가 회복되고 침체된 내수 경기가 살아나게 하소서.

05. 교회가 나날이 초대 교회와 같이 부흥을 하고 지역 속에 칭송받는 교회로 우뚝 서게 하소서.

06. 교회의 일꾼이 각자 맡겨진 자리에서 최선을 다하게 하시고 빛과 소금으로 선한 영향력을 끼치게 하소서.

07. 영혼 구원에 대한 열정을 주셔서 기도하고 찾아가고 사랑으로 섬겨 올해 꼭 한 영혼 전도하게 하소서.

08. 온 성도들의 직장과 사업체를 지켜 주시고 손대며 하는 모든 일들이 번창하며 복을 받게 하소서.

09. 젊은이들에게 취업의 문이 활짝 열려 연애, 결혼, 출산 등 비전과 미래에 대한 희망을 가지고 살게 하소서.

10. 가정에 하나님의 말씀과 기도 그리고 사랑으로 자녀들에게 신앙의 계승이 이어지게 하소서.

11. 가정에 환난과 어려움 없이 평안하고 화목하며 행복과 기쁨이 넘치는 가정 되게 하소서.

12. 온 성도들이 흑암과 어둠의 권세에서 벗어나게 하시고 범사가 잘되고 영육이 강건한 삶을 살게 하소서.

13. 교회가 교회되고 예배가 예배되며 은혜롭고 말씀이 살아 역사하는 성령이 충만한 교회 되게 하소서.

14. 기도하고 섬기는 13개의 협력 선교지와 선교사님들의 건강과 선교사역을 통해 선교지가 복을 받게 하소서.

15. 국회의원과 각 정당들이 당의 이익이나 권력 유지보다 나라와 민생 안정을 최우선으로 섬기게 하소서.

16. 말씀으로 날마다 새로워져 겸손히 잘 섬기게 하시고 삶의 자리에서 그리스도의 향기 나타나게 하소서.

17. 이 땅의 퇴폐·음란·사탄의 문화가 사라지고 하나님을 찬양하고 경배하는 예술 문화가 꽃피게 하소서.

18. 하나님의 법을 떠나 주의 은혜를 잊어버린 이 민족을 용서하시고 하나님을 경외하며 살게 하소서.
19. 시기 · 질투 · 미워하는 마음을 버리고 서로 사랑하고 용서하여 거룩함으로 주의 뜻을 이루게 하소서.
20. 이혼, 저 출산, 가정폭력, 성폭력, 아동 학대 등 가정이 회복되어 사회의 든든한 기초를 이루게 하소서.
21. 이 땅의 청년들이 하나님께 소망을 두고 하나님이 주신 비전과 꿈을 가지고 이 세상을 변화시키게 하소서.
22. 자녀들이 게임중독, 학교폭력, 따돌림, 음주, 흡연, 가출, 퇴폐 음란에서 벗어나게 하소서.
23. 날마다 가족과 이웃에게 하나님의 사랑으로 선행을 실천하여 많은 영혼을 주께로 인도하게 하소서.
24. 동성애와 차별금지법 학생인권조례 등 하나님의 공의와 정의로 사회가 밝아지고 깨끗하며 거룩하게 하소서.
25. 교회학교 학생들이 믿음 안에서 사랑으로 잘 자라나 이 시대와 민족을 위해 크게 쓰임 받게 하소서.
26. 이단과 미신 우상과 무슬림이 사라지고 오직 하나님만 경외하고 섬겨 복을 받는 나라와 백성 되게 하소서.
27. 온 교우들이 기도와 말씀으로 하나님과 동행하여 사도행전의 역사를 새롭게 써 가게 하소서.
28. 남북한이 주 안에서 하나되어 통일의 길이 열려 평화롭게 왕래하게 하소서.
29. 기도와 말씀과 성령의 능력으로 무장되어 자신의 몸을 하나님께서 기뻐하시는 거룩한 병기로 드리게 하소서.
30. 이 땅의 기업과 경영인들이 정직한 경영, 창의적 경영, 청지기 의식으로 이웃을 위해 선한 일을 하게 하소서.
31. 한 달을 잘 마무리하게 됨을 감사드리며 다음 달도 하나님의 선하심과 인자하심이 함께하소서.

❖ 한해를 돌아보며 감사한 일들

매일 저녁 기도를 하는데 오늘은 주일 저녁이라 하루쯤 쉬면 어떨까 하는 게으름과 나태 안일한 생각이 들었는데 이 생각은 마귀의 꼬임이라 생각하며 마귀의 궤계와 꼬임에 넘어가지 않고 기도의 시간을 지키고 기도하게 하신 하나님!

허리에 차는 힙 색을 만드는데 힘이 들어요. 전문가가 아니면 제대로 예쁘게 하지 못함을 알게 되었고, 그래도 바느질할 수 있는 시간과 재주를 주신 것 감사합니다.

오후에 산에 올라가니 참새들이 나를 맞이하며 노래로 나를 기쁘게 해 주어 감사합니다.

고난은 내가 원하지도 않고 해결하지도 못하는 문제라는 것을 알게 하시고 그 모든 문제를 해결할 수 있는 자가 하나님임을 알게 해 주셔서 감사합니다.

나의 감정 조절이 내 마음대로 되지 않는다는 걸 알게 하시고, 오직 성령님께서 나를 인내, 끈기, 겸손, 감사, 용서, 축복 등으로 다스려 주시고 가르쳐 주셔서 감사합니다.

매일 마음이 잡생각으로 혼란스러운데 산에 올라가면 답답한 마음이 풀어지고 시원해서 좋아요. 가까운 곳에 산이 있어 언제든 갈 수 있어 감사합니다.

등산 중에 중풍에 걸렸다가 치료된 아저씨를 만나 복음을 전하게 하심을 감사합니다.

계속 콧물이 나와 코 안이 헐어 불편하고 고통스러웠는데 며칠 전부터 콧물이 멈추고, 코 안이 정상이 되었어요. 하나님 고쳐주셔서 감사합니다.

겟세마네 뮤지컬을 통해 예수님이 십자가에 못 박힘을 당할 때 베드로와 마리아를 생각해 보며 예수님의 마음을 묵상케 해 주셔서 감사합니다.

남편이 이불을 정리하고 집을 깨끗하게 청소해 놓아 남편 덕분에 편하게 살아 감사합니다.

몇 주 전부터 탕수육을 먹고 싶었는데 남편이 굴 탕수육을 가져와 맛있게 먹어 감사합니다.

따뜻한 날씨를 주셔서 등산을 무사히 잘 다녀오도록 지켜주셔서 감사합니다.

환청, 환상, 불면증으로 잠을 못 잘 때가 많은데 환청, 환상, 불면증으로 더 주님을 갈급하게 찾게 해 주시고 기도하게 해 주심에 감사합니다.

감사 일기를 쓰라고 할 때 처음에는 글 쓸 힘도 없고 걷는 것도 힘들고 먹고 자는 것도 힘들어 불평하고 싫어했는데 순종하는 마음으로 매일 감사 일기를 쓰게 하여 나를 훈련해 한 해를 잘 마무리하게 됨을 무한 감사합니다.

권순옥 사모

금성인의 행복 편지

❖ **사랑받기 위해 태어난 모든 분들께!**

여름이 지나면 가을이 오고 가을이 지나면 겨울이 오듯이 만사에 때가 있어 여지없이 가을과 겨울을 넘나들게 되었습니다.

며칠 전 가을비가 조금 내리고 난 후 조석으로 기온이 뚝 떨어졌고, 거리에 오가는 사람들은 며칠 전만 해도 짧은 소매의 옷을 입고 다녔는데 어느새인가 긴 소매의 옷과 두툼한 옷을 갈아입었습니다.

멀리 보이는 산에는 짙은 녹색의 옷을 입고 벗지 않으려고 버티던 나무들이 소리 소문 없이 서서히 오색 빛 찬란한 단풍으로 아름답게 물들이고 있습니다. 그리고 창가로 내려다보이는 길목에는 사람들의 발길이 빨라지고, 넓은 바다 위로는 큰 배, 작은 배 어디론가 제 갈 길로 통통거리며 물살을 가르고, 차를 기다리는 가로등 밑 잉어 빵을 굽는 구루마(수레) 앞에는 옹기종기 모여서 구워 내는 잉어 빵을 연신 맛있게 호호 불며 먹고 있습니다.

한동안 찌푸렸던 하늘은 모처럼 창명한 맑은 하늘을 부끄럽게 드러내고, 지난 여름 태풍으로 인하여 힘들어하는 수재민의 마음을 아는지 모르는지 말(馬)들은 수줍음도 모르고 더욱 살만 쪄 가는 것 같습니다.
가을의 향기가 백두산, 금강산으로 시작하여 이제는 고갈산 자락에 이르러 영도 영선동 마을까지 물씬 풍기는 11월에 많은 것이 우리의 주변에서 바뀌고 있는 것을 봅니다.

계절이 바뀌는 이 가을에 보이는 자연만 변화를 가져오는 것이 아니라 "사고(思考)가 바뀌면 행동이 바뀌고, 행동이 바뀌면 습관이 바뀌고, 습관이 바뀌면 성격이 바뀌고, 성격이 바뀌면 운명이 바뀐다."고 '윌리엄 제임스'가 말했듯이 우리 인생의 내면의 모습도 더욱 아름답게 물들어가는 가을이길 두 손 모아 봅니다.

내가 겪었던 고통으로 남이 겪는 고통을 아는 사람, 내가 아파 보았기에 남의 아픔을 나누어 가지는 사람, 내가 아픔으로 눈물 흘려 보았기에 남이 흘리는 눈물도 닦아줄 줄도 아는 사람, 이러한 변화와 바뀜은 IMF 이후 어려움을 겪고 쓰러졌던 우리의 몸과 마음을 예전의 모습으로 새롭게 일으킬 수 있으리라 봅니다.

이 좋은 계절에 자신의 풍요만 만끽하는 가을이기보다는 주변과 이웃에 사랑받기 위해 태어난 모두에게 서로의 따스한 마음을 나누는 풍성한 11월이길 기도드립니다.

2004년 11월을 시작하면서
사랑하며 기도하는 여러분의 목사 김병호 (올림)

❖ 대학입시를 앞둔 사랑하는 석광철에게!

새벽기도회를 마치고 기도하다가 돌아와서 대학 수능시험을 앞둔 너를 생각하며 컴퓨터에 앉아 이렇게 글을 적어 본다.
이제 수능시험이 며칠 앞으로 다가왔구나.
그동안 힘든 나날을 공부하며 달려온다고 수고 많았지?

때로는 너무 힘들고 피곤하여 건강을 염려하기도 했을 것이다.
혹시 입시만을 지나치게 신경을 쓰는 분위기 때문에 마음이 피곤하여 짜증스러울 때도 있었을 것이다.
또 어떤 때는 수능시험의 짐이 너무 무거워서 몽땅 포기하고 싶은 유혹에 시달리기도 했겠지?
하지만 너를 향한 하나님의 뜻이 얼마나 크고 위대한지 알고 있니?

아무리 힘들고 마음이 약해지고 어렵더라도 하나님을 믿는 사람은 하나님과 함께 마지막 순간까지 최선을 다하는 것이란다.

무엇보다도 하나님을 경외하는 그 마음과 말씀과 기도를 무기로 삼아 믿음으로
최선을 다하는 광철이가 되기를 원해.
우리가 믿는 하나님을 향한 그 믿음은 희망이 분명한 것이란다.
희망을 가지면 마음이 밝아질 뿐 아니라 어두운 그늘이 물러가며 마음에는
아침햇살 같은 찬란함이 가득하게 채워지지.
그리고 희망을 가지면 마음이 평화로워진단다.
행여나 자신이 원하는 쪽과는 다른 쪽이 찾아 왔을지라도 그것에 사로잡히지
않고 하나님은 너를 사랑한다는 사실을 확실히 믿기 바란다.

사랑하는 광철아!
남은 시간 최선을 다하여 하나님을 신뢰하고 인정하면 반드시 하나님께서 너의
범사를 인도해 주신다는 사실을 꼭 기억하길 바라.
교회에서는 목사님과 더불어 많은 교인들이 새벽으로 저녁으로 수능시험을
치르는 우리 아들, 딸들을 위해 늘 잊지 않고 기도하고 있단다.
부디 건강하고 담대하여라.
마지막까지 최선을 다하여 최후에 웃을 수 있기를 원하고 그동안 공부 때문에
소홀했던 신앙도 시험 후에는 금성교회에서 더욱 열심 있는 믿음 생활이길 기대
하면서 사랑하는 수험생 광철에게 하나님의 도우심과 축복이 함께하길~
2004년 11월 4일 위하여 기도하는 금성교회 목사 김병호(씀)

❖ 지역주민 초청 사랑 나눔 축제 때 수고한 청년들에게

○○아 안녕!
지난 토요일 지역주민 초청 사랑 나눔 축제 때 정말 수고 많았다.
수고한 노고에 하나님의 은혜와 축복이 함께하길 기도하고
오늘이 벌써 12월의 첫 주를 보내는 월요일이네.

참으로 빠르게 2016년 한 해가 지나가는구나.
가는 세월 누가 막겠는가?
하지만 하루하루 행복하게 최선을 다해 살다보면, 네 마음도 몸도 행복하겠지.
이제 2016년 한 해도 딸랑 달력 1장만 외로이 남겨둔 채 빠르게 달려가네.

그러다 보니 아름답게 수놓았던 가을 단풍도 추풍낙엽처럼 떨어져 여기저기 나뒹구는 낙엽이 우리를 쓸쓸하게 하는구나.
하지만 겨울이 아름다운 건 서로에게 따뜻함을 전해 줄 수 있기 때문이라 생각해.
한주의 첫날 월요일 포근하게 시작하는데 늘 포근하고 행복하게 보내고
올해 좋은 일은 오래 기억하고 혹시 안 좋은 일 힘든 일 있었다면 빨리 잊고
힘내어 남은 올해와 내년에도 늘 좋은 일만 가득하기를 기도해.
다시 한 번 주 안에서 사랑하고, 너의 모든 꿈 아름답게 펼칠 수 있기를 기도한다.
목사님이~~~♡♡♡♡

2016년 12월 지역주민 초청 사랑 나눔 축제 때 보낸 편지

❖ 지역주민 초청 사랑 나눔 축제 때 목사님에 대한 답글

목사님 감사합니다.
ㅎㅎ 요즘 시험 기간이라서 몸도 지치고 피곤했는데 목사님께서 위로해 주시고~
축복해 주셔서 기운이 쑥쑥 나는 거 같습니다!! 너무 감사합니다.
이번 사랑 나눔 축제 정말 좋았던 것 같아요.
주변의 이웃들도 알게 되고 차를 나눠드리면서 몸도 따뜻하게 녹이고 맛있게
드시는 모습에 너무 행복했던 시간들이었어요!
담에도 또 열심히 봉사하고 싶습니다.
목사님께서도 토요일 날 제일 많이 수고하셨습니다.

목사님께서 주신 롤 케이크 빵도 너무너무 맛있고 신발도 예뻐요~ 감사합니다.❤
목사님도 하루하루가 기쁘고 행복한 시간되시길 원합니다.
저도 늘 목사님 건강을 위해 기도하고 있습니다.
늘 저희를 신경 써주시고 사랑해 주시고 기도드려 주셔서 너무너무 감사합니다.❤
그리고 목사님 너무 멋있으세요~ 어제 인사하고 악수해 주실 때 안아주셨는데
정말 박력 넘치셨어요!!!(하트뿅)(하트뿅)(하트뿅) ㅎㅎㅎㅎㅎㅎ 사랑합니다.
목사님❤ 요즘 날씨가 추운데 따뜻하게 목도리도 하시고 꼭 따시게 입고 다
니시고 장갑도 꼭 끼고 다니세요.
사랑합니다. 축복합니다. 감사합니다. ❤

2016년 12월 지역주민 초청 사랑 나눔 축제 때 보낸 편지의 답글

❖ 내 이름 아시고 내 모든 생각을 아시는 주님

"나를 지으신 주님 내 안에 계셔 처음부터 내 삶은 그의 손에 있었죠
내 이름 아시죠 내 모든 생각도 내 흐르는 눈물 그가 닦아 주셨죠
그는 내 아버지 난 그의 소유 내가 어딜 가든지 날 떠나지 않죠
내 이름 아시죠 내 모든 생각도 아바라 부를 때 그가 들으시죠"

내 이름 아시고 내 모든 생각을 아시는 주님
때론 나조차 표현되어지지 않는 미묘한 감정까지도 읽어 주시는 주님!
그래서 맘 놓고 울 수 있어 행복합니다.
이미 내 속에 찬양을 심으시고 내 어려운 고비마다 생각하게 하시어 부를 때
마다 새 힘을 주시는 주님이 계셔 참 행복합니다.
또한 은혜 받은 찬양이 있을 때마다 나누고 싶은 사람이 있어 행복합니다.

목사님께도 동일한 은혜가 날마다 더 하기를 기도합니다.
날마다 하나님의 위로와 격려가 함께하길 간절히 사모합니다.
특별히 한 분의 순종으로 인류의 구원이 이루어졌듯이, 한 사람의 순종으로
금성교회가, 영도가 바뀌리라 기대합니다.

금요일 영도지역 연합으로 기도회를 가지며 강하게 든 생각입니다.
이미 이루어진 목사님의 순종에 이젠 우리의 순종만이 남아 있는데~

목사님!
내일 일은 난 모릅니다.
단지 오늘 노방전도에 동참하고픈 간절한 마음으로 신청서를 제출합니다.
나의 마음과 내 형편을 지켜 주시기를 기도하면서~
목사님께서도 기도해 주시겠죠?
새롭게 시작되는 한 주간도 주님의 사랑이 목사님을 만족케 하리라 믿으며~
(오후에 목사님의 빈자리가 무척 크게 느껴졌습니다.)

❖ 목사님께 성도들이 보낸 메시지

"지역과 어려운 이웃을 항상 챙겨 주시는 목사님! 감사합니다.
복된 나날 되십시오."

"목사님! 새해에 건강하세요.
목사님 문자 받을 때는 마음에 안심이 되고 좋은데 안 받으면 불안해지니
문자 자주 보내주세요."

"목사님 말씀에 능력이 있습니다.
주일마다 많은 은혜 받습니다. 목사님! 사랑합니다."

"목사님! 한 해 동안 목사님께 감사한 것밖에 없네요.
목사님께 하나님의 축복이 함께하시길~"

"목사님! 감사합니다.
여러 가지로 저희 가정에 베풀어 주신 사랑과 섬김에 마음속 깊이 감사를 드립니다."

"목사님! 오늘도 수고하셨습니다.
오늘 하루 성령 충만한 시간이었던 것 같습니다.
말씀 감사히 은혜롭게 잘 받았습니다. 한 주간도 승리하시길~"

"목사님 안 만났으면 어떻게 되었을까 싶습니다.
자꾸 채찍질해 주세요. 감사하고 또 감사합니다."

"목사님 말씀에 내 영혼이 날마다 새롭게 되니 감사합니다.
목사님! 파이팅!!!!!"

"목사님 우리 곁에 함께 계시니 얼마나 힘이 되고 위로가 되는지 모릅니다.
하나님의 축복이 목사님과 함께하시길~"

"올해 저희를 위해 마음고생 많이 하셨습니다.
다가오는 새해 좀 더 발전 있는 교인이 되기 위해 노력하겠습니다."

"한 해 동안 목사님과 함께해서 행복했습니다.
내년에는 더욱 행복하리라 믿습니다."

"목사님을 생각하면 힘이 납니다.
항상 좋은 목회자로 기억됩니다. 건강하십시오."

"사랑하는 목사님! 새해 평안하시고
목사님의 사역 위에 주님께서 복주시기를 간절히 기도합니다."

❖ 안녕하세요? 저 수경이에요.

목사님께!
안녕하세요? 저 수경이에요. ♧♬☀♥
제가 목사님께 너무나 감사한 것이 많아 어떻게 하면 제 나이에 맞게 보답할까
고민하다가 미니 Book을 만들어 보았어요.
많이 부족한 솜씨지만 제 성의니 귀엽게 봐 주세요. ㅋㅋ~~

솔직히 목사님께 감사한 것이 너무 많아요!
특히 어머니 같은 경우, 지금의 변화를 보면 볼수록 감사하고 또 감사해요!
엄마가 너무나 밝아지셨어요.
처음에는 목사님 때문에 교회를 나가셨는데 이제 믿음으로 굳어진 것도 너무
감사드려요.
어머니께 힘을 불어 넣어 주시고 기도해 주신 것도 감사해요.
목사님이 신경 써 주신 덕분에 우리 집이 웃음꽃이 가득 피는 집을 보면서
교회를 지나 갈 때마다 저도 스르륵~~ 빙그레~~ 웃음이 지어진답니다.
목사님! 너무너무(×1,000) 감사드립니다.

그리고 항상 생각하는 것이지만 딱딱하고 너무나 근엄해서 다가가지도 못하는 목사님보다 자상하시고 교회와 성도를 너무나 사랑하시는 목사님!!!
정말 사랑합니다. 하늘만큼~땅 만큼~
목사님! 다시 한 번 감사드립니다!!!!

배수경 올림

❖ 김병호 목사님께!

필승! 이병 최호석입니다.
입대할 때만 해도 햇볕이 쬐는 여름이었는데, 어느새 입김이 솔솔 나오는 겨울이 되었습니다.
군대 와서 새삼 느끼는 것이 '겨울이 이렇게 추웠구나!'였습니다.
지금은 실무에 잘 적응해서 끄떡없습니다. 훈련소 있을 때 편지 쓸 시간이 있었음에도 쓰지 못한 것 정말 죄송하게 생각합니다.
어떻게든 제가 먼저 편지를 드려야 하는데 항상 받기만 하고 전 아무것도 드린 것도 없고 해드린 것도 없고 심지어 교회도 성실하게 잘 다니지 못하고 드문드문 빠져 뵐 면목이 없습니다.
저를 위해 기도해 주시는 목사님과 고모를 생각하면 '이러면 안 되지, 이러면 안 되는데'라고 생각해도 또 실망만 시켜드려서 "앞으로 열심히 다니겠습니다."라는 말 한마디도 굳게 닫힌 제 입에서 나오지 못했습니다.

목사님! 불성실한 저도 군대에서는 신실한 기독신자가 되어가고 있습니다.
훈련소에서 매 주일마다 교회에 나가 주변 선임들과 목사님과 친해져 더욱 열심히 신앙생활하고 있습니다. 제가 열심히 신앙생활 하게 된 최초의 계기는 군인들의 영원한 친구인 '초!코!파!이!' 때문이었습니다.
그 일인즉 예배 시작 전 찬양시간에 약 1,000명 정도의 인원이 쳐다보는 앞에서 찬양에 맞춰 앙증맞게 율동을 혼자 하였습니다. 처음엔 박수로 분위기 살리다 무언가 필요하다 싶어서 맨 뒤에 앉아 있다가 앞에 자매들이 추는 율동을 따라 하며 앞으로 나갔죠.

아~ 지금 생각해도 정말 겁 없이 행동한 것 같습니다

그래도 제가 반쯤 앞으로 나갔을 때 저의 동기들도 같이 일어나 저와 함께 흔들었습니다. 그 이후 유명인(?)이 되어 목사님께서 중보 기도도 해 주시고 하여 정이 들어 교회에 나가게 되었습니다.

동료 전우에게 전도도 하고, 저도 가끔씩 자기 전 친구들을 위해 기도도 합니다. 지금은 실무 배치를 받고 신앙생활을 하기가 힘들어 2달 동안 2번밖에 교회 가지 못한 것이 너무 아쉽습니다.

그래서 항상 힘들어도 주일날을 생각하며 기다리고 있습니다.

아~ 참! 보내주신 소포 감사히 잘 받았습니다. 정말 감동에 감동×1,000입니다. 덕분에 저희 내무실에 파티가 열렸습니다. 저도 많이 먹었습니다.

정말 목사님! 감사합니다.

그리고 금성교회 여러 성도님들께 감사드립니다.

새해 건강하시고 하나님의 축복이 함께하시기를 기도합니다.

해병 1028기 최호석 올림

❖ 김병호 목사님께

목사님, 안녕하세요?

그동안 잘 지내셨는지요? 참으로 오랜만에 소식을 전하게 되었습니다.

자주 소식을 전하지 못해 죄송하게 생각하며 목사님을 잊을 수 없어 이렇게 목사님의 위임을 축하드리며 글월을 드립니다.

처음 저희 아들 민홍이가 몸이 아파 아들의 손을 잡고 남편과 함께 초읍교회로 갔던 일이 생각납니다. 목사님께서 저희 아들을 보시고 손을 꼭 잡고 무릎을 꿇고 엎드려서 하나님께 간절히 땀을 흘리며 기도하시던 그 모습, 새벽기도 때 민홍이와 남편과 함께 가서 뵈었던 목사님의 그 실신하신 모습은 천사와도 같았으며 아직도 제 머릿속에 남아 잊을 수가 없습니다.

본 교회 교인도 아니고 아무 상관도 없는 잘 알지도 모르는 저희를 첫 만남 임에도 불구하고 주님의 사랑으로 위로해 주시고 격려해 주시며 같이 아파해 주시던 위대한 사랑의 사도이신 목사님! 정말 존경하며 사랑합니다.

세월이 어느덧 흘러 민홍이가 하늘나라로 간지도 5년이 지났습니다.

깊은 슬픔 가운데 많이 힘들었지만, 목사님께서 저희 가정을 위해 많이 기도해 주심으로 힘을 얻을 수 있었고 엄청난 고난 가운데 있던 저희들이 이제 마음 깊은 곳에서 주님의 크신 은혜를 깨닫게 하시며 감사와 기쁨이 솟아나게 하시니 목사님의 사랑에 감사할 따름입니다.

율법적인 신앙이었던 저를 목사님을 통하여 놀라운 주님의 은혜를 깨닫게 해 주셨고 우리 가정을 구원하여 주신 주님의 은혜가 정말 감사하여 제 눈에서 감사의 눈물이 한없이 흐릅니다.

저희 가족에게 베푸신 목사님의 크신 사랑에 제대로 보답도 못 했는데 늦게나마 지면을 통하여 이렇게 머리 숙여 다시 한 번 깊은 감사의 인사를 드립니다.

목사님! 목사님의 위임을 진심으로 축하를 드립니다.

그리고 목사님과 목사님이 섬기시는 금성교회와 가정에 놀라운 하나님의 은혜와 평강이 늘 함께하시기를 기도드립니다.

우리 민홍이 아빠도 많이 회복되어져 얼굴이 밝아지고 신앙생활도 열심히 잘하고 저희 가족도 목사님의 끊임없는 기도로 잘 지내고 있습니다.

민화도 대학교 3학년인데 하나님께서 매 학기마다 장학금을 받게 해 주셨습니다.

목사님! 제 나이가 벌써 50이 되었습니다.

남은 날이 얼마인지 알 수 없지만, 목사님께서 저희 가족에게 베푸신 그 사랑을 본받아서 저도 목사님과 같은 축복의 통로가 되기를 소원합니다.

목사님과 같은 큰 사랑이 제 마음속에 있기를 늘 하나님께 기도하고 있습니다.

목사님! 다시 한 번 목사님의 위임을 축하드리며 하나님의 크신 은혜와 축복이 함께하시길 기도드립니다. 샬롬~

2007년 3월 4일 하계옥 집사 드림

(현 하계옥 집사는 받은 사랑에 빚을 갚고자 신학을 공부하고 졸업 후 본 금성교회 전도사로 그리고 목사 안수를 받아 부목사로 재직하다 현재는 베트남에 선교 중입니다)

❖ 감사의 말씀

목사님 안녕하십니까!

재가방문 서비스를 받고 있는 피 보험자 ○○○입니다.

본인은 어언 팔순에 가까운 사람으로 지금까지 살아오면서 지역을 위해 또한 지역민을 위하여 별다른 일을 한 적이 별로 없습니다.

그저 이곳에 사는 한 사람에 불과한 사람입니다.

그런데 우리 지역에 있는 금성교회가 최근 몇 년 전부터 주야를 불문하고 소외되고 어려운 사람, 혼자 사는 여러 독거노인을 찾아 도와주고 챙겨주는 여러 모습을 보면서 참으로 감사한 마음을 가져 봅니다.

특별히 별 볼일도 없는 지역과 교회를 위해 전혀 도움도 되지 않는 나에게까지 이런 혜택을 주고 도움을 주는 모습을 보면서 얼마나 고맙고 감사한지 몇 자 감사의 말을 글로 적어 봅니다.

지역에 있는 금성교회가 날마다 좋은 일을 많이 한다는 것은 이미 알고 있었지만 이렇게 구체적으로 일하는 여러 모습을 보면서 참 좋은 교회라는 것을 새삼 느끼게 됩니다.

몸이 불편하여 대연동에 소재하고 있는 병원에 입원하고 있었을 때 어찌 알았는지 찾아와 몇 번씩 병문안도 해 주시고 퇴원 후에도 집으로까지 찾아와 챙겨주시고, 그것도 고맙고 감사한데 혼자 힘으로 생활하기 불편하여 어떻게 해야 할까 고민하며 걱정하고 있었는데 김병호 목사님께서 이번에 국가에서 몸이 불편하거나 노인성 질환으로 고생하시는 분을 돌보는 노인 장기 요양보험이 생겨 재가방문으로 서비스를 받을 수 있다는 소식을 듣고 목사님에게 신청하여 현재 서비스를 잘 받고 있습니다.

혼자 늘 외롭게 불편한 점이 한둘이 아니었는데 매일같이 요양사가 집으로 찾아와 식사 및 집 안 청소, 세탁, 그 외 심부름 심지어 병원 내왕까지 도움을 받고 있어 얼마나 좋은지 모릅니다.

더구나 젊은 사람이 살아가는 사고방식도 배우고 참 좋습니다.

지금까지 몇 개월 장기 요양보험 재가방문 혜택을 받으면서 목사님이나 이 지역 보험 담당자에게 인사 한마디 드리지 못하였습니다.

이 점. 너그러운 심정으로 이해를 바라며 더불어 국민건강 보험공단 장기 요양보험센터와 금성교회에 무궁한 발전과 번영을 기원하며 금성교회 목사님과 저희 집에 와서 수고하시는 요양사분께도 감사를 드립니다.

이 지역은 어르신도 많고 어려운 사람도 많아 여러 가지 도움을 바라는 사람이 많은 곳입니다.

시기적으로도 모두가 어려운 이때 그 노고가 한둘이 아닐 것입니다.

부디 건강하시고 더욱 좋은 일 많이 해 주시길 바라면서 이만 줄이겠습니다.

목사님! 나이 많아 늙어 아무것도 할 수 없는 나에게 이런 관심과 사랑 베풀어 주셔서 거듭 감사를 드립니다.

2009년 2월 26일 서비스 제공받는 사람 ○○○

❖ 목사님께

목사님, 안녕하세요?

요즘 오락가락하는 날씨에 건강은 잘 챙기고 계신지요?

저희 중·고등부 학생들은 목사님의 기도 덕분에 항상 승리하는 삶을 살고 있습니다.

늘 우리들을 위해 기도하시는 목사님이 존경스럽고, 목사님이 계신, 우리들이 다니는 금성교회가 자랑스럽습니다.

이 지역을 위해 헌신하고, 봉사하고, 섬기는 금성교회에서 배우며 자라는 것이 너무 뿌듯하고 기쁩니다.

앞으로 금성교회 중·고등부 학생들도 금성교회와 목사님을 닮아 타인을 위해 봉사하고 섬기는 자랑스러운 하나님의 일꾼이 되겠습니다.

목사님, 감사합니다.

중고등부 학생 일동

❖ 목사님께 드립니다.

저는 김병호 목사님이 우리 금성교회에서 가장 영향력 있는 목사이며, 젊고 활기차고 열정적인 교회에 새로운 바람을 일으킬 인물이라고 생각합니다.

목사님은 철저히 성경 중심으로 희망과 자기 계발에 관한 참신하고도 설득력 있는 복음을 전하는 목사님입니다.

어떻게 보면 가장 소외된 곳에서 가장 소외된 사람들이 모여 있던 이 금성교회를 하나님께서 최고의 걸작품으로 만들어 주셨고, 김병호 목사님을 위시하여 계속해서 성장하고 있습니다.

우리를 위해 항상 수고하시고 노력하시는 목사님! 감사드립니다.
하나님! 저를 포기하지 않으시고, 이렇게 구원받게 하시니 정말 감사드립니다.

이선학

❖ 존경하고 사랑하는 김병호 목사님께

안녕하세요, 목사님!
저는 청년부 회장 허민지라고 합니다.
스승의 주일을 맞아 중·고등부와 청년부를 대표하여 편지를 드릴 수 있어 정말 감사합니다.
항상 귀한 말씀을 전해 주시고 기도와 사랑으로 섬겨 주시는 목사님♡
일일이 감사를 전해 드리지 못해 아쉽지만 항상 마음속으로 감사드리고 있고 목사님을 위해 기도드리고 있다는 것을 알아주셨으면 좋겠습니다!

이번에는 목사님께 감사한 마음을 담아 중·고등부와 청년회에서 작은 선물을 준비했습니다.
더 좋은 것으로 드리지 못해 죄송하지만 저들의 마음이 잘 전달되었으면 좋겠고, 목사님께 기쁨을 드릴 기회가 되었으면 좋겠습니다.♣
항상 건강하시고 하나님 안에서 평안을 누리는 은혜가 목사님께 가득하시길 소망합니다. 사랑하고 축복합니다. 그리고 감사합니다. 목사님♥

From 중·고등부 청년부 일동 스승의 날에

❖ 존경하는 김병호 목사님께!

안녕하세요, 목사님 저 ○○입니다.
금성교회 모든 성도의 스승이신 목사님께 감사한 마음을 전합니다.
금성교회 모든 성도를 진심으로 사랑하시고 늘 기도해 주셔서 감사합니다.
언제나 미소 지으시며 인사해 주시는 목사님의 모습이 너무 좋습니다.

'하나님을 사랑하고 이웃을 사랑하라' 하신 예수님의 말씀을 실천하심으로써 저희에게 본을 보이시는 목사님! 존경합니다.

제 주변 사람들에게 "우리 목사님은 진심으로 이웃을 섬기시는 분이야!"라고 자랑해요.

요즘 방송매체에서 목사님들의 불미스러운 소식을 많이 접하는 이때, 저는 목사님을 자랑할 수 있어서 너무 좋습니다. 감사합니다.

목사님께서 건강하셔야 저희가 걱정 안 하고 목사님과 함께 하나님을 사랑하고, 이웃을 섬기는 일에 열심을 다할 수 있을 것 같습니다.

저희를 위해서라도 꼭!! 건강 챙겨주세요.

그리스도인!

복음으로 사는 사람이 되도록 더 기도하고, 말씀 사모하는 자가 되겠습니다.

하나님께 늘 예배드림으로 하나님의 마음을 기쁘게 해드리는 목사님과 제가 될 수 있도록 더 기도하겠습니다. 목사님께서도 함께 기도해 주세요.~

목사님! 감사합니다. 그리고 존경합니다.~

○○ 올림

❖ 목사님을 향한 편지

금성교회 김병호 목사님께!

존경하는 목사님! 사랑합니다.

부지런하시며 사랑이 많으시고, 훌륭한 목사님을 우리 금성교회로 인도하신 하나님께 감사드립니다.

13년 전 언덕 위에 작은 교회 가난하고 황무지와 같은 금성교회에 오셔서 장미꽃을 피우게 하시고, 교회와 지역을 섬기며 많은 변화와 부흥을 이루게 하신 목사님의 노고에 감사드립니다.

목사님은 이른 새벽부터 새벽예배를 마치시고 병원 심방으로부터 시작하여 매일같이 하나님의 사랑을 위해 힘쓰시고 수고하시는 모습이 너무 아름답습니다.

그리고 지역에 어렵고 가난한 자들과 어른들을 보살피며 먼저 솔선수범하여 모범을 보이시고 최선을 다하는 모습과 언제나 주님의 사랑을 전하시는 데 지침이 없는 그 열정을 보니 참으로 존경스럽습니다.

목사님으로 인하여 좋은 금성교회로 변화되며 행복한 신앙생활을 하게 됨을 감사드립니다.

목사님! 지난해 건강상 이상이 있어 많이 염려했습니다.

올해는 하나님의 은혜로 더욱더 건강하시고 평안과 은혜가 넘치는 풍성한 2016년 한 해가 되기를 기도합니다. 목사님! 존경하고 사랑합니다.

박재임 권사

❖ TO 김병호 목사님께

목사님! 저 하은이예요.

요즘 자꾸 목사님께 저의 마음을 전해야겠다는 생각이 들어서 이렇게 편지를 씁니다. 제가 이번 방학에 IVF 수련회 가서 말씀을 듣고 친구들과 나눔을 하면서 교회에 대한 고마움에 이 편지를 쓰게 되었어요.

사실 저에게는 금성교회가 어릴 때부터 다니고 또 너무 오래되어 익숙한 곳이라 그런지 교회에 대한 애정을 가지고 우리 교회를 자랑하거나 또 누구에게 얘기하거나 그러지 않았는데 이번에 우리 교회를 곰곰이 생각해보니 또 한국교회의 현재의 모습을 바라보고 듣고 하니 '우리 금성교회가 참으로 바로 서려고 노력하고 하나님의 뜻을 구하며 나아가는 참 좋은 교회구나~'라는 생각이 들었습니다.

교회는 교회 안에서만 이루어지는 것이 아니라, 지역을 섬기며 베풀고 또한 하나님의 말씀을 전하며 치유자의 역할을 해야 하는 것으로 생각하는데, 우리 교회는 늘 그러기에 힘쓰며 하나님의 사랑을 실천하고 노력하고 있는 교회인 것 같아 너무 기쁘고 감사하게 생각합니다.

예전에는 지역신문에 금성교회의 안 좋은 소식이 거론되면서 욕먹을 때도 있었는데 지금은 목사님이 오시고 난 이후 좋은 교회로 지역에 소문이 나고 또 좋은 시각으로 주민들에게 비친다는 게 얼마나 감사한 일인지. 물론 하나님께도 감사하지만, 목사님께 너무 감사드려요.

목사님의 그 수고와 땀, 성실함과 노력, 성도들에 대한 사랑, 그리고 하나님을 바라보는 마음이 없었다면 우리 교회가 이렇게 좋은 교회로 소문이 나며 부흥할 수 있었을까요?

하나님께서 목사님을 통해 일하시고 계시는 것이 보여서 저는 너무 행복합니다. 그리고 또 감사합니다.

제가 IVF 공동체 속에서 목사님과 그리고 사모님에 관해 친구들에게 얘기하면 친구들이 다 깜짝 놀라곤 해요. "요즘에도 그런 목사님과 사모님이 계시나?"고 하면서 말이에요. 저는 일부만 말했을 뿐인데 저렇게 놀라면 다 얘기할 때는 어떤 반응을 보일지 궁금해집니다.

이렇듯 목사님과 사모님께서 교인들을 위해 늘 기도해 주시고 또한 마음 써 주시고 낮은 자리에서 섬겨 주시는 모습을 볼 때 '정말 존경하고 그 모습을 배울만하다'는 생각이 들어요.

저는 이번 달 QT를 하면서 바울에 대하여 살펴보았는데 사도 바울을 보면서 목사님이 계속 생각이 났습니다.

그리고 목사님께서는 바울의 모습을 많이 가지고 계셔요.

복음에 합당한 삶은 한마음 한뜻으로 복음을 위해 협력하는 것과 대적자를 두려워하지 않는 것이라고 하는데 앞으로 저를 비롯한 우리 금성교회 성도님들이 목사님과 함께 복음을 위해 협력하여 더 좋은 교회로 부흥했으면 좋겠어요.

그리고 바울에게 좋은 벗이자 동역자인 에바브로디도가 있었듯이 저도 목사님께 에바브로디도 같은 좋은 벗 동역자가 되어 드릴게요.

우리 교회 속에 부족함, 연약함이 있지만, 함께 합력하여 선을 이룰 때 하나님께서 더 사용하시고 기뻐하시고 영광 받으실 거라고 믿어요.☺

목사님! 항상 저와 우리 가족을 생각해 주시고 기도해 주셔서 감사하고 목사님이 우리 교회 목사님이라서 너무 좋아요.

저도 목사님을 위해 많이 기도할게요.

다시 한 번 감사를 드리고 억수로 사랑합니데이~

2013년 1월 30일 From 하은

❖ **목사님께! 안녕하세요?**

언제나 금성교회를 위해 힘쓰시고 봉사하시는 목사님!
항상 중·고등부를 생각해 주시고 기도해 주심을 참으로 감사를 드립니다.

모처럼 목사님께 편지를 쓰려고 하니 어떤 내용을 써야 할지 잘 모르겠어요. 그러나 분명한 사실은 저에게 늘 관심을 가지고 사랑해 주시는 목사님의 그 말 한마디에 용기를 얻고 힘을 얻습니다.

감사를 드리며 믿음 안에서 항상 믿음 잃지 않고 잘 자라나도록 하겠습니다. 목사님! 사랑하며 축복합니다.

중등부 소정 올림

❖ 목사님 안녕하세요?

목사님 안녕하세요? 저 은영이에요. 잘 지내시죠?

몸도 편찮은데 없이 건강하시지요? 늘 교회 일로 바쁘신데 건강을 챙기시고 목사님 아프지 마시고 늘 건강하세요. 어렸을 때 교회를 열심히 다니다가 좀 쉬었어요. 그런데 다시 교회를 나오게 되었어요.

금성교회에 와서 목사님과 전도사님의 말씀을 듣고 하나님의 사랑을 알게 되었고 점점 믿음이 자라나고 있어요. 감사를 드립니다.

목사님! 부족하지만 이 믿음 변치 않고 잘 지켜나갈 수 있도록 지켜봐 주시고 기도해 주세요. 아직은 주일날 일찍 일어나 교회 나오는 것이 힘이 들고 어려워요. 하지만 열심히 다녀서 하나님께 기쁨이 되고 영광을 돌릴 수 있도록 노력할게요. 언제나 살아계신 하나님의 은총이 목사님과 함께하시길 기도합니다.

중등부 은영 올림

❖ 목사님께 드리는 편지

목사님! 안녕하세요? 김용준 전도사입니다.

건강히 잘 지내시는지요?

저는 목사님의 기도 덕분에 아주 잘 지내고 있습니다.

목사님께서 보내주시는 금성교회 소식지 '행복한 이야기'는 공부와 과제로 바쁜 저에게 마음의 휴식과 크나큰 위로를 주고 있습니다.

잊지 않고 이곳 먼 미국까지 사랑을 베풀어 주셔서 진심으로 감사드립니다.

소식지를 통해서 본 금성교회의 섬김은 하나님의 사랑을 바르게 실천하며 성장하는 교회라는 생각을 갖게 합니다.

저도 신대원 재학 중에 사회복지학을 같이 공부했습니다.

공부를 해 보니 하나님의 사랑 안에서 실천되는 사회복지학은 오늘날 교회와 목회자들이 겸손과 섬김을 배울 수 있는 필수과목이 아닌가 생각해 봅니다.

금성교회가 행정과 사회복지, 상담, 신학을 모두 공부하신 목사님을 모시고 있다는 것은 정말 하나님께 감사드려야 할 일이라 생각합니다.

목사님의 영적 지도력과 금성교회 교인들의 순종과 헌신으로 분명 금성교회는 한 해, 한 해 더욱 성장하며 지경을 넓혀가는 교회가 되리라 생각합니다.

수많은 별들 중 가장 밝은 빛을 내는 별이 '금성(金星)'이듯이 하나님의 나라에서 가장 밝은 빛을 내는 '금성교회'가 되길 축복하며 기도합니다.

부족한 저를 기도로 도와주시는 금성교회와 목사님께 항상 감사드리며 또 소식 전하겠습니다. 언제나 건강하시길 기도하며~

Pasadena Fuller에서 김용준 드림

❖ 장학금을 받고

안녕하세요?

저는 이번에 금성교회에서 장학금을 받게 된 신선중학교 졸업생, 추영희입니다. 감사한 마음을 가득 담아서 편지를 드립니다.

보내주신 장학금은 앞으로 고등학교 생활을 하고, 또 준비하는 데 도움이 되라는 뜻으로 알고 고등학교 생활, 최선을 다하여 열심히 하도록 노력하겠습니다.

그렇게 하는 것이 금성교회와 성도님들께 보답하는 길이겠지요.^^

다시 한 번 정말 감사합니다.

앞으로 열심히 공부하여 금성교회와 성도님들께 흐뭇한 미소를 짓게 하는 훌륭한 대한민국의 일꾼이 되겠습니다. 감사합니다.

신선중 3학년 졸업생 추영희

❖ 장학금을 받고

금성교회와 성도님들께

안녕하십니까? 저는 올해 신선중학교를 졸업하는 황유림이라고 합니다.

부족한 저에게 이렇게 장학금을 보내주셔서 감사합니다.

생각지도 못한 장학금을 받게 되어, 잊지 못할 졸업식이 될 것 같습니다.

고등학교에 가서도 열심히 노력하여 사회에 꼭 필요한 사람이 되겠습니다.

다시 한 번 감사드립니다.

신선중 3학년 졸업생 황유림 올림

금성교회는 신선중학교 졸업식 때 성적이 우수한 타의 모범이 되는 졸업생 2명을 선정하여
매년 장학금을 전달하고 있다.

❖ 스승의 날을 맞이하여

스승의 날을 맞이하여 참으로 충성된 우리 목사님!

당신의 모든 것을 주께 드리는 삶을 살고 계시는 믿음의 스승이신 우리 목사님께 드리는 글을 쓰고자 합니다.

큰 교회에서 사역하시다가 하나님께서 가라고 명하신 이곳 금성교회 오셔서 사역중이십니다. 복음의 불모지이자 우상을 섬기는 사람들이 많은 이곳 영도 영선동에 오셔서 자신의 건강을 돌보지 않으시고 몸 바쳐 충성하시는 목사님 어르신들 가정을 돌아보며 기도해 주시고 어르신들 맛있는 것 사드시라고 자신의 주머니에서 돈을 꺼내어 넣어 주시는 우리 목사님이십니다.

우리 목사님은 낡고 해어진 옷을 입고, 신발은 일반 사람과 같으면 버렸을 그런 신발을 신고 다니십니다. 자신의 양복은 최고로 싼 것을 입으면서 어르신들의 옷을 사 주시는 우리 목사님, 어르신이 아파 병원을 가신다고 하면 직접 어르신을 업고 도로까지 나와서 차로 모시고 병원까지 다녀오시는 목사님, 또 어르신들의 집에 장판과 도배가 오래되어 색깔이 발해 있으면 직접 도배와 장판도 구입하여 무료로 교체해 주시는 목사님, 지역 주민의 집에 수도와 전기가 고장이 나면 재료를 구입하여 무상으로 고쳐 주시는 목사님, 이곳 지역은 계단이 많아 어르신들이 불편하다고 계단마다 손잡이를 설치해 주시는 못 하는 것이 없는 맥가이버 목사님이십니다. 목사님의 혜택을 받는 집들은 복 받은 집이겠지요?

또한 손에는 물집이 생기고, 얼굴은 햇볕에 그을려서 까맣게 거슬렸음에도 목사님은 이러한 일들을 힘들어하지 않으시고 '당연히 해야 할 일'이라며 하나님의 받은 사랑을 나누는 것 뿐이라고 말씀하십니다.

교회도 이제 작지 않음에도 불구하고 직접 인건비 절약을 위해 목사님이 교회를 손보시고 청소를 하시며 페인트칠도 해 옷도 페인트로 그림이 그려져 있습니다.

이러한 목사님의 지역 섬김과 봉사로 교회가 지역에서 칭송을 받고 많은 사람들이 교회로 나와 등록을 하고 있습니다.

이런 우리 목사님의 건강에 적신호가 왔을 때 극동방송 기도팀에게 기도요청을 했습니다. 목사님을 위해 수만 명이 기도해 주신 덕분에 지금은 깨끗이 치유되어 더 열심히 사역하고 계십니다. 그런 목사님을 보면서 우리도 열심히 목사님의 뒤를 따라가리라고 다짐해 봅니다.

동에 번쩍 서에 번쩍 바쁘게 사역하시는 목사님을 위해 여러 성도님들 기도 많이 해 주시고 함께 협력해 주시길 바랍니다.

우리의 스승 되시는 목사님! 존경합니다. 그리고 많이 사랑합니다.

스승의 날에 김언미 집사

❖ 김병호 목사님

아름다운 산천초목이 색동옷을 갈아입고 오곡백과가 풍성한 가을의 계절에 저희 신광교회 교구헌신예배에 오셔서 하나님의 말씀으로 성도들의 심령에 은혜를 끼쳐 주심에 감사를 드립니다.

신축 중인 금성교회의 건축이 하나님의 은혜 가운데 안전사고 없이 순조롭게 건축되게 하시고, 섬기시는 교회와 목사님의 가정에 평안을 허락하시며 목사님의 건강과 금성교회의 놀라운 부흥의 역사가 임하시길 기도드립니다.

신광교회 양봉호목사

❖ 김병호 목사님께

목사님, 편안히 잘 지내고 계십니까?

제가 있는 이곳은 이제 천안함 사건도, 링스헬기 추락 사건도 거의 다 마무리되고 영결식도 다 치러져 지금은 예전과 같은 일상 속으로 돌아와 다시 잘 지내고 있습니다.

이번 일들을 겪으면서 저는 제 자신과 가족들을 생각하는 관점들이 많이 바뀌어졌습니다. 또 사람의 목숨이 끈질긴듯하면서도 때로는 바람 앞에 놓인 촛불처럼 참으로 약하다는 것을 배웠습니다.

목사님께서 저를 위해서 또한 저희 가족들을 위해서 매일 하나님께 드리는 기도 덕분에 오늘 하루도 무사히 안심하고 보낼 수 있으니 목사님께 감사한 마음을 전해 드립니다. 그리고 비싸지 않은 것이지만 감사의 마음을 담아 어버이날에 맞추어서 기념될만한 선물을 보내드립니다.

그럼 조만간 있을 휴가 때 교회에서 뵙기를 소망하며 목사님과 사모님 그리고 모든 성도님들, 안녕히 계십시오.

목포에서 해군 헌병대 상병 조윤혁 드림

❖ 김병호 목사님께

존경하는 김병호 목사님께!
목사님의 설교는 정말 맘의 울림이 있습니다.
주옥같은 말씀 깊이 성령의 감동이 옵니다.
그리고 말씀이 아니라 몸으로도 실천하시는 모습이 참으로 아름답습니다.
손이 거칠어지고 물집이 생기고 그런 수고로 다른 사람이 행복할 수 있다면 감사한 일이라고 말씀하신 내용 은혜가 되고 잊지 않겠습니다.
남들이 하지 않는 일 스스로 찾아서 하고 시키면 더 좋고~~~ 맞습니다.
실천은 쉽지 않습니다. 노력하겠습니다.
진정으로 어떤 분인지 어떤 모습으로 성장했는지 궁금합니다.
그리고 삶을 실천하시는 방법을 몸소 가르쳐주시고 참 멋지신 목사님이세요~~
목사님! 진심으로 존경하고 주 안에서 사랑합니다.
"우리 교회 좋은 교회, 좋은 교회 금성교회"를 외치시는 목사님!
그렇게 되리라고 믿습니다.
더욱 신앙과 믿음의 역사를 믿으며 나를 버리고 그리스도인으로 거듭나겠습니다.

"내가 그리스도와 함께 십자가에 못 박혔나니 그런즉 이제는 내가 사는 것이 아니요. 오직 내 안에 그리스도께서 사시는 것이라. 이제 내가 육체 가운데 사는 것은 나를 사랑하사 나를 위하여 자기 몸을 버리신 하나님의 아들을 믿는 믿음 안에서 사는 것이라"

이 말씀을 믿으며 실천하겠습니다.

목사님, 고맙습니다.
오늘도 주 안에서 행복하고 즐거운 시간 보내시길 바랍니다.
목사님의 설교에 은혜 되어 마음을 다해 편지를 쓰는

○○○ 집사 드림

❖ 멋진 우리 목사님.

목사님 안녕하세요?
요즘 날씨가 많이 쌀쌀해져서 감기 걸린 분들이 많아요.
목사님은 감기 걸리시지 않게 조심하세요.
교회 일로 또 지역을 섬기시느라고 늘 바쁘신 목사님~♥
너무 바쁘신 것 같아서 목사님 건강 해치실까
그것이 제일 걱정이에요.ㅜㅜ
식사도 꼬박꼬박 챙겨 드시고 운동도 열심히 하셔서 늘 건강하신 몸으로 우리
곁에 계셔 주세요.
목사님을 위해서 열심히 기도할게요.
항상 건강하시고 행복하세요. 목사님 파이팅~♥

2012년 9월 김지애 청년 우리 목사님을 생각하며

❖ 60년 만에 다시 교회로

제가 금성교회를 나오기 시작한 것은 2012년 5월 10일 새벽예배로부터 시작
되었습니다.
전도 대원들의 전도 권유를 많이 받고 교회에 나가려고 했는데 막상 주일예배
부터 나오려고 하니 마음에 부담이 많이 되어 새벽기도부터 나오기 시작했습니
다.
옛날 어릴 때 시골에서 간간히 나갔던 교회를 60년 만에 다시 교회에 발을
들여놓은 것입니다.
새벽에 목사님의 말씀을 들으면서 얼마나 회개와 감사의 눈물이 나던지…….
너무 은혜롭고 좋아서 그 다음 주에 바로 교회에 등록을 하고 지금까지 열심히
새벽 제단을 쌓고 말씀으로 은혜를 받고 있습니다.

목사님께서 시간마다 전해 주시는 모든 설교가 얼마나 은혜로운지 무엇이라고 말씀드릴 수가 없네요.

금성교회를 위해 자기 몸을 헌신하시는 목사님!
너무너무 감사 또 감사드립니다.
지금도 교회 건축으로 몸을 사리지 않고 열심히 이 더운 땡볕에 일하고 계시는지~
정말 어느 목회자가 이처럼 일을 하실까요?
솔선수범하시는 우리 목사님 생각하면 눈시울이 뜨겁네요.
우리 목사님이 아니었다면 금성교회가 어떻게 부흥할 수 있었을까요?
목사님! 나에게까지 복음을 전해 주셔서 정말 감사합니다.

조차순 집사

❖ 존경하는 남편께

여보! 당신과 결혼해서 살아온 세월이 엊그제 같은데 벌써 21년이라는 세월이 흘렀군요. 당신은 늙지 않고 천년만년 청년으로 살 것 같았는데 그토록 건강하고 청년 같기만 하던 당신도 이제는 이마에 주름살이 깊어지고, 머리는 많이 빠져 아저씨 모습이 완연하네요. 희끗희끗 보이는 머리털은 당신의 나이와 지나간 세월을 그대로 보여주고 있는 것 같아요.

사랑하는 여보! 여러모로 부족하고 못난 나를 많이 이해해 주고 또한 많이 사랑해 주어서 감사해요. 처음 만났을 때는 내가 키가 작아 키 큰 남자를 원했는데 살아보니 평소 할머니 말씀처럼 키 작은 것 빼고는 어느 것 하나 버릴 것이 없다는 말씀이 맞는 것 같아요.

여보! 건강이 좋지 않은 가운데서도 열정적으로 맡겨진 일을 밤낮으로 해나가는 모습을 보면서 감사하기도 하고 또한 힘들고 어려울 때 많이 도와주지 못해 미안하기도 해요. 이제 건강도 좀 챙기고 조금씩 쉬어 가면서 해요. 그래야 나하고 오래 살잖아요.

여보! 사랑해요. 그리고 힘내세요.
세상이 변하고 세월은 바뀌어도 당신을 향한 나의 사랑은 무조건 당신뿐이에요.

세상은 간 큰 남자 시리즈가 나와 남자들의 마음을 사늘하게 한다고 해도 나는 성경에 나오는 현숙한 아내는 못돼도 당신이 인정하는 아내로서의 위치를 굳게 지키며 살아가도록 노력하겠어요.

여보! 용기 내세요. 때로는 힘들고 어려워도 용기와 희망 잃지 말고 주님 바라보고 묵묵히 주의 영광을 위하여 살아가도록 해요. 나이는 어느덧 중년으로 접어들어 몸은 조금씩 쇠퇴해져 가지만 우리의 마음은 항상 신혼 같은 기분으로 서로 귀중히 여기며 호흡이 다하는 그 날까지 한평생을 사랑하면서 살아가요. 주님이 우리를 세상 끝 날까지 도와주실 거예요.
여보! 나의 영원한 친구 남편이 된 것 감사하고 그리고 존경합니다.
2012년 5월 20일 주 안에서 사랑하는 당신의 아내 순옥이가

❖ 사랑하는 아내에게

여보! 당신을 만나 행복하게 잘 살아보자고 시작한 삶이 벌써 강산이 두 번 바뀌는 세월이 지났소. 당신에게 누구보다도 행복하게 만들어 주겠다고 새끼손가락으로 약속을 하고 엄지로 도장까지 찍으며 결혼생활을 시작했는데 지금에 와서 돌이켜보니 그동안 잘해 준 것도 없이 미래의 꿈만 이야기하며 고생만 시킨 것 같아 미안해요. 하지만 미래의 오색 빛 찬란한 아름다운 무지개가 단순한 망상이 아니라 현실의 삶이 되도록 지금보다 더더욱 열심히 노력하겠어요.

사랑하는 당신! 내가 여기까지 오게 된 것은 하나님의 은혜와 당신의 헌신과 수고가 있었기에 여기까지 올 수 있었다고 믿어요. 내가 공부할 때 당신은 직장생활을 하며 뒷바라지해 주었고, 교회 일로 바쁘게 생활할 때는 언제나 기다려 주었고, 힘들고 어려울 때는 말없이 기도로 지원해 주었고, 궁핍한 가운데 있을 때는 당신은 한 번도 짜증 내지 않고 있는 것으로 만족하며 시댁 일과 아이 교육 그리고 가정 살림까지 부족함 없이 잘 살아 주었소.
지금에 와서 당신께 고백하지만, 너무너무 고맙고 감사를 드려요.

고마운 당신! 바쁘다는 핑계로 많은 시간을 함께하지 못하고 자상하지 못했음을 용서해 주기 바라오. 가정보다 일에 빠져 정신없이 살다 보니 정말 중요한 것을 잃지 않았나. 반성하게 되는구려.

하지만 결국은 하나님이 축복해 주신 가정을 지키기 위해 열심히 일한 삶이라는 것을 증명해 보이도록 하겠어요.

여보! 인형같이 아름다웠던 젊었을 때의 그 모습이 결혼 21년을 지나면서 나 때문에 손이 거칠어지고 고생의 잔주름이 늘어나는 당신을 볼 때 잘해 준 것 없어 더욱 내 마음이 실로 아프고 당신께 미안해요. 조금만 더 기다려 주구려~ 처음 약속대로 당신의 수고가 헛되지 않도록 이 세상에서 가장 행복한 여자로 만들어 주겠어요.

여보! 건강하게 나와 함께 행복하게 하나님의 영광을 위해서 살면서 오래오래 살기를 바라오. 내가 당신을 위해 할 수 있는 가장 확실한 선물 한 가지는 생명이 다하는 그 날까지 하나님의 영광을 위해 사는 것과 당신의 좋은 남편이 되겠다는 것이오.
여보! 나의 아내가 된 것 감사하고 그리고 사랑해요.

2012년 5월 21일 주 안에서 당신을 영원히 사랑하는 남편 병호가

❖ 5월 18일 결혼 24주년을 맞아 사랑하는 아내에게

당신을 만나 함께 생활한 지 벌써 24년이라는 세월이 흘렀군요.
안 갈 것 같은 시간이 얼마나 빨리 지나가는지~. 결혼만 하면 고생시키지 않고 세상에서 가장 행복한 여자로 만들어 주겠다고 새끼손가락으로 다짐을 하고 먼지로 도장까지 찍으면서 당신에게 맹세했는데 시간이 지나면서 그 약속을 지키지 못해 늘 미안한 마음이 드는군요. 지금까지 살아오면서 어렵고 힘든 시간들도 많이 있었지만 그때마다 잘 참고 견디어 준 당신께 감사를 드려요.

지나온 24년, 당신의 모습을 회고해 보니 감사와 행복한 것밖에 없군요.

부족한 남편 뒷바라지하며 정신없이 달려온 당신!
매일 맛있는 음식으로 나의 육을 건강하게 해 주려고 애쓴 당신!
빨래와 더불어 집안일로 많은 고생을 하며 살림해 준 당신!
또한 시골 어머님과 형제들의 우애를 위해 기쁨으로 수고해 준 당신!
교회와 성도들을 위해 낮은 자의 모습으로 섬겨준 당신!
내가 잘못해도 이해해 주고, 늘 잘한다고 칭찬하며, 기도와 격려로 힘을 실어 준 당신!

당신은 어머님과 같이 주고 주고 또 주고, 아낌없이 주는 모습이 얼마나 아름다운지, 이런 당신과 24년간 함께 했으니 나는 얼마나 행복한 시간을 보냈는지 모릅니다. 고생을 해도 고생인 줄 몰랐고, 땀을 흘려도 수고인 줄 몰랐어요. 둘이 생활하는 가운데 나와 당신을 속 빼 닮은 멋진 아들을 하나님께서 선물로 주셨고, 그 아들이 지금까지 건강하게 잘 자라주고 있으니 얼마나 감사한 일인지~

지난번 내가 아파 입원하여 수술 했을 때에도 끝까지 나를 지키며 눈물로 기도하며 정성으로 간병하는 당신을 보면서 내가 당신을 사랑하고 생각하는 것보다 당신이 나를 더 사랑하고 생각해줘서 고맙고 감사해요. 당신은 이처럼 나를 위해 너무 많은 것을 해 주고 있는데 나는 그렇게 해 주지 못해 더더욱 미안해요.

여보, 알지요? 당신은 나에게 있어 최고라는 사실을~. 앞으로 내 옆에 천년이고 만년이고 끝까지 함께하면서 건강하게 오래 살면서 우리가 꿈꿨던 행복을 더 크게 만들어 하나님께 영광된 삶을 살도록 해요. 세상에서 하나밖에 없는 나의 예쁜 아내에게 늘 감사와 고마움을 느끼며, 사랑하는 당신 영원히 사랑합니다.

2015년 5월 18일 결혼 24주년 아침에 당신의 남편 김병호

❖ 남편이 아내에게 쓴 편지

2년 전인가 연극 관람 중에 얼떨결에 무대에 올라가 많은 사람들 앞에서 여전히 사랑한다고 고백했는데, 오늘은 이렇듯 글로서 부끄럽긴 하지만 용기를 내어 고백할까 하오. 물론 많은 고백의 말들이 있겠지만 오늘은 이런 말보단, 내 머릿속에 남아있는 그리고 앞으로도 지워지지 않을 당신의 세 가지 모습을 이야기할까 하오.

먼저 첫 번째 모습은 결혼 전 도서관에서 만난 당신의 모습이오.
하얀 피부에 하늘색 칠부 티셔츠 입고 머리를 뒤로 질끈 묶은 그 모습이 얼마나 예쁘고 사랑스러웠는지 모른다오. 지금도 당신을 볼 때마다 이 모습이 보이니 어찌 예뻐하지 않을 수 있겠으며, 사랑하지 않을 수 있겠소?
내 눈에 비치는 당신은 여전히 예쁘고 사랑스럽소.
그리고 두 번째 모습은 결혼 초기 어린 민지를 등에 업고 장을 보고 있던 당신의 모습이오.

그 모습에 내 가슴이 찡해오며 안쓰럽고 미안한 마음에 몸 둘 바를 몰랐소. 그때 당신을 위해 열심히 살아야겠다고 다짐했는데 지금도 그 마음에는 변함이 없소. 그리고 앞으로도 당신을 위해 열심히 살아가겠소.

끝으로 세 번째 모습은 교통사고로 병원에 누워 있을 때 화장기 없는 민얼굴에 땀을 흘리며 나를 간호해 주던 당신의 모습이오. 그땐 미처 말하지 못했는데 그 모습이 너무나 고마웠소.

이렇듯 예쁘고 사랑스러웠던 모습, 안쓰럽고 미안했던 모습, 감사하고 고마웠던 모습들을 이제는 머릿속이 아닌 가슴속에 새겨둘까 하오. 머릿속에 넣어두면 혹시라도 나이가 들고 세월이 흘러 기억력이 희미해져 잊어버릴 수도 있겠지만, 가슴속에 간직한다면 내가 살아있는 동안은 잊혀지지 않을 것 같기 때문이오.

이 모습들 외에도 당신에겐 아름다운 모습들이 너무나 많이 있소. 여전히 애들에겐 1순위인 좋은 엄마로서의 당신, 나랑 취미가 같아 영화 보는 것 좋아하고, 만화 보는 것 좋아하는 친구 같은 당신이 좋소. 그런데 무엇보다도 행복한 것은 같은 믿음을 가지고 같이 시간을 나눌 수 있어 너무나 행복하오. 커피 한 잔하면서 성경에 관해서 믿음에 관해서 신앙생활에 관해서 대화를 나눌 수 있는 믿음의 동반자가 당신이어서 너무나 행복하고 감사하오.

2013년 5월 당신이 제일 사랑한다고 입버릇처럼 고백하는 남편으로부터 류승진 안수집사

❖ 아내가 남편에게 쓴 편지

내 사랑하는 이에게!

여보! 언제나 당신을 생각하면 마음이 아직도 설레고 따뜻해 옴을 느낍니다. 여전히 자기의 손을 잡으면 연애 시절처럼 가슴이 두근거려요. 남들은 13년이 넘게 같이 살았으면서 아직도 그러냐고 욕할지 몰라도 내 마음은 그래요. 지금이 그때보다 당신이 더 좋은 건 어쩔 수 없어요. 언제나 당신을 하나님께서 저에게 주신 가장 큰 선물이라고 생각해요. 당신께는 항상 감사한 마음을 가지고 있는데 표현을 자주 못해서 미안하네요.

당신은 자주 나에게 표현을 해 주는데 난 그러지를 못했네요. 못난 나를 항상 예뻐해 주는 당신께 감사하다는 말을 해 주고 싶네요.

그리고 많이 미안해요. 당신이 나에게 해 주는 것의 반도 못 하는 것 같아 항상 미안한 마음을 갖고 있어요.

사랑해요. 나에게 있어서 당신이 항상 1순위인 것 잘 아시죠?
결혼해서 당신께 쓴 편지를 세어보면 열 손가락 안에 들겠지만 언제나 당신께 편지를 쓰면 눈물이 나려고 합니다.
지금까지 우리에게는 남들과 비교하면 그리 큰 어려움은 없었지만 그래도 몇 번의 위기는 있었던 것 같네요. 고마워요.

하나님께 언제나 감사드리는 부분이 있어요.
당신과 내가 같은 신앙을 가지고 같이 하나님의 일을 해나갈 수 있다는 것이 얼마나 감사한 일인지요.
다른 가정을 보면 신앙의 문제로 갈등을 겪고 있는데 우리는 같은 마음으로 대화할 수 있고 봉사할 수 있는 것이 얼마나 감사한지요.
우리의 신앙을 잃지 않고 항상 잘 지켜나갈 수 있길 원해요.
우리 아이들도 신앙으로 자라날 수 있도록 기도하도록 해요.
여보, 사랑합니다. 감사합니다. 존경합니다.

2013년 5월
언제나 당신만을 사랑할 것을 맹세하는 당신의 아내로부터 조현숙 집사

❖ 아빠가 아들에게 보내는 편지

사랑하는 나의 아들에게!
결혼한 지 얼마 되지 않아 너를 가지게 되었을 때 아빠는 직장도 벌어 놓은 돈도 없고 또 공부해야 하는 바쁜 학생의 시기인지라 계획 없이 네가 생겨 처음에는 너희를 가진 기쁨보다 솔직히 말해서 오히려 너를 가진 것에 대한 부담이 컸단다. 왜 하필 이렇게 빨리 아이가 생겼을까 하고~
그런데 나중에는 하나님께 모든 것을 맡기고 아이를 주신 하나님께 감사하면서 건강하게 너희가 잘 태어나기를 위해 기도했단다.

1992년 3월 13일 10개월간의 기다림 끝에 너를 만난 날 말이다.

엄마가 너를 출산하기 위해 고통을 참아내던 그 모습이 아빠의 가슴속에는 아직도 생생하게 살아 있단다.

몇 시간의 산통 후에야 너의 우렁찬 울음소리를 들을 수 있었지.

엄마와 연결하고 있던 탯줄이 잘리고 아빠와 첫 얼굴을 마주하게 되었을 때 너로 인해 내가 아빠가 되었다는 것이 표현할 수 없을 정도로 얼마나 감격했는지 몰라.

처음에는 만지면 터질 것만 같아 조심스럽게 너를 대하였다.

그 후 다른 애들보다 일어서는 것도, 걷는 것도, 말하는 것도, 글을 익히는 것도 늦어 많이 염려했는데 한 번 하기 시작하니 다른 애들보다 더 빠르게 변화하는 모습을 보면서 우리 가정에서 이런 아들을 주신 하나님께 감사를 아니 돌릴 수 없었단다.

그리고 건강하게 잘 자라나기를 바라며 너를 위해 밤낮으로 많이 기도했단다.

그 후 하나님께서는 아빠의 기도를 실망하게 하지 않으시고 아빠의 기대보다 더 좋은 모습으로 너를 정말 잘 키워주셨어.

아빠 때문에 이곳저곳 이사를 다니고 초등학교를 옮겨 다니면서도 학교에 잘 적응하였고, 그리고 친구와 잘 지냈고 중학교 고등학교 시절에는 자아를 형성하며 또 교회라는 믿음의 공동체를 통해 하나님이 주신 달란트를 발휘하여 좋은 신앙 공동체를 갖추어가는 너의 아름다운 섬김의 모습을 보니 얼마나 대견스러운지 몰라.

그리고 대학교 2학년이 된 지금 이제는 아빠보다 훨씬 더 커버린 아들이 주위 사람들로부터 인정을 받으며 할 일을 성실하게 잘 감당하는 너의 모습을 보면서 하나님께 감사를 드리고 앞으로 하나님께서 선물로 맡겨주신 아들의 앞날을 하나님께서 책임져 주시고 선하고 합당한 길로 인도해 주실 것을 믿는다.

사랑하는 아들아!

어버이날 감사의 편지에 "아빠와 엄마가 나의 아버지와 어머니가 되어 주셔서 감사합니다~"라고 말했던 것처럼 나도 너에게 사랑을 고백한다.

"네가 나의 아들이 되어준 것에 감사하고, 너로 인해 아빠라는 말을 들으니 더욱더 감사해."

너의 말처럼 언제나 하나님의 영광과 기쁨을 위해 살아가는 우리 가족이 되자.

2012년 5월 너를 너무나 사랑하는 아빠가 김 목사

❖ 사랑하는 울 아들 기현에게

기현아 벌써 세월이 지나가고 2018년 새해에 울 아들이 중학생이 되었네.
하지만 좋지 않았던 2017년도는 기현이에게 미안함과 고마움을 가지고 너의 치유를 위해서 이 엄마도 많은 변화를 하도록 할 생각에 열심히 공부하고 있다.
낮에는 낮 학교, 배움터에 다닌 지 벌써 4개월이란 세월이 지났구나.

그리고 엄마가 꼭 너에게 하고 싶은 말은 우리 기현이가 13년 동안 고난과 어려움 속에서도 묵묵히 잘 커 줘서 고맙고, 건강하게 자라줘서 정말 고맙다.
이제는 엄마 생각에 맞춰서 사는 것이 아니라 울 아들과 함께 서로 의논하고, 기쁨과 즐거움을 나누면서 행복하게 지내자.

그러면서 아들이 엄마가 얼마나 좋은 사람인지 알고 "이 다음에 내가 죽어서 다시 태어난다고 하여도 난 엄마의 아들로 태어난 것에 대하여 후회 없어~"라는 너의 말처럼 그런 엄마가 되도록 노력할게.
그래 우리 현이 말대로 꼭 행복한 가정, 행복한 가족으로 웃으면서 매일 매일 행복을 만들면서 살자.
엄마도 엄마 자신이 변화되기를 바라며 지금 열심히 노력 중이다.
그래서 춥든 덥든 비가 오든 엄마가 다니는 낮 학교, 배움터에서 인생 공부를 다양하게 배우고 있단다.
울 아들이 매일 같이 가방을 메고 학교 갈 때면 "엄마, 오늘도 파이팅! 응, 울 아들도 파이팅!"하면서 하이파이브를 할 때 낮 학교에 와서도 기분이 너무 좋고, 또 마치고 가면 울 아들이 "엄마 오늘도 수고 했어"라고 칭찬해 주고 항상 응원해 주는 울 아들이 있어서 너무 행복하다.
그래 이제는 좋은 엄마로서 모범이 되는 그런 엄마가 되도록 끝없이 노력할게.

행복하게 살려면 이 엄마가 많이 노력하고 실천하여서 다시는 울 기현이에게 '상처' 주지 않는 그런 엄마가 될게.
현아 항상 응원해줘서 고맙고 진심으로 사랑하고 또 사랑해
2018년 1월 기현이를 사랑하는 엄마 배순미 집사

❖ 아들을 군에 보내고

초등학교 3학년 때쯤인가, 크리스마스 날!
교회에서 연극한다고 구경을 갔더니 엄청 별난 성대와 더 엄청 별난 우리 아들 현준이가 성가대 자리며 온 본당을 운동장처럼 뛰어다니고 있었다.

그래도 누구하나 혼내지 않고 즐거운 표정으로 성탄절을 준비하는 것을 보고 '교회 사람들 참 대단하시다'고 생각하며 내심 미안해했던 기억~

중학교 2학년 때 여러 가지로 힘들어 하던 나에게 "엄마! 나에게 소원이 하나 있는데 엄마가 교회 나오는 거다!"라며 의젓하게 나를 하나님께로 인도해 줘서 하나님의 평강 안에서 고귀한 삶을 살게 해준 기억~

"하나님의 아들 박현준, 건강하게 군 생활 잘하고 돌아오기를 하나님께 기도합니다."라고 입대하기 전 목사님을 비롯하여 장로님들 권사님들 그리고 집사님들과 성도님들의 기도와 격려를 아끼지 않음에 감사했던 것~

이처럼 아들과의 헤아릴 수 없이 많은 추억들 속에서 또다시 느낀 것은 하나님께서 나를 사랑하신다는 것이다.
내가 내 아들을 이토록 미어지게 사랑하는 것처럼, 아버지 하나님도 나 때문에 애태우고 눈물 흘리고 가슴 졸이고 있다는 것을 뼛속 깊이 느끼게 되었다.

아들 현준이도 군 생활을 통하여서 하나님과 더욱 깊이 만나고 많은 체험을 하기를 기도한다. 하나님과의 깊은 만남과 체험을 통해서 하나님이 얼마나 너를 사랑하시는지 그리고 얼마나 복을 주고 싶어 하는지를 깨닫고 그 넓고 깊은 사랑에 항상 감사하길 기도한다.

2012년 5월 오주영 집사

❖ 군 생활하고 있는 아들을 생각하며 쓴 편지

벽에 걸려있는 작은 목판 액자에 '하나님은 사랑이시다'를 읽어보다가 2010년 새해 달력을 보니까 1월 마지막 한 주만 남았네~
'시간 참 빠르다'는 생각이 문득 들면서 군 생활하고 있는 아들 윤혁이가 생각이 났다.

군 입대한 지 벌써 1년이란 시간이 흘렀다.

아들이 사회에서 생활하던 편안함, 게으름, 나태함 등등.

모든 안 좋은 습관을 버리고 하나의 조직사회인 군 생활에 맞추어 몸과 정신력을 새롭게 만들어가며 군 생활하고 있을 아들을 생각해보니까 나도 모르게 입가에 웃음이 나온다.

늘 철없고 어리고 여린 아들인 줄 알았는데 군 생활 1년 동안 하면서 새롭게 태어나 하나님의 사랑과 가족의 사랑에 힘입어 2009년 마지막 한 해 마무리하며, 군대 내에서 모범 표창장 상을 받아 왔을 때 대견하고 사랑스러웠다.

사랑하는 아들 윤혁아!

하나님의 도우심과 사랑과 축복이 늘 함께하기를 교회 목사님과 교회 성도들, 할아버지, 할머니, 가족 모두 널 위해 기도하고 있단다.

남은 군 생활 1년 지금껏 해온 것처럼 군대 내에서 군인정신과 책임감 맡은 바 임무를 성실히 수행하고 그리고 믿음 생활 꾸준히 잘하고 군 복무 마치는 기간까지 최선을 다하길 바란다.

2010년 4월 아들 윤혁이를 사랑하는 엄마가 (김명옥 집사)

❖ 엄마가 딸에게 쓰는 편지

사랑하는 딸들에게~

하고 싶은 말은 너무 많은데 무슨 말부터 시작해야 할지 모르겠구나!

잘 먹이지도 못했고 잘 입히지도 못하고 키웠는데 어느덧 시집갈 나이가 되었구나. 너희들 학교 생활할 때 기억하니?

　청소년기에 누구나 겪고 지나가는 사춘기 시절이 있었지.

　치맛단 올렸다 내렸다 하고 실컷 주름을 잡아줬더니 너희들 취향에 맞게 손을 대곤 했지.

　학교 갈 준비 과정이 길어 행여 아침을 굶고 갈까 걱정되어 옆에서 먹여주곤 했지.

그런 딸이 이제 다 컸구나.

언젠가 엄마 생일이라고 부엌에서 둘이 뚝딱거리더니 미역국을 끓여 생일상을 차려오고 이벤트를 준비해서 엄마에게 감동을 주었던 때도 있었지.

엄마 힘을 덜어준다고 설거지도 서로 번갈아 가며 해 주곤 했었잖아.

엄마 힘들다고 주물러 주고 첫 월급 타서 용돈 하라고 전부를 주었을 때 눈물이 났단다.

아빠 옷 사주고 할머니 속옷을 최고로 비싼 것으로 사 드렸잖아.

잘 키운 딸 하나 열 아들 안 부럽다고 했듯이 우리 딸들 잘 자라줘서 정말 고마워.

딸들은 엄마 팔자 닮는다는 말이 있는데 그 말은 세상 사람들이 하는 말이고, 하나님의 자녀는 많은 축복을 받을 거야.

엄마는 그렇게 믿는단다.

신앙생활 잘하고 무슨 일을 하든지 항상 기도로 시작하고, 하나님을 사모하는 딸들이 되길 바랄게.

비록 많은 물질을 너희들에게 물려주질 못하지만 신앙과 엄마의 기도로 너희들이 행복하길 기도하며 늘 응원할게.

우리에겐 든든한 후원자 하나님이 계시니까 아무 염려하지 말고, 기도하고 하나님 음성에 귀 기울이며 모든 일에 순종하자.

내일 일을 염려하지 말라고 하나님께서 말씀하셨잖아.

기도만이 우리의 무기이자 피난처란다.

착한 딸들아!

엄마와 함께 있을 날이 언제까지 일지 모르겠지만 함께하는 동안 즐겁게 많은 추억 남기며 살자.

딸아 사랑한다!

그러나 엄마보다 더 너희를 사랑하는 분은 하나님이시라는 것을 가슴에 새기며 살기 바란다.

너희를 너무나 사랑하는 엄마가 김언미 집사

❖ 부모님께 드리는 편지

어머니 아버지 안녕하세요?

저를 지금까지 키우시면서 많이 힘드셨죠?

제가 벌써 6학년이 되었어요.

이제부터는 제가 어머니 아버지를 도와드리겠습니다.

그리고 형들과 저를 여기까지 건강하고 튼튼하게 잘 키워 주셔서 감사합니다.

이제는 제가 어머니 아버지 아프실 때마다 많이 도와주겠습니다.

항상 맛있는 음식을 만들어 주시고 학교 준비물까지 챙겨주셔서 감사하는 마음을 늘 가지고 있었지만 감사하다고 표현하지 못했어요.

어버이날을 맞이해서 감사하다고 말할 수 있어서 참 좋습니다.

어머니, 아버지!

저희 삼 형제들이 장난이 너무 심한데 저희의 장난을 참아 주셔서 감사합니다.

저희들을 정성을 다해 사랑해 주시고 또 열심히 키워 주시고, 이렇게 행복하게 살아가게 해 주셔서 너무너무 감사합니다.

저희들이 앞으로 맛있는 음식도 많이 사 드리고 좋은 집도 사드리겠습니다.

효도하는 아들이 되겠습니다.

세상에서 가장 사랑하는 어머니, 아버지! 건강하세요.

그리고 저희들과 영원히 같이 살아요.

사랑하는 아들 윤준승 올림 (아동부 6학년)

❖ To 엄마

안녕!

엄마, 나 기현이야!

우리 평소에도 엄마한테 편지 자주 쓰는데 이번에 이런 식으로 적게 되었네.

엄마 솔직히 엄마 옛날얘기 듣고 엄마가 힘들게 날 키웠던 걸 알아.

내가 어렸을 때는 엄마가 마음을 털어놓고 얘기 못한 것도 알고 있어.

그렇기 때문에 술이라는 걸 마시게 되었으나 이제는 술보다 우리 서로 뭔가 힘들고 속상했던 것 털어놓고 지내자.

엄마! 그동안 수고했고, 앞으로도 하나님 바라보며, 서로 믿고 서로 사랑하면서 살아가자.

사랑하는 기현이가 (중등부 1년)

❖ 어머니! 사랑합니다.

어머니! 사랑합니다.
제일 먼저 하나님께 감사드립니다.
하나님께서 저를 선택해 주시고 사랑하여 주셔서 감사드립니다.
가족을 위해 열심히 일하시고 따뜻한 가정을 이끌어 주시는 부모님께도 감사
드립니다.

지금껏 자라오면서 어머니는 늘 어머니라는 모습으로만 우리들의 눈에 비쳤습니다.
소녀시절의 모습, 처녀 때 모습을 생각도 못하고 여자라는 생각도 못해 봤습니다.
어머니는 늘 바지만 입고 편한 차림만 하셨어요.
치마입고 예쁘게 치장하는 어머니를 보질 못했어요.
5월 가정의 달, 나의 어머니를 위해서 지은 시를 적어봅니다.

♣ 여인
한 남자의 아내이자 두 아이의 어머니인
한 여인
조금씩 늙어가는 모습을 보며 슬퍼하는
한 여인
매일 바지만 입지만
다시 한 번 치마를 입어보길 소망하는
한 여인
젊음과 아름다움을 그리워하는
한 여인
여인의 젊음과 아름다움은 세월에 묻혀 사라졌지만
나의 눈에는 더욱 더 성숙해진 여인의 아름다움이 자리 잡고 있습니다.
한 여인이여!
나의 어머니이자 아름다운 여인이여!
사랑합니다.

사랑하는 어머니께 딸 조윤정 드림

❖ 아버님을 생각하며

매 해년 10월이 다가오면 10년 전 돌아가신 아버님을 생각하게 됩니다.
갑작스런 사고로 이별을 준비할 시간도 없이 그렇게 떠나버리신 아버지를 생각할 때마다 내내 가슴에 남는 아쉬움 하나가 있습니다.
그것은 돌아가시기 전 아버지께서 가까운 동남아시아 지역으로 한 번 여행을 가보고 싶다고 하셔서 저희 자녀들은 회갑기념으로 외국 여행을 보내 드리기 위해 자금을 마련하였고, 여행 출발을 위한 날짜도 며칠 남지 않았습니다.

그런데 여행을 보내 드리려고 할 당시 1997년 외환위기인 IMF가 터지면서 회사마다 구조조정에 들어갔고, 이로 말미암아 인원 감축으로 많은 실업자가 늘어나 온 나라가 어수선하였습니다.
나라는 이를 극복하기 위해 금 모으기 운동을 하였습니다.
아버지께서는 '나라가 이렇게 어려운데 내가 어떻게 외화를 낭비하며 외국으로 여행을 갈 수 있겠느냐?'면서 결국 외국 여행을 만류하고, 다음 기회에 가겠노라고 하시면서 외국 여행을 다녀오지 않으시고 초출한 가운데 집에서 동네 어르신과 친척을 불러 모아 잔치를 치렀습니다.

시간이 흘러 다음 해를 맞이하게 되었습니다.
작년 회갑 때 못 가신 해외여행을 부모님 모두 보내 드리려고 했지만, 아버님께서는 여전히 나라 형편이 괜찮을 때까지 갈 수 없다며 만류하셨습니다.
그런데 1999년 10월 26일 오후 늦은 시간 원치 않는 안전사고로 유명을 달리하게 되었습니다.
그렇게 외국 여행 가보는 것이 소원이라면서도 나라의 어려움을 생각하며 다음 기회로 미루신 애국자이신 아버님!
그렇게 가고 싶었던 외국 여행은 비록 못 가셨지만, 그보다 더 좋은 외국과는 비교할 수 없는 하나님의 나라 천국을 영원히 여행하게 되었습니다.

아버님을 하나님 나라로 떠나보낸 지 어언 10여 년이 다 되어가는 지금 여전히 아버님의 인자하신 그때 그 모습이 10월이 되면 더욱 그리워집니다.

나보다 먼저 남을 생각하며 배려해 주신 아버님!

동네 궂은일에 앞장서 도와주시고 문제를 해결해 주셨던 아버님!

늘 쉬지 않고 일하시며 정말 열심히 사셨던 아버님!

한 번도 저에게 나무라지 않으시고 인정해 주시고 믿어 주셨던 아버님!

늘 인생의 좋은 안내자 역할을 해 주신 아버님!

말없이 머리를 쓰다듬어 주시고 등을 두드려주시며 용기를 주셨던 아버님!

전화하시면 별고 없이 잘 있냐고 안부를 먼저 물어주신 아버님!

어렵고 힘들어도 한 번도 우리에게 내색하지 않으시고 혼자 그것을 감당하신 아버님!

목사 안수를 받게 되었을 때 너무너무 기뻐하셨던 우리 아버님!

회갑 때 업어 드리니 이런 날도 있네 하시면서 기쁨을 감추지 못하신 아버님!

차비 줄 테니 자주 시골 오라며 너희들이 보고 싶다던 아버님!

지금에 와서 생각해 보니 뭐가 그렇게 바쁘다고 자주 찾아뵙지 못했는지 후회만 남습니다.

아버님, 평소 아버지의 사랑을 참 많이 받고 살면서도 그 사랑을 표현하지 못했던 못난 아들을 용서해 주십시오.

이렇게 빨리 가족과 이별할 줄 알았으면 자주 찾아뵙고 소중한 추억들을 더 많이 만들 것을~.

그런 아쉬움이 가슴에 계속 남으며 더 많은 것으로 보답하지 못하여 더욱 마음이 아픕니다.

다음 하늘나라에서 기쁨으로 만나요.

가장 존경했던 아버님! 너무너무 사랑합니다.

그리고 저들에게 너무 잘해 주셨던 인자하신 아버님이 오늘 따라 너무 보고 싶습니다.

아버님을 생각하며 아들 김병호

❖ 아버님께

아버지는 저희들이 부르기만 하여도 눈물이 나는 이름입니다.

아버지는 힘들고 어려운 삶 가운데서도 평생을 살아오시면서 저희들을 위해 아낌없는 희생과 사랑을 쏟아주신 분이십니다.

어느 날인가 거울 앞에 서서 계시는 아버지의 핼쑥해진 모습을 보았습니다. 그런데 아버지의 눈가에는 어느새 찾아왔는지 사랑하는 자식 생각에 고우시던 이마 위에 주름들이 자리를 잡아 계급장을 달고 계셨고, 아낌없이 일생을 자식을 위해 살과 뼈를 깎으신 거칠어진 손등에는 아버지가 살아오신 그 힘든 세월이 화석처럼 남아 있었습니다.

저희들에게 언제나 강해 보이신 아버지!
누구보다 책임감이 강하시고 열심히 살아오셨다는 것을 저들은 잘 알고 있습니다.
아무리 힘들고 어려워도 언제나 홀로 그 눈물을 감추며 저들을 위해 오히려 웃음으로 일관하셨습니다.
마음이 바다처럼 넓지 않으면 감당하기 힘든 일들을 아버지께서는 안고 업고 얼러서 저들의 모든 투정도 다 들어주셨습니다.
그런데 저희들은 아버지의 사랑에 보답도 못 하고 지금에 와서 아버지를 생각하니 죄송한 것밖에 없습니다.

사랑하는 아버지!
살기 바쁘다는 핑계로 자주 찾아뵙지 못해 죄송합니다.
그리고 좋아하시는 맛있는 음식도 제대로 못 해드려 죄송합니다.
가보고 싶은 외국 여행도 'IMF로 나라가 어렵고 힘든데 어찌 내가 구경하러 가겠냐!' 하시며 극구 만류하신 아버지!
그때 우겨서라도 구경시켜 드려야 했었는데 못 시켜 드려 죄송합니다.
돈 벌어 아버지 쌈지에 용돈도 두둑이 드리지 못해 죄송합니다.
마음 편하게 효도 한 번 못해 드린 것 같아 더 죄송합니다.

아버지와 어머니는 저들에게 아낌없이 희생하며 많은 것을 다 해 주셨는데, 저들은 받을 줄만 알았지 아버지께 잘해 드리지 못한 것 같아 마음이 아프고 쓰립니다.
행여나 속 섞이고 애먹인 것이 있다면 너그러이 용서해 주세요.
그리고 할머니의 만류에도 저희들이 교회 갈 수 있도록 허락해 주신 것 정말 감사합니다.

이제 그 은혜 고맙고 감사해 아버지의 마음을 읽고 마음 편하게 해 드리려고 하는데 왜 저들의 마음을 받아 주시지 않고 그렇게 훌쩍 떠나신 건가요?
평소 말씀처럼 나이 들어 저들에게 짐이 될까 부담스러워 추위가 시작되는 겨울의 문턱에 저들의 이불이 되어 덮어주려고 훌쩍 떠나셨나요?

아버지는 영원히 쓰러지지 않고 굳건하게 대나무처럼 서 있으리라 믿었는데, 마지막 고통과 함께 작은 소리로 "사랑하는 아들 병호야!! 잘 있어라."고 저희 이름 부르면서 숨을 몰아쉬며 저희 곁을 떠나갈 때 얼마나 울었는지 몰라요.

지금에 와서 아버지가 너무너무 보고 싶어요.
이제 불러도 대답 없는 이름 아버지!
그러나 아버지는 저들의 음성을 들을 수 있겠지요.
지금까지 아버지께서 저들에게 베푸신 아낌없는 사랑과 정성 이제 저들의 마음을 모아 아버지께 진심으로 감사하다는 말씀을 드립니다.
지금은 감사하다는 말로밖에는 저들의 마음을 표현할 길이 없지만 이제 저들의 삶이 늘 솔선수범으로 인자하고 겸손하신 아버지의 뜻 받들어 부끄럽지 않게 보람되게 살아가겠습니다.

아버지! 지켜봐 주세요.
아버지! 사랑합니다. 아버지! 사랑합니다. 아버지! 사랑해요.
하나님께서 만들어 놓으신 아름다운 하늘나라에서 영원토록 편히 쉬세요.
　'믿음을 지키고 살다간 아버지의 영혼을 하나님께서 긍휼히 여기사 하나님의 영광을 누리며 영원히 하늘나라에서 길이 사소서.'
저희들도 남은 시간 신앙생활 잘하다가 언젠가 주님께서 부르실 때 하늘나라에서 아버지를 기쁨으로 뵙겠습니다.
　　　　　10월 26일 아버지를 떠나보낸 날을 기억하며 둘째 아들 병호 올림

❖ 아들에게 받은 편지

퇴근 후 집에 들어오니 화장대 위에 예쁜 편지 한 통이 있었습니다.
무슨 편지인가 싶어 뜯어 읽어 보니 내용은 이러했습니다.

♣ 부모님께

감사합니다. 나의 아버지가 되어 주셔서,
감사합니다. 나의 어머니가 되어 주셔서,
감사합니다. 나를 낳아 주셔서,
감사합니다. 나를 길러 주셔서,

감사합니다. 나를 지켜봐 주셔서,
감사합니다. 내가 잘못할 때 혼내 주셔서,
감사합니다. 나의 잘못을 용서하시고 품어 주셔서,
감사합니다. 나를 사랑해 주셔서,

감사합니다. 나를 위해 기도해 주셔서,
감사합니다. 나를 위해 눈물 흘려주셔서,
감사합니다. 나를 격려해 주셔서,
감사합니다. 나를 위해 고생해 주셔서,

감사합니다. 나에게 도움을 주셔서,
감사합니다. 나에게 관심을 가져 주셔서,
감사합니다. 나에게 모든 것을 주셔서,
감사합니다. 사랑합니다. 존경합니다. 정말 감사하고 너무나도 사랑합니다.

지금의 나를 있게 해준 나의 아버지, 어머니.
아빠가 목사님인 것과 엄마가 사모님인 것을 너무나도 사랑하며 존경합니다.
따로 선물은 없지만, 이 편지가 아버지 어머니를 향한 내 마음입니다.
그리고 어버이날을 맞아 진심으로 축하를 드립니다.
언제나 하나님의 영광을 위해 살아가는 우리 가족이 되길 원합니다.
God Bless You 아들 형우 올림.

저는 이 편지를 읽고 마음이 짠했습니다.
그리고 아들에게 고마웠습니다.
비록 선물과 꽃은 없었지만 다른 어떤 것보다 더 큰 선물이었습니다.
곧바로 아들에게 '아들, 고마워~'하고 문자를 보냈습니다.
여러분의 가정이 가족 구성원들을 통하여 행복이 넘쳐나는 복된 가정이 될 수
있기를 주님의 이름으로 축복합니다.

2008년 5월

❖ 사랑해요, 나의 어머니!

지난 설 명절 시골에 가서 어머니의 모습을 보았을 때에 기쁨보다는 오히려 마음이 많이 아프고 속으로는 화도 나고 많이 슬펐습니다.

이유는 그렇게 건강하시다고, 생각했던 어머니께서 한 해를 더하시면서 부쩍 이마에 주름과 손과 발에 힘이 많이 빠져 잘 활동을 하지 못하셨기 때문입니다.

그러나 내가 그런 감정에 흔들리면 어머니가 더 마음 아파하실까 봐 나의 감정을 추스르고 감추었습니다.

못 먹고 못 입고 일만 하던 시절!

허리띠를 졸라매며 가문을 세우고 3남 1녀 모두를 교육시키고 출가시키고 이제 좀 마음 편히 쉬려나, 하는데 다리와 허리가 아파서 제대로 걷지 못하는 허약해진 어머니의 모습을 볼 때에 마음이 더욱 아려 왔습니다.

연세는 아직 많이 들지는 않았지만, 연세에 비하여 몸이 더 많이 불편하고 얼굴이 연로하신 모습을 볼 때에 얼마나 마음이 아픈지 혹시 나 때문은 아닌가, 미안한 생각이 들었습니다.

허리가 휘고 다리를 절면서까지 자녀들을 위하여 수고하신 어머니의 그 크신 은혜를 기억하여 좀 더 편안하게 해드리고, 건강하게 살도록 좋은 약도 지어 드리고, 맛있는 것도 많이 사드리고, 세상 구경도 많이 시켜 드려야 하는데 그렇게 하지 못하고 늘 멀리 있다는 이유로 자주 찾아뵙지 못하였으니 얼마나 어머니께 부끄러웠는지 모릅니다.

늘 어머니께 잘해 드려야지, 잘해 드려야지, 나름대로 마음은 가져보지만 늘 부족하고 아쉬운 마음만 가득할 뿐입니다.

지금의 우리들이 있기까지 새벽마다 하루도 빠지지 않고 자녀들을 위해 기도하신 어머니!

어머니의 겸손과 온유, 포근함, 그리고 늘 너그러움과 이해, 용서 또한 한 번도 자녀들에게 야단과 고함 한 번 지르지 않고 친히 몸으로 삶을 보여주셨던 나의 어머니!

저는 아버지와 어머니로부터 많은 것을 보고 배웠습니다.

그리고 부모님을 볼 때마다 하나님을 보는 것 같습니다.

이런 아버지 어머니의 아름다운 삶을 통하여 지금의 저와 우리 자녀들이 있게 되어 날마다 감사할 따름입니다.

부모님의 그 뜻을 잘 받들어 열심히 아버지와 어머님처럼 살아가겠습니다.
부족하지만 지켜봐 주세요.
아버지는 하늘에서 지켜봐 주시고, 어머니는 아버지 몫까지 오래오래 건강하게
사시면서 지켜봐 주세요.
아버지, 존경합니다. 어머니, 사랑합니다.

2010년 5월 누구보다 엄마를 사랑하는 아들 병호 올림

❖ 어버이날에 부모님을 그리워하며

싱그럽고 푸르른 오월!
해마다 어버이날을 맞이하게 되면 부모님이 더욱 그립고 보고 싶습니다.

매년 느끼는 것이지만 지나온 삶을 돌이켜보니 부모님의 은혜와 사랑이 얼마나
크고 감사한지 모릅니다.
제가 여기까지 오게 된 것이 그 어느 것 하나 부모님의 마음과 손길 정성이
아닌 것이 하나도 없습니다.
평소 부모님께서 저희를 위해 삶을 통해 보여주신 가르침 덕분에 제가 바로
설 수 있었고, 힘든 시간들을 보낼 때에도 두 손 모아 저를 위해 기도와 응원을
아끼지 않으셔서 잘 이겨낼 수 있었으며, 부모님의 희생과 아낌없는 사랑으로
오늘의 제가 있을 수 있었습니다.

아버지, 어머니!
저를 낳아 주셔서 고맙고 잘 키워주셔서 감사합니다.
그러나 고마운 마음을 가슴에 가득 담아 두기엔 어머님과의 시간이 그리 길지
않은 것 같아서 마음이 아프고 쓰립니다.
하지만 부모님의 수고와 삶을 통해 보여주신 그 희생과 사랑이 헛되지 않도록
많은 사람들에게 베풀고 나누며 섬기며 살겠습니다.

어머니! 한 가지 부탁은 살아 계시는 것만으로도 자녀들에게 큰 힘이 되니
아프지 마시고 건강하게 오래오래 살면서 지켜봐 주십시오.
부모님! 사랑합니다. 존경합니다. 그리고 너무 감사합니다.

그리고 아주 많이 보고 싶고 그립습니다.

2015년 5월 8일 어버이날에
부모님을 그리워하며 사랑하는 아들 병호 올림

❖ 사랑하는 엄마의 손

시집올 때 누구보다 예쁘고, 아름답고 고운 손을 가졌던 엄마!
60여 년을 보내면서 3남 1여 낳아 자식을 기르면서 엄마의 손은 거칠고 딱딱
하고 거북이 등이 되었고 얼굴은 주름살로 가득했습니다.
평생 산과 들과 바다를 벗 삼아 자식을 키우느라 닳고 닳은 엄마의 손은 항
상 까맣게 물들어 있었고, 손가락은 울퉁불퉁 뼈마디가 튀어나와 관절로 아파
하시면서도 엄마의 두 손으로 일궈낸 노동으로 우리는 이렇게 자라났습니다.

지난 설 명절에 엄마의 손을 보게 되었을 때 '그렇게 고왔던 엄마의 손이 누
구 때문에 이렇게 되었을까?' 생각해보니 저희 자식과 가족을 향한 그 사랑
때문에 엄마의 손은 희생당한 것이었습니다.
저도 이제 아들 낳고 손자 낳아 키우면서 엄마의 그 마음과 정성 사랑과 희
생을 깨닫게 됩니다.

그런데 지금까지 받은 엄마의 그 사랑과 은혜를 어떻게 다 갚을 수 있을까요?
다시 20대의 젊고 아름답고 고운 모습으로 되돌릴 수 없지만 그러나 아들로서
어머니께 당당히 '이 세상에서 엄마를 가장 존경하고 사랑한다'고 말할 수 있
습니다.
하늘만큼! 땅만큼! 엄마, 사랑합니다. 그리고 감사합니다.

말보다 먼저 삶으로 모범을 보이신 엄마!
엄마의 희생과 헌신, 눈물과 기도, 사랑과 은혜 평생 살아가면서 영원히 잊지
않을게요.
그리고 제가 행복하게 해드릴게요.
엄마, 오래오래 건강하게 사세요.

2022년 5월 8일 어버이날에 아들 김병호 올림

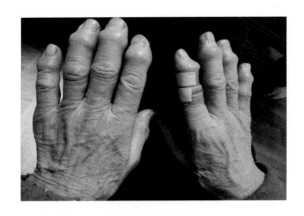

❖ 세상에서 가장 아름다운 손

세상에 예쁘고 아름답고 고운 손이 많이 있지만 나는 거칠고 상하고 찢기고 패여 거북이 등과 같이 된 엄마의 손이 세상에서 가장 아름답습니다.

사람들이 고운 손으로 자신의 얼굴과 모습을 가꾸고 거둘 때 엄마의 손은 자신보다 3남 1녀의 자식들을 먼저 거두고 가꾸었습니다.

자식의 배가 아플 때면 엄마의 손으로 어루만지면 희한하게도 약손이 되어 잘 낫게 하셨습니다.

자식이 힘들어 괴로워할 때는 그 손으로 우리의 머리를 쓰다듬어 위로와 용기를 주셨습니다.

자식이 배고파 밥 달라 할 때는 산과 들과 바다로 나가 갖은 재료로 최고의 솜씨를 발휘하여 세상에서 가장 맛있는 음식으로 자식의 배를 채워 주셨습니다.

매일 새벽마다 두 손을 모아 자식을 위해 간절히 기도하는 엄마의 손은 자녀를 믿음으로 모두 잘 키우셨고, 쉬지 않고 움직이는 엄마의 손은 가정을 가난에서 벗어나게 하였습니다.

> 늘 남을 위해 베풀기를 좋아한 손
> 늘 맛있는 솜씨로 고픈 배를 채워 준 손
> 늘 남의 허물을 감싸준 손
> 늘 자식을 위해 희생한 아름다운 손
> 늘 누군가를 위하여 기도한 손

자식에게 한 번이라도 잔소리하거나 큰소리 한 번 발하지 않으시고, 몸으로 모범을 보이시며, 거칠고 상해진 거북 등 손으로 자식을 향한 그 사랑을 친히 확증해 준 손

엄마의 사명을 감당한다고 매우 거칠고 상하여진 손이지만 나는 엄마의 두 손이 세상에서 가장 아름답고 존경스럽습니다.
그리고 그 손으로 자녀를 키우신 엄마를 너무너무 사랑합니다.

2022년 5월 어버이날을 즈음하여 새벽 4시에 아들 김병호 올림

❖ 사랑하는 아빠에게

아빠한테 생일 선물로 편지를 보내보기는 처음이네.
해마다 선물을 아빠한테 줬었는데 이번에는 아쉽게도 뉴질랜드에 있어서 선물을 못 챙겨줘서 미안해.
사실 이번에 나 혼자 뉴질랜드에 왔을 때 좀 두렵기도 했어.
나 혼자 비행기 타고, 외국으로 나가고, 생활하는 모든 것이 나한테는 낯설었어.

뉴질랜드가 한국과는 다른 것이 많이 있어서 처음에는 생활하는 데 불편하고 힘들었지만 금방 익숙해졌어.
뉴질랜드 온누리 교회 중·고등부 학생들이랑 대학생 친구들이 내가 뉴질랜드에 2~3년 산 것처럼 보인다고 말을 했어.
그만큼 적응을 빨리한 것 같아.
아빠가 먹고 싶은 것이 있으면 사 먹으라고 말을 할 때도 여기는 한 끼 밥값이랑 과자 값이 한국과 달리 너무 비싸서 돈이 아까워서 거의 못 사 먹었어.
그런데 필요한 것만 산다고 해도 물가가 비싸서 아빠한테 받은 돈들이 금방 없어졌어.

1달, 2달, 3달이 지나면서 아빠한테 계속 돈을 받으니 너무 미안해!
아빠가 돈을 많이 버는 것도 아닌데 한 달에 100만 원 정도의 돈을 계속 보내주니 마음에는 부담감이 많이 생겨.
사실 뉴질랜드에 온 목적이 영어를 배우기 위해서가 아니라 하나님께 더 온전히 매달리고 내가 더 성장하기 위한 발판으로 이곳에 왔는데 모든 것이 무언의 압박처럼 느껴져.

돈을 받았는데 받은 만큼 열심히 해야겠다는 생각도 들고, 돈을 여가 생활이나 먹는 것에 쓰는 것을 많이 절약해야겠다는 생각도 많이 들어.
그래서 최대한 써야 할 곳만 쓰고 있어.

가끔은 한국 가고 싶은 생각이 많이 들어.
왜냐하면 뉴질랜드 땅에서 아직까지 내가 할 수 있는 것이 많이 없어.
그래도 하나님께서 도와주셔서 주일에 중·고등부 예배 음향으로 섬기고 있어.
그리고 한국에 있을 때보다 뉴질랜드에 있을 때 아빠, 엄마에 대한 생각이 많이 바뀌고, 나만큼 행복한 아들은 없다고 생각해.
돈이 점점 없어지고 일이 안 구해져서 많이 초조하고 그랬는데 다행히 하나님이 이렇게 일자리를 주셔서 감사해.

아빠! 항상 나를 위해 기도해줘서 고마워.
정말 내가 뉴질랜드에 온 것은 잘된 일이라고 생각해.
뉴질랜드에 옴으로서 더욱더 아빠와의 관계도 좋아지고 서로를 더 생각하는 계기가 되었던 것 같아.
아빠! 요즘에도 교회 공사 한다고 몸 사리지 않고 노가다 하는 것은 좋은데 너무 무리하게 하지 않았으면 좋겠어.
아빠도 이제 점점 나이가 들어가고 힘도 부치고 그러는데 무리하면 앞으로 남은 하나님의 사역을 더 열심히 할 수 없잖아.
그러니 몸 아껴가며 사역해!
체력이 중요한데 체력을 너무 써버리면 사역을 더 못할 수도 있어.

뉴질랜드에 와서 아빠를 생각해보니 아빠한테 배울 것이 많다는 것을 많이 느껴.
부족하지만 나도 아빠처럼 하나님의 사역을 최선을 다하여 노력해야겠다고 생각해.

아빠! 항상 고마워. 그리고 사랑해.
내가 아빠를 세상에서 제일 사랑하는 거 알지?
항상 기도로 응원해 주시고 내가 한국에 갈 때까지 무사히 잘 기다려줘.
나도 2월까지 열심히 공부하고 갈 테니 조금만 기다려줘.
항상 부족한 아들을 사랑으로 감싸줘서 고마워 아빠.
그리고 아빠 생일 축하해.

오늘은 하나님께서 아빠에게 최고로 많은 축복을 주실 거야.

2013. 09. 10. 뉴질랜드에서
세상에서 하나밖에 없는 아빠를 너무나도 사랑하는 아들 김형우가 보내는 편지

❖ 가정의 달을 맞아 사랑담은 편지글

사랑하는 우리 엄마야!
또 다시 어김없이 어버이날이 다시 돌아왔어요.
언제나 어린날과 내 생일만 챙겼지 제대로 어버이날 한 번 챙겨주지 못했던
게 정말 죄송해서 다 전하지 못했던 마음을 영상편지로 전해드려요.

엄마! 요즘 들어 제가 너무나 깊이 느끼는 것이 하나 있어요.
그것은 바로 엄마의 그 끝이 없는 사랑이 정말 크고 위대하다는 것이에요.
항상 날 위해 정성 어린 사랑으로 길러 주셨건만 난 엄마의 마음을 조금도
모르고 늘 투정만 부렸던 것 같아 너무나도 죄송해요.

어린 시절로 돌아가 제가 엄마 뱃속에 들어있는 아기였을 때 엄마는 너무나
날 사랑해 애기 중지하시고, 태어나서도 옷이면 옷, 신발이면 신발, 그 어떤
것도 마다하지 않고 뭐든지 사주시고, 이것저것 필요한 것을 말하기 채 무섭게
모두 챙겨주시고, 언제나 수경이 밖에 모르던 엄마의 사랑을 무슨 말로 고백
할 수 있겠어요?

엄마! 정말 정말 감사해요.
지금 꼭 엄마에게 해드리고 싶은 말이 있어요.
엄마도 기억하시리라 믿어요.
지금의 예쁜 남동생 기현이를 낳고서 얼마 되지 않았을 때 제게 한 말을 아
직까지 잊지 못하고 있어요.

"수경아, 사랑해! 동생을 낳아서 내리사랑이라고 해서 혼자가 된 것 같이 외롭지? 그런
데 엄마가 동생을 왜 낳은 줄 아니? 이 다음에 엄마가 하늘나라에 가게 되면 우리 딸의
영원한 편이 될 피붙이 하나 없이 외로울 텐데 동생이 생겨서 서로 의지하며 서로 사랑
하며 지내고 사는 게 얼마나 좋은 건지 알게 될 거야. 그리고 동생은 갓난아기니까 손이
많이 가는 건 당연하니 이해해줄 수 있지?"

그전까지는 철없이 나의 사랑 다 앗아간 동생이라고 생각했지만, 그 말씀을 듣고 나니 정말로 엄마는 예나 지금이나 항상 날 너무나 사랑한다는 걸 느끼게 되었어요.

또한 내가 아무리 교회 다니자고 말씀드려도 듣지 않던 엄마가 어느 날 스스로 교회 나오셨을 때 전 얼마나 기쁘고 행복했는지 몰라요.
하나님께서 나의 기도를 들어주셨다고 생각했어요.
정말 그 계기로 엄마는 나의 대한 사랑이 너무나 크고 위대하다는 걸 느꼈어요.

엄마!
이제 우리 모두 하나님을 잘 믿고 온 가족이 즐겁고 행복하게 오래오래 살아요.
솔직히 요즘 엄마의 속을 약간 썩이고 있는 기현이와 나이지만, 이제야 그 큰 사랑 느껴 엄마께 꼭 보답하도록 열심히 공부할게요.
엄마, 사랑하고 또 사랑합니다.
하나님이 우리 가족의 평안과 복이 있도록 해 주시길 기도하고 있어요.
저도 열심히 노력할게요.
사랑해요! 엄마~

2009년 5월 8일 어버이날 엄마를 사랑하는 딸 수경이가!

❖ 사랑하는 부모님께!

오늘은 입대하여 주일을 맞아 예배를 드렸습니다.
군에서 예배를 드리니 느낌이 사뭇 달랐습니다.
예배 시작 전 찬양을 하는 가운데 나도 모르게 마음이 뜨거워지며 살아 계시는 하나님을 체험하게 되었습니다.
군대를 먼저 다녀온 창민이 형이 왜 신앙이 좋아져서 나왔는지 이제야 조금은 이해할 것 같습니다.

군대에 와서 첫 예배를 드리는 가운데 하나님의 존재에 대하여 새롭게 깨닫고 있습니다.
또한 저는 찬양 시간에 드럼으로 봉사를 하게 되었습니다.

어머님이 드럼을 배우라고 하셨을 때 드럼을 치기 싫어서 성질도 많이 부렸는데, 지금에 와서 이렇게 내게 있는 재능으로 봉사를 하게 되니 어머니께 얼마나 감사한지 모릅니다.

돌이켜 보니 어머니의 마음을 이해하지 못하고 투정 부리고 화를 낸 것이 죄송하기만 합니다.

오늘 목사님께서 들려주시는 말씀은 '부지런하고 게으르지 말라. 그리하면 하나님은 반드시 너희에게 복을 주실 것이다.'라는 내용이었습니다.

예배 후 그토록 바라던 초코파이를 3개씩 받았는데 눈치를 보며 먹는 저와 동기들을 보니 우리가 군인이 다 되었다고 각했습니다.

전 요즘 몸만들기 삼매경에 빠졌습니다.

군대에 들어와 밥도 삽으로 먹을 만큼 많이 먹고 운동도 매일 하며 예절 바른 행동과 바른 모습을 보이려 준비 중입니다.

부모님이 보시고 듬직하다고 하실 정도로 체력을 키우고 있습니다.

아버지는 회사에 잘 다니시죠?

군 입대하기 전에 일주일에 한 번은 꼭 아버지께 혼이 났죠.

연락도 없이 잦은 외박을 해서 속 썩인 것 정말 죄송하기만 합니다.

아버지께 야단맞을 순간을 모면하려고 온갖 변명과 거짓말하던 모습을 떠올려보면 정말 아버지께 죄송할 뿐입니다.

아버지! 부족함 없는 아들이 되어서 나갈 테니 지켜봐 주시기 바랍니다.

외할머니도 잘 계시죠?

훈련소 들어오기 전 외할머니께서 전화로 눈물을 흘리시며 잘 다녀오라고 말씀하실 때 가슴이 많이 아팠습니다.

꼭 강인한 군인이 되어서 찾아뵙겠다고 전해 주세요.

전도사님께서 편지 보내주셨는데 잘 받았다고 안부 전해 주세요.

다른 동기들보다 편지도 많이 받아 힘이 넘치네요.

길면 길고 짧으면 짧은 6주, 밖에서 놀 때는 시간이 너무 빨리 갔는데 지금은 길게만 느껴져요.

보고 싶은 사람도 많고, 먹고 싶은 것도 많고, 할 말도 엄청 많아요.

다음에 또 연락드리겠습니다.
한 달 후, 또 일 년 후에는 많은 변화가 있겠죠. 잘 참고 해내겠습니다.
어머니, 아버지! 사랑합니다.

2009년 5월 3일 포항 훈련소에서 아들 오창희 올림

❖ 부모님께 드리는 글

우리를 낳아 길러주시고 교회에 다닐 수 있도록 도와주신 금성교회 모든 부모님들께 우리 금성교회 중·고등부 학생들은 부모님께 감사하고 있습니다.
그 이유는 주일마다 예배드릴 수 있도록 허락을 해 주셨기 때문입니다.
우리 금성교회 중·고등부 학생들은 비록 다른 교회보다 학생 수가 적지만 모두 주님께 진심으로 찬양과 경배를 드릴 줄 압니다.

이 자리에 계신 부모님들 중에는 교회를 안 다니시다가 다니시는 분도 계시고 옛날부터 계속해서 교회에 출석하시는 분도 계실 것입니다.
그리고 우리 학생들 중에는 교회에 다니지 않는 부모님도 계실 것입니다.
저희들에게 교회를 갈 수 있도록 인도해 주시고 허락해 주신 것 감사드립니다.
세상의 모든 것으로도 부모님의 은혜를 다 갚지는 못하지만, 만약 저희가 한 가지 할 수 있는 일이라면 부모님과 함께 교회를 다녀서 함께 천국에 가는 것입니다.
저희들은 우리를 여기까지 길러주신 부모님의 은혜를 절대로 잊을 수 없습니다.
어려서부터 저희들을 키우시느라 고생하신 부모님들의 고통은 우리가 겪고 있는 고통과 비교하려고 해도 감히 비교할 수가 없습니다.

부모님들은 저희들에게 잘해 주시려고 무한한 노력을 하시는데, 그런데 저들은 그런 것도 모르고 말끝마다 꼬리를 붙여서 부모님 마음을 아프게 합니다.
그런 저들의 무례했던 행동을 모두 용서해 주십시오.

아직은 많이 부족한 저들의 모습이지만 앞으로 일상생활 속에서 부모님들께 변화되어가는 모습을 조금씩 보여드리도록 하겠습니다.
그리고 우리 금성교회 중고등부가 부모님의 기대에 어긋나지 않도록 최선의 노력을 다하겠습니다.

마지막으로 부모님의 은혜에 다시 한 번 감사드립니다.

2009년 5월 10일 학부모 초청 주일에 금성교회 중·고등부 대표 김형우 올림

❖ 부모님께 드리는 편지

안녕하세요? 저 아빠 엄마 딸 '은서'에요.
작년에 어버이날 축하해 드렸던 것이 엊그제 같은데 벌써 일 년이 지나고 다시
돌아왔어요.
어버이날을 맞이해서 아빠, 엄마! 감사드려요.

우리를 위하여 항상 수고하시지만 저는 특별히 감사하는 일이 있어요.
제가 몇 년 전에 열이 높아서 병원에 갔더니 '신종플루'라고 해서 모두들 걱
정했는데 아빠, 엄마가 일주일 동안 잘 간호해 주시고 방이랑 식기 등 집안
소독도 잘해 주셔서 깨끗하게 나았잖아요?
이렇게 건강하게 낫게 해 주셔서 감사해요.

그 당시에 신종플루로 죽는 사람들이 많았고 어떤 연예인은 유치원에 다니던
아들이 신종플루로 갑자기 죽었다고 텔레비전에도 나오고 하는 것 봤어요.
그때 솔직히 무서웠어요.
'나도 저 아이처럼 죽으면 어떡하지?' 이런 생각도 했었어요.
그런데 저는 아빠 엄마 덕분에 건강해졌어요. 정말 감사해요.
이렇게 엄마, 아빠께 편지를 쓸 때는 꼭 무슨 날만 쓰는 것 같아 미안해요.
앞으로는 평소에도 편지를 자주 쓸게요.

그리고 이번 달은 참 좋은 것 같아요.
가정의 달이라 엄마 아빠 쉬시는 날이 많아서 우리 가족끼리 외출도 할 수
있고, 많이 대화하고 함께하는 시간을 가질 수 있어서 정말 좋아요.
그리고 효도 쿠폰을 오빠랑 제가 만들어서 엄마한테 드렸잖아요?
설거지 쿠폰, 밥상 차리기 쿠폰, 집안청소하기 쿠폰, 안마해 드리기 쿠폰
심부름 쿠폰을 많이 사용하세요.~

대부분은 지금도 제가 도와드리고 있지만, 더 열심히 효도할게요~^^

오빠한테는 안마 쿠폰을 사용하세요.~

엄마가 오빠가 해 주는 안마가 시원하다고 하셨잖아요?

앞으로도 오빠랑 사이좋게 지내고 공부도 열심히 하고, 지금보다 더 말 잘 듣는 착한 딸이 될게요.

아빠, 엄마! 항상 건강하세요~

다시 한 번 어버이날 축하드려요. 사랑해요.~~~

2015년 5월 3일 아빠와 엄마를 정말 많이 사랑하는 딸 은서 올림

❖ 부모님께 드리는 편지

부모님께~

아빠~ 엄마! 안녕하세요? 저 건이에요.

부모님의 손을 잡고 초등학교에 입학했던 것이 엊그제 같은데 벌써 고등학교 3학년이 되었네요.

아빠 엄마께서 저에게 해 주셨던 걱정 어린 말들을 전 한 귀로 흘려버리며 짜증을 내서 죄송합니다.

그리고 아침마다 이유 없는 투정과 어리광을 피운 것은, 아마 저의 부모님이시기 때문인 것 같아요.

언제나 저의 뒤에서 저에게 후원을 아끼지 않으시는 부모님!

하지만 저는 늘 부모님의 속을 썩여드린 것 같아 죄송하고 또 죄송해요.

늘 뒤에서 저를 바라보시며 저를 지켜주시고 묵묵히 저를 위해 기도해 주시는 부모님께 늘 감사하다는 말을 전하고 싶습니다.

말을 안 해도 늘 감사하게 여기고 있는 것, 부모님은 다 알고 계시죠?

항상 부모님께 큰 버팀목이 되는 장남이 되도록 노력하겠습니다.

내색하나 없이 늘 웃으시고, 제가 잘못하면 사랑의 매도 드시지만 저를 잘 키워주셔서 정말 감사해요.

언제나 저를 사랑해 주시고 아껴주시는 부모님!

쑥스러워서 아직까지 한 번도 못했던 말이지만, 편지에서라도 해보려고 합니다.

엄마, 아빠! 사랑합니다!! 그리고 감사합니다!!

고등부 이 건

❖ 보고 싶은 할아버지께

할아버지! 오늘이 할아버지가 돌아가신 날입니다.
저는 할아버지의 기도 덕분에 잘 지내고, 또 사랑도 듬뿍 받고 있습니다.

할아버지가 해동병원에서 숨을 거두신 그 가슴 아픈 날, '할아버지는 절대로 돌아가시지 않으실 거야'라고 생각하고 있었는데 사람들이 장례 준비를 하고 있더군요.

할아버지가 산소 호흡기를 끼고 마지막으로 저의 손을 잡으시며 "현지야, 미안하다~"라고 하셨을 때, 그때는 그 말씀의 뜻을 몰랐는데 지금은 알 것 같아요. 그래서 더욱 할아버지께 못다 한 것들이 기억에 남아요.
할아버지는 항상 저에게 "현지 뭐 사줄까?" 하며 다정하게 웃으시던 그 미소가 지금도 기억에 남습니다.

할아버지, 이제 할아버지 얼굴은 볼 수 없지만 현지 공부도 열심히 하고, 교회도 잘 다니고 있으니 현지 걱정하지 마세요.
그럼, 보고 싶은 할아버지, 천국에서 편히 쉬세요.

할아버지가 많이 보고 싶은 손녀 오현지 드림

❖ 할머니께

할머니, 안녕하세요?
저 할머니가 사랑하는 손자 우진이예요.

할머니 손자가 벌써 12살이나 되었어요.
할머니가 키워주신 것이 엊그제 같은데~
예전에 할머니와 같이 만든 음식이 생각나요.
지금도 가끔 그 맛이 그리워요.

할머니 생신이시죠?
생신인데 아무것도 못해 드려서 죄송해요.

그 대신 제가 바르게 크고, 훌륭하게 자라서 하나님이 주시는 비전을 찾고 좋은 직업을 가져서 'Big size house'(큰집)을 'buy'(선물)해 드릴게요.^^
그러니까 생일 선물 안 드린 것 섭섭해 하지 마세요.
또 할머니를 위해 매일 기도드릴게요.
할머니, 오래오래 건강하게 사세요. 사랑해요.
I Love You~♥

2012년 12월 오봉근 장로님, 박재임 권사님의 손자 백우진

❖ 훈련병이 가족에게 쓴 편지글

할머니께!
할머니, 잘 지내고 계십니까?
저는 아픈 곳 없이 하루하루 잘 지내고 있습니다.
매일 잠자리에 누우면 생각합니다.

'할머니는 잘 계신지, 아픈 곳은 없으신지~ 소정이는 별일 없는지~'

며칠 되진 않았지만, 생각이 많이 나고 보고 싶기도 하며 많이 그립습니다.
가족을 떠나 훈련소에 와서 훈련을 받다 보니 가족이 얼마나 소중한 존재인지 다시 한 번 느끼게 되었습니다.
그리고 저는 수료식을 마치면 집으로 갑니다.
그때까지 아프지 마시고 잘 지내고 계셨으면 좋겠습니다.

소정이도 공부와 아르바이트 한다고 고생이 많을 텐데 너도 항상 힘내고 파이팅! 했으면 좋겠다. 우리 가족 할머니와 소정이 그리고 나! 서로 의지하고 위로해 주며 화목하게 지냈으면 좋겠다.

할머니! 제는 건강히 훈련 마치고 돌아갈 테니 걱정 안 하셔도 됩니다.
제 걱정하지 마시고 할머니와 소정이 서로를 걱정하고 생활 잘했으면 좋겠습니다.
그리고 군 훈련을 마치고 나면 가장 먼저 집으로 가겠습니다.

사랑하는 동생 소정아!
네가 나 대신 나의 몫까지 집에 일찍 들어가서 할머니 말동무도 해드리고 잘 해줬으면 좋겠다.

내가 말 안 해도 소정이는 잘할 거란 걸 알고 있지만, 내가 옆에 없으니 별 걱정이 다 되는구나.

소정이가 알아서 잘해 주렴.

내가 훈련받고 나가서 진짜 오빠 노릇을 잘할 수 있도록 노력할게.

할머니! 할머니께도 정말 효자 노릇 잘할 수 있도록 여기서 훈련 잘 받고 남자답게 되어 나갈 수 있게 최선을 다하겠습니다.

그때까지 만이라도 아니! 그때보다 더욱 오래오래 건강하게 계셔주시길 간절히 기도하며 저도 소정이도 속 안 썩이겠습니다.

할머니! 사랑합니다. 소정아! 사랑한다.

2013년 9월 하나뿐인 손자, 오빠 강성대 올림
53사탄 신병교육대대 3중대 2소대 84번 훈련병 강성대

❖ 부모님께

현재 2017년 2월 4일 토요일 9시 7분!
이제 5일차입니다.

엄마, 어떡해요? 시간이 너무 안 가요.

그래도 생활관에 동기들 잘 만나서 재미있게 지내고 있습니다.

군대 밥은 별로 맛이 없을 것 같았는데, 군대 안에서 먹으면 뭐든지 꿀맛입니다.

딱 하루에 아침 점심 저녁 세끼 밖에 안 줘서 배가 고파서 힘들지만 그래도 참을 만합니다.

그리고 밤에 누우면 잠이 잘 안 오고 늦게 잠들어서 피곤도 하고 불침번 때문에 새벽마다 한 시간씩 지킨다고 더 피곤한 것 같습니다.

저는 아직도 군대에서 지낸 시간이 5일밖에 안 된 게 믿기지 않습니다.

아직 1년 8개월 25일이라는 시간이 남았습니다.

얼마나 힘들면 여기 온 지 3일 만에 제대하는 꿈도 꿨습니다.

그래도 어차피 감당해야 하는 곳이니 잘 참고 견디겠습니다.

그리고 아픈 다리 무릎은 소대장님께 말해놨으니 제 걱정하지 마세요.

아직은 훈련받는 데 무릎에 아무 문제없습니다.

이곳이 전방이 아닌 후방에 있는 곳이다 보니 생각했던 것보다는 덜 힘들고 조교들도 괜찮습니다.
그런데 한 주간은 적응주간이고 다음 주부터는 본격적으로 훈련이 시작될 건데 조금 걱정이 됩니다.
3월 8일이 수료식이고 그 전에 전화할 수 있을 거 같습니다.

시간 날 때마다 편지도 자주 보낼 게요.
그리고 여기 주소랑 우편번호 적어 놨으니 편지 많이 써 주세요.
주변 사람들한테도 편지 많이 써달라고 해 주세요. 그럼 이만 쓸 게요.

- 1월 31일 군 입대한 허경찬 청년-

❖ 어버이날 할머니, 어머니께 드리는 편지

할머니, 엄마 이번 어버이날을 맞이해 이렇게 제가 편지를 씁니다.
사랑하는 우리 할머니, 제가 아플 때, 밤중까지 간호해 주시고, 길을 가다 맛있는 것이 보일 때 사달라고 하면 지갑에서 돈을 꺼내 사먹으라고 하시는 모습에서 가끔 울컥할 때가 있습니다.
항상 학교 수업이 끝나면 '어디 있니? 마쳤니?'라고 말씀하실 때마다 할머니께서 걱정하실까 봐 빨리 가야겠다는 생각을 합니다.
할머니도 몸이 많이 힘드실 텐데 항상 돌봐주시고 챙겨주셔서 감사합니다.
할머니 어깨 한 번 주물러 드리고 발 한 번 주물러 드릴 때, 뼈만 잡힐 때는 마음이 아플 때가 많습니다.

사랑하는 우리 엄마!
항상 챙겨주시고 맛있는 것 사주시고 정성껏 저를 돌봐주셔서 감사합니다.
마트에서 일하실 때 많이 힘드시죠?
그럼에도 불구하고 저를 신경 써 주셔서 감사합니다.

엄마께서 집에 오시면 힘드셨던 어깨도 주물러 드리고 발도 씻어드리고, 제가 할 수 있는 만큼 해 드릴게요.

제가 이렇게 학교생활 열심히 하고 밥도 잘 먹고, 공부도 열심히 할 수 있게
지도해 주시는 엄마의 헌신적인 사랑에 너무 감동을 받습니다.

이번 어버이날을 맞이하여서 하고 싶었던 말 잔뜩 적었습니다.
할머니와 엄마께서 이 글을 읽으시고 제 마음을 헤아려 주셨으면 좋겠어요.
무엇보다 행복한 어버이날이 되었으면 좋겠습니다.
항상 감사하고 또 감사하고 사랑합니다.

2014년 5월 어버이날 부모님의 은혜 감사하는 딸 채린 올림

❖ 어버이날 부모님께 드리는 편지

엄마, 아빠! 저는 작은 딸 슬기예요.
어버이 주일을 맞이하여 그동안 하지 못했던 말을 하려고 해요.
먼저, 믿음의 가정에서 신앙생활 할 수 있게 잘 이끌어 주셔서 감사합니다.

어렸을 때부터 말썽꾸러기였죠.
냉장고에 들어가기도 하고, 오백 원짜리 동전도 먹고, 날고 싶다고 계단에서
뛰어내려 다칠 뻔도 하고, 그런 저 때문에 걱정도 많이 하셨죠?
그렇게 철없던 조그마한 아이가 초등학교, 중학교를 지나서 벌써 고3이 되었어요.
어렸을 때 엄마한테 딱 붙어서 "엄마, 나는 언제 엄마처럼 키가 커져?" 했는데
이젠 엄마보다 더 큰 딸이 되었어요.
그렇게 자라면서 엄마, 아빠 속도 많이 상하게 했죠?
그때는 왜 그렇게 말을 잘 듣지 않고 짜증을 냈는지 지금 생각하면 너무 죄송해요.

근데 이렇게 잘못하고 미안한 마음들을 조금씩 더 표현하려고 해요.
요즘 들어 제가 학원 갔다 오면 엄마 아빠한테 뽀뽀하고 안기고 하잖아요.
그러면 징그럽다 하시지만 전 그렇게 하는 게 너무 좋아요.
그러니까 피하지 말아주세요.
이제야 더 많이 표현하는 딸이라서 너무 죄송하지만 이제부터라도 말 잘 듣고 방도
열심히 치우고 공부도 열심히 하고, 모든 일에 최선을 다하는 딸이 될게요.
그러니까 엄청 오래오래 사셔야 해요.

엄마는 주름살이 생겨서 안 예쁘다. 하시지만 제 눈에는 엄청 예쁘세요.
아빠도 주름살이 생겨서 멋있지 않다고 하시지만 제 눈에는 엄청나게 멋있으세요.
엄마, 아빠! 많이 사랑해요. 저를 낳아주시고 길러주셔서 감사합니다.
그리고 이렇게 멋진 부모님을 선물해 주신 하나님께 감사합니다.

2014년 5월 어버이날 작은 딸 슬기가

❖ 어버이날 엄마에게 드리는 편지

엄마! 작년 엄마 생일 이후로 한 번도 쓴 적 없는 편지를 어버이날을 맞아 이렇게 또 쓰게 되네요.
저는 원래 존댓말을 안 하는데 편지에서 존댓말을 하려니 어색해요.
편하게 얘기하도록 할게요.

사랑하는 우리 엄마! 무슨 말부터 시작해야 할지 잘 모르겠다.
마음속에 꾹꾹 담아두었던 미뤄온 얘기들을 두서없이 한 번 써 내려 가보려 해.
엄마! 어렸을 때 편지에는 항상 "제가 말썽을 많이 피워서 죄송해요~"였는데 지금은 그때와 다른 미안한 마음이 너무 많아 한 살 한 살 나이가 들어갈수록 엄마의 마음을 조금은 이해할 수 있을 것 같아.
그래서 어렸을 때 편지에는 항상 "엄마 제가 말썽을 많이 피워서 죄송해요~"였다면 청년이 된 지금은 "엄마의 마음을 이해해 주지 못해서 미안해~"라고 말하고 싶어.

엄마! 내 손톱은 일주일에 수십 번씩 새로운 매니큐어를 칠하면서, 엄마 손은 하루하루 주름지고 거칠어져 매니큐어조차 바를 수 없을 만큼 많이 상해 버렸다는 걸 난 왜 이제야 알았을까?
엄마! 나는 일주일에 몇 번씩 7,000원짜리 밥을 사 먹고, 카페에 앉아 여유롭게 5,000원짜리 커피를 마시면서도, 엄마는 1,000원짜리 김밥 한 줄을 버스에서 허겁지겁 먹는다는 사실을 난 왜 이제야 알았을까?

엄마! 나는 높이가 다른 구두를 색깔만 다른 운동화를 몇 켤레씩 가지고 있으면서도, 엄마 운동화 하나를 다 떨어져 못 신을 때까지 신고 걸어 다닌다는 걸 난 왜 이제야 알았을까?

엄마는 출근이 8시면서도 항상 다섯 시 반에 일어나 일찍 학교 가는 나를 깨워주고, 화장하느라 정신없는 못난 딸 밥 못 먹고 갈까 봐 화장대 앞까지 밥을 가져와 숟가락으로 먹여주는 엄마의 마음을 왜 이제야 이해할 수 있을까?

엄마! 난 정말 나쁜 딸 인가보다.
철없이 못난 마음에 그동안 표현하지 못했어.
항상 엄마 자신보다 우리 가족을 먼저 생각하는 엄마라서 미안하기도 하고 고맙기도 해.
엄마! 내가 맨날 투정부리고 짜증내서 미안해!

엄마! 그거 알아?
류마티스 관절염에 걸려 제대로 일어서지도 걷지도 못하던 엄마가 지푸라기라도 잡는 심정으로 교회에 나와 울면서 기도했던 그 이후, 그 좋다는 약이란 약은 다 먹어도 낫지 않던 병이 하루에 몇 시간을 걸을 만큼 건강해졌을 때 엄마는 주님의 그 능력을 체험하고 매일매일 찬송을 듣고 길에서도 찬양을 크게 부르고 다녔지.
이제야 하는 말이지만 나 사실 그때는 어린 마음에 남들이 다 듣는 길에서 큰소리로 찬양하는 엄마가 너무 부끄러웠어.
그렇게 아파서 스스로 일어나기도 힘들었던 우리 엄마가 지금은 누군가의 손과 발이 되어주는 일을 하는 요양보호사가 되었어.

엄마! 난 더는 엄마가 부끄럽지 않아.
힘든 사람의 손과 발이 되어주는 엄마가 난 너무너무 자랑스러워.
항상 내 편이고, 날 위해 기도하는 우리 엄마.
난 22년을 살아오면서 날 향한 엄마의 그 사랑을 어릴 적 조르며 받았던 장난감 선물처럼 내 것인 듯 너무 당연하게만 생각해왔어.
모든 걸 주고도 더 주지 못해 아쉬워하는 엄마에게 난 무엇으로 갚을 수 있을까?
받은 만큼 드릴 수는 없겠지만 앞으로 남은 세월 더 열심히 살아 엄마에게 내가 받은 그 사랑보다 더 큰 사랑을 되돌려 주고 싶어.

사랑하는 우리 엄마!
하고 싶었던 말이 많은 것 같은데 막상 쓰려니 다 기억이 안 나네.

내가 말하지 않아도 엄마는 내 마음 다 알지?
마지막으로 어릴 때 내가 엄마 앞에서 자주 불렀던 동요를 어른이 된 지금,
엄마 앞에서 다시 한 번 불러 보려 해

　　몇 천 번을 불러도 더 부르고 싶은 말/ 내가 제일 좋아하는 그런 말이 하나 있죠
　　어머니를 부를 때마다 다가선 어머니 얼굴/ 나에게 사랑으로 가르치시네
　　몇 천 번을 불러도 더 부르고 싶은 말/ 내가 제일 좋아하는/어머니 내 어머니

가장 소중한 누구보다 아름다운 나의 어머니 김언미 집사님! 사랑합니다~♡
　　　　　　　　　　　　　　　　　　　2014년 5월 어버이날에 김소영 청년

❖ 사랑하는 우리 엄마에게

말로 마음을 전하기에는 한계가 있어 이렇게 글로써 내 마음을 전하려고 해요.
먼저, 24년 동안 엄마 품에서 그 누구도 줄 수 없는 큰 사랑으로 나를 예쁘게
키워주신 것 너무 감사해요.
그리고 그 사랑을 이제야 너무나 잘 알게 되어서 미안해요.

난 어느새 어른이 되었고, 직장인이 되었고, 또 한 사람의 아내가 되었네요.
난 이제 다 컸다고 생각했는데 엄마가 보기엔 난 여전히 어린아이겠죠?
같이 살고 있을 때는 느끼지 못하고 깨닫지 못했던 것들이 지금 내가 결혼하고
이렇게 생활하면서 참 많이 느껴져요.

　　내가 빨래 통에 내놓은 빨래가 나에게 돌아오기까지 왜 그렇게 오랜 시간이 걸렸는지~
　　양말은 왜 뒤집어 벗어놓지 말라고 했는지~
　　엄마는 몸이 아프고 힘들다고 하면서도 왜 항상 가족들 밥을 챙겨주시는지~

사소한 것 하나까지 엄마가 왜 그랬는지 나는 이제 하나둘씩 이해하고 있어요.
조금 더 일찍 엄마의 마음을 알았다면 좋았을 텐데~
이제야 알게 되어서 미안해요. 엄마.

두 번째로, 엄마가 아는 그 하나님을 나에게도 가르쳐주셔서 너무 감사해요.
엄마는 항상 그랬어요.
"말씀 읽어라"는 말보다 말씀 읽는 모습을 먼저 보여주셨고, "기도해라"는 말
보다 기도하는 모습을 보여주셨어요.

믿지 않는 가정에서 꿋꿋하게 신앙을 지키기 위해 보이지 않는 싸움을 하면서 엄마는 나에게 항상 말씀하셨죠.

"소영이는 나중에 꼭 잘 믿는 남자 만나서 믿는 가정에서 신앙생활을 했으면 좋겠다."

엄마는 밤 열두 시가 넘어 잠들면서도 새벽 4시 반에 일어나 새벽기도를 갔고 우리 가족을 두고 내 미래를 두고 항상 기도했잖아요.
그런 엄마의 모습을 보면서 나도 나중에 꼭 엄마 같은 엄마가 되어야겠다고 다짐했어요.
지금의 내 모습이 되기 전, 그 앞에는 엄마의 기도가 있었고 엄마의 기도 앞에는 우릴 너무나도 사랑하시고 우리의 기도를 절대 외면하지 않으시는 하나님 아버지가 계셨어요.

엄마, 하늘 아버지께서 피조물인 사람들이 가정을 이루며 살게 하신 목적은 그 가정을 통하여 아버지의 마음을 알아가라는 이유일 거예요.
이제 나는 엄마 품을 떠나서 한 가정을 이루었고, 한 사람의 아내가 되었고, 또 훗날에는 나도 엄마처럼 엄마가 되어있겠지요.
그때는 지금보다 더 엄마의 마음을 잘 알 수 있을 것 같아요.
엄마와 내가 떨어져 있어도 나는 변함없이 엄마의 딸이니까, 우리가 힘들고 어려우면 언제든지 하늘 아버지를 찾고 기도하는 것처럼 앞으로 내가 살아가면서 힘들면 힘들다고 어려우면 어렵다고 언제든지 얘기할게요.
그것이 바로 나에게 엄마도 하늘 아버지도 필요한 이유니까요.
엄마, 너무너무 사랑해요. 말로도 글로도 다 표현할 수 없을 만큼.

2016년 5월 어버이날에 김언미 집사의 둘째 딸 소영 올림

❖ 감사의 글

김정광 목사님! 감사합니다.
너무나 인간적으로 대해 주셨던 목사님을 통해서 인자하신 부모님을 보았고 때로는 하나님의 모습을 발견하게 되었습니다.
목사님과 함께한 목양은 행복했고 즐거운 시간이었습니다.
오늘 이렇게 기쁜 날 존경하는 목사님 앞에 서니 너무나 기쁘고 감격스럽습니다.

부족함 사람이 오늘이 있기까지 주님의 선한 청지기가 되도록 많은 조언과 채찍을 아끼지 않으시고 지도해 주시고 이끌어 주신 그 은혜와 사랑에 깊은 감사를 드립니다.

부족한 사람도 인자하신 목사님처럼 하나님의 뜻을 이루며 살기를 원합니다.

사모님과 건강하게 오래오래 살면서 가까이서 지켜봐 주십시오.

목사님! 존경하고 사랑합니다.

2019년 9월 29일 교회 입당식에서
김정광 목사님께서는 현재 초읍교회 원로 목사님이시며,
제가 처음 부목사로 섬겼던 교회 담임이셨습니다.

❖ 감사의 글

이성열 목사님께

고향 땅에 십자가를 세우시고 처음으로 저에게 하나님의 사랑을 알고 느끼게 해 주신 목사님!

목사님의 첫사랑과 열정은 저를 감동하게 했고, 목사님을 만난 이후로 나의 삶은 빛나게 되었습니다.

그래서 제도 언젠가 '목사님과 같은 그런 사람이 되었으면 좋겠다~'는 꿈을 꾸며 살았는데 이제 와 보니 저도 꿈대로 부족하지만, 목사님의 뒤를 이어가고 있네요.

목사님! 오늘 여기까지 평범한 사람으로 저의 좋은 신앙의 모델이 되어 주셔서 감사드립니다. 너무나 고맙고 감사하며 존경하고 사랑합니다.

그리고 건강하시고 사모님과 행복하시길 기도드립니다.

2019년 9월 29일 교회 입당식에서
이성열 목사님께서는 저희 시골 장춘교회를 개척하시고
저에게 첫 복음을 심어준 목사님이십니다.

❖ 감사의 글

오늘이 있기까지 햇살 같은 웃음으로 저의 마음을 환하게 밝혀주신 이희준 목사님께!

목회 초년생일 때 함께한 시간은 그리 길지 않았지만 소탈한 감성으로 편안한 감동을 보여주신 목사님의 그 은혜와 사랑은 잊을 수가 없고 저희에게 남기신 목사님의 목양 향기는 시간이 지날수록 오래도록 기억되며 잊히지 않습니다.

평소 목사님의 솔직한 삶과 원칙 그리고 하나님을 향한 뜨거운 열정과 추진력을 떠올리며 여기까지 왔습니다.

저의 목회에 바른 목회를 할 수 있도록 좋은 영향을 끼친 목사님께 깊은 감사를 드리며 존경하고 사랑합니다.

사모님과 내내 건강하시고 평안하시길 기도드립니다.

2019년 9월 29일 교회 입당식에서

이희준 목사님은 효성교회 교육전도사 시절 저를 아낌없이 지도해 주신 목사님이십니다.

❖ 선생님께 드리는 글

선생님들! 저 은혜예요.

아동부에 들어간 지도 얼마 되지 않은 것 같은데 벌써 아동부에서는 마지막으로 스승의 날에 감사 편지를 쓰는 6학년이 되었어요.

모든 선생님들께 감사의 마음을 전합니다.

이현미 선생님!

제 담임선생님으로 마음에 드는 생일선물을 주셔서 감사하고 토요일마다 문자로 잘 지내냐고 물어봐 주셔서 감사합니다.

둘리 전철범 선생님!

제가 아동부 예배를 마치고 나면 집에까지 차로 데려다 주시고 항상 웃는 얼굴로 장난도 잘 받아 주셔서 감사합니다.

강주수 선생님!

장난도 먼저 걸어주시고 친근하게 다가와 주셔서 감사합니다.

장하은 선생님!

아동부 예배시간마다 신나게 피아노 반주를 해 주셔서 찬양 시간에 많은 은혜를 받게 해 주셔서 감사합니다.

허민지 선생님!

작년이랑 제 작년 2년 동안 제 선생님이셨을 때 정말 잘 챙겨주셔서 감사했습니다. 감사한 마음을 지금이라도 전해 봅니다. 선생님 감사합니다.

신세영 선생님!

잘 놀아주시고 궁금한 것이 있어서 여쭤보면 친절하게 대답해 주셔서 감사합니다.

김철우 선생님!

매주 맛있는 간식 준비해 주셔서 감사합니다.

허태환 부장 선생님!

아동부를 위해서 수고를 많이 하시고 우리 친구들을 많이 사랑해 주셔서 감사하고 레몬즈 많이 주셔서 더욱더 감사합니다.

이재영 목사님!

항상 재미있게 하나님 말씀을 전해 주셔서 감사합니다.

마지막으로 아동부 모든 선생님들! 사랑합니다!!

아동부 정은혜 드립니다.

❖ 오주영 선생님께

선생님~ 놀라셨죠?
스승의 날을 맞아 이렇게 편지로 제 마음을 전할까 해요.
글을 잘 못 써서 제 마음이 잘 전달될지는 모르겠지만 한 글자 한 글자 진심을 다해서 쓰고 있어요.
고3, 하는 일은 없지만 피곤하고 힘들고 스트레스 받는 시기잖아요.
예민함이 하늘을 찌를 듯한~

솔직히 말씀드리면 공부하다 밤늦게 자고 일찍 일어나고 그 생활이 반복되다 보니 교회 가는 게 조금 아주 조금은 힘들더라고요.
절대 많이는 아니에요!
근데 선생님의 반이 되고 어느 순간 교회 가는 게 재밌어졌어요.

선생님의 모습을 보고 신앙생활이 뭔지, 믿음이 뭔지 배워갔던 거 같아요.
하나님이 계시지만 그런가 보다 하고 머리로 믿던 19년간의 신앙생활이 조금씩
머리가 아닌 마음으로 믿어지기 시작했어요.

선생님 자신보다 더 저를 더 신경 써 주시고 기도해 주셔서 정말 감사드려요.
저희 부모님은 새벽기도는 안 나가셨는데 선생님이 계셨기에 수험생활 불안할
때마다 기도에 의지하면서 보낼 수 있었어요.
지금도 제게 보여주실 크고 놀라운 것들을 기대하며 하나님께 의지하면서 공
부하고 있어요.
선생님께 받은 은혜와 믿음, 저도 다른 사람에게 보답하고 전하는 하나님의
자녀가 될게요. 물론, 선생님께도 보답할거구요. ㅎㅎ
한 번도 선생님을 사랑한다고 그리고 감사하다고 제대로 표현도 못한 것 같아요.
언젠가 한 번 꼭 말씀드려야지 하면서 미루다가 결국 서울로 올라오게 되었어요.

선생님! 제가 정말 정말 존경합니다.
일 년 동안 저의 선생님이 되어주셔서 너무 감사드려요. 그리고 사랑해요.
서울에서 선생님의 제자 지원이가

❖ 선생님께 드리는 편지

선생님! 감사합니다!
오늘 스승의 주일을 맞이하여 선생님께 드리는 감사 편지를 읽게 해 주셔서
너무 감사합니다.
주일마다 우리들에게 하나님의 말씀을 가르쳐 주시고, 죄 짓지 않고 바른길로
가도록 하나님 말씀으로 인도해 주시는 선생님께 감사드리고, 사랑합니다.

저는 지금 할머니랑 살고 있어 할머께 좋은 교육을 받고 있지만, 선생님의
가르침도 그대로 본받아 장차 이 나라와 이 지역을 위하여, 우리 교회를 위하여
일하는 훌륭한 사람이 되도록 노력하는 아이가 되겠습니다.

고마우신 우리들의 선생님!
언제나 저희들을 사랑해 주시고, 하나님 말씀을 가르쳐 주셔서 많은 것을 알게
해 주시니 감사합니다.

그 은혜를 잊지 않고 열심히 믿음 안에서 잘 자라날 수 있도록 노력하겠습니다.
그래서 언제나 하나님 말씀을 실천하면서 늘 하나님을 기쁘시게 해드리고, 사람들에게 칭찬받는 아이로 자라겠습니다. 사랑합니다!!!

아동부 장하늘

❖ 선생님께 드리는 편지

안녕하세요? ~ 저 산들이에요.
스승의 날을 맞이해서 편지를 쓰게 되었어요.

김소영 선생님!
제가 성경 보기 안 하고 하기 싫다고 한 거 죄송해요.
다음에는 꾀부리지 않고 성경 보기 열심히 할게요.
공과 공부시간에 퀴즈 맞힐 때 답을 보고했는데, 이제는 답을 안 보고 제 스스로 열심히 공부할게요.

허민지 선생님!
주일마다 신나는 찬양을 가르쳐 주셔서 정말 감사해요.
그리고 토요일 찬양단 연습할 때 새 찬양을 친절하게 잘 가르쳐 주셔서 정말 감사해요.
다음에는 짜증 안 내고 열심히 연습할게요.
그래서 주일 예배시간에 찬양단에서 열심히 할게요.

이재영 목사님!
주일마다 재미난 하나님 말씀을 설교해 주셔서 감사해요.
우리 아동부를 위해 힘써 주신 것 감사해요. 기도도 감동 먹었어요.
저번 어린이 주일에 아동부에서 선물을 많이 주셔서 감사해요.
신발 너무 예뻤어요. 과자도 너무 맛있었고 좋았어요.

주일마다 교회에 열심히 나오고, 믿음 좋은 아이로 자랄게요.
스승의 날을 정말 축하드려요. 그리고 감사해요~!

아동부 이산들

❖ 선생님께 드리는 글

거리마다 하얀 벚꽃 잎이 흩날리던 봄의 끝자락에 스승의 주일을 맞이하게 되었습니다.
선생님들께서는 안녕들 하신지요?
쑥스럽지만 그동안의 감사했던 마음을 담아 짧게나마 글을 적어 봅니다.

한창 질풍노도의 시기를 지나고 있는 중, 고등학생에게 매주 좋은 말씀만 전해 주시려 노력하시는 전도사님, 감사합니다.
서먹하고 어색했던 모습들은 어디 갔는지 어느새 서로에게 익숙해져 있는 모습이 있습니다. 늘 장난 같고, 놀리는 것 같지만 그 속에 전도사님을 향한 저희의 사랑이 담겨 있는 거 아시죠?
표현은 못했지만, 늘 웃으며 저희를 위해 그리고 하나님을 위해 열심히 수고하시는 전도사님께 늘 감사하고 존경합니다.
전도사님과 더불어 저희에게 영적인 양식을 먹여주시는 중·고등부 선생님들 감사합니다.

바쁘신 삶 속에서도 늘 마음 한켠에 학생들을 두고, 기도로써 때로는 따뜻한 격려의 말로써 응원해 주시니 저희들은 힘이 납니다.
뿐만 아니라 인생의 선배로서 이런저런 고민들을 들어주시고 충고해 주시니 항상 감사한 마음뿐입니다.
선생님들의 이끄심과 보살핌 속에서 귀한 믿음의 사람이 되도록 노력하겠습니다.

부족한 점도 많았지만, 유치부·아동부를 거쳐 이만큼이나 자랐습니다.
높고도 깊은 스승의 은혜를 잊지 않겠습니다.
선생님, 너무너무 감사합니다. 그리고 사랑합니다.

선생님 주일에 고등부 오예지 학생

❖ 스승의 주일에

황이슬 선생님, 안녕하세요? 저 상하예요.

선생님 반이 된 지 벌써 4개월이 지났네요.

제가 선생님 반에 들어가겠다고 먼저 말했지만 그래도 조금 힘들겠다고 생각했어요.

왜냐하면 성경 쓰기와 편식이 심한 내가 간식을 먹지 않으면 꾸중 들을까 봐 하는 생각이 들었어요.

그런데 몇 달이 지난 지금! 그 걱정들이 현실이 되어 버렸네요.

공과 공부시간에 떠들고 장난치고 간식도 잘 안 먹고 숙제도 안 해 오고 선생님 말씀을 잘 안 들어 힘들어하는 모습을 볼 때 죄송해요.

그날 이후 공과 시간 떠들지 않고 성경 쓰기 숙제도 잘하겠다고 다짐했는데 금세 까먹고 성경 쓰기 숙제 또 안 해 버렸네요.

이렇게 제가 말을 잘 듣지 않아도 "우리 상하는 모범생이다."라고 칭찬해 주시고 격려해 주셔서 정말 감사해요.

앞으로 말 잘 듣고 모범이 되도록 노력하겠습니다.

우리 중고등부 쌤들 중에 제일 예쁜 이슬 쌤! 사랑합니다.

다음으로 송봉길 전도사님!

저는 전도사님을 처음 봤을 때 되게 무서울 것 같다고 생각했어요.

그런데 차츰 시간이 지나고 전도사님과 함께하는 시간이 많아지니 머리에 땀도 나고 안경에 습기도 뿌옇게 잘 차고 웃음도 많은 그런 전도사님이라는 것을 알게 되었어요.

전도사님이 당황하실 때마다 머리에 땀이 줄줄 나는데 수련회에 갔을 때도 머리에 땀나면 다른 교회 전도사님들이 머리에 휴지를 올려 주시는 모습이 정말 웃겼어요.

처음 중고등부를 올라 왔을 때 아동부와는 많이 달라서 어색하기도 했는데 전도사님의 설교가 재밌고, 이해가 쏙쏙 잘 돼서 적응하기에 더 좋았던 것 같아요.

질문해도 대답 없는 중고등부지만 그래도 저처럼 다 듣고는 있을 거예요.

전도사님! 앞으로 지금처럼 성경말씀 재밌게 설교해 주세요.

그리고 오래오래 저희와 함께해요!!

마지막으로 신성민 선생님!

선생님께서는 제가 어렸을 때부터 책도 많이 사 주시고 수학 공부도 가르쳐 주셨어요. 시험 기간만 되면 저를 붙잡고 공부를 가르쳐 주시고 맛있는 것도 많이 사 주셔서 감사해요.

중1 때 선생님 반이었는데 그때도 1년 동안 정말 좋았어요.

올해도 원래는 선생님 반이었지만 제가 이슬 쌤 반 한다고 해서 서운하셨죠? 죄송해요.

제가 왜 그랬냐면, 저 때문에 선생님이 너무 힘들어 보였거든요.

매번 시험 기간 때마다 열심히 수학 가르쳐 주셔도 제가 이해력이 부족해 좋은 점수도 못 받아 오고 제가 쌤 쉬는 날이면 '영화 보러 가자, 피자 먹으러 가자' 계속 그래서 선생님이 쉬지도 못하시는 것 같았어요.

비록 선생님 반은 아니지만 그래도 선생님께 늘 감사하는 맘 잊지 않고 있어요.

친구 같고 친형 같은 편한 선생님이라 참 좋아요.

제가 몇 년 후 청년이 되었을 때 교사로 봉사하게 된다면 선생님 같은 교사가 되어야겠다고 생각했어요.

감사한 일이 너무 많은데 감사하다고 제대로 표현하지 못했는데 이 자리를 빌려 말하게 되었네요. 선생님! 감사합니다.

이 외에도 중고등부 김언미 선생님, 오주영 선생님, 조미란 선생님, 이미정 선생님, 김지애 선생님, 강소정 선생님, 그리고 김영정 부장 선생님!

모두 모두 감사합니다.

중고등부 김상하 학생

❖ 오주영 선생님께

선생님! 저 예담이에요.^^

학교 담임선생님께도 안 써드린 편지!

선생님께만 드리는 거예요^^ (쉿! 비밀이에요 ㅎㅎ)

뭐 해드릴지 고민하다가 편지가 가장 진심 어린 선물(?)이라고 생각해서 썼어요. 괜찮죠?? ㅎ

주일마다 공과 공부 시간에 가르쳐주시는 그 말씀 감사하다는 말부터 먼저 할게요. ㅎㅎ
선생님께서 가르쳐주시는 그 말씀 덕분에 가르쳐준 그 말씀을 마음에 새기고 한 주 동안 주님의 뜻대로 살아갈 수 있어요.^^
가끔 가끔씩 조금 힘들고 피곤해서 교회 나가기 싫을 때도 있고, 괜히 찬양이랑 기도하기 싫을 때가 있는데 그때마다 선생님이 보내주신 문자 말씀 보고 다시 힘내서 열심히 신앙생활 해야겠다는 마음을 먹어요. ㅋㅋㅋ

선생님께서도 바쁘시고 피곤하실 텐데. 시험 치는 날 잊지 않고 저들을 위해 문자 챙겨서 보내주시고 세세한 것에도 관심 가져 주시니 정말 감사해요.
그리고 늘 우리를 위해 맛있는 간식 챙겨주시려고 일찍 일어나서서 준비하시고, 우리 반 친구들 한 명, 한 명 되도록 모두 다 주일예배에 참석할 수 있도록 연락해 주시고^^ 참 대단하세요!!!

정말로 진짜로 진심으로 존경하고 사랑하는 선생님!
주님 품 안에서 주님의 한없는 그 사랑과 복을 받으시면서 항상 주님의 뜻대로 살아가시는 멋진 선생님이 되시길 바래요. 선생님! 사랑해요.

5월 15일 스승의 날 사랑하는 제자 예담 올림

❖ 존경하는 목사님, 전도사님, 부장집사님께

평소에 표현하지 못했던 청년들의 마음을 담아 편지를 드립니다.
하나님께서 귀한 분들을 저희의 지도자로 삼아 주셔서 진심으로 감사를 드립니다.
특별히 저희 청년들을 위해 늘 기도해 주시고 응원해 주시고 칭찬을 아끼지 않아 주셔서 감사드립니다.

김병호 목사님!
보이지 않는 곳에서 저희를 늘 응원해 주시고 당신이 아프시면서도 새벽을 깨워 본이 되시는 모습에 늘 감동을 하고 존경스럽습니다.
목사님을 만나지 않았다면 저의 삶이 어땠을까 떠 올려보면 더 벅찬 감동이 밀려옵니다.

저희 청년들은 세상에서 많이 치이고 짓밟히고 교회로 옵니다. 그때마다 목사님께서 저들을 위로하시고 이끌어 주셔서 잘 지내왔던 것 같습니다.
목사님! 진심으로 감사를 드립니다.

부장 집사님!
조용히 묵묵히 자리를 지켜주시고 청년들의 일에 궁금해 하시고 바쁘신 와중에도 저희를 챙겨주시는 모습에 참 감사드립니다.
부장 집사님을 만나게 해 주신 하나님께 감사드리고 저희를 응원해 주시는 것 정말 감사드립니다.

희영 전도사님!
저희가 만난 지도 어느덧 4개월이 지났네요.
그런데 어째서 우리는 4년을 함께한 사람같이 가까울까요?
그것은 하나님께서 허락하신 친밀함이라고 생각해요.
전도사님의 겸손함과 사랑 넘치는 응원과 칭찬에 늘 힘을 얻어요.
'진짜 예배자라면 저렇게 살아야 하는구나~' 하고 다짐하게 만드는 것 같아 존경합니다. 감사합니다.

하나님께서 허락하시고 저희를 응원해 주시는 세분이 있기에 제가 있고 그 믿음의 유산을 따라 저들도 잘 따라 가보려 합니다.
그런데 저들은 늘 응원해 주시는 기대에 어긋나게 이 세대를 본받아 세상과 짝하며 악을 좇아 주님께서 원치 않는 삶을 살 때가 많이 있습니다.
하지만 그럼에도 불구하고 저희를 위해 보이지 않는 곳에서 중보하는 그 기도의 힘을 힘입어 청년들은 넘어져도 다시 일어나고 각자가 교회임을 증거하는 삶을 살 수 있는 것 같습니다.

예수님의 시대에 제가 예수님을 만났다면 아마 단언컨대 "나를 따르라!"는 음성을 들을 수 없었을지도 모르겠습니다.
기도하라고 산에 올라가면 꾸벅꾸벅 졸아대며 잠 좀 자게 해 달라고 칭얼거리는 어린아이 같은 청년의 모습을 하고 있었을 것입니다.
하지만 그래도 우리를 이해해 주시고 격려해 주시는 세분이 있기에 하나님의 발자취를 잘 따라갈 수 있는 것 아닌가 하는 생각이 들곤 합니다.

정말 감사한 것이 너무 많은데 글로 다 표현하지 못해 아쉬운 부분이 많습니다.
앞으로도 저희를 사랑하는 마음과 아끼는 마음으로 다음 세대를 향한 열정을 가지고 계속 기도해 주십시오.
그 기대에 부응하게 열심히 주의 길을 따라가겠습니다.
그리고 청년들을 위해 기도하시는 모든 성도님이 선생님이시고 저희 청년은 제자인 것 같습니다.
저희 청년들을 위해 지금보다 더 많은 관심과 사랑으로 기도 부탁드리며 편지를 줄입니다.
모두 사랑하고 존경합니다.

세 분을 알게 모르게 조종하며 저희에게 새 힘을 주시는 하나님을 찬양합니다.

다음세대 예수님의 제자 청년 황이슬 올림

❖ 담임목사 쓴 신앙명언

01. 십자가를 믿는 사람만 되지 말고, 십자가를 지는 사람이 되고, 십자가를 전하는 사람이 되자.
02. 하나님께 무릎 꿇지 않으면 사람에게 무릎 꿇는다.
03. 하나님을 멀리하고 형통한 사람 없고, 하나님을 가까이하고 절망한 사람 없다.
04. 믿음으로 기도했으면 결과를 기다리라. 믿음이 있으면 사용하라.
05. 하나님 없는 노력은 성공 같으나 결국은 실패다.
06. 물고기는 물속에서만 진정한 자유가 있고, 신앙인은 신앙 안에서 진정한 자유가 있다.
07. 예수님은 4대 성인 중 한 분이 아니라, 성인들도 섬겨야 할 하나님이시다.
08. 사람은 그 사람의 약점만 보지만, 하나님은 그 사람의 장점만 보신다.
09. 내가 당하는 환난 하나님이 모르시는 것 없고, 내가 받는 축복 하나님이 안 주신 것 하나도 없다.
10. 준비된 자에게만 평안과 기회가 오는 것이다.

11. 나 때문에 안 되게 하지 말고, 나 때문에 되게 하라.
12. 기도 없는 하루는 실패하는 하루이다.
13. 구원은 믿음으로 얻는 무조건적 은혜요. 부요는 봉사하므로 받는 조건적 축복이다.
14. 기도하는 사람, 순종하는 사람, 충성하는 사람, 모두가 훌륭한 믿음의 소유자다.

15. 그는 나를 미워해도, 내가 그를 사랑하는 것이 참사랑이다.
16. 모든 일에 하나님과 함께하라. 그리하면 성공한다.
17. 사울은 연단 받지 않고 왕이 되었고, 다윗은 시련 받은 후 왕이 되었다. 누가 더 오래 왕 노릇 했나?
18. 무엇을 하든지 최선을 다하라. 좋은 결과는 최선을 다한 자에게 온다.
19. 하나님으로부터 사죄를 받으려면, 내가 먼저 남을 용서해야 한다.
20. 환난을 겪어보지 않는 신자는, 전쟁 경험이 없는 군인과 같다.

21. 건강해서 일하는 것이 아니고, 일하면 건강해지는 것이다.
22. 복을 받기를 원하는 자는 많으나, 십자가를 지기를 원하는 사람은 적다.
23. 믿음을 가질 때, 죄인이 의인 되고 종이 아들 된다.
24. 기도는 불가능을 가능케 하고, 기도는 가능한 것을 속히 이룬다.
25. 대접을 받고자 하는 마음이 없는 사람은, 누가 어떻게 하여도 섭섭해 하지 않는다.
26. 십자가는 구원이요, 영광이요, 축복이요, 평안이요, 부활이요, 최후의 승리이다.
27. 물을 것이 있으면 먼저 자신에게 물어보고, 그리고 자기가 그 질문에 대답해보라.
28. 천국을 모르는 자는 마음의 고향을 잃은 나그네다.
29. 오늘의 내 생활이 내일의 내 모습이다.
30. 십자가는 원래 목에 거는 것이 아니고, 등에 지는 것이다.

31. 교회는 인생의 어려움을 피하는 도피처가 아니라, 그것을 직면해 힘과 용기를 제공해 주는 곳이다.
32. 충성도 하다 중단하면 아부가 되고, 아부도 죽을 때까지 계속하면 충성이 된다.
33. 가능한 것만 믿는 것, 보아야만 믿는 것, 이것은 믿음이 아니다.
34. 기도 없이 하는 일은 기도 없이 집 짓는 것과 같다. 기도 없는 하루는 승리 없는 하루다.
35. 하나님을 모르는 자는 영혼의 고아요, 천국을 모르는 자는 고향 잃은 나그네다.
36. 할 수 있다. 하면 된다. 해보자. 반드시 주님 안에서
37. 우리에게 반드시 있어야 할 것은 은과 금이 아니라 나사렛 예수의 이름이다.
38. 자손에게 물려줄 영원한 유산은 믿음뿐이다.
39. 거울이 흐리면 만물이 잘 보이지 아니하듯 마음이 어두우면 사리를 판단할 수 없다.
40. 경쟁을 했으면 이겨야 한다. 승리의 비결은 최선과 자기희생에 있다.

41. 기도는 만능열쇠. 만능열쇠라도 믿고 사용하는 자에게만 열린다.
42. 하나님은 신앙의 대상이지 연구의 대상이 아니다.
43. 가난 중에 가장 큰 가난은 믿음 없는 가난이다.

44. 죄를 범하면 양심에 고통이 오지만 참회하지 않으면 그 양심이 죽는다.
45. 엿새 동안 힘써 일하지 않는 자는, 안식일에도 쉴 자격이 없다. 일하기 싫으면 먹지도 말라.
46. 오래 참는 것이란? 하나님의 허락이 있을 때까지 참는 것을 말한다.
47. 경건은 자신의 미덕이요 구제는 타인에 대한 동정이요 기도는 하나님에 대한 의무이다.
48. 만남을 기다리는 이들에게, 예수 그리스도를 만나게 해 주라.
49. 이 땅 위에서 필요 없는 자는, 사실 하늘에서도 쓸모가 없다.
50. 흐르는 물이 낮은 곳으로 흐르지만, 막히지 않는 곳으로 흐른다.

51. 성도의 고난이 시작될 때, 거기에 하나님의 영광이 있음을 알고 참고 인내하라.
52. 감사하는 사람에게 매사에 감사로 귀결되고, 불평하는 사람에겐 모든 일이 불만으로 끝이 난다.
53. 효도하는 악인 없고, 불효하는 선인 없다.
54. 불순종함으로 복을 받는 사람 한 사람도 없고, 순종함으로 복을 못 받는 사람 한 사람도 없다.
55. 순종이 얼마나 큰 축복임을 알고, 불순종이 얼마나 큰 재앙임을 알아라.
54. 천지를 지으신 여호와께서 시온 산에서 네게 복을 주실지어다.
55. 형제의 허물을 살피는 눈은 사탄의 눈이요. 형제의 노고를 살피는 눈은 성도의 눈이다.
56. 예수 사랑 전해 주고, 받은 사랑 소문내자.
57. 내가 교회를 나오고 내가 예수를 믿는 것은 기적 중의 기적이다.
58. 마귀는 우리가 형통할 때 질투하지만, 하나님은 우리가 죄악으로 불행해질 때 질투하신다.
59. 성령으로 시작하고 마귀로 마치지 말자.
60. 예배 전에 기뻐하고, 예배 후에 감사하자.

61. 기쁨으로 시작하고, 결과는 하나님께 맡기자.
62. 시작은 기쁨으로, 과정은 즐거움으로, 결과는 감사함으로
63. 천국은 감사하는 자들의 것이요, 지옥은 불평하는 자들의 것이다.
64. 마음이 없으면 핑계만 보이고, 마음이 있으면 길이 보인다.
65. 오직 복음, 복음만이 살길이다.
66. 주 예수보다 더 귀한 것이 없다. 세상 그 무엇과도 주님을 바꾸지 말자.
67. 인생은 실패할 때 끝나는 것이 아니라 포기할 때 끝나는 것이다.
68. 당신은 무엇을 해도 할 수 있습니다.
69. 넘을 수 없는 장애물이 있다면 그것은 희망을 포기해 버린 자기 자신이다.

70. 똑같은 물을 먹는데 벌은 물을 먹어 꿀을 만들고, 뱀은 물을 먹어 독을 만든다.

71. 불행할 때 감사하면 불행이 끝나고, 형통할 때 감사하면 형통이 연장된다.

72. 누군가 해야 하는 것은 내가 하고, 언젠가 해야 하는 것은 지금하고, 어차피 해야 하는 것은 웃으며 기쁨으로 하자.

73. 암만 눈 닦고 봐도 당신밖에 없습니다.

74. 누구나 뛸 수 있습니다. 그러나 완주는 누구나 하는 것이 아닙니다.

75. 멋진 사람보다 따뜻한 사람이 되고, 잘난 사람보다 진실한 사람이 되고, 대단한 사람보다 좋은 사람이 되자.

76. 예배에 성공하면 인생도 성공합니다.

77. 하나님의 말씀에 순종하면 쓴물도 단물 되고, 하나님의 말씀에 불순종하면 단물도 쓴물 된다.

78. 작은 일에 성실한 사람은 큰일을 이룰 수 있다.

79. 천재는 노력하는 사람을 따라가지 못하고, 노력하는 사람은 즐기는 사람을 따라가지 못한다.

❖ 한 해를 돌아보며 감사의 글

정호일 전도사

감사로 제사 드리는 자가 하나님을 영화롭게 하나니…

01. 하나님의 자녀 삼으신 것을 감사드립니다.

02. 부족한 자를 주의 종으로 삼으신 것을 감사드립니다.

03. 금성교회를 섬기게 하심에 감사드립니다.

04. 중·고등부와 청년부를 맡겨주심에 감사드립니다.

05. 축복 가운데 결혼하게 하심에 감사드립니다.

06. 편안하고 넓고 좋은 사택을 주심에 감사드립니다.

07. 영육 간에 강건하게 하심을 감사드립니다.

08. 학비 걱정 않고 공부하게 해 주시는 주님께 감사드립니다.

09. 신실한 배우자를 통해 하나님을 더 알게 하심에 감사드립니다.

10. 담임목사님과 함께 동역자로 섬기게 하심에 감사드립니다.

11. 과거의 모든 상처와 죄들을 씻게 하심에 감사드립니다.

12. 은사와 재능을 채워 주심에 감사드립니다.
13. 우리의 필요를 채워 주심에 감사드립니다.
14. 나의 기도에 응답해 주심에 감사드립니다.

박은정 사모

01. 신실하신 하나님의 인도하심이 저의 삶 가운데 늘 함께하심에 감사드립니다.
02. 한 번도 나를 실망시키지 않으신 하나님께 감사드립니다.
03. 언제나 위로와 사랑으로 저에게 찾아오신 주님께 감사드립니다.

04. 저의 기도를 외면치 않으시고 언제나 응답하심에 감사드립니다.
05. 구하지 않은 것까지도 주시고 저의 작은 신음에도 응답해 주셔서 감사드립니다.
06. 하나님의 때를 인내하며 기다리게 하시고 그 열매를 거두게 하심에 감사드립니다.

07. 저를 지키시고 위기 때마다 건져 주시고 피할 길을 주신 주님께 감사드립니다.
08. 여기까지 인도하신 주님께 감사드리고 남이 알지 못하는 하나님을 알게 하신 그 크신 은혜에 감사드립니다.

정호일 전도사 & 박은정 사모

❖ 한 해를 돌아보며 감사의 글

01. 주님의 자녀 삼아 주심에 감사드립니다.
02. 세상 살아갈 때 큰 어려운 없이 지낼 수 있게 해 주신 하나님 은혜에 감사드립니다.
03. 주님을 만난 이후에 제 삶이 새롭게 변하였습니다. 변화된 삶을 주셔서 감사드립니다.
04. 지치고 힘들 때 그 상황을 이겨 낼 수 있는 힘을 주시는 주님의 은혜에 감사드립니다.

05. 여러 방면에서 부족함 없이 늘 채워주시는 주님의 은혜에 감사드립니다.
06. 늘 건강 지켜 주심에 감사드립니다.
07. 좋은 가족들을 주심에 감사드립니다.
08. 좋은 사람들과 교제할 수 있게 해 주심에 감사드립니다.

09. 감사함의 기쁨을 알게 해 주셔서 감사드립니다.
10. 사랑받기 위해 태어난 사람임을 깨닫게 해 주셔서 감사드립니다.

❖ 한 해를 돌아보며 감사의 글

01. 살아계셔서 역사하시는 하나님께 감사드립니다.
02. 저를 이 세상에 나게 하심을 감사드립니다.
03. 주님의 자녀로 삼아 주심을 감사드립니다.
04. 주님을 만나게 하여 주심을 감사드립니다.
05. 여러 가지 많은 은사를 주심에 감사드립니다.
06. 제 이름 불러 주심을 감사드립니다.

07. 사랑한다. 많이많이 사랑한다고 말해 주셔서 감사드립니다.
08. 안아주시고 업어 주셔서 감사드립니다.
09. 음성 들려주셔서 감사드립니다.
10. 소중한 아들 현준이 주셔서 감사드립니다.
11. 금성교회 다니게 하여 주셔서 감사드립니다.
12. 김병호 목사님을 만나게 하여 주셔서 감사드립니다.

13. 봉사로 주님을 섬기게 하여 주셔서 감사드립니다.
14. 고난이 유익임을 깨닫게 하여 주셔서 감사드립니다.
15. 항상 저와 동거하여 주셔서 감사드립니다.
16. 아픈 몸을 이겨나갈 수 있게 하여 주셔서 감사드립니다.
17. 친구를 전도하게 하여 주셔서 감사드립니다.
18. 기도로 도전할 수 있게 하여 주셔서 감사드립니다.

19. 단련시켜 주셔서 감사드립니다.
20. 성령 충만하게 하여 주셔서 진심으로 감사드립니다.
21. 주님의 은혜에 감사로 되짚어 볼 수 있는 이 시간을 주셔서 너무 감사드립니다.

오주영 집사

❖ 한 해를 돌아보며 감사의 글

01. 경제적으로는 어려운 가정이지만 행복한 가정에서 태어나게 하신 은혜 감사
02. 정이 많은 우리 어머니를 주심에 감사
03. 정이 많은 형제를 주심에 감사
04. 생활은 어려웠지만 강한 생활력을 주신 것 감사

05. 좋은 남편 만나게 하신 것 감사

06. 좋은 시어머니 만나게 하신 것 감사
07. 좋은 자녀 주신 것 감사
08. 아들로 통하여 병 주신 것 감사
09. 병으로 주님을 알게 된 것 감사
10. 주님의 은혜 가운데 굳어 있던 팔이 펴진 것 감사

11. 교회 다닌 지 얼마 되지 않아 성령의 선물을 주신 것 감사
12. 시시때때로 교회와 집에서 기도할 수 있도록 인도하신 것 감사
13. 하나님 음성을 들려주시며 믿음의 확신을 주신 것 감사
14. 관절의 고통을 덜어 주신 것 감사
15. 일꾼으로 사용해 주신 것 감사

16. 좋은 사람 만나게 하신 것 감사
17. 나 자신의 교만을 꺾어 주신 것 감사
18. 시험에 들게 하신 것 감사
19. 먹고 마시고 쉬고 잘 수 있는 집을 주신 것 감사
20. 자녀들 착하고 공부 잘하도록 은혜 주심을 감사

21. 부지런함을 주신 것 감사
22. 밝은 성격 주신 것 감사
23. 아무거나 잘 먹고 살 안 찌게 하신 것 감사
24. 강한 힘을 주신 것 감사
25. 튼튼한 이빨 주신 것 감사

26. 명석하지 못한 두뇌 주신 것 감사
27. 세례 받은 것 감사
28. 귀한 직분 주신 것 감사
29. 눈동자와 같이 지켜 주신 것 감사
30. 주님 섬길 수 있게 하신 것 감사

31. 오로지 집밖에 모르는 시어머니 주심 감사
32. 어려운 가운데 늘 교회에 올 수 있게 인도하신 것 감사

김언미 집사(지금은 권사로 시무 중)